Stefanie Brünenberg

Stadtbaukunst
zwischen Tradition und Moderne

D1706118

Wolfgang Raudas
Theorie zum nachkriegsmodernen
Städtebau

Inhaltsverzeichnis

1   Die Zukunft der historischen Stadt –
Ein immer aktuelles Thema!?   4

Wolfgang Rauda und die Geschichte der Stadtbaukunst   14
Stand der Forschung   16

2   Prolog – Stadtbaukunst zwischen
klassischer Moderne und Nationalsozialismus   20

Die „Erfindung" des malerischen Städtebaus durch Camillo Sitte   25
Von Flanierenden zu Verkehrsbeteiligten   55
Die „Stunde Null" – Zerstörung als Chance   66

3   Biografische Notizen –
Der Architekt und Städtebauer Wolfgang Rauda (1907–1971)   72

Herkunft, Studium und erste Aufträge   74
„Regierungsbaumeister im Reichsdienst" (1938–1945)   86
Leben im geteilten Deutschland (1945–1958)   108
Flucht aus der DDR   148
Neubeginn in der BRD (1958–1971)   159
Rauda – Eine typische Architektenbiografie ihrer Zeit?   173

4   Stadtbaukunst zwischen Ost und West –
Wolfgang Raudas Städtebau in der Nachkriegsmoderne   180

Rostock – Planen für ein neues Stadtzentrum   183
Dresden – Nord-Süd-Verbindung und Zentrum   201
Beiträge zum Wiederaufbau der Städte nach dem Zweiten Weltkrieg –
Eine Zwischenbilanz   227
Planungen der 1960er Jahre – Gronau, Springe und Angelmodde 232

5 Von der Raumbildung zum Raumproblem zur Raumkultur – Wolfgang Raudas Theorie einer Stadtbaukunst für die Nachkriegsmoderne 240

Allgemeine stadtbauhistorische und städtebauliche Betrachtungen Raudas 243
Die Monografien Raudas und ihre städtebautheoretische Einordnung 252
Schlüsselbegriffe in Raudas Städtebautheorie 306
Der Städtebau nach seinen raumkulturellen Grundsätzen 321

6 Vergleiche – Raumkultur in zeitgleichen Konzepten des Wiederaufbaus 328

Karl Grubers „Gestalt der deutschen Stadt" in seinen Wiederaufbauplanungen für Darmstadt 334
Werner Hebebrands Planungen für den Wiederaufbau der Frankfurter Innenstadt 343
Die historische Stadt in den „16 Grundsätzen des Städtebaus" – Berücksichtigung der historisch entstandenen Struktur der Stadt bei Beseitigung ihrer Mängel 351
CIAM 1959 „The Heart of the City" – Die Humanisierung des Städtebaus 354
Suche nach einer polnischen Identität 358
Zwischen Angst vor Luftangriffen und Rekonstruktionswillen – Eine neue „deutsche" Identität nach dem Zweiten Weltkrieg? 360

7 Einfluss und Bedeutung – Der Beitrag Wolfgang Raudas zu einer Stadtbaukunst zwischen Nachkriegs- und Postmoderne 364

Auf der Suche nach Identität – Das visuelle Wiedererkennen der Stadt 369
Wolfgang Raudas vergessenes Vermächtnis und die Wiederentdeckung des narrativen „Sehens" der Stadt in der Postmoderne 373

8 Anhang 378

Literaturverzeichnis 380
Archive 397
Abbildungsnachweise 398

Die Zukunft der historischen Stadt –
Ein immer aktuelles Thema!?

Oswald Meichnser (Oswin): Titelbild der Ausstellungsbroschüre „Die Stadt von morgen", publiziert 1957

„Was ist jetzt und in Zukunft zu tun, um Dresden den ereignisvollen Schritt vom Gestern zum Heute und vor allem zur Stadt von morgen tun zu lassen? Eine Stadt von morgen muß ein Kunstwerk von hohem geistigen Rang werden, soll sie dem geistigen Vorstellungsbild des heutigen Menschen entsprechen. Allein durch den Zerstörungsgrad bedingt, wird sich in Dresden das künftige vom altüberkommenen, unserem Bewußtsein ablösen; hoffentlich wird aber auch etwas Gültiges von den einstigen Grundwerten rhythmischen Grundgefüges hindurchdringen in das städtebauliche Antlitz der Stadt von morgen!"[1]

Als Wolfgang Rauda diese Zeilen 1956, im 4. Jahrgang des „Jahrbuchs zur Pflege der Künste", einem in den 1950er Jahren in Dresden jährlich herausgegebenen Almanach zur Denkmalpflege, publizierte, ist die durch massive Zerstörungen während des Zweiten Weltkriegs gebeutelte Innenstadt Dresdens nur zu kleinen Teilen wiederaufgebaut. Lediglich der Altmarkt Dresdens als politisches Zentrum der bedeutenden Kulturstadt ist in Teilen wieder entstanden: Die dortigen Neubauten – deutlich höher dimensioniert als die Vorkriegsbebauung – waren im Sinne des sozialistischen Realismus und des Leitbildes „national in der Form, sozial im Inhalt" in Anlehnung an den Dresdner Barock gestaltet und zeigten gleichzeitig durch ihre Monumentalität die politische Vormachtstellung der DDR. Die oben beschriebenen Ausführungen Raudas müssen in diesem Kontext umso mehr als Kritik an diesen Wiederaufbauplänen für die Innenstadt Dresdens gesehen werden: Er fordert die Gestaltung einer neuen Stadt – einer „Stadt von morgen".

Raudas Vorstellung dieser Stadt wird durch ein städtebauliches Handeln beschrieben, durch das die Kontinuität des städtebaulichen Grundgefüges anerkannt und weitergestaltet wird.[2] Jede Stadt habe laut Rauda ein ihr eigenes „Ordnungsprinzip", das den Neuaufbau der zerstörten Stadträume lenken könne. Die von ihm beschriebene neue Stadt sei demnach geprägt von einem Nebeneinander historischer Kontinuität und moderner Gestaltung, dem Erleben einer historischen Stadtentwicklung und der Bedürfniserfüllung der modernen Stadtbewohnerschaft. In der Bezeichnung dieser Stadt als „Stadt von morgen" referiert der ostdeutsche Architekt eindeutig auf das zur gleichen Zeit im Bau befindliche Hansaviertel in West-Berlin, das im Rahmen der Internationalen Bauausstellung von 1957 als eben genau solche „Stadt von morgen", als Sinnbild eines neuen demokratischen Deutschlands präsentiert wird (vgl. Abb. 1): Das Titelbild der Ausstellungsbroschüre zeigt – bewundert von Interessierten aller Altersgruppen – den Blick auf Hochhäuser in einer durchgrünten Landschaft, Wohnhäuser im Grünen, Landwirtschaft und Mobilität auf den Straßen, dem Wasser und in der Luft. Es ist das Abbild eines theoretischen Konzepts im Wiederaufbau der deutschen Städte nach den Jahren verheerender Luftkriege im Zweiten Weltkrieg.

In Ost- wie in Westdeutschland erscheint das Ergebnis der Wiederaufbauplanungen aus heutiger Sicht in seiner Vielfalt als Kompromiss auf vielen Ebenen. Die großen Probleme der Trümmerbeseitigung und Wohnungsnot standen den Ideen und Utopien derer gegenüber, die diese Zerstörung als Chance sahen – eine Chance, neue Stadtplanungstheorien in die Realität umsetzen zu können. Die aus diesen Ideen entstandenen städtebaulichen Leitbilder reichten von Vorschlägen zur Rekon-

1   Rauda 1956a, S. 69.
2   Vgl. ebd.

struktion bis zum Neubau ganzer Städte und wurden kontrovers diskutiert. Die Abgrenzung zum nationalsozialistischen Regime, das Deutschland und die Welt in den Krieg geführt hatte, war bei diesen Diskussionen ebenso ein Argument wie die politischen Gegebenheiten der einzelnen Besatzungszonen in den ersten Jahren des Wiederaufbaus und den beiden deutschen Staaten ab 1949. Gerade in größeren Städten – auf denen die Last der öffentlichkeitswirksamen Vorbildfunktion lag – setzte sich im Prinzip eine Weiterentwicklung der 1933 in den Internationalen Kongressen moderner Architektur (CIAM)[3] entwickelten Charta von Athen durch: Funktionstrennung, Auflockerung und Durchgrünung der Städte als Gegenentwurf zu der durch die Industrialisierung entstandenen und als Schreckensbild empfundenen steinernen Mietskasernenstadt. Dieses städtebauliche Leitbild der *Gegliederten und aufgelockerten Stadt* wird beschrieben bei Göderitz, Rainer und Hoffmann in der ebenso benannten Publikation von 1957.[4] Demgegenüber standen allerdings – und das bedingte oftmals Kompromisslösungen der Stadtplaner – Besitzregelungen und Grundstücksverteilung sowie eine weitgehend intakt gebliebene technische Infrastruktur, die einen durch die „Auflockerung" geprägten Neubau der Stadt als offene „Stadtlandschaft" selten umsetzbar machte. Abgesehen davon wurden städtebauliche Entscheidungen getroffen, die sich nicht auf eine solche „Gliederung" reduzieren ließen, sondern sich mit dem jeweiligen Stadtbild vor seiner Zerstörung auseinandersetzten, ohne die moderne Stadtentwicklung außer Acht zu lassen, wie es auch Wolfgang Rauda im eingangs genannten Zitat tat.

Die Suche nach einem zeitgemäßen Ausdruck für ein demokratisches Deutschland nach dem Zweiten Weltkrieg ist essentiell für die Planungen zum Wiederaufbau zerstörter Städte. Dass es sich bei diesem Ausdruck nicht um eine Rekonstruktion des Vorkriegszustandes handeln kann, wird durch die grundsätzliche Ablehnung historischer Formen seit der frühen Moderne deutlich. Winfried Nerdinger spricht in seiner architekturhistorischen Aufsatzsammlung *Geschichte Macht Architektur* (2012) sogar vom *Feindbild Geschichte*, das die Architekturdebatten der zweiten Hälfte des 20. Jahrhunderts bestimmt hätte.[5] So habe laut Nerdinger die Forderung der Reformbewegungen am Ende des 19. Jahrhunderts nach der Negierung alles Historischen das Denken der Architektenschaft bis heute geprägt. Er beschreibt dies folgender-

3   Der *Congrès International d'Architecture Moderne* gründete sich 1928 als Verband
     internationaler Architekten, die das – wie es in Deutschland genannt wird –
     „Neue Bauen" vertraten. Le Corbusier war die treibende Kraft in der Gruppe, deren
     eigentliches Bestreben es war, den teilweise noch immer vorherrschenden Historismus,
     der beispielsweise beim Wettbewerb um das Völkerbundgebäude in Genf gegenüber den
     modernen Entwürfen gewonnen hatte, endgültig zu überwinden und der Gesellschaft das
     moderne Bauen näher zu bringen (Vgl. hierzu: Durth/Sigel 2009 und Steinmann 1979).
     Die Kongresse dieses internationalen Architektenverbandes beschäftigten sich mit
     jeweils aktuellen Themen der Architektur und Stadtplanung und wurden bis 1959 in
     unregelmäßigen Abständen abgehalten. Abgesehen von dem vierten Kongress 1933 zur
     „Funktionellen Stadt" wird der Kongress von 1951 mit dem Titel „The Heart of the City"
     von besonderem Interesse für dieses Forschungsvorhaben sein.
4   Im Geleitwort zu der Publikation wird erläutert, dass die Arbeit „bereits im Zweiten
     Weltkrieg größtenteils abgeschlossen" war. (Göderitz/Rainer/Hoffmann 1957, S. 5.)
5   Nerdinger 2012, S. 177-189. Erstmals erschienen als: Nerdinger, Winfried: Wiederaufbau
     in Westdeutschland zwischen Rekonstruktion und Tabula rasa. In: Sauerländer,
     Willibald/Gebhard, Helmut (Hgg.): Feindbild Geschichte. Positionen der Architektur und
     Kunst im 20. Jahrhundert. München 2007, S. 165-196.

maßen: „Im Rückblick auf den Wiederaufbau wird [...] deutlich, dass der Umgang mit der Geschichte gravierend von Ideologien oder Leitbildern instrumentalisiert war. Geschichte diente sowohl als Feindbild zur Legitimation eines radikalen Neuaufbaus, wie als Heilmittel zur Rechtfertigung von Verdrängung durch Rekonstruktion und die diente als Heilsbringer bei der Suche nach Tradition."[6] Noch in den Jahrzehnten, nachdem der Wiederaufbau deutscher Städte als abgeschlossen galt, sei das „Bedürfnis nach Geschichte" lediglich von den „Laien", der Stadtbewohnerschaft, ausgegangen. Die Bauschaffenden hingegen hätten sich in ihrem Dogma – „der moderne Architekt darf keine historischen Formen (wieder)verwenden"[7] – seit den Reformbewegungen zum Ende des 19. Jahrhunderts und deren Forderung nach der Negierung der historischen Formensprache in der Architektur kaum bis gar nicht mit Geschichte auseinandergesetzt. Damit begründet Nerdinger die bis heute – die Diskussion um die „Neue Altstadt" in Frankfurt beweist es – anhaltende Diskrepanz zwischen „nostalgischen Wünschen von ‚Laien' nach Rekonstruktion oder Heimat und der modernen Architektur"[8]. Dabei wird in der vorliegenden Dissertation deutlich werden, dass sich auch die sogenannten „modernen" Architekt*innen[9] mit historischer Stadtentwicklung auseinandersetzten.

Mit dem Anspruch an die Ausformulierung eines neuen Ausdrucks der demokratischen Gesellschaft in der Nachkriegsmoderne wird laut des ersten Bundespräsidenten der BRD, Theodor Heuss, die Auseinandersetzung mit Geschichte deutlich: Heuss erläutert, dass die verschiedenen Gesinnungen, in der Kunstgeschichte wie in der Architektur, immer auch geistigen Strömungen unterworfen seien, aber „wie die Gotik die herrlichen Dome in Wismar ihr Eigenwesen besitzt gegenüber Chartres und York, das bayrische Barock von einer anderen Melodie bestimmt wird als ‚La Gesu' in Rom, so mögen unsere Enkelkinder, wenn diese Gegenwart in die Vereinfachung der geschichtlichen Perspektive gerückt ist, die feineren Motive in der Gestaltung dort und hier entdecken können."[10] Aus dem Blick eines solchen „Enkelkindes" der Nachkriegsgeneration heraus soll diese Forschungsarbeit entgegen der oben erläuterten Argumentation Nerdingers aufzeigen, dass Geschichtlichkeit und zeitgemäßes Bauen in städtebaulichen Konzepten als zusammenhängende und aufeinander bezogene Argumente betrachtet wurden. Dies wird in mehreren städtebaulichen Konzepten und Äußerungen deutlich: Hierzu gehört der Entwurf für die Altstadt Frankfurts von Werner Hebebrand, der von 1946 bis 1948 als Stadtbaudirektor und Leiter des Stadtplanungsamtes für die Wiederaufbauplanung in Frankfurt am Main zuständig war. Er begründete seinen Entwurf in einem Vortrag von 1961 folgendermaßen: „Ich dachte, es sei richtiger, die alten Gassenzüge mit ihren charakteristischen Bezügen zu den Kirchtürmen zu erhalten, als einen neuen Straßenplan zu entwickeln und dann im architektonischen Einzelaufbau zweifelhafte Anleihen an

6   Nerdinger 2012, S. 187.
7   Ebd., S. 189.
8   Ebd.
9   Die Unterscheidung zwischen „modernen" und „konservativen" Architekten
     in der Architekturgeschichte des 20. Jahrhunderts ist eine ebenso normative wie die
     drei verschiedenen Ansätze zum Wiederaufbau der Städte nach dem Krieg: Sie kann
     nicht allgemeingültig sein, wird aber dennoch in einer notwendigerweise reduzierten
     Geschichtsdarstellung angewandt. Auch in dieser Arbeit dient sie zum besseren
     Verständnis der historischen Zusammenhänge.
10   Heuss 1960, o. S.

vergangene Epochen aufzunehmen."[11] In einem weiteren Vortrag Hebebrands zum Thema *Was wird aus unseren alten Städten?* (1964) betonte er die Leistungen seines Kollegen Walther Schmidt, der als Stadtbaurat in Augsburg den Wiederaufbau leitete.[12] Schmidt äußerte sich bezüglich seiner Auffassung eines Wiederaufbaukonzepts, wie er es in Augsburg unter Wahrung historischer Bezüge im Stadtbild bei zugleich moderner Baugestaltung verwirklichte, wie folgt: „In diesem Sinne läßt sich [...] eine Welt erträumen, in der in Struktur und Gesicht der künftigen Stadt die beiden Vorstellungswelten, die auf Wiederaufbau – mit Wahrung der aus der Vergangenheit herüberführenden Linien und mit Betonung seelischer Werte – gerichtete und die auf Neubau mit dem Nachdruck auf einem strahlenden Diesseits – hingewandte, zu einer Einheit verbunden werden. Einer Einheit, die weit genug ist, nicht nur Träger dieser oder jener Grundsätze zu sein, sondern Gefäß des vollen Lebens."[13] In diesem Zitat deutet sich die Frage an, die für die Leitbilddiskussionen im Wiederaufbau entscheidend war: Wiederaufbau im Sinne einer vergangenheitswahrenden Rekonstruktion oder Neubau unter besonderer Beachtung der hygienischen Verhältnisse?

Diesen Zwiespalt stellt auch Karl Gruber dar, der von 1945 bis 1947 mit städtebaulichen Planungen in Darmstadt betraut war: „Man kann rekonstruieren was gewesen ist. Aber durch Rekonstruktion würden Filmstädte entstehen, architektonische Lügen [...]. Der zweite Gesichtspunkt ist der, sich über das Vergangene rücksichtslos hinwegzusetzen. Unser Städte würden trostlos stumpfsinnig [...]."[14] Karl Grubers Publikation *Die Gestalt der deutschen Stadt* (1937/1952) beschäftigt sich im Wesentlichen ebenso mit der Geschichte des deutschen Städtebaus wie die Publikationen des anfangs zitierten Dresdner Stadtplaners Wolfgang Rauda, dessen Analyse mitteldeutscher Städte allerdings noch einen weiteren Anspruch formuliert, wie am Ende des Vorwortes seines Buches *Lebendige städtebauliche Raumbildung* (1957) zu lesen ist: „Zu hoffen und zu wünschen wäre, daß aus dem Beispiel der räumlichen Gestaltung unserer alten Städte und der ihnen innewohnenden räumlichen Gesetzmäßigkeiten für das Bauschaffen innerhalb der alten Stadtkerne – im Herzen unserer Städte – die vielfältigen Ausdrucksmöglichkeiten stadtbau-künstlerischen Gestaltens neu gesehen, anerkannt und zu zeitgemäßer Form und Aussage umgeprägt würden."[15] Diese und die weiteren Publikationen Wolfgang Raudas können eine neue Sicht auf den Umgang mit der historischen Stadt und deren Einzelteilen bieten und bilden daher das Zentrum dieses Buches. Rauda ist es gewidmet, da zu seinem Werk und dessen Wirkung bisher noch keine wissenschaftliche Studie erschienen ist.

Wolfgang Rauda wurde am 02. Juni 1907 in Zittau (Erzgebirge, Sachsen) als Sohn des Denkmalpflegers Dr.-Ing. Fritz Rauda und dessen Frau Frida, geb. Bachmann, geboren.[16] Seine Schulbildung an einem humanistischen Gymnasium in Dresden wird seine theoretischen und historischen Studien maßgeblich beeinflussen. Nach dem Abitur 1926 begann er an der TH Dresden sein Architekturstudium und

11   Hebebrand 1961, S. 17.
12   Vgl. Hebebrand 1964, S. 117.
13   Schmidt 1947, S. 119.
14   Gruber, Karl: Darmstadt im Plan von morgen, in: Darmstädter Echo (13.03.1946), 1. Jg., Nr. 33, zit. n.: Romero 1990, S. 192.
15   Rauda 1957, S. 9.
16   Die folgenden biografischen Angaben sind einem von Wolfgang Rauda um 1970 selbst verfassten Lebenslauf entnommen.

verbrachte ein Semester 1929 an der TH Stuttgart, wo er nicht nur mit den Städtebautheorien Heinz Wetzels in Berührung kam, sondern auch Paul Bonatz kennen lernte, mit dem er bis zu Bonatz' Tod eine durch Briefe belegte Freundschaft unterhielt. 1930 schloss Rauda sein Architekturstudium an der TH Dresden ab und besuchte postgradual das Städtebauseminar bei Adolf Muesmann. Seine Dissertation mit dem Titel *Der mittelalterliche Stadtgrundriss Dresdens und seine Weiterbildung im Schloßgelände bis zur Neuzeit* wurde 1933 publiziert. Danach war er zwei Jahre lang als Mitarbeiter bei Hubert Ermisch tätig, dem Denkmalpfleger Dresdens, der den Zwinger 1934 zunächst unter Mitarbeit Raudas und nach seiner Zerstörung im Zweiten Weltkrieg erneut rekonstruierte. Wolfgang Rauda legte die entsprechenden Hauptprüfungen ab und arbeitete bis zum Ausbruch des Zweiten Weltkrieges als Regierungsbaumeister in Sachsen und Dresden.

Zwischen 1940 und 1945 in „Kempen" und in „Litzmannstadt" als Regierungsbaurat tätig, nahm er nach Ende des Krieges seine Tätigkeiten in Dresden wieder auf. Die Teilnahmen an nationalen und internationalen Wettbewerben als freischaffender Architekt schienen ihm zu helfen, ein großes Renommee und ein internationales Netzwerk verschiedenster Kontakte insbesondere in Westdeutschland aufzubauen.[17] 1952 wurde er zum Professor für Wohnungsbau und Entwerfen an die TH Dresden berufen. Diese Position behielt er bis er 1958 entschied, nach einer dienstlichen Reise nach Italien nicht nach Dresden zurück zu kehren, sondern nach Hannover und damit in die Bundesrepublik Deutschland zu flüchten. Dort erhoffte er sich eine Position an der TH Hannover, musste aufgrund seiner Vergangenheit in der DDR allerdings lange Jahre als freischaffender Architekt mit dem Schwerpunkt Schul- und Kirchenbau arbeiten, bis er 1968 einen Lehrauftrag für das eigens für ihn eingerichtete Fach *Lebendige städtebauliche Raumbildung* bekam. Nur drei Jahre später verstarb Wolfgang Rauda im Alter von 64 Jahren an den Folgen einer Krebserkrankung.[18]

Auch wenn sein Lebenslauf durchaus von dem Spannungsfeld zwischen Tradition und Moderne in den verschiedenen politischen Systemen Deutschlands geprägt war, sind es doch seine Publikationen und die darin beschriebenen städtebaulichen Theorien, die zur Bedeutung der visuellen Raumwahrnehmung zum Wiederaufbau Deutschlands einen entscheidenden Beitrag geliefert haben. Schon der Titel seiner Dissertation deutet Raudas Forschungsschwerpunkt an: die Analyse des historischen Stadtgrundrisses. Dabei beschränkt er sich nicht nur auf reine Stadtbaugeschichte, sondern stellt ein Epochenmodell vor, dessen Einteilung sich dadurch auszeichnet, dass sich das „Sehen" und dessen Ausdruck im Stadtraum im Laufe der Zeit genauso verändert hat wie die Gesellschaft. Diese Theorie wird besonders in seiner Publikation *Raumprobleme im europäischen Städtebau* (1956) deutlich.

Darin untersucht er die großen Epochen von der Antike bis zum „Bauen unserer Zeit", um epochenspezifische Muster räumlicher Wahrnehmung herauszuarbeiten, die im gesellschaftlichen Wandel für entsprechende Raumbildungen im Städtebau wirksam sind. Die Stadtbilder dieser von Rauda erst als „Gestaltbereiche" und später als „Perioden städtebaulicher Raumkulturen" bezeichneten Epochen sind gekennzeichnet durch verschiedene „Ordnungsprinzipien", das heißt, durch ganz bestimmte

17   Vgl. Zumpe 2007, S. 25.
18   Frank Rauda, der jüngere Sohn Wolfgang Raudas, hat mich in meinem Forschungsvorhaben sehr unterstützt und mir – abgesehen von der Einsicht in den Nachlass Wolfgang Raudas – einige wichtige biografische und persönliche Einblicke gegeben.

Merkmale bezüglich der Symmetrie, des Rhythmus und der Verhältnisse des Stadtraums zum Menschen sowie zu den umgebenden Freiräumen und Bauten.

Dargestellt wird dies in einer Übersicht am Ende des Buches[19], das aus erläuternden Aufsätzen zu entscheidenden Faktoren dieser Theorie und einer reichen Beispielsammlung verschiedenster daraufhin analysierter Platzsituationen besteht. Diese Analyse erfolgt durch ästhetisch ansprechende Federzeichnungen von Raumperspektiven und eigens angefertigten Lageplänen, die einen Fokus auf den architektonisch gefassten Freiraum legen. Konkrete Anwendung der hier ausgearbeiteten Theorie findet sich im ein Jahr später erschienenen Buch *Lebendige städtebauliche Raumbildung*, in dem Wolfgang Rauda 19 mittelgroße Städte in Mittel- und Ostdeutschland bezüglich ihrer Stadtbaugeschichte und der Wirkung ihrer sogenannten „Nahtstellen" untersucht.[20] Doch obwohl er sich bewusst dagegen entscheidet, die Zerstörungskartierungen der analysierten Städte zu zeigen oder deren bisherigen Wiederaufbau zu kommentieren, wird doch einige Kritik an den Wiederaufbauplanungen der Nachkriegszeit deutlich: „Wenn Steine jetzt und künftig wieder reden oder gar tönen sollen – und erst so erhält ja das bauliche Tun seinen höheren Sinn –, dann dürfen die Architektur und das Bauen nicht nur der Zweckerfüllung und der praktischen Notdurft dienen." Rauda mahnt: „In diesem Sinne ‚am Beispiel zu wirken' und ohne ‚Aufsehen zu erregen' zu gestalten, ist nach den Zerstörungen des letzten Krieges dem heutigen Baumeister besondere Pflicht."[21]

Die hier angesprochene Kritik am Funktionalismus im Städtebau und die Warnung vor spektakulären Entwürfen am Einzelbau verdeutlichen Raudas Idee einer Planung, die vom Ganzen her gesehen wird und die Betrachtung und Analyse der Ordnungsprinzipien einer Stadt voraussetzt. In diesem Kontext taucht bei Rauda erstmals der Begriff „Raumkultur" auf, der in der letzten Publikation Raudas 1969 titelgebend wird: *Die historische Stadt im Spiegel städtebaulicher Raumkulturen.* Hier geht er direkt auf die Kritik am Nachkriegsstädtebau und den Verlust der historischen Stadtzentren ein, vertieft insbesondere die Einteilung in – im Buch *Raumprobleme im europäischen Städtebau* noch als „Gestaltbereiche" bezeichnete – „Perioden städtebaulicher Raumkulturen" und fragt, wie diese entstanden sind und sich ausdrücken. Seine Haltung zum Wiederaufbau bzw. zur Stadtplanung bleibt in allen Publikationen gleich: Stadtplanung müsse immer vom Ganzen ins Einzelne erfolgen. Hierzu gehöre auch die Stadtbaugeschichte, denn das „ehrfürchtige ‚Schauen des gesetzlich Lebendigen' im räumlich-baulichen Schaffen der Vergangenheit" führe erst zu der „anschauenden Kenntnis", die die „rechte Art der Betrachtung städtebaulicher Raumbildung" ergäbe.[22] Die Stadtbaugeschichte ist insofern entscheidend,

---

19   Rauda 1956, S. 98-99. Die Tabelle ist überschrieben mit einem Zitat von Aristoteles bzw. Christian von Ehrenfels (Rauda nennt beide Zuordnungen): „Das Ganze ist mehr als die Summe seiner Teile.", wodurch Rauda einerseits betont, dass dies zwar wissenschaftlich wirkt, aber durchaus interpretationsbedürftig ist und andererseits bezieht er sich hier – erst- und letztmals – auf den Kunsthistoriker von Ehrenfels, dessen Artikel *Über Gestaltqualitäten* (1890) ausschlaggebend für die visuelle Wahrnehmung von Geometrien im Stadtraum angesehen werden kann.

20   Die beiden Publikationen Raudas, die vor seiner Emigration nach Hannover erschienen sind, sind sowohl in Ost- als auch in Westdeutschland verlegt worden und erfuhren dementsprechende Verbreitung.

21   Rauda 1957, S. 16.

22   Rauda 1957, S. 11.

da hier, so die These Raudas, verschiedene Ordnungsprinzipien ablesbar werden und diese in eine mögliche Neuplanung einbezogen werden sollen. Denn, und das wird im oben genannten Zitat bereits deutlich, Wolfgang Rauda empfiehlt bei Stadtplanungen gerade keine Rekonstruktionen des Alten, sondern er fordert ein Erkennen der Gesetzmäßigkeiten der alten Städte und deren Interpretation für die neuen Bedürfnisse der Gesellschaft auf Basis der Prozesse, in denen sich das entsprechende „Sehverhalten" verändert hat.[23] Nicht nur daraus lässt sich schließen, dass die visuelle Raumwirkung, insbesondere des historischen Stadtgrundrisses, eine enorme Bedeutung in der Städtebautheorie Raudas einnimmt.

Die visuelle Wahrnehmung als entscheidenden Aspekt der Stadtgestaltung zu untersuchen, begründet sich in einer großen Anzahl von Vorarbeiten. Der „Erfinder" des *Städtebau nach seinen künstlerischen Grundsätzen*, Camillo Sitte, hat diese Art der Wahrnehmung von Stadt bezüglich der Folgen des modernen Städtebaus wohl erstmals in den Fokus der Betrachtungen gerückt. In seinem Grundlagenwerk von 1889 steht die Kritik an der „technischen Herangehensweise" der modernen Stadtplanung im Vordergrund, bei der keinerlei Plätze „zum Verweilen" mehr entstehen könnten. Sitte analysiert dahingehend Platzsituationen nach ihrer Unregelmäßigkeit, Größe, Form und der Stellung ihrer Monumente und kommt zu dem Schluss, dass man auch „auch die künstlerische Seite" mehr berücksichtigen müsse, sodass „wir wenigstens in formaler Beziehung manches Gute zu Stande bringen" würden, wenn auch „das hohe Ideal der Alten [...] unerreichbar bleiben sollte."[24] Albert E. Brinckmann entwickelte dies auf der theoretischen Ebene in seinen Schriften *Platz und Monument* (1908) und *Deutsche Stadtbaukunst in der Vergangenheit* (1911) weiter, während Theodor Fischer den Einfluss Sittes insbesondere in seinen Planungen für die Stadterweiterungen Münchens verdeutlicht.[25] Heinz Wetzel, Professor für Städtebau und Siedlungswesen an der TH Stuttgart, dessen „geistiger Vater" Theodor Fischer ist, schließt sich ebenfalls der Kritik Sittes an der modernen Stadt der Gründerzeit an und bezieht die Stellung von Dominanten als „optische Leitlinien" in seine Stadtplanungstheorie mit ein.[26]

Zeitgleich zum Wirken Wetzels an der TH Stuttgart publiziert der Kunsthistoriker Joseph Gantner 1928 das Buch *Grundformen der europäischen Stadt. Versuch eines historischen Aufbaus in Genealogien*, in dem er versucht, städtebauliche Gesetzmäßigkeiten in der historischen Stadt durch empirische Analyse ausgewählter Platzsitua-

---

23   Rauda schreibt zur „4. Periode städtebaulicher Raumkultur": „Wenn wir die vielschichtigen geistigen Zusammenhänge zwischen einer veränderten und einer daraus sich ableitenden Wandlung der städtebaulichen Vorstellungen anerkennen, können wir schlüssig folgern, daß die dritte Periode städtebaulicher Raumkultur mit ihrer überwiegend perspektivischen Sehweise im Erlöschen begriffen ist. [...] Die räumliche Bewußtseinsänderung leiten wir von der Tatsache ab, daß der Mensch auf seinem Erdglobus durch die Verdichtung der Kommunikationsmedien, insbesondere des Fernsehens mit der sinnhaften Wahrnehmung des Augenblicks, und durch die Verkürzung der Entfernung in der Phase des Überschallflugzeuges, eine Isolierung von Land zu Land, von Volk zu Volk nicht mehr aufrecht zu erhalten vermag, sondern sich in zunehmendem Maße in gegenseitigen Wechselwirkungen verbunden sieht. Wir erkennen eine Zahl von primären Impulsen, die auf das Bilden neuartiger städtebaulicher Räume einwirken." (Rauda 1969, S. 37)
24   Sitte 1901, S. 180.
25   Vgl. Wolfrum 2012.
26   Vgl. Wetzel 1942.

tionen innerhalb der Stadtbaugeschichte zu finden. Diese städtebaulichen Theorien der Moderne – und dies ist eine der Thesen dieses Buches – haben die Leitbilddiskussion nach dem Zweiten Weltkrieg ebenso mitbestimmt wie die Städtebautheorien Le Corbusiers und die Charta von Athen. Allerdings richten die Ideen der sogenannten „traditionellen" Betrachtungsweise Wetzels und Gantners ihren Fokus weniger auf funktionale Aspekte des Städtebaus als vielmehr auf das visuelle Wahrnehmen der Stadt aus der Sicht des Flanierenden heraus. Das in der Nachkriegszeit als scheinbarer Kompromiss dieser beiden Herangehensweisen wahrgenommene Leitbild – das sich durch die oben genannten Zitate Hebebrands, Schmidts und Grubers ausdrückt – soll als weitere These des Forschungsvorhabens bezugnehmend auf die letzte Publikation Raudas als „Wiederaufbau im Spiegel städtebaulicher Raumkulturen" bezeichnet und charakterisiert werden. Dieses städtebauliche Leitbild ist damit weder der klassischen Moderne noch der Tradition zugeordnet, da es sich einerseits immer mit der Geschichte des spezifischen Ortes auseinandersetzt und sich andererseits mit den neuen Bedürfnissen und mit der jeweiligen Entwicklung der Gesellschaft befasst.

Gemeinsam ist den Positionen, die diesem Leitbild folgen, die Bezugnahme auf das „Charakteristische" (Hebebrand), die „seelische[n] Werte" (Schmidt) sowie die Opposition gegen das „tonlos Stumpfsinnige" (Gruber) oder – zusammengefasst – die Frage nach der „Identität" der Stadt. Sie beziehen sich direkt oder indirekt darauf, dass jede Stadt über etwas Vertrautes und Spezifisches verfügt, das es zu beachten gilt, auch wenn es im Luftkrieg zerstört wurde. Dieser Aspekt der Identität der Stadt wird als entscheidend für die Bedeutung der visuellen Wahrnehmung angesehen und muss daher in Bezug auf die historische Stadt näher untersucht werden. Die Fragen nach der Identität der Stadt – ein Thema vor allem der 1990er Jahre, als man sich im wiedervereinten Deutschland mit der gemeinsamen und getrennten Geschichte des Staates erneut auseinanderzusetzen hatte – wurden durch neue Planungen in der Innenstadt Berlins durch Hans Stimmann und die Rekonstruktion der Altstadt Dresdens virulent. Das von Martina Löw initiierte interdisziplinäre Forschungsprojekt *Eigenlogik der Städte* der TU Darmstadt hat sich auf stadtsoziologischer Ebene damit auseinandergesetzt, wobei die Frage nach der Bedeutung der visuellen Wahrnehmung, insbesondere des historischen Stadtgrundrisses, nicht bearbeitet wurde. Dabei weist schon Rauda mit seiner Theorie darauf hin, dass hier ein entscheidender Zusammenhang besteht: „Das Thema Stadt ist zu allen Zeiten benutzt worden, um durch die Besonderheit der Ausdrucksformen eine Art Selbstdarstellung der Bewohner, ihrer Kultur und ihrer gesellschaftlichen Ordnung zu ermöglichen."[27]

Er geht davon aus, dass es nicht die Stadtgestalt an sich ist, die eine solche Identifikation mit Stadt verursacht, sondern dass es die Kultur und die Gesellschaft sind, die die Stadtgestalt prägen und durch die sich eine „Stadtidentität" entwickelt. Es ist demnach nicht das Stadtbild, mit dem die Bürgerschaft sich identifizieren, sondern die durch gesellschaftliche Umbrüche entstandene „Identität" der Gesellschaft, die das Stadtbild geprägt hat. Im Umkehrschluss bedeutet dies allerdings auch, dass ein so gewaltiger gesellschaftlicher Bruch wie die Zerstörung der Städte im Zweiten Weltkrieg keine vollständige Veränderung des Identitätsbewusstseins der Stadtmenschen auslösen kann, weswegen – und dies ist eine Besonderheit der

27   Rauda 1969, S. 31.

Theorie Raudas – die Stadtbaugeschichte und die daraus entstandenen Raumkulturen entscheidende Faktoren für die Planungen im Wiederaufbau sein müssten. Dass die Bedeutung der historischen Stadt als Ausdruck der Identität von Stadtmenschen bis heute eine Debatte mit wachsender Dringlichkeit in der Stadtplanung darstellt, zeigt die „neue Altstadt" in Frankfurt am Main, deren Neubauten im Herbst 2018 auf dem Frankfurter Dom-Römer-Areal feierlich eröffnet wurden. Die Theorien Raudas könnten für diese Debatte weitere Ansätze liefern.

Wolfgang Rauda und die Geschichte der Stadtbaukunst

Dieses Buch untersucht die historische Einordnung der Städtebautheorie Wolfgang Raudas in die Konzepte des Wiederaufbaus deutscher Städte nach dem Zweiten Weltkrieg. Dazu wird in Kapitel 2 die visuelle Wahrnehmung als Aspekt der Stadtgestaltung in der frühmodernen Stadtbaugeschichte untersucht. Hierbei wird kein Anspruch auf eine vollständige Erläuterung des historischen Kontextes der Städtebautheorien der Moderne erhoben, vielmehr geht es konkret um den Aspekt der visuellen Wahrnehmung, der durch Analyse und Erörterung von bspw. Camillo Sittes *Der Städtebau nach seinen künstlerischen Grundsätzen* und Theodor Fischers *6 Vorträge zur Stadtbaukunst* sowie deren Rezeption in Sekundärliteratur herausgearbeitet wird.

Auffällig ist, dass die einen konservativen Traditionalismus prägenden Ansätze Sittes und Fischers sich insbesondere bezüglich der Rollenzuschreibung des Stadtmenschen von den Zugehörigen einer radikalen Moderne unterscheiden: Sind sie bei ersteren die durch die Stadt wandelnden Flanierenden, werden sie in der Stadt der Moderne zu Verkehrsbeteiligten, die eine eigene Fahrspur benötigen. Die Konzentration auf die „verkehrsgerechte Stadt" ist ein Faktor des zum Scheitern verurteilten an dieser Position festhaltenden nachkriegsmodernen Städtebaus. Unter anderem Wolfgang Rauda richtet seine Analysen allerdings für den Menschen als Personen zu Fuß aus, weswegen seine Tätigkeiten im Fokus der Kapitel 3 und 4 stehen.

Insbesondere bei der Recherche zu Raudas Biografie sowohl in seinem privaten Nachlass[28] als auch in Zeitschriftenarchiven sowie Archiven der ehemaligen Technischen Hochschule Hannover (heute Leibniz Universität Hannover), der Technischen Universität Dresden und dem Bundesarchiv wurde deutlich, dass Wolfgang Rauda nicht nur in theoretischer Sicht in die Wechselwirkungen der Nachkriegsmoderne einzuordnen ist, sondern in seiner Biografie mehrere politische Systeme durchlaufen hat: im Studium geprägt durch das Scheitern der Weimarer Republik und die Diskurse zwischen „Neuem Bauen" und Traditionalismus, im Nationalsozialismus junger, aufstrebender Planer im besetzten Osten, in der Sowjetischen Besatzungszone bzw. der DDR auf der Suche nach einer für ihn geeigneten Rolle im Sozialismus und am Ende der 1950er Jahre in der wirtschaftlich aufstrebenden Bundesrepublik beruflich Sicherheit findend, dabei wissenschaftlich allerdings scheiternd. Bewusst wird in der biografischen Betrachtung Raudas allerdings sein beruflicher Werdegang von seinen städtebaulichen Planungen getrennt betrachtet, um letztere im eigenen Kon-

---

28   Der private Nachlass ist – aufgrund von Raudas Auswanderung aus der DDR 1958 – nicht sehr umfangreich, umfasst allerdings einige briefliche Korrespondenzen, Lehrkonzepte, Lebensläufe und Publikationslisten.

text zu erläutern und in die nachkriegsmodernen städtebaulichen Diskussionen einzuordnen. Besonderer Fokus wird auf die Umstände seiner Ausreise gelegt, da sich in dem langen Prozess der Diskussionen und Verhandlungen, die schließlich zur Flucht Raudas aus der DDR führten, ein grundsätzlicher Umgang des sozialistischen Staates mit international agierenden Fachwissenschaftler*innen aufzeigen lässt.

Im Anschluss an die biografische Abhandlung erfolgt eine interpretierende Analyse seiner städtebaulichen Theorien. Insbesondere anhand seiner vier Monografien aus den 1950er und 1960er Jahren kann die Ausarbeitung seiner maßgeblichen Thesen nachvollzogen werden: *Raumprobleme im europäischen Städtebau* (1956), *Lebendige städtebauliche Raumbildung* (1957), *Die historische Stadt im Spiegel städtebaulicher Raumkulturen* (1969) und das unveröffentlicht gebliebene Werk *Festliches Venedig – Stadtbaukunst im Wandel von Raum und Zeit*. Zur Erläuterung dieser Schriften wird zuerst eine inhaltliche Zusammenfassung gegeben, bevor die maßgeblichen Thesen herausgearbeitet und interpretiert werden. Darauf folgt eine Besprechung der zeitgenössischen Rezeptionen und eine theoretische Einordnung anhand der jeweils von Rauda genannten Schriften. Im Anschluss an die Betrachtung der einzelnen Schriften werden die übergeordneten Einflüsse Raudas benannt. Im Rahmen dessen erfolgt die Definition der von Rauda verwendeten Schlüsselbegriffe Rhythmus, Raum, Ordnungsprinzip und Raumkultur sowie die Recherche seiner möglichen Einflüsse auf die Theorie.

Der Einfluss von Raudas Schriften auf die Debatten der folgenden Jahrzehnte kann kaum bewertet werden, da sie weitestgehend unbeachtet bleiben. Seine Zeichnungen werden zwar in einigen stadthistorischen Forschungsarbeiten verwendet und seine Monografien finden sich in den Literaturverzeichnissen der entsprechenden städtebaulichen und historischen Grundlagenwerke wieder, werden aber kaum historisch kontextualisiert. Daher erfolgt im Hinblick auf die zuvor gesetzten historischen Entwicklungen ein analytischer Vergleich von Raudas Theorien mit einerseits ausgewählten Einzelaspekten verschiedener Leitbildtheorien. Hierzu gehören beispielsweise mögliche Bezüge zur *Organischen Stadtbaukunst* Reichows, dem Konzept der Raumgruppen Schwagenscheidts und der sehr praxisorientierten Ideen Hebebrands. Andererseits folgt der konkrete Vergleich mit den Studien Karl Grubers, dessen Publikation *Die Gestalt der deutschen Stadt* (1952) eine städtebauliche Theorie vertritt, die häufig in einem Atemzug mit Raudas Ansatz genannt wird. Die mögliche Bezugnahme auf die für die Entwicklung des sozialistischen Städtebaus maßgeblich prägenden *16 Grundsätze des Städtebaus* und deren Forderung nach Beachtung regionaler Traditionen wird hierbei genauso entscheidend sein wie der Blick auf die internationalen Entwicklungen, etwa die des achten Kongresses der „modernen Architekten" (CIAM VIII) unter dem Titel *The Heart of the City* oder auch die rekonstruktiven Ansätze eines identitätsstiftenden Wiederaufbaus in Polen.

In der Betrachtung dieser exemplarischen Herangehensweisen wird deutlich, dass die Vorstellung Raudas von den einer Stadt jeweils eigenen „Ordnungsprinzipien" im Sinne einer sichtbaren kontinuierlichen Stadtentwicklung kein singulärer Ansatz dieser Zeit ist. In der Kontextualisierung von Raudas Theorie eines „Städtebaus nach seinen raumkulturellen Grundsätzen" kann daher die These vertreten werden, dass die visuelle Wahrnehmung der historischen Stadt und damit die Auseinandersetzung mit der Stadtgeschichte den Wiederaufbau der Städte nach dem Zweiten Weltkrieg maßgeblich beeinflusst hat.

Stand der Forschung

Das Thema der visuellen Wahrnehmung als Aspekt der Stadtgestaltung im 20. Jahrhundert ist bisher unter anderem von Helmut Winter in seiner 1986 an der ETH Zürich abgeschlossenen und 1988 publizierten Dissertation unter dem besonderen Schwerpunkt der ästhetischen Vorstellungen untersucht worden.[29] Diese Arbeit dient neben der ausführlichen Übersicht zur *Baukultur als Spiegel gesellschaftlichen Wandels*[30] (2009) von Werner Durth und Paul Sigel dem Überblick zur architekturhistorischen und städtebaulichen Entwicklung.

Die ersten theoretischen Grundlagen des Städtebaus aus dem späten 19. und frühen 20. Jahrhundert sind in einem von Vittorio Lampugnani, Karin Albrecht, Helene Bihlmaier und Lukas Zurfluh herausgegebenen Überblick über das *Manuale zum Städtebau* betrachtet worden.[31] Den Einfluss der Wahrnehmungsphysiologie auf das Raumbewusstsein der frühen Moderne hat der Kunsthistoriker Jonathan Crary[32] festgestellt. Camillo Sittes Theorie des künstlerischen Städtebaus ist in vielfacher Weise in der Forschungsliteratur analysiert worden;[33] dass sie sich unter anderem an diesen physiologischen Studien zur optischen Wahrnehmung orientiert, wird von Karin Wilhelm[34] und insbesondere Gabriele Reiterer[35] dargelegt. Der Einfluss dessen wiederum auf die traditionellen Städtebautheorien bis 1933 wird in den ursprünglichen Publikationen von Albert Erich Brinckmann,[36] Theodor Fischer,[37] Joseph Gantner,[38] Karl Henrici,[39] Paul Schultze-Naumburg,[40] Gottfried Feder,[41] Le Corbusier,[42] Siegfried Giedion[43] und Paul Zucker[44] nachgewiesen. Lediglich die Arbeiten des Stuttgarter Professors für Städtebau, Heinz Wetzel, werden aufgrund seiner geringen Publikationstätigkeit durch die Forschungen von Elke Sohn[45] bereichert. Daneben können anhand des Tagungsberichtes von Johann Jessen und Klaus Jan Philipp unter dem Titel *Städtebau der Stuttgarter Schule*[46] und der von Matthias Freytag vorgelegten Dissertation zur Lehre an der Stuttgarter Schule der 1920er Jahre[47] wichtige Rückschlüsse auf die Bedeutung der Lehre Wetzels für die städtebautheoretische Entwicklung im Traditionalismus gezogen werden.

29   Winter 1988.
30   Durth/Sigel 2009.
31   Lampugnani 2017.
32   Crary 1996.
33   Semsroth/Jormakka/Langer 2005; Mönninger 1998;
        Semsroth/Mönninger/Crasemann/Collins 2008.
34   Wilhelm 2006.
35   Reiterer 2003; Reiterer 2005.
36   Brinckmann 1908; Brinckmann 1911.
37   Fischer (1920) 2012.
38   Gantner 1928.
39   Henrici 1904.
40   Schultze-Naumburg 1906.
41   Feder 1939.
42   Le Corbusier (1929) 1979.
43   Giedion 1965.
44   Zucker 1929.
45   Sohn 2009; Sohn 2015.
46   Jessen/Philipp 2015.
47   Freytag 1996.

Die Darlegungen zu Wolfgang Raudas Biografie basieren zum einen auf Materialien aus den Archiven der Technischen Universität Dresden, der Leibniz-Universität Hannover und aus Raudas Privatnachlass, zum anderen auf persönlichen Gesprächen mit seinem Sohn Frank Rauda und seinem ehemaligen Mitarbeiter Manfred Zumpe. Letzterer hat zwei Aufsätze zur Biografie Raudas veröffentlicht[48] und wurde dafür kritisiert, da er die berufliche Entwicklung Raudas zwischen 1939 und 1945 außer Acht lässt.[49] Anhand einer Personalakte Raudas zu dessen Tätigkeit im vom Nationalsozialismus besetzten Osten Europas, die sich im Bestand des Bundesarchivs befindet, dem Bogen zu seinem Entnazifizierungsverfahren und den ausführlichen Erläuterungen von Niels Gutschow in dessen Monografie *Ordnungswahn. Architekten planen im ‚eingedeutschten Osten' 1939–1945*[50] kann diese Lücke im Rahmen dieser Forschungsarbeit geschlossen werden. Auch die Konflikte Raudas mit der Deutschen Bauakademie und der SED nach Gründung der DDR können anhand einiger Unterlagen aus dem Bundesarchiv, dem Universitätsarchiv der TU Dresden sowie dem Stadtarchiv und dem Hauptstaatsarchiv Dresdens nachgewiesen werden. Abgesehen von diesen Archivdokumenten bieten die zeitgenössischen Architekturzeitschriften, unter anderem der *Baumeister*, die *Bauwelt* und die ostdeutsche Zeitschrift *Deutsche Architektur* eine wichtige Quelle zur Analyse des baulichen Werks von Rauda in der Nachkriegszeit. Die Entwicklung der Architektur und des Städtebaus in dieser Zeit in beiden deutschen Staaten ist maßgeblich durch verschiedene Publikationen von den Architekturhistorikern Werner Durth, Jörn Düwel und Niels Gutschow sowie dem Politikwissenschaftler Klaus von Beyme aufgearbeitet worden.[51] Einen retrospektiven Blick bietet außerdem die Aufsatzsammlung von Hans-Reiner Müller-Raemisch über *Leitbilder und Mythen in der Stadtplanung*.[52]

Die Kunsthistorikerin Sigrid Brandt hat den theoretischen Ausführungen Raudas ein Kapitel ihrer Habilitationsschrift *Methoden der Stadtbaukunst* gewidmet.[53] Erstmals wird in der vorliegenden Dissertation eine ausführliche Analyse seiner Monografien, auch des unveröffentlichten Manuskripts zur Stadtbaugeschichte Venedigs, vorgenommen. Anhand von Raudas Referenzen sowie durch weiterführende Recherchen der thematisch relevanten Literatur der 1920er bis 1960er Jahre können die grundsätzlichen Einflüsse auf seine Schriften charakterisiert werden. Daraus ist auch die Auswahl der Konzepte zur vergleichenden Analyse getroffen worden.

Die Schriften und die Biografie Karl Grubers wurden von Andreas Romero erarbeitet[54]; für die Wiederaufbauplanungen und Tätigkeiten Werner Hebebrands sei an dieser Stelle nochmals auf die den jeweils betrachteten Stadtplanungen angehängten Dokumente in Werner Durths und Niels Gutschows Publikation *Träume in Trümmern* hingewiesen.[55] Zur Bedeutung der visuellen Wahrnehmung der historischen Stadtgrundrisse im Städtebau der DDR hat Alexander Karrasch geforscht,[56]

48   Zumpe/Schuster 2007; Zumpe 2007.
49   Vgl. Wirtz 2008.
50   Gutschow 2001.
51   Beyme 1992; Beyme 1987; Durth/Gutschow 1993; Düwel 1995;
      Durth/Düwel/Gutschow 1999, Bd. 1 und Bd. 2.
52   Müller-Raemisch 1990.
53   Brandt 2015, auch Brandt 2016.
54   Romero 1990.
55   Durth/Gutschow 1993.
56   Karrasch 2015.

außerdem sind die Planunterlagen des DDR-Architekten Bernhard Klemm für die ab Ende der 1950er Jahre erfolgte Sanierung der Innenstadt Görlitz als Teilnachlass am Fachbereich Architektur der TU Darmstadt aufschlussreich für die Weiterentwicklung der Beachtung der historischen Bautradition, wie sie 1950 in den „Sechzehn Grundsätzen des Städtebaus" gefordert wurde. Im westlichen Ausland hat die Architektenvereinigung CIAM den städtebaulichen Diskurs auch nach dem Zweiten Weltkrieg beeinflusst, ihre Entwicklung zu einer Verteidigung des humanisierten urbanen Raums hat Constanze Domhardt in ihrer 2012 publizierten Doktorarbeit dargelegt.[57] Die städtebauliche Suche nach Identität in Polen nach dem Zweiten Weltkrieg wird in der Buchreihe *Visuelle Geschichtskultur*, unter anderem herausgegeben von Arnold Bartetzky, erläutert.[58]

57   Domhardt 2012.
58   Relevant für die hier vorliegenden Ausführungen sind die Bände: Bartetzky 2012 und Friedrich 2010.

Prolog – Stadtbaukunst zwischen klassischer Moderne und Nationalsozialismus

Fig. 7.

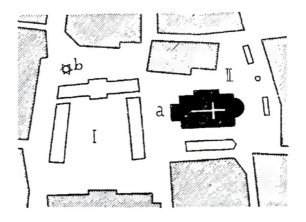

NÜRNBERG.

| I. Marktplatz. | a. Marienkirche. |
| II. Frauenplatz. | b. Der schöne Brunnen. |

Das Europa des 19. Jahrhunderts war geprägt von großen Veränderungen: Die Monarchie als bis dahin gängige Staatsform war durch die Französische Revolution vielerorts bereits gehörig ins Wanken geraten, die geistige Revolution in Form der Aufklärung entdeckte und entwickelte neue Wissenschaftsdisziplinen, die industrielle Revolution läutete ein neues wirtschaftliches und technologisches Zeitalter ein. Diese Umbrüche kulminierten in einer neuen Zeit- und Stilepoche: der Moderne.[1] Literatur, Musik und Kunst reagierten auf diese revolutionäre Entwicklung, doch kaum eine kulturelle Disziplin war so beeinflusst von der Moderne wie die Architektur[2]: Neue Bauverantwortliche, neue Bauaufgaben, neue Baustoffe und neue Bautechnologien führten spätestens zu Beginn des 20. Jahrhunderts zu einer auch formal sichtbaren neuen Stilepoche der Baugeschichte. Doch nicht nur die einzelnen Bauten bekamen neue Formen; durch die anhaltenden gesellschaftlichen Veränderungen waren ganze Städte dem Wandel unterworfen. Das Ende des landwirtschaftlichen und der Beginn des industriellen Zeitalters führten zur Landflucht. Die Menschen strömten auf der Suche nach Arbeit in den Fabriken und Industrien vom Land in die Städte, die für diesen Einwohnerzuwachs kaum ausgelegt waren. Die Folge waren Erweiterungen und Neuplanungen der Großstädte in ganz Europa – und die Entwicklung einer neuen Wissenschaftsdisziplin: Städtebau.

Die bis dahin eher von den Disziplinen der Landvermessung oder des Festungsbauwesens betriebene Planung von Städten hatte sich durch die politischen und industriellen Umbrüche des 19. Jahrhunderts zu einer eigenständigen Disziplin entwickelt; zu komplex waren die Zusammenhänge von ästhetischen, politischen und pekuniären Ansprüchen im Städtebau geworden.[3] Für die Stadterweiterungen der europäischen industrialisierten Großstädte waren hygienische Maßnahmen in Form einer ausgebauten Kanalisation ebenso notwendig wie die Einrichtung einer Infrastruktur für den öffentlichem Nahverkehr. Zur Lösung dieser Aufgaben wurde üblicherweise von einem zuständigen Organ des jeweiligen Staates eine Richtlinie in Form einer Bauordnung, eines Regulierungs- oder Bebauungsplans vorgegeben, innerhalb dessen die meist privaten Besitzer*innen der einzelnen städtischen Grundstücke individuelle Entscheidungen treffen konnten.[4]

Die Diskussionen über einen adäquaten Umgang mit dem rapiden Stadtwachstum in Verbindung mit der Klärung sozialer und hygienischer Fragen führten zu umfangreichen Werken, Enzyklopädien und Lehrbüchern über die neue Disziplin Städtebau. Eine der ersten dieser Publikationen im deutschsprachigen Raum ist die von Reinhard Baumeister[5] 1876 herausgegebene Schrift *Stadterweiterungen in technischer, baupolizeilicher und wirtschaftlicher Beziehung*. Die „Stadterweiterungen"[6] sind

1   Zu Begriff und Definition der Moderne vgl. Dipper 2018.
2   In den verschiedensten Büchern zur Architektur- und Kulturgeschichte wird der Wandel in die Moderne um 1800 besprochen und kann daher an dieser Stelle nur in verkürzter Form zusammengefasst werden. Zum weiteren Verständnis vgl. beispielsweise: Hitchcock 1985; Benevolo 1964; Durth/Sigel 2009; Pehnt 2005.
3   Vgl. Ley 2003.
4   Vgl. hierzu Banik-Schweitzer 1999, S. 59.
5   Biografische Informationen zu Reinhard Baumeister (1833–1917) finden sich bei Lampugnani/Frey/Perotti 2008, S. 32.
6   „Die Erweiterung der Städte erfolgt gegenwärtig nicht mehr so rasch, ja überstürzend, wie vor einigen Jahren. Um so eher ist ein planmäßiges Verfahren möglich und rathsam, durch welches die ferner zu erwartende Entwicklung zum allgemeinen Besten geleitet

der Ausgangspunkt für ein „planmäßiges Verfahren", nach dem sie gestaltet werden sollen. Baumeisters grundlegende Überlegungen dazu sind eindeutig rational und wissenschaftlich orientiert: In vier Abschnitten betrachtet Baumeister die Stadt nach ihren technischen, administrativen und ökonomischen Aspekten, formale Ideen zur Stadtgestaltung fasst er unter dem Stichwort „Technische Grundzüge" zusammen und zeigt insbesondere geometrische Platzausbildungen als exemplarische Vorschläge zur Gestaltung der Stadterweiterung.[7]

Die beiden Stadthistoriker Gerhard Fehl und Helmut Winter stellen fest, dass sich in dieser frühen Entwicklungsphase der Disziplin Städtebau drei maßgebliche Ausrichtungen herausbilden: Stadtplanung, Siedlungs- bzw. Wohnungsbau und Stadtbaukunst.[8] Beide Forscher weisen den oben angesprochenen städtebaulichen Ansatz Baumeisters eindeutig der technisch orientierten Stadtplanung zu und stellen ihnen, als konträre Haltungen, die Ausführungen Sittes und Henricis als stadtbaukünstlerische Konzepte gegenüber.[9] Während Winter in seiner Dissertation zu *Schönheitsvorstellungen im modernen Städtebau* (1988) die Gemeinsamkeit dieser drei Auffassungen von Städtebau im Bemühen zur Lösung von problematischen sozialen Fragen sieht, betont Fehl sehr viel deutlicher die Relevanz der bürgerlichen Bildungsgesellschaft bei der Ausbildung dieser drei Reformansätze. Damit wird deutlich, dass die Disziplin Städtebau – unabhängig von ihrer spezifischen Ausrichtung auf eine gestalterische oder technische Ebene – eine direkte Reaktion auf die eingangs angesprochenen „Revolutionen" der Politik, der Industrie und der Bildung war und damit ein entscheidendes Element in der Ausbildung des modernen Zeitalters darstellt.

Abgesehen von dieser Entwicklung des Städtebaus zu einer Wissenschaftsdisziplin ist für die folgende Betrachtung noch eine weitere Folge der Aufklärung entscheidend: Ab Mitte des 19. Jahrhunderts setzt eine „Umstrukturierung des Sehens" ein, die von dem amerikanischen Kunsthistoriker Jonathan Crary als entscheidende Weiterentwicklung im Übergang in die Moderne beschrieben wird.[10] Das 1860 von Gustav Theodor Fechner formulierte „Weber-Fechnersche-Gesetz", eine logarithmische Formel zur Beschreibung der Abhängigkeit von Reizwahrnehmung und Empfinden (vgl. Abb. 3), bildet den Höhepunkt auf der Suche nach der Objektivierung des Sehens im 19. Jahrhundert.[11] Im 17. und 18. Jahrhundert waren die menschlichen Sinne

---

werden kann. [...] Das vorliegende Buch macht den Versuch, diesen Gegenstand nach den genannten Richtungen systematisch zu behandeln. Es will theils Bestehendes schildern, Bauten und Entwürfe, Meinungen und Verordnungen, theils mit Hülfe der Kritik und der Wissenschaft für die Zukunft vorbereiten helfen." (Baumeister 1876, S.V)

7   Vgl. Ley 2003, S. IV-V.

8   Winter 1988, S. 152, sowie Fehl 1995, ab S. 27. Beide Schriften bilden wesentliche Argumentationsgrundlagen für das folgende Kapitel: Winters Betrachtungen zu den *Schönheitsvorstellungen im modernen Städtebau* werden insbesondere bei der Erläuterung der stadtbaukünstlerischen Protagonisten Sitte, Brinckmann und Fischer eine besondere Relevanz einnehmen, während sich Fehls Ausführungen in der Bewertung der Weiterentwicklung dieser Ideen im Nationalsozialismus wiederfinden werden.

9   Der Siedlungs- bzw. Wohnungsbau als dritte Ausrichtung des Städtebaus wird von Winter nicht konkretisiert und von Fehl insbesondere auf den Arbeiterwohnungsbau bezogen. Dieser Aspekt des Städtebaus wird auch im Rahmen dieser Ausarbeitung vernachlässigt.

10 Vgl. Crary 1996, siehe auch: Reiterer 2003.

11 Das Gesetz ist nach dem Lehrer Fechners, Ernst Weber, benannt, dessen Arbeiten über den Tastsinn aus den 1840er Jahren die Forschung Fechners deutlich beeinflusst hatten. (Vgl. Crary 1996, S. 149 und 183)

noch mehr als Erweiterung bzw. als Helfer des Verstandes angesehen, weniger als eigenständige physiologische Organe.[12] Unter anderem Johann Wolfgang Goethes *Farbenlehre* (1810) bewies allerdings die Eigenständigkeit des Sehens und dass die visuelle Wahrnehmung auf Gesetzen und Regeln beruht, die rational und wissenschaftlich untersuchbar sind.[13] Die daran anknüpfenden Experimente Gustav Theodor Fechners[14] und Hermann von Helmholtz'[15] begründen Theorien zur Verwissenschaftlichung der visuellen Wahrnehmung. Fechners Forschungen[16] werden einen entscheidenden Einfluss auf die Arbeiten Camillo Sittes haben, während die Arbeiten von Hermann Helmholtz schon etwas früher durch die Publikationen des Architekten Hermann Maertens eine Übertragung in die Architektur finden.

Während Gustav Theodor Fechners Forschungen einen Schwerpunkt in der Messung der Intensität von Reizen hatte, konzentrierte sich Hermann von Helmholtz auf das Sehen an sich: Seine Experimente bezogen sich auf die visuelle räumliche Wahrnehmung und die Fragen, wie das Auge als Werkzeug Raum konstruiert, was und wie genau es wahrnimmt. Er bricht damit mit der Vorstellung, dass visuelle Wahrnehmung *a priori* sei, und behauptet stattdessen, dass man sie erlernen könne. Dies wird den bis dahin gültigen Raumbegriff in der Philosophie stark beeinflussen.[17] Für die visuelle Wahrnehmung von Objekten und damit von Architektur ist allerdings die naturwissenschaftliche Herangehensweise Helmholtz' relevant: In seinem Vortrag *Über das Sehen des Menschen* (1855) erläutert er ausführlich, wie die Netzhaut Bilder wahrnimmt und begründet diese Vorgänge mit den grundsätzlichen Gesetzen der Optik.[18] Dabei geht er auf Farbwahrnehmung und das perspektivische Sehen ein, erkennt den sogenannten „Blinden Fleck" und die Wichtigkeit des stereoskopischen Sehens mit zwei Augen. Diese Erkenntnisse vertieft er in seinem *Handbuch der physiologischen Optik* (1867).[19] Neben den schon genannten Schwerpunkten erläutert Helmholtz hierin auch den Unterschied zwischen „directem und indirectem Sehen"[20] und stellt fest, dass man bei statischer Augenbewegung ein Objekt auf der Breite einer Winkelminute scharf fokussieren könne.[21] Dieser Umstand bildet die Grundlage für die zwischen 1877 und 1890 publizierten Arbeiten von Hermann Maertens,[22] in denen er eine wissenschaftliche Methode zur Bewertung räumlicher Ästhetik auf Basis der visuellen Wahrnehmung vorstellt.[23] In der 1877 erstmals und 1884 in erweiterter Form erschienenen Monografie *Der optische Massstab oder die Theorie und Praxis des ästhetischen Sehens in den bildenden Künsten*[24] entwickelt er auf Grundlage der Überle-

12 Crary 1996, S. 65-68.
13 Porfyriou 2005, S. 241.
14 Zu den biografischen Informationen siehe: Hennemann 1961, auch vgl. Crary 1996, S. 145.
15 Vgl. Gerlach 1969, S. 498-501.
16 Vgl. Reiterer 2005, S. 229-230; Heidelberger 1993; Fechner 1860; Crary 1996, ab S. 150.
17 Siehe hierzu Kapitel 5 in diesem Buch. Die Verbindung von Naturwissenschaften und philosophischen Betrachtungen ist als eine ebenso wichtige Entwicklung in der Moderne im Zuge der Aufklärung zu sehen. (Siehe hierzu: Dipper 2018)
18 Helmholtz 1855.
19 Helmholtz 1867.
20 Ebd., S. 215-222.
21 Ebd., S. 65.
22 Biografische Informationen zu Hermann Eduard Maertens (1823–1898) finden sich bei Colonnese 2017.
23 Porfyriou 2005, S. 249.
24 Maertens 1877. Die Rezeptionsgeschichte zur Publikation Maertens beschränkt sich fast

gungen Helmholtz' Maßregeln für die Proportionen von Baukörpern, aber auch von Stadt- und Innenräumen.[25] Ausgehend von einem Betrachtungspunkt, der statisch an einer bestimmten Stelle eines Platzes steht und auf ein Monument blickt, versuchte Maertens das optimale Verhältnis zwischen dem Abstand des Betrachtenden und der Größe des betrachteten Objekts zu bestimmen. Diese aus der empirischen Analyse heraus gewonnenen Ergebnisse sah Maertens als Lehrsätze an, die den Architekt*innen und Planer*innen mittels eines Handbuchs vermittelt werden sollten.[26] Mit diesen Regeln kann die Forschung Maertens als Versuch einer Vermittlung zwischen dem technischen Ansatz der Stadtplanung und dem künstlerischen Fokus der Stadtbaukunst im Städtebau gesehen werden. Ähnlich wie Joseph Stübben schlägt auch Hermann Maertens konkret kalkulierte Regeln zur Stadtgestaltung vor. Diese haben allerdings einen ästhetischen Anspruch, sodass Maertens selbst wohl eher einen gestalterischen Anspruch erhebt. Während der Architekturtheoretiker Jasper Cepl Maertens' praktische Raumästhetik heute als „State of the Art" bezeichnet,[27] fällt das zeitgenössische Urteil des sogenannten Begründers der Stadtbaukunst indirekt vernichtend aus. Camillo Sitte erwähnt die Arbeiten Maertens in seinem berühmten Werk *Der Städtebau nach seinen künstlerischen Grundsätzen* mit keinem Wort, stattdessen betont er: „Von welcher schlotterigen Magerkeit dieser armselige Geschmack ist, zeigen alle unseren sogenannten ‚ästhetischen' Stadtbau-Vorschriften."[28] Laut Sitte dürfte „eine Normierung […] auch von geringem Werthe sein, weil hier Alles auf die Perspectivwirkung in der Natur ankömmt"[29], diese sei aber vom Standpunkt der Betrachtung abhängig. Sitte betrachtet ästhetische Gesetze als unbrauchbar und einschränkend.[30] Sittes Intention hingegen ist die Analyse der Komposition der alten Städte, auf denen „Harmonie und sinnebrückende Wirkung" beruhen würden.[31]

Die „Erfindung" des malerischen Städtebaus durch Camillo Sitte

Camillo Sittes Monografie *Der Städtebau nach seinen künstlerischen Grundsätzen*, erstmals 1889 erschienen, ist wohl eine der Publikationen, die im 20. Jahrhundert meist beachtet waren.[32] Diesem etwas mehr als 200 Seiten umfassenden Werk gin-

ausschließlich auf den italienischsprachigen Raum und die Forschungen zum italienischen Architekten Luigi Moretti, dessen städtebauliche Überlegungen in der Nachkriegsmoderne wohl von Maertens beeinflusst waren. (Vgl. Navone 2012)

25 So errechnet Maertens u. a. Maße für „harmonisch gestimmte Räume": So sollten Räume bei einer Länge von 4,50 m eine Höhe von 3,10 m bis 3,20 m haben, und Räume mit einer Länge von 6 m eine Höhe von 3,60 m bis 3,80 m. (Vgl. Maertens 1877, S. 124-125)

26 Siehe auch: Winter 1988, S. 148-149.

27 Cepl 2004.

28 Sitte 1901, S. 60.

29 Ebd., S. 52.

30 Porfyriou 2005, S. 250.

31 Sitte 1901, S. 4.

32 Zur Interpretation dieses Werks kann auf die entsprechende Forschungsliteratur verwiesen werden: Bohl/Lejeune 2008; Hnilica 2012; Mönninger 1998; Reiterer 2003; Semsroth 2005; Wilhelm 2006 etc. Für das folgende Kapitel wird im Besonderen auf die Argumentation der 1986 an der ETH Zürich vorgelegten und 1988 veröffentlichten Dissertation von Helmut Winter eingegangen. (Winter 1988)

gen Jahrzehnte der Forschung voraus.[33] Michael Mönninger beschreibt in der Einleitung zur Monografie über die Kunst- und Architekturtheorie Camillo Sittes[34] die Vorgehensweise Sittes zur Analyse der Stadt: „Wenn Camillo Sitte in einer Stadt angekommen war, ließ er sich vom Bahnhof aus zum größten Platz im Zentrum fahren und fragte nach drei Dingen: der besten Buchhandlung, dem besten Aussichtsturm und dem Hotel mit dem besten Restaurant. Dann kaufte er sich einen Stadtplan [...] und bestieg den höchsten Turm. Dort analysierte er stundenlang den Stadtgrundriß und fertigte abends bei erlesenen Diners seine Skizzen über jeden Kirchen- und Marktplatz sowie die wichtigsten Monumente an."[35] Die Bedeutung der daraus entstandenen Monografie kann kaum deutlicher eingeschätzt werden als von dem Architekturhistoriker und Hochschulprofessor Mönninger beschrieben: „Es zählt nach den Werken des Römers Vitruv und des Florentiners Alberti zu den wichtigsten praktischen Lehrbüchern des abendländischen Städtebaus."[36] Tatsächlich – und dies soll im Folgenden deutlich gemacht werden – ist Sittes Publikation wegweisend für die Entwicklung der Disziplin Städtebau im 20. Jahrhundert.

Der Wiener Camillo Sitte[37] (1843–1903) studierte unter anderem bei Heinrich von Ferstel Architektur und belegte zahleiche Kurse in naturwissenschaftlichen, archäologischen und kunsthistorischen Fächern an der TH Wien. Seit dem Studium gefördert von Rudolph von Eitelberger wurde Sitte 1875 zum Leiter der „Staatlichen Schule für angewandte Künste" in Salzburg ernannt. Seine Lehrtätigkeit in Salzburg befähigte ihn zum Leiter der Wiener Staatsgewerbeschule 1883, eine Position, die er bis zu seinem Tod 1903 beibehielt. Neben zahlreichen Ehrentiteln war Sitte anerkannt als Kunst- und Musikkritiker, Pädagoge und Architekt. Abgesehen von seinem berühmt gewordenen Standardwerk *Der Städtebau nach seinen künstlerischen Grundsätzen* hat Sitte keine Monografie publiziert, sondern eine Vielzahl von Aufsätzen, Vortragsmanuskripten und Artikeln in verschiedenen Zeitschriften. Die Entwicklung des Städtebaus enorm beeinflussen wird die 1902 von Sitte und Theodor Goecke begründete Zeitschrift *Der Städtebau* sein, die als erstes deutschsprachiges Blatt mit städtebaulichem Fokus und bis zum Ausbruch des Zweiten Weltkrieg monatlich erscheinen wird. In der ersten Ausgabe definiert Sitte seine Auffassung der Disziplin Städtebau:

„Der Städtebau ist die Vereinigung aller technischen und bildenden Künste zu einem großen geschlossenen Ganzen; der Städtebau ist der monumentale Ausdruck wahren Bürgerstolzes, die Pflanzstätte echter Heimatliebe; der Städtebau regelt den Verkehr, hat die Grundlage zu beschaffen für ein gesundes und behagliches Wohnen der nun schon in überwiegender Mehrheit in den Städten angesiedelten modernen Menschen; hat für günstige Unterbringung von Industrie und Handel zu sorgen und die Versöhnung sozialer Gegensätze zu unterstützen."[38]

33   Reiterer 2003; auch Mönninger 1998, S. 9.
34   Mönninger 1998.
35   Ebd., S. 9.
36   Ebd.
37   Die folgenden biografischen Angaben basieren auf der vielfältigen Grundlagenliteratur zu Camillo Sitte. Neben der Übersicht von Zrinka Rudež (Rudež 1988, S. 53) bieten die von Klaus Semsroth, Michael Mönninger und Christiane Crasemann Collins herausgegebene Gesamtausgabe zu Sittes Schriften einen ausführlichen Einblick in die Biografie Camillo Sittes (Mönninger 2008, S. 27-46).
38   Sitte/Goecke 1904, S. 1.

Wenn er auch diese Definition mehr als ein Jahrzehnt nach seiner Grundsatz-schrift formuliert hat, wird an ihr nicht nur eine historische Einordnung deutlich, sondern auch eine deutliche Priorisierung der künstlerischen Aspekte in der Stadt-planung: Städtebau sei schließlich die „Vereinigung der technischen und bildenden Künste". Gleichzeitig findet die gesellschaftliche Entwicklung ihren Ausdruck im Städtebau: hier drückt sich „Heimat" aus, ein ursprünglich individuelles Empfinden wird hier bezogen auf alle Stadtmenschen. Im zweiten Teil dieser Definition wer-den die Anforderungen an die Stadtplanung des modernen Zeitalters deutlich: Ver-kehr, Wohnen, Industrie und Handel sind die zu ordnenden und vor allem zu gestal-tenden Funktionen der Stadt, während die Betonung auf die „Versöhnung sozialer Gegensätze" und damit auf die Reformansätze der Gartenstadtbewegung hinweist und damit die prekäre Situation der Arbeitskräfte in den Mietskasernen anspricht.[39] Die Korrelation zwischen diesen sozialen Umständen und der Stadtgestaltung hat-te Sitte 1889 in der geometrischen Anlage der Straßen und Plätze gesehen: Tatsäch-lich war beispielsweise die im Fluchtlinienplan Hobrechts vorgesehene Blockrandbe-bauung durch die kapitalistische Bodenspekulation hochverdichtet worden, wodurch die „Mietskasernen"[40] überhaupt erst entstehen konnten. Sittes Ansatz beginnt mit dem Argument, „dass eine Stadt [...] gebaut sein solle, um die Menschen sicher und zugleich glücklich zu machen"; Damit stellt er fest, dass die Lösung dieser Aufgabe „nicht blos eine technische Frage" sei, „sondern müsste im eigentlichsten und höchs-ten Sinne eine Kunstfrage sein."[41]

Doch Camillo Sittes *Städtebau nach seinen künstlerischen Grundsätzen* wendet sich nicht nur gegen die „Technisierung" des Städtebaus, wie sie Stübben und Bau-meister vorschwebte, sondern ist maßgeblich von einer entscheidenden Entwick-lung aus seiner Studienzeit geprägt: der künstlerischen Raumtheorie als Resultat der Objektivierung der visuellen Raumwahrnehmung. Daneben sind als entscheidende Einflüsse Sittes sein Lehrer Heinrich von Ferstel, der Anatomiedozent Joseph Hyrtl, der Kunsthistoriker und Förderer Sittes Rudolf Eitelberger von Edelberg, sowie ab den 1870er Jahren der Maler Josef Hoffmann und der Architekt Gottfried Semper zu benennen.[42]

39   Die sozialen Schwierigkeiten der Städte in der frühen Moderne werden in vielen stadtbauhistorischen Übersichtswerken angesprochen: Vgl. Ley 2003; Düwel/Gutschow 2005, S. 35-38.

40   Noch 1930 bezeichnete der Städtebauer Werner Hegemann Berlin als „die größte Mietskasernenstadt der Welt". (Hegemann 1930)

41   Sitte 1901., S. 2.

42   Bihlmaier 2017, S. 337. Die konkreten Aspekte dieser Einflüsse sind in der schon genannten Grundlagenliteratur zu Sitte ausführlich behandelt worden.
Michael Mönninger fasst die Orientierungspunkte Sittes wie folgt zusammen: die Mittelaltersehnsucht der Nazarener, die monumentale Höhlenmalerei, die ästhetische Vergegenwärtigung von Natur in der idealen Landschaftsmalerei, die wissenschaftliche Objektivierung von Natur in der zeitgenössischen Physik und Biologie, die Geniekritik des aufkommenden Realismus, die germanische Nationalmythologie von Richard Wagners Gesamtkunstwerk, die evolutionäre Stillehre Sempers, die Abstammungslehre Darwins, die biologischen Rekapitulationstheorien, die genetischen Morphologien des Kunstgewerbes, die Modernitätskritik und Maschinenverachtung und als durchgehendes Praxisfeld die Pädagogik." (Mönninger 2005, S. 28). Damit ist die enorme Breite im wissenschaftlichen Schaffen Sittes verdeutlicht. Im Folgenden soll sich bewusst auf die Relevanz der Raumwahrnehmung konzentriert werden.

Die Schriften des Physikers Fechner hatte Sitte wohl während seines Studiums studiert.[43] Den Ansatz Fechners, mittels der Reizschwellenwerte einen Kausalzusammenhang zwischen Ursachen des Gefallens und dem Beurteilen von Ästhetik herzustellen,[44] konnte Sitte mit seinen Studien bei dem Physiologen Ernst Brücke verbinden. Brücke hatte 1877 seine *Bruchstücke aus der Theorie der bildenden Künste* publiziert. Darin versucht er, eine wissenschaftlich argumentierte Wahrnehmungstheorie für die bildenden Künste aufzustellen. Sein Ansatz war es, objektive und wissenschaftlich gewonnene Erkenntnisse zu visueller Wahrnehmung auf den „Kunstgenuss" anzuwenden und somit die Wahrnehmung von Kunst objektiv nachvollziehen zu können.[45] Sitte selbst konnte seine eigenen physiologischen Studien im Institut von Brücke durchführen. Seine dortigen Untersuchungen, so fasst er seine Arbeit bei Brücke zusammen, hätten ihm vom „physiologischen Standpunkt" aus neue Möglichkeiten zur Betrachtung der historischen Entwicklungsgeschichte „künstlerischer Formen" gewährt.[46] Damit wird besonders deutlich, dass die visuelle Wahrnehmung von Stadträumen für Sitte eine besondere Relevanz in seiner städtebaulichen Haltung haben wird. Diesen Ansatz verfolgt auch Gabriele Reiterer in ihrer Dissertation *AugenSinn: zu Raum und Wahrnehmung in Camillo Sittes Städtebau* (2003) und kommt zu dem Schluss, dass es gerade der beschriebene „wissenschaftlich-philosophische Reigen" war, den Sitte in seinen eigenen wissenschaftlichen Arbeiten „freimütig" neu interpretierte.[47] Dabei hätte Sitte die „Begeisterung für eine empirische Ästhetik" mit einer „zutiefst romantischen Idee und Vorstellung von Transzendenz, die in metaphysische Richtung wies" verbunden. Somit charakterisiert Reiterer ihn eher als Künstler denn als einen Gelehrten, denn als Künstler „erkannte und formulierte er seismografisch einen Wandel jener Zeit; das Ergebnis war die ‚Raumlehre' des Städtebaus".[48]

Der Städtebau nach seinen künstlerischen Grundsätzen

Der Städtebau nach seinen künstlerischen Grundsätzen bildet damit keineswegs einen innovativen, neuen Ansatz im Städtebau aus. Sitte selbst betont im Vorwort zur dritten Auflage (1903), der Erfolg seiner Schrift sei darauf zurückzuführen, dass „die ganze Sache bereits sozusagen in der Luft" gelegen hätte und er lediglich deutlich ausgesprochen hätte, was alle schon gefühlt und erkannt hätten.[49] Das Buch umfasst in den ersten drei Auflagen neben Einleitung und Schluss zwölf Kapitel auf insgesamt 180 Seiten. Es erschien im Wiener Carl Graeser Verlag, der in der Mehrzahl Schulbücher, daneben aber auch kunstgewerbliche Literatur herausgab.[50] Der in der Forschungsliteratur eher selten angegebene Untertitel *Ein Beitrag zur Lösung moderner Fragen der Architektur und monumentalen Plastik unter besonderer Beziehung auf Wien* deutet mit der Erwähnung der „monumentalen Plastik" schon an, dass nicht

---

43   Wilhelm 2006, S. 40.
44   Mönninger 1998, S. 68.
45   Reiterer 2005, S. 229-230.
46   Sitte, Camillo: Curriculum Vitae (1874), zit. n. Reiterer 2005, S. 231.
47   Reiterer 2005, S. 234.
48   Ebd., S. 235.
49   Sitte 1901, S.V.
50   Bihlmaier 2017, S. 335.

ausschließlich reine Platzkonfigurationen und deren Grundrisse behandelt werden, sondern auch die Ausstattung derer. Sittes Argumentation folgt darüber hinaus zwei Grundsätzen: Sitte geht erstens davon aus, dass die Schönheit alter und auch neuer Städte auf ästhetischen Regeln und Grundsätzen beruht und zweitens, dass sich diese Schönheit in den „geschlossenen Platzanlagen" der jeweiligen Stadtzentren ausdrücken würde. Damit ist seine Beschränkung auf eben diese „geschlossenen Plätze" begründet (vgl. Abb. 2, 4).[51]

Diese Plätze seien seit der Antike der Mittelpunkt des öffentlichen Lebens gewesen, da die wichtigsten Elemente städtischen Lebens – die Justiz, der Handel und die Religion – unter freiem Himmel stattgefunden und einen entsprechend ausgestalteten Rahmen in Form der öffentlichen Plätze benötigt hätten. Doch in der Moderne seien diese „Lebensbedürfnisse ersten Ranges" in die Innenräume verschoben worden und moderne Platzanlagen hätten „häufig keinem anderen Zweck, als mehr Luft und Licht zu gewähren, eine gewisse Unterbrechung des monotonen Häusermeeres zu bewerkstelligen und allenfalls noch auf irgend ein grösseres Gebäude einen freieren Ausblick zu gewähren und dieses in seiner architektonischen Wirkung besser zur Geltung zu bringen."[52] Die Plätze selbst seien daher in den Hintergrund der Gestaltungsabsichten gerückt, ein Umstand, den Sitte mit seinen Betrachtungen zu beheben versucht. Dafür analysiert er die künstlerische Gestaltung von Platzanlagen der Antike, des Mittelalters, der Renaissance und des Barock bezogen auf den formalen Zusammenhang aus Platz, den ihn umgebenden Bauten und den ihn bespielenden Monumente wie Brunnen und Statuen. Es ginge ihm dabei aber nicht darum, deren Gestaltung zu kopieren, sondern die Regeln ihrer Ästhetik zu erkennen und sie „lebensvoll wieder erstehen zu lassen."[53]

Die Publikation Sittes lässt sich in zwei inhaltliche Schwerpunkte einteilen: In den ersten sechs Kapiteln behandelt er die durch seine Analyse abgeleiteten Regeln eines künstlerischen Städtebaus, die Kapitel acht bis zwölf beleuchten die Schwierigkeiten des modernen Städtebaus und seiner Geometrie und schließen mit einem „Beispiel einer Stadtregulierung nach künstlerischen Grundsätzen" ab. Das siebte Kapitel zu „Platzanlagen im Norden Europas" überprüft die durch Analysen hauptsächlich italienischer Städte formulierten Gestaltungsregeln im deutschsprachigen Raum. Es fasst die Entwicklung dieser Plätze beim Umbruch in die Moderne zusammen und dient daher als Übergang zwischen den beiden genannten Schwerpunkten des Buches. Insgesamt leitet Camillo Sitte fünf Gestaltungsregeln aus den analysierten Platzanlagen ab: öffentliche Gebäude sollten nicht freistehen, die Plätze sollten in sich geschlossen sein, die Straßeneinmündungen in die Plätze sollten windmühlenartig angeordnet werden, die Plätze sind durch eine Unregelmäßigkeit charakterisiert und die Größenbeziehungen sowie der Maßstab der Platz- zur Gebäudegröße ist entscheidend.[54]

Das Freistehen von Kirchen sei laut Sitte städtebaulich ungewöhnlich, er weist anhand von Platzanlagen in Verona und in Padua nach, dass gerade Kirchen an mehreren Seiten angebaut sind.[55] Dies sei auf die Wahrnehmung dieser öffentlichen Bau-

---

51   Vgl. Winter 1988, S. 138.
52   Sitte 1901, S. 4.
53   Sitte 1901, S. 11; Vgl. auch Winter 1988, S. 142.
54   Vgl. Winter 1988, S. 144-150.
55   Sitte 1901, S. 28. Anhand der an dieser Stelle in Sittes Buch aufgeführten Methode wird

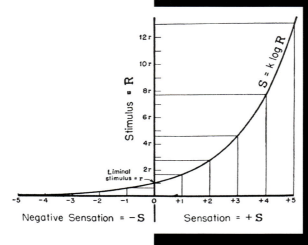

03

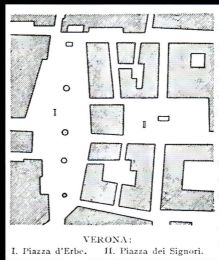

VERONA:
I. Piazza d'Erbe. II. Piazza dei Signori.

04

03   Das Diagramm zum „Weber-Fechnerschen-Gesetz" zeigt die
      Abhängigkeit von Reizwahrnehmung und Empfinden.
04   Darstellung der geschlossenen Plätze bei Camillo Sitte am Beispiel der
      Piazza delle Erbe in Verona.

ten zurückzuführen: nur durch den entsprechenden Vorplatz „zum Verweilen" vor den Monumenten sei deren ganzheitliche Erfassung möglich. Die Geschlossenheit der Plätze begründet Sitte mit dem Bezug auf die Geschlossenheit der Innenräume und dem Argument, dass die öffentlichen Plätze mehr seien als bloßes technisches und hygienisches Freihalten von Grundstücken.[56] Doch dieser Hang zum Geschlossenen liegt auch in der wahrnehmungsphysiologischen Sicht begründet: Durch das abgegrenzte Sichtfeld ergibt sich auch ein geschlossenes Abbild, wie eine Art Bühnenbild, auf dem die Geschehnisse des städtischen Lebens stattfinden können.[57] Auch die windmühlenartige Einmündung der Straßen dient diesem geschlossenen Bild. Die an den Platzecken einmündende Straße würde sogar einen bestimmten Ausschnitt des Platzes betonen, aber in ihrer eher versteckten Lage das Gesamtbild des geschlossenen Platzes nicht stören.[58] Die Unregelmäßigkeit „alter Plätze"[59] ist ein Abbild des natürlichen Entstehungsprozesses der Platzanlage. Gleichzeitig würde durch wechselnde Standorte eine Komposition bildhafter Ausschnitte entstehen, wodurch gerade das Merkmal des Unregelmäßigen als ein entscheidendes malerisches Prinzip im Städtebau betrachtet werden müsse. Bezogen auf diese Unregelmäßigkeit erläutert Sitte auch den für ihn entscheidenden Unterschied zwischen „Symmetrie" und „Proportion": Die Wahrnehmung von Proportion sei gekennzeichnet durch „allgemeine Wohlgefälligkeit", während Symmetrie dieses Gefühl auch durch Zahlen ausdrücken könne.[60]

Daher sind für ihn die Verhältnisse von Platz- und Gebäudegröße nicht durch absolute oder tatsächliche Maße auszudrücken, sondern müssen immer als durch die Betrachtenden ästhetisch wahrgenommenen individuell verhandelt werden. Bei der Analyse und Erläuterung dieser Gestaltungsgrundsätze kommt Sitte häufig auf die „modernen Systeme" zu sprechen. So würde die Regel des Einbauens von öffentlichen Gebäuden einem „festgeschlossenem und sichtlich mit Bewusstsein" durchgeführtes System entsprechen, das dem „schnurgeraden" modernen System entgegenlaufen würde. Hier sei es üblich geworden, Kirchen frei stehen zu lassen, wobei diese Aufstellung „nur Nachtheile und keinen einzigen Vortheil" hätte.[61] Diese Bemerkungen verdeutlichen immer wieder die Ablehnung Sittes gegenüber dem geometrischen Städtebau dieser frühen Moderne und sind Zeugnisse seiner Kritik an den Ausführungen Joseph Stübbens und Reinhard Baumeisters.

Damit scheint Sitte dennoch sehr viel deutlicher den Zeitgeist zu treffen als zu erwarten wäre. Reiterer beschreibt den Erfolg als „Vision und Initialzündung [...] für eine humane Stadt, für Wahrnehmung, Raum und Empfindung".[62] Fünf Auflagen

der Versuch der Objektivierung durch empirische Datensammlung besonders deutlich: Er zählt hier anhand aller Kirchen in Rom (Anzahl: 255) auf, welche Kirchen an einer (Anzahl: 41), zwei (Anzahl: 96) oder drei Seiten (Anzahl: 110) angebaut, welche insgesamt eingebaut (Anzahl: 2) und welche freistehend (Anzahl: 6) sind.

56   Sitte 1901, S. 35.
57   Die Relevanz des Bühnenbildcharakters im Werk Sittes hat Michael Mönninger ausführlich ausgearbeitet: Mönninger 1998, ab S. 66.
58   Sitte 1901, S. 36-38.
59   Ebd., Kapitel V: Unregelmässigkeit alter Plätze.
60   Ebd., S. 60.
61   Ebd., S. 29.
62   Reiterer 2003, S. 102. Auch Rudež betont, dass Sitte nicht der „Erfinder" des malerischen Städtebaus sei, sondern dass er lediglich Entwicklungen formuliert habe, die sowieso

erscheinen innerhalb von kürzester Zeit, die zweite nur wenige Monate nach der Erstausgabe. 1902 erschien die erste Übersetzung: *L'Art de bâtir les villes*, übersetzt und erweitert von Camille Martin. Während Sittes Buch im deutschsprachigen Raum in den 1920er Jahren in Vergessenheit zu geraten schien, erfolgten bis in die 1950er Jahre diverse Übersetzungen: 1925 eine russische, 1926 eine spanische, erst 1945 eine englische und 1953 eine italienische.[63] Die über die bloßen Übersetzungen hinausgehende nationale und internationale Rezeption wird in den folgenden Kapiteln angesprochen. Zuerst muss eine Interpretation des Inhalts nach verschiedenen Aspekten erfolgen: die Analyse der von Sitte formulierten Regeln, Sittes Verständnis von Schönheit sowie der Einfluss des Sehens.

Obwohl Interpretationen zu Sittes „Regeln" eines künstlerischen Städtebaus bei Michael Mönninger, Gabriele Reiterer, Karin Wilhelm und Helmut Winter jeweils unterschiedlich ausformuliert werden,[64] ist dennoch bei allen klar erkennbar, dass Camillo Sittes methodische Herangehensweise als wissenschaftlich bezeichnet werden muss: Durch die empirische Analyse historischer Stadträume entwickelt er Regeln für eine „gute Wirkung"[65] bezogen auf ihre visuelle Wahrnehmung. Diese sind weitestgehend unabhängig von Stilepochen, auch wenn Sitte die jeweiligen Vor- und Nachteile der jeweiligen Epochen deutlich benennt. Entscheidend ist, dass Sitte nicht auf eine Kopie der historischen Formen aus ist, sondern eine Neuinterpretation fordert, die auf Grundlage seiner wissenschaftlichen Analysen erfolgen könne. Dennoch müssen diese Regeln selbst als subjektiv bezeichnet werden, da die Wahl der betrachteten Orte einem subjektiven Empfinden Sittes entsprechen: Er wählt bewusst die Plätze, denen er eine bestimmte Ästhetik zuschrieb.[66] Dabei orientiert er sich an einer stadträumlichen Organisation im Sinne einer Szenografie, die Michael Mönninger als „Stadtraum-Bühnenbilder" charakterisiert,[67] in denen er die oben beschriebenen Regeln des künstlerischen Städtebaus im Sinne einer Bühnenbildgestaltung

in dieser Zeit entstanden sind, da er nicht singulär eine harsche Kritik am Schematismus des Städtebaus dieser Zeit vertrat: „Sittes Aktualität liegt nicht darin, alte historische Formen nachzuahmen, sondern im Versuch, die Elemente und Komponenten des Stadtraums zu identifizieren, um ihren inneren Sinn für uns heute übertragen zu können." (Rudež 1988, S. 61, 64, 66, 71)

63   Vgl. Reiterer 2003, S. 6; Bihlmaier 2017, S. 335.

64   Alle kommen zu dem Schluss, dass Sitte insgesamt vier bzw. fünf grundsätzliche Regeln aufstellt; die Beschreibung oben basiert weitestgehend auf der Argumentation Winters.

65   Winter 1988, S. 178–179. Winter formuliert hierzu aus: „Die Anwendung in Vergessenheit geratener Regeln sollte künstlerische Wirkung garantieren, und das subjektive Empfinden von Schönheit galt ihm als Beweis der Objektivität der Schönheit." (Winter 1988, S. 143)

66   Schon der erste Absatz seiner Einleitung zeigt diese Reduktion der Analysebeispiele: „Zu unseren schönsten Träumen gehören angenehme Reiseerinnerungen. Herrliche Städtebilder, Monumente, Plätze, schöne Fernsichten ziehen vor unserem geistigen Auge vorüber, und wir schwelgen noch einmal im Genüsse alles des Erhabenen oder Anmuthigen, bei dem zu verweilen wir einst so glücklich waren." (Sitte 1901, S. 1) Die Betonung der Reiseerinnerungen und die darauffolgende Akzentuierung auf die Plätze „zum Verweilen" verdeutlichen, dass sich Sitte auf die zentralen Plätze der jeweiligen Städte konzentriert – diejenigen, auf denen das öffentliche Leben stattfindet und keine gewöhnlichen Aufenthaltsorte in anderen, weniger bedeutenden Stadtteilen.

67   Vgl. Mönninger 1998, S. 66. Er erläutert vier „ideale Eigenschaften" der „Bühnenbilder" Sittes, die den fünf beschriebenen Regeln entsprechen: Kontiguität statt Isolation, Konkavität statt Konvexität, Kontinuität statt Bruch, Irregularität statt Symmetrie.

interpretiert. Die emeritierte Professorin für Geschichte und Theorie der Architektur und Stadt Karin Wilhelm stellt diese Regeln hingegen als eine „Gemengelage" aus der Weiterentwicklung der Psychophysik Fechners[68] dar und kommt dabei zu dem Schluss, dass Sittes Konzept einer malerischen Stadt auf der Aktivierung von Reizen der Stimmungswerte und Gefühlslagen basiere: „Die Intention seiner Vorstellung vom Malerischen war rezeptionsästhetisch definiert und wies damit über die attributive Zuweisung an formale Objektqualitäten [...] hinaus."[69]

Damit wird deutlich, dass man das ästhetische Verständnis Sittes nicht unabhängig von dem Einfluss des Sehens und damit des Empfindens der Schönheit betrachten kann. Reiterer bezeichnet Sittes Buch sogar als eine „Anleitung zur Stadt-Wahrnehmung" und führt dazu aus: „Die Schrift ist ein fein durchdachtes Manual zur sinnlichen Stadtbenutzung. Jene Gefühle, die sich zuallererst bei einer Begegnung mit Stadtraum und Architektur einstellen, jene sekundenschnellen Empfindungen räumlicher Wirkung begriff Sitte erstmals als ein gestalterisches Thema und fasste es in mehr oder weniger systematische Worte."[70] Diese von Gabriele Reiterer beschriebenen „Gefühle" sind im Sinne der Forschungen Fechners als Reize zu verstehen. Sitte erwähnt den Physiker in *Städtebau nach seinen künstlerischen Grundsätzen* zwar nicht, Karin Wilhelm interpretiert aber die Betonung der Erinnerungswerte in Sittes Einleitung als eine übertragene Huldigung an den „Vater der Methodik des künstlerischen Städtebaus".[71] Wilhelm erläutert weiter, dass der künstlerische Städtebau durch die Erinnerung geprägt ist – diese kann nur dann angeeignet werden, wenn Reisende bzw. Stadtmenschen in der modernen Stadt durch die Raumfiguration dazu angehalten werde, zu verweilen und den Stadtraum so zu verinnerlichen. Die schöne und „glückschaffende Stadt" sei daher auf der Grundlage von Erinnerungsmustern zu konstruieren und mit Raummustern anzureichern, die die Lust am Verweilen fördern.[72] Reize sind dabei beispielsweise als Unregelmäßigkeiten zu verstehen, die den Blick lenken – ein Merkmal, das die moderne „Rasterstadt" vermissen ließe, da hier der von Fechner beschriebene „missfällige Eindruck von Monotonie, Einförmigkeit, Langeweile, Leere, Kahlheit, Armuth"[73] vorherrschen würde und Flanierende keine Reize wahrnehmen könnte, die einen Erinnerungswert verursachen könnten. Sitte spricht allerdings nicht von „Reizen", sondern von „Empfindungen", wenn er die „thatsächliche[n] Grösse eines Platzes" der „Grössenwirkung in unserer Empfindung" gegenüberstellt[74] oder er die „Geradlinigkeit und Rechtwinkeligkeit" der modernen Städte als „empfindungslose Anlagen" charakterisiert[75]. Sitte ging daher davon aus, dass alle architektonisch-ästhetischen Effekte auf den physiologischen Vorgang des

---

68   Vgl. Wilhelm 2006, S. 15–95, hier S. 42. Wilhelm beschreibt die Regeln wie folgt:
      „Kontextualisierung und Überschaubarkeit, Motivvielfalt und Irregularität (aber nicht
      als Dogma), Nutzung topographischer Eigenarten und geschützte, wohlkomponierte
      Begrünungen". (Ebd.)
69   Wilhelm 2006, S. 42.
70   Reiterer 2005, S. 226.
71   Vgl. Wilhelm 2006, S. 41. Wilhelm meint hiermit den oben schon angeführten Eingangs-
      absatz des Buches.
72   Wilhelm 2006, S. 41.
73   Fechner, Gustav Theodor: Vorschule der Ästhetik. Zwei Bde. in einem Bd.,
      Hildesheim/New York 1978, (Nachdruck 1871 u. 1925), S. 53, zit. n.: Wilhelm 2006, S. 42.
74   Sitte 1901, S. 48.
75   Ebd., S. 91.

Sehens zurückzuführen seien.[76] Der Bezug auf die Physiologie des Sehens muss allerdings auch als das einschränkende Element in Sittes Beispielwahl betrachtet werden:
Das Empfinden von Schönheit war für ihn untrennbar mit dem Vorgang des Sehens
von einem einzelnen Betrachtungsstandpunkt aus verbunden, sodass Sittes sich ausschließlich auf die „geschlossenen" Platzräume konzentrieren muss, da sich nur hier
das ästhetische Gesamtbild zeigen könne.[77] Erstmals überträgt er daher die Debatten
zur räumlichen Wahrnehmung als seh- und wahrnehmungstheoretische Frage in die
Diskussionen über den modernen Städtebau.[78]

    Dies wird noch an anderer Stelle deutlich. Die griechische Stadtforscherin
Heleni Porfyriou beschreibt, dass die Forschungen zur Wahrnehmungsphysiologie in
der zweiten Hälfte des 19. Jahrhunderts zwei Formen der „Aufmerksamkeit" unterschieden hätten: eine bewusste, zielorientierte Aufmerksamkeit und eine automa-
tische, eher passive Aufmerksamkeit, die in den alltäglichen Aktivitäten ausgeführt
wird.[79] Entsprechend unterscheidet Sitte zwischen zwei verschiedenen Stadträumen: denen in ihrem „Werktagskleide" in der „breiten Masse der Wohnstätten"[80] und
denen im „Sonntagskleide", womit Sitte die „wenigen Hauptplätze" meint, die „zum
Stolz und zur Freude der Bewohner, zur Erweckung des Heimatgefühles, zur steten
Heranbildung grosser edler Empfindungen bei der heranwachsenden Jugend"[81] ausgestaltet werden sollten. Mit dieser Unterscheidung wird einerseits erneut Sittes
Kritik an der „Reißbrettstadt" deutlich, da hier flächenübergreifend „Zirkel und
Reissschiene" angewandt würden und eine Unterscheidung von Stadträumen in diesem Sinne nicht mehr möglich ist. Andererseits erklärt Sitte damit, dass die Stadträume Ausdruck eines kollektiven Geistes darstellen, deren räumliche Organisation
mit der sozialen verbunden ist.[82] Historisch lassen sich Sittes Überlegungen in die
Reformbewegungen zum Ende des 19. Jahrhunderts einordnen. Besonders die Nähe
zur 1861 unter dem Einfluss des Kunsttheoretikers John Ruskin[83] in England gegründeten Arts-and-Crafts-Bewegung wird in vielerlei Hinsicht deutlich. Ruskin hatte die
industrielle Entwicklung im Produktdesign enorm kritisiert und mit der Arts-and-
Crafts-Bewegung eine Rückkehr zu den Qualitäten des Handwerks gefordert, da
die so produzierten Produkte ästhetischer gewesen seien.[84] Ruskin begründet diese
Herangehensweise ebenfalls aus einer soziokulturellen Perspektive: In einem Aufsatz zu „Menschen untereinander" fordert Ruskin einen nachhaltigeren Umgang mit
den Ressourcen, denn nur durch die „Verantwortlichkeit für die Schöpfung könne das
Schaffen der Menschen an Würde und ihr Werk wahre Schönheit gewinnen".[85]

---

76   Vgl. Winter 1988, S. 149.
77   Vgl. ebd., S. 143.
78   Vgl. Reiterer 2003, S. 101; Porfyriou 2005, S. 248.
79   Vgl. Porfyriou 2005, S. 243. Die Einführung des Begriffs „Aufmerksamkeit" in der
    Wahrnehmungsphysiologie deutet sich schon bei Fechners Reizstudien an, wird aber erst
    bei Hildebrand ausführlicher diskutiert. Porfyriou interpretiert diese Entwicklung als
    eine Schwächung der rationalen Argumentationsweise der frühen Studien bei Fechner
    und Brücke.
80   Sitte 1901, S. 98.
81   Ebd., S. 98.
82   Vgl. Porfyriou 2005, S. 254.
83   Biografischen Informationen zu John Ruskin (1819-1900) finden sich bei Büttner 2018.
84   Vgl. Durth/Sigel 2009, S. 46-47.
85   Vgl. Ruskin, John: Menschen untereinander. Auszüge aus seinen Schriften,

Der Ansatz ist ähnlich wie bei Sitte: Die Suche in der Vergangenheit nach ästhetischen Grundhaltungen, hier in dem Schaffen der handwerklichen Fachkräfte der mittelalterlichen Gilde, um diese dem Verfall der modernen, hier industrialisierten, Gesellschaft entgegenzuhalten, bestimmt das Schaffen Ruskins und seiner Gefolgschaft. Dabei war ein grundlegendes Argument der Arts-and-Crafts-Bewegung, dass allein die klassische handwerkliche Fachkraft wüsste, welcher Zusammenhang zwischen Form und Funktion eines Gegenstandes herrsche – in der industrialisierten Fließbandarbeit sei dies für den Beschäftigten nicht mehr ersichtlich. Ganz ähnlich argumentiert auch Sitte, wenn er seinen Mitmenschen das Zusammenwirken von Form und Funktion in der historischen Stadt darlegt. Dabei verfolgt er keinen konservativen Gedankengang, genauso wenig wie die Arts-and-Crafts-Bewegung. Vielmehr rief Sitte laut Zrinka Rudež in ihrer 1987 in Aachen verteidigten Dissertation *Stadtraum. Prinzipien städtebaulicher Raumbildung* zum Umdenken bei der Lösung städtischer Probleme auf. Er hätte versucht, zwischen den historistischen Architekten, die sich in einzelnen Solitärbauten zu verwirklichen versuchten und dem rationalen Schematismus der Stadtplanung zu vermitteln und damit entscheidenden Einfluss auf die Entwicklung des Städtebaus im frühen 20. Jahrhundert genommen.[86]

Während in diesem Kapitel insbesondere die theoretische Weiterentwicklung und Rezeption von Sittes Werk ausführlicher betrachtet wird, soll es zugleich mit einem kurzen Exkurs zur praktischen Ausführung der Gestaltungsgrundsätze Sittes anhand des Darmstädter Paulusviertels abgeschlossen werden. Das Paulusviertel entstand 1901 bis 1904 nach Plänen des Architekten Friedrich Pützer und kann exemplarisch für eine praktische Umsetzung der Forderungen Sittes betrachtet werden, da einerseits Pützer ein Schüler Karl Henricis, einem Anhänger und Zeitgenossen Sittes,[87] ist und sich andererseits Darmstadt um die Jahrhundertwende unter dem Einfluss des in England aufgewachsenen Großherzogs Ernst Ludwig zu einem deutschen Zentrum der Arts-and-Crafts-Bewegung entwickelt hatte.

Das Paulusviertel in Darmstadt

1888 erfolgte die Eingemeindung der Gemeinde Bessungen nach Darmstadt. Südwestlich des Stadtzentrums gelegen, sollte das neue Paulusviertel als Verbindung zum neuen Stadtteil und gleichzeitig als Wohnsiedlung für die Professorenschaft der 1877 gegründeten Hochschule dienen.[88] Für die Planung dieses Gebietes wurde im Jahr 1900 Friedrich Pützer (1871–1922)[89] beauftragt. Seine Pläne für das neue Paulusviertel waren 1901 parallel zur großen Jugendstilausstellung *Ein Dokument deutscher Kunst* auf der Darmstädter Mathildenhöhe zu sehen. Das auf einem beinahe quadratischen Gebiet angelegte Viertel besteht aus solitären Villenbauten, die entlang leicht geschwungener Straßenzüge angeordnet sind (vgl. Abb. 5). Diese Straßen sind teil-

16.–20. Tausend, Düsseldorf/Leipzig 1904, zit. n. Durth/Sigel 2009, S. 46.
86   Rudež 1988, S. 61-64.
87   Die Verbindung zwischen Sitte und Henrici wird im Kapitel „Die Stadtbaukunst als Grundlage einer traditionalistischen Moderne der 1930er Jahre" (S. 47ff.) dargelegt.
88   Gerlinde Gehrig hat in ihrer Magisterarbeit 1998, die 2014 neu veröffentlicht wurde, die Archivquellen zu den Planungsumständen des Paulusviertels aufgearbeitet. Die folgenden Informationen sind dieser Arbeit entnommen: Gehrig 2014.
89   Viefhaus 2006, S. 729-730.

weise als Alleen angelegt, wodurch das Viertel sich insgesamt durch einen grünen und ruhigen Charakter auszeichnet. Das Zentrum des Viertels bildet der Paulusplatz, an dem sich die ebenfalls von Pützer geplante Pauluskirche befindet. (vgl. Abb. 6).

Pützer sah dabei das Paulusviertel als einen Teil eines gesamtheitlichen Plans zur Stadterweiterung Darmstadts.[90] Die Kunsthistorikerin Gerlinde Gehrig untersuchte in ihrer Magisterarbeit 1998 die Planung und Umsetzung des Paulusviertels und beschreibt die gestalterische Intention Pützers als Zeitgeist: „im Sinne der Lebensreform" habe Pützer ein ganzheitliches Bild der Stadt kreieren wollen, das die Bedürfnisse der Bewohnerschaft nach einer identitätsstiftenden Umgebung erfüllen solle.[91] Großes Lob für die Gestaltung des Viertels kommt von Pützers Lehrer Karl Henrici. Er hebt „die Anknüpfung an die mittelalterlichen rheinisch-hessischen Architekturformen" hervor, die der Stadt „den Stempel urgesunden und kraftvoll *echt deutschen* Wesens" aufdrücke.[92]

Dabei orientiert sich Friedrich Pützer bei der Gestaltung des Viertels weniger an typisch „deutschen" Elementen – insbesondere die zwar traditionellen aber durchaus dem Jugendstil verpflichteten Villenbauten zeigen die zeitgemäße Formensprache[93] – als vielmehr an den Gestaltungsgrundsätzen, die Camillo Sitte formuliert hatte. Insbesondere an der Gestaltung des Paulusplatzes wird die Annäherung an den „künstlerischen Städtebau" deutlich: Pützer plante ihn bewusst als gemeinschaftliches Zentrum des Viertels, an dem neben der Kirche auch die Landes- und Hypothekenbank als öffentliche Gebäude situiert waren.[94] Die Platzierung der Wasserfläche am nördlichen Ende des Platzes und die Öffnung nach Süden hin – mit Fernsicht in die umliegenden Ausläufer des Odenwaldes – entsprechen dem Grundsatz Sittes zur Schaffung eines Platzes „zum Verweilen" (vgl. Abb. 7). Die an die Topografie angepassten, geschwungenen Straßenzüge verursachen durch ihre Unregelmäßigkeit unterschiedliche Bildkompositionen und somit die Reize zur Erinnerungsfähigkeit. Die öffentlichen Bauten rahmen den Paulusplatz als Zentrum des Stadtteils ein, während die Pauluskirche eine Gesamtanlage mit Gemeindezentrum darstellt, in das die eigentliche Kirche selbst eingebaut ist. Die zum Platz hinführenden Straßen treffen nicht zentral auf den Platz, selbst der von Süden herkommende Niebergallweg weitet sich zum Platz auf. Damit stellt das Paulusviertel ein „Raumkunstwerk" dar, wie es sich Sitte vorgestellt haben muss: durch visuell sichtbare Unregelmäßigkeiten entsteht eine deutliche Gegenhaltung zum geometrischen Städtebau der Mitte des 19. Jahrhunderts und verdeutlicht damit die Bedeutung und Interpretation des Stadtplans als einem eigenständigen Kunstwerk.

90   Gehrig 2014, S. 47.
91   Ebd., S. 64.
92   Henrici, Ausstellung 1901, S. 398, zit. n. Gehrig 2014, S. 8 (Herv. im Original).
      Die Betonung des „echt deutschen" spielt auf die gleichzeitig stattfindende Jugendstil-
      Ausstellung *Ein Dokument Deutscher Kunst* von Joseph Maria Olbrich auf der
      Mathildenhöhe an und drückt die Ablehnung Henricis gegen deren Inhalte aus.
93   Wenige Jahre zuvor hatte Pützer für die Gestaltung eines Stadtteils am Schloss in Mainz
      deutlicher an historische Formensprache angeknüpft, indem er laut Gehrig ein
      „kulissenhaftes Architekturensemble, welches einen historisch gewachsenen Stadtkern
      vortäuschen soll und den echten historischen Bau mit einem Zuviel an Dekoration
      erschlägt" plante (Gehrig 2014, S. 49). Die Formensprache im Paulusviertel kann daher
      als deutlich „moderner" eingeschätzt werden.
94   Gehrig 2014, S. 50.

Präzisierung der Ideen Sittes
durch Albert Erich Brinckmann und Theodor Fischer

Der Einfluss der von Camillo Sitte formulierten Grundsätze auf die Entwicklung des Städtebaus im 20. Jahrhundert ist vielfältig und soll daher im Folgenden nur angeschnitten werden. Der Architekturhistoriker Wolfgang Sonne beschreibt in seinem stadtbauhistorischen Überblickswerk *Urbanität und Dichte im Städtebau des 20. Jahrhunderts* unter anderem den Einfluss Sittes im frühen 20. Jahrhundert auf die Debatten in Frankreich[95], Skandinavien[96], Italien[97] und Amerika[98], außerdem auf die städtebaulichen Arbeiten von Hendrik Petrus Berlage[99], Jože Plečnik[100] und Karl Roth[101] sowie vielen anderen. Die internationale Verbreitung der Schrift Sittes begann mit der französischen Übersetzung durch Camille Martin. Der Schweizer Architekt hatte unter anderem über Friedrich Pützer Kontakt zu Camillo Sitte aufgenommen und das Buch übersetzt und ergänzt.[102] Diese erweiterte französische Übersetzung lag dem englischen Architekten Raymond Unwin vor, der – geprägt von der Gartenstadtidee Ebenezer Howards – den praktischen, städtebaulichen Diskurs in Großbritannien prägte. Dies wird nicht zuletzt in seiner umfangreichen Monografie *Town Planning in Practice* (1909) deutlich, einem mehr als vierhundert Seiten umfassenden Handbuch für die praktische Stadtplanung. Dieses baut auf den bis dahin im europäischen Raum erschienenen Büchern zu Städtebau auf.[103] Abgesehen von dieser internationalen Verbreitung der Ideen Sittes, erfolgt eine theoretische Weiterentwicklung derselben in den ersten beiden Jahrzehnten des 20. Jahrhunderts im deutschsprachigen Raum auf zwei Arten: Einerseits werden seine Idealvorstellungen von dem Architekten Theodor Fischer über die Lehre an der Stuttgarter Hochschule in den modernen Städtebau überführt und andererseits konzentriert sich der Kunsthistoriker Albert Erich Brinckmann auf die Analyse der Stadträume mit besonderem Schwerpunkt auf die historische Ebene. Aus beiden Ansätzen lässt sich eine Präzisierung der Ideale Sittes herauslesen.

A. E. Brinckmanns „Deutsche Stadtbaukunst"

Albert Erich Brinckmann (1881–1958)[104] studierte Kunstgeschichte und Archäologie in Berlin und München und wurde 1905 mit einer Arbeit zu Darstellungsmethoden in der mittelalterlichen Malerei promoviert. In dieser von Heinrich Wölfflin geprägten

95   Hierbei benennt er die Arbeiten des Schriftstellers Émile Magne, der sich mit der Schönheit der Stadt auseinander setzte. Vgl. Sonne 2017, S. 90.
96   Sonne erläutert den Einfluss der Schriften Sittes auf den Entwurf Arnstein Arnebergs und Magnus Poulssons für den Fridtjof-Nansen-Platz in Oslo. Vgl. Sonne 2017, S. 141.
97   Vgl. Sonne 2017, S. 146-150, 161.
98   Sonne bezeichnet die Planung Daniel Hudson Burnhams auf dem Court of Honour der Weltausstellung 1893 in Chicago als vergleichbare Initialzündung wie Sittes Buch in Europa. (Vgl. Sonne 2017, S. 176)
99   Vgl. Sonne 2017, S. 82.
100 Vgl. ebd., S. 125-126.
101 Vgl. ebd., S. 128-129.
102 Vgl. Posch 2008, S. 56-57.
103 Vgl. Albrecht 2017, S. 134.
104 Weitere biografische Informationen zu Brinckmann vgl. Betthausen 1999, S. 38-40.

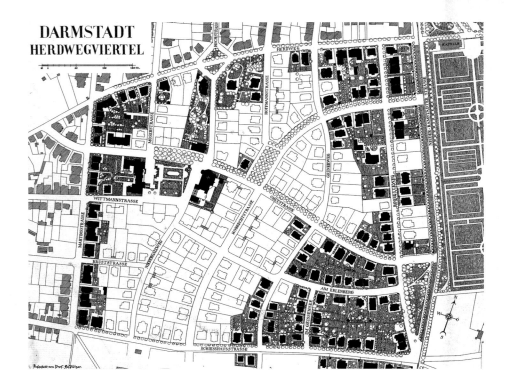

05

06

07

05   F. Pützer: Paulusviertel in Darmstadt, 1901, Lageplan 1910
06   Pauluskirche in Darmstadt, Aufnahme 2019
07   Ausrichtung des heutigen Niebergallweges zum Darmstädter
      Paulusplatz hin, Luftaufnahme nach Nordosten, um 1925

Studie erläutert er die Entwicklung der mittelalterlichen Formensprache und führt sie auf eine Veränderung im optischen Sehen zurück, woraus, wie auch bei Sitte, die Einflüsse der Wahrnehmungsphysiologie deutlich werden. Nach dem Ersten Weltkrieg gründete er das erste kunstgeschichtliche Institut in Rostock. Bis Mitte der 1920er Jahre prägte Brinckmann mit seinen stadthistorischen Schriften den Architekturdiskurs, mit Berufung nach Berlin widmete er sich allerdings mehr der barocken Kunstgeschichte. Für das Thema der Stadtbaukunst besonders relevant sind seine Monografien *Platz und Monument* (1908) und *Deutsche Stadtbaukunst in der Vergangenheit* (1911).

Beide Publikationen legen einen deutlichen Schwerpunkt auf die Städtebaugeschichte, wobei es sich nicht um reine historische Studien handeln soll, sondern von Brinckmann als „Anregung für künstlerisches Denken" intendiert waren. [105] Mit *Platz und Monument* hatte sich Brinckmann habilitiert. Das 170-seitige Buch hat keine Einleitung und kein Fazit, es widmet sich in sieben Kapiteln unterschiedlichen Stilepochen und deren städtebaulichen Merkmalen. Lediglich ein kurzes, scheinbar einzig für die Publikation verfasstes Vorwort lässt auf die Intention Brinckmanns schließen, hier schreibt er: „Nichts wäre leichter gewesen, nun bestimmte Rezepte zu schreiben, ein Vorlagewerk für Stadtbaukunst zusammenzustellen. Doch die Historie hat keine Berechtigung, dem Lebendigen für seine formale Äußerung Vorschriften zu machen, sie kann nur auf die Fülle der Möglichkeiten und ihre Gesetzmäßigkeiten hinweisen, die Schaffenskraft anregen, das Urteil erziehen. Dann wird das große Verlangen vielleicht eine neue bedeutende Stadtbaukunst schaffen." [106] Mit diesen Sätzen wird schon eine gewisse Distanz zu Camillo Sitte als dem „Erfinder der Stadtbaukunst" deutlich: Brinckmann will keine Grundsätze formulieren, sondern anhand der Beispiele Möglichkeiten der Stadtgestaltung aufzeigen. Gleichzeitig deutet sich aber an, dass er mit Sitte übereinstimmt und der Städtebau eine solche „Erziehung" nötig hätte. Deutliche Kritik formuliert Brinckmann im letzten Kapitel: Sittes Anregungen wären überschätzt worden, sie wären zu einseitig formuliert und Sitte urteile „mehr aus einem Gefühl heraus, als daß er sich um die Erkenntnis der architektonischen Logik" bemüht hätte, er sei der „Romantiker unter den Stadtbauarchitekten". [107]

Brinckmanns Ansatz hingegen ist der Versuch, anhand der Analyse von Platzräumen in verschiedenen Stilepochen Eigenschaften abzuleiten. Er beginnt mit der „mittelalterlichen Stadtanlage" [108], die er auf die gotischen Städte und Monumente reduziert. Diese hätte sich als unregelmäßige, aber verbundene Anlage präsentiert, der allerdings kein übergeordnetes künstlerisches Konzept zugrunde liegen würde, sondern die durch „soziale Energien und wirtschaftliche Verhältnisse" geprägt wäre. [109] Ausführlich behandelt Brinckmann in den folgenden beiden Kapiteln die Stadtanlagen der Renaissance anhand konkreter Beispiele und unter Benennung der „Renaissancetheoretiker" [110] Scamozzi und Francesco di Giorgio Martini sowie der Betrachtung der Idealstädte. Mit dem Barock, dem er das ausführliche vierte Kapitel widmet, hätte sich dann die „geschlossene ruhige Schönheit der Renaissanceanlagen"

105   Vgl. Sonne 2017, S. 47.
106   Brinckmann 1908, S. V-VI.
107   Ebd., S. 164-165.
108   Ebd., S. 1-7.
109   Ebd., S. 4.
110   Ebd., S. 29.

durch ein neues „Verhältnis zum Raum" verändert.[111] Hätten die Platzanlagen zuvor zum Verweilen eingeladen, würde sich der Raum nun ausschließlich durch Bewegung erschließen lassen. In Bezug auf die Arbeiten von Maertens und dessen Studien zu messbaren Abständen zwischen Betrachtungsstandpunkt, Monument und Fassade erläutert Brinckmann in diesem Kapitel auch die „sichere" Stellung von Monumenten auf Plätzen (vgl. Abb. 8).

Konzentrierte sich Brinckmann bis hier auf eine stilgeschichtliche Einordnung, setzt er in den folgenden beiden Kapiteln geografische Schwerpunkte in Deutschland und Frankreich. Das letzte Kapitel behandelt Deutschland, wobei er intensiv auf den „Verfall der Stadtbaukunst" in der Moderne eingeht. Diesen sieht er insbesondere im Schematismus der Stadterweiterung, nicht in deren regelmäßiger Anlage. Brinckmann suggeriert, die Stadtplaner*innen hätten vergessen, die Bedeutung der einzelnen zu gestaltenden Elemente, also die Plätze und ihre Monumente, zu kennen, wie es noch im Klassizismus der Fall gewesen sei. Hier sieht die entscheidenden Vorbilder für die Stadtgestaltung: „Die gerade Linie und der rechte Winkel bleiben die vornehmsten Elemente in der Architektur und auch die breite Straße wie der regelmäßige Architekturplatz werden ihren Wert im Städtebau behalten. Sie bilden Kern- und Rückgrat der Stadt, die monumentalste Gestaltung des Raumes. Der Gegensatz zwischen solchen Straßen und den unregelmäßigen Quartieren gibt einer Stadt Gliederung, Steigerung, Rhythmus."[112] Das Nebeneinander von Symmetrie und Asymmetrie macht für Brinckmann das jeweils individuelle Bild der Stadt aus. Dass er sich für die Zukunft eine Hinwendung zum Geraden, Regelmäßigen wünscht, ist der entscheidende Unterschied zu Sitte und resultiert aus der Begeisterung für die Kunst des Barock. Abschließend mahnt er, dass man „nicht in liebenswürdiger Begeisterung zu flüchtig mit modernen Augen sehen und dem historischen Städtebau Schönheiten unterschieben" solle, die er in der Gotik gar nicht „bemüht" hätte.[113] Demnach unterstellt er dem „malerischen" Städtebau in seiner ursprünglich mittelalterlichen Form keinen künstlerischen Gedanken, weswegen dieser für die gegenwärtige Entwicklung der Stadtbaukunst nicht nützlich sei. Stattdessen müsse man einen geeigneten Ausdruck im Einzelbau finden, um den Städtebau zu gestalten, denn, so schließt Brinckmann seine Ausführungen: „Städte bauen heißt: mit dem Hausmaterial Raum gestalten!"[114]

Nur zwei Jahre später wandelt sich Brinckmanns Idealisierung der Symmetrie: In *Deutsche Stadtbaukunst in der Vergangenheit* greift er seine Forderung zur Suche nach einem zeitgemäßen Ausdruck auf, da er das entscheidende Problem des Städtebaus im 19. Jahrhundert in dem simplen Kopieren historischer Platzanlagen ohne die Berücksichtigung der neuen Bedürfnisse sieht. Der moderne Städtebau sei daher „das Ergebnis sozialer und wirtschaftlicher Notwendigkeiten"[115] und folge keinerlei eigens entwickelten Traditionen. Aus Ermangelung dieser eigenen Tradition ist der Rückgriff auf historische Stadtbilder naheliegend, die könne man laut Brinckmann allerdings nicht einfach übernehmen, da sie durch ihre jeweils eigenen „Kulturformen" geprägt seien. Es käme daher beim Anspruch auf stadtbaukünstlerisches

111   Ebd., S. 39.
112   Ebd., S. 169.
113   Ebd., S. 169.
114   Ebd., S. 170.
115   Brinckmann 1911, S. 1-2.

Gestalten nicht auf das „Festhalten an Motiven aus alten Städten" an, sondern auf das Erkennen der „allgemeinen Formgesetze baukünstlerischen Gestaltens"[116], um diese Motive als Erweiterung der städtebaulichen Vorstellungen zu nutzen. Die Intention seiner Betrachtungen sei es daher, „auf die Gesetzmäßigkeit der künstlerischen Ausdrucksform im Bau der Städte hinzuweisen."[117] Dafür geht Brinckmann weder in einer historischen Chronologie vor noch setzt er geografische Schwerpunkte, obwohl er – wie der Titel es verdeutlicht – den Fokus auf Stadträume im deutschsprachigen und mitteleuropäischen Raum legt. Stattdessen formuliert er schon durch die jeweiligen Kapitelüberschriften die entsprechenden städtebaulichen Merkmale: „Größenverhältnisse im Stadtbild", „Ausbildung des Baublocks", „Rhythmus des Raumes", „Straße und Perspektive" sowie „Funktionen des Platzraumes".

Im letzten Kapitel „Die Stadt als gesamtheitlicher Organismus" fasst Brinckmann anhand eines stadthistorischen Abrisses seine maßgeblichen Aussagen zusammen: Die Stadt ist als ein gesamtheitliches, je nach gesellschaftlichen Veränderungen gewachsenes Gebilde zu betrachten. Dabei gilt allerdings: „Der zeitliche Ausdruck verändert sich, Formgesetze bleiben bestehen."[118] Auch wenn Brinckmann in der Einleitung formuliert, dass er keine Gesetzmäßigkeiten in Form von stadtbaukünstlerischen Regeln aufstellen würde, beschreibt er dennoch einige grundsätzliche Merkmale – „Formgesetze" – zur Gestaltung von Stadt. Dazu gehören insbesondere die auf die visuelle Wahrnehmung der durch die jeweilige Stadt flanierenden Menschen bezogenen Elemente:

Das Auge, so Brinckmann, würde die einzelnen Raumabschnitte additiv wahrnehmen und dieser Prozess sei deutlich vereinfacht, wenn die „Gesamtwirkungsform" im Gestaltungsprozess ablesbar sei.[119] Das Betrachten von Stadt wird dabei maßgeblich von geschlossenen Räumen angeregt, wobei Aufweitungen der Stadträume und Fixpunkte in der Ferne den Blick lenken sollen. Die Darlegung dieser Formgesetze erfolgt auf der subjektiven Beschreibung ästhetischer Raumwahrnehmung, wie es auch Sitte vorgenommen hat. Während Sitte allerdings den malerischen Städtebau in den mittelalterlichen, geschwungenen Straßen suchte, sieht Brinckmann im „Rhythmus" der Platzwände den künstlerischen Gedanken der Stadtbaukunst, wobei er keine Unterscheidung zwischen „gewachsenen" und „gewordenen" Städten mehr macht.

Dieser Grundsatz Brinckmanns ist maßgeblich von seiner kunsthistorisch und durch seinen Lehrer Heinrich Wölfflin geprägten Annahme beeinflusst, dass Plastik und Raum in der Baukunst einander durchdringen. Der Schwerpunkt auf die Gestaltung und Wirkung der Monumente ist demnach deutlich stärker ausgeprägt als bei Sitte.[120] Eine Weiterentwicklung von dessen Annahmen ist die These Brinckmanns, dass die optische Wahrnehmung dieser Wirkung durch Bewegung erfolgt. 1956 stellt er dazu die grundsätzliche Aussage auf: „Der bewegte Raum ist die lebendigste Raumform, und seine Schaffung ist das höchste Ziel aller wahrhaft raumbildenden Architekten gewesen."[121] Helmut Winter geht in seiner Bewertung dieser Herange-

---

116   Ebd., S. 3.
117   Ebd., S. 5.
118   Ebd., S. 159.
119   Ebd., S. 54.
120   Winter 1988, S. 227.
121   Brinckmann 1956, S. 113.

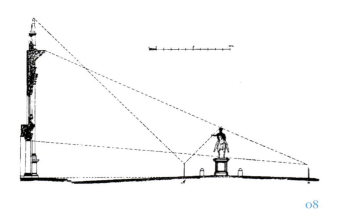

08

09

08   A. E. Brinckmann: Querschnitt der Piazza del Campidoglio,
Darstellung der Sichtachsen in *Platz und Monument*, 1908
09   H. Wetzel: Perspektive eines Straßenraums in Rottweil,
publiziert 1942

hensweise so weit, Brinckmann hätte damit die Grundlage für eine „unendlich und unbegrenzt" wirkende Architektur der Nachkriegsmoderne gelegt.[122]

Theodor Fischers Vorlesungen

Während der Einfluss des Kunsthistorikers Brinckmann auf die nachfolgende Architektengeneration eher indirekt erfolgt, kann der Architekt Theodor Fischer durch seine Vorlesungen zur Stadtbaukunst die Ideale Sittes in der Ausbildung der modernen Architekten verankern. Theodor Fischer (1862–1938)[123] hatte als sogenannter „Vater der Stuttgarter Schule" einen enormen Einfluss auf die Entwicklung der Moderne in den 1920er Jahren. Zu seinen Schüler*innen gehörten unter anderem Ernst May, Jacobus Johannes Pieter Oud, Bruno Taut, Paul Bonatz, Dominikus Böhm und viele andere. Sein städtebauliches Verständnis hat er in verschiedenen Aufsätzen ausformuliert und während des Ersten Weltkriegs als Vorlesung für die IV. Armee aufgeschrieben. Diese *Sechs Vorträge über Stadtbaukunst* wurden 1920 auf Wunsch seiner Schüler*innen[124] publiziert und dienen der folgenden Interpretation des städtebaulichen Konzepts Fischers.

Schon bei der Analyse der Schriften Brinckmanns ist deutlich geworden, dass der scheinbare Widerspruch von technischen und künstlerischen Ansprüchen im Städtebau angesichts der sozialen Faktoren verschwimmt.[125] Entsprechend verbindet Fischer die modernen Bedürfnisse nach Hygiene und Verkehr mit den stadtgestalterischen Idealen Sittes und begreift dessen Grundidee neu, wenn er im ersten seiner sechs Vorträge verdeutlicht: „Ich spreche also nicht von der Art, wie der Stadtbau besonders künstlich oder kunstvoll zu gestalten ist, sondern davon, wie die Baukunst begründet ist, die sich nicht mit dem Einzelhaus befaßt, sondern mit einem Haufen von Gebäuden, mit der Ortschaft, der Stadt."[126] Wie auch Brinckmann geht Fischer von dem Haus als stadtraumbildendes Element aus. Den Städtebau selbst sieht er durch drei „reale Grundelemente" charakterisiert: „die Wohnfrage, die Verkehrsfrage und die Anpassung an die Natur".[127] Entsprechend behandelt der zweite Vortrag den Verkehr, der dritte die Wohnung und der vierte die Betrachtung der öffentlichen Bauten. In diesem leitet er über die von ihm abgelehnte „Gartenkunst im Städtebau"[128] zur Natur über. Im fünften Vortrag nimmt er eine historische Analyse der antiken Stadt Priene auf Grundlage der neuesten archäologischen Erkenntnisse Theodor Wiegands vor, um seine Hauptthese darzulegen, dass jede Gesellschaft einen eigenen Ausdruck in der Stadt gefunden hätte und die Gestaltung der Stadt damit nicht die „Geschmacksrichtung oder die Meinung irgendeines Kunsthistorikers" abbilde.[129] Im letzten Vortrag formuliert Fischer seine entscheidenden städtebaulichen Gestaltungselemente: die Dominanten in der Stadtsilhouette, das Über- und Unterordnen städtebaulicher Komponenten und die Verwendung des rechten Winkels – der aber

---

122   Winter 1988, S. 235.
123   Biografische Informationen zu Theodor Fischer vgl. u. a. Schickel 2004, S. 411-412.
124   Ebd., S. 7 (Vorbemerkung von Theodor Fischer).
125   Vgl. Winter 1988, S. 172.
126   Fischer (1920) 2012, S. 10.
127   Ebd., S. 21.
128   Ebd., S. 55-56.
129   Fischer (1920) 2012, S. 68-69. Ob sich Fischer damit bewusst von dem Kunsthistoriker Brinckmann abgrenzen will, kann nicht geklärt und soll hier entsprechend nicht suggeriert werden.

„nicht gerade 90° haben" müsse.[130] Diese Elemente der Gestaltung leitet Fischer aus der historischen Analyse von Städten ab, was seiner These, die Architektur sei der Spiegel der Gesellschaft, entspricht. Er stellt aber auch fest, dass „wir zögern, den Spiegel zu fragen"[131], da der Ausdruck seiner Gesellschaft noch nicht gefunden sei.

Die entscheidende Gemeinsamkeit Fischers mit den Idealen Sittes ist der Anspruch an eine ästhetische Stadtbaukunst, die den Städtebau als Raumkunst versteht und durch die „Tradition der Alten" wiederbelebt werden könne.[132] Auch eine gewisse ethische Verpflichtung des Städtebauers nach dem Grundsatz Sittes, dass eine Stadt so gebaut sein müsse, dass die Bewohnerschaft sich sicher und glücklich zugleich fühlen könnten, lässt sich bei Fischer erkennen. Eine Weiterentwicklung der gestalterischen Grundsätze Sittes ist insbesondere bezogen auf den Naturbezug und die Ordnung des Stadtbildes ablesbar. Auch die Anwendung der Gestaltungsprinzipien Fischers auf alle Elemente der Stadt statt der Beschränkung auf den geschlossenen Platz ist entscheidend für die Übertragung der Ideale Sittes in die Moderne.

Allein die Einbeziehung des Verkehrs in stadtbaukünstlerische Fragestellungen zeigt die innovativen Ideen Fischers. Dabei unterscheidet er grundlegend zwischen einem „Platz" zum Verweilen für den fußläufig Wandelnden und dem Verkehrsknotenpunkt, an dem das Verweilen eben nicht möglich ist.[133] Dennoch nimmt er den Grundsatz Sittes für die windmühlenartige Straßenführung zum Platz hin – im Sinne Fischers zum Verkehrsknotenpunkt – auf und betont deren Vorteile für den Automobilverkehr. Auch die wahrnehmungsphysiologischen Konzepte spricht Fischer bei der Straßengestaltung an: Er erläutert die maximale Länge einer Straße, die sich nicht „ohne Abschluß für das Auge" hinziehen dürfe[134] und begründet dies als „ästhetisches Mittel": „Wir stoßen hier zum erstenmal [sic!] eigentlich auf ein Erfordernis der Ästhetik, auf ein Mittel, das man der Augen wegen anwendet, d. i. der richtige Schluß einer Straßenecke, um den Eindruck des Räumlichen herzustellen, aber mit der ganz besonderen Betonung der Bewegungsform."[135] Indem er in den folgenden Sätzen darlegt, dass es bei dieser gestalterischen Maßnahme eben nicht um das „Verweilen" ginge, grenzt er sich bewusst von Sitte ab. Zusammenfassend formuliert Fischer in seinen Vorträgen drei Gestaltungsprinzipien: Die Stadt müsse als ein großes Ganzes in der Zusammenschau betrachtet werden; die Elemente der Stadt müssten sich der Natur unterordnen und die Gliederung der Massen müsse nach Beherrschendem und Beherrschtem erfolgen.[136] Dass dabei keine konkreten formalen Ansätze beschrieben werden, passt zu Fischers Ansatz, sich jeglichem Dogma zu entziehen. Im Gegensatz zu Sitte argumentiert er allerdings aus der Konsequenz der Erfüllung städtebaulicher Bedürfnisse zu gestalterischen Ideen. So müsse der Verlauf der Straßen an die Topo-

---

130   Ebd., S. 103.
131   Ebd., S. 107.
132   Vgl. Winter 1988, S. 167.
133   Fischer (1920) 2012, S. 31.
134   Ebd., S. 28.
135   Ebd.
136   Vgl. Winter 1988, S. 168-172. Dieser Grundsatz wird schon einige Jahre zuvor von Fischer im Vergleich zwischen Stuttgart und Nürnberg verdeutlicht: „Der Grund für die verschiedenen Wirkungen scheint mir zu sein, dass im Stuttgarter Bild ein Chaos von fast gleichwertigen Häusern, dort [in Nürnberg] eine Gliederung nach gross und klein, nach mächtig und unbedeutend, nach Herrschen und Beherrschtwerden zu erkennen ist." (Fischer 1903, S. 8, zit. n. Winter 1988, S. 170-171)

grafie angepasst werden, aber nicht, um mittelalterliche Vorbilder nachzuahmen, sondern um deren willkürlicher Unregelmäßigkeit eine wirtschaftliche Grundlage zu geben. Das Nachahmen der unregelmäßigen Straßenlinien der alten Städte sei laut Fischer noch „viel schlimmer als willkürliche oder ideologische Regelmäßigkeit" und man müsse denen „das Handwerke" legen, „die mit Schlängelstraßen, Eckvorsprüngen und Eckrücksprüngen den realistisch gesunden Städtebau zur Karikatur verkehrt haben."[137]

Die Nachahmung historischer Vorbilder ist bei allen Konzepten der Sitterezeption verpönt. Dennoch ist die Betrachtung der Stadt aus der historischen Sichtweise heraus bei all diesen Entwürfen eines „malerischen Städtebaus" eine Grundlage der Herangehensweise. Cornelius Gurlitt beispielsweise publiziert 1920 sein *Handbuch des Städtebaus*[138], in dem er in der Weiterführung der Ideen Brinckmanns die praktische, theoretische und eben historische Dimension der Stadt betrachtet.[139] In der historischen Analyse selbst legt der Schweizer Stadthistoriker Joseph Gantner mit der Übertragung der Erkenntnisse seiner Habilitation zur *Schweizer Stadt* von 1925 in seiner viel beachteten Monografie *Grundformen der europäischen Stadt* (1928) eine wichtige Grundlage. Heinrich Wölfflin gewidmet, erläutert Gantner die Merkmale und Entwicklung der irregulären und regulären Städte. Grundsätzlich innovativ ist die Ausgangsthese, dass beide Formen von Stadtgrundrissen über alle Zeit existiert hätten, wobei sich mal die eine und mal die andere deutlicher durchgesetzt hätte. Gantner analysiert Städte von der griechischen Antike bis zum Barock, wobei er die Geschichte der Neuzeit von der Einteilung in regulär und irregulär abgrenzt, da hier „von einer Koexistenz der beiden Grundformen nur noch bedingt gesprochen werden" könne.[140] Vielmehr hätte man sich hier deutlicher auf die Rationalisierung der natürlichen Dominanten wie Berge und Flüsse konzentriert, wodurch die moderne Stadt ihren Anfang genommen hätte. Ziel der Ausführungen Gantners ist es nicht, eine Bewertung und Priorisierung der jeweiligen Stadtformen vorzunehmen, sondern eine Grundlage zu schaffen, um „den Quellen aller schöpferischen Stadtbaukunst" näher zu kommen. Damit reiht sich diese Publikation in die Entwicklungslinie von Sitte und Brinckmann auf der Suche nach ästhetischen Grundprinzipien ein.[141]

Gemeinsam ist den auf den letzten Seiten vorgestellten Konzepten auch die mehr oder weniger wissenschaftliche Herangehensweise in Form von empirischen Analysen oder aus der Argumentation der Praxis heraus. Daraus werden ebenso mehr oder weniger dogmatische Regeln entwickelt. Das übergeordnete Ziel dieser städtebaulichen Konzepte ist die „Wiederbelebung der Stadt", die durch die Industrialisierung und damit die Moderne verkommen zu sein scheint. Dieser prinzipiell restaurative Ansatz wird von Winter als Versuch charakterisiert, die idealistischen Vorstellungen des an gesellschaftlicher Bedeutung verlierenden Bildungsbürgertums zu bewahren.[142] Dass sie sich damit gegen die innovative, moderne Entwicklung der Architektur stellen, wird in der traditionalistischen Weiterentwicklung ihrer Ideale bis in die 1930er Jahre hinein deutlich.

---

137   Fischer (1920) 2012, S. 65.
138   Gurlitt 1920.
139   Sonne 2017, S. 47.
140   Gantner 1928, S. 27.
141   Vgl. Winter 1988, S. 212.
142   Vgl. Winter 1988, S. 180–181.

Die Stadtbaukunst als
Grundlage einer traditionalistischen Moderne
der 1930er Jahre

Karl Henrici

Um diese zu charakterisieren, muss in der Chronologie noch ein Schritt zurück getan und auf einen der ersten Sitte-Schüler eingegangen werden: Karl Henrici (1842-1927).[143] Da er selbst keine eigenständige Monografie zu seiner städtebaulichen Haltung veröffentlichte, wurden seine Schriften einmal 1904 von ihm selbst in einer Übersicht betitelt mit *Beiträge zur praktischen Ästhetik im Städtebau*[144] herausgegeben und zum Anderen posthum 1981 durch Gerhard Curdes und Renate Oehmichen zur Ergänzung der Erforschung des *Künstlerischen Städtebau um die Jahrhundertwende* veröffentlicht.[145]

Aus den Erkenntnissen der städtebaulichen Analysen Sittes entwickelt Henrici zwei prinzipielle Konzepte seines malerischen Städtebaus: die Betonung des „Individualismus"[146] und die Übertragung des malerischen Prinzips der geschlossenen Plätze bei Sitte auf die Straßenverläufe. Für die Straßenverläufe schlägt er die Unterscheidung in „langweilige und kurzweilige Strassen"[147] vor: „Eine Strasse nenne ich langweilig, wenn auf ihr der Wanderer den Eindruck bekommt, als sei der Weg länger als er wirklich ist; kurzweilig nenne ich sie, wenn das Umgekehrte der Fall ist."[148] Henrici präferiert eindeutig die unregelmäßigen Straßenführungen und schlägt Aufweitungen zur Platzbildung vor – im Sinne Sittes vorzugsweise gegenüber von bedeutenden öffentlichen Gebäuden. Die Begründung liegt auch bei Henrici in der visuellen Wahrnehmung: so beschreibt er, „dass man beim Durchwandern einer Stadt niemals das ganze Stadtbild, sondern jedes Mal nur einen Teil einer Strasse oder eines Platzes übersehen kann"[149]. Auch das Einzeichnen von Sichtlinien in die Lagepläne verdeutlicht die Betonung der optischen Wahrnehmung seiner städtebaulichen Maßnahmen. Neben dieser Übertragung der Unregelmäßigkeit auf den Straßenverlauf in der Stadt, kritisiert Henrici den Schematismus der Stadtplanung und betont das Individuelle jeder Stadt: „Der gesunde, zu erstrebende Idealismus im Städtebau darf aber nicht dahin aufgefasst werden, dass die persönlichen Eigenschaften des Städtebaukünstlers sich in seinen Plänen abspiegeln sollen [...] sondern das Individualisieren muss den Verschiedenartigkeiten der zu bebauenden Oertlichkeiten gelten."[150] Aus der Verbindung dieser Prinzipien – der Unregelmäßigkeit der Straßenverläufe und der Betrachtung des Individuellen in den Städten – ergibt sich die Tendenz

---

143   Zu biografischen Informationen zu Karl Henrici siehe Staps 2012, S. 33-34.
144   Henrici 1904.
145   Curdes/Oehmichen 1981.
146   Henrici, Karl: Der Individualismus im Städtebau. In: Deutsche Bauzeitung (1891), H. 49, S. 295-298. Abgedruckt in: Henrici 1904, S. 58–84 und in: Curdes/Oehmichen 1981, S. 74-82.
147   Henrici, Karl: Langweilige und Kurzweilige Strassen. In: Deutsche Bauzeitung (1893), H. 44, S. 271-274. Abgedruckt in: Henrici 1904, S. 85-99 und in: Curdes/Oehmichen 1981, S. 82-86.
148   Henrici, Karl: Langweilige und Kurzweilige Strassen. In: Deutsche Bauzeitung (1893), H. 44, S. 271-274. Abgedruckt in: Henrici 1904, S. 85.
149   Ebd., S. 96.
150   Henrici, Karl: Der Individualismus im Städtebau. In: Deutsche Bauzeitung (1891), H. 49, S. 295-298. Abgedruckt in: Henrici 1904, S. 66.

Henricis, sich deutlich für die ästhetischen Qualitäten der mittelalterlichen, insbesondere deutschen Städte auszusprechen. So bezeichnet er im Vorwort seiner eigenen Schriftensammlung, dass die vorliegenden Abhandlungen „im Kampfe um deutsches Wesen im deutschen Städtebau"[151] entstanden seien.[152] Indem er den künstlerischen Städtebau mit einem nationalistischen Patriotismus in Verbindung bringt, eröffnet er ein politisches Spannungsfeld, das in den folgenden drei Jahrzehnten durch mehrere städtebauliche Veröffentlichungen bedient und ihren Höhepunkt in der „Blut-und-Boden"-Ideologie des Nationalsozialismus finden wird. Im Rahmen dieser Entwicklung werden im Folgenden drei Protagonisten genannt: Der Stuttgarter Städtebauprofessor Heinz Wetzel, der sich in der Tradition Sittes und Fischers insbesondere auf das „Sehen" der Stadt konzentriert, sein Kollege Paul Schultze-Naumburg mit der Übertragung seiner *Kulturarbeiten* auf den Städtebau und der Ingenieur Gottfried Feder, dessen Idee der *Neuen Stadt* die Rassentheorie in die Stadtplanung überführt.

Heinz Wetzel

Der Professor für Städtebau Heinz Wetzel (1882-1945)[153] studierte unter anderem bei Theodor Fischer Architektur in Stuttgart und München. Da die Theorien Heinz Wetzels einen enormen Einfluss auf die Schriften Wolfgang Raudas haben, ist der Blick in seine Biografie von besonderer Relevanz: Bis zum Ersten Weltkrieg arbeitete Wetzel in einem Stuttgarter Architekturbüro, 1919 wurde er nach seinem Staatsexamen zum Leiter des Stadterweiterungsamtes Stuttgarts. Ab 1921 bekam er Lehraufträge an der TH Stuttgart, 1925 wurde er zum Professor auf den Lehrstuhl für Städtebau und Siedlungswesen berufen. 1933 und 1934 war er Rektor der TH Stuttgart. Wetzel war weder planerisch aktiv noch hat er seine Schriften oder Vorträge publiziert. Lediglich ein 1941 auf einer Gautagung des Nationalsozialistischen Bundes Deutscher Technik (NSBDT) gehaltener Vortrag zu den *Wandlungen im Städtebau* ist 1942 veröffentlicht worden. Darüber hinaus erschien 1962 unter dem Titel *Stadt Bau Kunst* eine Zusammenstellung der Schriften aus seinem Nachlass, die allerdings weder datiert noch kommentiert sind, sodass eine eindeutige zeitliche Zuordnung nur bedingt möglich ist. Wetzels Einfluss auf die Architekt*innen und Planer*innen der Nachkriegszeit ist einzig auf seine Lehre zurückzuführen. So heißt es im Vorwort zur Sammlung aus dem Nachlass, er hätte seine „Lebenskraft [...] ganz seiner Lehrtätigkeit"[154] gewidmet, die mit lobenden Worten wie folgt beschrieben wird: „Es ist interessant zu sehen, wie Wetzel lehrt und wodurch seine große erzieherische Ausstrahlung zustande kam. Wetzel besaß ein enormes Wissen auf weiten Gebieten. Sein

---

151 Henrici 1904, S. 1.

152 Die Betonung dieses „deutschen Wesens" wurde auch bei seiner Kritik zum oben besprochenen Paulusviertel deutlich, wo er insbesondere „den Stempel urgesunden und kraftvoll *echt deutschen* Wesens" abgebildet sah. Henrici, Ausstellung 1901, S. 398, zit. n. Gehrig 2014, S. 8 (Herv. im Original). Die Betonung des „echt deutschen" spielt auf die gleichzeitig stattfindende Jugendstil-Ausstellung „Ein Dokument Deutscher Kunst" von Joseph Maria Olbrich auf der Mathildenhöhe an und drückt die Ablehnung Henricis gegen deren Inhalte aus.

153 Die folgenden biografischen Angaben sind dem Vorwort zur Neuausgabe der Schriften aus Wetzels Nachlaß (Wetzel 1978, S. 9-10) sowie Elke Sohns Aufsatz zum Städtebau der Stuttgarter Schule (Sohn 2009, S. 97-120) entnommen.

154 Wetzel 1978, S. 10.

leidenschaftlicher, immer frei gehaltener Vortrag riß seine Hörer durch seine sprühende Lebendigkeit zu Begeisterungsstürmen hin."[155]

Inhaltlich orientiert sich Heinz Wetzel sehr deutlich an seinem Lehrer Theodor Fischer,[156] bezieht sich aber häufig direkter auf Camillo Sitte.[157] Die von letzterem gelegten Grundlagen sind laut Wetzel zu Beginn des 20. Jahrhunderts missverstanden und missinterpretiert worden: „Das *Künstlerische* wurde mit dem sogenannten *Malerischen* verwechselt, und eine alberne Spitzweg-Romantik brachte das mit so viel Wärme aufgenommene Buch um den Kredit."[158] Laut Wetzel sei die Zeit noch nicht reif gewesen und man hätte sich um 1900 um zu viele andere soziale Schwierigkeiten im Städtebau sorgen müssen, die man im Sinne eines praktischen Empfindens zu lösen versuchte. Doch mit der Erkenntnis, dass es einer übergeordneten Stadtplanung bedürfe, die neben der „zweckhaften Ordnung" auch die „bildhafte" beachte,[159] könnte auch ein stadtbaukünstlerisches Gesamtbild entstehen. Die „zweckhafte Ordnung" sei dabei durch Gottfried Feder geprägt worden, während Wetzel in seinem Vortrag *Wandlungen im Städtebau*[160] nun die „bildhafte Ordnung" beschreibt: Überschaubare Straßeneinheiten entstehen durch geschlossene und verkrümmte Baufluchten in Form von „Nahtstellen", die bewusste Platzgestaltung erfolgt als „Schwellengestaltung" durch die Aufweitung von Straßenzügen und das Siedlungsbild kann nach außen geschlossen werden, bildet somit in sich ein Ganzes.[161] Damit spricht er alle Gestaltungsgrundsätze Fischers und Sittes deutlich an: die Zusammenschau, die Unregelmäßigkeit, die Geschlossenheit der Straßen und Plätze etc. Auch in der Konturierung des Stadt-Land-Gegensatzes orientiert sich Wetzel an Sitte.[162] Deutlich argumentiert er beispielsweise gegen Vorstädte mit einzeln stehenden Einfamilienhäusern, die das „Ideal des Bausparkassensparers" darstellen würden: Es sei außerdem der „Schrecken des Städtebauers", da es zu „Dutzendware" verkommen sei und sich „an den Rändern unserer Städte wie Unkraut" in der Landschaft verhalte. Stattdessen müsse man sich „klar" und „sauber" mit dem Verhältnis von Stadt und Land auseinandersetzen.[163] Damit drückt Wetzel auch die von ihm angestrebte Konturierung des Stadt-Land-Kontrastes durch zusammenhängende Bebauung und Komposition von Stadtraum und die Abgrenzung von der Natur aus. Dennoch entsprechen seine Ausführungen den Forderungen Fischers, beispielsweise in der topografischen Anpassung der Straßenverläufe.

Auch methodisch orientiert sich Wetzel an den bisherigen Sitterezeptionen, wenn er betont, dass stadtbaukünstlerische Merkmale durch die Analyse historischer Platzanlagen erkannt werden können. Das „Erkennen" derer erfolge mithilfe der „optischen Leitung" und der „optischen Zuordnung", um „rhythmisch-lebendig organisierte" Stadträume optisch wahrzunehmen.[164] Auch in seinen Vorlesungen

155   Ebd., S. 10.
156   Die inhaltliche Nähe wird mit der privaten verknüpft: Wetzel war mit Fischers Nichte verheiratet (Vgl. Sohn 2009, S. 119).
157   Sonne 2017, S. 216-217.
158   Wetzel 1942, S. 9-10.
159   Ebd.
160   Wetzel 1942, S. 22-27.
161   Siehe hierzu: Sohn 2015, insbesondere S. 126-129.
162   Sonne 2017, S. 216-217.
163   Wetzel 1942, S. 16.
164   Schon hier wird die inhaltliche und terminologische Nähe zwischen Rauda und Wetzel

setzte Wetzel einen deutlichen Schwerpunkt auf das „augen-sinnliche Erfahren" des „Genius Loci", der seines Erachtens nach das „Destillat aus der physischen und geistigen Atmosphäre eines Ortes" darstellt. Dazu gehörte die Analyse der Landschaft, denn: „Das ganze Geheimnis des Gestaltens ist die bewußte Einfügung des Bauwerks in die Gemeinschaft dessen, was da ist."[165] Das einzelne Bauwerk ist als Teil eines Gesamtgefüges zu betrachten, das – wie Elke Sohn es im Rahmen ihrer Forschungen zu Heinz Wetzel zusammenfasst – „in seiner Gesamtschau nach Gestaltung ruft."[166] Diese Gestaltung prägt, bezogen auf den Städtebau, den Begriff der „Stadtbaukunst", wie ihn Wetzel versteht: „Baukunst ist Stadtbaukunst, Stadtbaukunst ist Baukunst".[167] Daher sieht Wetzel den Städtebau nicht nur mit der Raumplanung verbunden, sondern insbesondere mit der Gebäudelehre.[168]

Hier wird erneut der Ansatz einer gesamtheitlichen Architektur deutlich, in der das einzelne, solitäre Gebäude nur im Zusammenhang mit seiner direkten städtebaulichen Umgebung und der darum liegenden Landschaft zu betrachten sei. Abgesehen vom Thema des Gesamtzusammenhangs bzw. des Gesamtkunstwerks Stadt sind die Begriffe der „Schwelle" und der „Nahtstellen". Die „Schwelle" neben dem „Einschlag" charakterisiert Wetzel als die „allerwichtigsten Mittel, um Raumabschnitte und Raumgrenzen in die Erscheinung zu setzen."[169] „Nahtstellen" ergeben sich aus der „ursprünglich[n] Flureinteilung", denn nur dort „stimmen die charakteristischen Nähte mit charakteristischen Parzellengrenzen überein. Immer müssen diese Nähte die geometrischen Örter für die Abschnittsgrenzen sein [...] Ob Paris oder Bempflingen – die Erfahrung lehrt, daß einzig die Beachtung dieser Regel das Überzeugende und Erdgewachsene verbürgt."[170] Damit prägte Wetzel die Auffassung von einer bebauten Umwelt als organisch und naturverbunden – ein Konzept, das insbesondere von seinen Schüler*innen weitergetragen werden wird. In seiner Lehre betonte er insbesondere den Wert des „Sehens": Die inneren Gesetzlichkeiten der Landschaft und der Bebauungsstruktur könnten nur durch das „richtige Sehen" erkannt werden. Die Stadt als einen Organismus zu begreifen und ihren „genius loci" zu erkennen gehöre ebenso zu den Grundsätzen des Stadtschauens. Im Gegensatz zu Brinckmann begreift er den Stadtraum allerdings nicht durch dessen formgebende Platzwände, sondern als Negativraum.[171] Wetzel bezieht sich demnach stärker auf die reine Form denn auf ihre äußerliche Gestaltung. Daraus resultieren seine einfachen Strichzeichnungen, in denen er weder Schatten noch detaillierte Fassadengestaltung oder Materialstrukturen darstellt (vgl. Abb. 9). Gleichzeitig bezieht er sich genau wie Sitte maßgeblich auf die geschlossenen Plätze oder Platzgruppen in „gewachsenen" Städten. Elke Sohn

---

deutlich. Dass Wetzels Vorlesungen für Raudas Städtebautheorie einen enormen Einfluss darstellt, wird im entsprechenden Kapitel nochmals ausgeführt.

165   Wetzel 1978, S. 22.

166   Sohn 2015, S. 112. Im gleichen Aufsatz betont die Autorin, dass sich das DFG-geförderte Projekt von 2007 bis 2009 unter anderem aufgrund des wenigen von Wetzel hinterlassenen Materials vornehmlich mit den Projekten seiner Schüler befasst hätte (Sohn 2015, S. 113). Wolfgang Rauda ist einer der Schüler, die sicherlich sehr deutlich von der Wetzel'schen Lehre beeinflusst war und diese bis weit in die 1960er Jahre trug.

167   Wetzel 1942, S. 8.

168   Wetzel 1978, S. 29.

169   Ebd., S. 23.

170   Wetzel 1942, S. 21.

171   Vgl. Rudež 1988, S. 183-185.

betont in ihren Forschungen, dass es Wetzel nur zweitrangig darum ging, ob die Städte wirklich „gewachsen" waren, sondern darum, dass sie so wirkten. Entsprechend wendete er seine Analysen nicht auf die jeweiligen Stilepochen an.[172] Dennoch unterscheidet er fünf Formen der deutschen Stadt mit ihrer jeweiligen „Stilform der Sehweise": die mittelalterliche Stadt mit „naiver Freude an gesteigerter Wirklichkeitsschau", die landesfürstliche Stadt als „Schaubühne", die Stadt der Gründerzeit als geometrische Stadt ohne historischen Bezug, die Stadt nach dem (Ersten) Weltkrieg, in der die Stadtbewohner*innen sich nach „Heimatgefühl sehnen" würden und – um 1940 – die Stadt „im Zeichen des totalen Machtanspruchs der Staatsführung", in der die Stadt wieder zur „Schaubühne" wird.[173] Diese Einteilung in „Stilformen" bezieht sich allerdings auf die jeweiligen Repräsentationsräume und weniger auf eine genaue Unterscheidung in Stilepochen.

Die Analyse historischer Stadträume dient Wetzel weniger dem äußerlichen Stil der Gebäudegestaltung, sondern dem Erkennen von stadtbaukünstlerischen Regeln. Entsprechend versteht er städtebauliche Formen in ihrer jeweiligen Sinnhaftigkeit und fordert – wie die Vorbilder, auf die er sich bezieht – keine Übertragung in Form von Kopien historischer Motive. Dennoch konzentriert er sich in seinen Analysen auf kleine und mittelgroße Städte, deren „gewachsene" Struktur deutlich das übertragene Bild einer mittelalterlichen, deutschen Stadt transportiert. Neben der historischen Bezugnahme auf diese Motive ist somit eine gewisse Großstadtkritik bei Wetzel zu erkennen, die bei seinem Kollegen Paul Schultze-Naumburg sehr viel ausgeprägter ist. Dessen Haltung stellt in Verbindung mit einer Ästhetisierung des Städtebaus eine für eine konservative und traditionalistische städtebauliche Haltung entscheidende Weiterentwicklung der Sitte-Schule dar.

Paul Schultze-Naumburg

Paul Schultze-Naumburg (1869–1949)[174] ist ein Gründungsmitglied des „Bundes Heimatschutz" und gründete gemeinsam mit Paul Bonatz und Paul Schmitthenner 1928 die konservative Architektenvereinigung „Der Block". Als einer der führenden Rassetheoretiker seit Mitte der 1920er Jahre anerkannt, war er Teil des „Saalecker Kreises" und Förderer des „Kampfbundes für deutsche Kultur". Seit 1930 war er Mitglied der NSDAP. Im gleichen Jahr wurde er zum Direktor der „Staatlichen Hochschule für Baukunst, bildende Künste und Handwerk" in Weimar ernannt, der Folgeeinrichtung von Otto Bartnings Bauhochschule und des ursprünglichen Bauhauses, und übernahm ab 1931 die Leitung des „Kampfbundes deutscher Architekten und Ingenieure". Zu seinen publizistischen Arbeiten gehören unter anderem pädagogische und sozialreformerische Schriften, als Architekt verwirklichte er circa 200 Bauten.

Innerhalb seines publizistischen Schaffens ist *Kulturarbeiten* besonders hervorzuheben: Diese erschienen zwischen 1901 und 1917 unter dem Einfluss der Arts-and-Crafts-Bewegung aus England als Schriftenreihe in neun Bänden.[175] Entsprechend der Lehren von John Ruskin und William Morris prangerte Schultze-Naumburg darin die Industrialisierung, die Verstädterung und den daraus resultierenden Kulturver-

---

172   Sohn 2015, S. 117.
173   Wetzel 1978, S. 40-43.
174   Weitere biografische Angaben zu Paul Schultze-Naumburg finden sich bei Morgenthaler 2019, S. 270-272, außerdem Bormann 1989; Pinkwart 1991.
175   Durth/Sigel 2009, S. 163-164.

fall an.[176] Gleichzeitig verfolgten seine Bücher im Sinne des Werkbund-Gedankens[177] eine Erziehungsabsicht: „Die Bücher wenden sich auch nicht ausschließlich an die, die sich ‚die Gebildeten' nennen, sondern unser Wunsch ist es, das Volk zu gewinnen, den kleinen Bürger, die Bauern, die Arbeiter, diejenigen, die am nachhaltigsten an der Umgestaltung des Antlitzes unseres Landes tätig sind."[178] Diesen sollte durch die vereinfachte Darstellung von Beispielen und Gegenbeispielen vermittelt werden, dass es in Kunst und Architektur nicht nur um „schön und hässlich", sondern auch um „brauchbar und unbrauchbar" sowie „moralisch gut und schlecht" ginge.[179] Mit dem Kontrast von „guten und schlechten Beispielen" wird laut Werner Durth und Paul Sigel eine Verknüpfung von ethischen und ästhetischen Kategorien, von moralischen Prämissen und Geschmacksurteilen im Sinne von „richtig und falsch" vorgenommen.[180]

Schultze-Naumburgs Abhandlung zum *Städtebau* (1906) stellt den vierten Band innerhalb seiner *Kulturarbeiten* dar. Wie auch die anderen neun Bände ist er besonders relevant für die Heimatschutzbewegung und deren Ansatz einer städtebaulichen Denkmalpflege. Grundsätzlich bezieht sich Schultze-Naumburg auf den sogenannten malerischen Städtebau nach Camillo Sitte, wobei Schultze-Naumburg insbesondere den Aspekt der gestalterischen Aufgabe im Städtebau hervorhebt und genauso wenig wie Sitte eine konservatorische Erhaltung der Stadträume anstrebte. Die eigentliche Absicht zu seiner Abhandlung über Städtebau beschreibt Schultze-Naumburg wie folgt: „Dieser Band will durchaus nicht ein Lehrbuch einer Theorie des Städtebaus in gedrängter Form sein, sondern er will durch Anschauung eine Reihe von Fragen vor denen erörtern, die heute Städte anlegen lassen: Laien."[181]

Der Kunsthistoriker Melchior Fischli beschreibt die Intention Schultze-Naumburgs als Versuch, Sittes Grundlagenwerk zu „popularisieren", wobei „eine morphologische Entwurfslehre für den Malerischen Städtebau mit dem Mittel der Fotografie" herausgekommen sei.[182] Wie auch in den anderen Bänden nutzt Schultze-Naumburg die Gegenüberstellung von „Beispiel" und „Gegenbeispiel" als wichtiges Element der Erklärung. Nach der Einleitung beginnt Schultze-Naumburg mit einer harschen Kritik an der Großstadt: Die Bewohnerschaft der Großstadt bildete bloße „Fettansammlungen", die den „Organismus" der Stadt selbst gefährden würden.[183] Daher sei es gerade die in sich geschlossene, vormoderne Kleinstadt, die als Idealbild die Ausführungen Schultze-Naumburgs prägen: so entsprechen die von ihm gezeigten Beispiele dem, was man allgemein als „Altstadt" bezeichnen würde, d.h. mittelalterlich geprägte, meist unregelmäßige Stadtanlagen. Entsprechend streift Schultze-Naum-

176   So beschreibt Schultze-Naumburg, die Aufgabe der Buchreihe sei es, „der entsetzlichen Verheerung unseres Landes auf allen Gebieten sichtbarer Kultur entgegen zu arbeiten". (Schultze-Naumburg, Paul: Kulturarbeiten, Bd. 1 Hausbau, München 1912 (4. Auflage), S. 1, zit. n. Durth/Sigel 2009, S. 163)

177   In der Gründungssatzung des Deutschen Werkbundes von 1908 heißt es: „Der Zweck des Bundes ist die Veredelung der gewerblichen Arbeit im Zusammenwirken von Kunst, Industrie und Handwerk durch Erziehung, Propaganda und geschlossene Stellungnahmen zu einschlägigen Fragen". (Zit. n. Durth/Sigel 2009, S. 83)

178   Schultze-Naumburg 1901, S. I.

179   Vgl. Durth/Sigel 2009, S. 163.

180   Vgl. ebd.

181   Schultze-Naumburg 1906, S. VI.

182   Fischli 2017, S. 98.

183   Schultze-Naumburg 1906, S. 1-10.

burg nur am Rande technische, hygienische oder soziale Fragen des Städtebaus und wendet sich fast ausschließlich den ästhetischen Grundsätzen zu.

Sind die Ausführungen Wetzels eindeutiger als eine Weiterentwicklung der Ideale Sittes und Fischers und damit eines heimat- und identitätsstiftenden Städtebaus für deren Bewohnerschaft zu betrachten, verbinden sich bei Schultze-Naumburg städtebauliche Idealvorstellungen mit politischen Ideologien. Seine Bilder transportieren in der Gegenüberstellung von „gut und schlecht" ein totalitäres Geschichtsbild, das im Nationalsozialismus aufgegriffen wird. Unabhängig von Schultze-Naumburgs städtebaulicher Haltung weisen auch Rainer Schmitz und Johanna Söhnigen die „ästhetische Codierung des volkstumsorientierten Bauens" im publizistischen Werk Schultze-Naumburgs nach.[184] In Verbindung mit der Heimatschutzbewegung und dessen Vordenker Ernst Rudorff[185] erläutern die beiden Architekturhistoriker, dass Schultze-Naumburgs schriftliche Veröffentlichungen „das volkstumsorientierte Bauen mit der Matrix der Rassentheorie überlagerte und neu codierte."[186] Diese „Matrix der Rassentheorie" äußert sich vor allem in antisemitischen, rassischen und biologistischen Formulierungen, die auch in Schultze-Naumburgs Großstadtkritik deutlich werden, wenn er vom „Organismus der Stadt" und dessen Störung durch die „Fettansammlung" des modernen Menschen schreibt.[187] Der Biologismus und die Rassenideologie des Nationalsozialismus hängen unweigerlich zusammen, wie der Historiker Dan Diner Ende der 1980er Jahre dargelegt hat.[188] Eine pseudo-naturwissenschaftliche Sprache habe demnach alle Wissenschaftsdisziplinen im Nationalsozialismus geprägt – Paul Schultze-Naumburgs Ausführungen haben diese Metaphorik in der Formulierung von Architektur- und Stadtkonzepten befördert.

Gottfried Feder

Entscheidend für die Weiterentwicklung dieses traditionalistischen Ansatzes in Verbindung mit dem Biologismus der nationalsozialistischen Doktrin ist die Publikation *Die Neue Stadt* von Gottfried Feder. Feder (1883–1941) war Diplomingenieur und vehementer Anhänger des Nationalsozialismus. In dem 1939 veröffentlichten Buch *Die Neue Stadt* schlägt er vor, neue soziale Wohneinheiten als autarke Stadt mit einer Population von jeweils 20.000 als Stadtneugründungen zu planen und bietet das entsprechende Zahlenmaterial und die Strukturdaten hierfür an.

Damit legt er die Basis für das Konzept der „Ortsgruppen als Siedlungszellen", die Hans Bernhard Reichow und Wilhelm Wortmann weiterentwickeln. In Feders zu diesen strukturellen Merkmalen der neuen Stadt führenden Analyse denkt er nicht wie Camillo Sitte nur in geschlossenen Plätzen, sondern sieht „die Gebäude, die Häuserblöcke, die Straßen und die Plätze" als Elemente des Städtebaus, wobei insbesondere die Straßen das „Gerippe der ganzen Planung" ausmachen würden.[189] Gleichzeitig sucht er die Vorbilder in der stadthistorischen Analyse: „Die Stadtpläne der

184   Schmitz/Söhnigen 2018, S. 71-81.
185   Siehe hierzu die bisher unveröffentlichte Dissertation von Rainer Schmitz: *Das Architekturprogramm der deutschen Heimatschutzbewegung* (verteidigt an der TU Darmstadt im Oktober 2014).
186   Schmitz/Söhnigen 2018, S. 77.
187   Schultze-Naumburg 1960, S. 8-9.
188   Diner 1989, S. 23-56.
189   Feder 1939, S. 3.

Antike, des Mittelalters, der Renaissance und des Barock lehren uns, ganz im großen gesehen, daß die Straßennetze entweder *regelmäßig geometrisch* aufgeteilt sind, oder daß *weiche, gekurvte Straßenzüge* den Stadtplan bestimmen, Straßenzüge, die sich den landschaftlichen Gegebenheiten anpassen."[190] Damit bezieht er sich direkt auf die Einteilung Gantners in „reguläre" und „irreguläre" Städte und übernimmt dessen Argumentation, dass in allen Epochen beide „Grundformen der Stadt" aufgetreten wären. Feder bevorzugt allerdings eindeutig die mittelalterliche Stadt. Hier wäre die „hohe Zeit der schönen, leidenschaftlich gebundenen unregelmäßigen Stadt mit weicher Linienführung der Straßen, schönen Blickpunkten und romantischen Überschneidungen"[191] gewesen; nur die mittelalterlichen Städte wären durch eine „klare innere Haltung" und einen „differenzierten Formwillen" geprägt gewesen.

Die Stadt der Moderne seit der Industrialisierung sieht Feder als „Verfall der Stadtplanungskunst", durch deren geometrische Erweiterungen die hochverdichteten Baublöcke, die Mietskasernen, haben entstehen können.[192] Stattdessen schlägt Feder im Kapitel „Der Organismus der Stadt"[193] eine Stadtneugründung vor, deren Organisation in Zellen und Zellverbänden um den Stadtmittelpunkt erfolgen solle. Die Gliederung dieser Zellen solle geprägt sein durch die „innere Struktur der sozialen Gemeinschaft"[194], wobei die Gestaltung nicht mit „Zirkel und Lineal" erfolgen, sondern sich an die topografischen Gegebenheiten anpassen solle.

Zusammenfassend formuliert Feder den Grundsatz seiner „neuen Stadt": „Dieser Stadtorganismus wird sich zusammensetzen aus einer ganzen Reihe von Zellen, die sich dann zu Zellenverbänden innerhalb verschiedener Unterkerne um den Stadtmittelpunkt herum gruppieren. Oft werden mehrere Unterkerne zu einem Zellverband höherer Ordnung zusammentreten, um dann erst die verschiedenen Zellverbände höherer Ordnung zum Gesamtorganismus zusammenzuschließen, in dem dann die einmaligen, der ganzen Gemeinde dienenden Einrichtungen Platz finden."[195] Die Gestaltungsvorschläge entsprechen dem von Feder formulierten Vorbild der mittelalterlichen Straßenzüge, während die strukturellen Gedanken geprägt sind von der politischen Systematisierung der Gesellschaft: Die Festlegung der Größe und Organisation der „Zellen" entspricht der Einteilung des „Deutschen Reiches" in Gaue, Kreise, Ortsgruppen und Blöcke. Auch die Abkehr von der als unübersichtlich bezeichneten Großstadt und die Forderung nach organisierten Kleinstädten entspricht der nationalsozialistischen Ideologie.[196] Gottfried Feder hat mit der Ausformulierung seines Konzepts einer „neuen Stadt" ebenso dazu beigetragen, die nationalsozialistisch geprägte Stadtplanung zu definieren und zu legitimieren wie Heinz Wetzel und Paul Schultze-Naumburg. Diese drei Protagonisten stehen an dieser Stelle repräsentativ für die Umsetzung der sogenannten Blut-und-Boden-Ideologie im Städtebau.

---

190   Ebd., S. 3.
191   Ebd., S. 4-5.
192   Feder 1939, S. 9-10.
193   Ebd., S. 18-26.
194   Ebd., S. 19.
195   Feder, Gottfried, Die neue Stadt. Versuch der Begründung einer neuen
       Stadtplanungskunst aus der sozialen Struktur der Bevölkerung, Berlin 1939, S. 27,
       zit. n. Durth/Sigel 2009, S. 348.
196   Albers 1975, S. 95.

Von Flanierenden zu Verkehrsbeteiligten

Die Ausführungen des letzten Kapitels lassen den Schluss zu, es gäbe eine direkte Entwicklungslinie von Camillo Sittes Idealen eines künstlerischen Städtebaus zur Blut-und-Boden-Ideologie des Nationalsozialismus. Dieser Schluss ist allerdings nur bedingt zutreffend. Tatsächlich orientieren sich die „Stadtbaukünstler" im Sinne Sittes hauptsächlich an historischen Vorbildern, um ihre Forderung nach der „Wiederbelebung" der Stadt im Sinne eines konservativen, restaurativen Verständnisses zu erfüllen. Die Reduktion auf geschlossene Plätze und Straßenzüge, das daraus transportierte Bild einer scheinbar gewachsenen, mittelalterlichen Stadt und der immer wieder vollzogene Blickwinkel des Flanierenden, des durch die Stadt Wandelnden, hat diese ideengeschichtliche Entwicklung zum Traditionalismus beispielsweise der Stuttgarter Schule geprägt. Dennoch kann man gerade den „Vater" dieser Schule, Theodor Fischer, auch im Sinne eines progressiven Verständnisses von Stadt interpretieren, wie es unter anderem auch Helmut Winter getan hat: Fischers Verständnis ist nur bedingt davon geprägt, dass das Malerische auch das Schöne ist – vielmehr sieht er die Ästhetik im Sinne des modernen Grundgedankens dort, wo etwas praktisch und von sozialem Nutzen ist.[197] Daher fokussiert er sich in seinen oben erläuterten Vorträgen auch häufig auf den Verkehr und das Wohnungswesen. Außerdem „öffnet" er den bis dahin in den stadtbaukünstlerischen Konzepten unbedingt geschlossenen Raum und betont die Beziehung zwischen Stadt und Landschaft. Mit diesem Ansatz hat Fischer nicht nur Heinz Wetzel geprägt, sondern beispielsweise auch seinen ehemaligen Mitarbeiter Bruno Taut und seinen Schüler Ernst May.[198] Bruno Taut hat den Ansatz der Beziehung zwischen Stadt und Landschaft sowohl in seinem 1919 erschienen Bildband *Die Stadtkrone* als auch in *Die Auflösung der Städte* (1920) expressionistisch entwickelt und entsprechend in die klassische Moderne getragen.[199] Ernst Mays in Frankfurt entwickeltes Wohnungsbauprogramm *Das Neue Frankfurt* hingegen ist wohl neben Martin Wagners Siedlungen in Berlin als Paradebeispiel des praktischen Städtebaus des Neuen Bauens zu betrachten. Die Bauten der neuen Frankfurter Wohnsiedlungen an sich sind mittels rationalisierter, typisierter Herstellungstechnologien geplant worden, städtebaulich orientieren sich die Straßenverläufe dennoch an topografischen Gegebenheiten. Überhaupt orientiert sich Ernst May unter anderem an seinen Erfahrungen im Büro des Gartenstadtarchitekten Raymond Unwin, dessen städtebauliche Haltung wiederum direkt in Verbindung mit den Idealen Sittes steht.

Stadtbaukunst bei Le Corbusier

Der Städtebau der Moderne, des *International Style*, als Kontrast zu den Ansätzen einer malerischen Stadtbaukunst verstanden, ist maßgeblich geprägt von Le Corbusier. Charles-Edouard Jeanneret (1887–1965) hat mit seiner radikal modernen Haltung die Architekturgeschichte des 20. Jahrhunderts beeinflusst. Sein Interesse für Städtebau ist schon in seiner Studienzeit nachweisbar. Auf seiner Europareise, während der

---

197   Vgl. Winter 1988, S. 221.
198   Durth/Sigel 2009, S. 165.
199   Vgl. Lampugnani 2010, S. 269-277.

er unter anderem ein fünfmonatiges Praktikum bei Peter Behrens absolvierte,[200] entstanden erste Skizzen von englischen und deutschen Kleinstädten als Vorbereitung auf sein Buch *La Construction des Villes*.[201] Dieses „erste städtebauliche Traktat" von Le Corbusier hat Christoph Schnoor in seiner Dissertation analysiert.[202] Schnoor erläutert hierin unter anderem Corbusiers Einflüsse: Neben Camillo Sitte übernimmt der junge Corbusier die Thesen und Argumente von Paul Schultze-Naumburgs *Städtebau*, Albert Erich Brinckmanns *Platz und Monument* sowie aus verschiedenen Aufsätzen von Karl Henrici und Theodor Fischer.[203] Der Aufbau und Inhalt des Manuskripts ähnelt Sittes *Der Städtebau nach seinen künstlerischen Grundsätzen*. Insbesondere in einem Kapitel über die Straßen kam der junge Corbusier zu ähnlichen Prinzipien wie sein Vorgänger: Straßenverläufe sollten gekrümmt sein, es sollte Aufweitungen geben, der Ausblick müsse sich geschlossen darstellen. Dabei orientiert sich Corbusier an der Natur – Formen, die dort nicht vorkommen, sollten auch im Städtebau vermieden werden.

In diesem Manuskript, so beschreibt es Winter, habe er die Architekten dazu aufgerufen, „vom Esel zu lernen, wie man Strassen gestaltet", da diese „die Landschaft respektieren und in ihrem Effekt steigern und so niemals langweilig" sein würden.[204] Diese Aussage kehrt Corbusier in seinem eigentlichen Werk über Städtebau aus dem Jahr 1925 ins genaue Gegenteil um. Auf den ersten Seiten von „Urbanisme" heißt es in der deutschen Übersetzung von 1929: „Der Esel geht im Zickzack, döst ein wenig, blöde vor Hitze und zerstreut, geht im Zickzack, um den großen Steinen auszuweichen, um sich den Anstieg sanfter zu machen, um den Schatten zu suchen. Er strengt sich so wenig wie möglich an. [...] Der Esel denkt an gar nichts, er macht sich aus nichts etwas."[205] Der Esel steht bei Corbusier nun sinnbildlich für das Gegenteil eines modernen, vernunftbegabten Menschen. Die „Religion des Eselweges" im Städtebau sei allerdings überwunden und müsse durch eine neue Stadt als Werkzeug des Menschen ersetzt werden. Schnoor stellt in seiner Forschungsarbeit zwar fest, dass die durch die Gegenüberstellung dieser beiden Zitate suggerierte komplette Wandlung von Corbusiers städtebaulichem Ansatz gar nicht so radikal ist. Dennoch hat sich Corbusiers Argumentation nun verändert: War er 1910 noch von einem ausnahmslos künstlerischen Anspruch an den Städtebau ausgegangen, sah Corbusier 1925 die Technik als den dominierenden Gestaltungsfaktor. Tatsächlich erwähnt Corbusier seine ursprüngliche Affinität zu Sitte in der dem Buch 1925 vorangestellten „Ankündigung". Er habe sich „hinterlistig" von Sitte für das „malerische Stadtbild" verführen lassen, inzwischen sei ihm aber klar geworden, dass Sittes Theorien zur Vergangenheit gehörten: „Diese Vergangenheit war nicht jene der Blütezeiten; sie war die der Anpassungen. Die Beredsamkeit Sittes paßte zu der rührenden Renaissance des ‚Daches', die, ein Paradox würdig eines Höhlenbewohners, die Architektur vom graden Weg in grotesker Weise abbringen sollte (‚Heimatstil')."[206]

---

200 Durth/Sigel 2009, S. 87.
201 Winter 1988, S. 288.
202 Schnoor 2003. Auch Winter erläutert die Inhalte von Corbusiers ersten städtebaulichen Äußerungen: Winter 1988, S. 289-294.
203 Schnoor 2003, S. 49-65.
204 Vgl. Winter 1988, S. 290-291.
205 Le Corbusier (1929) 1979, S. 5-6.
206 Ebd., S. X.

Mit dieser grundsätzlichen Aussage deutet Corbusier an, dass der von Sitte geprägte malerische Städtebau überholt sei – durch die Suche nach historischen Vorbildern ist der Ansatz selbst historisch und „heimatlich" geblieben. Im Gegensatz dazu steht nun Corbusiers *Ville Contemporaine*, seine zeitgenössische Stadt. Diese ist „kompromisslos"[207] und stellt eine „Konstruktion eines Theoriegebäudes von äußerster Strenge" dar, dessen Grundprinzipien „das Knochengerüst bilden für jedes städtebauliches [sic!] System der Gegenwart."[208] Sie ist demnach das Gegenteil von Sittes malerischem Städtebau, der das Individuelle jeder Stadt in übergeordneten Regeln darstellen will. Statt des durch die Stadt wandelnden Flanierenden setzt Corbusier die am Verkehr beteiligten Personen und deren Bedürfnisse an die oberste Stelle der Planungsprioritäten. Dabei lässt er allerdings die stadtbaukünstlerischen Aspekte nicht durchweg außen vor: Das fünfte Kapitel „Einteilung und Auswahl (Prüfung)" behandelt „die optischen Empfindungen", um daraus zu schließen, was zu „Ermüdung oder Wohlbefinden", „Beschwingtheit oder Niedergeschlagenheit", „Veredelung und Würde" oder zu „Gleichgültigkeit, Ekel und Auflehnung" führt. Positive Erfahrungen für das Auge seien „die ewigen Formen der reinen Geometrie"[209]: „Horizontale, prachtvolle Prismen, Pyramiden, Kugeln, Zylinder. Unser Auge sieht sie als reine Formen, und unser entzückter Geist ermißt die Genauigkeit ihrer Zeichnung. Heiterkeit und Freude."[210] Corbusiers Überlegungen zum geometrischen Städtebau werden ab Ende der 1920er Jahre durch die Arbeit des *Congrés International d'Architecture Moderne*, kurz CIAM, manifestiert. 1928 im Schweizer La Sarraz gegründet,[211] definierte die Gruppe aus der klassischen, internationalen Moderne verpflichteten Architekten den Städtebau im Gründungsmanifest wie folgt: „Stadtbau ist die Organisation der Funktionen des kollektiven Lebens. Er kann niemals durch ästhetische Überlegungen bestimmt werden, sondern allein durch funktionelle Folgerungen."[212] Diese „funktionellen Folgerungen" wurden – nachdem sich die Mitglieder des Kongresses 1929 erst mit dem Thema *Die Wohnung für das Existenzminimum* in Frankfurt und 1930 in Brüssel mit *Rationellen Bebauungsweisen* dem Städtebau maßstäblich angenähert haben – auf dem IV. Kongress 1933 besprochen und ein Jahrzehnt später von Le Corbusier in thesenhafter Form herausgegeben: Die *Charta von Athen* ist das Ergebnis einer systematischen Untersuchung von 33 Städten, deren Analyse auf einem Kreuzfahrtschiff auf dem Weg von Marseille nach Athen unter den Architekten und Städtebauern diskutiert worden war. Die Erkenntnisse werden in 95 analytischen und normativen Thesen zusammengefasst, wobei die 1942 von Le Corbusier herausgegebene französische Version eine von ihm kommentierte darstellt, weswegen die ursprünglichen Forderungen nicht eindeutig zu identifizieren sind.[213] Die bekannteste, aber wie der Städtebauprofessor Carsten Jonas feststellt auch am häufigsten missverstandene, These der Charta ist bezogen auf die Funktionstrennung der „vier Aufgaben" des Städtebaus: Wohnen, Arbeiten, Freizeit und Verkehr. Aus der Ordnung dieser Funktionen

---

207   Ebd., S. 133.
208   Ebd., S. 134.
209   Ebd., S. 57.
210   Ebd., S. 54.
211   Zu den Gründungsumständen der CIAM sowie weiteren Informationen siehe: Steinmann 1979; Domhardt 2012.
212   Zit. n. Albers 1997, S. 193.
213   Vgl. Albers 1997, S. 194-195.

ergibt sich die Gestaltung der Stadt,[214] deren formale Ausführung wohl am ehesten der von Le Corbusier schon 1925 präsentierten *Ville Contemporaine* entspricht. Gerd Albers stellt in *Entwicklung der Stadtplanung in Europa. Begegnungen, Einflüsse, Verflechtungen* fest, dass die „fachöffentliche Meinung die Bedeutung der Charta häufig überschätzt", da sie kein neues Konzept darstelle, sondern nur „kodifizierte, was in den fortschrittlichen Stadtplanungsämtern der zwanziger Jahre weithin praktiziert wurde."[215] Damit stellt die *Charta von Athen* eine grundsätzliche Zusammenfassung der städtebaulichen Tendenzen des sogenannten „Neuen Bauens" dar. Dennoch legt die CIAM damit den Grundstein für den nachkriegsmodernen Städtebau.

Zeit und Bewegung im Städtebau der Moderne

Sigfried Giedion[216] war bis zur Auflösung der CIAM ein entscheidender Wegbereiter in deren Entwicklung, einer der Mitbegründer und ihr Chronist. Sein wichtigstes Buch *Raum, Zeit, Architektur* erschien 1941 in englischer Sprache als Überarbeitung seiner zwischen 1938 und 1929 gehaltenen Vorträge der Charles-Eliot-Norton-Vorlesungen unter dem Titel *Space, Time and Architecture. The Growth of a new Tradition.*[217] Sokratis Georgiadis stellte 1989 in seiner „intellektuellen Biographie" zu Sigfried Giedion fest, dass dieses Buch zwar in kaum einer seitdem erschienenen architekturhistorischen Publikation als Quelle fehle, es aber auch häufig „mißverstanden und fehlinterpretiert" worden sei.[218] So stelle es sich zwar auf den ersten Blick als eine architekturhistorische Abhandlung des Bauwesens seit der Renaissance dar, habe aber einen besonders ausführlichen Schwerpunkt auf der Erläuterung seiner eigenen Zeit und sei damit – im Sinne seiner oben erläuterten Geschichtsauffassung – nicht als Zusammenfassung des bisherigen Baugeschehens zu verstehen, sondern das Ziel Giedions sei es, die „Verbindungen und Beziehungen zwischen den Geschehnissen" aufzuzeigen, die zu dem „heute erreichten Stadium" geführt haben.[219] Das entscheidende Merkmal der von Giedion in diesem Buch aufgezeigten Theorie ist es, dass er die Architektur- und Städtebaugeschichte als die Geschichte ihrer jeweiligen Raumauffassungen betrachtet. Dabei unterscheidet er grundsätzlich drei voneinander verschiedene und geschichtlich aufeinander folgende Raumauffassungen[220]:

Die erste Raumauffassung behandelt das Verhältnis von Volumen im Raum, beispielhaft benennt Giedion die ägyptischen Pyramiden; bei der zweiten Raumauffassung ist der Raum gleichzeitig ein ausgehöhlter Innenraum, dies sei seit dem Bau des Pantheon bis in das 18. Jahrhundert hinein der Fall gewesen. „Mit der optischen Revolution am Beginn unseres Jahrhunderts" habe die dritte Raumauffassung eingesetzt. Giedion charakterisiert diese als Mischform zwischen der ersten und der zweiten Raumauffassung, bei der man sich der frei in den Raum gestellten Volumen genau-

214   Jonas 2016, S. 89-96.
215   Albers 1997, S. 195.
216   Siehe auch: Museum für Gestaltung Zürich/Eidgenössische Technische Hochschule Zürich. Institut für Geschichte und Theorie der Architektur 1989.
217   Georgidias 1989, S. 111.
218   Ebd.
219   Giedion 1965, S. 44.
220   Winter 1988, S. 259-261. Beschrieben bei Giedion 1965, S. 33.

so bewusst sei, während die Gestaltung des „ausgehöhlten Raums [...] die vornehmste Aufgabe" bliebe.[221] Die neue Raumauffassung wird von Giedion als Vielfalt der inneren Beziehungen charakterisiert, der Raum sei nicht nur von einem Punkt aus, sondern nur aus der Bewegung heraus erfassbar.[222] Das Erleben des Raums durch Bewegung ist gleichzusetzen mit der Einführung der vierten Dimension im Raum: der Zeit. Giedion erläutert die Entstehung dieser neuen Raumauffassung am Beispiel des Bauhaus-Schulgebäudes in Dessau, dessen komplette Erscheinung aufgrund seiner Multiperspektivität erst durch das Umherwandern erlebt werden könne. Dem Titel seines Buches *Raum, Zeit, Architektur* ist in dieser Verbindung Rechnung getragen.

Die Einführung des Faktors Zeit in den städtebaulichen Diskurs ist allerdings auf einen anderen Protagonisten zurückzuführen: Paul Zucker (1888–1971).[223] Zuckers bekannteste Monografie ist vermutlich das 1959 erschienene Buch *Town and Square. From the Agora to the Village Green*, in dem er die These vertritt, städtebauliche Formen hätten über die historischen Veränderungen hinweg ihre Gültigkeit behalten.[224] Diese Annahme hat er erstmals in der Monografie *Entwicklung des Stadtbildes. Die Stadt als Form* von 1929 ausformuliert. Um seine städtebautheoretische Haltung zu charakterisieren, ist darüber hinaus sein Aufsatz *Der Begriff der Zeit in der Architektur*[225] zu nennen.

In diesem Aufsatz erläutert Zucker, dass die Begriffe „Zweckgebundenheit" und „Raum" nicht ausreichen würden, um die Architektur von der Plastik und Malerei abzugrenzen.[226] Beide Begriffe seien historisch bedingte Anschauungen und entsprechend nicht mehr zeitgemäß. Stattdessen müsse insbesondere die Ästhetik der Architektur im Sinne des Zeitbegriffs aufgefasst werden: Nur das allmähliche „identische Nacheinander des Sehvorgangs" sei entscheidend für die künstlerische Wahrnehmung der Architektur. Daraus entstehe der architektonische Rhythmus als „kontinuierliche Folge gleichlanger Zeitabschnitte der Wahrnehmung."[227] Zeit und Bewegung in Verbindung mit dem Zweck ließe die eindeutigste Definition von Architektur zu: Der „Begriff der Zeit, in der die ‚zweckhafte Bewegung' abläuft, ist der einzige auf alle Erscheinungsformen der Architektur anwendbare ästhetische Grundbegriff, der die Gefahr einer nur mit Sophismen überbrückenden Architekturdualistik vermeidet und weder die Zweiteilung von Zweck- und Fassaden-Architektur noch die von Konvex- und Konkavbau (Raumbau und Körperbau) bestehen läßt."[228] Der Faktor Zeit stellt damit insbesondere bezogen auf die visuelle Wahrnehmung das besondere Element der Architekturästhetik unabhängig von überkommenen, historischen Sichtweisen dar.

221   Giedion 1965, S. 33.
222   Ebd., S. 280.
223   Paul Zucker wird in der einzigen zu ihm erschienenen Monografie als „der vergessene Architekt" beschrieben. Die biografischen Angaben lassen sich bei Schäche 2005, S. 17-54 nachlesen.
224   Vgl. Lampugnani 2014, S. 180.
225   Zucker 1928, S. 237-244.
226   Bisher hätte hierfür die folgende Aussage gegolten: „Form in der Plastik und Malerei verhält sich zum dargestellten Objekt (Inhalt) wie Raum in der Architektur zum Gebrauchszweck." (Zucker 1924, S. 237). Zucker behandelt auf einigen Seiten die Grundlagen nach August Schmarsow, Gottfried Semper und Adolf von Hildebrand.
227   Zucker 1924, S. 242.
228   Ebd., S. 244.

Indirekt überträgt Zucker diesen Gedanken auf den Städtebau, wenn er in *Entwicklung des Stadtbildes* betont, dass er eine „Typologie" der Stadt beabsichtige, „die lediglich vom optisch und räumlich Erfaßbaren ausgeht"[229]. Die Stadt müsse dabei seiner Meinung nach aus zwei Blickwinkeln betrachtet werden: „einmal von der ästhetischen Auffassung der Stadt als des einmaligen gestalteten Kunstwerkes, das mit der nur ihm eigenen inneren Gesetzlichkeit im Raume steht, und daneben von der biologischen Anschauung, welche die Stadt als einen lebendigen, sich ständig fortentwickelnden Organismus ansieht, der, sozialen, hygienischen, ökonomischen und technischen Gesetzen unterworfen, als solcher in der Zeit steht."[230] Damit betont Zucker, dass die ästhetischen im Gegensatz zu den funktionalen Grundsätzen der Stadt unabhängig vom gesellschaftlichen Wandel zwar jeweils individuell ausgeprägt, aber dauerhaft vorhanden seien. Dennoch grenzt er sich von den malerischen Prinzipien Sittes ab:

Die Analyse der beabsichtigten „Typologie" der Stadt sei nicht für eine „Nutzanwendung auf den Städtebau unserer Zeit" gedacht. Auch die auf die Einleitung folgende historische Analyse nach zwei Gesichtspunkten – der „Formkraft des Ursprungs" und der „Formkraft der Landschaft" – ist lediglich ein Mittel zum Zweck, um zu „einer Betrachtung der Stadt in ihrer stereotomen Funktion"[231] zu gelangen. Zucker betrachtet die Stadt im Sinne Brinckmanns als Plastik und leitet auf den letzten Seiten seiner Monografie als Zusammenfassung unabhängig von einer historischen Zuweisung und ohne eine Wertung vorzunehmen die „Typen der plastischen Erscheinung der Stadt" ab: die eindimensionale Stadt ohne prägnante kubische Erscheinungsform; die zweidimensionale Stadt, die entweder in der Vertikalen durch ihre Silhouette wirke oder in der Horizontalen als „Muldenstadt" ausgeprägt sei und die dreidimensionale Stadt, die sich als „Staffelstadt", „Gekrönte Stadt" oder „Gliederstadt" darstellen könne.[232] Dass die Stadt als eine solche Plastik wahrgenommen werden könne, führt Zucker darauf zurück, dass „sich für die Mehrzahl der Fälle überhaupt erst die Möglichkeit ergibt, sie als solche wahrzunehmen und zu genießen: durch Auto und Flugzeug."[233] Das Raumbewusstsein hat sich demnach durch die Möglichkeit seiner Wahrnehmung entscheidend verändert.

Paul Zuckers und Siegfried Giedions Ausführungen führen zu einer neuen Auffassung von Raum, in dem die Dimension der Zeit zu einem entscheidenden Teil des Raumkonzepts wird. Das Verhältnis von Körper und Raum ist geprägt durch die Bewegung des Körpers durch diesen Raum und hat damit eine zeitliche Komponente eingeschlossen. Wenn Zucker den Begriff „Rhythmus" als eine Verbindung von Blick- und Körperbewegung und damit als einen im Zeitlichen liegenden Eindruck definiert,[234] stellt dies nicht nur eine Weiterentwicklung der Auffassung Brinckmanns zum Rhythmus durch das Hinzufügen der Dimension Zeit dar, sondern ist auch als endgültiger Bruch zu der Standpunktwahrnehmung, wie Sitte sie als Grundlage genommen hat, zu interpretieren.

229   Ebd., S. 7.
230   Zucker 1929, S. 11.
231   Zucker 1929, S. 67.
232   Zucker 1929, S. 70-72. Bewusst wird hier auf Charakterisierung dieser Begriffe verzichtet, da deren Benennung lediglich der Vollständigkeit dient.
233   Zucker 1929, S. 67.
234   Vgl. Winter 1988, S. 257.

Trotzdem bleibt die Betonung der Wahrnehmungsphysiologie bestehen – das Sehen des Raums erfolgt allerdings in der Folge nicht mehr aus dem Gang und Standpunkt des Flanierenden heraus, sondern darüber hinaus durch die Dynamiken schnellerer Fortbewegungsmittel der Verkehrsbeteiligten. Hatte Le Corbusier in seinem städtebaulichen Konzept dem Verkehr noch eine große funktionale Bedeutung beigemessen, ist dieser in Form der dynamischen Kontinuität von Raum somit zusätzlich in der optischen Wahrnehmung von Raum angekommen.

„Stadtbaukunst" versus „Stadtplanung" – Tradition versus Moderne?

Mit der Entwicklung der Wissenschaftsdisziplin Städtebau hatten sich, wie zu Beginn dieses Kapitels schon angemerkt, drei entscheidende Richtungen der Planung entwickelt: eine technisch orientierte Stadtplanung, eine soziale Wohnungsbaupolitik und eine ästhetische Stadtbaukunst. Wenn auch mit der Verschärfung der wirtschaftlichen Lage Europas in den 1920er Jahren der Fokus deutlicher auf dem Wohnungsbau lag und damit auf solchen Siedlungen wie Martin Wagner sie in Berlin oder Ernst May sie in Frankfurt am Main realisierten, haben die vorangegangenen Ausführungen gezeigt, dass sich sowohl die stadtplanerische als auch die stadtbaukünstlerische Herangehensweise weiterentwickelten. Dabei wird eine Dualität in der Entwicklung der modernen Architekturgeschichte deutlich, deren Auswirkungen bis weit in die Nachkriegsmoderne nachvollziehbar sind: Auf der einen Seite steht die auch populärwissenschaftlich anerkannte, radikale „klassische Moderne" des „Neuen Bauens" und auf der anderen Seite ein reaktionärer und konservativer Traditionalismus.

Diese Dualität konkretisiert sich an einigen exemplarischen Gegenüberstellungen der Architekturgeschichte aus den 1920er und 1930er Jahren: das von Walter Gropius geprägte revolutionäre Bauhaus im Kontrast zur von Theodor Fischer begründeten Stuttgarter Schule, die von Mies van der Rohe im Rahmen einer Werkbundausstellung konzipierte Weißenhofsiedlung und die als Gegenausstellung dazu von Paul Schmitthenner initiierte Kochenhofsiedlung, die Architektenvereinigung „Der Ring" und die dem entgegengestellte Architektengruppe „Der Block", Bruno Tauts farbige Wohnhäuser in der von Martin Wagner projektierten Waldsiedlung „Onkel Toms Hütte" gegenüber den Wohnhäusern in der von Heinrich Tessenow geplanten Siedlung „Am Fischtalgrund", etc.[235]

Um die Beweggründe der „traditionellen"[236] Architektursprache zu verstehen, bieten sich die Kommentare zum aktuellen Baugeschehen aus dem Zeitschriftenblatt *Die Baukultur. Nachrichtendienst für zeitgemässes Bauen* an, das zwischen 1929 und 1931 unter anderem von Karl Willy Straub, Werner Hegemann, Wilhelm Jost, Paul Schmitthenner und Paul Schultze-Naumburg herausgegeben wurde.[237] In Ergänzung zu den von Werner Hegemann herausgegebenen *Wasmuths Monatsheften für Baukunst*

---

235 Es ist nicht Teil dieser Arbeit, auf jedes dieser Beispiele einzugehen, stattdessen sei erneut auf Durth/Sigel 2009 verwiesen.

236 Zur Vereinfachung des Ausdrucks werden die Bezeichnungen der durch die Vertreter des Neuen Bauens geprägten radikalen Moderne sowie der konservativen traditionellen Moderne im Folgenden mit „Moderne" und „Tradition" abstrahiert, im Bewusstsein, dass diese Reduktion den beiden Konzepten nur bedingt gerecht werden kann.

237 Siehe hierzu auch: Durth/Sigel 2009, S. 248-251.

wurden in diesem Blatt auf je einer Seite Ausstellungen, Vorträge und Publikationen aus Sicht der traditionalistisch eingestellten Autorschaft teilweise höchst polemisch kommentiert und dabei die Grundsätze der Architektenvereinigung „Der Block" publiziert (vgl. Abb. 10). Die Anhängerschaft des Neuen Bauens wird hierin als „Helfershelfer" der Technik bezeichnet, die „einen Terror auf dem Gebiete des Bauens" ausüben würden: „Zweckmäßigkeit, Nützlichkeit, Sachlichkeit, alles Attribute nüchternster Ueberlegung wurden ins Feld geführt. Doppelt bestechend in einer Zeit, die den Gefühlswerten den Kampf aufs Messer angesagt, beherrschten sie bald die ganze Nachkriegsarchitektur."[238]

Gerade der Bezug auf die „Gefühle" sind das ausschlaggebende Argument gegen die Moderne, die als „Pseudokunst", „vorübergehende Mode" und eben „gefühlsarm" charakterisiert wird. Daneben steht der Anspruch des traditionalistischen Ansatzes darin, eine „Synthese zwischen Technik und Kunst" in „Harmonie von Inhalt, Zweck und Form"[239] zu finden. Dadurch sei eine wirklich „neue Kunst" möglich: „Eine Mode soll auf die Baukunst keinen Einfluß haben, sondern die zeitgemäße, im guten Sinne neue Kunst, wird sich aus den Bedingungen kultureller Energien ableiten. Danach wird sich auf der Stil entsprechend der beseelenden Kraft einstellen."[240]

Damit prägt die traditionalistische Herangehensweise ihren eigenen Begriff einer „modernen" Baukunst und bedienen sich durchaus an den Konzepten des „Neuen Bauens". So wird unter der Überschrift „Rationalisierung (Ein Problem, das gelöst ist)" im März 1930 ein Patent Paul Schmitthenners zum „fabrizierten Holzfachwerkbau" vorgestellt, das das bisherige Problem der Rationalisierung zur Leistungssteigerung bei gleichzeitiger Kostenminderung „in aller Stille […] längst gelöst" hätte. Gleichzeitig hätte Schmitthenner, so suggerieren es die in den Artikel eingebauten Zitate des Architekten, „die neue Form" im Sinne der geforderten Synthese aus Kunst und Technik entwickelt.[241]

Die deutliche Abgrenzung von der Formensprache der „Neuen Sachlichkeit" wird ergänzt durch die Forderung nach einem nationalen Bewusstsein, die in ersten völkisch-rassischen Aussagen, gewissermaßen zwischen den Zeilen, eine nicht zu unterschätzende Nachhaltigkeit erhält. So wird die aus der Zeitschrift *Deutsche Bauhütte* übernommene Kritik zur Siedlung Dessau-Törten besonders hervorgehoben: „Der deutsche Mensch ist nach seiner Erbanlage durchaus kein Massengeschöpf, das sich dem Sachlichkeitsfanatiker zuliebe zum schematischen Formeltier zurechtstutzen läßt."[242] Damit wird impliziert, dass die „Erbanlage" der „deutschen" Personen eine individuelle Wohnform bräuchte, die eben nicht dem „Internationalen Stil" entsprechen dürfe. In der Besprechung des neuen Erweiterungsbaus der Reichskanz-

238   Die Baukultur, Nr. 2 vom 15. Februar 1930.
239   Ebd.
240   Ebd.
241   Die Baukultur, Nr. 5 vom 8. März 1930. Schmitthenner wird hier mit den folgenden Worten zitiert: „Notwendig ist allerdings, die technischen und handwerklichen Erfahrungen der alten Bauten sinnentsprechend bei den neuen Bauten anzuwenden, d.h. nicht alte gotische oder barocke Fachwerkbauten zu bauen. Die neue Form wird sich durchwegs ergeben aus den Notwendigkeiten, aus dem anders gearteten und bearbeiteten Holz, das andere technische Verarbeitung verlangt, und außerdem aus den wirtschaftlichen Notwendigkeiten, die fordern, daß wir mit dem geringsten Aufwand an Material das Beste erreichen".
242   Die Baukultur, Nr. 10 vom 16. April 1930.

lei, von 1928 bis 1930 von Eduard Jobst Siedler und Robert Kisch als moderner, schlichter Baukörper geplant und gebaut, wird dieser als isolierter „Fremdkörper" und Beispiel der so genannten „Baukastenarchitektur" bezeichnet.[243] Zum Fazit kommt man, „daß dies nicht der ‚Stil' sein kann, der das deutsche Volk in seiner Gesamtheit repräsentiert."[244] Diese Meinung entspricht der des späteren Hausherrn der Reichskanzlei: Adolf Hitler bezieht das Gebäude, als er zum Reichskanzler ernannt wird und lässt es ab 1934 von Albert Speer umbauen, da es für ihn „keine architektonisch beerbbare Tradition" darstellen würde.[245]

Die traditionelle Baukunst steht damit in direktem Zusammenhang mit dem nationalsozialistischen Denken und deren Blut-und-Boden-Ideologie. Diese Erkenntnis schlägt den Bogen zu den Debatten der Architekturgeschichte der 1920er Jahre und ihrer Dualität zwischen Tradition und Moderne zur ebenso ins Verhältnis zu setzenden Zwiegestalt von Stadtbaukunst und Stadtplanung gezogen. Schon zu Beginn dieses Kapitels wurde impliziert, dass sich eine direkte Entwicklungslinie von Camillo Sittes künstlerischen Städtebau zur nationalsozialistischen Blut-und-Boden-Ideologie ausgebildet hätte. Damit sind diejenigen Konzepte dieser Zeit, die sich explizit der „Stadtbaukunst" widmen und verschreiben, eindeutig politisch konnotiert. Dies stellt insbesondere der Stadtplaner Gerhard Fehl fest, wenn er zu Beginn des 20. Jahrhunderts eine gesellschaftliche Entwicklung vom „Geist der Klassik" zum „Geist des Vaterlandes"[246] feststellt.

Dagegen argumentiert der Kunsthistoriker Wolfgang Sonne, der die politischen Konnotationen des „raumhaltigen oder malerischen" Städtebaus als arbiträr bezeichnet und fordert, man könne sich Sittes Schriften „gelassener" widmen, da sie im internationalen Kontext ebenso politisch unberührt rezipiert worden wären.[247] Der konservative Traditionalismus ist, so kann man jedenfalls aus Fehls Ausführungen schließen, mit der kulturellen Entwicklung des Nationalsozialismus eng verbunden: Nicht zuletzt durch Schultze-Naumburgs Vergleiche zwischen der modernen Kunst und behinderten Menschen – in seinem populären Buch *Kunst und Rasse* – und seiner dazugehörigen Charakterisierung dieser Kunst als „entartet", wird die rassische Ideologie des Nationalsozialismus nicht nur bedient, sondern es werden ihr weitere Argumente für eine Ablehnung der Moderne und damit auch gegen den „Baubolschewismus" der radikal modernen Architektur geliefert.

Diese politische Rassenideologie hat die Welt in einen zweiten großen Krieg geführt, in Rückgriff auf die vermeintliche eigene rassische Dominanz Millionen Todesopfer gefordert, Städte zerstört und bedeutete damit neben dem politischen, menschlichen und kulturellen Einschnitt auch für die Architektur- und insbesondere für die Städtebaugeschichte eine immense und nachhaltige Zäsur.

243   Die Baukultur, Nr. 5 vom 8. März 1930.

244   Ebd.

245   In einem Internetauftritt zu den Bauten an der Wilhelmstraße wird dieser Umstand wie folgt ausgedrückt: „Hitler beschimpft den Bau als der deutschen Regierung unwürdig. In der von Hitler verhassten Weimarer Republik errichtet – einer Zeit der deutschen Geschichte, an die der neue Reichskanzler auf keinen Fall anknüpfen will –, repräsentiert für ihn das Gebäude keine architektonisch beerbbare Tradition." (Hennig 2018)

246   Fehl 1995, S. 39-41.

247   Sonne 2005, S. 63-64 sowie 88-89.

DIE BAUKULTUR

NACHRICHTENDIENST FÜR ZEITGEMÄSSES BAUEN

Erscheinungsort: Heidelberg ╱ Verlag Hermann Meister, Heidelberg, Römerstraße 2–10

Herausgeber: Karl Willy Straub, Berlin W 30, Motzstraße 28, III ╱ Unter Mitwirkung von Reg.-Rat Prof. Erich Blunck, Berlin, Prof. Albert Geßner, Berlin, Dr. Werner Hegemann, Berlin, Prof. Wilhelm Jost-Dresden, Prof. Paul Schmitthenner, Stuttgart, Prof. Dr. Ing. e. h. e. h. Paul Schultze-Naumburg, Saaleck, Prof. Franz Seeck-Berlin

| 2. Jahrgang | 8. März 1930 | Nr. 5 |

Repräsentationsbauten der Republik

Mehr als nur e i n e Aehnlichkeit fordert zum Vergleiche zweier Bauprojekte heraus, von denen das eine soeben der Vollendung entgegen gegangen ist, während das andere noch der Ausführung harrt: wir meinen den Erweiterungsbau der Reichskanzlei in der Wilhelmstraße in Berlin und den Erweiterungsbau des Reichstagsgebäudes.

Beide Bauprojekte sind — um ihre wichtigste Gemeinsamkeit in den Vordergrund zu rücken — Repräsentationsbauten der Republik. Als solche verpflichten sie naturlich mehr als irgend ein Warenhaus, eine Fabrik, ein Wohnhaus. Daß der neue Bau der Reichskanzlei die Republik oder gar das deutsche Volk repräsentiert, wird jetzt, nachdem der Bauzaun gefallen, wohl niemand ernstlich behaupten wollen. Eine grell leuchtende kubische Baumasse schiebt sich aufdringlich und unorganisch zwischen ein Barockhaus und einen Renaissance-Palast. Vergeblich bemüht sich der Neubau nach rechts und nach links um Anschluß. Und trotzdem er rechts an dem Barockhaus ihn findet, indem er seinen niedrigen Uebergangsteil unter die Mansardenkappe der alten Reichskanzlei schiebt, und links, indem er die Attika des Renaissancepalastes weiterführt, steht der Neubau isoliert da und wirkt wie ein F r e m d k ö r p e r , der sich herausfordernd in die vornehme Reserviertheit seiner Umgebung hineinzwängt.

Gewiß, der aus einem Wettbewerb hervorgegangene Neubau wäre vielleicht sympathischer ausgefallen, hätte seine unglückliche Gestaltung nicht ein Programm zur Ursache gehabt, das an dieser Stelle besonders schwierigen Verhältnissen mehr Rechnung getragen hätte. Denselben schwierigen Verhältnissen und einem ähnlich unbefriedigenden Programm verdanken wir die Entwürfe zu dem Erweiterungsbau des Reichstagsgebäudes.

D i e R e i c h s k a n z l e i s t e h t f i x u n d f e r t i g d a . Wenn sie eine Warnung im Hinblick auf den p r o j e k t i e r t e n R e i c h s t a g s b a u ist, dann ist das E x p e r i m e n t i n d e r W i l h e l m s t r a ß e n i c h t z u t e u e r e r k a u f t .

Angesichts dieser Proben moderner Baukunst bezweifeln wir von neuem die Notwendigkeit der Berliner B a u a u s s t e l - l u n g im Jahre 1931. Sie wird unbedingt post festum kommen. Die B a u k a s t e n - A r c h i t e k t u r ist nun einmal im Begriffe abzuflauen. Sogar in Frankfurt, dem Vorpostengebiet der extremsten kubistischen Baumethoden, ist eine Siedlung mit Steildächern im Entstehen begriffen. Die Verwendungsmöglichkeit der Bauplatte kann als erschöpft angesehen werden. Ihre Anwendung verspricht keine einigermaßen annehmbare Architektur. Sogar die kühnen Hoffnungen, mit Hilfe der Platte das Saison-Gewerbe in ein Dauergewerbe (Winterbau) umwandeln zu können, müssen als gescheitert betrachtet werden. Von einer Veringerung der Baukosten ist nirgends etwas zu spüren. Was also will die Bauausstellung uns zeigen?

Als typisches Beispiel einer Bauweise, die für das erste Dezennium der deutschen Republik charakteristisch ist, wird die Reichskanzlei hoffentlich ihren Zweck erfüllen: e i n e r b r e i t e s t e n O e f f e n t l i c h k e i t z u z e i g e n , d a ß d i e s n i c h t d e r „ S t i l “ s e i n k a n n , d e r d a s d e u t s c h e V o l k i n s e i n e r G e s a m t h e i t r e p r ä s e n t i e r t .

Rationalisierung

(Ein Problem, das gelöst ist.)

Rationalisierung ist seit zehn Jahren auf allen Gebieten das Feldgeschrei der wirtschaftlich Verantwortlichen. Rationalisierung ist Parole vor allem auf dem Gebiete des Bauwesens geworden.

Die Rationalisierung der Bauwirtschaft hat sich die i n i h r e n G r u n d f e s t e n z i t t e r n d e R e i c h s f o r - s c h u n g s g e s e l l s c h a f t zur Aufgabe gemacht. Sie hat zur Erforschung billigerer Bauweisen in knapp zwei Jahren einen Reichszuschuß von 10 Millionen verbraucht, aber alle Versuche, billiger zu bauen, (Stuttgart, Breslau, etc. etc.) sind gescheitert.

Rationalisierung heißt (abgesehen von der Verbilligung durch Aufstellung eines „Mobilmachungsplanes“) Verbilligung durch Massenherstellung von Dingen, deren auf Grund von Erforschung und Erfahrung festgestellter Gebrauchswert denjenigen ähnlicher Dinge wesentlich übertragt. Bis jetzt hat die Reichsforschungsgesellschaft — wenn es hoch kommt —

nur Aehnliches auf den Markt gebracht, mit anderen Worten: Bewährtes durch Dinge ersetzt, auf deren Bewährung wir noch warten!

Die im Jahre 1931 beabsichtigte B a u a u s s t e l l u n g in Berlin steht unter dem Leitgedanken der Rationalisierung, ist von dem Gedanken beherrscht: wie steigere ich die Leistungen und vermindere ich die Kosten?

Wenn wir diese Anstrengungen betrachten, müssen wir uns wundern, daß die Bemühungen eines Einzelnen so wenig Beachtung finden, der in aller Stille das Problem, soweit es den H a u s b a u angeht, längst gelöst hat. Prof. Paul S c h m i t t h e n n e r , Stuttgart, hat soeben seinen „f a b r i - z i e r t e n H o l z f a c h w e r k b a u “ zum Patent angemeldet. Er schreibt darüber: „Mit dem Schlagwort von Rationalisierung ist selbst sehr wenig getan. Rationell bauen heißt: mit Vernunft und Können benutzen, um die notwendige Wohnung so gut, so schnell und so billig wie möglich zu erstellen.

„Den Holzfachwerkbau halte ich für eine Baukonstruktion, die bedauerlicherweise viel zu wenig für die Wohnungsbau beachtet wurde. Der Fachwerksbau ist eine in vielen Jahrhunderten bewährte Bauweise, die wir in sämtlichen Teilen Deutschlands vom tiefsten Süden bis zum höchsten Norden, bis zu den Inseln der Nord- und Ostsee seit Jahrhunderten finden. Die ältesten, noch glänzend erhaltenen Fachwerkbauten sind 400 Jahre alt und mehr.

„Dieses Verbreitungsgebiet und diese Bewährungszeit spricht für den Fachwerksbau und spricht gegen die Einwände, daß er in bestimmten Gegenden nicht verwendbar wäre.

„Notwendig ist allerdings, die technischen und handwerklichen Erfahrungen der alten Bauten sinnentsprechend bei den neuen Bauten anzuwenden, d. h. nicht alte gotische oder barocke Fachwerksbauten zu bauen. Die neue Form wird sich durchwegs ergeben aus den neuen Notwendigkeiten, aus dem anders gearteten und bearbeiteten Holz, das andere technische Verarbeitung verlangt, und außerdem aus den wirtschaftlichen Notwendigkeiten, die fordern, daß wir mit dem geringsten Aufwand an Material das Beste erreichen. Der Fachwerksbau wurde durch Rückgang des handwerklichen Könnens und durch die wechselnde Modearchitektur im 19. Jahrhundert verdrängt und mit Unrecht zu einer zweitklassigen Bauweise gestempelt.

„In der Nachkriegszeit, in der man zu Lehmbauten und allen möglichen Ersatzbauweisen griff, ging ich zum Fachwerksbau über, nicht nur für einzelne Häuser, sondern auch im großen Maßstabe für ganze Siedlungen. Damals und in der darauffolgenden Inflation galt es, nicht nur billiger zu bauen, sondern vor allem auch schneller, was die Billigkeit von selbst nachzieht. Auf Grund langjähriger Erfahrungen ging ich dann dazu über, den Fachwerksbau fabrikmäßig herzustellen.“

Nach diesen Ausführungen weiß man eigentlich nicht, wozu noch „geforscht“ und „ausgestellt“ wird. Freilich, wenn man die Forschung und die Ausstellung für unnötig erklärt, zieht man sich den Hass jener Kreise zu, die von Forschung und Ausstellung leben. Kein Wunder also, daß wir auf dem Gebiete des billigeren Bauens nicht vorwärts kommen!

Der „Neue Stil“

wird von denen, die man heute noch Architekten nennt, nicht geboren werden. Er wird von jenen einfältigen Menschen der neuen Zeit geboren werden, denen Raum, Zeit und Dynamik sittliche Maßstäbe menschlichen Handelns sind. Er wird von jenen Tatmenschen der Zukunft geboren werden, für welche die Sonne am Firmament keine unwandelbaren Bahnen mehr hat, nach denen die Architekten knechtisch ihre Häuserzeilen orientieren, als ob sie Sklaven des Lichtes wären, sondern welche fordern, daß die optischen Brechungs- und Reflektionshilfsmittel des Glasprismas und des Spiegels dem Zwecke dienstbar gemacht werden, zu jeder Tageszeit und in jeder Himmelsrichtung nach Bedarf aller Orten Sonne in den Räumen zu haben, und für die es keine überlebte Orientierung nach Vorder- und Rückseite des Hauses mehr gibt. (Aus der Faschingsnummer der Zeitschrift „Die Baukunst“).

10

11

10   Ausgabe der Zeitschrift „Die Baukultur" vom 08. März 1930
11   Planungskollektiv um Hans Scharoun: „Kollektivplan" für
       Gesamt-Berlin, 1946

Die „Stunde Null" – Zerstörung als Chance

Am 10. Oktober 1945, ein halbes Jahr nach der bedingungslosen Kapitulation der deutschen Armee, hält der Städtebauer Fritz Schumacher eine Rede *Zum Wiederaufbau Hamburgs*.[248] Noch bis zum Ende des gleichen Jahres wird das Vortragsmanuskript in deutscher und englischer Sprache durch einen Hamburger Verlag herausgegeben und findet vor allem im norddeutschen Raum viel Beachtung.[249] Nach der Begrüßung der Vortragsgäste beginnt Schumacher mit der folgenden Feststellung: „Das apokalyptische Geschehen, das über uns dahingebraust ist, hat den Blick in doppelter Weise geschärft: einmal für die unersetzlichen Werte und einmal für die bedenklichen Schwächen einer heutigen Großstadt wie Hamburg."[250]

Das „apokalyptische Geschehen" – der Luftkrieg – hatte in den vergangenen fünf Jahren nahezu alle Innenstädte deutscher und vieler europäischer Großstädte zerstört. „Apokalyptisch" scheint in diesem Kontext genau das Adjektiv zu sein, das die Trümmerlandschaften in den evakuierten Stadtzentren beschreibt – es birgt neben den „Trümmer[n] im Umkreis von Kilometern"[251] in den menschenleeren Städten auch den Neuanfang in sich, den die Politik, die Rechtswissenschaft, die Soziologie und die Architektur[252] nun anzustreben hätten. Keine der Disziplinen konnte diesen Moment nach dem Krieg allerdings als die oft zitierte „Stunde Null" ansehen. Insbesondere die Planungen für den Wiederaufbau der Großstädte wurden auf Grundlage der oben besprochenen Ideen zur „Stadtlandschaft" von Albert Speers „Arbeitsstab Wiederaufbauplanung bombenzerstörter Städte" seit 1943 erarbeitet. Gleichzeitig war die Zukunft insbesondere Deutschlands alles andere als gewiss. Bis zur Gründung der beiden deutschen Staaten im Mai bzw. Oktober 1949 war die Besatzungszonenpolitik maßgebend: Frankreich, Großbritannien, die USA und Russland teilten sich das deutsche Gebiet und hatten noch über die wirtschaftliche Zukunft des Landes zu entscheiden.[253]

Schumacher betont allerdings nicht nur den Status quo der Städte, sondern verweist auch auf die zukünftig relevanten Planungsmaxime in den Großstädten: die „unersetzlichen Werte" und die „bedenklichen Schwächen". Hans-Reiner Müller-Raemisch (1923–2018),[254] Stadtplaner, Stadtbauhistoriker und langjähriger Planer in Frankfurt, sieht an dieser Stelle den „Beginn der Meinungsverschiedenheiten" zwischen „Traditionalismus" und „Modernismus"[255] als Fortführung der Debatten in den

248 Schumacher, Fritz: Zum Wiederaufbau Hamburgs (Vortrag vom 10.10.1945).
     In Auszügen abgedruckt in: Schumacher, Fritz: Strömungen in deutscher Baukunst seit 1800, Köln 1955 (2. Auflage, hrsg. durch Wilhelm Wortmann), S. 193-198. Kompletter Abdruck in: Durth/Gutschow 1988, Bd.2, S. 700-706.
249 Durth/Gutschow 1988, Bd. 2, S. 700-706, Vorbemerkung auf S. 700.
250 Schumacher, Fritz: Zum Wiederaufbau Hamburgs (Vortrag vom 10.10.1945). In Auszügen abgedruckt in: Schumacher, Fritz: Strömungen in deutscher Baukunst seit 1800, Köln 1955 (2. Auflage, hrsg. durch Wilhelm Wortmann), S. 193-198, hier S. 193, kompletter Abdruck in: Durth/Gutschow 1988, Bd.2, S. 700-706, hier S. 700.
251 Müller-Raemisch 1990, S. 21.
252 Vgl. Beyme 1987, S. 9.
253 Zur gesamtpolitischen Situation in Deutschland zwischen 1945 und 1949 siehe: Benz 2009; Bundeszentrale für politische Bildung/bpb 2005.
254 Biografische Informationen zu Müller-Raemisch, vgl. Fröhlich 2018; O. A. 19.12.2018.
255 Müller-Raemisch 1990, S. 24.

1920er Jahren. Soll man die Erinnerungen an die Vorkriegszeit wach halten, indem man ein historisches Stadtbild wieder aufbaut oder soll man den Krieg als „eine Mahnung der Geschichte" begreifen und die Zerstörung der Städte nutzen, um die überkommenen Stadtgrundrisse durch neue, den Bedürfnissen des Verkehrs und (damit) der Stadtbewohner*innen entsprechende Städte ersetzen?[256]

Müller-Rämischs Argumentation steht hier nur stellvertretend für eine grundsätzliche Rezeption der Wiederaufbauplanungen,[257] die selbstverständlich didaktisch funktioniert und diese beiden scheinbar gegensätzlichen Positionen Wiederaufbau und Neubau bewusst gegenüber stellt, um die Bandbreite der Möglichkeiten aufzuzeigen, die die „Zerstörung als Chance" zu bieten hatte, auch wenn sich in der Praxis weder die radikale Neuplanung noch die reine Rekonstruktion vollumfänglich in einer Planung durchsetzen konnte: Die Auflockerung und Durchgrünung der Städte bildeten genauso einen Planungskonsens wie die grundsätzliche Erhaltung einiger Stadtbilder und denkmalpflegerisch wertvoller Gebäude. So führt auch Fritz Schumacher in seinem eingangs genannten Vortrag aus: „Wenn wir jetzt vor den Trümmern einer dieser Städte stehen, mit der Aufgabe, sie wieder aufzubauen, gilt es, etwas von diesem unbestimmbaren Charakter ihres zerstörten Wesens einzufangen und sich doch nicht durch Zufälligkeiten ihrer historischen Reste bei unvermeidlichen Eingriffen beirren zu lassen."[258]

Dennoch entspricht es einer grundsätzlichen Logik, die theoretischen, städtebaulichen Leitbilder in Kategorien zu betrachten. Anhand zweier Schriften, die im Anblick der Zerstörungen der Städte entstanden sind, lassen sich klare Planungstendenzen ablesen: Karl Gruber, Stadtbauhistoriker, verfasst noch während des Krieges ein Manuskript zu *Gedanken zum Wiederaufbau der zerstörten mittelalterlichen Städte*[259] und führt seine Thesen beispielhaft anhand der Stadtzentren von Mainz und Lübeck aus; Johannes Göderitz, Stadtbaurat von Braunschweig, hält im Sommer 1947 einen Vortrag zum Thema *Gestaltungsfragen beim Wiederaufbau zerstörter Altstadtgebiete*[260] in Hannover, dessen Manuskript in den *Wiederaufbau-Mitteilungen des Bauausschusses des Deutschen Städtetags* abgedruckt wird.

Karl Gruber, dessen bekannte Schrift *Zur Gestalt der Deutschen Stadt* in dieser Forschungsarbeit noch ausführlich besprochen werden wird, verfasst diese als „Studie über die Probleme [...], die der Wiederaufbau zerstörter mittelalterlicher Städte dem Städtebauer stellt"[261]. Dazu böten sich laut Gruber drei grundsätzliche „Möglichkeiten" an: „Die Rekonstruktion des Gewesenen" würde in einer „Kulissenarchitektur" resultieren, bei einem Aufbau „ohne Rücksicht auf Traditionen [...] wie bei einer Neugründung" würden „die Städte [...] ihren Charakter verlieren" und der dritte Weg könnte als Kompromiss „den Charakter der alten Städte erhalten, [...] aber den Neubau in seiner Haltung [...] organisch eingliedern"[262].

256   Ebd.
257   Durth/Gutschow 1988, Düwel/Gutschow 2005, Jonas 2016, etc.
258   Schumacher 1955, S. 193.
259   Gruber, Karl: Gedanken zum Wiederaufbau der zerstörten mittelalterlichen Städte (um 1943). Abgedruckt in: Durth/Gutschow 1988, Bd. 2, S. 852-856.
260   Göderitz 1947, S. 1-2.
261   Gruber, Karl: Gedanken zum Wiederaufbau der zerstörten mittelalterlichen Städte (um 1943). Abgedruckt in: Durth/Gutschow 1988, Bd. 2, S. 852-856.
262   Ebd.

Sein Vorschlag, das Neue in das Alte zu integrieren, begrenzt er allerdings auf das Auffüllen von Baulücken – großmaßstäbliche Bauten wie „Baukomplexe moderner Massenmietshäuser" oder „Riesen-Verwaltungsbauten des Staates und auch der Partei"[263] sollten in eigene Stadtteile ausgegliedert werden, um den „Rhythmus des mittelalterlichen Stadtbildes"[264] nicht zu stören.

Etwas umfänglicher schreibt Johannes Göderitz zu den „bisherigen Erörterungen des Gestaltungsproblems zerstörter Altstadtgebiete", bei dem laut ihm „ernsthaft drei Möglichkeiten in Betracht gezogen wurden": „Wiederaufbau des Gewesenen", „Radikale Beseitigung des Bestehenden" und „Der Goldene Mittelweg, also ein Kompromiß"[265]. Göderitz gibt lediglich zum letzten Weg eine Bewertung ab. Dieser sei „sehr verführerisch", aber es seien „nur wenig überzeugende Beispiele dieser Art praktisch ausgeführt", daher müsse die Lösung zum Umgang mit Altstadtgebieten „kompromißlos" sein.[266] Seine weiteren Ausführungen betreffen „Grundsätze", nach denen man die städtebauliche Planung kategorisieren könne, um für die individuellen Stadtzentren entsprechende Lösungen zu finden. Hierbei stellt er allerdings keinen stadtbaukünstlerischen Anspruch, sondern bezieht sich auf die Analyse von Materialität, Topografie und weitere „praktische Schwierigkeiten".

Damit gibt es zwar in dieser frühen Phase der Wiederaufbauplanungen keine wirklich konkreten Vorstellungen zum Umgang mit den zerstörten historischen Stadtzentren, aber der Dreiklang im Spannungsfeld zwischen Rekonstruktion, Neubau und angepasstem Wiederaufbau wird von Beginn an diskutiert. Diese Diskussion wird allerdings weder in der praktischen Planung noch in der Theorie sehr viel weiter geführt, da die dringendste Aufgabe des Wiederaufbaus die Schaffung von Wohnraum ist – der Aufbau der in Trümmern liegenden Stadtzentren mit ihren öffentlichen Kulturbauten wird weniger prioritär in der Stadtplanung behandelt, stattdessen konzentriert man sich auf die Schaffung von Wohnsiedlungen außerhalb und individuelle Lösungen für Einzelbauten innerhalb der Zentren.

Städtebaulich maßgebend war im Westen Deutschlands eine Weiterentwicklung der Prinzipien der oben besprochenen *Charta von Athen* und deren indirekte Fortführung in Form einer *gegliederten und aufgelockerten Stadt,* wie sie 1957 von Johannes Göderitz, Roland Rainer und Hubert Hoffmann im gleichnamigen Buch beschrieben wurde.[267] Daneben war der Ansatz einer *Organischen Stadtbaukunst,* wie Hans Bernhard Reichows 1948 veröffentlichte Monografie betitelt war, vorbildhaft für die kommunal betriebene Stadtplanung in Westdeutschland. Wenn auch die einzelnen Städte höchst individuell mit den zerstörten Stadtgebieten umgingen,[268] war ihnen doch gemeinsam, dass sie die Zerstörung als Chance wahrnahmen, die radikalen Konzepte der Reformbewegungen des frühen 20. Jahrhunderts in die Tat umzusetzen und sich dabei insbesondere von dem gründerzeitlichen Stadtbild und den

263   Ebd.
264   Ebd.
265   Göderitz 1947, S. 1-2.
266   Ebd.
267   Göderitz/Hoffmann/Rainer 1957. Das verhältnismäßig späte Publikationsjahr darf nicht als vermeintliches Erfindungsjahr dieses städtebaulichen Leitbildes gesehen werden. Im Vorwort zur Publikation betonen die Autoren, dass dieses Konzept schon „während des zweiten Weltkrieges grundsätzlich abgeschlossen" worden sei. (Ebd., S. 5)
268   Durth/Düwel/Gutschow 1988 zeigen dies für die Planungen in westdeutschen Städten eindrucksvoll auf.

damit suggerierten Mietskasernen abzuwenden. Dabei entstand eine grundsätzlich moderne Formensprache der Architektur, die sich – wie beispielsweise das 1960 fertiggestellte Dreischeibenhochhaus in Düsseldorf von Helmut Hentrich und Hubert Petschnigg – an einer amerikanischen Moderne orientierte.

Diese Entwicklung und auch die Debatten um den Umgang mit zerstörten historischen Stadtteilen wurde so allerdings hauptsächlich in den von den westlichen Alliierten kontrollierten Besatzungszonen geführt. Im Osten Deutschlands, der sowjetischen Besatzungszone, regierte seit 1946 eine sowjetische Militäradministration (SMAD). Selbstverständlich gab es auch hier Diskussionen sowohl zur Wahrung als auch zur Überplanung der nicht mehr zeitgemäßen Stadtgrundrisse, diese wurden allerdings hinter den Anspruch zum Aufbau eines sozialistischen Staates zurückgestellt. Dabei hatte man sich baukulturell bis zur Gründung der DDR 1949 an der klassischen Moderne – in Abwendung zum Monumentalismus des Nationalsozialismus – orientiert. Beispielgebend für diese ersten Wiederaufbauplanungen in der sowjetischen Besatzungszone ist der von einem vom SMAD eingesetzten Planungskollektiv rund um den Berliner Stadtbaurat Hans Scharoun entwickelte Gesamtberliner *Kollektivplan* (vgl. Abb. 11), der in Form der *Wohnzelle Friedrichshain* als eine aufgelockerte Siedlung mit durchmischten Wohntypologien ihre kleinräumliche bauliche Realisierung finden sollte.

Die Große Frankfurter Straße, an der die ersten fertiggestellten Laubenganghäuser stehen, wurde zu Ehren Josef Stalins in Stalinallee umbenannt. Der formale Ausdruck dieser Bauten fand allerdings keinen Anklang im Stalin'schen Sozialismus. Stalin forderte für die Wiederaufbauplanungen der DDR, dass „im Städtebau die Betonung des nationalen Erbes und der Eigenständigkeit kultureller Traditionen wirkungsvoll in Kontrast zum ‚Kosmopolitismus' moderner Architektur im Westen gesetzt werden sollte."[269] Gemeint ist damit nicht eine dem Westen entgegengesetzte tatsächliche Rekonstruktion von vergangenen Bauten zur Wiederherstellung einer Identität zwischen Stadt und Bewohnerschaft als vielmehr eine Rekonstruktion im Sinne des Sozialismus. Vorbildwirkung hatte hierbei die 1935 von Stalin initiierte „Rekonstruktion Moskaus": Monumentalbauten, angelehnt an den Stil der Chicagoer Hochhäuser in Neogotik und Neorenaissance, säumten breite Straßen und waren damit die Vergegenständlichung der Herrschaft Stalins, der sich auch als „Baumeister des Sozialismus" darstellte.[270]

Um die formale Bedeutung dessen für den Wiederaufbau der Städte in der durch die Sowjetunion auf politischer Ebene beeinflussten und wirtschaftlich abhängigen DDR zu verstehen, begaben sich Architekten der DDR wie Kurt W. Leucht, Edmund Collein sowie der Politiker und das Mitglied der Volkskammer der DDR Lothar Bolz auf eine geführte Reise durch die Sowjetunion und besuchten Moskau, Kiew, Stalingrad und Leningrad, um sich die Gestaltung dieser Städte zum Vorbild zu nehmen. Von ihrer sowjetischen Begleitung werden dabei insbesondere die Unterschiede zum westlichen Stil des Wiederaufbaus hervorgehoben:[271]

269   Durth/Sigel 2009, S. 430.
270   Ebd., S. 431.
271   Vgl. ebd., S. 432, bspw.: „In der Sowjetunion ist man unter allen Umständen gegen
       die englisch-amerikanische Theorie von der Güte und Wirtschaftlichkeit der ‚aufgelösten'
       Stadt. Sie ist unwirtschaftlich, sie ist auch nicht gegen Luftangriffe gesichert, isoliert
       den Arbeiter vom politischen Leben und macht ihn zum Kleinbürger."

Die Ansprüche betrafen hauptsächlich einen monumentalen Stil mit Reminiszenzen auf regionale Bautraditionen, Möglichkeiten für Demonstrationen des Volkes in Form von Demonstrationsrouten und -plätzen sowie Kulturstätten in den Stadtzentren. Diese Forderungen finden sich in den Sechzehn Grundsätzen des Städtebaus wieder, die im Rahmen dieser sogenannten „Reise nach Moskau" vorformuliert und am 06. September 1950 im Zuge des Aufbaugesetzes von der Regierung der DDR verabschiedet wurden.[272] Diese Grundsätze behandeln die Prinzipien eines sozialistischen Städtebaus mit dem besonderen Fokus auf die Bedeutung des Stadtzentrums als politischem Mittelpunkt. Hier sollten die „wichtigsten und monumentalsten" politischen, administrativen und kulturellen Gebäude entstehen.[273] Die Schaffung von Wohnraum wurde somit der Ausgestaltung eines politischen Zentrums mit repräsentativen Großbauten und Demonstrationsmöglichkeiten untergeordnet. Das historische Stadtgefüge sollte zwar erhalten bleiben, seine „Mängel" allerdings beseitigt werden,[274] um den Umbau zu einer kompakten Stadt zu ermöglichen. Diese Stadtplanung wiederum sollte die Grundlage für die architektonische Gestaltung darstellen, die „dem Inhalt nach demokratisch und der Form nach national" sein sollte.[275] Aus dieser Formulierung ergibt sich das diese erste Phase der Architekturgeschichte der DDR prägende Leitbild „national in der Form, sozial im Inhalt". Die Gleichzeitigkeit von Demokratie bzw. Sozialismus und nationalen bzw. regionalen Bautraditionen in der formalen Ausführung einer den Grundsätzen entsprechenden Architektur wird sich als äußerst schwierig erweisen und von Düwel (1995) gar als „Versuch einer Quadratur des Kreises"[276] bezeichnet werden. Mit dem Beschluss der Sechzehn Grundsätze des Städtebaus auf dem III. Parteitag der SED wird auch das Aufbaugesetz formuliert. Hierin wird dem Ministerium für Aufbau und der ihm unterstellten Deutschen Bauakademie unter Leitung von Kurt Liebknecht die Macht gegeben, sich in die Aufbaupläne der Städte und Gemeinden einzumischen.[277] Damit beginnt der Wiederaufbau der von der SED beschlossenen „Aufbaustädte", zu denen neben der Hauptstadt Berlin auch die „Industriezentren" Rostock, Dresden, Magdeburg und Leipzig gehörten. Es folgte eine langwierige und schwierige Phase des Wiederaufbaus dieser zum Teil stark zerstörten Städte,[278] teilweise ist bis heute in den jeweiligen Stadtbildern sichtbar, wie man um einen geeigneten „sozialistischen" Ausdruck gerungen hatte.

(Vortrag und Aussprache: Professor Baburow im Ministerium für Städtebau, Moskau, Protokoll vom 20. April 1950, Bundesarchiv Potsdam, zit.n.: Durth/Sigel 2009, S. 432).

272   Ebd., S. 440. Die „Sechzehn Grundsätze des Städtebaus" sind sicherlich in allen architekturhistorischen Betrachtungen zur DDR dokumentiert und reflektiert. Für weiterführende Informationen siehe: Düwel 1995, S. 83-93, Hoscislawski 1991, S. 56–70, Institut für Regionalentwicklung und Strukturplanung 1995.

273   Grundsatz 6, in: Bekanntmachung der Grundsätze des Städtebaus. In: Ministerialblatt der Deutschen Demokratischen Republik (16.09.1950), S. 153-154, zit.n.: Institut für Regionalentwicklung und Strukturplanung 1995, S. 186.

274   Grundsatz 5, in: Bekanntmachung der Grundsätze des Städtebaus. In: Ministerialblatt der Deutschen Demokratischen Republik (16.09.1950), S. 153-154, zit.n.: Institut für Regionalentwicklung und Strukturplanung 1995, S. 186.

275   Grundsatz 14, in: Bekanntmachung der Grundsätze des Städtebaus. In: Ministerialblatt der Deutschen Demokratischen Republik (16.09.1950), S. 153-154, zit. n.: Institut für Regionalentwicklung und Strukturplanung 1995, S. 186.

276   Düwel 1995, S. 83.

277   Institut für Regionalentwicklung und Strukturplanung 1995, S. 184.

278   Bezogen auf die Stadt Dresden vgl. die folgenden Kapitel.

Dieses Ringen lag nicht nur in dem oben benannten „Versuch der Quadratur des Kreises" auf der Suche nach einer adäquaten Formensprache begründet, die auch von unterschiedlichen Vorstellungen zu denkmalpflegerischen Fragen geprägt war,[279] sondern war auch deutlich von den wirtschaftlichen Problemen des neuen Staates abhängig. Als Josef Stalin 1953 starb, wurde darüber hinaus durch seinen Nachfolger Nikita Chruschtschow dessen eigentliche Terrorherrschaft offengelegt. Chruschtschow legte damit den Grundstein für eine Entstalinisierungspolitik, im Zuge derer auch die „Prunksucht" im Bauwesen ein Ende fand. Auslöser hierfür war eine Rede Chruschtschows auf der Allunionskonferenz der Bauschaffenden 1954 in Moskau, deren Ergebnisse in den folgenden Jahren auch in der Deutschen Demokratischen Republik realisiert werden. Dazu gehört insbesondere die Entwicklung einer präfabrizierbaren Großtafelbauweise zur Schaffung von dringend benötigtem Wohnraum. *Die wichtigsten Aufgaben im Bauwesen* wurden 1955 von der Regierung der DDR unter dem neuen Leitbild „besser, schneller und billiger bauen" festgelegt.[280]

Damit setzt eine bis beinahe zur Wende und der Wiedervereinigung Deutschlands 1989 andauernde Entwicklung im Bauwesen der DDR ein, die einerseits durch die Plattenbauten im Wohnungsbau das Bild der monotonen, grauen ostdeutschen Städte prägen wird und andererseits zu einer Annäherung an das westdeutsche Baugeschehen und damit eine internationale Moderne führt. In Westdeutschland selbst galt der Wiederaufbau der Städte nach dem Zweiten Weltkrieg mit Beginn des sogenannten Wirtschaftswunders zu Beginn der 1960er Jahre als abgeschlossen. Stattdessen setzte man sich mit den Folgen der „gegliederten und aufgelockerten" Städte auseinander: Flächenfraß, Zersiedelung und das Aussterben der Stadtzentren. Die darauffolgende Forderung nach „Urbanität durch Dichte" leitet eine neue Phase der Stadtplanung ein.

In diesem Spannungsfeld zwischen DDR und BRD, Sozialismus und Demokratie, regionaler Bautradition, Plattenbau und internationaler Moderne, Abkehr vom Nationalsozialismus und Suche nach neuen nationalen Identitäten publiziert ein Dresdner Architekturprofessor 1956 im Münchner Callwey-Verlag eine stadthistorische Analyse in der Tradition Camillo Sittes, Theodor Fischers und Heinz Wetzels unter dem Titel *Raumprobleme im europäischen Städtebau*. Prof. Dr.-Ing. Wolfgang Rauda, Regierungsbaumeister a. D. hat in Dresden Architektur studiert, im vom NS-Militär besetzten Łódź Wohnsiedlungen geplant, als Kenner der Stadtgeschichte am Wiederaufbau Dresdens mitgewirkt, wurde zum Professor für Wohnungsbau an die TH Dresden berufen und floh 1958 aus Dresden nach Hannover. Durch die Betrachtung seiner Biografie und seiner Schriften soll die Entwicklungslinie der visuellen Wahrnehmung als Aspekt der Stadtgestaltung bis in die 1970er Jahre weiterverfolgt werden.

279   Siehe hierzu: Brandt 2012; Schumacher-Lange 2012.
280   Gesetzblatt der Deutschen Demokratischen Republik, Nr. 36 vom 5. Mai 1955: Bekanntmachung des Beschlusses des Ministerrates über die wichtigsten Aufgaben im Bauwesen, S. 297-312.

Biografische Notizen –
Der Architekt und Städtebauer
Wolfgang Rauda (1907–1971)

Porträt Wolfgang Rauda (1907-1971)

Wolfgang Raudas Biografie ist eine Biografie des 20. Jahrhunderts: Er wuchs auf mit den Folgen des Ersten Weltkriegs, fasste beruflich Fuß im Nationalsozialismus, etablierte sich in der DDR und emigrierte in die BRD des Wirtschaftswunders. Erstaunlicherweise wurde Raudas Biografie bisher kaum aufgearbeitet,[1] sodass intensive Archivrecherchen die Grundlage für dieses Kapitel bilden. Die folgenden Ausführungen basieren hauptsächlich auf den Archivalien, die im Universitätsarchiv der TU Dresden, im Stadtarchiv Dresden, im Stadtarchiv Rostock und im Bundesarchiv zu finden sind. Raudas Familie selbst konnte bei ihrer Flucht aus der DDR im Jahr 1958 nur die wichtigsten Unterlagen mitnehmen, sodass der Privatnachlass Raudas einen eher geringen Umfang aufweist. Dennoch hat mir Wolfgang Raudas jüngerer Sohn, Frank Rauda, einige Korrespondenzen, Zeugnisse und Notizen seines Vaters zur Verfügung stellen können, die das biografische Bild des Architekten vervollständigen.

Die These, dass Raudas theoretische Äußerungen zum Städtebau nur bedingt in die Kategorien „Moderne" oder „Traditionalismus" einzuordnen sind, soll im Folgenden zuerst anhand seiner biografischen Entwicklung nachgewiesen werden. Raudas berufliche Entwicklung begann in der Zeit des Nationalsozialismus; nach dem Krieg versuchte er eine Position im sozialistischen SED-Staat zu finden, bevor er 1958 nach Westdeutschland floh. Dort benötigte er zunächst eine längere Zeit, bis er an sein Schaffen in Dresden anknüpfen konnte und verstarb dann bereits 1971 im Alter von 64 Jahren. Durch das Leben und Wirken in den verschiedenen politischen Systemen im Deutschland des 20. Jahrhunderts ist Raudas Biografie geprägt von der Suche nach einem Platz innerhalb eben diesen. Da sich der Konflikt Raudas „zwischen diesen Systemen" insbesondere in den Umständen der Flucht aus der DDR niederschlägt, wird dieser einen besonderen Fokus in diesem Kapitel zukommen.

Die städtebaulichen Planungen Raudas aus den Jahren nach 1945 werden in Kapitel 4 behandelt, um sie entsprechend der Kontextualisierung in der nachkriegsmodernen Städtebaugeschichte zu charakterisieren. Raudas architektonische Werke im Hochbau sowie seine wenigen Stadtplanungen aus der Zeit vor 1945 werden in die Erläuterung seiner Biografie eingebunden. Die Werkliste erhebt keinen Anspruch auf Vollständigkeit, sondern stellt nur einen exemplarischen Einblick in die Stilentwicklung des von der Stuttgarter Schule geprägten Architekten dar.

Herkunft, Studium und erste Aufträge

Wolfgang Fritz Rauda wurde am 02. Juni 1907 in Zittau geboren (vgl. Abb. 12).[2] Zittau, im äußersten Südosten Sachsens in der Oberlausitz gelegen, war die Heimat von Wolfgang Raudas Mutter Frida, geboren am 10. März 1877 in Dieboldiswalde als Frida Bachmann. Kurz nach der Geburt seiner Schwester Gerda 1910[3] zog die Familie

1   Siehe unter anderem: Zumpe/Schuster 2007; Brandt 2015; Durth/Düwel/Gutschow 2007, S. 209.

2   Die biografischen Angaben bis zu seinem Studium basieren hauptsächlich auf dem eigens von Rauda erstellten Lebenslauf (Privatnachlass Rauda: Lebenslauf, undatiert, vermutlich Ende 1968) und der Übersicht über die Professoren der TH Dresden, die zum 175-jährigen Jubiläum herausgegeben wurde. (Petschel 2003, S. 744-745)

3   BStU, Sign. MfS BV Ddn. AP 555/60, Bl. 57: Informationen zu Gerda Dietze (*28.09.1910 in Zittau), geb. Rauda.

nach Dresden, wo Wolfgang Rauda von 1917 bis 1926 das Gymnasium *Zum Heiligen Kreuz* besuchte. Das humanistische Gymnasium legte einen besonderen Fokus auf die naturwissenschaftliche und mathematische Ausbildung, wobei sich die Schule bis heute auf die besondere Identifikation der Lehrkräfte und Schulkinder mit „ihrer" Schule bezieht.[4] Dass auch Rauda in seinem Lebenslauf konkret auf seine Schule hinweist,[5] deutet auf die besondere Bedeutung dieser Schule für seine spätere Laufbahn hin. Diese humanistische Ausbildung beeinflusste Rauda in seinem späteren Wirken allerdings kaum so stark wie sein Vater, der Dresdner Denkmalpfleger Fritz Rauda. Da die berufliche Laufbahn Wolfgang Raudas sicherlich dem Einfluss seines Vaters geschuldet war, ist dessen Biografie für die folgenden Betrachtungen relevant.

Fritz Rauda wuchs ebenfalls im Südosten Sachsens auf.[6] Geboren am 13. Oktober 1879 als Sohn eines Tuchmachers in Klingenthal, legte er 1899 sein Abitur am Königlichen Gymnasium in Schneeberg ab. Im gleichen Jahr begann Fritz Rauda sein Studium an der Kunstgewerbeschule in Dresden, das er mit Kursen an der Hochbauabteilung der TH Dresden kombinierte. An der TH Dresden legte er 1903 sein Diplom ab und wurde 1905 zur *Mittelalterlichen Stadtbaukunst Meißens* promoviert. Er war damit einer der ersten Doktoranden an der der Architekturfakultät Dresdens unter Cornelius Gurlitt.[7] Nachdem Fritz Rauda, vermutlich aus familiären Gründen, 1906 eine Stelle als Lehrer an der Staatsbauschule in Zittau antrat, wurde er fünf Jahre später als Dozent und Baurat zurück nach Dresden berufen. Hier unterstützte er Cornelius Gurlitt bei der Inventarisierung der sächsischen Kunst- und Baudenkmale, wobei sich Rauda aufgrund seiner Dissertation und seiner Herkunft mit den Denkmälern Meißens und Bautzens beschäftigte. Mit dem Schwerpunkt auf die Benediktiner- und Zisterzienserklöster in Sachsen habilitierte sich Fritz Rauda 1918 und nahm eine Stelle als Privatdozent für Bauaufnahme an der TH Dresden an. 1924 folgte die Berufung zum außerordentlichen Professor für Geschichte der Baukunst an der Fakultät Architektur. Auch in dieser Position lag der Forschungsschwerpunkt Fritz Raudas auf der Betrachtung der mittelalterlichen Geschichte verschiedener sächsischer Städte.[8] In seinen Vorlesungen behandelte er die sächsische Bau- und Handwerkskunst und das mittelalterliche Gestalten.

Ebenso wie sein Kollegium an der Hochbau-Abteilung der TH Dresden unterschrieb auch Fritz Rauda das *Bekenntnis der Professoren an den Deutschen Universitäten und Hochschulen zu Adolf Hitler und dem nationalsozialistischen Staat*, das der nationalsozialistische Lehrerbund 1933 publizierte.[9] Einige Universitäten schlossen sich dem Aufruf an, darunter die Georg-August-Universität in Göttingen, die Universität Marburg, die Technische Hochschule in Hannover sowie einzelne Mitglieder der Professorenschaft und der Wissenschaft anderer Bildungseinrichtungen. Unter den Unterzeichnenden der Hochbauabteilung der TH Dresden finden sich neben Rauda auch Hans Freese, Eberhard Hempel, Emil Högg, Adolf Muesmann, Oskar Reuther und

---

4   Evangelisches Kreuzgymnasium 2018.
5   Privatnachlass Rauda: Lebenslauf, undatiert, vermutlich Ende 1968.
6   Die folgenden biografischen Angaben setzen sich aus Berichten Frank Raudas sowie der Biografie in Petschels Übersicht zu den Professoren der TU Dresden zusammen. (Petschel 2003, S. 744)
7   Biografische Angeben zu Cornelius Gurlitt (1850–1938) siehe Wittich 2010, S. 71-72.
8   Siehe: Rauda 1929.
9   Nationalsozialistischer Lehrerbund, Gau Sachsen 1933.

sogar Otto Schubert,[10] der 1939 aus politischen Gründen entlassen wurde.[11] Daher ist eine politische Nähe und Ideologietreue zum Nationalsozialismus der in diesem *Bekenntnis* aufgelisteten Persönlichkeiten nicht definitiv nachweisbar.

Fritz Rauda genoss in Dresden ein hohes Ansehen. Die drei Dresdner Tageszeitungen publizierten kleine Artikel zu Ehren seines 60. Geburtstages 1939,[12] in denen seine Leistungen in der Erforschung der sächsischen Baugeschichte sowie seine Mitarbeit bei Gurlitts Werk über die sächsischen Baudenkmäler besonders hervorgehoben werden. Eine Tätigkeit als planender Architekt ist bei Fritz Rauda nicht erwiesen. Stattdessen ging er seiner Forschung zu stadtbaugeschichtlichen Fragestellungen hauptsächlich bezogen auf sächsische Städte in Dresden nach.[13] Seine Stelle als Professor an der TH Dresden behielt er bis zu seinem Tod am 13. Februar 1945 bei. Er starb während eines Luftangriffs auf die Dresdner Innenstadt.

Schon während sein Vater an der TH Dresden als Professor arbeitete, begann Wolfgang Rauda dort sein Studium. In einem später verfassten Lebenslauf gab Rauda an, eine Fachvorbildung als Maurer vorweisen zu können und während des Studiums als Transportarbeiter, Bauarbeiter und Techniker in Büros gearbeitet zu haben.[14] Nach vier Semestern legte er in Regelstudienzeit im Sommerhalbjahr 1928 sein Vordiplom ab und erhielt die Beurteilung „recht gut bestanden".[15] Die geprüften Fächer waren Baukonstruktion (abgeschlossen mit Bestnote), Bauformenlehre, Graphostatik und Festigkeitslehre, Baustoffkunde sowie Einführung in die höhere Mathematik als Grundfächer, außerdem Geodäsie und Kunstgeschichte als Wahlfächer. Auch seine Studienzeichnungen wurden mit der zweitbesten Note „recht gut" bewertet.

Interessant ist, dass Rauda schon hier im Wahlbereich die Fächer wählte, die für seine zukünftige Forschung relevant sein werden: Bauaufnahme und Geschichte. Vermutlich beeinflusst von den Tätigkeiten seines Vaters, hatte er sich schon früh-

10   Ebd., S. 133.
11   Vgl. Pommerin 2003, S. 212.
12   Dresdner Neueste Nachrichten (12.10.1939), Dresdner Nachrichten (12.10.1939), Dresdner Anzeiger (12.10.1939). Alle Artikel sind abgeheftet in: Sächsisches Hauptstaatsarchiv, Bestand 11848, Sign. 92, Bl. 81.
13   Im Hauptstaatsarchiv Dresden gibt es einen Bestand, in dem sich der Nachlass Fritz Raudas befindet. In der Akte zur Übernahmeregelung heißt es, Professor Hentschel hätte den Nachlass Fritz Raudas „vor Jahren" (vermutlich kurz nachdem Wolfgang Rauda die DDR verließ) bekommen: „Er enthält dessen gesammelte Notizen zur sächsischen Baugeschichte des Mittelalters." Hentschel hatte diesen Nachlaß an Herrn Dr. phil. habil. Ernst Heinz Lemper für dessen Forschungen zur Verfügung gestellt. Nun, im September 1965, sei der Nachlass, bestehend aus „vier lose verpackten Paketen", wieder im Institut und solle ins Hauptstaatsarchiv übergeben werden. Hentschel muss allerdings bemerken, dass „er höchst unübersichtlich ist, da er aus einer Unzahl einzelner Zettel und Zeichnungen besteht." Der Nachlaß wurde am 24.09.1965 abgeholt. Die entsprechende Information endet mit dem Satz: „Das Nachlaßschriftgut ist ungeordnet, umfaßt 0,65 lfd.m. und wurde in II C 17 eingelegt." In Rücksprache mit den Archivmitarbeiterinnen ist dies der aktuelle Stand zu den Archivalien – sie liegen unangetastet im Archiv und sind weder aufgenommen noch zugänglich.
14   UA TU Dresden, Sign. B6.02 – 465 (Personalunterlagen Rauda): Ausbildungshergang (undatiert, verm. Anhang zu Bewerbung), S. 1.
15   Privatnachlass Rauda: Zeugnis der Technischen Hochschule Dresden zur Diplomvorprüfung für Architekten (13.11.1928). Die „Zensurgrade" werden wie folgt aufgeschlüsselt: vorzüglich (1a), recht gut (1b), gut (2a), ziemlich gut (2b), hinreichend (3a), ungenügend (3b).

zeitig spezialisiert. Dem Einfluss seines Vaters entzog er sich kurzzeitig mit einem Semester an der TH Stuttgart im Anschluss an seine Diplomvorprüfung. Während dieses Sommersemesters 1929 in Stuttgart (vgl. Abb. 13 und 14) belegte er die Vorlesungen zur Baukonstruktionslehre bei Paul Schmitthenner sowie die Vorlesungen zur Gebäudelehre und zum Städtebau bei Heinz Wetzel. Darüber hinaus hörte er die Vorträge zu Bühnenkunst und Kino von Hans Hildebrandt.[16] Den Entwurf belegte er bei Paul Bonatz.[17] Genauere Themen oder gar Ergebnisse aus diesen Seminaren sind nicht nachzuweisen, dennoch hatte das eine Semester an einer der renommiertesten Architekturschulen der 1920er Jahre einen enormen Einfluss auf Wolfgang Rauda. Immerhin besuchte er die Lehrveranstaltungen der drei die „Stuttgarter Schule" prägenden Persönlichkeiten: Schmitthenner, Wetzel und Bonatz.

Die Charakterisierung der Lehre dieser Schule nahm sich Matthias Freytag in seiner Dissertation *Stuttgarter Schule für Architektur 1919 bis 1933. Versuch einer Bestandsaufnahme in Wort und Bild* vor.[18] Die Architekturausbildung war geprägt durch eine klare Praxisnähe sowohl im Studienaufbau als auch in den Aufgabenstellungen. Die Kombination aus Vorlesungen und begleitenden Übungen sowohl in der Baukonstruktionslehre als auch in den Entwürfen und den anderen fachlichen Vertiefungen wie Städtebau, Baugeschichte etc. waren ein maßgeblicher Teil des didaktischen Konzepts der Architekturausbildung. Gemeinsam war den Lehrveranstaltungen auch das Konzept eines „dialogischen Prinzips" sowie des Durchdenkens einer Aufgabe bis in das Detail. Anhand dieser Ähnlichkeiten in den Lehrkonzepten lässt sich schließen, dass die einzelnen Lehrpersonen viel zusammenarbeiteten oder zumindest miteinander kommunizierten.

Praxisnahe Diskussionen prägten die Vorlesungen und Übungen zur Baukonstruktionslehre von Paul Schmitthenner.[19] Genauso wie sein Kollege bezog sich auch Bonatz in den von ihm angebotenen Entwürfen hauptsächlich auf regionale, gut dokumentierte und vor allem reale Bauaufgaben.[20] Der Entwurf selbst musste von den Entwurfsgruppen von der städtebaulichen Kontextualisierung bis hin zur Ausarbeitung eines „charakteristischen Details im Maßstab 1:20 bis 1:1" erfolgen.[21] Sie wurden untereinander und im Beisein des Professors im Laufe des Semesters häufiger besprochen, um „gemeinsam" nach Lösungen zu suchen. Ergänzt wurden diese Fächer von Heinz Wetzels Vorlesungen zum Städtebau. Dieser legte besonderen Wert auf das „Erkennen" von städtebaulichen Elementen, auf das „Ordnen" derselben und

---

16   Biografische Informationen zu Hans Hildebrandt (1877–1957) finden sich bei Wendland 1998, S. 300-305.

17   Privatnachlass Rauda: Technische Hochschule Stuttgart, Abgangszeugnis (05.08.1929). In später verfassten Lebensläufen gibt Rauda keine genaue Angabe über die Dauer seines Studiums in Stuttgart. Vielmehr fasst er die beiden Studienorte zusammen: 1926–1930 Studium an der Technischen Hochschule Dresden und der Technischen Hochschule Stuttgart (Prof. ~~Dr.~~ Paul Bonatz)" (Vgl. Privatnachlass Rauda: Lebenslauf, undatiert, vermutlich Ende 1968, „Dr." handschriftlich durchgestrichen).

18   Vgl. Freytag 1996, S. 72-116.

19   Ebd., S. 82.

20   Ebd., S. 72-116. Im gesamten Studium wurde Wert darauf gelegt, dass man sich mit mehreren Typologien und verschiedenen Aufgaben (Wohnhaus, öffentlicher Bau, Städtebau) auseinandergesetzt hatte. Da Rauda allerdings nur ein Semester lang in Stuttgart verweilte, kann nicht eindeutig gesagt werden, welche Aufgabe er löste.

21   Ebd., S. 72-116.

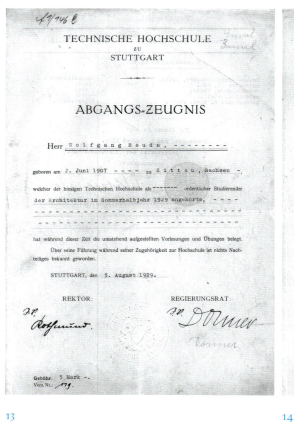

TECHNISCHE HOCHSCHULE
zu
STUTTGART

ABGANGS-ZEUGNIS

Herr Wolfgang Rauda , - - - - - - -

geboren am 2. Juni 1907 - - - - zu Z i t t a u , Sachsen -,

welcher der hiesigen Technischen Hochschule als - - - - - - - ordentlicher Studierender

der Architektur im Sommerhalbjahr 1929 angehörte, - - - -

- -

- -

hat während dieser Zeit die umstehend aufgestellten Vorlesungen und Übungen belegt.

Über seine Führung während seiner Zugehörigkeit zur Hochschule ist nichts Nach-
teiliges bekannt geworden.

STUTTGART, den 5. August 1929.

REKTOR: REGIERUNGSRAT:

Gebühr: 5 Mark -.
Vers. Nr.: 179.

Lehrgegenstand	Dozent

Sommerhalbjahr 1929.

Baukonstruktionslehre, Vortr.	Schmitthenner
Entwerfen II, Ueb.	Bonatz
Gebäudelehre, Vortr.	Wetzel
Städtebau, Vortr.	Wetzel
Bühnenkunst u. Kino, Vortr.	Hildebrandt.

Für diesen Auszug!

Stuttgart, den 5. August 1929.

Sekretariat der Techn.Hochschule

Rechnungsrat:

13   14

13   W. Raudas Abgangszeugnis der TH Stuttgart, S. 1
14   W. Raudas Abgangszeugnis der TH Stuttgart, S. 2
15   W. Raudas Diplomzeugnis der TH Dresden

47/146 C

Die Sächsische Technische Hochschule
zu Dresden

hat durch Urkunde dem Studierenden der Hochbau-Abteilung

Herrn   Fritz Wolfgang   R a u d a

geboren zu   Z i t t a u

auf Grund seiner nach der Prüfungsordnumg für Architekten vom 10. Dezember 1921

mit " S e h r   g u t "bestandenen Schlußprüfung den Grad eines

Diplom-Ingenieurs

verliehen.

Er studierte in Stuttgart an der T.H. 1 Semester und in Dresden an der T.H. 8 Sem. , legte die Vorprüfung

an der Technischen Hochschule D r e s d e n ab.

Die Diplomarbeit betraf den Entwurf :

     " Volksschule mit Sportplatz und Turnhalle. "   2a

Die Klausurarbeiten betrafen:

     " Terrasse mit Gartenhaus. "   2a

Die für die Zulassung zur Schlußprüfung erreichten Studienbelege waren:

Grundfächer:	Wahlfächer:
Höhere Baukonstruktion . . . 1b	Architekturmalerei II 1b
Statik der Baukonstruktionen und Eisenkonstruktionen des Hochbaues . . . 1b	Städtebau 1a
	Figürliches und Aktzeichnen. . 2a
Entwerfen von Hochbauten 1b/1b/1a	Architektonisches Skizzieren nach der Natur II. 1a
Raumkunst Entwerfen . . . 2a/1b	
Baugeschichtliche Arbeit . . 1a	
Architektur-Aufnahmen . . . 1a	

Die in der mündlichen Schlußprüfung erreichten Zensuren sind:

Grundfächer:	Wahlfächer:
Höhere Baukonstruktion . . . 1b	Heizung und Lüftung 1b
Statik der Baukonstruktionen und Eisenkonstruktionen des Hochbaues 1a	Landwirtschaftliches Bau-wesen 1b
Einrichtung öffentlicher Ge-bäude 1b	
Wohn- und Geschäftshaus . . . 1b	
Raumkunst 1b	
Geschichte der Baukunst . . . 2a	
Städtebau 1b	

Dresden, den 31. Juli 1930

Der Rektor
der Technischen Hochschule

Der Vorsitzende
des Prüfungs-Ausschusses

Zensurengrade: vorzüglich(1ª), recht gut(1ᵇ), gut(2ª), ziemlich gut(2ᵇ), hinreichend(3ª), ungenügend(3ᵇ)

15

79

auf die Analyse der Landschaft und der Stadt. Seine Vorträge bestanden vornehmlich aus der Besprechung von verschiedenen städtebaulichen Situationen, anhand derer Wetzel „Schauen" und „Ordnen" – die für ihn wichtigsten städtebaulichen Kompetenzen – erklärte.

Der Städtebau nahm eine besondere Bedeutung im Entwurf und in der Architekturauffassung der hier vorgestellten Lehrenden ein: Alle waren stark beeinflusst von Theodor Fischer und hatten sich intensiv mit den städtebaulichen Diskussionen der 1910er und 1920er Jahre auseinandergesetzt. Heinz Wetzels städtebauliche Haltung kann eindeutig auf Fischer zurückgeführt werden, wobei er sich auch immer wieder auf Camillo Sitte bezog.[22] Paul Bonatz war Fischers Assistent gewesen, als dieser noch selbst in Stuttgart lehrte, und auch sein Mitarbeiter in München; darüber hinaus hat er einige städtebauliche Projekte geplant und die Städtebaulehre der Stuttgarter Schule lange Zeit geleitet.[23] Bei Schmitthenner ist sogar anzunehmen, dass seine Planungen für die Gartenstadt Staaken, die wiederum stark von Richard Riemerschmid beeinflusst sind, die Berufung an die TH Stuttgart erst ermöglicht haben.[24] Bei den hier vorgestellten Lehrpersönlichkeiten, bei denen Rauda für ein Semester studierte, gibt es somit einige Gemeinsamkeiten, sowohl in der Lehr- als auch in der Architekturauffassung. Sie alle verfolgen eine generalistische Ausbildung vom städtebaulichen Kontext bis in das Konstruktionsdetail, die sie insbesondere anhand lokaler Entwurfs- und Analyseaufgaben zu lösen hatten. Dabei waren das selbstständige Denken und Kommunizieren entscheidend, denn wie Schmitthenner es einmal ausführte: „Schüler dürfen nie zweite Auflage sein, wenn schon, dann mindestens verbesserte Auflage. Das Wesentliche einer Schule darf sich nicht in Äußerlichkeiten auswirken. Das Entscheidende und Gemeinsame zwischen Lehrer und Schüler muß in der gleichen Gesinnung liegen."[25] Die Diskussion um diese „gleiche Gesinnung", ob nun ideologisch betrachtet oder nicht, hatte im Sommersemester 1929, als Wolfgang Rauda sich in Stuttgart aufhielt, einen Höhepunkt erreicht: Gerade war der Bau der Weißenhofsiedlung abgeschlossen worden und der Disput zwischen der dort ausgestellten radikalen internationalen Moderne und der in Stuttgart gelehrten regionalen, traditionsbewussten Architekturauffassung hatte mit der Gründung der Architektenvereinigung *Der Block* eine neue Ebene erreicht.[26] Es ist sicherlich kein Zufall, dass Rauda sich genau die Lehrveranstaltungen der drei Protagonisten der Stuttgarter Schule heraussuchte, die in diesem Diskurs die Wortführer der traditionellen Seite bildeten. So war die Dresdner Architekturausbildung doch ebenfalls eher eine regional betonte, allerdings auch konservative.[27] Es ist daher anzunehmen, dass Rauda sich in diesem Semester nicht nur dem direkten Einfluss seines Vaters entziehen konnte, sondern sich ebenso erhoffte, die aktuellen Diskussionen der Architektenpersönlichkeiten der späten 1920er Jahre mitzuerleben.

22   Sohn 2015, S. 111-129.
23   May 2015, S. 59-84.
24   Voigt 2015, S. 85-110.
25   Zit. n. Freytag 1996, S. 94. Freytag führt noch aus, dass in diesem Kontext „Gesinnung" weniger ideologisch zu verstehen sein müsse, sondern eher im Sinne Schmitthenners Lehre als „Werksgesinnung" definiert sei.
26   Informationen zu der Architektenvereinigung „Der Block", u.a. in: Durth/Sigel 2009, S. 247-248. Vgl. zum Spannungsfeld zwischen Tradition und Moderne das Kapitel „Die Stadtbaukunst als Grundlage einer traditionalistischen Moderne der 1930er Jahre", S. 47ff.
27   Siehe hierzu das Kapitel „Der Lehrstuhl für Wohnungsbau und Entwerfen", S. 138ff.

Doch nicht nur Raudas architektonische Haltung wird durch das Semester in Stuttgart nachhaltig geprägt. Mit seinem Entwurfsprofessor Bonatz verband Wolfgang Rauda eine jahrelange Freundschaft, die durch verschiedene Briefe aus den frühen 1950er Jahren belegt ist.[28] Bonatz begann seine Briefe immer mit „Lieber Rauda" und bezeichnete ihn als „lieben alten Freund" – diese Aussagen lassen auf ein inniges Verhältnis schließen. Es ist unklar, wie diese „Brieffreundschaft" begann, sie überdauerte allerdings Bonatz' Exil in Istanbul und brach auch nicht nach seiner Rückkehr nach Deutschland ab. Inhalt der Briefe waren Diskussionen über aktuelle Projekte und Publikationen der beiden Architekten. So kommentierte Bonatz zur Schrift Raudas *Vom Entwerfen und seiner Methodik*: „Ich habe sie mit Aufmerksamkeit gelesen. Sie haben viel nachgedacht, und gut formuliert, die richtigen Zitate gebracht, es ist die Arbeit eines Professors, der seine Erziehungsmethode aus dem Elementaren in eine geistig höhere Ebene zu heben sucht, und das tun Sie mit Erfolg."[29]

Nach dem prägenden Semester in Stuttgart kehrte Rauda nach Dresden zurück und beendete nur ein Jahr später, im Sommer 1930, das Architekturstudium mit der Diplomprüfung. Den Diplomentwurf einer „Volksschule mit Sportplatz und Turnhalle" sowie die Klausurarbeit zu einer „Terrasse mit Gartenhaus" schloss Rauda mit „gut" ab. Aufgrund der Bestnoten im dritten Hochbauentwurf, der Baugeschichte, der Bauaufnahme, im Städtebau sowie im Architektonischen Skizzieren erhielt er zum Abschluss seines Diploms die Wertung „sehr gut" (vgl. Abb. 15).[30] Die Talente Raudas lagen eindeutig im Zeichnen, der Geschichte und dem Städtebau. Die Kombination dieser Fächer wird seine gesamte Laufbahn als Wissenschaftler bestimmen.

Direkt im Anschluss an seine Diplomprüfung belegte Rauda im Wintersemester 1930/1931 das Städtebauseminar bei Adolf Muesmann.[31] Dieser war 1921 als Nachfolger von Cornelius Gurlitt an die TH Dresden gekommen. Das Städtebauseminar war Teil des Lehrauftrags Muesmanns, der das „Entwerfen von Hochbauten mit besonderer Berücksichtigung des künstlerischen Städtebaues"[32] beinhaltete. Die von ihm und seinen Assistent*innen angebotenen Lehrveranstaltungen behandelten allerdings statt der „künstlerischen" Aspekte des Städtebaus eher bautechnische, wirtschaftliche und bauhygienische.[33] Die Einschreibelisten zum Städtebauseminar zeigen, dass Wolfgang Rauda schon im Sommer 1930 die Vorlesung von Muesmann zum Städtebau hörte und im Wintersemester an einer Übung teilnahm.[34] Daraufhin erhielt er

28   Privatnachlass: Briefe von Bonatz an Rauda (24.09.1953, 30.12.1955, sowie zwei undatierte Briefe, vermutlich von 1953 und 1955). Im Nachlass Wolfgang Raudas sind diese Briefe als Fotokopien vorhanden, diese Kopien hat W. Rauda anfertigen lassen, als er in die BRD geflohen ist. Das zeugt von dem hohen emotionalen Wert, den er seiner ehemaligen Lehre zumaß.

29   Privatnachlass Rauda: Brief Bonatz an Rauda (undatiert, vermutlich 1953).

30   Privatnachlass Rauda: Zeugnis der Technischen Hochschule Dresden zur Schlußprüfung als Diplom-Ingenieur (31.07.1930).

31   Privatnachlass Rauda: Teilnahmebescheinigung zum Seminar für Städtebau an der TH Dresden (28.02.1931).

32   O. A. 1921, S. 200.

33   Die Stadt Dresden hatte sich schon seit Beginn des 20. Jahrhunderts als Vorreiterstandort des Themas „Hygiene" etabliert. Durch den Sitz der Fabrik „Odol" und dem Engagement des Fabrikanten Karl August Lingner hatte 1911 die erste „Internationale Hygiene-Ausstellung" in Dresden stattgefunden, zur zweiten Ausstellung 1930 wurde dann das von Wilhelm Kreis entworfene Hygiene-Museum eröffnet. (Siehe hierzu: Vogel 2003)

34   UA TU Dresden, Sign. A1-242 (Altbestand der TH Dresden bis 1945): 1922 - 1943 (1944),

eine Bescheinigung über den Besuch des Städtebauseminars, die von Muesmann persönlich ausgestellt ist (vgl. Abb. 16).[35]

Im Rahmen des Städtebauseminars erfolgte die Vorarbeit zur Dissertation *Der mittelalterliche Stadtgrundriss Dresdens und seiner Weiterbildung im Schloßgelände bis zur Neuzeit*, die Rauda 1932 abschloss und 1933 in leicht gekürzter Form in einem Dresdner Verlag publizierte.[36] In der Arbeit setzt sich Rauda intensiv mit der Stadtgeschichte Dresdens seit seiner Gründung und insbesondere mit der Gestaltung des Dresdner Schlossgeländes im 18. Jahrhundert auseinander. Neben der Aufarbeitung des umfangreichen Archivmaterials zum Schlossbau zieht Rauda anhand der topografischen Gegebenheiten und historischen Ereignisse einige Schlüsse zur Entwicklung verschiedener Raumbildungen in Dresden. Die Grundlagen zu diesen Forschungen liegen nicht nur in dem „Erkennen" von städtebaulichen Raumfolgen, wie er es bei Heinz Wetzel in Stuttgart gelernt hat, sondern auch im Einfluss Hubert Ermischs begründet, dem Denkmalpfleger Dresdens und Gründer der sogenannten *Zwingerbauhütte*, bei dem Rauda – sicherlich mithilfe der Bekanntheit seines Vaters – noch während der Arbeit an seiner Promotion eine Stelle als Hilfskraft begonnen hat.

Der Dresdner Zwinger, im 18. Jahrhundert nach Plänen Pöppelmanns errichtet, hat aufgrund seiner vielen Umnutzungen eine spannungsreiche Baugeschichte. Die umfangreichen Sanierungsmaßnahmen, die Hubert Ermisch zwischen 1924 und 1936 vornahm, bildeten die vierte Sanierung des Gebäudes.[37] In seinen Lebenslauf trägt Rauda ein, er sei Assistent von Ermisch gewesen,[38] der Denkmalpfleger selbst bezeichnete ihn in einem Arbeitszeugnis als „Hilfskraft". Dabei wird im von Ermisch verfassten Arbeitszeugnis auch deutlich, dass Rauda den „bauleitenden Beamten" vertreten und damit auch viel Verantwortung getragen habe. In diesem Zeugnis zeigt sich Ermisch außerdem sehr lobend sowohl zu Raudas Kenntnissen der Denkmalpflege als auch zu seinen Fähigkeiten im Zeichnen und Gestalten.[39] Den Abschluss der Tätigkeiten Raudas bei Ermisch bildete ein halbseitiger Artikel in den *Dresdner Neuesten Nachrichten*, in dem Rauda die „Vollendung der Erneuerung des Zwingers" beschreibt und gleichzeitig auf die „gewaltigen Zukunftsaufgaben" insbesondere des Innenausbaus, aber auch der städtebaulichen Gestaltung um den Zwinger hinweist.[40]

Mit diesen beruflichen Erfahrungen und der guten Reputation aus Ermischs Arbeitszeugnis war der Weg Raudas, in die Fußstapfen seines Vaters zu treten und

Einschreibelisten für Studierende der Architektur. Bei der Übung war er für das Thema „Ödera" eingeteilt, das er gemeinsam mit Richard Krauß zu bearbeiten hatte. In die Vorlesung waren 44 Studierende eingeschrieben.

35 Zum Städtebauseminar Muesmanns an der TH Dresden gibt es bisher keine Forschungsarbeiten, sodass eine genauere Beschreibung des Seminars im Rahmen dieser Arbeit nicht erfolgen kann.

36 Privatnachlass Rauda: Mitteilung des Rektorats der Technischen Hochschule Dresden an Rauda (11.10.1932). Im Vorwort seiner publizierten Dissertationsschrift gibt Rauda an, dass diese im Rahmen des Städtebauseminars von Muesmann entstanden ist. (Rauda 1933, S. V). Für die Drucklegung erhält Rauda sogar eine Beihilfe in Höhe von 500 DM. Siehe hierzu: Privatnachlass Rauda: Stiftungsbeitrag zur Drucklegung der Dissertationsschrift, Rektorat der TH Dresden an Rauda (11.10.1932).

37 Olbrich 2015, S. 30-35.

38 Privatnachlass Rauda: Lebenslauf, undatiert, vermutlich Ende 1968.

39 Privatnachlass Rauda: Arbeitszeugnis zu Raudas Tätigkeiten von Hubert Ermisch (undatiert, vermutlich Anfang 1934).

40 Rauda 1936, S. 5.

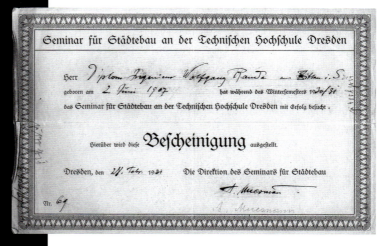

16

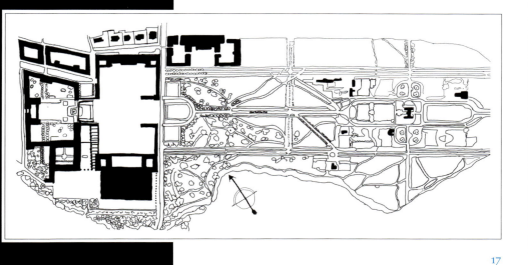

17

16 Bescheinigung über Raudas Teilnahme an Adolf Muesmanns
    Städtebauseminar, 1930/31
17 W. Rauda & F. Rauda: Beitrag zum Wettbewerb
    „Adolf-Hitler-Platz", Dresden, 1934

ebenfalls Denkmalpfleger zu werden, eigentlich vorgezeichnet. Dennoch ist Rauda in dieser Zeit auch anderen Interessen nachgegangen: In den Jahren zwischen 1930 und 1936 erschienen in verschiedenen lokalen Tages- beziehungsweise Wochenzeitungen in Dresden Aufsätze von Wolfgang Rauda, die sich – basierend auf seiner Promotion – mit der Stadtgeschichte Dresdens auseinandersetzten.[41] In diesen Artikeln, bei denen es sich hauptsächlich um Baubeschreibungen, kunsthistorische Themen[42] oder Rezensionen zu Ausstellungen[43] handelt, nimmt Rauda aktuelle städtebauliche Diskussionen auf oder äußert aufgrund seiner Kenntnisse zur Stadtgeschichte Dresdens Kritik an modernen Planungen. So verurteilt er den Neubau der Augustus-Brücke durch Wilhelm Kreis als zu modern[44] oder mahnt die Stadt bei den Neuplanungen in der Neustadt zur Vorsicht: „Hoffen wir, daß eine kommende Zeit wieder die Kraft findet, weiterzubauen. Nicht nur im Raubbau altes Erbgut zu vernichten! Möge die Neustadt in immer steigendem Maße ein städtebauliches Kleinod, eine schöne Stadt werden."[45]

1933 nehmen Fritz und Wolfgang Rauda gemeinsam an einem Wettbewerb teil, bei dem erstmals die städtebauliche Haltung des jungen Architekten deutlich wird. Mit dem Führererlass zur Neugestaltung der Gauhauptstädte begann auch die Stadt Dresden mit der Planung eines Gauforums. Nachdem bereits der Theaterplatz 1933 in „Adolf-Hitler-Platz" umbenannt worden war, bot sich nun das Gelände des „Großen Gartens" östlich des 1930 von Wilhelm Kreis fertiggestellten Hygienemuseums als Gauforum an. Die Ergebnisse des Ende 1934 ausgeschriebenen Wettbewerbs zur „Schaffung eines monumentalen Versammlungsplatzes" für 30.000 Personen[46] wurden im Rathaus Dresdens ausgestellt und in der Deutschen Bauzeitung diskutiert. In der Zeitschrift *Bauamt und Gemeindebau* verfasste Wolfgang Rauda selbst zwei Artikel zu den Entwürfen.[47] Im Wettbewerb waren neben dem Aufmarschplatz eine Erweiterung der ehemaligen Ausstellungsräume des Hygienemuseums, die nun als Sportanlage genutzt wurden, zu planen und die baulichen Massen für das „Gauhaus, das Haus der Arbeit und die Erweiterungsbauten des Hygienemuseums"[48] festzulegen, obwohl hierfür kein konkretes Raumprogramm vorgegeben war. Carl Hirschmann, der verantwortliche Baudirektor Dresdens, zeigte sich enttäuscht von den Ergebnissen: Man hätte den Wettbewerb so ausgeschrieben, dass es der „Ungebundenheit der Architektenschaft" möglich gewesen wäre „unabhängig von hemmenden Bauprogrammen Architekturen zu schaffen"; die Ergebnisse seien aber durch eine enttäuschende „Gleichmäßigkeit und Gleichartigkeit" geprägt.[49]

41   Siehe hierzu: Rauda 10.11.1930; Rauda 28.12.1930a; Rauda 02.04.1933.

42   Rauda 1931, S. 1.

43   Rauda 19./20.06.1933, S. 2-3. Die Ausstellung wurde von Fritz Rauda organisiert und kuratiert.

44   Rauda 28.12.1930, S. 5. Die ursprüngliche, baufällige Brücke hatte auf einer Länge von 400m 17 Bögen; der Neubau von Kreis nutzte die technischen Möglichkeiten und reduzierte auf neun Bögen, wodurch allerdings die einzelnen Pfeiler sehr viel massiver ausgeführt werden mussten – dies wäre laut Rauda eine Störung im rhythmischen Stadtbild Dresdens.

45   Rauda 02.04.1933, S. 7.

46   Hirschmann 1935, S. 483.

47   Rauda 16.08.1935, S. 199-201, sowie Rauda 06.12.1935, S. 300-301.

48   Hirschmann 1935, S. 483.

49   Ebd.; Hinzu kommt, dass beim erstplatzierten Architekturbüro nicht alle Beteiligten

Tatsächlich ähneln sich die Beiträge der prämierten Entwürfe stark. Ein rechteckiger Aufmarschplatz wird im Westen durch das bestehende Hygienemuseum begrenzt, während im Norden und Süden die geforderten Neubauten angesiedelt werden. Die meisten Entwürfe sind durch eine starke Axialsymmetrie geprägt und weisen in ihrer Fassadengestaltung eine starke vertikale Gliederung in Form des von Paul Ludwig Troost in München geprägten „vergröberten Neoklassizismus" auf.[50] Nur selten werden die barocken Bautraditionen Dresdens aufgenommen, wie es beispielsweise Adolf Muesmann bei seinem Entwurf durch die an den Dresdner Zwinger erinnernden verschiedenen Dachneigungen zeigen wollte.[51]

Der Entwurf von Fritz und Wolfgang Rauda, von dem lediglich ein Lageplan (vgl. Abb. 17) erhalten ist, zeigt ebenfalls eine symmetrische Platzanlage, bezieht allerdings die Gestaltung des östlich gelegenen Gartens in den Entwurf ein. Der Vorplatz des Hygienemuseums wird gegenüber einem großzügigen, halbrunden Eingang zum Großen Garten inszeniert. Von dort aus bildet der gerade Weg zum Garten-Palais und dem Palaisteich eine klare Symmetrieachse durch das Entwurfsgebiet. Der rechteckige „Adolf-Hitler-Platz" wird im Nordwesten von einer Pfeilerhalle mit Umgängen und den zwei Ehrenmalen gefasst, im Südosten befindet sich das geforderte „Gauhaus", das wiederum im Nordwesten einen eigenen Vorplatz erhält. Dieser Entwurf ist der einzige, der die solitären Wohnbauten im Nordwesten des Entwurfsgebietes an der Grunaer Straße erhält. Umso überraschender ist der Vorschlag zur Beseitigung des barocken Prinzenpalais südwestlich des Hygienemuseums; dort werden die Erweiterungsbauten für das Museum sowie eine Bibliothek als Vierflügelanlage geplant. Das Prinzenpalais hatte seine städtebauliche, symmetrische Nord-Süd-Ausrichtung durch das Hygienemuseum verloren und fügt sich auch bei vielen anderen Wettbewerbsentwürfen nicht in die Gesamtanlage ein, sofern es überhaupt dargestellt wird.[52]

Mit diesen konzeptionellen Schwächen des Beitrags von Fritz und Wolfgang Rauda wurde der Entwurf mit keiner Prämierung bedacht. In der *Dresdner Illustrierten*, die aus Anlass des Wettbewerbs die Beiträge der Dresdner Architekten auf einer Doppelseite präsentierte, wird der Entwurf lediglich beschrieben, während die Entwürfe von Muesmann, Schubert und Richter mit einem Auszug aus der Jurybeurteilung gelobt werden.[53] Dennoch stellt dieser erste städtebauliche Beitrag in Raudas Laufbahn eine neue berufliche Ausrichtung dar: Wolfgang Rauda zeigt mit diesem Entwurf eine weniger denkmalpflegerische Haltung, sondern eine dem politisch geforderten Monumentalismus entsprechende Intention, wie an der Ausbildung der Achse zwischen Museum und Palais deutlich wird. Rauda selbst sieht diese allerdings als stadtbaukünstlerische Ausformungen, wie in den reflektierenden Artikeln Raudas in *Bauamt und Gemeindebau* deutlich wird: Hier fordert er anhand der Argumentation der stadtbauhistorischen Besonderheiten Dresdens insbesondere für den Festplatz

in der „Reichskammer der bildenden Künste" eingetragen waren und der Entwurf daher nicht berücksichtigt werden konnte.

50   O. A. 1935, S. 487-494.

51   Muesmann 1935, S. 485.

52   Aufgrund der teilweise sehr schlechten Abbildungsqualität ist das Palais am Rand des Entwurfsgebietes nicht immer klar zu erkennen. In den abgedruckten Vogelperspektiven wird es allerdings nicht dargestellt.

53   O. A. 30.06.1935, S. 8-9.

den menschlichen Maßstab, um dieses „Zimmer ohne Dach"[54] zu einem Saal oder einer Halle zu formieren, deren Wände und Gliederung der Platzfläche vom Auge der Betrachtenden maßstäblich erfasst werden kann. Neben dieser eindeutigen Referenz an Camillo Sittes *Städtebau nach seinen künstlerischen Grundsätzen*[55] fordert er „neue, dem Zeitgeist entsprechende Formen", ohne die klassisch-antiken Vorbilder sichtbar werden zu lassen, wie es am Königsplatz in München geschehen sei.[56] Er verbindet in den beiden Artikeln zur Gestaltung des „Adolf-Hitler-Platzes" seine stadtbauhistorischen Kenntnisse aus seiner Doktorarbeit mit ersten Gestaltungsideen im Städtebau. Er strebt dabei keineswegs eine restaurative Herangehensweise an, die man bei einer so intensiven Auseinandersetzung mit der Geschichte seiner Heimatstadt erwarten könnte, sondern betont eine Weiterentwicklung des Stadtgrundrisses nach in diesem Fall politischen Bedürfnissen und mit einer zeitgemäßen Formensprache.

Raudas erste beruflichen Schritte standen somit genauso wie sein Studium unter dem Einfluss seines Vaters: Bestnoten im Zeichnen, in der Bauaufnahme und der Baugeschichte prädestinierten ihn für einen Werdegang in der Denkmalpflege oder zum Bauhistoriker wie es sein Vater war. Dessen Kontakte halfen Wolfgang Rauda sicherlich bei der Anstellung an der Zwingerbauhütte. Auch das Forschungsthema der Promotion, die Untersuchung der Dresdner Stadtentwicklung, war gewiss durch die Arbeiten von Fritz Rauda in Bautzen und Meißen empfohlen worden. Hinzu kommt Raudas sehr konservative Ausbildung, die er sowohl in Dresden als auch in Stuttgart erfahren hatte. Die Vorlesungen Wetzels, Schmitthenners und der Entwurf bei Bonatz hatten ihn dennoch an die aktuellen Diskussionen in der Architektur herangeführt und beeinflusst. Schon im Juni 1934 legte Rauda die zweite Hauptprüfung im Hochbau ab[57] und befähigte sich damit für den höheren Staatsdienst. Er trug somit den Titel Regierungsbaumeister und arbeitete in den folgenden zwei Jahren in der Staatshochbauverwaltung des Landes Sachsen.[58] Nur zwei Jahre später, 1938, erhielt Rauda den Beamtenstatus und den Titel „außerplanmäßiger Regierungsbaumeister im Reichsdienst", was einem Regierungsbaurat gleichzusetzen ist.[59]

„Regierungsbaumeister im Reichsdienst" (1938–1945)

Mit der Ernennung zum Regierungsbaurat im Mai 1938 durch den „Reichskanzler und Führer" begann Raudas Arbeit im Staatsdienst.[60] Noch bis vermutlich Ende des Jahres 1939 war er in der Staatshochbauverwaltung des Landes Sachsen, konkret in der Baugruppe des Oberfinanzpräsidenten Dresden und im Reichsbauamt Dresden,

54   Rauda 16.08.1935, S. 200.
55   Sitte erläutert ebenfalls in der Einleitung zu seinem Grundlagenwerk die Nähe zwischen der Agora, dem antiken Marktplatz, dem Hypäthraltempel und dem Atrium im römischen Hofhaus als „Umstellung eines oben offenen Hofraumes mit verschiedenen Sälen und Zimmerchen" (Sitte 1901, S. 6).
56   Rauda 06.12.1935, S. 300.
57   Privatnachlass Rauda: Sächsisches Technisches Oberprüfungsamt, Zeugnis zur zweiten Hauptprüfung im Hochbaufache (01.06.1934), notariell beglaubigte Kopie vom 19.07.1958.
58   Privatnachlass Rauda: Lebenslauf, undatiert, vermutlich Ende 1968, sowie Urkunde des Finanzministeriums des Landes Sachsen (08.06.1934).
59   Privatnachlass Rauda: Urkunde des Finanzministeriums des Reiches (10.06.1936).
60   Privatnachlass Rauda: Urkunde zur Ernennung zum Regierungsbaurat (27.05.1938).

tätig. [61] Abgesehen davon nahm Rauda 1939 an einem Preisausschreiben des nationalsozialistischen Bundes deutscher Technik teil, das sich mit „Leistungssteigerung in
der Bauwirtschaft" beschäftigte, und erhielt den 3. Preis. [62]

Zu Raudas Tätigkeiten zwischen 1939 und 1945 ist wenig bekannt. Aufschlussreich ist jedoch die Publikation *Ordnungswahn. Architekten planen im „eingedeutschten
Osten"* von Niels Gutschow [63], in der Raudas Arbeit in Kępno und Łódź besprochen
wird. [64] Darüber hinaus findet sich im Bundesarchiv lediglich eine Akte, die einige
von Rauda unterschriebene Ausführungen zur Lage der Industriegebiete in damaligen „Litzmannstadt", dem ehemaligen und heutigen Łódź, beinhaltet. [65] Diese ist sehr
technisch gehalten, beinhaltet daher keine relevanten biografischen Informationen
und stellt auch keine Quelle für die ideengeschichtliche Einordnung Raudas in diese
Zeit dar. Sehr viel wichtiger sind in diesem Kontext allerdings zwei von Rauda verfasste Artikel: erstens ein Beitrag in der Beilage zur Zeitschrift *Wartheland. Zeitschrift
für Bauen und Kultur im Deutschen Osten*, in dem Rauda seine *Methode städtebaulichen
Planens* anhand einer Wohnsiedlung in „Kempen" beschreibt [66] und zweitens ein Aufsatz in der Bauwelt von 1943, in dem Rauda die von ihm geplante Siedlung „Am Wiesenhang" im damaligen „Litzmannstadt" vorstellt. [67] Beide Planungen müssen in den
Kontext der nationalsozialistischen Architekturgeschichte und insbesondere in die
Folgen des „Generalplan Ost" eingeordnet werden. Danach folgt eine Auseinandersetzung mit den spezifischen Planungen Raudas im „Reichsgau Wartheland".

Die Architektur und der Städtebau des Nationalsozialismus müssen sehr differenziert charakterisiert werden. [68] Der pauschalisierten Reduzierung des Bauens
im Nationalsozialismus auf einen Monumentalstil im Sinne eines vergröberten Neoklassizismus muss bei genauerer Betrachtung widersprochen werden. Vor allem
die Wohn- und Siedlungsbauten hatten sich sich aus einem Ansatz der regionalen
Bautraditionen entwickelt. Exemplarisch hierfür können die Kochenhofsiedlung in
Stuttgart (vgl. Abb. 18) oder die Siedlung Mascherode bei Braunschweig (vgl. Abb. 19)
genannt werden. Dieses Traditionsbewusstsein ist geprägt von den Professoren der

---

61   Privatnachlass Rauda: Lebenslauf, undatiert, vermutlich Ende 1968.
62   Privatnachlass Rauda: Urkunde zum Preisausschreiben des NSBDT (09.12.1939).
63   Gutschow 2001.
64   Als Quellen für seine Informationen diesbezüglich gibt Gutschow Zeitzeugeninterviews
      sowie die Personalakte Raudas aus dem Bundesarchiv an, die im Rahmen dieser Arbeit
      ebenfalls eingesehen wurde. Leider umfasst die Personalakte Raudas nur fünf Blätter,
      hinzu kommt noch der Befragungsbogen im Rahmen des Entnazifizierungsverfahrens.
      Beides ist nicht sehr umfangreich, weswegen bei den folgenden Ausführungen häufig auf
      die allgemeine Literatur zu den Planungen im sogenannten Reichsgau „Wartheland"
      und im damals so benannten „Litzmannstadt" zurückgegriffen und Raudas Rolle in
      diesem System interpretiert werden.
65   BA, Sign. R 2/9180: Allgemeine Angelegenheiten der Reichsbauverwaltung.
      In den folgenden Ausführungen werden die Ort Kępno und Łódź mit ihren zu Zeit der
      nationalsozialistischen Diktatur verwendeten Bezeichnungen „Kempen" und
      „Litzmannstadt" bezeichnet, um zwischen der zeitgenössischen Literatur und der
      hiesigen Analyse eine konsequente Wortwahl zu verwenden. Die Ortsnamen werden
      allerdings aus Respekt und in Gedenken an den Terror des Zweiten Weltkrieges in
      Anführungszeichen gesetzt und damit als die Wortneuschöpfungen markiert,
      die sie sind.
66   Rauda 1943, S. 27-42.
67   Rauda 1943a, S. 1-8.
68   Vgl. Durth/Sigel 2009, S. 279-370.

18

19

20

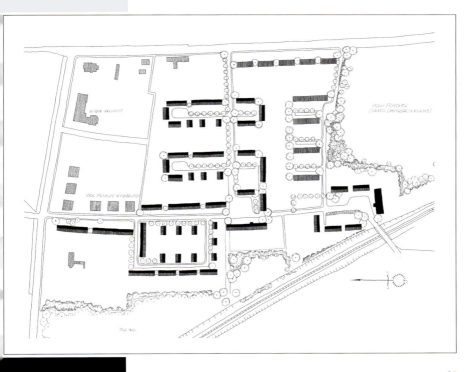

21

18   H. Mayer: Wohnhaus in der Kochenhofsiedlung,
Stuttgart (1932), Aufnahme 2015
19   J. Schulte-Frohlinde: Bebauung in Braunschweig-
Mascherode (1935-1936), Aufnahme 2018
20   Fotografie der gerade fertig gestellten Wohnsiedlung
in „Kempen", entworfen von W. Rauda, Aufnahme um 1942
21   W. Rauda: Lageplan der Wohnsiedlung in „Kempen",
1942/43

Stuttgarter Schule, bei denen es sich fast ausschließlich auch um die Lehrer Raudas handelt. Daher müssen die Referenzen Raudas bei den Hochbauplanungen im Osten hier zu suchen sein.[69]

Mit dem Überfall der Wehrmacht auf Polen am 1. September 1939 und dem darauffolgenden Feldzug durch das Land, das innerhalb weniger Wochen eingenommen war, begann die „Germanisierung des Ostens" unter dem Terror der SS. Die Forderungen Adolf Hitlers zur Gestaltung des „neuen Ostraums" wurden am 06. Oktober 1939 veröffentlicht. Hierin wird unter anderem eine „Neuordnung des wirtschaftlichen Lebens, des Verkehrs und damit auch der kulturellen und zivilisatorischen Entwicklung" sowie der „ethnographischen Verhältnisse" gefordert.[70] In direkter Folge dieser Forderungen wurde Heinrich Himmler nur einen Tag nach der Veröffentlichung dieser Grundsätze zum „Reichskommissar zur Festigung des deutschen Volkstums" ernannt. Er arbeitete in den folgenden Monaten seine *Gedanken über die Behandlung der Fremdvölkischen im Osten*[71] aus.

Im Sinne einer Politik der Germanisierung, die Hitler mit seinen Forderungen befohlen hatte, legte er damit die Grundlage für eine Gesamtkonzeption einer „Eindeutschung" der besetzten und noch zu erobernden Ostgebiete durch die Ausrottung der Kultur.[72] Der daraufhin insbesondere von Konrad Meyer verfasste *Generalplan Ost* legte unter anderem folgende Ziele fest: „1. Die Zurückführung der für die endgültige Heimkehr in das Reich in Betracht kommenden Reichs- und Volksdeutschen im Ausland; 2. Die Ausschaltung des schädigenden Einflusses von solchen volksfremden Bevölkerungsteilen, die eine Gefahr für das Reich und die deutsche Volksgemeinschaft bedeuten; 3. Die Gestaltung neuer deutscher Siedlungsgebiete durch Umsiedlung, im besonderen durch Seßhaftmachung der aus dem Ausland heimkehrenden Reichs- und Volksdeutschen."[73] Diesem „Generalsiedlungsplan" werden mehrere Millionen Menschen zum Opfer fallen: Die „unerwünschten Völker" werden nach

69   Vgl. Kapitel „Die Stadtbaukunst als Grundlage ... ", S. 47ff.

70   Adolf Hitler: Die Sofortaufgaben des neuen Ostraumes (06.10.1939), zit. n.: Hallbauer
      28.01.1940, S. 23.

71   Das Dokument war als „Geheime Reichssache" eingestuft und nur an wenige Personen
      verteilt worden. In einem Begleitschreiben des damaligen Reichsführers der SS,
      Himmler, betont dieser: „Der Führer las die sechs Seiten durch und fand sie sehr gut und
      richtig. Er gab jedoch die Anweisung, daß sie nur in ganz wenig Exemplaren vorhanden
      sein dürfe, nicht vervielfältigt werden dürfe und ganz geheim zu behandeln sei.".
      Ein Exemplar ging an Artur Greiser. Dieses Dokument hält die grausamen Pläne der
      Ausrottung aller anderen Kulturen fest. Das Ziel ist: „Schon in ganz wenigen Jahren –
      ich stelle mir vor, in 4 bis 5 Jahren – muß beispielsweise der Begriff der Kaschuben
      unbekannt sein, da es dann ein kaschubisches Volk nicht mehr gibt (das trifft besonders
      auch für die Westpreußen zu). Den Begriff Juden hoffe ich, durch die Möglichkeit einer
      großen Auswanderung sämtlicher Juden nach Afrika oder sonst in eine Kolonie völlig
      auslöschen zu sehen. Es muß in einer etwas längeren Zeit auch möglich sein, in unserem
      Gebiet die Volksbegriffe der Ukrainer, Goralen und Lemken verschwinden zu lassen.
      Dasselbe, was für diese Splittervölker gesagt ist, gilt in dem entsprechend größeren
      Rahmen für die Polen." (Himmler 28.05.1940).

72   Benz 1997, S. 485-486. Himmler schreibt dazu: „So grausam und tragisch jeder einzelne
      Fall sein mag, so ist diese Methode, wenn man die bolschewistische Methode der
      physischen Ausrottung eines Volkes aus innerer Überzeugung als ungermanisch und
      unmöglich ablehnt, doch die mildeste und beste." (Himmler 28.05.1940, S. 197).

73   Meyer, Konrad: Generalplan Ost. Rechtliche, wirtschaftliche und räumliche Grundlagen
      des Ostaufbaus (Juni 1942), zit. n.: Gutschow 2001, S. 23.

Sibirien deportiert, zu Zwangsarbeit versklavt oder in Konzentrations- und Vernichtungslagern ermordet.[74]

Insbesondere das von Meyer als Drittes formulierte Ziel – die Neugestaltung von deutschen Siedlungsgebieten – legte den Grundstein für jahrelange stadtplanerische Arbeit. Es soll nicht unerwähnt bleiben, dass die an diesen Planungen Beteiligten sich damit der Terrorherrschaft des Nationalsozialismus in den besetzten Ostgebieten schuldig gemacht haben. Niels Gutschows Charakterisierung ihrer Rolle kann in diesem Kontext kaum besser formuliert werden: „Architekten sind es weithin nicht gewohnt, nach den Hintergründen von ökonomischer und politischer Macht zu fragen. Sie agieren als verlängerter Arm dieser Mächte."[75] Weiter beschreibt Gutschow die Bauschaffenden als eine Funktionselite, die den Forderungen der „Volksgemeinschaft" im Dritten Reich nach einem „angemessenen Raum" im Sinne der entsprechenden Ordnungsvorstellungen und Kolonisierungspläne eine bauliche Gestaltung gaben. Insbesondere der besetzte Osten galt den eingesetzten Planungsbeteiligten als tabula rasa, da sich ihnen dort „bei der Umsetzung des Plans, ,Heimat für deutsche Menschen' zu schaffen, nichts und niemand in den Weg stellen"[76] würde. Das „Eindeutschen des Ostens" ist als erster Versuch der planenden Personen zu sehen, ihre bereits zu Beginn des 20. Jahrhunderts entwickelten neuen Stadtkonzepte umzusetzen. Denn nach dem Einmarsch der deutschen Armee herrschte in den polnischen Städten Chaos und Zerstörung. Damit boten sich dem vom NS-Regime eingesetzten Planungskomitee „ungeahnte Möglichkeiten" zur Verwirklichung ihrer Ideen.[77]

Der sogenannte „Septemberfeldzug" und das Übergewicht der deutschen Kräfte nach dem Einmarsch in Polen zwang die Hauptstadt der Polnischen Republik, Warschau, am 27. September 1939 zur Kapitulation. Da schon 10 Tage zuvor die russische Armee in Ostpolen einmarschiert war, wurde das polnische Gebiet zwischen Deutschland und Russland aufgeteilt. Im „Erlaß über die Gliederung und Verwaltung der Ostgebiete" wurde der deutsche Teil Polens aufgeteilt: Teile von Gdańsk, die Woiwodschaften Pommerellen und Westpreußen wurden im „Reichsgau Danzig-Westpreußen" zusammengefasst, der „Reichsgau Wartheland" hatte die Zentren Poznań und Łódź sowie das Gebiet Ostoberschlesiens. Das zentralpolnische Gebiet bekam als „Heimstätte der Polen" einen Sonderstatus als „Generalgouvernement für die besetzten polnischen Gebiete"[78]. Dem „Reichsgau Wartheland"[79] wurde als direkt an die vorherigen deutschen Grenzen angrenzendem Gebiet eine besondere Rolle als nationalsozialistisches Modellgau zugesprochen. Ende Oktober 1939 erhielt Arthur Greiser als Gauleiter und Reichsstatthalter die Aufgabe der „Regermanisierung"[80] des Gaus. Dazu gehörte nicht nur die Vertreibung von beinahe 400.000 Mitglie-

---

74   Durth/Sigel 2009, S. 374, sowie Benz 1997, S. 485-486.
75   Gutschow 2001, S. 16.
76   Ebd.
77   Ebd.; Nach dem Zweiten Weltkrieg wird die „Zerstörung als Chance" gesehen werden, um genau die reformerischen Stadtkonzepte der Moderne auch im Westen Europas umzusetzen bzw. aufgrund der enormen Zerstörungen umsetzen zu müssen. Der „Generalplan Ost" ist somit die Generalprobe hierfür.
78   Vgl. hierzu: Kosmala 1997, S. 642-643.
79   Im Oktober 1939 noch als „Reichsgau Posen" bezeichnet, wurde es erst im Januar 1940 in „Reichsgau Wartheland" umbenannt. In manchen Quellen wird es auch mit „Warthegau" abgekürzt. (Hümmelchen 1985, S. 621-622)
80   Hümmelchen 1985, S. 621-622.

dern der jüdische Gemeinschaft in das erste jüdische Ghetto der Ostgebiete in Łódź sowie in das Generalgouvernement, sondern auch die Vereinigung der Partei- und Staatsfunktionen durch die Trennung von Staat und Kirchen, die ohnehin zu „Vereinen" herabgestuft wurden, um ihre Bedeutung zu minimieren.[81] Hinzu kamen polizeistaatliche Kontrollen, um ein laut Greiser „von allen traditionellen Hemmungen freies" nationalsozialistisches Gemeinwesen entstehen zu lassen.[82] Das Erzwingen einer „Eindeutschung" durch die Übernahme der Partei- und Staatsfunktionen aus Deutschland war allerdings keine Besonderheit des „Reichsgau Wartheland". Vielmehr bestand ein erklärtes Ziel Greisers darin, auch die „Kultur" Deutschlands in dem besetzten Gebiet zu etablieren. Ein wichtiges Zeugnis dieser „Kultivierung deutschen Volkstums" im „Warthegau" ist die Zeitschrift *Wartheland. Zeitschrift für Aufbau und Kultur im Deutschen Osten*, die ab Februar 1941 monatlich erschien. Im Vorwort zur ersten Ausgabe betont Greiser: „Wir gehen dem Volkstumskampf nicht aus dem Wege, sondern wir suchen ihn bewusst. So wie der deutsche Soldat als der tapferste Soldat der Welt immer wieder den Kampf bewußt sucht, um ihn zu gewinnen, müssen wir in den nächsten Jahrzehnten den Volkstumskampf bewußt suchen, um ihn für die nach uns kommenden Generationen zu gewinnen."[83] Der von Hitler geforderten „Neuordnung der ethnographischen Verhältnisse" wird Greiser demnach mehr als gerecht: Er bestätigte nicht nur eine nachhaltige, sondern auch eine erzwungene Germanisierung des „Reichsgau Wartheland".

Um die Idee des so genannten „deutschen Volkstums" zu verbreiten, beinhaltete die Zeitschrift unter anderem Ankündigungen zu kulturellen Veranstaltungen im Reich und ausführliche Artikel zur Kultur im „Wartheland", die größtenteils die angebliche Überlegenheit und historische Gegebenheit der deutschen Kultur im Osten belegen sollten. So wurde beispielsweise anhand einer Karte aus Hartmann Schedels Weltchronik „bewiesen": *Großdeutschland reicht bis an die Weichsel*[84]; oder in einem Artikel zur Stadtgeschichte Poznańs wurde ausgeführt, die Stadt sei eigentliche eine „deutsche Soldatenstadt" und man könne dem „Führer nur danken", dass er die Stadt Posen von der „neu-polnischen Regierung" „befreit" habe.[85] Ergänzt wurden diese Ausführungen durch großformatige oder ganzseitige Abbildungen, die Impressionen aus dem besetzten Land zeigen und vermutlich dazu dienten, die Identifikation der Deutschen im Osten mit ihrer „neuen Heimat" zu stärken. Ab August 1941 wurde dieses „Kulturblatt" alle drei Monate ergänzt durch die Beilage *Bauen im Wartheland. Blätter des Arbeitskreises für Baugestaltung und Baupflege im Reichsgau Wartheland*. Erneut schreibt Arthur Greiser für die erste Ausgabe der Beilage ein Vorwort. In diesem heißt es: „Wartheländisch bauen heißt: Bauen im Osten, heißt: den Gesetzen unseres Raumes und unserer weiten Landschaft gehorchen. Dörfer und Städte müssen in unserem Gau ein anderes Gesicht bekommen als in anderen Gauen, als z.B. in Schwaben oder Thüringen. Nur die Baukünstler, die unser weites Land mit heißem Herzen lieben und von den großen einmaligen Aufgaben dieses Gaues im Innersten erfasst und besessen sind, die das Wartheland als alten deutschen Kulturraum und als Stammland unseres Großdeutschen Reiches, als ihre Heimat empfin-

---

81 Ebd.
82 Vgl. ebd., sowie Rieß 1997, S. 797-798.
83 Greiser 1941, S. 1.
84 Arbusow 1941, S. 17-18.
85 Lattermann 1941, S. 15

den, werden in der Lage sein, ‚wartheländisch', d.h. im edelsten und wahrhaftesten Sinne deutsch, zu bauen."[86] Damit wird der Auftrag der kulturellen Eindeutschung, insbesondere bezogen auf die Besonderheiten der „Landschaft" und der „Heimat", auch auf das Bauwesen übertragen.

In jeder der bis zur Einstellung im April 1943 erschienenen sieben Beilagen wurde ein circa 15seitiger Aufsatz publiziert, der ein bestimmtes Bauprojekt thematisiert. Autoren waren die Planer aus den unterschiedlichen Städten des Reichsgaues: der sogenannte „Gaukonservator" und Denkmalpfleger Heinz Johannes betrachtete in der ersten Ausgabe die „deutsche Baukultur im Wartheland"[87]; Helmut Richter verfasste Artikel zu einem Postgebäude[88], der „Gartenstadt" Am Stockhof[89] und dem dörflichen Bauen[90]; Willy Hornung, Leiter des „Gauheimstättenamtes der DAF", berichtete über den Wohnungsbau[91] und Hans Joachim Helmigk, ein Architekturhistoriker mit Fokus auf historischer Landbaukunst[92], schrieb über die „Aufbauarbeit des Landbaumeisterseminars"[93]. Die letzte Ausgabe des Heftes wurde mit einem Artikel von Wolfgang Rauda gefüllt: *Zur Methode des städtebaulichen Planens*[94]. Dieser ist – abgesehen von der ersten Ausgabe – wohl der aufschlussreichste Artikel bezüglich der städtebaulichen Konzepte im „Reichsgau Wartheland" und behandelt insbesondere Raudas Planungen für das Sonderwohnungsbauprogramm 1941/42 in „Kempen".[95] Niels Gutschow nimmt an, dass Rauda vermutlich schon vor Ende des Jahres 1939 nach „Kempen" versetzt worden war.[96] Im Rahmen eines „Wohnungsbau-Sofortprogramms", mithilfe dessen vor allem Reichsbedienstete eine „geeignete" Unterkunft im besetzten Gebiet zur Verfügung gestellt bekommen sollten, erarbeitete Rauda Planungen für eine Wohnsiedlung nordwestlich des ursprünglichen Zentrums von „Kempen" mit etwa 100 Wohnungen, deren Bau bis 1943 erfolgte (vgl. Abb. 20 und 21). Die von Rauda geplante Siedlung formiert auf einem trapezförmigen Grundstück mehrere Reihenhauszeilen, wobei jeder Wohneinheit ein Gartengrundstück zugeordnet wird. Die gradlinigen Straßenführungen werden an drei Stellen aufgeweitet, um Platzsituationen zu schaffen. Besonders hervorzuheben ist der als Eingang in die Siedlung ausformulierte Platz im Süden des Geländes, dessen Randbebauung verhältnismäßig dicht gesetzt wird, um die Eintrittssituation gesondert hervorzuheben.

---

86   Greiser 1941a, S. 1.
87   Heinz 1947, S. 45-53.
88   Richter 1941, S. 37-52.
89   Richter 1942, S. 37-49.
90   Richter 1942a, S. 27-42.
91   Hornung 1943, S. 27-42.
92   Zu Hans Joachim Helmigks Biografie sind keine Informationen zu finden. 1929 hat er eine Monografie zu „Märkischen Herrenhäusern aus alter Zeit" im Wasmuth-Verlag publiziert, außerdem gibt es ein paar Aufsätze zu ländlichem Bauwesen im Märkischen Land und in Preußen, die von ihm verfasst wurden.
93   Helmigk 1941, S. 37-52.
94   Rauda 1943, S. 36.
95   Kępno ist eine Kleinstadt nordöstlich von Breslau, die heute ca. 14.000 Einwohner zählt. Während der Besetzung zwischen 1939 und 1945 war sie vermutlich eher als dörfliche Struktur mit weniger Einwohnern ohne große wirtschaftliche Bedeutung anzusehen.
96   Gutschow 2001, S. 60. Gutschow erwähnt diesen Umstand innerhalb der kurzen biografischen Erläuterung zu Rauda und gibt keine Quelle zu der Behauptung an. Auch in Raudas Personalakte findet sich kein Hinweis zur Versetzung nach „Kempen", sondern nur die Korrespondenzen zur Versetzung nach „Litzmannstadt".

Abgesehen von diesem Platz handelt es sich bei den Siedlungsbauten um Typenhäuser. Rauda betonte allerdings, dass durch die „lebendige Gestaltung des Lageplans" „räumlich reizvolle und geschlossene, überschaubare Straßenräume" entstehen würden.[97] Ganz klar sollten sich diese mit Satteldach ausgestatteten Wohnhäuser von der „polnische[n] Flachdachbauweise als Dokument deutscher Baukultur"[98] absetzen. Es handelte sich hierbei um Typenhäuser der Wohnungsbaugesellschaft „Wartheland" GmbH, die ihren Sitz in Poznań hatte.[99] Die Durchführung des städtebaulichen Plans erfolgte ebenfalls durch diese Gesellschaft. Inwiefern Rauda an diesen Ausführungsplanungen noch beteiligt war, lässt sich nicht nachvollziehen. Da Rauda allerdings schon im August 1940 nach „Litzmannstadt" versetzt worden war,[100] kann davon ausgegangen werden, dass er mit den Detailplanungen, die 1941 erarbeitet wurden, nicht mehr befasst war.

Tatsächlich haben vor allem die Wohnbauten die Anmutung einer traditionsbewussten, sozusagen „deutschen" Bauweise, wie sie auch Raudas Stuttgarter Lehrer realisiert haben (vgl. Abb. 18). Auch in den städtebaulichen Grundsätzen orientiert sich Rauda an der Stuttgarter Schule, was insbesondere bei der Siedlung „Am Wiesenhang" deutlich werden wird.

Im August 1940 wurde Rauda vom Reichsbauamt Kempen als „Referent für Baupolizei, Städtebau, sowie Wohnungs- und Siedlungswesen" zum Regierungspräsidenten in „Litzmannstadt" versetzt.[101] Die Planungen für das Sonderwohnungsbauprogramm in „Kempen", die er in seinem Artikel *Bauen im Wartheland* präsentiert, müssten zu diesem Zeitpunkt somit schon abgeschlossen oder mindestens im Bau begriffen gewesen sein. Im Rahmen seiner Versetzung wurde ein Fragebogen des Reichsbunds Deutscher Beamter ausgefüllt.[102] In diesem wird die bisherige berufliche Laufbahn Raudas geschildert: Wolfgang Rauda war seit dem 01. Mai 1933 Mitglied der NSDAP, und seit Herbst 1936 Mitglied in der NSV[103] und dem RDB[104]. In diesem Kontext ist auch vermerkt, dass er keiner Gewerkschaft angehörte, vor 1933 nicht politisch tätig war und kein Mitglied einer Loge gewesen sei. Besonders interessant sind die Antworten auf die Fragen bezüglich des NS-Staates, die nicht von Rauda selbst, sondern von seinen Vorgesetzten beantwortet wurden:[105]

„Einstellung zur Volksgemeinschaft (Verhalten gegenüber Vorgesetzten und Untergebenen): *Ist volksverbunden, krrkt* [korrekt] *gegen Vorgesetzte und verbindlich gegen Untergebene*
Bejaht er den NS-Staat: *Ja*
Berufliche Eignung: *Ja*
politische Eignung: *Zur Führung eines Amtes als Behördenvorsteher geeignet*

---

97   Rauda 1943, S. 36.
98   Ebd., S. 27-42, hier S. 36.
99   Später verurteilt Rauda die Verwendung dieser Typenhäuser als bedingungslos. In Kempen hätte er sich allerdings bemüht, „langatmige und schematische Fassadenreihen" zu vermeiden. (Quelle: Rauda 1943a, S. 1-8, hier S. 2)
100 Privatnachlass Rauda: Reichsstatthalter an Rauda (21.08.1940).
101 Privatnachlass Rauda: Mitteilung des Reichsstatthalters an Rauda (21.08.1940).
102 BA, Sign. ZA VI 0811 A.04, Wolfgang Rauda, Bl. 081-082: Fragebogen des RDB bei Versetzungen (26.10.1940). Der Fragebogen umfasst 2 Seiten.
103 Nationalsozialistische Volkswohlfahrt.
104 Reichsbund der Deutschen Beamten.
105 Im Folgenden Kursiv Geschriebenes ist in der Akte handschriftlich vermerkt.

Charakter: *Besitzt einen offenen, aufrechten und geraden Charakter, ist kameradschaftlich u. opferbereit*

ausführliches politisches Gesamturteil: *R. ist politisch zuverlässig. An seinem vollen pers. Einsatz für die nationalsozialistische Bewegung u. den Nat.soz.Staat besteht kein Zweifel"*

Ein halbes Jahr später, als Rauda schon in „Litzmannstadt" arbeitete, wurde vom dortigen Kreisamtsleiter Schlötzer noch eine weitere Begutachtung Raudas vorgenommen. Diese fällt ebenfalls recht kurz aus: „Rauda ist Mitglied der NSDAP seit 1.5.1933. Er ist ferner Mitglied der NSV und der DAF. Seine Kameradschaftlichkeit ist gut und ohne jede Beanstandung. Seine Gebefreundlichkeit ist ebenfalls gut. Teilnahme an Parteiveranstaltungen ist nicht bekannt. Aktiv in der Partei nicht tätig. Das Verhalten zu den Polen ist ablehnend. Sein sonstiges Verhalten ist einwandfrei."[106]

Das ablehnende Verhalten gegenüber den Polen lässt sich auch in Raudas Aufsätzen aus den folgenden Jahren lesen. So bezeichnete er einmal die Vorkriegsplanungen der polnischen Planungsbehörden für Stadterweiterungen als „kulturloser Mischmasch wie die kubistischen Hochbauten dieser Zeit."[107] Auch die Arbeit der Polen an der Umsetzung der deutschen Planungen kritisierte er: „Die deutschen Bauhandwerkfirmen mußten auf der Baustelle unermüdlich polnischen Fach- und Hilfskräften die Grundlagen handwerklichen Bauschaffens erst mühsam beibringen"[108]. Diesem anscheinend mühsamen Vorgehen konnte er aber aus seiner Sicht noch etwas Positives abgewinnen, schließlich könne „hierbei ein gut Stück deutscher Kulturarbeit noch nebenher geleistet werden".[109] Der Eintritt Raudas in die NSDAP am 01. Mai 1933 lässt sich mit einer für diesen Zeitpunkt verhängten Aufnahmesperre erklären: Nach der sogenannten Machtergreifung am 30. Januar 1933 wurde die NSDAP mit sehr vielen Anträgen auf Parteieintritt konfrontiert. Die Gründe hierfür lagen vermutlich nicht ausschließlich in der politischen Überzeugung der antragstellenden Personen: Der eigene Vorteil, die Suche nach Schutz für sich oder seine Familie, aber auch die Arbeitsplatzsicherung oder die ausgerechneten Chancen auf eine Beförderung unter dem neuen Regime ließen diese spöttisch als „Märzgefallene" bezeichneten den Antrag auf Parteieintritt unterschreiben. Daher wurde eine Eintrittssperre verhängt, die erst 1937 wieder gelockert wurde.[110] Es ist nicht auszuschließen, dass auch Wolfgang Rauda mit seinem Eintritt versuchte, seine berufliche Laufbahn zu sichern. Dass er bis dahin nicht politisch aktiv und bis 1945 weder aktiv in der NSDAP tätig war noch sonstige Ämter übernahm, obwohl er laut Gutachten immerhin zum „Behördenvorsteher geeignet" gewesen wäre, bestätigen diese Vermutung. Trotzdem scheint sein „Charakter" bzw. sein Verhalten im Sinne der NSDAP „positiv" genug gewesen zu sein, um nach „Litzmannstadt" befördert zu werden.[111] Denn daraufhin wurde er aus der Provinz rund um „Kempen" mit städtebau-

106   BA, Sign. ZA VI 0811 A.04, Wolfgang Rauda, Bl. 084: Begutachtung W. Rauda durch Schlötzer (28.04.1941).
107   Rauda 1943a, S. 1.
108   Ebd., S. 7.
109   Ebd.
110   Dörner 1997, S. 635-636; Falter 1998, S. 595-616.
111   Es liegt kein Material vor, dass eine aktive Bewerbung Raudas belegt. Anhand der wenigen Schreiben bezüglich der Versetzung scheint es sich eher um eine Beförderung,

lich größeren Aufgaben betraut und konnte ein später für ihn noch nutzbares, berufliches Netzwerk ausbauen.

Łódź (in der deutschen Schreibweise bis 1940 auch: Lodsch, heute eher: Lodz)
war bei der Besetzung Polens im Oktober 1939 dem „Reichsgau Wartheland" zuge-
wiesen und im April zu Ehren des Generals Karl Litzmann in „Litzmannstadt" umbenannt worden.[112] Die Stadt sollte nach dem Zweiten Weltkrieg eine sehr tragische
Berühmtheit erlangt haben: Ab April 1940 wurden fast 160.000 jüdische Menschen
der Stadt auf ein Areal von 4 km^2 im Norden der Stadt zwangsumgesiedelt. Dieses
Gebiet gilt heute als eines der größten Ghettos in den eingegliederten polnischen
Gebieten. Bis zum Ende des Krieges wurden mehr als 140.000 dieser Jüdinnen und
Juden in die Vernichtungslager Chelmno/Kulmhof und Auschwitz deportiert und
ermordet.[113] Dieses Ghetto war Teil der Maßnahmen, die aus „Lodsch eine deutsche
Stadt"[114] machen sollten.

Artur Greiser, im November 1939 zum Gauleiter des „Reichsgau Wartheland"
ernannt, berief Ende Dezember 1939 Wilhelm Hallbauer von Wilhelmshaven in das
damalig sogenannte „Lodsch", damit er als Stadtbaudirektor eine neue Bauverwaltung nach deutschem Muster aufbauen solle.[115] Darüber hinaus wurde der Architekt
Walter Bangert[116] mit der Gesamtplanung zur Neugestaltung der Stadt beauftragt.
Viele der Planungen erarbeitete Bangert gemeinsam mit Wolfgang Draesel.[117] Das
Stadtplanungsamt in „Litzmannstadt" wurde ab Januar 1940 von Hans Bartning[118]

statt um eine von Rauda aktiv betriebene Bewerbung zu handeln.
(Siehe: BA, Sign. ZA VI 0811 A.04, Wolfgang Rauda, Bl. 079-083: Angelegenheit
„Versetzung W. Rauda nach Litzmannstadt")

112 Litzmann „erzwang am 24.11.14 den Durchbruch bei Brzeziny, der die Schlacht von Lodz
     entschied (‚Löwe von Brzeziny'). Seit Aug. 18 im Ruhestand, schloß sich L. 1929 der
     NSDAP an, die er mehrmals als Alterspräs. im Reichstag und im preuß. Landtag vertrat.
     Wie Mackensen gehörte L. zu den Weltkriegshelden und Vorzeigegenerälen, mit denen
     die Nat.-soz. gerne ihre Paraden schmückten. Ihm zu Ehren wurde das 1939 besetzte
     Lodz am 12.4.40 in L.stadt umbenannt". (Beck 1985, S. 359)
113 Klein 1997, S. 571.
114 Hallbauer 28.01.1940, S. 6.
115 Gutschow 2001, S. 43. Diese neue „Bauverwaltung" wird von Niels Gutschow in
     „Ordnungswahn" ausführlich erläutert. (Ebd., S. 57-58). Hier sollen im Folgenden die
     wichtigsten Personen und ihre Aufgabengebiete genannt werden, damit das Netzwerk,
     das Rauda auch später noch nutzen wird, bekannt ist. Sofern vorhanden bzw.
     recherchierbar werden in den folgenden Fußnoten einige biografische Angaben zu diesen
     Personen ergänzt, die ebenfalls Niels Gutschows grundlegender Forschungsarbeit
     „Ordnungswahn" entnommen sind.
116 Walter Bangert (1905-1945) studierte in Berlin bei Hermann Jansen Architektur
     und war bis 1939 dessen Assistent. Walter Bangert arbeitet sowohl für „Posen" als auch
     für „Litzmannstadt" Generalbebauungspläne aus. Sein Plan für „Posen" wird von
     Hans Bernhard Reichow überworfen, da dieser im Bereich „Posen" seine Idee
     der organischen Stadtlandschaft realisieren wollte. Bangert stirbt im Krieg, sein Bruder
     Wolfgang war in den 1930er Jahren ein deutscher Delegierter der CIAM und wird ab 1949
     Stadtbaurat in Kassel. Es ist naheliegend, dass Wolfgang Bangert und Wolfgang Rauda
     nach dem Krieg ein kollegial-freundschaftliches Verhältnis pflegen, da Rauda mit
     Walter Bangert bekannt war. (Ebd., S. 62, 162, 173)
117 Wolfgang Draesel war ein enger Mitarbeiter Walter Bangerts. Er hatte ebenfalls bei
     Jansen studiert, war 1938 an den Neugestaltungsplänen für Breslau beteiligt und wurde
     1941 zu Wehrmacht eingezogen. (Ebd., S. 62, 159)
118 Hans Bartning war bis 1940 in Wilhelmshaven tätig, übernahm dann auf Ruf von Hall-
     bauer die Leitung des Stadtplanungsamtes von „Litzmannstadt", er wurde im Oktober

geleitet, im Stadtsanierungsamt wurden Helmut Richter [119] und Gerhard Waldmann [120] eingesetzt. Heinz Kilius [121] und Karl Delisle [122] übernahmen das Amt für Wohnungs- und Siedlungswesen. Walter Eplinius [123] und Otto Haesler [124] waren die Abteilungslei- ter des Hochbauamtes. Beraten wurden diese Architekten und Planer unter anderem von Alfred Dorn [125], Mitglied des Reichsinnungsverbands des Malerhandwerks sowie Werner Lindner [126] vom Deutschen Heimatbund. Niels Gutschow erläutert, dass sich

1942 einberufen und kam im Mai 1943 an der russischen Front ums Leben (Ebd., S. 59). Es handelt sich bei Hans Bartning um einen Neffen von Otto Bartning (persönliche Information von Sandra Wagner-Conzelmann, Bearbeiterin des Bartning-Nachlasses).

119   Helmut Richter hatte ab 1920 bei Muesmann in Dresden studiert, dort lernte er Wilhelm Wortmann kennen; bis 1929 weiteres Studium bei Tessenow, dann gemeinsam mit Josef Umlauf Herausgeber der Zeitschrift „Die Baugilde". Bis 1939 war er im Landratsamt von Rügen für Bauberatung und Landschaftsgestaltung beschäftigt, dort arbeitete er gemeinsam mit Waldmann an der „Entschandelung und Gestaltung" der Semlower Straße in Stralsund. Ab 1941 war er Mitherausgeber der „Blätter des Arbeitskreises Baugestaltung und Baupflege im Reichsgau Wartheland". Er gehörte zum sogenannten „weißen Jahrgang" und war deshalb 1943 nicht einberufen worden. Erst im April 1944 wurde er in Ostpreußen zu einem Eisenbahnpionier ausgebildet, baute dann in Königsberg den Dachstuhl eines Schlosses wieder auf, der durch Verschulden der Wehrmacht abgebrannt war. Auf dem Rückzug bereitete er die Brücken zwischen Stettin und Güstrow zur Sprengung vor und geriet in Schleswig-Holstein in englische Gefangenschaft. (Gutschow 2001, S. 58, 59, 64, 157)

120   Gerhard Waldmann war ein Mitarbeiter von Helmut Richter. Er wechselte 1942 nach Posen und arbeitete dort mit Wolfram Vogel ausführungsreife Pläne zur Neugestaltung der Dörfer aus, die aber nie realisiert wurden. 1943 kehrte er zurück nach „Litzmannstadt", um auf dem nahegelegenen Güterbahnhof von Pabianice die aus dem Süden Russlands kommenden Züge mit „Umsiedlern" in die verschiedenen Orte des Warthegaus umzuleiten. Er meldete sich Mitte Februar 1944 freiwillig zur Wehrmacht und geriet bei Gadebusch in englische Gefangenschaft. (Ebd., S. 38, 150, 153)

121   Heinz Kilius hatte 1937 bei Hans Poelzig diplomiert, war dann aber als Mitarbeiter von Gottfried Feder in Wilhelmshaven tätig, u.a. für den Entwurf eines Betonschiffes und die Bauleitung einer Siedlung. Er war als untauglich aus dem Wehrdienst entlassen worden und übernahm die Leitung des Amtes für Wohnungs- und Siedlungswesen. Ende 1941 meldete er sich freiwillig zur Wehrmacht, trat 1944 in Oberschlesien der SS bei und geriet später in englische Gefangenschaft. (Ebd., S. 58, 59, 147, 218)

122   Zu Karl Delisle sind keinerlei biografische Angaben gefunden worden. Gutschow schreibt lediglich, dass er aus München käme. (Ebd., S. 58)

123   Auch zu Walter Eplinius konnten keine biografischen Angaben gefunden werden. Er scheint ebenso wie Otto Haesler aus Hamburg zu kommen. (Ebd., S. 58)

124   Otto Haesler (1880–1962), nach dem Architekturstudium in Freiburg und Würzburg, Mitarbeiter bei Bernoully und tätig in Celle, erste Bauten eher dem Stilpluralismus von Historismus bis Jugendstil verpflichtet; in den 1920er Jahren moderner Siedlungsbau in Celle, 1925 Aufnahme in den Werkbund, 1926 in den „Ring", ab 1927 Mitglied der Reichsforschungsgesellschaft für Wohnungswesen. Fokus seiner Wohnbauten lag auf der „Verbilligung und Verbesserung" des Wohnungsbaus durch typisierte Zeilenbauten; ab 1941 stellvertretender Stadtbaurat in „Litzmannstadt"; ab 1946 Planungen für den Wiederaufbau in Rathenow. 1951 wird er Mitglied der Deutschen Bauakademie und ist in den 1950er Jahren mit Forschungen zu typisierten Wohnbauten beschäftigt. (Siehe: Oelker 2010, S. 326-327)

125   Der Maler Alfred Dorn (1892-1975) hat Keramik und Allgemeine Bildende Künste studiert und war ab 1934 Direktor der Fachschule für Glasindustrie in Böhmen, nach dem Zweiten Weltkrieg und zwei Jahren Internierung wurde er Mitbegründer und Direktor der Glasfachschule in Rheinbach/Nordrhein-Westfalen. Seine Werke sind vom Brücke-Expressionismus beeinflusst. (Siehe: Adlerova 2001, S. 82-83)

126   Werner Lindner hatte gemeinsam mit Richter, Waldmann und Dorn an der

die meisten dieser Personen schon längere Zeit untereinander kannten und fasst die Qualifikation der Arbeitskräfte so zusammen: „Dieser knappe Überblick über das Personal einer Bauverwaltung im Osten macht erneut deutlich, daß sich dort nicht Hilfskräfte verdingten, sondern fachlich ausgewiesene Architekten einen Wirkungskreis suchten."[127]

Wilhelm Hallbauer hatte von Greiser die Aufgabe bekommen: „Machen Sie aus Lodsch eine deutsche Stadt"[128]. Daraufhin formulierte Hallbauer seine *Gedanken zum Raumproblem Lodsch*, in denen er auf beinahe 20 Seiten die technische und finanzielle Lösung dieser Aufgabe erläuterte. Grundsätzlich schwebte ihm eine „Idealgestaltung eines unseren heutigen Begriffen entsprechenden, aufgelockerten Großstadtraumes"[129] vor, in dessen Südwesten ein militärisches Zentrum, im Süden die „Wohngebiete der polnischen Arbeiter", im Südosten die Industrie und im Westen sowie im Nordosten deutsche Siedlungen entstehen sollten. Während das Umland somit vermeintlich schlicht neu organisiert werden sollte, stellte sich die geforderte „Germanisierung" in der bestehenden Stadt als schwieriger heraus: „Eine Stadt ist entweder von innen heraus, oder sie ist es nicht. Solche Eindeutschung erfordert aber in Lodsch Neuordnung von Grund auf, bei den Menschen wie bei allen Sachen." Hiermit nimmt er nicht nur die Zwangsumsiedlung eines Großteils der Bevölkerung vorweg und schlägt die Isolation der „Juden in einem eigenen abseitigen Wohngebiet" vor, sondern stellt auch die Grundlage einer vollständigen Umgestaltung der Innenstadt in Aussicht. Denn nur, „wenn man nun bewußt die Kernstadt Lodsch von fremdem Volkstum reinigt und die genannten Vorstädte aufs Stärkste eindeutscht, dann wird diese volkstumsmäßige Besetzung des Gesamtraumes im Stande sein, die politische Ruhe im Innenraum jederzeit zu sichern und zu beherrschen." Daher müsse eine „innere und äußere Sauberkeit in allen Lebensäußerungen" erfolgen.

Das *Raumproblem*, das Hallbauer im Folgenden beschreibt, führt er vor allem auf die hochverdichtete Bebauung zurück und führt dazu aus: „Was ,Raumnot' ist, lernt man erst in Lodsch, und diese Raumnot wird auch durch den Auszug der Juden nicht beseitigt." Dieses Problem führt er darauf zurück, dass „Litzmannstadt" „immer nur russisch und polnisch" gewesen sei und daher nun „an seinem einen kranken Glied zugrunde" ginge. In Verwendung der naturwissenschaftlichen Begriffe führt auch Hallbauer hier eindeutig aus, inwiefern er sich den aus „Zellen" bestehenden Stadtorganismus vorstellte. Eine „Zelle" ist in seinen Vorstellungen eine „Wohnung" als die „Heimstatt der Familie". Da die Wohnungen in „Litzmannstadt" zu klein und dicht dimensioniert seien, verortet Hallbauer in diesen die „Elemente", die „mit Stumpf und Stiel ausgerottet" werden müssten. Als mögliche Maßnahmen schildert er das, was in vielen verdichteten deutschen Städten in der Zeit des Nationalsozialismus als „Altstadtgesundung" bezeichnet wird: Abbrüche innerhalb der hochverdichtet bebauten Blockrandbebauung, die Vergrößerung von Wohnungen, die „Schaf-

„Entschandelung" der Semlower Straße in Stralsund mitgewirkt und war Sachbearbeiter der Beilage „Heimatpflege/Heimatgestaltung" der Zeitschrift der Organisation Todt „Der Deutsche Baumeister". Er war schon seit dem Ersten Weltkrieg in der Heimatschutzbewegung aktiv tätig. (Gutschow 2001, S. 58, 118)

127 Gutschow 2001, S. 58.
128 Hallbauer 28.01.1940, S. 6.
129 Dieses und die folgenden Zitate stammen aus Hallbauers 1940 publizierten Gedanken zum Raumproblem Lodsch, S. 11-16.

fung hygienisch vertretbarer Wohnvoraussetzungen" durch eine neue Kanalisation und die Verortung der Industrie außerhalb der Stadt. Auch formal äußert sich Hallbauer in diesem Kontext und schlägt „klassizistische Ansätze aus frederizianischer Kolonialzeit" als Gestaltungsvorgabe vor. Mit seinen Ausführungen bedient Hallbauer nicht nur den Biologismus im Nationalsozialismus,[130] das heißt die Verwendung biologischer Analogien zur wissenschaftlichen Legitimation der Rassenideologie, sondern deutet auch die Erfüllung der Forderungen Himmlers an, die dieser in seinen „Gedanken über die Behandlung des Fremdvölkischen im Osten"[131] formuliert hatte. Durch den Fokus auf die Einheit „Wohnung", die Hallbauer in seiner Schrift ebenso in Anführungszeichen setzt, da er in ihnen „verlauste und verwanzte Seuchenhöhlen" sieht, legitimiert er die Vertreibung und Ausrottung ihrer Bewohnerschaft.

Ungefähr ein Jahr nach diesen *Gedanken* wurden ab November 1940 die ersten Pläne für die Umgestaltung der Innenstadt durch den Architekten Walter Bangert ausgearbeitet und im Januar 1941 präsentiert. Insbesondere die von Hallbauer angedachte, im Westen „Litzmannstadts" gelegene „deutsche Siedlung" nahm Bangert in diesen ersten Plänen zum Anlass, ein neues Zentrum mit einer neuen Stadt anzulegen. Durch eine Ost-West-Achse würde so der neue Hauptbahnhof mit dem Zentrum und der Wohnsiedlung verbunden werden können.[132] Die städtebauliche Konzeption der Wohnsiedlungen zeigt große Ähnlichkeiten mit Hans Bernhard Reichows im gleichen Jahr präsentierten „Ortsgruppen als Siedlungszellen". Diese städtebauliche Gliederung von räumlich abgegrenzten Nachbarschaften basiert auf dem von Gottfried Feder in dessen 1939 erschienenen Buch *Die Neue Stadt* dargestellten Ziel für die „Städte der Zukunft" unter Adolf Hitler.[133] Die von Feder vorgeschlagene Gliederung der neu zu gründenden Stadtorganismen[134] entspricht der politischen Untergliederung des „Deutschen Reiches" in Gaue und Ortsgruppen. An diesen grundlegenden Überlegungen orientierte sich wiederum 1940 Hans Bernhard Reichow in seinem Artikel *Grundsätzliches zum Städtebau im Altreich und im neuen deutschen Osten*[135]. Mit diesem städtebaulichen Konzept prägte Reichow die entscheidenden Gedanken zur Stadtlandschaft und leistet die Vorarbeit für seine den Wiederaufbau nach dem Krieg prägende Publikation *Organische Stadtbaukunst*. Walther Bangert übernahm in seinen Plan die grundsätzlichen Überlegungen Feders und Reichows zur Gliederung der Stadterweiterung von „Litzmannstadt": Er plante HJ-Heime, Schulen und Gemeinschaftshäuser. Das „Forum" als neues Stadtzentrum mit „Volks-Halle", Regierungs- und Kulturbauten referenziert deutlich die in Deutschland geplanten Gauforen. In den an die „Kernstadt" angrenzenden Straßen werden die in Blockbauweise angeordneten Bestandswohnbauten ebenfalls entsprechend nationalsozialistischer Forderungen durch einheitlichere Fassaden, aufgeräumte Innenhöfe und aneinander angepasste Traufhöhen „eingedeutscht"[136].

130   Zum Biologismus im Nationalsozialismus, siehe: Harms 2011; Schmuhl 1987.
131   Himmler 28.05.1940.
132   Gutschow 2001, S. 147-148.
133   Durth/Sigel 2009, S. 348.
134   Vgl. Kapitel „Die Stadtbaukunst als Grundlage ...", S. 47 ff.
135   Reichow 1941.
136   „Aber auch die künstlerische Seite ist nicht vergessen worden. Die Stadtbildberatungs-
       stelle und das Stadtsanierungsamt haben ihr Mögliches getan, bei den Erneuerungen und
       Instandsetzungen den ganzen hier vorhandenen Zirkus wahlloser Mischung aller
       Stilarten und Unmöglichkeiten zunächst einmal in der Hauptstraße, der Adolf-Hitler-

Anhand dieser Planungen und ihrer offensichtlichen Referenzen wird deutlich, dass das Personal, das Hallbauer nach „Litzmannstadt" berufen hat, die Forderung nach der „deutschen Stadt Lodsch" zu erfüllen bereit war. Doch mit der Einberufung von Bangert und einigen anderen Planenden am Ende des Blitzkrieges gerieten die Planungen zum Umbau der Innenstadt ab Anfang 1943 in den Hintergrund. Schnell bemühte man sich hauptsächlich um Luftschutzsicherung und um den Ausbau der Industrie.[137] In der Zwischenzeit hatte man lediglich zwei Wohnsiedlungen realisieren können: Die Gartenstadtsiedlung „Am Stockhof" von Hans Bartning und die Siedlung „Am Wiesenhang" von Wolfgang Rauda.

Beide Siedlungen waren im Rahmen des „Sofortwohnungsbauprogramms" entstanden, zu dem auch Raudas Siedlung in „Kempen" gehört hatte. Dieses Wohnungsbauprogramm stellte eine Maßnahme zur Errichtung von Wohnbauten für die deutsche Besatzung dar. Im Januar 1943 berichtete Willy Hornung in der Zeitschrift „Bauen im Wartheland" über die ersten Ausführungen dieses Programms und stellte gleichzeitig die Typenhäuser vor, die flächendeckend zum Einsatz kamen und kommen sollten.[138] Hans Bartning erarbeitete ab Mitte April 1941 einen Teilbebauungsplan für den Bereich der im Nordosten „Litzmannstadts" gelegenen Siedlung „Stockhof".[139] Das in einem Artikel über die Siedlung in der Januarausgabe von *Bauen im Wartheland* 1942 präsentierte Planmaterial ist auf November 1941 datiert[140] – die Bilder zeigen allerdings ausschließlich Modellfotografien. Es ist demnach anzunehmen, dass der Bau des Südabschnitts der Siedlung erst im Frühjahr 1942 begonnen wurde. Die Siedlung „Stockhof" ist auf einem hügeligen Gebiet gelegen und besteht aus drei „Ortsgruppen". In den 800 Wohnungen, die allein in diesem südlichen Teil der Gesamtsiedlung neu geschaffen wurden, sollten 4.000 Menschen leben. Die in offenen Blockanlagen strukturierte Wohnbebauung von „Stockhof-Süd" zieht sich in langen Zeilen mit leicht an die Topografie angepassten, geschwungenen Straßenzügen über einen der Hügel und ist verbunden mit einem Gemeinschaftshaus, das auf der höchsten Ebene des Hügels liegt (vgl. Abb. 23). Wie auch bei Bangerts Plänen für die westlich von „Litzmannstadt" gelegene Siedlung orientierte sich Bartning formal an den „Ortsgruppen als Siedlungszellen", die unter anderem Hans Bernhard Reichow im Sinne der Stadtlandschaft vorschlug.[141] Die Bebauung selbst besteht aus sehr einfach gestalteten, zweigeschossigen Typenwohnhäusern, deren Fassaden mit „vom deutschen Handwerk beeinflußten"[142] Sprossenfenstern versehen sind. Diese von der Wohnungsbaugesellschaft „Wartheland" GmbH entwickelten Typenhäuser entsprechen denen, die Rauda auch schon in „Kempen" verwendet hatte und nun auch für die Siedlung „Am Wiesenhang" plante. Die Planungen hierfür hatte Rauda im April

Straße, in geregelte Bahnen zu lenken. Die in der Wanderausstellung ,Die schöne Stadt' in den letzten Tagen gezeigten Beispiele aus der Arbeit der Stadtbildberatungsstelle haben ebenso den deutschen Aufbauwillen bewiesen, wie die gleichfalls dort gezeigte Überarbeitung unmöglicher polnischer Fassaden der im Rohbau angefangenen Gebäude mit dem Ziel der Umformung zu einem deutscheren Gesicht anlässlich der Fertigstellung." (O. A. 20.10.1940, S. 6)

137   Gutschow 2001, S. 160-161.
138   Hornung 1943, S. 27-42.
139   Gutschow 2001, S. 154.
140   Richter 1942, S. 37-49.
141   Vgl. Reichow 1941.
142   Richter 1942, S. 49.

1942 abgeschlossen und beschrieb sie 1943 in einem Artikel der Bauwelt. Hier präsentiert er auch Fotografien der fertiggestellten, aber eventuell noch nicht oder gerade erst bezogenen Wohnhäuser (vgl. Abb. 22).

Die Siedlung selbst liegt im Nordwesten von „Litzmannstadt" und ist sehr viel kleiner dimensioniert als die Siedlung von Bartning: mit ca. 200 Wohnungen konnten hier ungefähr 1000 Menschen leben. Auch diese Wohnhäuser sind auf einem Hügel gelegen und bieten daher einen Blick in die umliegende Landschaft, die Rauda besonders betont: „Das Tal ist bereits jetzt, abgesehen von einigen polnischen Splittersiedlungen, landschaftlich reizvoll und kann mit verhältnismäßig wenig Aufwand als Auenlandschaft gestaltet werden."[143] Zusätzlich sollte in diesem Bereich ein Badeteich aufgestaut werden und „den Litzmannstädter Deutschen Entspannung und Befreiung von der erdrückenden Steinwüste der alten Lodscher Bauunkultur gewähren."[144] Wie schon bei der Wohnsiedlung in „Kempen" entwarf Rauda als Eingangssituation in die Siedlung eine Aufweitung des Straßenzugs im Süden der Siedlung. Dort positionierte er das Geschäftshaus – ansonsten sind keine öffentlichen Bauten ausgewiesen. Von der diesem Platz ausgehenden, nach Norden verlaufenden Straße bilden sich zwei Stichstraßen aus. Die Wohnhäuser sind entlang dieser Straßenverläufe angeordnet (vgl. Abb. 24). Die Fassaden der Häuser unterscheiden sich kaum von denen „Am Stockhof" oder denen in „Kempen". Die „unumstößliche Bindung an die Typengrundrisse der Trägergesellschaften" kritisierte Rauda in seinen Ausführungen in der Bauwelt enorm.[145] Dass die Fassaden nicht durch weitere Elemente wie Erker oder Giebel abwechslungsreich gestaltet werden konnten, hatte vermutlich finanzielle und bauwirtschaftliche Gründe.[146] Die Besonderheit der Siedlung Raudas stellt allerdings die enge Zusammenarbeit mit dem Grünplaner Hermann Mattern aus Berlin dar, dessen Gartengestaltung in Kombination mit der leicht versetzt zueinander geplanten Anordnung der einzelnen Bauten die Monotonie der Typenbauten aufheben sollte.

Beide Wohnsiedlungen erinnern deutlich an die unter anderem in der Fachzeitschrift *Bauen, Siedeln, Wohnen* beispielsweise 1938 unter der Überschrift *Gesund und schön wohnen* vorgestellten dörflichen Siedlungsstrukturen.[147] Die Zeitschrift stellt das *Offizielle Organ der Deutschen Arbeitsfront für Wohnungs- und Siedlungsbau*[148] dar und bildet somit die politisch geforderte Maßgabe für die Siedlungsgestaltung ab. Als Bericht zur *Leistungsschau „Deutsche Gaue berichten"* werden die Beispiele für sogenannte „Gruppensiedlungen" gezeigt, die „am besten den derzeitigen Stand der

---

143   Rauda 1943a, S. 5.

144   Ebd.

145   Ebd.

146   Gutschow 2001, S. 154.

147   Ley 1938, S. 721.

148   So lautet der Untertitel der Zeitschrift. Die Deutsche Arbeitsfront (DAF) ersetzte seit Mai 1933 die deutschen Gewerkschaften, die das NS-Regime aufgelöst hatte. 1934 übertrug Hitler der DAF die Aufgabe der „Bildung einer wirklichen Volks- und Leistungsgemeinschaft der Deutschen", sie habe unter Führung des Reichsleiters Robert Ley „dafür zu sorgen, daß jeder einzelne seinen Platz im wirtschaftlichen Leben der Nation in der geistigen und körperlichen Verfassung einnehmen kann, die ihn zur höchsten Leistung befähigt und damit den größten Nutzen für die Volksgemeinschaft gewährleistet." Damit kontrolliert die DAF die soziale und kulturelle Betreuung der Arbeiter, ihre Berufsausbildung und ihre politische Bildung. (Vgl. Becker 1997, S. 418-419)

22

23

N

22 Fotografie der Wohnsiedlung „Am Wiesenhang", in „Litzmannstadt",
    entworfen von W. Rauda, Aufnahme um 1943

23 H. Bartning: Lageplan der Siedlung „Stockhof"-Süd, 1941

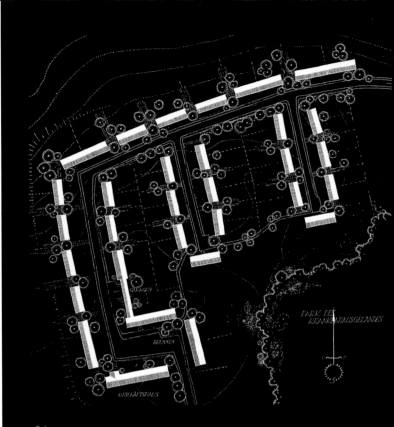

24

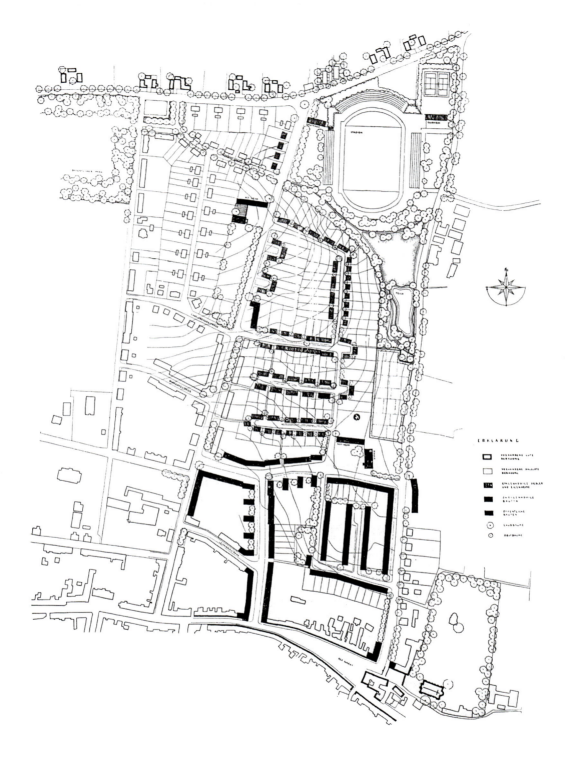

25

24   W. Rauda: Lageplan der Siedlung „Am Wiesenhang", 1942-1943
25   Vergleichbarer Lageplan von „Deutschen Gausiedlungen", um 1939

geleisteten Arbeit"[149] darstellen. Gemeinsam ist diesen Siedlungsneuplanungen die Anpassung der Straßenzüge an die Topografie, die leicht versetzte Anordnung der einzelnen Wohnhäuser und die Ausbildung eines zentralen Gemeinschaftsplatzes in Form der Aufweitung zweier senkrecht aufeinandertreffender Straßen (vgl. Abb. 25). Dies entspricht beinahe schablonenartig der von Rauda in „Kempen" und in „Litzmannstadt" geplanten Siedlungen. Die städtebauliche Gestaltungsgrundlage für diese Siedlungsstrukturen ist eindeutig auf die Lehre und das Verständnis von Stadtbaukunst Heinz Wetzels zurückzuführen: In seinem Vortrag *Wandlungen im Städtebau*, gehalten im Herbst 1941 auf einer Gautagung des NSBDT, propagiert Wetzel sein Verständnis von einer scheinbaren Ordnung zur Schaffung eines stadtbaukünstlerischen Gesamtbildes[150]. Damit prägt er sowohl in seiner Lehre als auch in der Öffentlichkeit die Merkmale eines traditionsgerechten Städtebaus aus „Blut und Boden", die nicht nur von den Wetzel-Schülern übernommen, sondern auch als Grundlage eines dörflichen Siedlungsbauschemas von politischer Seite propagiert wurden.

Beide Siedlungen im besetzten Osten, sowohl Bartnings als auch Raudas, waren entsprechend ihrer Planung ausgeführt worden, wobei die Siedlung „Am Wiesenhang" im Sommer 1942 fertiggestellt war.[151] Damit hat sich auch Rauda, wie viele andere Architekturschaffenden, die während des Zweiten Weltkriegs in den besetzten Gebieten tätig waren, als Architekt und Stadtplaner etabliert. Durch seine Publikationen aus dieser Zeit lässt sich Raudas politische Haltung im Nationalsozialismus charakterisieren. Seine häufig geäußerte Kritik an der Verwendung der Typenbauten kann auf deren fehlenden Zusammenhang mit den historischen Gegebenheiten der jeweiligen Stadt zurückzuführen sein. In seinem Bericht zu „Kempen" hatte Rauda auf die historische Aufarbeitung besonderen Wert gelegt und auch in diesen „Wünschen" lässt sich die Idee ablesen, dass die Erfahrungen des Planers in der eigenen „Heimat" in einen städtebaulichen Plan einfließen müssen. Das Bekenntnis zur „Blut und Boden"-Ideologie wird damit wörtlich formuliert.

Auch die Referenzen zu seinem ehemaligen Städtebauprofessor Wetzel sowie das Erbe Theodor Fischers werden in der städtebaulichen Gestaltung deutlich: Er übernimmt nicht nur deren grundlegende Überlegungen zur Stadtbaukunst, sondern passt sich deutlich an den traditionsgebundenen Siedlungsbau der „Blut und Boden"-Ideologie des Nationalsozialismus an. Gleichzeitig hält Rauda an den streng organisierten Verwaltungsstrukturen der Deutschen fest, deren Ausbildung eine übergeordnete Planung ermöglicht. Diese übergeordnete Planung scheint Rauda in „Litzmannstadt" zu fehlen. Die eigenen und Bartnings Planungen sieht er als „Teillösungen" an, die aufgrund der Dringlichkeit des Sonderwohnungsbauprogramms vorzeitig entworfen werden mussten. Dagegen stehen die Planungen von Bangert, die „nur aus einem Guß entstehen und so Zeugnis deutscher Gestaltung annehmen"[152] konnten. Aus der abschließenden Formulierung Raudas, in der er auf „das große städtebauliche Aufbauwerk nach dem Krieg" verweist, lässt sich schließen, dass er an einen Sieg der Deutschen im Zweiten Weltkrieg glaubt und diese Haltung bis mindestens Mitte des Jahres 1943, zur Zeit der Publikation des Artikels in der Bauwelt, vertritt.

149   Eggerstedt 1938, S. 730-739.
150   Wetzel 1942, S. 22-27.
151   Rauda 1943a, S. 5.
152   Ebd., S. 3.

Kurz vor Ende des Zweiten Weltkrieges wurde Rauda im Februar 1945 aus dem „Wartheland" abgezogen und mit der Leitung des Reichsbauamtes Chemnitz beauftragt. Diese Stelle sollte er nach einem „Urlaub zur Wiederherstellung seiner Gesundheit"[153] antreten. Doch mit der bedingungslosen Kapitulation Deutschlands und dem Ende des Zweiten Weltkriegs in Europa war diese Stelle hinfällig. Die Mitteilung Ende Mai 1945 lautete daher, dass Rauda sich „nach Wiederherstellung seiner Gesundheit" in der Oberfinanzdirektion Sachsens, mit Sitz in Dresden, einzufinden hätte,[154] wo er bis 1947 tätig war. Als Mitglied der NSDAP muss sich Rauda im September 1945 dem Entnazifizierungsverfahren der Stadt Dresden stellen und seine Daten zu den entsprechenden Mitgliedschaften ergänzen. In der Zwischenzeit war Rauda neben dem Reichsbund der Deutschen Beamten und dem Wohlfahrtsverein auch dem NS-Altherrenbund, dem Deutschen Roten Kreuz sowie dem Nationalsozialistischen Bund Deutscher Techniker beigetreten, außerdem war er Mitglied im akademischen Alpenverein.[155]

Bei der Überprüfung seiner Daten ist offensichtlich der Verdacht aufgekommen, Rauda sei im Herbst 1933 der SA beigetreten, was allerdings widerlegt wurde.[156] In den nach dem Zweiten Weltkrieg von Rauda selbst verfassten Lebensläufen gibt er an, 1944 zu einem Berufungsvortrag an die TH Hannover eingeladen worden zu sein.[157] Im Lebenslauf von 1968 schrieb er außerdem, er wäre abgesehen vom „Dezernent für Städtebau-, Wohnungs- und Siedlungswesen und Baupflege beim Regierungspräsidenten in Litzmannstadt" auch der Leiter der Dienststelle des „Generalbaurats für die Gestaltung der ‚Heldenfriedhöfe' im ehem. Wartheland"[158] gewesen. Dass er noch in den späten 1960er Jahren die „eingedeutschten" Orts- und Gebietsnamen der nationalsozialistischen Besatzungszeit benutzt, lässt sich kaum als Unwissenheit abschreiben.

Die wenigsten der publizierten Aussagen von Rauda zwischen 1933 und 1945 lassen zwar eine tiefergehende Überzeugung von der nationalsozialistischen Politik und insbesondere der Rassenideologie durchblicken. Trotzdem hat sich Rauda offenbar durch die Verwendung der typischen Phrasen zugunsten einer beruflichen Weiterentwicklung an die Politik angepasst und unter anderem an der Ausrottung der polnischen Kultur im Rahmen einer „Eindeutschung" mitgewirkt. Es wird ihm kaum schwergefallen sein, die stadtgestalterischen Ideen seines Lehrers Wetzels in seinen Siedlungsplanungen zu realisieren – die Verehrung des Städtebauers wird in Raudas Publikationen bis in die 1960er Jahre ablesbar sein. Dennoch ist Wolfgang Rauda Teil der Persönlichkeiten, die von der nationalsozialistischen Politik profitiert haben, auch wenn sie sich nicht aktiv in der NSDAP engagiert haben.

153 Privatnachlass Rauda: Mitteilungen des Oberfinanzpräsidenten Dresden vom 03.02.1945. Zu diesem Zeitpunkt war Georg Funk Leiter des Stadtbauamtes in Dresden. Es ist durchaus anzunehmen, dass der spätere Kollege an der TH Dresden Rauda eine Möglichkeit geben wollte, vor dem nahen Ende des Zweiten Weltkrieges eine Anstellung in Deutschland zu finden, damit er nicht im besetzten polnischen Gebiet bleiben musste.
154 Privatnachlass Rauda: Mitteilungen des Oberfinanzpräsidenten Dresden vom 25.05.1945.
155 BA, Sign. ZA VI 0811 A.04, Wolfgang Rauda, Bl. 155-156: Fragebogen der Stadt Dresden.
156 BA, Sign. ZA VI 0811 A.04, Wolfgang Rauda: NS Kartei E (05.05.1947) und Tauglichkeitsbescheinigung (19.05.1947).
157 UA TU Dresden, Sign. B6.02 – 465 (Personalunterlagen Rauda): Ausbildungshergang (undatiert, verm. Anhang zu Bewerbung), S. 1.
158 Privatnachlass Rauda: Lebenslauf, undatiert, vermutlich Ende 1968.

Leben im geteilten Deutschland (1945–1958)

Raudas berufliche Entwicklung in der SBZ / DDR

Tätigkeit als freischaffender Architekt bis 1952

Nach Ende des Zweiten Weltkriegs zog Wolfgang Rauda zurück zu seiner Familie nach Dresden und arbeitete vorerst erneut in der Finanzdirektion Sachsen, die später entsprechend der Besatzungszonenpolitik in „Ministerium der Finanzen, Abteilung Hochbau"[159] umbenannt wurde. Hier war Wolfgang Rauda bis mindestens Juni 1947 beschäftigt, wie die Datierung seiner Bescheinigung angibt. Seine Tätigkeiten wurden wie folgt beschrieben: „Er ist beauftragt für die baulichen Sofortmassnahmen der Landesregierung Baustoffe zu beschaffen und dazu die erforderlichen Verhandlungen mit Baudienststellen, Firmen usw. zu führen."[160]

Neben diesen damals typischen Aufgaben der Trümmerräumung und Baustoffbeschaffung arbeitete Rauda am Wiederaufbau einzelner Gebäude wie dem ehemaligen Luftgaukommando Dresden, das Wilhelm Kreis 1935 bis 1938 geplant und ausgeführt hatte.[161] Rauda selbst schrieb in seinem Lebenslauf, er hätte die „Wiederherstellung" des Baus beaufsichtigt,[162] womit er auf die detaillierte Rekonstruktion der streng axialsymmetrischen, monumentalen Anlage hinweist. Das Gebäude war etwa zu einem Viertel durch einen Luftbombenangriff zerstört worden. Der zur Straßenseite gelegene Block D wurde von Rauda komplett neu aufgebaut, ansonsten waren nur wenige bauliche Eingriffe zur Wiederherstellung notwendig. Die Wiederaufbauplanungen selbst passten sich an den nationalsozialistisch geprägten Monumentalstil von Wilhelm Kreis an (vgl. Abb. 26 und 27).[163]

Nachdem Rauda im Zuge der Entnazifizierungspolitik Ende des Jahres 1947 aus der Finanzdirektion entlassen wurde,[164] war er zunächst als freischaffender Architekt tätig. Durch einige Wettbewerbserfolge und persönliche Kontakte konnte er bis 1952 zahlreiche Neubauten ausführen. Hierzu gehörten umfangreiche bauliche Tätigkeiten beim Wiederaufbau des Stadtzentrums von Rostock sowie Kirchenbauten in Dresden. Außerdem engagierte er sich schon frühzeitig beim Wiederaufbau Dresdens, indem er 1946 am Wettbewerb *Das neue Dresden*[165] teilnahm. Zu diesem

---

159   Vgl. Starke 2006, S. 553-559, insbesondere die Anmerkung 16, S. 555.

160   Privatnachlass Rauda: Tätigkeitsbescheinigung der Bauleitung der Landesregierung Sachsen (09.06.1947).

161   Vgl. Laudel 1997, S. 118-125.

162   Privatnachlass Rauda: Lebenslauf, undatiert, vermutlich Ende 1968.

163   Laudel 1997, S. 118-125.

164   Leider ist aus dieser Zeit kein Archivmaterial zu Rauda vorhanden – es gibt keine Angaben, wie genau seine Anstellung in der Finanzdirektion geregelt war, noch welche Beurteilung er im Rahmen der Entnazifizierung erfahren hat. Auch bei Laudel ist dieser Umstand nur in einer Fußnote ausgeführt und mit der Vermutung begründet, das Ausscheiden aus der Landesverwaltung Sachsen sei aufgrund seiner Tätigkeiten im „Generalgouvernement Polen" erfolgt. (Ebd., S. 125.)

165   Dem Wettbewerb „Das Neue Dresden" mit der dazugehörigen Ausstellung wurde bisher keine ausreichende Forschung gewidmet. Die folgenden Angaben beziehen sich auf die entsprechende Akte aus dem Stadtarchiv Dresdens: Stadtarchiv Dresden, Sign. 4.1.9, Nr. 203. Diese enthält lediglich die Liste mit den prämierten Arbeiten und deren Titel, aber keine konkreteren Beiträge oder Begründungen. Weitere Informationen finden sich bei: Durth/Düwel/Gutschow 1999, Bd. 1, S. 210-215.

von der eigens gegründeten „Neuaufbau Dresden GmbH" organisierten Wettbewerb rief der damalige Oberbürgermeister Weidauer nicht nur Bauschaffende auf, sondern insbesondere auch „Liebhaber und Laien". Als Reaktion auf die offene Aufgabenstellung wurden etwa 1.000 Pläne und schriftliche Ausführungen eingereicht.[166] Fast 130 Preise wurden verteilt, darunter Beiträge von Otto Schubert, Kurt Bärbig, Oswin Hempel und der bekannte Entwurf Hanns Hopps[167] für einen radikalen Neuaufbau der Stadt als Nachbildung von Le Corbusiers *Plan Voisin*. Erstplatziert wurde ein Beitrag Günter Trauers zum „Verkehrsproblem". Rauda wurde mit mindestens drei Anerkennungen bedacht: Der gemeinsam mit dem Ingenieur Erhard Lukas verfasste Beitrag „Der innere Bogen" erhielt eine Anerkennung in Höhe von 750 RM, die nur unter dem eigenen Namen eingereichten Entwürfe „Theaterplatz" und „Ausbau der Oper" wurden mit 500 RM bzw. 250 RM prämiert.[168] Alle prämierten Beiträge wurden in einer großen Ausstellung präsentiert, hatten aber auf die eigentlichen Wiederaufbauplanungen ab 1950 unter dem DDR-Regime keinerlei Einfluss.

Neben seinen Planungen für Rostock[169] wurde Rauda in dieser Zeit hauptsächlich mit einer Bauaufgabe beauftragt, die in der SBZ kaum mehr zu bearbeiten war: Kirchenbauten. Während sich im Westen Deutschlands unter anderem mit Otto Bartning und Rudolf Schwarz Protagonisten des Kirchenbaus etablierten, war das Bauen von Kirchen unter der sowjetischen Besatzungsmacht eher selten und sollte in der DDR erst ab den späten 1970er Jahren praktiziert werden.[170] Ähnlich wie der Wiederaufbau von Schlössern war auch das Thema Glaube und Religion nicht mit dem marxistisch-leninistischen Denken vereinbar. Trotzdem konnte Wolfgang Rauda in den ersten Jahren der DDR mehrere Kirchen und ein Gemeindezentrum wiederaufbauen und neu planen: die Friedenskirche in Dresden-Löbtau als Bartning'sche Notkirche, die Bethlehemkirche in Dresden-Tolkewitz sowie ein Gemeindezentrum in Bischofswerda. Außerdem war er für die Instandsetzung der Christuskirche im Dresdener Stadtteil Strehlen verantwortlich[171] und entwarf für die Evangelisch-Lutherische Nazarethgemeinde Dresden-Gruna-Seidnitz einen neuen Kirchraum durch den Umbau einer ehemaligen Scheune (vgl. Abb. 28 und 29).[172]

Gemeinsam mit dem Architekten Arthur Bohlig[173] verwirklichte Rauda für die evangelisch-lutherische Friedensgemeinde in Dresden-Löbtau eine sogenannte Not-

166   Ebd., S. 210-211.
167   StA Dresden, Sign. 4.1.9, Nr. 203, Bl. 27: Auflistung der Beiträge der Architekten und Laien Januar/Juni.
168   StA Dresden, Sign. 4.1.9, Nr. 203, Bl. 27: Auflistung der Beiträge der Architekten und Laien Januar/Juni.
169   Raudas Beiträge zum Wiederaufbau der Stadt Rostock werden gesondert besprochen im Kapitel „Rostock – Planen für ein neues Stadtzentrum", S. 183 ff.
170   Eine ausführliche Betrachtung insbesondere des protestantischen Kirchenbauwesens in der DDR steht noch aus. Zum Verhältnis von Kirche und Staat siehe: Maser 1999; Maser 2013; Schädler 2017.
171   Die Zerstörung der Kirche beschränkte sich auf die Dachabdeckung und die Kirchenfenster. Zudem hat Rauda sich bemüht, die Innenausstattung wiederherzurichten. (Quelle: Evangelisch-Lutherische Christuskirche Dresden-Strehlen (o. J.).
172   Privatnachlass Rauda: Lebenslauf Rauda (undatiert, verm. 1968).
173   J. Arthur Bohlig (1879-1975), Architekt und Holzbildhauer, studierte bei Paul Wallot. Vor und nach dem Zweiten Weltkrieg baute er hauptsächlich Schulen, Wohn- und Verwaltungsbauten sowie Industriebauten, darunter die Pestalozzischule in Bautzen (1911), das Postamt in Kirschau (1924). (Siehe: Frey 1996, S. 285)

26

27

28

29

Bebauung (26) des ehemaligen „Luftgaukommandos"
und Freiflächengestaltung (27) auf dem ehemaligen
„Luftgaukommando", ursprünglich geplant von W. Kreis,
1935-1938, nach Teilzerstörungen wiederaufgebaut
unter Leitung von W. Rauda, 1946, Aufnahmen 2018

W. Rauda: Nazareth-Gemeinde in Dresden, 1951,
heutige Gestaltung (28) und Eingangsbereich (29),
Aufnahmen 2018

kirche nach dem von Otto Bartning 1947 entwickelten System.[174] Bohlig und Rauda nutzten die Ruine der ursprünglichen Kirche sichtbar als bauliche Grundlage für den Neuaufbau: Die südliche Seitenwand des Langhauses, Teile der Nordfassade sowie das Portal wurden erhalten (vgl. Abb. 31). Die Reste des alten Chors wurden ursprünglich als Mahnmal stehen gelassen, allerdings 1981 wegen Baufälligkeit abgerissen.[175] Im Innern sind, wie für Notkirchen typisch, die Trümmersteine sichtbar gelassen (vgl. Abb. 30). Das Richtfest für die Kirche erfolgte im September 1949, die Weihe eine Woche vor Weihnachten.[176]

Während die Notkirche in Dresden-Löbtau auf Wunsch der Gemeinde nach einer Versammlungsstätte ursprünglich als Provisorium auf den bestehenden Ruinen aufgebaut wurde, handelt es sich bei der Bethlehemkirche der Gemeinde Dresden-Blasewitz um einen Kirchenneubau, der vermutlich der erste Neubau einer Kirche in der DDR ist.[177] Die Gemeindemitglieder hatten sich gegen eine Notkirche entschieden und stattdessen einen Wettbewerb ausgeschrieben, der 1950 mit fünf Wettbewerbsteilnehmern durchgeführt wurde. Rauda bekam in Zusammenarbeit mit Klaus Feldmann den Zuschlag und führte die Kirche innerhalb eines Jahres bis zur Weihe im Dezember 1951 aus.[178] Südöstlich der Altstadt, noch westlich der Elbe, präsentiert sich die Hauptansicht der Kirche zur Marienberger Straße als schlichtes Langhaus mit einem Turm (vgl. Abb. 33). Der Eingang wird durch ein tiefes Vordach mit Arkaden markiert (vgl. Abb. 35). Im Gegensatz zum ursprünglichen Entwurf Raudas (vgl. Abb. 32) wurde die Apsis im Westen halbrund ausgeführt. Auch der Turm, als freistehend entworfen, wurde im Osten an das Langhaus angebaut und wirkt gedrungener als in der Entwurfszeichnung. Nördlich des Kirchbaus umschließt ein Arkadengang den Kirchgarten (vgl. Abb. 34). Wiederum auf dem Grundriss und nach Vorbild des ehemaligen, im Krieg zerstörten Gebäudes hat Rauda 1952 bis 1955 das Gemeindezentrum für Bischofswerda wiederaufgebaut. Die Fassade abstrahierte Rauda gegenüber dem ursprünglichen Bau, indem er auf das Kranzgesims über dem ersten Obergeschoss und die Kassettierung zwischen den Fenstern verzichtete (vgl. Abb. 36). Ansonsten, so berichtete es ein kurzer Artikel in der sächsischen Tageszeitung und Parteizeitung der CDU in Dresden *Die Union*, sei ein „Bau entstanden, der in seiner sinnvollen Zweckmäßigkeit allen Aufgaben dieses Hauses vollauf gerecht wird", wobei besonderer Wert auf die Zusammenarbeit des Architekten mit den ortsansässigen Handwerken gelegt worden wäre.[179] Der Bau war „ohne staatliche Hilfe, allein aus kirchlichen Mitteln und durch die Große Spendenbereitschaft der Gemeindemitglieder" entstanden.[180] Die formale Herangehensweise Raudas – schlichter Traditionalismus auf Grundlage des Vorgängerbaus – passt demnach zur

174   Schneider 1995, S. 132. Zum Notkirchenprogramm Otto Bartnings siehe: Schrickel 2005, S. 201-213; Schneider 1995; Durth/Pehnt/Wagner-Conzelmann 2017. Der Bau dieser Kirche als Notkirche nach dem Prinzip Bartnings könnte den Auftakt der fachlichen Beziehung zwischen Bartning und Rauda darstellen. Einzelne Korrespondenzen aus den 1950er Jahren weisen darauf hin, dass die beiden sich über Kirchenbauten in den beiden Staaten austauschten.
175   Schneider 1995, S. 132.
176   Ebd., S. 133.
177   Reichel 1999.
178   Ebd.
179   O. A. 05.08.1955, S. 3.
180   Ebd.

30

31

A. Bohlig & W. Rauda: Friedenskirche in Dresden-Löbtau, 1949, entworfen und realisiert als Notkirche nach dem Konzept Otto Bartnings, Innenraumgestaltung (30) und Seitenansicht (31), beide Aufnahmen 2014

32

34

36

33

35

W. Rauda: Bethlehemkirche in Dresden-Tolkewitz, 1949/50: Entwurfszeichnung (32), Außenansicht mit Kirchturm (33), Rückansicht (34), Eingangsbereich zur Kirche (35); W. Rauda: Gemeindezentrum in Bischofswerda (36), alle Aufnahmen 2018

identitätsstiftenden Funktion dieser Bauaufgabe. Neben den Ausführungsplanungen beteiligte sich Rauda als ausgewiesener Forscher zur Stadtgeschichte Dresdens mit einem Fokus auf Fragen der Denkmalpflege intensiv an Ideenwettbewerben für den Wiederaufbau von im Krieg zerstörten Einzelbauten in Dresden. Dies ist wenig überraschend: Die vielfache Zerstörung von Dresdner Kulturbauten durch den Luftkrieg bedingte den Wunsch der Dresdner Bevölkerung nach einem Wiederaufbau dieser Gebäude, der sich durch die große Beteiligung am 1946 ausgeschriebenen Ideenwettbewerb zeigte.

Spannend wiederum ist die Publikation von zwei Projekten Raudas in der renommierten, konservativen, westdeutschen Bauzeitschrift *Baumeister* über einen Entwurf zum Neubau eines Belvedere an der Brühlschen Terrasse und sein Entwurf für ein Carl-Maria-von-Weber Heim. Der Entwurf für das Belvedere entstand im Rahmen eines Ideenwettbewerbs und wird besonders in seinem Beitrag gelobt. Der schon dritte Bau an dieser Stelle aus dem 19. Jahrhundert des Architekten Wolframsdorf war während der Luftangriffe zerstört worden. Aufgrund der wechselvollen Geschichte der Bauten an diesem Ort [181] war der Denkmalbehörde der Landesregierung Sachsen weniger an einer Rekonstruktion des letzten Baus gelegen als vielmehr an einem Ort für ein Sommerrestaurant mit entsprechender Aussichtsterrasse. Hierfür wurden sechs Architekten zu einem Ideenwettbewerb eingeladen, wobei vermutlich von vornherein kaum eine Ausführung des Projekts angedacht war, da schon bei der Ausschreibung keine Preisgelder festgesetzt wurden. [182]

Die Beiträge von Fritz Steudtner und Wolfgang Rauda wurden von einer Jury in eine erste Bewertungsgruppe gesetzt, die Beiträge von Wolfgang Klier und Kurt Bärbig in eine zweite. [183] Während sich Steudtners Entwurf sehr eng an den Grundriss des Vorgängerbaus hält und im Aufriss sehr schlicht gehalten ist, präsentieren die anderen Entwürfe hauptsächlich Neubauten, die mehr oder weniger monumental an den nordöstlichen Rand des Grundstücks gesetzt sind. Rauda setzt auf die Stelle der ursprünglichen Festung einen Rundsaal. Treppen vom Fußgängerniveau des Elbufers aus erschließen einen rechteckigen Baukörper mit Gastwirtschaft (vgl. Abb. 37, 38, 39). Der Hauptbaukörper ist schlicht gehalten und wird durch mehrgeschossige Fensterflächen vertikal gegliedert. Insgesamt orientiert er sich im Grundriss stark an den Fundamenten des Vorgängerbaus, im Aufriss bemüht er sich um die Vermeidung von historischen Anleihen. Dies wird unter anderem im Kommentar des Artikels besonders gelobt und resümiert: „Seine Lösung ist in der Gesamthaltung so ausgezeichnet, daß man ihr wohl Verwirklichung gönnen möchte."

181   Ursprünglich als Lusthaus auf einer Festung 1590 für Christian I. errichtet, wurde dieser Bau 1747 zerstört, der barocke Neubau von 1750 fiel schon 1760 einem Bombenangriff zum Opfer, woraufhin ein kleineres klassizistisches Belvedere gebaut wurde, das wiederum durch den Neubau im Stil der Neorenaissance ersetzt wurde. (Vgl. O. A. 1949, S. 358.)

182   Ebd., S. 359. Ebenfalls dort werden die eingereichten Ergebnisse als „Ideallösungen" bezeichnet, die „so schön sie im einzelnen sind – kaum je eine Verwirklichung erfahren können".

183   Ebd. Interessanterweise offenbart sich hier schon eine Zusammenstellung von Architekten, die in den 1950er Jahren viel zusammen arbeiten werden. Rauda und Steudtner halten bis zu Raudas Tod Kontakt, Rauda, Klier und Bärbig werden sich als Wortführer im Widerstand gegen den Wiederaufbau am Altmarkt ab 1952 in einem „Architektenbeirat" zusammenschließen.

Nur ein Jahr später konnte Rauda selbst in einem mehrseitigen Artikel von einem Entwurf für ein Carl-Maria-von-Weber-Heim berichten.[184] Der größte Teil des Nachlasses des Komponisten war in den Wirren des Zweiten Weltkriegs zerstört oder verloren gegangen, lediglich seine noch in Dresden wohnhafte Erbin Mathilde besaß die verbliebenen Handschriften und Familienbilder. Da sich der Todestag Carl Maria von Webers 1951 zum 125. Mal jähren sollte, wurde die Forderung nach einem neuen Standort zur Ausstellung des Nachlasses laut.[185] Rauda entwarf für das Grundstück des ehemaligen Weberhauses gemeinsam mit Erhard Lucas ein beinahe klösterlich anmutendes, nach innen gekehrtes Ensemble, in dem nicht nur Ausstellungsräume sondern auch Wohnungen für Nachwuchskünstler*innen oder Gastdirigent*innen untergebracht werden sollten (vgl. Abb. 40, 41, 42). Die Gestaltung des Baus ist ähnlich schlicht und zurückhaltend wie die Gestaltung der Bethlehemkirche, wobei der Eingang mit dem zentral im Giebel positionierten Wappen über der Eingangstür allerdings eine eher monumentale Formensprache, vergleichbar der des vorangegangenen Jahrzehnts, erkennen lässt.

Wolfgang Rauda besaß nicht zuletzt aufgrund der Bekanntheit seines Vaters ein großes berufliches sowie soziales Netzwerk in Dresden: Sowohl zu den bekannten Denkmalpflegern Hans Nadler und Fritz Steudtner als auch zu den Kirchgemeinden in Bautzen und Bischofswerda sowie zum Baureferenten des evangelisch-lutherischen Landeskirchenamts in Dresden, Walther Hultsch, pflegte Rauda Kontakte. Daneben war Rauda sicherlich bei vielen kulturellen Einrichtungen in Dresden bekannt, wie das Engagement beispielsweise bei der Errichtung des Carl-Maria-von-Weber-Heims erkennen lässt. Als promovierter Architekt und Regierungsbaurat „a. D.", wie er nach seinem Ausscheiden aus der Finanzdirektion als freischaffender Architekt seinen Titel in seinen Briefköpfen angab, galt er darüber hinaus als wissenschaftliche Fachkraft. Eine Berufung an die TH Dresden als Professor an der Fakultät Bauwesen, die sich nach Gründung der DDR neu formiert hatte, war daher durchaus naheliegend.

Berufung an die TH Dresden

Die Fakultät Bauwesen der TU Dresden hat eine über 150 Jahre andauernde Geschichte, ihre Bedeutung insbesondere in der Architekturgeschichte der DDR ist allerdings kaum aufgearbeitet.[186] Trotzdem ist eine kurze Abhandlung diesbezüglich für die weiteren Ausführungen relevant, da sich dadurch die hochschulpolitischen Beziehungen innerhalb der Professorenschaft die Positionierung Raudas in der Fakultät erschließen lassen. Die Fakultät Bauwesen wurde 1876 an der Technischen Hochschule gegründet.[187] Bis zum Zweiten Weltkrieg ist die Entwicklung der Architekturfakultät im ideengeschichtlichen Kontext als konservativ einzustufen: Persönlichkeiten wie Paul Wallot[188] oder Cornelius Gurlitt[189], die die Lehre an der TH Dresden und

---

184   Rauda 1950, S. 218-221.
185   Bartlitz 2011, S. 225. Es wird weder aus der hier genannten Quelle noch aus Raudas Artikel deutlich, ob es einen konkreten Auftrag für ein solches Gebäude gab oder Rauda aus Eigeninitiative gehandelt hatte.
186   Schmidt 1980; Koloc 1988; Pommerin 2003.
187   Sonnemann 1988, S. 67.
188   Biografische Angaben zu Paul Wallot, siehe Guther 1980, S. 107-143.
189   Biografische Angaben vgl. Kapitel „Herkunft, Studium und erste Aufträge".

ihre Reputation in den internationalen Kontext nachhaltig geprägt hatten, sind eher dem Historismus zuzuschreiben oder – im Falle Gurlitts – verfolgten ein national-konservativ geprägtes kunstgeschichtliches Forschungsinteresse.[190] Gurlitt initiierte zwar die Berufung Fritz Schumachers als Professor für Städtebau, der in dieser Stellung insbesondere die Städtebauausstellung 1906 in Dresden anregte und damit die Moderne in Dresden repräsentierte; jedoch wurde Schumachers Nachfolger 1910 German Bestelmeyer,[191] dessen Werk charakterisiert ist durch einen in die Moderne transferierten Eklektizismus.

Bestelmeyer wurde in den 1920er Jahren zu einem der Mitbegründer der Architektenvereinigung *Der Block* und damit zu einem der Wortführer gegen den *Internationalen Stil*.[192] Dementsprechend kann man die Architekturfakultät an der TH Dresden als ein Gegenstück zum zur gleichen Zeit agierenden revolutionären Bauhaus begreifen. Während des Nationalsozialismus konnte die TH Dresden, wie Reiner Pommerin in der 2003 erschienenen ausführlichen Publikation zum 175-jährigen Bestehen der TU Dresden erläutert, nur bedingt politisch beeinflusst werden,[193] daher kam es auch an der Hochbau-Abteilung nur zu wenigen Entlassungen und Neuberufungen. Adolf Muesmann, Nachfolger von Cornelius Gurlitt und Leiter des Städtebauseminars, war genauso wie Fritz Rauda und andere bis 1945 tätig, lediglich Otto Schubert wurde 1939 aus politischen Gründen entlassen.[194]

Direkt nach dem Krieg, unter Leitung der Sowjetischen Besatzungsmacht, wurde die Abteilung Architektur in der Fakultät für kommunale Wirtschaft neu eröffnet.[195] Zu dieser Zeit umfasste die Abteilung lediglich fünf Lehrstühle: die Sammlung für Kunstgeschichte und Baukunst von Prof. Hempel, die Sammlung für Baukonstruktionen, Industriebau und Bautenschutz von Prof. Henn, der Lehrstuhl für Entwerfen von Hochbauten besetzt durch Prof. Schubert, der Lehrstuhl für Landwirtschaftliches Bau- und Siedlungswesen durch Prof. Cords sowie die Professur für Entwerfen und Gebäudelehre von Prof. Ochs.[196]

Mit Gründung der DDR und der ersten Hochschulreform veränderte sich die Fakultätsstruktur, sodass die Fakultät Bauwesen in den 1950er Jahren aus drei Abteilungen bestand: Architektur, Bauingenieurwesen und ab 1953 Vermessungswesen. Neben den Dekanen Karl Beger[197] (bis 1953), Georg Funk[198] (1953–1955), Ernst

---

190   Vgl. Sonnemann 1988, S. 67-68, 102-103 und 127-131.

191   Biografische Angaben zu German Bestelmeyer siehe: Schubert 1955, S. 184; Petschel 2003, S. 86-87.

192   Durth/Sigel 2009, S. 247, 127.

193   Pommerin zitiert hierzu eine Publikation zur deutschen Hochschulpolitik im Dritten Reich aus dem Jahr 1966: Es gäbe kein „hochschulpolitisches Programm der Nationalsozialisten, und es gelang auch in den Jahren des Dritten Reiches trotz so mancher Anläufe nicht, es zu entwickeln." (Pommerin 2003, S. 166)

194   Ebd., S. 211-212.

195   Sonnemann 1988, S. 182.

196   Ebd., S. 183.

197   Karl Moritz Beger (1885-1957) war Bauingenieur mit Schwerpunkt auf Wasserbau. (Petschel 2003, S. 72-73)

198   Georg Otto Funk (1901-1990) hatte in Dresden Architektur studiert und nach seinem Diplom 1926 als Architekt im Stadtplanungsamt Chemnitz, ab 1936 dort als Oberbaurat und Leiter der Stadtbauamtes gearbeitet. Ende der 1950er Jahre war er an den städtebaulichen Planungen an der Karl-Marx-Allee in Berlin, dem historischen Zentrum Potsdams und in den 1960er Jahren auch in der Neustadt Dresdens beteiligt. (Ebd., S. 246)

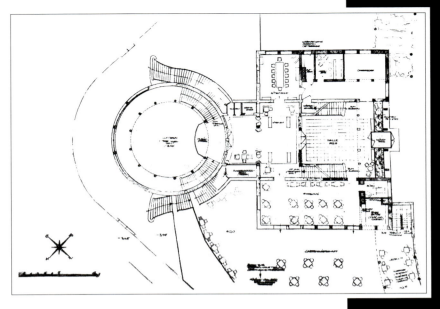

37

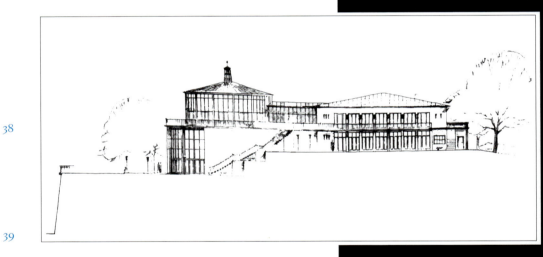

38

39

40

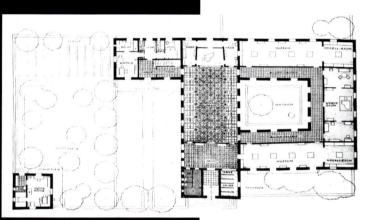

41

42

W. Rauda: Beitrag zum Neubau des Belvedere in Dresden, 1949,
Grundriss (37), Ansicht (38), Modellfoto (39)
W. Rauda: Entwurf für ein neues Carl-Maria-von-Weber-Heim in Dresden, 1949,
Perspektive (40), Grundriss (41), Ansicht (42)

Lewicki [199] (1955–1957), Fritz Schaarschmidt [200] (1957–1959) und Walter Zill [201] (ab 1959) wurde für jede dieser Abteilungen ein eigenes Direktorat in Verantwortung für die entsprechende Institutsabteilung eingesetzt. Wie in der Übersicht über die Institute der Fakultät Bauwesen/Abteilung Architektur zu erkennen ist, gab es in dem dargestellten Jahrzehnt einige Neubesetzungen und Umbenennungen in der Institutionsstruktur. Gerade im Herbstsemester 1953/54 kam es vermehrt zu Gründungen von sogenannten Entwurfsinstituten (beispielsweise von Walter Henn, Georg Funk und Karl Wilhelm Ochs), die der Leitung des Lehrstuhls die Möglichkeit bot, ein institutionalisiertes Architekturbüro zu führen und damit Bauaufträge auszuführen. Die Professorenschaft konnte außerdem gemeinsam mit eigens angestellten Entwurfsassistenten eine praxisnahe Lehre gewährleisten. [202]

Raudas Berufung fiel in das Dekanat von Karl Beger, Professor am Institut für Fluss- und Seebau der Abteilung Bauingenieurwesen, und in die Abteilungsleitung unter Städtebauprofessor Georg Funk, der in den ersten Dienstjahren Raudas auch Dekan der Fakultät war. In seinem den Berufungsunterlagen beigelegten Lebenslauf definierte Rauda sein „Spezialgebiet" im Sinne seiner architektonischen Ausrichtung mit den Worten: „Architektonisches Gestalten von Einzelbauvorhaben in räumlichen, städtebaulichen Zusammenhänge [sic], städtebauliches Gestalten in richtunggebender neuzeitlicher Auffassung in engster Zusammenarbeit mit Verkehrsingenieur und Landschaftsgestalter als Kollektivleistung" [203]. Für Rauda sei die Zusammenarbeit verschiedener Fachdisziplinen von Beginn eines Bauvorhabens an sinnvoll. Als Beispiele für die letztgenannte „Kollektivleistung" führte er die Entwürfe für Dresden, die Teilausführung Plauens und die Ausführung des Rostocker Marktplatzes an. Es ist

199 Ernst Wolfgang Lewicki (1894-1973) studierte zwischen 1913 und 1921 mit Unterbrechungen Bauingenieurwesen in Dresden und legte seinen Schwerpunkt auf Betonkonstruktionen, während des Nationalsozialismus war er als Technischer Leiter bei der Firma Wayss & Freytag AG in Dresden tätig. 1948 wurde er Oberingenieur und Oberbauleiter des VEB Hoch-, Ingenieur- und Tiefbau Dresden, bevor er 1951 zum Professor für Massivbrücken- und Grundbau berufen wurde. (Ebd., S. 552-553)

200 Fritz Schaarschmidt (1901-1970) absolvierte sein Architekturstudium zwischen 1921 und 1929 an der TH Dresden und war danach unter anderem bei Fritz Höger in Hamburg und Wilhelm Kröger in Hannover tätig. Zwischen 1933 und 1951 war er selbstständiger Architekt in Dresden, bevor er 1955 als Professor für Industriebau an die TH Dresden berufen wurde. (Ebd., S. 816-817)

201 Walter Hans Zill (1913-1986) studierte Mitte der 1930er Jahre Geodäsie in Dresden und war ab 1945 Vermessungsingenieur in Dresden; 1956 wurde er auf die Professur für Vermessungskunde berufen. (Ebd., S. 1082)

202 Einige Akten im Universitätsarchiv lassen darauf schließen, dass die Existenz und Finanzierung dieser Entwurfsinstitute in häufiger Diskussion mit dem Rektorat stand – trotzdem wurden sie im Allgemeinen als gute Reputation anerkannt und teilweise auch von der Bauakademie legitimiert. Rauda hat sich eher passiv an diesen Diskussionen beteiligt. Lediglich zur Frage nach der Weiterführung eines Entwurfsinstituts nach Ausscheiden eines Professors im Herbstsemester 1957/1958 nimmt Rauda Stellung: „Dem ausscheidenden Professor bleibt es vorbehalten, Aufträge, die gerade laufen abzuwickeln, auch wenn Überführung an den neuen Lehrstuhlinhaber bereits vollzogen ist." UA TU Dresden, Sign. B 6.02.-77: Mitteilung von Becker an Dekanat Fak. Bauwesen (22.10.57). Zu diesem Zeitpunkt muss Rauda schon mit dem Gedanken der Ausreise in die BRD gespielt haben, vielleicht hoffte er, mit einer solchen Regelung sein Netzwerk in der DDR aufrecht zu halten.

203 UA TU Dresden, Sign. B6.02 – 465 (Personalunterlagen Rauda): Schriftenverzeichnis (undatiert, verm. Anhang zu Bewerbung), S. 1.

durchaus anzunehmen, dass er hier bewusst den Duktus des sozialistischen Systems übernahm und von Kollektivarbeit sprach. Auch der starke Fokus auf die praktische Tätigkeit in dem mit „Schriftenverzeichnis" bezeichneten Anhang zu den Bewerbungsunterlagen ist als Anpassung an die Stellenausschreibung zu sehen.

Der Berufung wurden zwei Empfehlungsschreiben beigelegt: von Dr. Karl Bellmann, Abteilungsleiter im Ministerium für Wirtschaft und Arbeit, Abteilung Aufbau, der zwischen 1945 und 1947 Vorgesetzter von Rauda war, sowie von Dr. Walter Bachmann, Landesdenkmalpfleger a. D., in dessen Büro Rauda während seines Studiums gearbeitet hat. Beide betonten die Fähigkeiten Raudas als Planer und Architekt, insbesondere seine „künstlerische Begabung"[204] und verwiesen auf seine erfolgreichen Wettbewerbsteilnahmen. Der Denkmalpfleger Bachmann sah Rauda aufgrund seiner wissenschaftlichen Kenntnisse als Professor für „Entwerfen und Städtebaulehre" bestens geeignet.[205] Dieses Institut für Städtebau vertrat allerdings Prof. Funk. Somit wurde Rauda vermutlich aufgrund seiner Arbeiten für das Wohnungsbauprogramm 1950/51 in Rostock auf den Lehrstuhl Wohnungsbau und Entwerfen berufen.

In den Vorlesungsverzeichnissen der Jahre 1950 und 1951 wird der zu dieser Zeit noch vakante Lehrstuhl als „Sammlung für sozialen Wohnungsbau und Entwerfen" bezeichnet.[206] Die Beschränkung auf den „sozialen" Wohnungsbau war allerdings schon im Berufungsantrag obsolet. Stattdessen beschrieb Dekan Beger, dass man aufgrund der inzwischen steigenden Studierendenzahlen schon länger nach einer Besetzung für eine Planstelle für Entwerfen und Hochbau mit Schwerpunkt auf Wohnungsbau gesucht hätte.[207] Hierfür wären „verschiedene Persönlichkeiten [...] aufgrund von Probevorlesungen in Erwägung gezogen"[208] worden. Die Entscheidung für Rauda fiel aus verschiedenen Gründen: Er habe in Dresden studiert und wurde dort promoviert, die anderen Fakultätsmitglieder kennen ihn, er habe erfolgreich an Wettbewerben teilgenommen und Erfahrungen in der Planung und Ausführung von Hochbauten. Darüber hinaus „hat Dr. Rauda seine außergewöhnliche künstlerische Begabung auf den verschiedenen Gebieten des Bauwesens und zugleich seine positive politische und gesellschaftliche Einstellung bewiesen".[209] Diese Begründungen widersprechen der Darstellung in der aktuellen Forschungsliteratur, Rauda wäre lediglich aufgrund eines Fachkräftemangels berufen worden.[210] Natürlich ist nicht auszuschließen, dass beispielsweise Georg Funk und Otto Schubert, mit denen Rauda während seiner gesamten Tätigkeit an der TH Dresden freundschaftliche Verhältnisse pflegte, oder auch die Professoren Heinrich Rettig, Karl-Wilhelm Ochs oder Eberhard Hempel, alle ebenfalls Alumni der TH Stuttgart, die Berufung in besonde-

204 UA TU Dresden, Sign. B6.02 – 465 (Personalunterlagen Rauda): Bellmanns Beurteilung zu Rauda (13.02.1952), S. 1.

205 UA TU Dresden, Sign. B6.02 – 465 (Personalunterlagen Rauda): Bachmanns Beurteilung zu Rauda (06.03.1952), S. 1.

206 Bis zum Herbstsemester 1951/1952 werden alle Lehrstühle der Fakultät Bauwesen als „Sammlung" benannt, erst ab dem Frühjahr 1952/1953 ist die Umbenennung in „Institut" bzw. „Lehrstuhl" erfolgt. Lediglich das Institut für Kunstgeschichte unter Prof. Hempel behält den Annex „Sammlung für Baukunst".

207 UA TU Dresden, Sign. B6.02 – 465 (Personalunterlagen Rauda): Berufungsantrag des Dekans an das Ministerium für Hüttenwesen, Abt. Schulbildung (05.03.1952), S. 1.

208 Ebd.

209 Ebd.

210 Siehe hierzu: Noack 2005, S. 93.

rem Maße unterstützt haben – allerdings lässt sich keine übermäßige Einmischung anhand der Archivlage nachweisen. Auch zu den von Karl Beger genannten anderen eingeladenen Persönlichkeiten ist nichts überliefert. Die Berufung Raudas als ordentlicher Professor erfolgte zum 01. Juni 1952.[211] Der „Lehrstuhl für Wohnungsbau und Entwerfen" wurde von Beginn an durch ein gleichnamiges Entwurfsinstitut erweitert. Während in Raudas ersten Dienstjahren sein Institut auf die Gebäudelehre und den Wohnungsbau beschränkt war, wurde es zum Herbstsemester 1955 um die Behandlung der Gesundheitsbauten erweitert.[212]

Das Entwurfsinstitut sowie der Lehrstuhl Raudas wurden durchgängig durch eine Oberassistenz und bis zu sechs Assistent*innen unterstützt. Der Oberassistent, Wolfgang Schubert, war kontinuierlich von 1952 bis 1958 Teil des Instituts.[213] Peter Wendt, Günter Schöneberg und Erich Petzold waren ebenfalls langjährige Assistenten, wobei es bei ihnen in manchen Jahrgängen offenbar Vertragsunterbrechungen gab. Ab 1956 waren darüber hinaus noch Manfred Zumpe und Walter Schliepe Assistenten Raudas.[214] Zumpe beschreibt das Institut als eines der größten der Abteilung: Mit zwei Sekretärinnen, einer Fotografin und mehreren studentischen Hilfskräften war das Entwurfsinstitut nicht nur mit Planungsaufgaben betraut, sondern half auch bei der Betreuung von Lehrveranstaltungen und unterstützte Rauda bei seinen Forschungsvorhaben.[215] Zumpe berichtet ebenfalls über Raudas hohes Engagement für sein Personal: Er hätte sich um Ausgleichszahlungen für seine Assistent*innen bemüht, damit diese neben den Tätigkeiten am Lehrstuhl und am Entwurfsinstitut auch eigenen Forschungsvorhaben nachgehen konnten[216] oder Preisgelder mit den an den jeweiligen Wettbewerbsbeiträgen beteiligten Entwurfsassistent*innen geteilt.[217]

Die Arbeiten des Entwurfsinstituts – Krankenhäuser, Wohnheime und Schulen

Das Entwurfsinstitut selbst arbeitete abgesehen von den Arbeiten an den Wohnheimen in der Güntzstraße in Dresden, deren Bau mit einigen noch zu betrachtenden Diskussionen verbunden war, an dem sogenannten Beyer-Bau mit, der dem „Mathematikflügel eine abschließende modernere Note"[218] hinzufügen würde, und war an Planungen für Zentralschulen in Thüringen beteiligt. Ein Entwurf für ein Röntgen-

211   UA TU Dresden, Sign. II-5969 (Personalakte Rauda): Staatssekretariat für Hochschulwesen an Rauda (16.06.1952), unterschrieben von Rauda am 04.07.52.

212   UA TU Dresden, Sign. B1.0.1-444/214: Schreiben des Dekans an Rauda (14.02.55).

213   Die folgenden Personalien sind den vom Universitätsarchiv der TU Dresden online gestellten Vorlesungs- und Personalverzeichnissen der Jahre 1952–1958 entnommen.

214   Zumpe ist einer der wenigen bis heute in der Planung aktiven Zeitzeugen Raudas. In den letzten Jahren hat er einige Biografien zu ehemaligen Professoren der DDR verfasst. Für das ausführliche Gespräch über Wolfgang Rauda am 31.07.2018 bin ich zutiefst dankbar.

215   Gespräch mit M. Zumpe am 31.07.18.

216   Einen entsprechenden Antrag zur Finanzierung dieser Ausgleichszahlungen stellte Rauda im Dezember 1955. Vgl. UA TU Dresden, Sign. B1.01-473: Brief Rauda an Rektor Peschel (24.04.54).

217   Im Gespräch mit Zumpe berichtete dieser, dass Rauda das Preisgeld für den Ankauf des Entwurfes für den Platz der Nationen in Genf mit Zumpe und Schmiedel teilte, sodass die jungen Assistenten in den Urlaub fahren konnten. Dass Zumpe sich nach über 60 Jahren noch daran erinnert, zeigt, dass dies kein gewöhnliches Verfahren war.

218   Rauda 1955, S. 977.

institut in Berlin wurde zugunsten der Anstellung eines volkseigenen Entwurfsbetriebes nicht weiter verfolgt.[219] Zumpe beschreibt, dass das Institut sehr stark ausgelastet war und Rauda stets neue Aufträge anwarb. Hierfür nahm das Entwurfsinstitut unter anderem an westdeutschen Wettbewerben teil: Gemeinsam mit seinen Entwurfsassistent*innen hatte Rauda mit seinen Wettbewerbsbeiträgen für die „Beethoven-Konzerthalle in Bonn", die „Domumgebung Köln" und den „Platz der Nationen in Genf" Preise erhalten sowie am Wettbewerb für Hochbauten der Internationalen Gartenbauausstellung in Stuttgart teilgenommen.[220]

Der Wettbewerb für die Beethovenhalle in Bonn, ausgeschrieben 1954, wird von Rauda in dessen Lebenslauf bewusst als „gesamtdeutscher Wettbewerb"[221] bezeichnet, vermutlich, da er der einzige ostdeutsche Preisträger war. Gemeinsam mit einer Architektengemeinschaft unter Heinrich Grimm[222] aus Betzdorf entwarfen sie einen klar aufgebauten mehrteiligen Bau, der sich mit einer Glasfassade zum Rhein hin öffnen sollte. Das „Große Haus" bildete sich als eigenständiger Baukörper aus, der mit dem flachen Gebäudeteil des Foyers, dem zum Fluss orientierten Restaurant und dem „kleinen Hauses" verbunden war. Durch den westlichen, etwas abgesetzten Haupteingang gelangte man direkt in das Foyer des großen Hauses, während das kleine Haus einen gesonderten Eingang und Vorbereich bekommen hätte (vgl. Abb. 43 und 45). Die Jury lobte die städtebauliche Setzung, die funktionale Raumaufteilung, die Erschließung und die Blickausrichtung zum Rhein hin, kritisierte aber den Aufwand des zweiten Eingangs.[223] Interessant ist zudem die kurze Vorbemerkung der Zeitschrift, in der Raudas Teilnahme besonders hervorgehoben und gelobt wurde.[224] Auch die sächsische Tageszeitung *Die Union* berichtete über die ostdeutsche Beteiligung an dem Wettbewerb und lobte dabei den Preisträger Rauda und erwähnte die nicht prämierte Teilnahme Hanns Hopps.[225]

Ebenfalls als einziger von acht ostdeutschen Mitwirkenden wurde Rauda beim „Internationalen Ideenwettbewerb Domumgebung Köln" prämiert.[226] Die Ausschreibung forderte einen Lösungsvorschlag für die Verkehrsfragen rund um den Kölner Dom, mit Fokus auf die Klärung einer Rheinbrücke, der Lage des öffentli-

219   Ebd., S. 976-977.
220   Gespräch mit Zumpe am 31.07.18.
221   Privatnachlass Rauda: undatierter Lebenslauf (verm. 1968).
222   Der Regierungsbaurat von Betzdorf, Heinrich Grimm, in Rheinland-Pfalz war ebenfalls direkt nach dem Krieg beim Wiederaufbau von Kirchen tätig und hat auch in seiner Heimatstadt eine Notkirche nach Bartnings System errichtet. Diese Gemeinsamkeit hat vermutlich den Kontakt zu Rauda hergestellt. (Bäumer 1995)
223   Z. 1954, S. 829.
224   „In der fünften Arbeit begegnen wir dem uns wohlbekannten Dr. Rauda, Professor der Dresdner Hochschule, dem als Mitteldeutschen die Teilnahme merkwürdigerweise nur in westlicher Arbeitsgemeinschaft gestattet war. Auch seinen ‚städtebaulich guten, in Glas aufgelösten, liebenswürdigen' Bau wird man in die Waagschale der Stadtväter legen." (Ebd., S. 827)
225   Vgl. O. A. 15.10.1954, S. 3: „Dieser Wettbewerb war einer der wenigen internationalen Wettbewerbe, die von Westdeutschland auch für die Architekten der Deutschen Demokratischen Republik freigegeben worden sind. An diesem Wettbewerb haben u.a. auch Professor Hopp von der Deutschen Bauakademie Berlin in Verbindung mit einem westdeutschen Mitarbeiten sowie ein Leipziger Architekt [...] teilgenommen".
226   Privatnachlass Rauda: Ankaufsbestätigung der Stadt Köln (19.08.1957). Der Ankauf erfolgt in Höhe von 2.000 DM. Der Wettbewerb wird besprochen in: Koellmann 1957, S. 270-282.

chen Nahverkehrs, der Parkplätze und der Fußgängerzonen. Darüber hinaus suchte man nach einer städtebaulichen Gestaltung der Plätze um den Dom. Rauda legte
den Fokus der Gestaltung in seinem gemeinsam mit Prof. Röcke und weiteren Mit-
arbeitenden erarbeiteten Entwurf auf die östliche und nördliche Gegend des Doms.
Der Hauptbahnhof im Norden bildet den Verkehrsknotenpunkt, während westlich
und südlich der Apsis Raum zur Hervorhebung der Dominante Dom geschaffen wird
(vgl. Abb. 44). Dieser Platzraum wird durch moderne Scheibenhochhäuser mit Glasfassaden begrenzt (vgl. Abb. 46). In der Besprechung der westdeutschen Architekturzeitschrift „Baukunst und Werkform" zeigte man sich in der Besprechung des
Entwurfs verwundert, dass gerade der Architekt mit einer „enge[n] Vertrautheit mit
den Lösungen des klassischen Städtebaus" eine solche „vorurteilsfreie Konzeption
undoktrinärer Platz- und Baugruppen"[227] entwerfe. Damit hebe dieser Entwurf sich
von denen seines Kollegiums aus „Mitteldeutschland" enorm ab und rechtfertige die
Prämierung mit dem Ankauf.

Auch in westdeutschen Zeitschrift *Bauwelt* werden Raudas internationale Be-
teiligungen an Wettbewerben positiv hervorgehoben, wie beispielsweise sein Beitrag
zum Ideenwettbewerb der Gestaltung des Platzes der Nationen in Genf. Die Wettbewerbsausschreibung selbst erfährt massive Kritik, es werden unter anderem Parallelen zu Hitlers Planungen für die Nord-Süd-Achse in Berlin gezogen. Raudas Entwurf wird dagegen ausführlich positiv besprochen: Gemeinsam mit seinem Team
löst er die Verkehrsfrage der an der Stelle des Entwurfsgebietes aufeinandertreffen-
den sechs Straßenzüge durch eine klare, rechtwinklige Anordnung der Straßen (vgl.
Abb. 47). Die Gebäude am Platz, deren Raumprogramm nicht eindeutig in der Ausschreibung bestimmt war, werden um eine Wasserfläche herum gruppiert und sind
formal durch die Verwendung verschiedener Bauhöhen und Glasfassaden einer hochmodernen Formensprache zuzuordnen. Während andere Beiträge gerade die Ver-
kehrslösung durch einen großen, eher unübersichtlichen Kreisverkehr lösen oder einen undefinierbaren Platzraum schaffen, hebt der Autor der *Bauwelt* lediglich den
Entwurf Raudas positiv hervor: „Andeutungen einer Phantasie, die sich sowohl auf
Inhalt der Bauten – ihren geistigen Zusammenhang – als auch auf die Elemente der
Raumkomposition bezieht, kann man im ersten Ankauf (Entwurf Prof. Rauda aus
Dresden) erkennen. Die Idee einer ‚Plastik der Einheit der Nation' und einer ‚Plastik
der Solidarität der Rassen' sowie eines ‚Hauses der Vereinten Nationen Europas (Bibliothek)' verraten immerhin einen geistigen Umgang mit den Aufgabenstellungen unserer Zeit. Die Konzeption eines Wasserschleiers, als diaphanes Raumelement quer
zur Hauptausrichtung der Landschaft gehängt, ist zweifellos eine Bereicherung der
an diesem Ort möglichen Raumelemente und wußte jene Forderung des Auslobers
nach einer ‚Fontäne' mit Phantasie zu erfüllen."[228] Das Preisgericht bemängelt allerdings die unausgereiften Proportionen in der Komposition.[229]

Es ist durchaus spannend, wie Raudas Entwürfe in den westdeutschen Zeitschriften Beachtung finden. Dass sie überhaupt Erwähnung finden, zeigt die Bekanntheit des Dresdner Architekten in Westdeutschland, die er inzwischen insbesondere durch seine Publikationen erlangt hat. Realisieren konnte Rauda mit seinem

227   Ebd., S. 277.
228   Ebd.
229   Ebd.

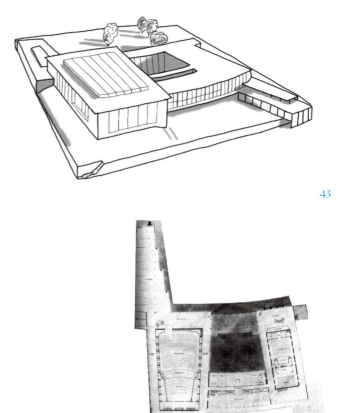

43

44

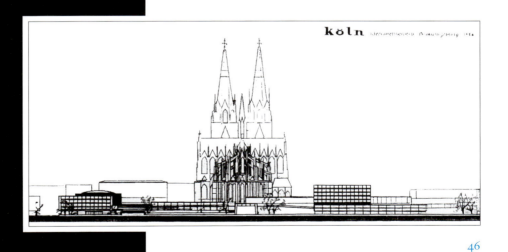

45

46

W. Rauda: Beitrag zum Wettbewerb der Beethovenhalle in Bonn, 1954,
Draufsicht (43) und Grundriss (45)
W. Rauda: Beitrag zum Wettbewerb der Domumgebung in Köln, 1957,
Lageplan (44) und Ansicht (46)

Entwurfsinstitut keinen der eingereichten Beiträge. Als bauender Architekt war er allerdings in Ostdeutschland weiterhin tätig. Wenige dieser Projekte sollen im Folgenden näher betrachtet werden, um die architektonische Grundhaltung Raudas zu charakterisieren und die Breite der von ihm entworfenen Gebäudetypologien darzustellen: die Zentralschule in Baruth, das Betriebskrankenhaus in Pirna und die Wohnheime an der Güntzstraße in Dresden.

Schulbau in der DDR wird von Kerstin Renz in deren Dissertationsschrift *Testfall der Moderne. Diskurs und Transfer im Schulbau der 1950er Jahre* als „Schule der Nationalen Tradition" definiert: „Explizit abgelehnt werden [...] westliche Tendenzen zu Desurbanismus und Dezentralisierung. Das Leitbild ist nicht die ‚gegliederte und aufgelockerte Stadt' mit der ‚Pavillonschule im Grünen', sondern die klar geordnete Stadt nach sowjetischem Vorbild, in der die Schule als städtebauliche Dominante wirkt."[230] Die Schule nach sowjetischem Vorbild wurde als Typenschule 1954 von der Deutschen Bauakademie herausgegeben (vgl. Abb. 48): Streng achsensymmetrisch in Aufriss und Grundriss, bis zu viergeschossig möglichst mit Eckrustizierung und Säulenportikus auszuführen und wenn möglich mit einem Pionierraum auszustatten, präsentiert sich dieser Schultyp tatsächlich als das Gegenteil der Freiluftschulen wie sie beispielsweise Max Taut oder Hans Scharoun etwa zur gleichen Zeit für Darmstadt entwerfen.[231]

Vor diesem Hintergrund ist die von Rauda entworfene und 1954 realisierte Zentralschule in Baruth, einem Dorf nordöstlich von Bautzen, zu betrachten. Am Rand des Dorfes in Waldnähe und direkt an einem Teich gelegen, entwarf Rauda eine zweigeschossige, mehrflügelige Anlage in mehreren Bauabschnitten. Die durch eingeschossige Durchgänge verbundenen einzelnen Flügelbauten werden dabei nicht parallel zueinander angeordnet, sondern spannen nichtrechtwinklige Räume auf (vgl. Abb. 49). Die Klassenräume sind nach Südosten ausgerichtet, während die Gänge nach Nordosten den Blick auf den Teich lenken. Die Fassade erinnert mit ihren Sprossenfenstern durchaus an die oben erwähnte Typenschule; die flache Dachdeckung, die fehlende Achsensymmetrie und der eher zurückhaltende Vorbau am Eingang des Gebäudes geben dem Bau allerdings eine weniger dominante Wirkung (vgl. Abb. 50). Gemeinsam mit dem Landschaftsarchitekten Schüttauf sollte ein Bau entstehen, der sich in die Landschaft eingliedert (vgl. Abb. 51). Rauda erläuterte hierzu: „Entgegen anderen Ansichten, die einen mehrstöckigen Hochbau befürworten, kam man zu einem zweigeschossigen Flachbau mit einer verhältnismäßig lockeren Gliederung."[232]

---

230 Renz 2016, S. 303.

231 In den 1950er Jahren plädierten Pädagogen für Schulen mit Nähe zur Natur, weswegen sich die Pavillonschule als Idealtyp anbietet. Beim 2. Darmstädter Gespräch „Mensch und Raum", bei dem auch sogenannte „Meisterbauten" vorgestellt werden, ist der Schulbau bewusst als ein Schwerpunkt gesetzt worden. Für die unterschiedlichen Altersklassen und Schultypen sollen Vorschläge erarbeitet werden. In den Entwürfen drückt sich die notwendige Reform des Schulbaus in Richtung Freiluftschule aus, auch wenn nur wenige Entwürfe realisiert werden. (Siehe hierzu: Ebd., S. 113-121)

232 Rauda 1954, S. 903-905. Es ist beinahe erstaunlich, dass Rauda es schafft, eine solch provinzielle Schule so präsent in einer renommierten westdeutschen Zeitschrift zu publizieren. Kerstin Renz verweist ebenfalls auf diesen Artikel und begründet ihn mit der Beziehung Raudas zu Rettig, der häufiger in westdeutschen Zeitungen zum Schulbauwesen in der DDR berichtet hätte – dies aber, so wie Rauda auch, hauptsächlich im eher konservativ eingestellten „Baumeister" und weniger in der progressiveren

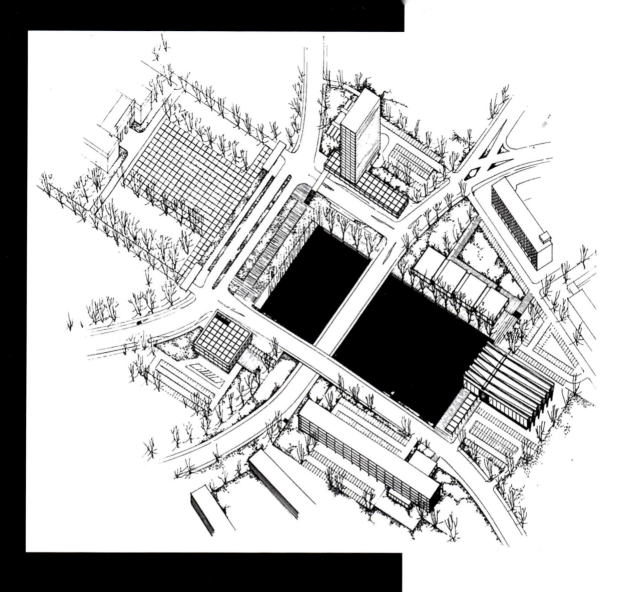

47   W. Rauda: Beitrag zum Ideenwettbewerb
der Gestaltung des Platzes der Nationen in Genf (1957), Aufsicht

Die Betonung der Durchgrünung und Gliederung dieses Baus beweist, dass Rauda sich hier bemühte, die Ansprüche der westdeutschen Architektur der Nachkriegsmoderne zu bedienen, obwohl die Gestaltung durchaus als traditionell zu bezeichnen ist und einmal mehr die Ausbildung Raudas an der Stuttgarter Schule beweist.

Der Bericht über die Schule in Baruth wurde von Rauda, abgesehen von einem Artikel in der *Bauwelt,* auch in der ebenfalls westdeutschen Zeitschrift *Baumeister* in einer begonnenen Reihe zu „ostdeutschen Bauten" vorgestellt. Im ersten Teil dieser Reihe wurden die von Rauda entworfenen Krankenhäuser in Pirna und Görlitz besprochen. Beide Bauten sind als zweigeschossige, unterkellerte Betriebspolikliniken ausgeführt und ähneln sich formal (vgl. Abb. 52 und 55). Es sind mehrflügelige Anlagen, wobei sich die Anlage in Görlitz eher als gestreckte Form präsentiert, während die Klinik in Pirna L-förmig aufgebaut ist (vgl. Abb. 53 und 54). Die von Rauda selbst beschriebene enge Zusammenarbeit mit dem Fachpersonal hat zwar zu einer gewissen Schematisierung der Funktionsabläufe geführt,[233] durch die nichtrechtwinklige Anordnung der Flügel zueinander bemühte sich Rauda allerdings erneut darum, die schemabedingte Geometrisierung aufzulockern. Wie auch bei der Schule in Baruth weisen die gesprossten Fenster mit den Faschen, das leicht geneigte Dach und die gleichmäßige Fassadengestaltung eindeutig auf Raudas Ausbildung an der Stuttgarter Schule hin. Obwohl sowohl Krankenhaus- als auch Schulbauten zu den typischen Bauaufgaben der 1950er Jahre zählen, ist die Erwähnung dieser Bauten an dieser Stelle aufgrund ihrer Art der Publikation besonders relevant. Beide Bauten sind eben nicht in ostdeutschen Zeitschriften präsentiert worden, sondern in den westdeutschen Diskurs eingegangen. Im Bericht über die Krankenhausbauten geht die Schriftleitung des *Baumeisters* sogar so weit, den Aufsatz mit der Verbindung zwischen West- und Ostdeutschland zu begründen, „um unsere innere Verbundenheit mit den dort [in der „Ostzone", Anmerkung S.B.] arbeitenden Berufskollegen zum Ausdruck zu bringen, in einer weiteren Sicht aber, unsere Hoffnung auf ein in Frieden wieder geeintes Deutschland mit einer wieder in Freiheit wachsenden gemeinsamen Kultur"[234] auszudrücken. Im folgenden Abschnitt wird entschuldigend hinzugefügt, dass „an das Bauschaffen in der Ostzone aus verschiedenen Gründen andere Maßstäbe" anzulegen sei, man sich aber freue, für eine Reihe mit weiteren Artikeln insbesondere Autor*innen aus dem „fruchtbaren Kreis von Architekten an der Technischen Hochschule Dresden" gewonnen zu haben, die „in besonderem Maße als eine Kulturzelle betrachtet werden darf."[235] Bei dieser Wortwahl ist es kaum verwunderlich, dass die Aufmerksamkeit der Deutschen Bauakademie geweckt wird und insbesondere Wolfgang Rauda als Autor des folgenden Artikels kritisiert wird. Der Präsident der Bauakademie, Kurt Liebknecht, nutzt den Artikel als Anlass, einen Brief an Rauda zu verfassen, in dem auch er zugibt, dass es „im Interesse der baldigen friedlichen und demokratischen Wiedervereinigung unseres Vaterlandes" sinnvoll sei, in westdeutschen Zeitschriften zu publizieren, schränkt dies aber auf die Gegenseitigkeit ein. Der Artikel Raudas zu seinen Kliniken in der DDR zähle allerdings „nicht zu den ehrlichen Bemühungen [der Gegenseitigkeit, *Anmerkung S.B.*], weil darin offensichtlich

---

„Bauwelt". Doch auch in der Bauwelt wird die Schule besprochen, als Fortsetzung der Reihe zu „ostdeutschen Bauten". (Siehe: O. A. 1954, S. 649-652).
233 Rauda 1954a, S. 505.
234 Vorwort der Schriftleitung zu Rauda 1954a, S. 504.
235 Ebd., S. 504.

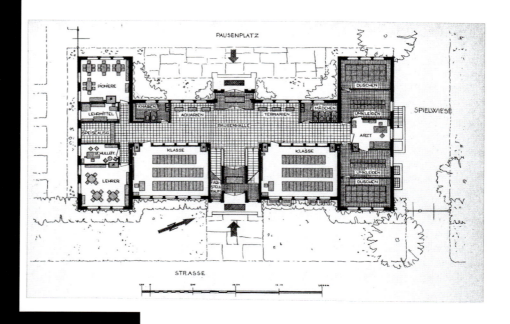

48   Die 1954 von der Deutschen Bauakademie bestimmten
Typenschulen orientieren sich stilistisch deutlich am Leitbild
der „Nationalen Traditionen".

129

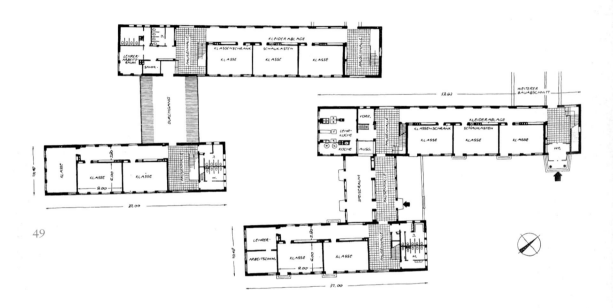

49

50

51

W. Rauda: Zentralschule in Baruth/Bautzen (1954),
Grundriss (49), Eingangssituation (50) und Umgebung (51),
beide Aufnahmen 2018

52

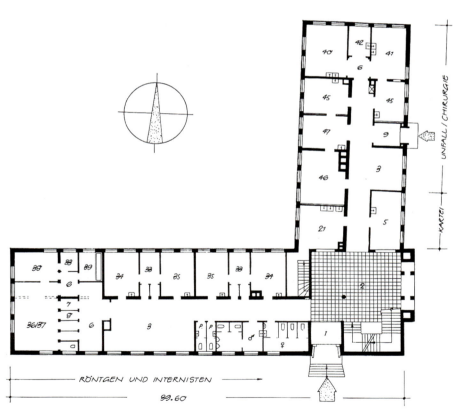

53

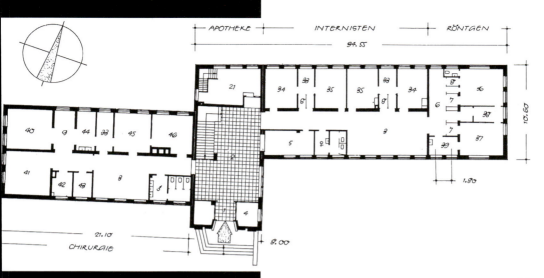

APOTHEKE — INTERNISTEN — RÖNTGEN

CHIRURGIE

54

55

W. Rauda: Krankenhaus in Pirna, Ansicht (52) und Grundriss (54) und Krankenhaus in Görlitz, Grundriss (53) und Ansicht (55)

133

56

57

56   W. Rauda: Wohnheim an der Fritz-Löffler-Straße, 1953, Aufnahme
57   W. Rauda: Wohnheim an der Güntzstraße, 1954, Aufnahme 2018

in einer sehr unwürdigen Weise der Versuch gemacht wird, nicht das Gemeinsame, sondern das Trennende in den Vordergrund zu stellen. Es dürfte auch etwas nachdenklich stimmen, wenn gerade jene Kreise, die die Verunstaltung unserer westdeutschen Städte durch Bauten amerikanischer Unkultur verteidigen, sich anmaßen, von einer ‚sogenannten Kulturzelle‘ an der Architektur-Abteilung der Technischen Hochschule Dresden zu sprechen."[236]

Es ist beinahe selbstverständlich, dass Kurt Liebknecht, damals Präsident der Deutschen Bauakademie und damit Vertreter der sozialistischen Architektur, gleichermaßen Kritik an der westdeutschen Architektur äußert. Mit dem Verweis auf die „amerikanische Unkultur" wird die Abgrenzung zum Kapitalismus und die Ablehnung der Kultur des Westens in die Architektur übertragen. Gleichzeitig offenbart Liebknecht eine andere Problematik: Die Architekturprofessoren der TH Dresden, Rettig, Ochs, Hempel und Rauda, hatten in den 1920er Jahren an der TH Stuttgart studiert und übten einen enormen Einfluss auf die Studierenden aus, indem sie die traditionsbezogene Lehre der Stuttgarter Schule zu Beginn der 1950er Jahre in Dresden fortführten.[237] Auch die durch die Stuttgarter Schule geprägte Formensprache erkennt man an den in den frühen 1950er Jahren von den Dresdner Professoren geplanten Bauten der TH Dresden. Auf den ersten Blick scheint der Bezug auf regionale Bautraditionen beinahe maßgeschneidert auf die Forderungen der Sechzehn Grundsätze des Städtebaus zu passen – die Kritik an den Gebäuden, wie sie auch bei den Wohnheimen an der Güntzstraße geäußert wurde, zeigt allerdings, dass der „Kampf um eine neue deutsche Architektur"[238] in Dresden noch nicht ausgefochten war. Insbesondere aus Berlin und von Seiten der Bauakademie wurde immer wieder Kritik an den Dresdner Architekten geübt[239], die sich insbesondere an dem von Rauda geplanten Wohnheim für Studierende an der Güntzstraße nachvollziehen lässt.

Schon im Jahr 1953 hatte Raudas Entwurfsinstitut die Pläne für das fünfgeschossige Wohnheim an der ehemaligen Reichsstraße, damals Güntzstraße, heute Fritz-Löffler-Straße, erarbeitet und verwirklichen können. Die drei leicht zueinander versetzten Bautrakte werden durch Lisenen voneinander getrennt (vgl. Abb. 56). Insgesamt ist die Fassade schlicht verputzt, schmale Fensterfaschen heben die gerasterte Lochfassade hervor. Die zur Straße hin ausgerichteten Fassaden der Risalite sowie die Erker werden durch den Einsatz von Lisenen vertikal gegliedert und mittels Sandsteinreliefs gestaltet.[240]

Das Wohnheim an der Güntzstraße 28 präsentiert sich heute als L-förmiger, fünfgeschossiger Bau, dessen Fassaden eher schlicht gestaltet sind, abgesehen von der Südseite und den Erkern bzw. dem Eingangsrisalit an der Westseite, deren Gestaltung viel umfangreicher ist. An der Südseite reihen sich elf Fensterachsen eng aneinander, die Dreiteilung der bodenhohen Fenster verstärkt die vertikale Gliederung der breiten

236   UA TU Dresden, Sign. B6.02, 165: Brief Liebknecht an Rauda (04.03.1955).

237   Vgl. hierzu auch die Publikationen zur „Neuen Tradition" von Kai Krauskopf, Hans Georg Lippert und Kerstin Zaschke. Krauskopf/Lippert/Zaschke 2009.

238   Liebknecht 1951, S. 3-4. Hier findet sich auch eine Abbildung von Rettigs Wohnheimentwurf in Dresden, die unterschrieben ist mit den Worten: „Was ist das? Eine Schnitterkaserne? Nein, das soll ein Wohnheim der Arbeiter- und Bauernfakultät bei der Technischen Hochschule in Dresden sein."

239   Dieser Umstand wird an mehreren Stellen deutlich – auch Manfred Zumpe bestätigte es im Gespräch am 31.07.2018.

240   Siehe hierzu: Kunath 2015.

Fassade. Zwischen dem Erd- und dem ersten Obergeschoss sind wie an den Erkern der Westseite Sandsteinreliefs mit floralen Mustern angebracht (vgl. Abb. 57). Die Schlichtheit auf der einen und die starke vertikale Gliederung auf der anderen Seite lässt das heute unter Denkmalschutz stehende Gebäude als „herausragendes Beispiel des Übergangsstils zwischen Tradition und Moderne"[241] erscheinen. So jedenfalls formuliert es heute der Stadtchronist und Kunsthistoriker Thomas Kantschew. Er führt in seiner Beschreibung als Architekten „Wolfgang Rauda und Kollektiv" an, wobei die folgenden Ausführungen zeigen werden, dass dieser herausragende „Übergangsstil" das Ergebnis eines Kompromisses zwischen einem für die Deutsche Bauakademie zu „formalistischen" Entwurfs von Wolfgang Rauda und der viel zu späten Überarbeitung dessen durch einen Mitarbeiter aus dem VEB Projektierung Hochbau Dresden ist.[242]

Mit den ursprünglichen Plänen für das Wohnheim an der Güntzstraße wurde Rauda 1953 beauftragt, als die Vorplanungen für die Bauten an der Fritz-Löffler-Straße gerade abgeschlossen waren.[243] Im November stellte Rauda seine Pläne im Ministerium für Aufbau in der Abteilung Architekturkontrolle vor. Dieser Entwurf war zuvor bereits mit Oberbürgermeister Weidauer und dem Rat der Stadt Dresden besprochen worden.[244] In der Erläuterung seines Entwurfs gegenüber dem Architektenbeirat in Berlin betonte Rauda: „Wir haben eingehende Untersuchungen angestellt, wie sich das Dresdner kulturelle Erbe darstellt und was davon weiter zu übernehmen ist. Wir sind der Ansicht, daß man nicht das kulturelle Erbe mehr oder weniger restaurativ, sondern schöpferisch übernehmen muß. Man muß eine Synthese finden, nicht nur Sandstein und Putz miteinander in Verbindung bringen."[245]

Nach nur wenigen Fragen zur Baustoffbeschaffung und der Anmerkung des Vertreters des Rates der Stadt Dresden zur Bestätigung des Entwurfskonzepts, das neue Formen gebracht hätte und gleichzeitig an die Dresdner Bautradition erinnern würde, zog sich der Architektenbeirat unter Ausschluss der Öffentlichkeit zur Beratung zurück. Das Ergebnis dieser Beratung wurde daraufhin als Stellungnahme verlesen und stellt eine eindeutige Absage an den Entwurf Raudas dar. Begründet wurde die Absage damit, dass Raudas Entwurf „in völligem Widerspruch zu den realistischen Traditionen der deutschen, aber auch insbesondere der Dresdener Architektur" stehe. Im Folgenden wird der Entwurf als „konstruktivistisch", maßstäblich unpassend und „ärmlich monoton" bezeichnet.[246] Nach langen Diskussionen wurde Rauda die Möglichkeit zur Überarbeitung zugestanden, unter der Bedingung, dass er vorerst Besprechungen mit Richard Paulick unternehmen müsse, um die Schwächen des Entwurfs zu erkennen und zu ändern.[247] Die Bitte Raudas, seine Mitarbeiter*innen an einem solchen Gespräch teilhaben zu lassen oder eine öffentliche Diskussion

241 Kantschew o. J.
242 Dabei ist zu sagen, dass aus den Archivalien nicht ersichtlich ist, wo bei dem am Ende gebauten Werk der Entwurf von Rauda aufhört und die Umarbeitung anfängt, da die jeweiligen konkreten Pläne nicht mehr erhalten sind.
243 Vgl. UA TU Dresden, Sign. B6.02, 161: Besprechung über Hochschulfragen (06.03.53).
244 UA TU, Sign. B6.02, 164: Niederschrift über die Sitzung im Ministerium für Aufbau (13.11.53), S. 2.
245 UA TU Dresden, Sign. B6.02, 164: Niederschrift über die Sitzung im Ministerium für Aufbau (13.11.53), S. 2.
246 Ebd., S. 3-4.
247 Ebd., S. 8.

unter den Dresdner Studierenden zu führen, wurde abgelehnt.[248] Mehr als ein halbes Jahr später – der Bau an der Güntzstraße war inzwischen im Rohbau so gut wie fertig gestellt[249] – wurde die Diskussion um die äußere Gestaltung erneut zum Thema im Architekturbeirat. Die entscheidenden Ergebnisse der Besprechungen mit Paulick im November und Dezember 1953 waren die „entschiedenere Differenzierung des Sockelgeschosses und des obersten Geschosses am Südbau", wodurch „eine lagerhaftere Gestaltung des Baukörpers erreicht werden sollte". Außerdem waren „zwischen den einzelnen Pfeilern Sandsteinbaluster" vorgesehen.

Rauda stellte in der Sitzung des Beirates für Architektur seine überarbeiteten Entwürfe vor. Hier schlug er statt der Sandsteinbaluster ein „reicher gehaltenes schmiedeeisernes Gitter" als in den anderen Geschossen vor. Die Entwürfe wurden stark kritisiert, da die Empfehlungen der Konsultationen nur formal aufgenommen und nicht entschieden und konsequent genug durchgeführt worden seien.[250] Somit stellte sich der Entwurf für den Architektenbeirat noch immer als „formalistisch" dar und der Beirat empfahl: „Da es dem Verfasser nicht möglich ist, den Anregungen des Beirates zu entsprechen und die Prinzipien einer realistischen deutschen Architektur zu verwirklichen, empfiehlt der Beirat für Architektur beim Ministerium für Aufbau, für diesen Bauteil einen anderen Projektanten einzusetzen."[251] Dieser „andere Projektant", ein Architekt mit dem Nachnamen Rank aus dem VEB Projektierung Hochbau Dresden, wird bis Anfang September 1954 neue Pläne ausarbeiten, um die Gestaltung der Fassaden den Wünschen des Architektenbeirats anzupassen. Allerdings war der Bau zu diesem Zeitpunkt schon zu weit fortgeschritten, sodass Material und Fenstergliederung schon festgelegt und bestellt worden waren.[252] Der Einfluss des neuen Entwurfs auf die finale Gestaltung der Fassaden konnte daher nur noch in Kleinigkeiten realisiert werden.

In diesem Fall traf die politische Steuerung des Bauwesens auf die Individualität der Bauschaffenden: Die Deutsche Bauakademie bzw. das Ministerium für Aufbau sahen sich in der Pflicht, den von der Regierung geforderten „Sozialistischen Realismus"[253] in der Architektur auch in Dresden umgesetzt zu sehen; Wolfgang Rauda orientierte sich an dem von der Regierung vorgegebenen Grundsatz der regionalen Bautraditionen und interpretierte das barocke Dresden auf seine eigene Weise. Die jeweiligen Vorstellungen, obwohl sie aus derselben Prämisse hervorgegangen waren, waren so unterschiedlich, dass es nicht zu einem für alle akzeptablen Ergebnis kam. Selbstverständlich sieht man sowohl dem Wohnheim in der heutigen Fritz-Löffler-Straße als auch dem sogenannten „Güntzpalast" die für Raudas Ausbildung typische Formensprache der Stuttgarter Schule an. Diese ist ebenfalls, trotz einer ähnlichen Prämisse der Beachtung regionaler Traditionen, nicht mit dem geforderten sozialistischen Verständnis dessen gleichzusetzen, da die Beachtung der historischen

248   Ebd., S. 9.
249   BA, Sign. DH 1-38724: Protokoll der Sitzung des Beirates für Architektur beim Ministerrat der DDR in Berlin am 20.08.1954, Bericht über die Baustellenbesichtigung an der Güntzstraße.
250   BA, Sign. DH 1-38724: Protokoll der Sitzung des Beirates für Architektur beim Ministerrat der DDR in Berlin am 29.6.1954 in Berlin, S. 5.
251   Ebd.
252   BA, Sign. DH 1/38724: Protokoll der Sitzung des Beirates für Architektur beim Ministerrat der DDR in Berlin am 3.9.1954 in Berlin, S. 5.
253   Siehe dazu das Kapitel „Die ‚Stunde Null' – Zerstörung als Chance".

Gegebenheiten trotz allem den politischen Forderungen nach zeitgemäßer staatlicher Repräsentation unterzuordnen waren.[254]

1952, kurz nach Raudas Berufung, waren Schwierigkeiten bei der Vergabe von Hochschulprojekten deutlich geworden. Insbesondere Prof. Henn setzte sich bereits seit 1950 dafür ein, dass die Architekten der Fakultät Bauwesen die Bauten der Hochschule Dresden planen müssten. Hierfür gründete die Professorenschaft im August 1952 ein „streng organisiertes Kollektiv", das „sämtliche für die neuen Hochschulbauten jetzt und in Zukunft vorliegenden Projektierungen" durchführen müsse.[255] Tatsächlich wurden im Folgenden einige Aufträge an die Architektenschaft der Fakultät Bauwesen vergeben, doch die Einmischung der Bauakademie blieb weiterhin enorm, wie exemplarisch bei Raudas Wohnheimbauten deutlich geworden ist. Rauda bemängelte hierbei immer wieder, dass die Deutsche Bauakademie in Berlin sich zu sehr in Gestaltungsfragen einmischen würde: „Es muß seitens des Rektors verlangt werden, daß der Architekturbeirat beim Ministerrat Bauprojekte der TH. nicht mehr in Berlin sondern nur noch in Dresden im Beisein der Projektanten behandelt."[256] Offensichtlich wurde die Kritik der Bauakademie in einem Brief Kurt Liebknechts an Rauda im Frühjahr 1955: „Ich bin der Auffassung, daß die neuen Bauten der Technischen Hochschule nach wie vor im allgemeinen primitiv gestaltet sind und nicht dem Charakter Dresdens entsprechen."[257] Er bezog diese „primitive Gestaltung" nicht ausschließlich auf die Bauten Raudas, sondern insgesamt auf die Hochschulbauten der ehemaligen in Stuttgart Ausgebildeten. Dies habe laut Liebknecht unmittelbare Folgen für die Lehre: Die Lehrenden hätten enormen Einfluss auf die Studierenden und deren Entwurfshaltung und seien damit verpflichtet, „die Forderungen unserer Regierung nach einer nationalen Architektur zu verwirklichen".[258] Unter diesem Gesichtspunkt scheint die gefühlte Einmischung Berlins in die Bauprojekte Dresdens real zu sein – Liebknecht gibt schließlich hier die Begründung dafür: Die Regierung möchte das sozialistische Bauen umsetzen, die Dresdner Architekturprofessoren aber können dies nicht gewährleisten. Daher müssten diese in die Richtung gelenkt werden, um die nächste Generation Architekt*innen im „richtigen Sinne" auszubilden.

Der Lehrstuhl für Wohnungsbau und Entwerfen

Tatsächlich wird bei der Betrachtung des Lehrkonzepts von Raudas Entwurfsinstitut der Einfluss der Stuttgarter Schule sehr deutlich. Schon bei Raudas Antrittsvorlesung am 13.11.1952 unter der Überschrift *Bauliches Gestalten im alten und neuen Dresden* nahm Rauda Bezug auf eine Lehre im Sinne des von Wetzel geprägten Begriffs der Stadtbaukunst und der Idee des gesamtheitlichen Entwerfens.[259] Die Stadt

---

254   Vgl. Karrasch 2015.
255   UA TU Dresden, Sign. B1.01-444: Fakultät Bauwesen an das Rektorat der TH Dresden (21.08.52).
256   UA TU Dresden, Sign. B6.02, 29: Semesterabschlussbericht (02.12.1954), verfasst von Wolfgang Rauda, 4 Seiten. Ausschlaggebend für diese Kritik war die Baustellenbesichtigung an der Güntzstraße, die in Raudas Abwesenheit durchgeführt wurde. (Vgl. BA, Sign. DH 1-38724: Protokoll der Sitzung des Beirates für Architektur beim Ministerrat der DDR in Berlin am 20.08.1954, Bericht über Baustellenbesichtigung Güntzstraße)
257   UA TU Dresden, Sign. B6.02, 165: Brief Liebknecht an Rauda (04.03.1955).
258   Ebd.
259   UA TU Dresden, Sign. B1.01 – 105 (Bekanntmachungen zu Ereignissen an der Technischen Hochschule): Einladung zur Antrittsvorlesung Wolfgang Raudas.

stellte er als Ganzheit und „baulichen Organismus" dar,[260] und will in seiner Lehre das „Schauen" verankern. Er referierte dabei nicht auf seinen eigenen Städtebaulehrer Wetzel, sondern auf Johann Wolfgang von Goethe, der neben Albrecht Dürer als großer (gesamt-)deutscher Künstler auch in die national-traditionalistischen Vorgaben der Deutschen Bauakademie passe.[261] Am Beispiel des Altmarkts in Dresden stellte er sein Konzept für den Wiederaufbau der Innenstadt vor, das als klare Kritik an der bisherigen Vorgehensweise zu sehen ist.[262] Damit ist diese Antrittsvorlesung weniger als Werkbericht oder als Ausblick auf das Lehrgebiet Raudas zu sehen, sondern eher als Kritik an der aktuellen Baupolitik. Er zeigt hierin außerdem seine Forschungstendenz und die inhaltliche Ausrichtung der Lehre in den nächsten Jahren: die Analyse von Stadtbaugeschichte, um sowohl das Ganze als auch das jeweils Individuelle einer Stadt zu erkennen und weiter zu entwickeln. Dass er einen Lehrstuhl für Wohnungsbau besetzte, kann man aus der Antrittsvorlesung kaum ablesen.

Laut den Vorlesungsprogrammen der Jahre 1952 bis 1958 war der Lehrstuhl „Entwerfen und Wohnungsbau" ausschließlich für das Hauptstudium ab dem 4. Studienjahr in die Lehre eingebunden. In jedem Semester bot Rauda zwei Entwurfsseminare an, eines für das 4. Studienjahr und eines für das 5. Studienjahr. Darüber hinaus leitete Rauda die „Einführung in das Entwerfen" im 4. Studienjahr und hielt, teilweise gemeinsam mit Professor Schubert, die Vorlesung zur Gebäudelehre.[263] Das Studium an der Fakultät Bauwesen umfasste zu diesem Zeitpunkt 5 1/3 Jahre, wobei das letzte Drittel für die Diplomprüfung vorgesehen war. Im Grundstudium vom 1. Studienjahr bis zum 3. Studienjahr wurde die allgemeine und technische Grundausbildung gelehrt, ab dem 4. Studienjahr standen vier Vertiefungsmöglichkeiten offen: Städtebau, Industrie- und Verkehrsbau, landwirtschaftliches Bauwesen sowie Baugeschichte und Denkmalpflege.[264] Die unter anderem durch das Entwurfsinstitut Raudas vertretene Gebäudelehre wurde in der Diplomprüfung selbst abgenommen, da die Zwischenprüfungen sich – abgesehen von den politischen Fächern wie Marxismus-Leninismus – auf die technischen, künstlerischen und historischen Fächer beschränkten.[265] Das Entwerfen selbst war erst am Ende des 3. Studienjahres Teil des Curriculums, dennoch nahm es für Rauda einen enorm wichtigen Teil der

---

260   Rauda 1952/53, S. 965.

261   Vgl. Zaschke 2009, S. 265.

262   Genauer wird diese Kritik noch bei der Erläuterung des städtebaulichen Werkes Raudas betrachtet. Raudas Antrittsvorlesung wurde – anlässlich des 75. Geburtstages von Otto Schubert – in der Wissenschaftlichen Zeitschrift der TH Dresden publiziert. (Siehe hierzu: Rauda 1952/53). Allerdings handelt es sich hier nicht um die wortwörtliche Wiedergabe des Manuskripts: Scheinbar hatte Rauda auf Anfrage der Presseabteilung der TH Dresden einige Streichungen vorzunehmen und ein einführendes Vorwort zu verfassen. Dieses Vorwort ist allerdings ohne gesonderte Formatierung dem Manuskript vorangestellt, sodass nicht deutlich wird, wann die eigentliche Antrittsvorlesung beginnt. Vgl. UA TU Dresden, Sign. B1.01-473: Brief Rauda an Weichold (01.12.53). Aus der Beschwerde Raudas, die er der Presseabteilung zukommen lässt, wird deutlich, dass der eigentliche Vortrag auf der ersten Seite der Publikation, zweite Spalte, erster Absatz mit „Wenn wir uns mit den baugestalterischen Problemen einer Stadt befassen..." beginnt.

263   Ab dem Frühjahrssemester 1958/59, dem Semester, in dem Rauda nicht mehr in Dresden lebte, übernahm Prof. Münter die Entwürfe. Danach sind keine weiteren dieser Lehrveranstaltungen in den Vorlesungsprogrammen mehr aufgelistet.

264   BA, Sign. DR 3/4996: Studienplan der Fakultät Bauwesen (01.09.1954), S. 2.

265   Ebd., S. 3.

Lehre ein. Er plädierte sogar dafür, die technischen und politischen Fächer zu reduzieren, damit die Studierenden mehr Zeit für das Lernen des Entwerfens haben und
vertrat die Ansicht, die Veranstaltung zu den Grundlagen des Entwerfens müsse jedes
Semester durchgeführt werden, statt wie bisher nur einmal im Studienjahr.[266] Diese
Haltung liegt in den eigenen Erfahrungen Raudas an der TH Stuttgart begründet.[267]

Aus verschiedenen Institutsberichten wird ersichtlich, dass Rauda in der Entwurfslehre selbst insbesondere auf das Stegreifentwerfen und Baustellenbesich-
tigungen setzte, um sowohl die Kompetenzen im Entwurf zu fördern als auch die
Praxisnähe herzustellen.[268] In den eigentlichen Entwürfen ließ er teilweise Alternativen zu bereits realisierten Vorhaben erarbeiten, die Themen wurden eher regional
gewählt und beziehen sich größtenteils auf Dresden. Zu den Entwurfsthemen zählen
Hotels, Gaststätten, Einkaufszentren und Bibliotheken. Im Studienjahr 1955 konzentrierte sich Rauda beispielsweise auf Dresden-Hellerau[269] als Beitrag zur Ausstellung
der *Union Internationale des Architects* (UIA) in Brüssel.[270]

Darüber hinaus versuchte Rauda häufig, seinen Forschungsschwerpunkt zur
Stadtgeschichte Dresdens in die Aufgaben einzubringen, indem er beispielsweise
gemeinsam mit Professor Hentschel im Herbstsemester 1955 die Entwurfsaufgabe
„Neuaufbau der Dresdner Neustadt" herausgab.[271] Abgesehen von solchen interdis-
ziplinär mit anderen Lehrstühlen und Professuren durchgeführten Lehrveranstaltungen zeigen die Semesterberichte der Fakultät, dass Raudas Institut sich stets bemühte, auswärtige Besucher als Gastkritiker und Vortragende einzuladen sowie Exkursionen zu organisieren. Hierzu gehörten Gastvorträge zu bestimmten Teilgebieten
der Gebäudelehre, wie die des Architekten Schäfer aus Bremen mit dem Schwerpunkt auf Schwimmbadbauten oder der Bericht des Architekten Nierade über den
Neubau der Leipziger Oper.[272]

Daneben zeigten auch Besuche beispielsweise von Hans Döllgast und Franz
Hart aus München[273] oder Studierenden aus Hannover und Darmstadt[274] zur Besich-
tigung der Entwurfsarbeiten des Instituts, dass Rauda sein fachliches Netzwerk insbesondere nach Westdeutschland auch in der Lehre nutzte.[275] Nicht immer wurde
dies allerdings genehmigt: Eine Exkursion zur Baustelle des Hansaviertels, die Rauda
gemeinsam mit Prof. Mühler und Prof. Schubert auf Einladung des BDA durchführen

266   UA TU Dresden, Sign. B1.0.1-473: Schreiben Raudas an Rektor Peschel
       und Verwaltungsdirektor Ehrlich (24.04.1954).
267   Vgl. Sohn 2015. Siehe auch das Kapitel „Herkunft, Studium und erste Aufträge".
268   Rauda 1955, S. 976-977.
269   Ebd., S. 976.
270   O. A. 1958.
271   Rauda 1955, S. 976-977.
272   UA TU Dresden, Sign. B6.02, 29: Semesterabschlussbericht (20.08.1954), verfasst von
       Oberassistent Schubert.
273   UA TU Dresden, Sign. B6.02, 29: Semesterabschlussbericht (27.06.1955), verfasst von
       Wolfgang Rauda, 1 Seite.
274   UA TU Dresden, Sign. B6.02, 29: Semesterabschlussbericht (19.06.1956), verfasst von
       Wolfgang Rauda, 1 Seite.
275   Döllgast hat sich wohl sehr lobend zu den Entwurfsarbeiten geäußert.
       (Siehe UA TU Dresden, Sign. B6.02, 29: Semesterabschlussbericht (27.06.1955), verfasst
       von Wolfgang Rauda, 1 Seite). Es wird darüber hinaus auch von anderen Besuchen
       wie Studentendelegationen aus Bulgarien und der CSR berichtet, diese werden aber
       nicht näher spezifiziert.

wollte,[276] wurde mit der Begründung abgelehnt, dass aufgrund der „Vorkommnisse der letzten Woche (z.B. der Beteiligung West-Berliner Studenten an Ruhestörungen an der Humboldt-Universität)"[277] Bedenken bestünden, die angereisten Dresdner Studierenden könnten beeinflusst werden.[278] Auch eine im Oktober 1956 von Rauda geplante Exkursion zusammen mit dem Architekten Werner Keyl, dessen Schwerpunkt im Gesundheitsbau lag,[279] fand nicht statt, da Keyl die entsprechende Finanzierung nicht aufbringen konnte.[280]

Lehrkonzept

Die Inhalte der Vorlesungen Raudas können dagegen kaum noch nachvollzogen werden. Im Universitätsarchiv ist lediglich ein Ablaufplan der Vorlesung zum Gesundheitsbau zu finden, der einen klassischen Vorlesungsaufbau mit Begriffsdefinitionen und Beispielbesprechungen darstellt.[281] Sehr viel aufschlussreicher für Raudas Haltung in der Lehre ist ein auf den 2. Oktober 1952 datiertes Manuskript zur Einführung in die Vorlesung zur Gebäudelehre. Abgesehen von der bereits beschriebenen möglichst praxisnahen Lehre werden in dieser Vorlesung sowohl seine inhaltliche Herangehensweise als auch seine fachlichen Vorbilder deutlich. Die Vorlesung ist als Reihe zu sehen, in deren ersten Teil vornehmlich der Wohnungsbau behandelt wurde, während im zweiten Teil der Bogen von den Gesundheitsbauten zu den großräumlichen Strukturen geschlagen werden sollte. Ziel der Vorlesung war es, den Teilbereich Wohnungsbau innerhalb der Gebäudelehre zu analysieren und etwas „allgemeingültiges, einen die Zeiten überdauernden richtigen gültigen Weg und die Lösungsmöglichkeiten auf diesem Wege zu erkennen"[282]. Hierfür sei laut Rauda der historische Rückblick unbedingt notwendig, um in der Baugeschichte „Irrwege" und „wegweisende, entwicklungsmögliche Gedankengänge" zu identifizieren. Rauda teilte die Gebäudelehre in Gebäude von „zellenartigen Strukturen" (Wohnungsbau, Verwaltung und Gesundheitsbau) und „großräumlichen Strukturen" (Sakral- und Kulturbauten) ein, wobei die bloße Grundrissoptimierung nur einen Teil der Gebäudelehre ausmache. Die Hauptaussage seiner Vorlesung ist die Betonung der Ganzheitlichkeit der Aufgabe: Der Entwurf eines Gebäudes bestehe sowohl aus der Organisation der

276   UA TU Dresden, Sign. B 1.01. – 672 (1955-1956 Exkursionen im In- und Ausland), Bl. 51: Rauda an Rektor Pommer der TH Dresden (28.11.56).

277   Ebd.; Aus dem Brief geht auch hervor, dass dies nicht die einzige Anfrage auf eine Exkursion nach West-Berlin ist, die wegen dieser Bedenken abgelehnt wurden.

278   Ebd.

279   UA TU Dresden, Sign. B6.02, 29: Brief Rauda an Keyl (13.10.1956). Rauda schlägt Keyl in diesem Brief schon einen detaillierten Fahrplan vor und erläutert ausführlich die Genehmigungsprozeduren für den Aufenthalt in der DDR.

280   Ebd.; Keyl bedankt sich zwar überschwänglich für die ausführlichen Planungen Raudas, es wird aber auch deutlich, dass die ursprüngliche Idee einer Exkursion in der DDR weniger definitiv gemeint war als Rauda es aufgefasst hat. Die Exkursion wird auch im Jahr 1957 nicht stattfinden.

281   UA TU Dresden, Sign. B6.02, 126 (Vorlesungsprogramme der Abteilung Architektur, 1953-1954): Gliederung der Vorlesung „Gebäudelehre – Gesundheitsbauwesen" (25.03.1953).

282   UA TU Dresden, Sign. B6.02, 164 (Zusammenarbeit zwischen Entwurfsinstitut und Rat der Stadt Dresden, Abt. Stadtplanung und Architektur): Vorlesungsmanuskript (02.10.1952), umfasst 20 maschinenschriftliche Seiten. Die folgenden direkten Zitate sind aus diesem Manuskript übernommen.

„Notwendigkeiten" als auch aus der „Ueberschau" des Städtebaus. Der städtebauliche Kontext, in den jedes Gebäude – unabhängig ob Wohn- oder Verwaltungsbau – eingebunden sei, sei entscheidend für die Wirkung eines Bauwerks. Die Gebäudelehre sei daher eine entscheidende Voraussetzung für ein zu schaffendes Ganzes: „Bauen ist [...] Raumbildung und Körperbildung." In der Ausführung dieser These bezog sich Rauda auffällig auf Martin Heideggers Vortrag auf dem 2. Darmstädter Gespräch 1951 *Bauen, Wohnen, Denken*, indem er genauso die Begriffe „Sein" und „Bauen" in den Zusammenhang ihrer altdeutschen Wurzeln brachte.[283] Während er hiermit einerseits eine aktuelle Quelle benutzte, diese aber nicht konkret benannte, wird andererseits auch die konservative Herangehensweise mit einem großen Lob auf das Handwerk deutlich, wenn er einen konkreten Verweis auf *Das Buch vom eigenen Haus* von Walter Kratz[284] erwähnt, das 1941 erstmals in Zusammenarbeit mit Alfons Leitl erschienen war.[285] Diese Feststellung zu einem Mangel im Bauwesen passt zum Gedanken an eine Art „Gesamtkunstwerk", in dem das Innere eines Gebäudes im Entwurf den gleichen Stellenwert einnimmt wie die äußere Erscheinung. Dies entspricht den Ideen des frühen 20. Jahrhunderts im Wandel vom Historismus zur Moderne, die unter anderem durch Hermann Muthesius und Theodor Fischer geprägt wurden und damit unter anderem Raudas Werdegang stark beeinflusst haben.[286] Den Abschluss der Einführungsvorlesung zur Gebäudelehre bildet ein Hinweis auf die 16 Grundsätze des Städtebaus: Sie würden den von Rauda besprochenen Begriff der „Gesamtkomposition" legitimieren und nicht nur den Städtebau betreffen, sondern auch „wesentliche Formulierungen und Hinweise für die Einzelgestaltung".[287] In der Vorlesung solle daher immer wieder auf die aktuellen städtebaulichen Entwicklungen in Dresden und die laufenden Wettbewerbe berichtet werden, um die Studierenden „mit den uns jetzt bewegenden Gedankengängen kritisch vertraut zu machen"[288]. Rauda betonte dabei, dass sein „Kollektiv" bei vielen Wettbewerben beteiligt gewesen wäre und sagte voraus, „dass es dabei heisse Diskussionen geben wird, zumal ich aus teilweise alten ausgefahren erscheinenden Gleisen gekommen bin."[289] Diese scheinbare Selbstkritik als konservativ wird untermauert durch seinen späteren Bezug auf Theodor Fischer, den „süddeutschen Altmeister, der Lehrer meines Lehrers Paul Bonatz". Rauda setzte sich allerdings mit dieser Aussage

283   Vgl. Heidegger 1952.

284   Walter Kratz scheint ebenso wie Rauda eine Persönlichkeit „zwischen den Systemen" zu sein: Als Büromitarbeiter bei Schulte-Frolinde und Hermann Giesler in den 1940er Jahren hat er durchaus eine nennenswerte berufliche Stellung im Nationalsozialismus vorzuweisen – nach dem Krieg war auch er größtenteils als freischaffender Architekt tätig, hat aber dann zwischen 1947 und 1954 gemeinsam mit Alfons Leitl die progressive Zeitschrift „Baukunst und Werkform" herausgegeben. Insgesamt scheint er sehr stark von seiner Ausbildung bei Muthesius geprägt gewesen zu sein, was den starken Bezug auf das Handwerk erklären würde. (Kieser 2008)

285   UA TU Dresden, Sign. B6.02, 164 (Zusammenarbeit zwischen Entwurfsinstitut und Rat der Stadt Dresden, Abt. Stadtplanung und Architektur): Vorlesungsmanuskript (02.10.1952), umfasst 20 maschinenschriftliche Seiten.

286   Siehe hierzu das Kapitel „Herkunft, Studium und erste Aufträge".

287   UA TU Dresden, Sign. B6.02, 164 (Zusammenarbeit zwischen Entwurfsinstitut und Rat der Stadt Dresden, Abt. Stadtplanung und Architektur): Vorlesungsmanuskript (02.10.1952), umfasst 20 maschinenschriftliche Seiten.

288   Ebd.

289   Ebd.

nicht in ein antimodernes Licht, sondern stellte sich in eine Reihe mit seinen Kollegen Rettig, Ochs und Hempel.[290] Die Weiterführung der Stuttgarter Traditionen in Dresden hat ihren Höhepunkt in einer Festschrift für Paul Schmitthenner zu dessen siebzigsten Geburtstag und einem Vortrag Schmitthenners in Dresden im Frühjahr 1955.[291] Schmitthenner hatte schon 1931, vermutlich auf Initiative von Adolf Muesmann, Hans Freese und Wilhelm Jost, die Ehrendoktorwürde der TH Dresden erhalten.[292] Die entsprechende Urkunde war im Krieg zerstört und zusammen mit der Festschrift 1955 neu ausgehändigt worden.[293] Diese Vorgänge ehren den ehemaligen Stuttgarter Lehrer als „ausgezeichneten Baukünstler und Lehrer"[294], dessen weiterentwickelte Lehrmethoden in der Festschrift in verschiedenen Beiträgen vorgestellt werden. Die zweibändige Schrift beinhaltet Aufsätze von Heinrich Rettig, Wolfgang Rauda und dem Mitarbeiter von Otto Schubert, Emilio Kentzler, sowie Studienarbeiten aus verschiedenen Instituten.

Während Kentzler durch den Abdruck von Teilen seiner Dissertation *Die Perspektive als raumerschließendes Element in den Werken Albrecht Dürers* den Zusammenhang zwischen perspektivischer Darstellung und Architekturentwurf herstellt, bespricht Rettig die *Industrialisierung im Wohnungsbau* in Reminiszenz an die Forderungen Chruschtschows nach dem neuen Leitbild „besser, billiger und schneller bauen".[295] Raudas Aufsatz ist ein Sonderdruck seines Artikels in der Wissenschaftlichen Zeitschrift der TH Dresden, der im Jahr zuvor unter dem Titel *Vom Entwerfen und seiner Methodik. Gedanken aus der Praxis eines Entwurfslehrstuhls* erschienen war. Hierin propagierte er seine gesamtheitliche Entwurfshaltung wie Rauda sie in der Lehre Schmitthenners erfahren hat: Freie Entwurfswahl aus regionalen Projekten, viel Anschauungsmaterial zum besseren Verständnis, eine Durcharbeitung von städtebaulichen Aspekten bis hin zur Detailarbeit und selbst das dialogische Prinzip umschrieb Rauda in seinen eigenen Worten als Grundpfeiler seiner Lehre. Mit der eindeutigen Referenz an die Lehre der Stuttgarter Schule verband Rauda eine Kritik an der Deutschen Bauakademie. Deren „normative Vorgaben", „vorgestanzte Vorgaben" und Einmischung in Bauvorhaben, wie die Diskussion um Raudas Wohnheimbauten gezeigt haben, setzte Rauda mit „Phantasielosigkeit" gleich.[296]

Gleichzeitig ignorierte er in der Gegenüberstellung seiner Entwürfe zum Belvedere in Dresden und der Beethovenhalle in Bonn beinahe die deutsch-deutsche Teilung: Dass die beiden Entwürfe unterschiedliche Bauaufgaben innerhalb verschiedener politischer Systeme darstellen, zeigt die von Rauda selbst eingenommene Vermittlerrolle. Diese ist auch eine Grundlage der Festschrift für Schmitthenner, deren Bedeutung Kerstin Zaschke in ihren Forschungen wie folgt zusammenfasst: „Sie ist eine programmatische (Verteidigungs-)Schrift für die Architekturlehre an der TH Dresden gegenüber der Deutschen Bauakademie und zugleich Spiegel der deutsch-deutschen Verhältnisse."[297]

290   Escherich 2010.
291   Eine genaue Erläuterung der Umstände hat Kerstin Zaschke (TH Dresden) vorgenommen: Zaschke 2009.
292   Zaschke begründet die Wahl der Initiatoren mit ihren jeweiligen Biografien: Zaschke 2009, S. 250-253.
293   Ebd., S. 262.
294   Dresdner Anzeiger (23.06.1930), H. 231, zit. n.: Ebd., S. 247.
295   Siehe hierzu das Kapitel „Die ‚Stunde Null' – Zerstörung als Chance".
296   Zaschke 2009, S. 268-271.
297   Ebd., S. 272.

Die Lehre von Wolfgang Rauda scheint beliebt gewesen zu sein. Sowohl Manfred Zumpe betonte die Beliebtheit der Vorlesung Raudas als auch Raudas Kollege Eberhard Hempel. Er drückte sein Bedauern über den Verlust Raudas als Kollegen noch 1964 in einem Brief an Rauda aus, als dieser schon in Hannover lebte: Rauda könne den Studierenden in seiner „lebendigen Weise" nicht mehr vermitteln, „was sie brauchen".[298] Trotzdem war die Lehre Raudas nicht frei von Kritik: Ein Umstand, den Rauda in späteren Begründungen zu seiner Ausreise immer wieder benannte, war die Kritik an seiner Vorlesung im Gesundheitsbau.[299] Man könnte diesen Umstand als lapidar bezeichnen, allerdings sind die Umstände der Kritikäußerung hierbei entscheidend: Kurt Liebknecht erläuterte in seiner Rede auf der Plenartagung der Deutschen Bauakademie im Januar 1955 zur *Bedeutung der Unions-Baukonferenz in Moskau für die Aufgaben im Bauwesen der Deutschen Demokratischen Republik*, dass Raudas Lehre beispielhaft für die zu westlich ausgerichtete Lehre der TH Dresden stehe. Diese Rede wurde in der Zeitschrift *Deutsche Architektur* abgedruckt.[300]

Die Entwurfslehre an der TH Dresden, so Liebknecht, sei geprägt durch die praktische Erfahrung der Professorenschaft – aber die Bauten von Rauda und Rettig würden kaum die „Entwicklung einer deutschen Architektur" darstellen. Dies würde sich auch im Vorlesungsprogramm Raudas offenbaren, in dessen Literaturvorgaben „von 86 für das Studium angeführten Quellen nur 3 aus unseren Verlagen" stammten, und der Rest aus Westdeutschland.[301] Rauda würde sich nicht intensiv genug mit der Literatur aus den sozialistischen Ländern beschäftigen. Nach dieser Veröffentlichung war es logisch, dass Rauda selbst versuchte, sich schriftlich mit dem Mangel an entsprechenden Fachpublikationen aus den Sowjetstaaten zu rechtfertigen.[302] Liebknechts Antwort darauf war ausweichend,[303] allerdings scheint es, als ob dieses Thema noch häufiger zur Sprache gekommen wäre.[304]

Forschungsprojekte

Neben der Lehre und der Arbeit des Entwurfsinstituts bemühte sich Rauda auch um die Arbeit an Forschungsprojekten. Der Fokus des Instituts lag hierbei laut eines Semesterabschlussberichtes aus dem Jahr 1955 auf der „Darstellung alter Stadt- und Raumschönheiten Dresdens" mit dem besonderen Schwerpunkt der Entwicklung

---

298   Privatnachlass Rauda: Brief von Eberhard Hempel an Rauda (19.05.1964).

299   SLUB-Archiv, Sign. Mscr.Dresd.App.2842, 2441: Brief Rauda an Göderitz (08.11.58).

300   UA TU Dresden, Sign. B6.02, 165: Brief Rauda an Liebknecht (04.02.1955).

301   Liebknecht 1955, S. 61-62.

302   UA TU Dresden, Sign. B6.02, 165: Brief Rauda an Liebknecht (04.02.1955).

303   „Ich bin auch nicht der Ansicht, daß keine Fachliteratur aus Westdeutschland oder aus dem kapitalistischen Ausland genannt werden sollte; aber zumindest halte ich es für notwendig – insbesondere für die Studenten – eine kritische Auswahl zu treffen und nicht zuletzt auf die Literatur hinzuweisen, die uns heute bereits aus der Sowjetunion, den volksdemokratischen Ländern und bei uns selbst zur Verfügung steht." UA TU Dresden, Sign. B6.02, 165: Brief Liebknecht an Rauda (04.03.1955).

304   In einem Brief an Göderitz im August 1958 schreibt Rauda erneut davon, dass Liebknecht ihn im persönlichen Gespräch immer wieder darauf hingewiesen hätte, seine Vorlesung sei zu westlich ausgerichtet (SLUB-Archiv, Sign. Mscr.Dresd.App.2842, 2441: Brief Rauda an Göderitz (08.11.58)). Auch in einem Brief Raudas an das ZK der SED, namentlich Herrn Spaltholz, rechtfertigt Rauda sich ausführlich für seine Literaturauswahl (UA TU Dresden, Sign. B6.02, 165: Auszugsweise Abschrift eines Briefes von Rauda an Spalteholz (26.03.1955)).

des Altmarktes vom Barock über die erste und die zweite Hälfte des 20. Jahrhunderts.[305] Doch an seinem Institut etablierte er darüber hinaus auch Forschungsvorhaben mit sehr heterogenen Themenstellungen. Dies wird beispielsweise an dem Forschungsplan der Fakultät Bauwesen aus dem Jahr 1953 deutlich, der Ende des Jahres von der Forschungsabteilung der TH Dresden evaluiert wurde.[306]

In diesem Bericht werden die von einzelnen Lehrstühlen der Fakultät für Bauwesen vorgeschlagenen Forschungsvorhaben aufgelistet und auf ihre Durchführbarkeit sowie Passgenauigkeit in das Forschungsprofil der TH Dresden bewertet. Vorangestellt wird die Bedingung einer besseren Koordinierung der Forschungsaufgaben unter den Architekturfakultäten der DDR. Die jeweils zwei Anträge der Institute für Ausbautechnik und Hochbau sowie Baustoffe und Hochbaustatik wurden bedingungslos befürwortet, die beiden Anträge des Lehrstuhls für Industriebauten und Hochbaukonstruktion positiv evaluiert und lediglich eingeschränkt. Als Inhaber des vierten hier aufgelisteten Lehrstuhls hatte Wolfgang Rauda sieben Forschungsaufträge zu sehr unterschiedlichen Themen eingereicht: Themen zu stadthistorischer Forschung, Grünflächengestaltung, Wohnungsbau, die bautechnische Untersuchung von Krankenhäusern und „Gestaltungsfragen Dresdens" zeigen die gesamte Bandbreite auf.[307]

Abgesehen von dem Forschungsauftrag zu Gestaltungsfragen Dresdens wurde keiner dieser Vorschläge befürwortet. In den jeweiligen Begründungen zu den abgelehnten Anträgen steht, sie seien lediglich für ein Dissertationsthema ausreichend oder würden nicht in das Lehrgebiet passen. Obwohl diese Aussagen ohne die genauen Ausführungen zu den einzelnen Themen nicht verifizierbar sind, ergeben sich doch zwei Beobachtungen: Erstens schien sich Rauda außerordentlich zu bemühen, breit aufgestellte Forschungsvorhaben an der Fakultät und insbesondere an seinem Institut zu etablieren, allerdings sind die Begründungen zur Ablehnung nur sehr knapp gehalten, sodass der von Rauda wahrgenommene „Ausschluss" aus der Wissenschaft ein naheliegender Gedanke ist. Trotzdem wird Rauda einige der hier vorgestellten Vorhaben in den nächsten Jahren durchführen.[308]

Forschungsreisen

Für Raudas Forschungsinteresse besonders relevant sind Auslandsreisen, die er in den vorlesungsfreien Semesterferien durchführte. Abbildung 58 zeigt deutlich den Fokus Raudas auf westeuropäische Länder. In seiner Personalakte und den ausführlichen Listen zu West- und Auslandsreisen von Hochschulangehörigen der TH Dresden lassen sich zwischen 1954 und 1958 zwölf Dienstreiseanträge auf Reisen in das Ausland nachweisen. Elf dieser Anträge betrafen Reisen nach Westeuropa bzw. in die Bundesrepublik. Begründet wurden diese Reisen häufig mit Konferenzen, zu denen Rauda eingeladen worden war. Auf eine der Reisen bzw. Reiseanträge soll im Folgenden noch etwas näher eingegangen werden, da hier hochschulpolitische Entwicklungen bezüglich der Einschränkung von Raudas Reisefreiheit sowie seine Beweggründe für

305   Rauda 1955, S. 976-977, hier S. 977.
306   BA, Sign. DR 3/4884: Abteilung Forschung, Forschungsplan Architektur (15.12.1953).
307   Ebd.
308   1958 erschien eine Publikation von Rauda und Delling zu Rathäusern in einem westdeutschen Verlag (Delling 1958), andere Themen werden als Dissertationsprojekte von seinen Mitarbeitern bearbeitet.

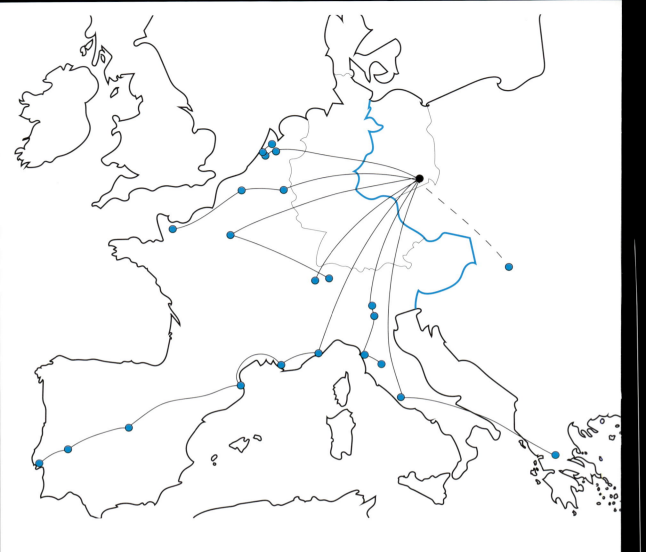

die Reisen deutlich werden: Der Antrag auf die Reise zum Internationalen Kranken-hausbaukongress nach Luzern mit einem daran anschließendem Besuch in Paris.

Diesen Dienstreiseantrag stellte Wolfgang Rauda im Mai 1955, versehen mit dem Hinweis, im Anschluss an die Tagung in Luzern einer privaten Einladung nach Paris folgen zu wollen. Obwohl Rektor Peschel die Reise offenbar vorerst genehmig-te, wurde dieses Einverständnis vom Sekretariat des Ministeriums für Hoch- und Fachhochschulwesen zurückgenommen. In einem Schreiben des Staatssekretariats an den Rektor hieß es dazu, Rauda müsse erst eine Reise in das sowjetische Ausland planen, bevor ihm „eine weitere Reise in das kapitalistische Ausland genehmigt wird". Es sei der Eindruck entstanden, „daß Herr Prof. Rauda sich sehr einseitig orientiert" hätte.[309] In einem von Rauda angefertigten Protokoll zu einem diesbezüglichen Gespräch mit Wolfgang Hartmann vom Staatssekretariat für Hochschulwesen erläu-terte Rauda, dass er sich durchaus bemüht hätte, eine Reise in die CSR[310] zu planen, Hartmann darauf aber wohl nicht reagiert hätte. Dieses Gesprächsprotokoll übergab Rauda an Rektor Peschel und schloss mit dem Satz: „Ich habe nunmehr den Glauben nahezu an alles hier in der DDR verloren."[311] Diese Aussage zeigt nicht nur, dass Rau-da in Peschel eigentlich einen Befürworter seiner Arbeiten sah, sondern dokumen-tiert auch seine ersten formulierten Zweifel am sozialistischen Staat. Die Reise nach Luzern und Paris fand im Jahr 1955 nicht mehr statt. Im Juni 1955 plante Rauda offen-bar eine Reise nach Budapest, die aber „wegen Unstimmigkeiten bei der Terminfin-dung" vorerst auf Herbst 1955 verschoben[312] und schließlich gar nicht mehr durchge-führt wurde.[313]

Die Reise nach Paris schien Rauda erst zwei Jahre später in Verbindung mit einer Krankenhausbautagung nach Lissabon nachzuholen. In dem von Rauda verfass-ten 12-seitigen Reisebericht beschrieb er sehr konkret, welche Themen bei der Kran-kenhaustagung besprochen wurden, wie er sie in den Unterricht des Lehrinstituts einbinden wolle und wie die DDR sich bei diesen Tagungen besser repräsentieren könne.[314] Begleitet wird der Bericht von mehr als 20 Fotokopien der Federzeichnun-gen Raudas von Stadträumen in Rom, Florenz, Perugia, Madrid, Sevilla und anderen Städten. Rauda schrieb dazu lediglich auf den letzten beiden Seiten des Berichts, dass diese Zeichnungen die Grundlage für eine Buchpublikation *Städtebauliche Raumbil-dung im alten und neuen Italien* sein sollten. Die Fotokopien nehmen einen sehr großen und bedeutenden Raum in diesem Bericht ein und sind sehr bewusst gesetzt, finden aber kaum Erwähnung in den schriftlichen Erläuterungen. Vielmehr scheint es, als ob Rauda hier seinen eigentlichen Beweggrund für die Reisen zu Tagungen offenbare. Er nutzte die Reisen in den Westen und insbesondere in den Süden Europas, um dem Forschungsthema nachzugehen, dem er sein maßgebliches Interesse widmen möch-te: der stadtbauhistorischen Forschung anhand städtebaulicher Raumbildungen.

309   UA, B1.01, 373: Brief Norbert Hartmann an Horst Peschel vom 11.05.1955.
310   Die Abkürzung CSR (eigentlich ČSR) für Tschechoslowakei galt noch bis 1960, bevor der Staat in Tschechoslowakische Sozialistische Republik umbenannt wurde und sich die bekanntere Abkürzung CSSR eingebürgert hat.
311   UA, B1.01, 373: Brief Rauda an Peschel vom 18.05.1955.
312   UA, B1.01, 373: Rauda an Rektorat (21.06.1955).
313   Jedenfalls findet sich weder ein weiterer Antrag auf eine solche Reise noch ein Reisebericht oder sonstige Korrespondenz dazu im Archiv.
314   UA, B6.02, 164: Reisebericht der Portugal-, Spanien-, Italienreise 1957 von Prof. Rauda.

Flucht aus der DDR

Im Laufe der Tätigkeit Raudas an der TH Dresden lässt sich erkennen, dass die Unzufriedenheit Raudas sich Mitte der 1950er Jahre immer weiter gesteigert haben musste. In den ersten beiden Jahren nach seiner Berufung bekam Rauda sowohl einige Planungsaufträge als auch viel Zuspruch von Seiten der Fakultät. Doch schon sein Jahresabschlussbericht zu 1954 zeigt, dass Rauda immer mehr Schwierigkeiten empfand: Er fühlte sich bevormundet und bekam seiner Meinung nach nicht die benötigte Vergütung, Aufmerksamkeit und Möglichkeit zur Weiterentwicklung. Dies betraf einerseits die nichtgenehmigten Auslandsreisen und andererseits die Schwierigkeiten beim Bau der Internate an der Güntzstraße, die sowohl finanziell nicht in dem Umfang gefördert wurden wie scheinbar anfänglich besprochen als auch formal nicht den Erwartungen der Architekturabteilung entsprachen.[315] Darüber hinaus zeigt sich hier auch sehr deutliche Kritik an hochschulpolitischen Entscheidungen: „Es erscheint untragbar, daß dem Unterzeichneten für seinen Lehrstuhl sechs Reisen nach dem Ausland und nach Westdeutschland überwiegend mit der Begründung des Mangels an Devisen abgelehnt worden sind."[316]

Rauda äußerte seinen Unmut darüber sehr deutlich durch Befürchtungen, nicht mehr zu internationalen Kongressen eingeladen zu werden und daher die neuesten Erkenntnisse im Wohnungs- und Gesundheitsbau nicht mehr vermitteln zu können. So häuften sich im folgenden Jahr 1955 weiterhin die Diskussionen zu nicht genehmigten Reisen und die Kritiken von Liebknecht an Raudas Lehre. Man kann diese Verschärfung von Raudas Situation mit der Personalpolitik am Dekanat der Fakultät Bauwesen in Verbindung bringen. Während der ersten Jahre nach Raudas Berufung war sein Kollege Georg Funk als Dekan der Fakultät eingesetzt, der Rauda sowohl inhaltlich als auch persönlich zugeneigt war. Funk wurde allerdings im Frühjahrssemester 1955 von den neuen Kollegen Ernst Lewicki und Fritz Schaarschmidt abgelöst, die beide zu einer neuen Generation von Architekten in der DDR zählen, die die Tradition der Stuttgarter Schule nicht mehr fortführten. Verschärft wurde dies durch die „Wende im Bauwesen" und durch die mit dieser zusammenhängenden Hinwendung zum typisierten Bauen.[317] Vor diesen Entwicklungen gilt es auch im Folgenden, die politischen Beurteilungen zu Rauda zu betrachten, die sich in seiner Personalakte im Dresdner Universitätsarchiv befinden.

Im März 1953 galt noch die Beurteilung, die zu Raudas Berufung vom damaligen Rektorat der TH Dresden auf Grundlage des Gutachtens von Bellmann verfasst wurde. Hierin wurde Rauda als „außerordentlich befähigter Architekt und Städtebauer"[318] bezeichnet, der „nicht nur innerhalb der DDR, sondern auch außerhalb ihrer Grenzen in Fachkreisen den besten Ruf genießt"[319]. Bellmann stellte auch fest,

315 UA TU Dresden, Sign. B6.02, 29: Semesterabschlussbericht (02.12.1954), verfasst von Wolfgang Rauda, 4 Seiten. Genauere Erläuterungen hierzu im Kapitel „Die Arbeiten des Entwurfsinstituts – Krankenhäuser, Wohnheime und Schulen".

316 UA TU Dresden, Sign. B6.02, 29: Semesterabschlussbericht (02.12.1954), verfasst von Wolfgang Rauda, 4 Seiten.

317 Siehe hierzu Kapitel „Die ‚Stunde Null' – Zerstörung als Chance".

318 UA TU Dresden, Sign. II-5969 (Personalakte Rauda): Beurteilung des Dr.-Ing. Rauda durch die Personalabteilung der TH Dresden (31.03.1953).

319 UA TU Dresden, Sign. II-5969 (Personalakte Rauda): Beurteilung des Dr.-Ing. Rauda durch die Personalabteilung der TH Dresden (31.03.1953).

dass er „kein Nachahmer" sei, sondern „zielbewußt die Wege, die ihm sein künst-lerisches Gewissen vorschreibt", ginge.[320] Diese ausnahmslos lobende Beurteilung vom Mai 1952 geht nicht auf Raudas politische Haltung ein. Vermutlich wurden die-se Aussagen aus diesem Grund im April 1953 durch die Personalabteilung durch den folgenden Absatz ergänzt: „Er ist bestrebt in seiner Lehrtätigkeit fortschrittliche Methoden anzuwenden. In seiner Haltung zur DDR ist er positiv und bemüht sich, im Sinne der Regierung seine Aufgaben zu lösen."[321] Diese positive Beurteilung hat-te offensichtlich Bestand, da Rauda im November 1954 einen Leistungszuschuss erhält. Ein Jahr später, im Dezember 1955, wurde die Kaderabteilung der TH Dres-den[322] um eine erneute Einschätzung gebeten.[323] Darin wurden einige Bedenken geäußert: Neben seiner guten Reputation „über die Grenzen der DDR hinaus", die schon in der ursprünglichen Beurteilung Erwähnung gefunden hatte, wurde nun sei-ne NSDAP-Mitgliedschaft ergänzt sowie eine politische Einordnung vorgenommen: „In politischer Hinsicht ist er in seiner Meinungsäußerung sehr zurückhaltend, so daß kein klares Bild über ihn gewonnen werden kann. Zu den bewußt fortschrittlichen Kräften kann Herr Prof. Rauda nicht gerechnet werden."[324] Eine noch eindeutigere Beurteilung der politischen Einstellung Raudas findet sich in dessen Unterlagen des MfS. Hier heißt es: „Hinsichtlich seiner politischen Einstellung ist Herr Prof. Rauda als ‚aalglatt' zu bezeichnen. [...] Bei Unterhaltungen weicht er politischen Themen aus, oder äußert sich mit Phrasen."[325] Es wird kritisiert, dass er bei „bestimmten Fra-gen" beinahe krampfhaft versuchen würde sich durchzusetzen und dafür politische Gründe missachte. Auch seine Kontakte in das westliche Ausland und insbesondere nach Westdeutschland finden erneute Erwähnung, dieses Mal mit dem Zusatz, dass eigentlich niemand so genau wisse, warum er so häufig auf Reisen sei, da auch seine Lehrstuhlbeschäftigten kaum unterrichtet würden. Die Beurteilung schließt mit dem Gesamturteil, dass Rauda zwar im Auftreten „verbindlich" sei, seine eigene – poli-tische – Meinung allerdings zurückhalte.[326]

Diese Kaderbeurteilung lässt eine sehr deutliche Charakterisierung von Raudas Rolle im SED-Staat zu: Einerseits war Rauda als wissenschaftliche Fachkraft auf sei-nem Gebiet definitiv anerkannt – dies sei der Grund, ihn zu fördern und in der DDR zu halten. Andererseits ließen seine scheinbar kaum geäußerten politischen Aussa-gen darauf schließen, dass er nicht einmal annähernd als parteinah zu bezeichnen ist.

---

320   Ebd.
321   Ebd.
322   Die sogenannte „Kaderabteilung" der TH Dresden ist weitestgehend gleichzusetzen mit einer heutigen Personalabteilung, wobei die Kaderabteilung mit sehr viel mehr Kompetenzen bezüglich der politischen Beurteilung und Weiterbildung der jeweiligen Mitarbeiter ausgestattet war. Die Mitarbeiter der Kaderabteilung waren ausnahmslos SED-Mitglieder und durch das MfS geprüft. (Vgl.: Wolf 2000, S. 114)
323   UA TU Dresden, Sign. II-5969 (Personalakte Rauda): Mitteilung Kretzschmann (Hauptreferent der Kaderabteilung des Ministeriums für Aufbau) an die Kaderabteilung der TH Dresden (07.12.1955).
324   UA TU Dresden, Sign. II-5969 (Personalakte Rauda): Beurteilung des Dr.-Ing. Rauda durch die Kaderabteilung der TH Dresden (19.03.1956), sowie beinahe wortgleich in: UA TU Dresden, Sign. II-5969 (Personalakte Rauda): Mitteilung Türk (stellvertretender Leiter der Kaderabteilung der TH Dresden) an die Kaderabteilung des Ministeriums für Aufbau (05.01.1956).
325   Vgl. BStU, Sign., MfS BV Dresden, AP 555/60, Bl. 4: Kaderbeurteilung W. Rauda (13.08.57).
326   Vgl. ebd.

Denn nur die Anerkennung des Sozialismus als adäquate Staatsform zeichnete eine „fortschrittliche Kraft" aus. Dass man Rauda dies absprach, zeigt, dass die Ereignisse des Jahres 1955 einen Umbruch in Raudas Werdegang darstellten, der seine politische Haltung beeinflusste.

Dieser Umbruch lässt sich anhand einiger Korrespondenzen zwischen Wolfgang Rauda und Kurt Junghanns sehr gut nachvollziehen. Junghanns (1908–2006) hatte als Sohn eines Baumeisters ebenfalls in Dresden studiert, sich dann in den 1930er Jahren dem Kommunismus zugewandt und war Anfang der 1940er Jahre in einem Konzentrationslager interniert. Nach dem Krieg ging Junghanns nach Berlin, wo er von Beginn an am Aufbau der Deutschen Bauakademie beteiligt und 1952 zum Leiter des Instituts für Stadtbaugeschichte berufen wurde.[327] Schon kurz nach seiner Berufung nahm er Kontakt mit Rauda auf, um mit ihm gemeinsam das Projekt „Deutsche Traditionen der Straßen- und Platzgestaltung" durchzuführen und in Form einer Sammlung von wichtigen städtebaulichen Räumen von mitteldeutschen Städten zu publizieren.[328] Dieses Projekt wurde in besonderem Maße durch die Bauakademie gefördert und sollte sich zu einer der aufwendigsten und umfangreichsten Publikationen aus dieser Institution entwickeln.[329]

Es handelt sich hierbei um die Monografie *Lebendige städtebauliche Raumbildung*, die zwar im Jahr 1954 veröffentlicht werden sollte, die Konflikte darum verzögerten dies allerdings bis 1957. Schon mit dem ersten von Rauda abgegebenen Manuskript aus dem Frühjahr 1954 wurde deutlich, dass der Bezug auf eine „sozialistische Stadtbaukunst" wohl maßgeblich von Junghanns ausgegangen war und in Raudas schriftlicher Ausarbeitung kaum mehr vorkam.[330] Selbst nach einer Überarbeitung des Vorwortes und der Einleitung bis zum Ende des Jahres 1954 stellte Junghanns fest, dass Rauda noch immer nicht die „Voraussetzungen für eine künstlerisch umfassende Stadtgestaltung" in der DDR beachten würde.[331] In dem hier zitierten Brief wird besonders deutlich, wie weit die politischen Ansichten zwischen Junghanns und Rauda auseinanderdrifteten. Abgesehen von der Zeit des Nationalsozialismus ähnelten sich ihre beiden Biografien, auch der Forschungsschwerpunkt auf Stadtbaugeschichte war ihnen gemein, doch nun verdichteten sich die Unterschiede

---

327 Vgl. Brandt 2015, S. 259. Außerdem: Hain 2007, S. 4. Während Brandt sich in ihren weiteren Ausführungen auf die wenigen stadtbauhistorischen Publikationen Junghanns' bezieht, würdigt Hain ihn in ihrem Nachruf insbesondere für seine Forschungen zu Bruno Taut in den 1970er Jahren.

328 Vgl. BA, Sign. DH 2-21200: Brief von Junghanns an Rauda (15.01.52) sowie BA, Sign. DH 2-21200: Aktennotiz von Junghanns zu einer Besprechung zwischen ihm und Rauda am 22.03.52 in Dresden. In beiden Unterlagen wird deutlich, dass Rauda und Junghanns sich vor diesem Kontakt nicht gekannt haben – sie Siezen sich und bleiben in der Anrede sehr höflich. Erst in späteren Briefen ab 1953 wird die Anrede weniger förmlich und man wechselt zum Duzen.

329 Lippert 2017, S. 14-15.

330 BA, Sign. DH 2-21200: Brief von Junghanns an Rauda (16.12.1954). Auch in seiner Antrittsvorlesung hatte Rauda direkt darauf Bezug genommen, diesen Grundsatz aber auf eigene Weise interpretiert und so die Beachtung der Stadtgeschichte in den Wiederaufbauplänen begründet.

331 Ebd.; Junghanns fügt noch eine Einschränkung hinzu: „[...] – wenn auch die Praxis der Projektierung und die Organisation des Bauwesens diese ökonomisch politischen Voraussetzungen bei weitem noch nicht entspricht und die Planmäßigkeit als Vorbedingung der künstlerischen Leistung im Städtebau noch zu sehr gehemmt ist."

sowohl bezüglich der theoretischen Herangehensweise als auch auf der Ebene der politischen Orientierung, als Junghanns nochmals betonte, dass, seiner Meinung nach, nur der „Sozialismus" überhaupt eine „Idee von Stadtbaukunst" entwickelt hätte, der „Kapitalismus" hingegen nicht.[332] Junghanns sah seine kommunistische Neigung im Sozialismus aufgehen – er sah die davon betroffenen städtebaulichen Entscheidungen als richtig an und konnte Raudas Tendenz, eine Stadtbaukunst auch im westlichen Europa zu suchen, nicht nachvollziehen. Dass er die deutsch-deutsche Teilung mit den wirtschaftlich-politischen Systemen – Kapitalismus und Sozialismus – synonym setzte, betont nochmals die Tragweite des Themas: Es ging nicht nur um die „Berücksichtigung der historisch gewachsenen Struktur"[333] der Stadt, die in dieser Publikation eine wissenschaftliche Grundlage bekommen sollte, sondern um die Legitimierung insbesondere des Wiederaufbaus deutscher Städte im sozialistischen Sinn als Teil der Geschichte des Städtebaus. Kurt Junghanns gab Rauda, der ja der Meinung war, auch der Kapitalismus habe eine Idee von Stadtbaukunst, zwei Möglichkeiten zur Fortführung der Arbeit: Die Idee des Sozialismus anzunehmen oder das Thema fallen zu lassen.[334] Das Buch *Lebendige städtebauliche Raumbildung* wurde 1957 – nach weiteren Jahren der Diskussion um Formulierungen in der Einleitung – gedruckt, publiziert und sowohl in der DDR als auch in der Bundesrepublik hoch gelobt. Rauda hatte sich gegen das Fallenlassen des Themas entschieden, konnte aber auch die Idee des Sozialismus nicht annehmen und verließ weniger als ein Jahr nach Erscheinen des Buches die DDR.[335]

Es wäre nun naheliegend, die Lebenswege dieser beiden Persönlichkeiten während des Nationalsozialismus als den entscheidenden Faktor zu betrachten, weswegen der eine – der Kommunist und ehemals internierte Junghanns – an der Deutschen Bauakademie erfolgreich war und der andere – der ehemalige „Regierungsbaumeister im Reichsdienst" Rauda – sich bald gezwungen sah, das Land zu verlassen.[336] Dass eine Karriere im Nationalsozialismus jedoch nicht als ausschlaggebender Faktor für oder gegen eine Laufbahn in der DDR gilt, haben Werner Durth, Jörn Düwel und Niels Gutschow dargelegt: Nicht nur der Stadtbaurat Hans Gericke, sondern auch Lothar Bolz waren Mitglieder der NDPD, der National-Demokratischen Partei Deutschland, im Grunde der Nachfolgeeinrichtung der NSDAP.[337]

Auch der relativ spät gesetzte Vermerk zu Raudas Mitgliedschaft in der NSDAP in der Kaderabteilung lässt darauf schließen, dass seine Anstellung im besetzen Osten in den 1940er Jahren kaum ausschlaggebend für eine etwaige Ablehnung seiner fachlichen Meinung war. Darüber hinaus wurde der Vorwurf einer möglicherweise

332   Ebd.
333   BA, Sign. DR 3/4884: Abteilung Forschung, Forschungsplan Architektur (15.12.1953).
334   BA, Sign.DH 2-21200: Brief von Junghanns an Rauda (16.12.1954).
335   Dass Junghanns nach zwei stadtbauhistorischen Publikationen Ende der 1950er Jahre das Thema „fallen lässt" und sich der Grundlagenforschung zu Bruno Taut widmet, soll an dieser Stelle nur als Randbemerkung angebracht werden.
336   Genau diesen Unterschied sieht Sigrid Brandt als Argument, die beiden gegenüber zu stellen und als Antagonisten zu etablieren, wobei sie beinahe normativ Junghanns als den „guten" darstellt, der trotz seines Fokus auf den mittelalterlichen Städtebau ein „wesentliches Merkmal des Wesens der Stadt" herausarbeitet, während sie Raudas Publikationen als widersprüchlich und zutiefst verunsichert charakterisiert. (Siehe: Brandt 2015, S. 258 und 261)
337   Durth/Düwel/Gutschow 1988, Bd. 1, S. 282-283.

nationalsozialistischen Gesinnung auch von seinem ehemaligen Mitarbeiter Manfred Zumpe vehement zurückgewiesen.[338] Vielmehr benannte Rauda gegenüber seinem Kollegen Junghanns ganz andere Gründe. Erstens war für ihn der Ausschluss aus den städtebaulichen Planungen Dresdens entscheidend: „Viele Dresdner Architekten, zu denen ich mich auch rechne, fühlen sich beiseite gedrängt und vom Bauen und den Bauproblemen der Innenstadt ausgeschlossen."[339] Er fühle sich „ausgeschaltet", worunter er verstand, nicht „eingeschaltet", d.h. nicht zur Beteiligung eingeladen worden zu sein. Der zweite Grund war der fehlende „Erfahrungsaustausch [...] außerhalb der DDR": „Wir leben in der DDR in einer Art, wenn ich es hart ausdrücken soll, Inzucht, die niemals zu ganz großen schöpferischen Leistungen, höchstens zu mittelmäßigen architektonischen Gebilden führen kann." All das erläuterte Rauda als „Bilanz meines letzten Jahres" in einer gewissen Ausführlichkeit und bat Junghanns am Ende des Briefes, doch eine beigelegte Abschrift dieses Briefes an Kurt Liebknecht weiterzugeben, damit die Sorgen und Beschwerden Raudas auch beim Präsidenten der Bauakademie gehört werden sollen.

Doch nicht nur mit der Deutschen Bauakademie versuchte Rauda den Kontakt zu halten, auch nach Westdeutschland baute er weiterhin sein Netzwerk aus. So äußerte er im Sommer 1954 gegenüber Otto Bartning, dem Präsidenten des westdeutschen BDA, die Bitte, in den westdeutschen BDA aufgenommen zu werden. Sehr offen teilte Rauda seinem westdeutschen Kollegen mit, er hätte es in der DDR nicht „allzu leicht" und wäre in den dortigen BdA nicht aufgenommen worden.[340] Laut Rauda sei er aufgrund seiner Publikationen in westdeutschen Zeitschriften abgelehnt worden. Als Referenzen für die Aufnahme in den westdeutschen BDA gab er Paul Bonatz und Rudolf Pfister[341] an, womit er sich eindeutig zu den Traditionalisten der Nachkriegsmoderne zählte. Es ist keine Antwort von Bartning erhalten, Rauda wurde erst 1968 in die Architektenkammer Niedersachsen aufgenommen.[342] Ein Nachtrag am Ende des Briefes zeigt, dass Rauda sich absolut bewusst war, mit solchen Anfra-

338   UA TU Dresden, Sign. II-5969 (Personalakte Rauda): Beurteilung des Dr.-Ing. Rauda durch die Kaderabteilung der TH Dresden (19.03.1956), sowie im Gespräch mit M. Zumpe am 31.07.2018.

339   BA, Sign.DH 2-21200: Abschrift eines Briefes von Rauda an Junghanns (23.12.1954). Dieses und die folgenden Zitate stammen aus diesem Brief.

340   Bartning-Archiv der TU Darmstadt, Sign. 2011-907-922: Brief von Rauda an Bartning (08.06.1954). Es ist zwar kein Antrag Raudas, in dem er um Aufnahme in den Bund deutscher Architekten der DDR bittet, in den Archiven zu finden. Allerdings kann Rauda als Professor nicht zu den freischaffenden Architekten gezählt werden und war auch nicht in einem volkseigenen Projektierungsbüro und damit als ausführender Architekt in einem Kollektiv angestellt, sodass die Ablehnung eines solchen Antrags durchaus in die Politik der Bauakademie gepasst hätte.

341   Rudolf Pfister (1886-1970) studierte Architektur an der TH München und Kunstgeschichte in Würzburg. Von 1931 bis 1944 war er als Denkmalpfleger am Bayerischen Landesamt für Denkmalpflege angestellt, nach dem Zweiten Weltkrieg widmete er sich ausschließlich publizistischen Tätigkeiten: von 1946 bis 1959 war er Schriftleiter der westdeutschen, konservativen Architekturzeitschrift „Der Baumeister". Zwischen 1932 und 1962 erschienen zahlreiche Bände zu Eigenheimen. Die biografischen Angaben sind seinem Nachruf im Baumeister entnommen: Baur-Callwey 1970.

342   Sein Mitgliedsausweis des Bundes Deutscher Architekten wurde von der Architektenkammer Niedersachsen vermutlich erst während seiner Zeit in Hannover ausgestellt (Privatnachlass Rauda: Mitgliedsausweis BDA). Ebenfalls: Mitteilung des BDA Niedersachsen vom 21.01.2019.

gen nach Westdeutschland die Aufmerksamkeit des Ministeriums für Staatssicherheit auf sich zu ziehen: Er bat Bartning, alle Post an ihn an das Wasmuth-Antiquariat in West-Berlin zu senden, wo Rauda es abholen könne.[343] Allein diese Vorsichtsmaßnahme in Verbindung mit der Art der Anfrage lässt vermuten, dass Rauda schon Ende 1954 eine Flucht nach Westdeutschland in Erwägung gezogen haben könnte.

Warum ist er dann doch noch mehr als drei Jahre geblieben? Eine Antwort darauf gab Rauda in seinem Brief an Junghanns zu Weihnachten 1954: „Daß ich trotzdem nicht resigniere, liegt darin begründet, daß ich dank meiner Anlagen nicht nur aufs Bauen selbst angewiesen bin, sondern mich, wie ich dies im Städtebau getan habe, zurückgezogen habe. Ich werde mich nunmehr im nächsten Jahre auch vom Bauen zurückziehen, um mich ruhiger wissenschaftlicher Arbeit widmen zu können."[344] Es ist zu vermuten, dass Rauda sehr viel an der Publikation von *Lebendige städtebauliche Raumbildung* lag, außerdem hatte die Bauakademie Rauda offenbar Hoffnungen auf einen Fortsetzungsband mit Schwerpunkt auf Stadträume in Südeuropa, insbesondere Italien, gemacht.[345] Darüber hinaus wurden seine Reiseanträge in den Jahren 1955 bis 1957 teilweise wieder genehmigt. In der Hochschulpolitik und dem Bauwesen hielt Rauda sich tatsächlich weitestgehend zurück, trotzdem schien er für ein paar Jahre mit Arbeit ausgelastet gewesen zu sein.

Erst zwischen 1956 und Ende 1957 verschärfte sich die Lage für Rauda wieder: Inzwischen erschienen seine Schriften *Raumprobleme im europäischen Städtebau* im Münchner Callwey-Verlag und *Lebendige städtebauliche Raumbildung* sowohl im Berliner Hentschel- als auch im Stuttgarter Julius-Hoffmann-Verlag. Letzteres Buch bekam sehr gute Rezensionen sowohl in der DDR als auch in Westdeutschland, das nur im Westen erschienene Buch wurde allerdings von Raudas neuem Kollegen Georg Münter aufs Schärfste kritisiert.[346] Münter, 1954 aus Lübeck in die DDR gesiedelt, hatte seit 1957 die Nachfolgeprofessur Otto Schuberts inne. Dieses Institut, unter Schubert noch als „Bauformenlehre und Entwerfen, Geschichte der Baukunst, Gebäudelehre" bezeichnet, wurde nach der Emeritierung Schuberts umbenannt in „Institut für Theorie der Architektur und Entwerfen". Münter verfolgte das Ziel, eine Architekturtheorie im Sinne des Marxismus-Leninismus zu etablieren, um am Aufbau des Sozialismus mitzuwirken[347] und rückte den Städtebau der frühen Neuzeit, insbesondere die Idealstadtplanungen der Frührenaissance[348] in den Fokus der Lehre und Forschung des Instituts, um hierin die Kunstdoktrin des Marxismus in der Architekturgeschichte zu verorten.[349] Mit dieser Berufung, das zeigt die Übersicht über

343   Bartning-Archiv der TU Darmstadt, Sign. 2011-907-922: Brief von Rauda an Bartning (08.06.1954).

344   BA, Sign.DH 2-21200: Abschrift eines Briefes von Rauda an Junghanns (23.12.1954).

345   Siehe: BA, Sign.DH 2-21200: Brief Junghanns an Rauda (04.10.1955), BA, Sign.DH 2-21200: Brief von Rauda an Liebknecht (19.03.1954).

346   Vgl. BA, Sign.DR 3/296: Gesprächsnotiz zwischen Ministerium für Hoch- und Fachschulwesen und Prof. Mlosch (07.08.58).

347   Lippert 2017, S. 14-15.

348   Vgl. Münter 1957. Diese durch die Deutsche Bauakademie herausgegebene Schrift ist eine Neuauflage von Münters 1928 verfassten Dissertationsschrift: Die Geschichte der Idealstadt.

349   In seiner Dissertation schreibt Münter, dass die Idealstadtplanungen „Ergebnis dieser einzigartigen Entwicklung des Menschen als Individuum" seien und sich keine Abhängigkeiten der Baumeister von ihren Bauherren abzeichnen lassen. (Vgl. Münter 1928, S. 1-2)

die Institute der Fakultät Bauwesen / Abt. Architektur in den 1950er Jahren (Abb. 59),[350] war der Generationenwechsel an der Fakultät Bauwesen vollzogen: Die Vorkriegsgeneration, bestehend aus Cords, Hempel, Ochs und Schubert, war ersetzt worden durch Göpfert, Hentschel und Münter sowie Schaarschmidt, Mlosch und Weil, die die teilweise neu errichteten bautechnischen Institute leiteten. Damit war die „Wende im Bauwesen" auch personell in der Architekturlehre der TH Dresden vollzogen und ein kollegiales Umfeld geschaffen, in das der Traditionalist Rauda nicht mehr passte. Auch die endgültige Absage einer Fortsetzung von *Lebendige städtebauliche Raumbildung* mit Fokus auf die italienischen Städte hat dazu beigetragen, dass seine Pläne, die DDR zu verlassen, konkreter wurden. Die vernichtende Stellungnahme von Junghanns zu dem Forschungsantrag behandelt unter anderem: Es würde sich dabei um „keine systematische Grundlagenforschung"[351] handeln, Rauda würde sich mit einem „Glorienschein der Wissenschaftlichkeit"[352] schmücken und dass es eine „schwierige und undankbare Aufgabe" sei, die Texte von Rauda zu korrigieren.[353] Dass damit die freundschaftliche Beziehung zwischen Rauda und Junghanns und somit auch Raudas Kontakte in die Deutsche Bauakademie endgültig gebrochen waren, hatte zur Folge, dass Rauda sich aus der Wissenschaft zurückziehen musste – so wie er es auch schon im Bauen und im Städtebau getan hatte. Auch in der Lehre wurde die Kritik an der zu westlichen Ausrichtung erneut geäußert – diesmal von Schaarschmidt, der inzwischen Dekan der Fakultät Bauwesen an der TU Dresden geworden war.[354] Hinzu kamen verschärfte Regelungen zu Auslandsreisen für alle Angehörigen der TU Dresden sowie das Gerücht, man wolle Raudas Reisepass einziehen.[355]

Rauda hatte sich Ende Mai 1958 auf den Weg nach Italien gemacht, schrieb sogar noch Briefe in die DDR,[356] kehrte allerdings sechs Wochen später nicht dorthin zurück, sondern stellte Mitte Juli, begleitet von seiner Frau, im Rahmen eines Notaufnahmeverfahrens in Gießen sein Anliegen vor, in die BRD ausreisen zu wollen. In der Erteilung der Aufenthaltserlaubnis wegen „besonderer Zwangslage" heißt es zur Begründung: „Der Antragsteller hat sich [...] durch die Veröffentlichungen seiner wissenschaftlichen Bücher im Gegensatz zur sozialistischen Lebensauffassung gebracht. Da es sich dabei um Kunstansichten gehandelt hat, war es nicht einfach, ihm dadurch in einem Prozeß eine staatsfeindliche Gesinnung nachzuweisen. Man hat ihm deswegen das Leben auf andere Weise, wie Reiseverbote, Überwachung, Androhung der Exmatrikulation seines Sohnes und Androhung der Verhaftung das Leben sehr schwer gemacht. [...]"[357] Die von Rauda im Rahmen des Aufnahmeverrens gemachten Aussagen zu den Gründen seiner Ausreise entsprechen denen, die aus den vorangegangenen Ausführungen hervorgegangen sind und die er auch in dem offiziellen Schreiben an das Rektorat der TH Dresden zur Mitteilung seiner Ausreise

350   Siehe hierzu die Übersicht über die Professoren und Institute der Abteilung Architektur/Fakultät Bauwesen von 1950-1960, Abb. 59, S. 156/157.
351   BA, Sign.DH 2/21200: Stellungnahme zur Denkschrift von Prof. Rauda von K. Junghanns (31.05.56).
352   Ebd.
353   Ebd.
354   UA TU Dresden, Sign. B1.01,473: Aktenvermerk zur Prorektorenkonferenz am 04.09.1956.
355   Gespräch mit Frank Rauda im Juni 2015.
356   Der oben genannte Brief an Hopp ist aus Sizilien gekommen.
357   Privatnachlass Rauda: Notaufnahmeverfahren in Gießen Wolfgang Rauda (16.07.1958).

am 30.07.1958 benannte: private Schwierigkeiten, da sein älterer Sohn seit 1956 in München Jura studierte, wodurch insbesondere sein jüngerer Sohn, der in Dresden das Architekturstudium aufgenommen hatte, angegriffen wurde; die Einschränkung seiner freien Lehr- und Forschungstätigkeit sowie die Nichtaufnahme in den BdA, wodurch es schwieriger für Rauda wurde, als planender Architekt aktiv tätig zu sein.

Wolfgang Rauda fasste die Begründung seiner Ausreise mit dem eindeutigen Satz zusammen: „Ich kann es aber nicht zulassen, mich in meiner persönlichen, wissenschaftlichen und geistigen Freiheit weiter bedrängen zu lassen."[358] Mit seiner Angst vor einer Bespitzelung bzw. einer Überwachung lag er nicht falsch: Spätestens im Mai 1954 wurde eine Akte beim Ministerium für Staatssicherheit angelegt,[359] ein erstes Treffen zwischen einem unter dem Namen „Leopold" aufgeführten „GI" wird im Oktober 1955 dokumentiert.[360] In der Stasi-Akte Raudas sind noch mehrere Protokolle von Treffen zwischen verschiedenen Kontakten aus Raudas Umfeld abgeheftet.[361] Somit kann davon ausgegangen werden, dass Raudas Schwierigkeiten mit dem sozialistischen Staat bekannt waren. Dies wird auch in einem Gesprächsprotokoll zwischen Prof. Mlosch, dem damaligen Direktor der Abteilung Architektur, und dem Leiter der zuständigen Abteilung am Ministerium für Hoch- und Fachschulwesen deutlich. Hier gesteht Mlosch, dass das „Vorgehen in der letzten Zeit", wie die Kritik durch Kurt Liebknecht oder Prof. Münter bereits verlautbarte, „taktisch nicht richtig" gewesen sei.[362] Dadurch wird deutlich, dass Rauda trotz allem in der DDR als anerkannter Fachmann bzw. – wie Mlosch es ausdrückt – als „eine stark ausgeprägte individualisierte Natur und ein äusserst schlauer Kopf"[363] galt, dessen Verlust durchaus zu bedauern sei. Die Ausreise Raudas in die Bundesrepublik wurde am 22.07.1958 in der Hannoverschen Tageszeitung *DeWeZet* in einer kurzen Notiz über die „Flucht" des Dresdner Professors bekannt gegeben.[364] Am gleichen Tag soll es in der *Frankfurter Allgemeinen Zeitung* bereits eine ebensolche Mitteilung gegeben haben.[365] Ebenfalls auf den 22.07.1958 datiert ist ein mehrseitiger Bericht in Raudas Akte beim MfS, der den Verdacht der Republikflucht äußert. Die Genauigkeit, mit der in diesem Bericht erläutert wird, wer welche Verbindungen zu Rauda hat, was Rauda wie mit seinen Lehrstuhlmitarbeitern kommuniziert habe und selbst wann Raudas jüngerer Sohn, Frank Rauda, zuletzt in der elterlichen Wohnung gesehen worden sei,[366] lässt darauf schließen, dass die Flucht Raudas keineswegs überraschend war.[367]

358   BA, Sign.DR3-296, Bl. 4: Abschrift eines Briefes von Rauda an Pommer (30.07.58).

359   Vgl. BStU, Sign., MfS BV Dresden, AP 555/60, Bl. 7: Suchzettel wegen Reise nach Holland (10.05.54).

360   BStU, Sign., MfS BV Dresden, AP 555/60, Bl. 6: Bericht von Leopold (15.02.55).

361   BStU, Sign., MfS BV Dresden, AP 555/60, Bl. 27, 29, 30, 34.

362   BA, Sign.DR3-296, Bl. 1–2: Hausmitteilung Endler an Dahlem, Gesprächsprotokoll zwischen Endler und Mlosch (07.08.58).

363   Ebd.

364   O. A. 22.07.1958, S. 11.

365   BA, Sign.DR3-296, Bl. 1–2: Hausmitteilung Endler an Dahlem, Gesprächsprotokoll zwischen Endler und Mlosch (07.08.58).

366   BStU, Sign., MfS BV Dresden, AP 555/60, Bl. 36–38: Verdacht der Republikfluch bei Prof. Rauda (22.07.58).

367   Schon in der Abschrift eines Treffberichtes zwischen dem GI „Albrecht" und „Landgraf" im Mai 1958 wurde deutlich, dass Rauda „nach Meinung des GI sehr verärgert" sei, da man ihm erneut eine Reise nach Westdeutschland abgelehnt hatte.
       Vgl. BStU, Sign., MfS BV Dresden, AP 555/60, Bl. 34: Bericht von „Alfred" (01.05.58).

Rektor — Koloc — Peschel

Dekan — Beger — Funk

Prodekan — Lewicki

Direktoren
- Abt. Architektur — Funk — Rettig
- Abt. Bauingenieurwesen — Beger — Lewicki
- Abt. Vermessungswesen

Institut für landwirtschaftliches B
Prof. Cords

Institut für
Prof. Cords

Prof. Cords

Institut für Kunstgesch
Prof. Hempel

Lehrstuhl für B
Prof. König

Institut für Baukonstruktionen und Industriebau
Lehrstuhl für Baukonstruktionen und Industrie
Prof. Henn

Entwurfsinstitut beim Lehrstuhl für Baukonstruktionen u
Prof. Henn

Insti

Sammlung für Entwerfen und Gebäudelehre
Lehrstuhl für Entwerfen von Hochbauten
Prof. Ochs
NN (Prof. Rettig i.V.)

Entwurfsinstitut beim Lehrstuhl f. Entw. von Hochbauten
Prof. Ochs

Lehrstuhl für Werklehre, Gebäudelehre und Entwerfen

Entwurfsinstitut beim Lehrstuhl für Werklehre, Gebäudelehre und Entwerfen

Institut für Bauwirtschaft
Prof. Rettig

Sammlung für sozialen Wohnungsbau und Entwerfen
NN

Sammlung für Bauformenlehre
Institut für Bauformenlehre und Entwerfen, Geschicht
Prof. Schubert

59 Besetzung und Benennung der Institute in der Abteilung
Architektur der Fakultät Bauwesen, TH Dresden, zwischen 1950 und 1960

Pommer

Gruner

Lewicki

Schaarschmidt

Zill

Schaarschmidt

Zill

Kinze

Schaarschmidt

Mlosch

Bürgermeister

Kinze

eschel

Zill

Institut für ländliches Bauwesen
Prof. Göpfert i.V.

NN (Prof. Schubert i.V.)

NN (Prof. Göpfert i.V.)

Bauhygiene

NN (Prof. Schubert i.V.)

NN (Prof. Kussmann i.V.)

Entwurfsinstitut für ländliches Bauwesen

NN (Prof. Schubert i.V.)

Prof. Göpfert i.V.

ammlung für Baukunst

Prof. Hentschel

Lehrstuhl für Kunstgeschichte und Denkmalpflege
Prof. Hentschel

Lehrstuhl für Geschichte der Baukunst
NN (Prof. Hempel i.V.)

Hochbaustatik

Lehrstuhl für Hochbaustatik und Baukonstruktionen
Prof. Mlosch

Institut für Industriebau und Entwerfen
Prof. Schaarschmidt

au

Entwurfsinstitut beim Lehrstuhl für Industriebau und Entwerfen
Prof. Schaarschmidt

ebau

Entwurfsinstitut beim Institut für Städtebau
Prof. Funk

Lehrstuhl für Gartenkunst, Landschaftsgestaltung und Ingenieurbiologie
Prof. Bauch

Lehrstuhl für Entwerfen von Hochbauten und Gebäudelehre
Prof. Göpfert

Lehrstuhl für Werklehre II, Gebäudelehre und Entwerfen

Entwurfsinstitut beim Lehrstuhl für Werklehre II, Gebäudelehre und Entwerfen

of. Rettig

Institut für Ausbautechnik im Hochbau
Prof. Rettig

Lehrstuhl für Werklehre I
Prof. Wiel

ehrstuhl für Wohnungsbau und Entwerfen
Prof. Rauda

NN

itut beim Lehrstuhl für Wohnungsbau und Entwerfen
Prof. Rauda

Prof. Göpfert i.V.

st, Gebäudelehre

Institut für Theorie der Architektur und Entwerfen
Prof. Münter

situt beim Institut für Bauformenlehre und Entwerfen
Prof. Schubert

Entwurfsinstitut beim Institut für Theorie der Architektur und Entwerfen
Prof. Münter

Lehrstuhl für Raumkunst
Prof. Mühler

Professur für Bauplastik
Prof. Langner NN

Professur für Malen und Graphik
Prof. Nerlich

Dozentur für Freihandzeichnen
Röcke Trautvetter i. V.

Obwohl die Gründe für die Ausreise Raudas durchaus bekannt waren, erfolgte kein offizielles Eingeständnis von Unstimmigkeiten. In der offiziellen Mitteilung der TH Dresden, die zu Beginn des Herbstsemesters 1958/59 herausgegeben wurde, wird Rauda als Republikflucht missbilligt und als unverständlich dargestellt.[368] Die von Rauda ursprünglich benannten Vorwürfe an das Rektorat wurden, abgesehen von den privaten Umständen, hiermit ins Gegenteil umgekehrt. Auch der Bitte Raudas, die Leitung des Entwurfsinstituts an Manfred Zumpe zu übergeben,[369] wird nicht entsprochen: Das Entwurfsinstitut wurde noch ein Semester lang von Prof. Göpfert vertreten,[370] der Lehrstuhl für Wohnungsbau und Entwerfen hingegen noch ein Semester lang ohne die Nennung von Personal im Vorlesungsverzeichnis gelistet und dann gestrichen. Der Lehrstuhl Raudas war der einzige in den Jahren zwischen 1950 bis 1960, der nach Ausscheiden des Professors nicht wiederbesetzt wurde.[371]

Dass die TH Dresden, insbesondere Raudas Kollegium, die Ausreise als Beleidigung empfand, zeigte sich sogar noch 30 Jahre später: In der bereits erwähnten 1988 erschienenen Publikation zum 160-jährigen Jubiläum der TH Dresden wird fast jede Neuberufung der 1950er Jahre benannt – die Leistungen von Alfred Mühler[372], Leopold Wiel[373] und sogar von Reinhold Langner[374], der einen Lehrstuhl für Bauplastik ganz ohne Assistentenstellen angenommen hatte, wurden honoriert. Dass es von 1952 bis 1958 einen Lehrstuhl mit Entwurfsinstitut für Wohnungsbau und Entwerfen gab, findet nicht einmal Erwähnung.[375]

Erst im Jahr 2007 publiziert sein ehemaliger Mitarbeiter, Manfred Zumpe, einen Artikel in der Zeitschrift der TU Dresden zu Ehren des 100. Geburtstages von Wolfgang Rauda: Hierin honoriert er insbesondere seine Bauten in Dresden sowie seine „begnadeten" Zeichnungen – dass Rauda als Planer im vom Nationalsozialismus besetzten Osten tätig war, lässt er aus.[376] Rauda war nach seiner Flucht zunächst bei Bekannten in Hildesheim[377] untergekommen und zog dann kurze Zeit später mit seiner Familie nach Hannover. An seinen in der DDR gebliebenen Kollegen Arthur Weichold schrieb er Ende August 1958: „So fange ich jetzt ein neues, nicht leichtes, aber erfolgreiches Leben an."[378]

---

368   Entspricht dem Aktenvermerk in: UA TU Dresden, Sign. B6.02 – 77 (Personalangelegenheiten ehemaliger Professoren): Mitteilung zur Ausreise Raudas (11.09.1958).

369   BA, Sign.DR3-296, Bl. 3: Rauda an Lehrstuhl für Wohnungsbau und Entwerfen (19.07.58).

370   So berichtet es Manfred Zumpe beim Gespräch am 31.07.2016.

371   Siehe hierzu die Übersicht über die Professoren und Institute der Abteilung Architektur/Fakultät Bauwesen von 1950-1960.

372   Biografische Angaben zu Alfred Ernst Mühler (1898–1968) finden sich bei Petschel 2003, S. 650.

373   Biografische Angaben zu Leopold Wiel (geboren 1916) siehe Petschel 2003, S. 1039-1040.

374   Biografische Informationen zu Reinhold Langner (1905-1957) siehe Petschel 2003, S. 535.

375   Pommerin 2003, S. 219. Die Nichterwähnung Raudas wird in die „Geschichte der TU Dresden 1828–2003" übernommen. Auch hier gibt es zwar eine Auflistung aller Professoren der Fakultät Bauwesen und deren Tätigkeitsdauer – Wolfgang Rauda fällt aber nicht darunter.

376   Vgl. Zumpe 2007.

377   Einige Briefe in der Stasi-Akte Raudas tragen als Absender eine Adresse in Hildesheim (BStU, Sign., MfS BV Dresden, AP 555/60).

378   UA, Professorendokumentation: Brief von Rauda an Weichhold (27.08.1958), zit. n.: Noack 2005, S. 34.

Neubeginn in der BRD (1958–1971)

Auf der Suche nach neuen Aufgaben – Der „Fall Rauda"

Rauda sollte Recht behalten, dass der Beginn dieses „neuen" Lebens nicht leicht sein sollte. Die Wahl seines neuen Heimatorts Hannover war sicherlich nicht zufällig. Hannover hatte sich seit Ende des Zweiten Weltkriegs unter Stadtbaurat Rudolf Hillebrecht zu einer der modernsten Städte Westdeutschlands entwickelt.[379] Doch nicht nur der Kontakt zu Rudolf Hillebrecht könnte Rauda bewogen haben, nach Hannover zu ziehen,[380] noch zwei andere Persönlichkeiten, mit denen Rauda bekannt war, prägten die Stadt Hannover: Wilhelm Wortmann und Konrad Meyer. Der Wiederaufbau Hannovers durch dessen Stadtbaurat Rudolf Hillebrecht (1910–1999)[381] kann zusammenfassend als Gegenüber von Erhaltung historischer Stadtbilder und einer Durchgrünung sowie Auflockerung einiger Stadtbereiche beschrieben werden. Die Parallelität dieser Wiederaufbaukonzepte entspricht auch Wolfgang Raudas städtebaulicher Haltung,[382] weswegen Hillebrecht einen vermeintlichen „Geistesverwandten" Raudas darstellt. Rudolf Hillebrecht war darüber hinaus der DDR durchaus positiv gesinnt: Er pflegte einen ständigen Austausch insbesondere mit Ost-Berlin, wo er 1957 den ersten deutsch-deutschen städtebaulichen Wettbewerb für Berlin-Fennpfuhl organisierte.[383] Außerdem unternahm er ab Mitte der 1950er Jahre einige Reisen in die Sowjetunion und nahm auf Einladung der sowjetischen Botschaft an dem UIA-Kongress 1958 in Moskau teil.

Die zweite Rauda bekannte Person, Wilhelm Wortmann, war 1956 nach längeren Berufungsverhandlungen auf den Lehrstuhl für Städtebau an der TH Hannover berufen worden.[384] Wortmann hatte wie Rauda bei Muesmann in Dresden studiert und war in den 1940er Jahren im besetzten Osten als Stadtplaner tätig gewesen. Auch eine persönliche Beziehung zwischen Wortmann und Rauda kann nicht ausgeschlossen werden: Helmut Richter war während der Besatzung des Ostens ein Mitarbeiter Wortmanns in Kalisz – die Stelle hatte er laut Niels Gutschow auf Empfehlung von Rauda bekommen.[385] Unter anderem Wortmanns *Gedanken zur Stadtlandschaft*[386],

---

379   Siehe hierzu insbesondere: Durth 1992.
380   Tatsächlich sind weder im Nachlass Hillebrechts (Ich danke Ralf Dorn† für die Auskunft) noch bei Rauda selbst Korrespondenzen zwischen Hillebrecht und Rauda in den 1950er Jahren vorhanden. Natürlich kannten die beiden sich mindestens auf der fachlichen Ebene, Hillebrecht waren sicherlich Raudas Publikationen bekannt. Die Aussage, dass Familie Rauda nach Hannover ging, weil dort Hillebrecht Stadtbaurat war, hat mir bisher nur Frank Rauda gegeben.
381   Biografische Angaben zu Rudolf Hillebrecht finden sich bei Dorn 2017, S. 465.
382   Siehe Kapitel „Beiträge zum Wiederaufbau der Städte nach dem Zweiten Weltkrieg – Eine Zwischenbilanz".
383   Durth/Sigel 2009, S. 508.
384   TIB Hannover, Sign. Nds. 423, Nr. 254 (1953-1956) und Nds. 423, Nr. 255 (1956).
385   Helmut Richter war Rauda bekannt aus der Zeit in „Kempen" bzw. „Litzmannstadt". Richter war auch Schüler von Adolf Muesmann, war während der Besatzung des Ostens in Kalisz Mitarbeiter von Wortmann, und offenbar guter Bekannter von Rauda im ehemalig sogenannten „Reichsgau Wartheland"; Niels Gutschow berichtet jedenfalls in seinem Buch „Ordnungswahn" davon, dass Richter die Stelle in Kalisz auf Empfehlung von Wolfgang Rauda bekommen habe. (Siehe Gutschow 2001, S. 58)
386   Wortmann 1941.

publiziert in der Zeitschrift *Raumordnung und Raumforschung*, haben die städtebaulichen Konzepte der Nachkriegsmoderne nachhaltig geprägt. Diese Zeitschrift wurde seit 1936 von Konrad Meyer (1901–1973)[387] herausgegeben und waren während der NS-Zeit ein wichtiges Publikationsmedium der Stadtplanung. Sie erscheint bis heute als Organ der Akademie für Raumforschung und Landesplanung.[388] Wolfgang Rauda hat nie in dieser Zeitschrift publiziert, dennoch ist ein Kontakt zu Konrad Meyer aufgrund der gemeinsamen Vergangenheit im besetzten Osten nicht auszuschließen. Der von Meyer politisch und im Sinne einer Regionalplanung aufgefasste Begriff der Raumordnung war sicherlich für Rauda ebenso von Interesse.

Dass sich Rauda damit die Stadt in Westdeutschland als Exilort herausgesucht hat, die einige moderne Tendenzen in einer Kontinuität seit dem Nationalsozialismus aufweist, ist sicherlich auf diese drei Protagonisten zurück zu führen. Als er im Sommer 1958 noch von einem „erfolgreichen" Neustart berichtete, hatte er sich schon an die TH Hannover gewandt, um einen Lehrauftrag anzunehmen.[389] Doch, so berichtete Rauda in Briefen an den Denkmalpfleger Armin Hoffmann, wurde er kurzfristig „auf Eis" gelegt.[390] Rauda führte dazu aus: „Ich war bereits im Vorlesungsverzeichnis der TH Hannover, als Rettig hierher schrieb, wer einen Flüchtling nähme, müsste den Abbruch der Beziehungen zwischen TH Hannover und TH Dresden hervorrufen."[391] Dieser Drohung hat die TH Hannover nachgegeben, da sie einen Konflikt mit der DDR vermeiden wollte.[392]

Doch nicht nur der Lehrauftrag an der TH Hannover wurde laut Rauda verunglimpft. Angeblich hätten auch andere mögliche Arbeitsstellen die Anweisung bekommen, man solle Rauda nicht einstellen, da an andere Stellen geschrieben, man solle Rauda nicht einstellen, da sonst die Beziehungen abgebrochen werden würden.[393]

---

387 Biografische Angaben zu Wilhelm Wortmann, siehe: Leendertz 2008, S. 119-124; Gutberger 2006, S. 3325-3341.

388 Seit dem Jahr 2010 ist das Bundesinstitut für Bau-, Stadt- und Raumforschung (BBSR) nicht mehr an der Herausgabe beteiligt, die Zeitschrift hat sich inzwischen zu einer Open-Access-Plattform entwickelt. (Siehe Website der Akademie für Raum- und Landesplanung)

389 Zu dieser Zeit war Wilhelm Wortmann Dekan der Fakultät Architektur der TH Hannover, eine Verbindung dieser Ereignisse mit dieser Personalie ist allerdings nur thesenhaft.

390 Privatnachlass von Armin Hoffmann: Brief von Rauda an Hoffmann (März/April 1959), S. 1. Freundlicherweise zur Verfügung gestellt von Prof. Lippert.

391 Ebd.; Auch Manfred Zumpe und Frank Rauda haben mir in persönlichen Gesprächen bestätigt, dass die Professoren und der Dekan der Fakultät Bauwesen der TH Dresden aktiv dafür gesorgt hätten, dass Rauda nicht direkt an der TH Hannover lehren konnte.

392 Privatnachlass von Armin Hoffmann: Brief von Rauda an Hoffmann (März/April 1959), S. 1.

393 UA, Professorendokumentation, zit. n.: Noack 2005, S. 34. Hier heißt es: „So fange ich jetzt ein neues, nicht leichtes, aber erfolgreiches Leben an. 2 Professoren schrieben mir: dass die so einen Mann gehen lassen. Die höchsten Spitzen habe ich von meinen Gründen eingehend informiert, falls in der TH oder ähnlichen Presse etwas Falsches stehen sollte. [...] Ebenso schrieben Rettig und Funk, wie ich aus Dresden erfuhr, an 3 westdeutsche Stellen, mich nicht zu nehmen, da einst die Beziehungen abgebrochen würden: Wie ungeschickt, man lächelt hier über so was!" Dieses Vorgehen wurde wohl auch schon bei der Flucht von Heinz Röcke angewandt, dem ehemaligen Professor für Freihandzeichnen der TH Dresden, der ebenfalls 1958 die DDR verließ. Diese Flucht hatte Rauda noch mitbekommen und wurde auch aufgefordert, einen vorgegebenen Brief in den Westen zu schicken, um den dortigen beruflichen Werdegang Röckes zu vereiteln. (Vgl. SLUB, Sign. Mscr.Dresd.App.2842, 2441: Brief Rauda an Johannes Göderitz (08.11.58), S. 2).

Dieses Vorgehen wurde von Raudas ehemaligem Kollegen Hempel noch Jahre später scharf kritisiert: „Oft habe ich über Ihren seinerzeitigen Fortgang mit Kollegen gesprochen. Wir waren dann einig, die Art und Weise, wie insbesondere Rettig eingriff, zu verurteilen. Es war nicht nur inhuman, sondern auch höchst unkollegial. Ich bin daran glücklicherweise in keiner Weise beteiligt gewesen. Sonst würde ich mir jetzt Vorwürfe machen. Ihr Abgang ist ja auch in keiner Weise ersetzt worden."[394]

Nach diesem ersten gescheiterten Versuch, in Hannover beruflich Fuß zu fassen, begann Rauda etwas, das heutzutage wohl als „Networking" bezeichnet werden würde: Er schrieb Briefe an verschiedene Persönlichkeiten in höheren Ämtern, mit denen er im Verlauf seines Studien- und Berufslebens persönliche Beziehungen gepflegt hatte, und bat sie um Hilfe. Nachweisbar sind die ungefähr fünfseitigen Briefe an Friedrich Tamms, mit dem er auch persönlich über seine Situation gesprochen hat,[395] Johannes Göderitz,[396] Paul Schmitthenner[397] und Otto Bartning[398]. Rauda schilderte in diesen Briefen ausführlich die Begebenheiten, die ihm in der DDR widerfahren waren und ihn zur Flucht bewegt hatten. Hinzu kommt ein Bericht darüber, wie man seitdem mit ihm umgehe, wobei er auch die oben erwähnten diffamierenden Briefe anführte. Rauda aber verzieh seinen ehemaligen Kollegen, da sie „drüben bleiben wollen, ja müssen".[399]

Die Briefe schließen ab mit der Bitte um die Zusendung einiger Bücher, da Rauda ja all seinen Besitz in Dresden gelassen habe, und natürlich auch der Frage, ob er weiterempfohlen werden könne. So heißt es in dem Brief an Göderitz: „Wenn Sie einmal sich für mich durch eine Empfehlung etwa beim Stadtbaurat in Braunschweig oder in einer anderen Stadt, deren Stadtbaurat Ihnen bekannt ist, verwenden würden, wäre ich sehr dankbar. Meine Aufgabengebiete sind Städtebau, Wohnungsbau, Schulen, Krankenhäuser, Kirchen, Hochbauten aller Art. Auf diese Weise könnte ich wieder mit gütiger Hilfe einen ersten Start erlangen." Es handelt sich demnach eigentlich um eine Art Bewerbungsschreiben, das er an alljene versendete, von denen er sich Hilfe erhoffte.

Die Folgen dieser Briefe sind sehr überschaubar: Raudas ehemaliger Lehrer Schmitthenner antwortete erst ein halbes Jahr später, schickt ihm ein paar Bücher zu und erklärte: „Die Folgerung, die Sie aus den ganzen Verhältnissen ziehen, verstehe ich sehr gut. Ich habe ja, wie Sie wahrscheinlich wissen, nach 45 ähnliche freundliche Dinge erlebt. Doch es geht alles vorbei."[400] Hiermit deutet er auf den als „Fall

---

394   Privatnachlass Rauda: Brief von Eberhard Hempel an Rauda (19.05.1964). Tatsächlich ist schon auf der Prorektorenbesprechung im August 1958 entschieden worden, das Entwurfsinstitut aufzulösen. Quelle: UA TU Dresden, Sign. B1.01 – 139 (Protokolle der Prorektorenbesprechungen): Protokoll vom 23.08.1958.

395   SLUB, Sign. Mscr.Dresd.App.2842, 2441: Brief Rauda an Johannes Göderitz (08.11.58). Hier erwähnt Rauda, dass Friedrich Tamms ihm geraten hatte, sich mit Göderitz in Verbindung zu setzen (S. 1).

396   Ebd.

397   Privatnachlass Rauda: Brief von Schmitthenner an Rauda (28.04.59). Hier schreibt Schmitthenner: „Ich bitte Sie zunächst sehr zu entschuldigen, dass ich Ihren langen Brief vom 13. November 58 erst heute beantworte." Rauda hatte den langen Brief an Schmitthenner also nur wenige Tage nach dem an Göderitz gesendet.

398   Privatnachlass Rauda: Abschrift eines Briefes von Bartning an die Ev. Kirche in Hessen und Nassau, Oberbaurat Schumacher (02.02.59).

399   SLUB, Sign. Mscr.Dresd.App.2842, 2441: Brief Rauda an Johannes Göderitz (08.11.58), S. 3.

400   Privatnachlass Rauda: Brief von Schmitthenner an Rauda (28.04.59).

Schmitthenner" bekannten Vorfall an[401], im Rahmen dessen die berufliche Zukunft ehemaliger „Nazi-Architekten"[402] nach dem Zweiten Weltkrieg verhandelt wurde. Die Diskussionen, die darüber Ende der 1940er Jahre geführt wurden, stehen exemplarisch für den personellen Streit zwischen Moderne und Tradition in der Nachkriegsmoderne. Schmitthenner setzte dieses Thema gegenüber Rauda mit dessen Schwierigkeiten im sozialistischen System und nach seiner Flucht gleich und zeigte damit größtes Verständnis. Auch Raudas Verurteilung Münters als „allzu williges politisches Werkzeug Ost-Berlins" und der Aberkennung jeglicher Fachkompetenz[403] bestätigte Schmitthenner ausnahmslos: „Ich habe diesen Mann vor Jahren genügend kennengelernt um zu wissen, dass es sich um einen Schwätzer und einen Laien handelt."[404] Eine wirkliche Hilfe für Raudas Suche nach Bauaufträgen im Westen Deutschlands war Schmitthenner allerdings nicht – vielmehr ging der inzwischen wieder erfolgreiche Architekt davon aus, dass Rauda das inzwischen selbst hinbekommen hätte.[405]

Otto Bartning hingegen, mit dem Rauda auch vor seinem Weggang aus der DDR bezüglich des Kirchbaus und der Darmstädter Gespräche in Kontakt gewesen war, leitete Raudas Anliegen immerhin an die Evangelische Kirche weiter und schrieb dazu: „In Anerkennung nicht nur seiner Leistungen, sondern auch wegen seiner völlig loyalen Haltung haben wir Kollegen uns mit Erfolg für die Wiederherstellung seiner Arbeitsgrundlage in Westdeutschland eingesetzt".[406] Zu diesem Zeitpunkt konnte man noch nicht wirklich von einer erfolgreichen „Wiederherstellung seiner Arbeitsgrundlage" sprechen, da Rauda nach gerade einem halben Jahr in Westdeutschland noch keine nennenswerten Bauaufträge vorzuweisen hatte. Trotzdem wird es gerade der Kirchenbau sein, in dem Rauda wieder Fuß fassen kann.

Rauda aktivierte mit diesen Briefen ein breites Netzwerk: Ganz unabhängig, ob es sich lediglich um eine Bekanntschaft aus Raudas Studienzeit handelte – wie

---

401 Zum „Fall Schmitthenner", siehe: Durth 1988, S. 347; Frank 1983, S. 85-104; Voigt 1985.

402 Ausschlaggebend war ein Artikel, der im März 1948 in der Süddeutschen Zeitung erschienen war. Darin heißt es: „Vor einiger Zeit wurde nun auch Schmitthenner vor die Spruchkammer zitiert und auf Kosten der Staatskasse freigesprochen. Ob der Freispruch zu Recht oder Unrecht erfolgte, steht hier nicht zur Diskussion. Er ermöglicht jedenfalls Herrn Schmitthenner, sich künftig ungehemmt als freier Architekt zu betätigen. Der württembergische Unterrichtsminister aber fühlt sich zu mehr verpflichtet. Zu einer Art Wiedergutmachung, zur Wiedereinsetzung des so glanzvoll freigesprochenen Hochschullehrers und seines Sekundanten Tiedje, obschon in der Fakultät sehr gewichtige Gründe dagegen geltend gemacht wurden. Es ist in der Tat nicht einzusehen, daß ein aus welchen rein politischen Gründen auch immer freigesprochener Lehrer der Architektur von neuem berufen werden soll, von dem man weiß, daß ihm im Kampf um die modernen Bauformen jeder Sinn für eine sachliche Diskussion fehlt und von dem man eine Erziehung der jungen Architektenschaft zu unvoreingenommener Prüfung der modernen Bauprobleme nicht erwarten kann, von dem man vielmehr befürchten muß, daß er den Nachwuchs weiter im Sinne des nationalsozialistischen Heimatstils erzieht." (Döcker, Richard: Vorläufiger Bericht über die Besprechungen in der Architekturabteilung anlässlich der Berufungen für die Lehrstühle und der damit zusammenhängenden Umbildung des Lehrkörperplanes (16.12.1947), zit.n.: Durth 1988, S. 347.

403 SLUB, Sign. Mscr.Dresd.App.2842, 2441: Brief Rauda an Johannes Göderitz (08.11.58), S. 2.

404 Privatnachlass Rauda: Brief von Schmitthenner an Rauda (28.04.59).

405 Ebd.: „Interessieren wird es mich, ob Sie jetzt in Hannover irgendwie angekommen sind. Ich würde mich ja wundern, wenn das bei Ihnen nicht der Fall wäre."

406 Privatnachlass Rauda: Abschrift eines Briefes von Bartning an die Ev. Kirche in Hessen und Nassau, Oberbaurat Schumacher (02.02.59).

bei Göderitz – oder um Kontakte, die er aus seinen Tätigkeiten während der NS-Zeit hatte. Rauda streute sein Anliegen system- und ideologieübergreifend sowohl an Vertreter des „fortschrittlichen" Neuen Bauens als auch an solche, die dem „rückständigen" Traditionalismus angehörten. Daraus lassen sich zwei entscheidende Schlussfolgerungen ziehen: Erstens war Rauda weiterhin so „fleißig", wie er es schon zu Zeiten seiner Professorentätigkeit an der TH Dresden war und bemühte sich um so viele und unterschiedliche Tätigkeiten wie möglich; zweitens sah er sich bei der Lagerbildung zwischen Tradition und Moderne, wie sie beispielsweise im „Fall Schmitthenner" entstanden war, keiner der beiden Seiten zugehörig, sondern orientierte sich unabhängig davon.

Bevor sich sein Fleiß vor allem im baulichen Schaffen bemerkbar machen konnte, konnte Rauda sich durchaus auf die Bekanntheit seiner Publikationen stützen. Durch eine fast ausnahmslos lobende Rezension Hillebrechts zu Raudas Werk *Lebendige städtebauliche Raumbildung*, die schon im Mai 1958 in der Zeitschrift *Der Städtetag* erschienen war,[407] wurde Rauda im Dezember 1958 von der Redaktion gebeten, eine „Analyse der städtebaulichen Ereignisse Mitteldeutschlands in den letzten Jahren"[408] durchzuführen. Die Vorbemerkung der Redaktion, dass Rauda „durch seine internationalen Wettbewerbserfolge und seine über die engere Heimat hinaus anerkannte Lehrtätigkeit nicht nur der Fachwelt seit längerem bekannt" sei,[409] kann in Kombination mit der Anmerkung, Rauda sei seit Ende Juli in der Bundesrepublik beheimatet, ebenfalls als „Bewerbung" gesehen werden. Während der eigentliche Inhalt dieses Artikels bei der theoretischen Einordnung Raudas nochmals betrachtet werden wird, ist die Reaktion auf diesen Artikel in der DDR an dieser Stelle relevant. Im ostdeutschen Äquivalent zur Zeitschrift *Der Städtetag*, *Stadt und Gemeinde. Zeitschrift des Deutschen Städte- und Gemeindetages der DDR*, erschien im Mai 1958 ein mehrseitiger Artikel von Herbert Schneider, in dem er Raudas Ausführungen zum Anlass nahm, seine Flucht zu verurteilen und ihn als Fachmann zu kritisieren.[410] Nach persönlichen Angriffen, wie der Anekdote, Rauda sei aufgrund seiner vielen Forschungsreisen von seinen Studierenden als „Prof. Nieda" bezeichnet worden, folgt eine minutiöse Kritik an den Einzelabschnitten in Raudas Artikel: „Der Artikel hat scheinbar ‚rein fachlichen' Charakter. Genau gelesen ist er jedoch durchgehend politischen Inhalts und bietet ein lehrreiches Gegenbeispiel für jene, die so gern von ‚fachlicher und unpolitischer Objektivität' sprechen."[411] Darauf folgten zahlreiche Zitate aus Raudas Artikel, die Schneider mit polemischen und sarkastischen Aussagen kommentierte. Beispielsweise schrieb Schneider: „Rotterdam ist nach Dr. Rauda in einer glücklichen Situation, da deutsche Stukas seine Kulturbauten zerstört haben, jedoch in Dresden haben die anglo-amerikanischen Bomber einige Ruinen übriggelassen. Aber was tun die bösen Dresdner? Von ihnen wird das alte, liebgewordene heimatliche Bauerbe zurückgedrückt, ja oft baulich völlig ‚eliminiert'." Nicht nur, dass Schneider in diesem Absatz verschiedene Ansätze aus Raudas Artikel in einen völlig neuen Zusammenhang brachte,[412] auch das von ihm angeführte Zitat findet sich so nicht im Original.

407   Vgl. Hillebrecht 1958, S. 216.
408   Vorbemerkung zu Rauda 1958, S. 571.
409   Vgl. Hillebrecht 1958, S. 216.
410   Schneider 1959.
411   Ebd., S. 8.
412   So schreibt Rauda vom „glücklichen" Umstand, in dem sich die Städte befänden, die

Die Kritik Schneiders zielte am Ende hauptsächlich darauf, dass die „NATO-Politik [...] eine friedliche Wiedervereinigung Deutschlands auf demokratischer Grundlage"[413] erschweren wolle, indem sie die Republikflüchtigen instrumentalisiere. Rauda somit nicht nur als Flüchtigen, sondern auch als „Marionette des Kapitalismus" zu diskreditieren, stellte den Höhepunkt des „Falls Rauda" dar.

Fünf Jahre später erschien eine Randnotiz in der *Sächsischen Zeitung* über Rauda: Er hatte in Hannover ein Konzert der Dresdner Philharmonie gehört und war kurz interviewt worden. Grund hierfür war der Umbau des Dresdner Hauptbahnhofes, den Rauda wohl ursprünglich planen sollte.[414] So hieß es: „Wir treffen uns in der Pause und sprechen über sein Projekt. ‚Es soll jetzt verwirklicht werden, habe ich erfahren. Ich würde es selber gerne bauen.' ‚Es ist nicht unsere Schuld, daß Sie in Hannover sitzen, während in Dresden vielleicht einer Ihrer ehemaligen Schüler nach Ihren – etwas veränderten Plänen baut. Warum sind Sie gegangen?' Keine Antwort. Was sollte er auch sagen? Daß es ihm gut geht? Das sagen alle, die vor sich selbst den Schritt ins Gestern rechtfertigen."[415] Diese kleine Randnotiz ist in Raudas Personalakte der TH Dresden abgeheftet und bildet den letzten Eintrag in ihr – damit ist der „Fall Rauda" und die Akte entsprechend abgeschlossen.[416]

Freischaffender Architekt

Tatsächlich schien Rauda aber inzwischen in Hannover angekommen zu sein. Ende des Jahres 1962 schrieb er an seinen ehemaligen Dresdner Kollegen Fritz Steudtner, dass er inzwischen voll mit Bauprojekten ausgelastet sei und sieben Arbeitskräfte anstellen könne.[417] Bei diesen Projekten handelte es sich unter anderem um ein Gemeindezentrum in Bothfeld, das im folgenden Jahr gebaut werden sollte (vgl. Abb. 60),[418] die Athanasiuskirche in Hannover, deren Grundstein im Herbst 1962 gelegt wurde,[419] und eine Wohnsiedlung in Angelmodde bei Münster.[420] Darüber hinaus nahm er an einigen Wettbewerben teil.[421] In seinem Lebenslauf für die TH Hannover führte er noch einige andere Projekte auf: verschiedene vorgefertigte Wohn-

sich beim Wiederaufbau ihrer Stadtzentren nicht an noch bestehende Bauten anpassen müssten, und lobt den Wiederaufbau Rotterdams, zeigt aber gleichzeitig die Schwierigkeit auf, für eine solche Stadt eine Atmosphäre zu schaffen, die ihre Bewohner auch „außerhalb der Büro- und Geschäftszeiten" erhalten bliebe. (Vgl. Rauda 1958, S. 573-574)

413   Schneider 1959, S. 12.
414   Abgesehen von dieser Notiz ist keinerlei Material vorhanden, das diese Planung bestätigt.
415   Vgl. Sächsische Zeitung vom 24.01.1964.
416   Die Akte im MfS zu Rauda wurde schon Ende des Jahres 1960 geschlossen, da man nicht feststellen konnte, ob die Flucht Raudas durch eine „in der DDR lebende Person" bewerkstelligt wurde. Der Aktenvermerk schließt mit den Worten: „Da es zur Zeit nicht möglich ist, den R. wieder in die DDR zurückzuholen [sic!], wird das Material im Archiv abgelegt". (BStU, Sign., MfS BV Dresden, AP 555/60, Bl. 103: Aktennotiz (25.11.1960)).
417   SLUB, Nachlass Fritz Steudtner, Sign. Mscr.Dresd.App.2079.a, 190: Brief Rauda an Fritz Steudtner (07.11.1962).
418   O. A. 28.01.1963.
419   O. A. 24.09.1962.
420   O. A. 1961.
421   Bspw. am Wettbewerb zum Residenzplatz Würzburg, bei dem er in die „Engste Wahl" der Preisträger kommt (O. A. 1963) oder für das Stadtzentrum Langenhagens, bei dem er mit dem 4. Preis ausgezeichnet wird (Froriep 1959). Diese werden im Kapitel Raudas Planungen der 1960er Jahre – Gronau, Springe und Angelmodde ausführlicher behandelt.

bauten, kleinere Schulbauten, ein Studentengemeindezentrum in Göttingen und selbstverständlich die Kirchenbauten.[422] Der Schwerpunkt seiner Tätigkeit lag demnach mittlerweile auf Kirchenbauten, Gemeindezentren sowie im Schulbau, hinzu kamen einige städtebauliche Projekte.

Rauda gewann allein zwischen 1959 und 1962 die Wettbewerbe zur Gestaltung der Kirchenzentren in Hameln, Hannover-Bothfeld, Emden und Hagen. Die realisierten Bauten lassen ein klares Entwurfskonzept erkennen: Rauda plante häufig einen freistehenden Glockenturm, nutzte schmale Fensterbänder im Kirchensaal zur Belichtung und die Materialkombination aus Mauerwerk sowie Sichtbeton. Die Möblierung ist im Sinne der Kirchbauten der 1960er Jahre im Allgemeinen flexibel, wodurch die Nähe von Gemeinde und Pfarrer verstärkt wird.[423] Raudas grundlegendes Konzept wird zur Weihe des Martin-Luther-Kirchenzentrums in Hameln beschrieben: „Anhand von Skizzen machte der Vortragende deutlich, wie man heutzutage auch das ‚Zueinander' der Gemeinde in der Kirche architektonisch ausführt; wie die Zuordnung gegenseitig und im ganzen zum Altar hin durch Schrägstellen des Gestühls erreicht und wie diese Geschlossenheit durch besondere Lichtverhältnisse unterstrichen und vertieft wird. Die Kirche […] soll sich in die Landschaft und das Straßenbild einpassen und doch in ihrer Ausführung und Stellung ein Kraftfeld besonderer Art werden."[424]

Das Kirchenzentrum Hameln-Nord wurde gebaut,[425] nachdem ein Wettbewerb mit vier geladenen Beitragenden stattgefunden hatte. Der Grundstein wurde am 31. Oktober 1960 gelegt,[426] ein Jahr später erfolgte das Richtfest und im Juni 1962 wurde die Kirche geweiht (vgl. Abb. 61).[427] Bei der Kirchweihe dankte der Oberlandeskirchenrat unter anderem Rauda für seine Arbeit und lobte den Bau für dessen „großartige Geschlossenheit" sowie der „echten Begegnung zwischen Baukunst und Kirche".[428] Auch bei der Athanasius- sowie der Bodelschwingh-Kirche in Hannover lassen sich die oben genannten Merkmale finden: die Lichtverhältnisse in den beiden Kirchen werden durch schmale Fensterbänder an der Decke gelenkt (vgl. Abb. 62 und 63), gleichzeitig betritt man beide Kirchensäle unterhalb einer Galerie, sodass man vom Dunkel darunter in den hellen und doppelgeschossigen Saal gelangt (vgl. Abb. 64 und 65). Die Athanasius-Kirche ist in einen Straßenzug von drei Gebäudeseiten eingebaut, durch den freistehenden Turm bildet sich dennoch eine von weitem sichtbare städtebaulich Dominante aus (Abb. 66). Die Bodelschwingh-Kirche hingegen nimmt als freistehender Solitär auf einer leichten Anhöhe an sich schon eine städtebauliche Dominantenwirkung ein, weswegen der vor dem Eingang gelegene Umgang einen Schwellenraum vor Betreten des Kirchenzentrums ausbildet (Abb. 67).

Die von Rauda verwirklichten Kirchenzentren sind Bauten, in denen sowohl der Kirchensaal als auch ein Gemeindesaal untergebracht sind. Er verbindet damit

422   TIB Hannover, Sign. Best. 5, Nr. 4708 (Personalakte Rauda): Lebenslauf Rauda (15.01.1968), S. 4-5. Teilweise ist anhand der dort gemachten Angaben kaum nachvollziehbar, um welche Bauten es sich genau handelt, weswegen eine genaue Charakterisierung der einzelnen Bauten an dieser Stelle unmöglich, aber auch nicht zielführend ist.

423   Zum Sakralbau der 1960er und 1970er Jahre siehe: Stegmann 2017, S. 69-80.

424   Ü 11.06.1960, S. 3.

425   O.A. 09.05.1960, S. 3, sowie K. 13.05.1960, S. 3.

426   M.F. 31.10.1960, S. 3.

427   Dke 04.06.1962, S. 3.

428   Ebd.

60

61

60   W. Rauda: Gemeindezentrum Bothfeld, 1963, Aufnahme 2018

61   W. Rauda: Martin-Luther-Kirche in Hameln, 1960, Aufnahme

Kirche und Gemeindezentrum in einem einzelnen Bauwerk. Dadurch wird einerseits die Kommunikation von Gemeinde und Kirche verstärkt, andererseits fällt die ausreichende Nutzung aufgrund sinkender Gemeindemitglieder heute immer schwerer. Auch die Setzung des Kirchensaals in das Obergeschoss, wie es sowohl bei der Athanasius- als auch der Bodelschwingh-Kirche der Fall ist, ist im Sinne der Behindertengerechtigkeit heute eine eher ungünstige Lösung der Erschließung.

Trotzdem erkennt man an diesen Bauten im Vergleich zu Raudas vor 1958 ausgeführten Gebäuden eine eindeutige Entwicklung hin zu einer modernen, weniger konservativen Formensprache. Waren die Studierendenwohnheime in Dresden noch eindeutige Zeugnisse seiner Ausbildung an der Stuttgarter Schule sind die Kirchenräume in Hannover zeitgemäße Abbilder der 1960er Jahre. Diese Bauten sind zwar keine herausragenden Werke ihrer Typologie, wie es beispielsweise die zeitgleich entstandenen Bauten von Gottfried Böhm darstellen, trotzdem haben sie einen Wiedererkennungswert sowohl ihrer Zeit als auch ihres Autors. Der Kirchenbau hat sich für Rauda in den 1960er Jahren als sehr lukrative und erfolgreiche Nische im Bauwesen bewiesen. Hat er in seiner Zeit in der DDR selten Gelegenheiten gehabt, Kirchenneubauten zu planen, konnte er in Hannover und Umgebung von seinen wenn auch wenigen Erfahrungen und seinem Bekanntheitsgrad durch Bartning profitieren.

Neben den Kirchenbauten muss noch eine weitere typische Bauaufgabe der 1960er Jahre angesprochen werden, derer Rauda sich auch wissenschaftlich annahm: Schulbauten. Gemeinsam mit einer Bürogemeinschaft des städtischen Hochbauamts Hannover entwickelte Rauda eine Typisierung im Schulbau, die 1966 publiziert wird.[429] Dieses unter dem Begriff *System Schule Hannover* publizierte Projekt versuchte auf die damals aktuelle Diskussion zum Schulbau zu antworten, die eine Flexibilisierung, Adaptierbarkeit und Rationalisierung im Schulbau forderte.[430] Mit dem Wirtschaftswunder der Bundesrepublik wurde die Forderung nach mehr und anderen Schulen laut: eine Flexibilisierung des pädagogischen Systems auf das individuellen Schulkind sollte sich auch in der Architektur wiederspiegeln.[431] Folge dieses Anspruchs waren verschiedene typisierte Schulsysteme, die insbesondere durch das amerikanische *SCSD-System*[432] und das britische *Brockhouse-CLASP-Stahlbau-System*[433] beeinflusst worden waren. Das *System Schule Hannover*, das federführend vom städtischen Hochbauamt Hannover, Wolfgang Rauda und dem Ingenieur Klaus Scholtyssek[434] entwickelt wurde, griff – laut Einleitung – sowohl die Aspekte der „Anpassungsfähigkeit an wechselnde pädagogische Forderungen" und an „Gegebenheiten des Städtebaues" als auch die Forderung nach „Typisierung, Vorfertigung, Serienbauweise und Wiederholung" sowie die „Beschränkung auf wenige einfache Baukörper und Bauweisen" auf.[435] Ausgehend von der Anordnung von fünf Grundbaukörpern, in denen sich die unterschiedlichen Nutzungsformen (Stamm- und Fachklassen, Sonderräume, Eingangs- bzw. Pausenhalle, Toiletten sowie Turnhalle) befinden, konnte

429   Bauverwaltung der Stadt Hannover 1966.
430   Vgl. beispielsweise: Lang et al. 1966. Der Schulbau der 1960er Jahre ist bisher kaum erforscht. Als Grundlage für die folgende Einordnung dient: Kühn 2009.
431   Siehe hierzu: Renz 2016, S. 357-358.
432   „School Constructive Systems Development". (Vgl. Kühn 2009, S. 293)
433   Vgl. Gaudenz 1966.
434   Privatnachlass Rauda: Lebenslauf, undatiert, vermutlich Ende 1968.
435   Bauverwaltung der Stadt Hannover 1966, S. 1.

62

64

65

168

63

66

67

W. Rauda: Athanasiuskirche, Hannover, 1962, Lichtband (62), Innenraum (64),
städtebauliche Einbindung (65), Aufnahmen von 2018
W. Rauda: Bodelschwinghkirche, Hannover, 1962, Lichtband (63), Innenraum (66),
städtebauliche Einbindung (67), Aufnahmen von 2018

jede Schule je nach Bedarf ausgebaut und erweitert werden. Mithilfe eines Stahlbeton-Skelettbaus aus Fertigteilen, eines Stützenrasters und der Ergänzung von Lichtkuppeln soll ein weitestgehend flexibler Grundriss möglich sein[436] (vgl. Abb. 68, 69, 70). Im Grunde unterschied sich das System Hannovers kaum von anderen Schulbausystemen dieser Zeit. Lediglich der städtebauliche Anspruch unterscheidet sich von den dezentralistischen Herangehensweisen anderer Typen.[437] Über das System wird zwar in den regionalen Zeitschriften berichtet,[438] es handelt sich dabei aber ausschließlich um Artikel in einer Hannoverschen Tageszeitung. Das System wurde mindestens einmal in der Praxis verwirklicht: Für das Gymnasium von Langenhagen bei Hannover wurde im November 1967 – ein Jahr nach Veröffentlichung der Schrift der Bauverwaltung – der Grundstein gelegt. Der erste Trakt des Gymnasiums wurde 1968 fertiggestellt und bis 1972 um fünf weitere Trakte ergänzt. [439]

Rauda passte sich mit der Entwicklung dieses Systems den aktuellen Diskursen in der Baupolitik an. Seine Ausbildung an der Stuttgarter Schule mit ihrer traditionellen Herangehensweise sieht man diesen Bauten noch weniger an als seinen Dresdner Bauten. Sowohl bei den Kirchbauten als auch bei den Schulen lässt sich eine stilistische Entwicklung Raudas hin zu einer wesentlich klassisch-modernen Richtung nachvollziehen. Wolfgang Rauda führte mindestens in der ersten Hälfte der 1960er Jahre ein mit Aufträgen gut ausgelastetes Architekturbüro. Gleichzeitig verfolgte er weiter seine Forschungsinteressen, obwohl die Publikationen zu diesem Thema weniger werden: Abgesehen von der Publikation *Deutsche Rathäuser* konzentrierte er sich auf Reiseberichte und stadthistorische Betrachtungen.[440]

„Lebendige städtebauliche Raumbildung" – Lehrauftrag an der TH Hannover

Neben den Veröffentlichungen zur Städtebaugeschichte Salzburgs sowie Reiseberichten und einigen weiteren Planungen zeigte Rauda den „Fleiß" und den Tatendrang, den er schon in Dresden verfolgte. Mit vielen und insbesondere unterschiedlichen Aufgaben betraut, kann es sein, dass Rauda am Ende der 1960er Jahre endlich sowohl an die wissenschaftlichen als auch an die baulichen Erfolge seiner Dresdner Zeit anknüpfen konnte. Als Höhepunkt dieser Laufbahn kann sicherlich die Erteilung eines Lehrauftrags an der TH Hannover für das Fachgebiet „Lebendige städtebau-

436   Ebd.
437   Kühn 2009, S. 283-298.
438   Siehe hierzu: Aufsatz Hannoversche Allg. Zeitung vom 12/13.III.1966 „Wie aus dem
       Baukasten: „Schule Hannover"; Hannoversche Presse vom 19/20.III.1966 Anerkennung
       für Schule „Hannover"; Hannoversche Allg. Zeitung vom 19/20.III.1966 „Schule
       Hannover" wird gebaut."; Aufsatz über das „System Schule Hannover" von Dr. Voßberg
       in Bauamt und Gemeindebau Vincentz-Verlag, Hannover, 39. Jahrg. Heft 6., 1966:
       Aufsatz in Allg. Bauzeitung vom 16.6.1966 über: „Ein Beispiel modernen Schulbaues,
       Das System ‚Schule Hannover'".
439   Vgl. „Einheitssystem für alle Schulbauten – Musterplanung im Kreis Langenhagen",
       in HAZ vom 2.11.1967; „Der erste Pfeiler steht schon" Gymnasium Langenhagen.
       In HAZ vom 17.11.1967; „Landrat Kiehm legte den Grundstein", in Langenhagener
       Echo Nr. 47/1967; „Grundsteinlegung für das Gymnasium", in HAZ vom 16.11.1967;
       „Grundstein fürs Gymnasium gelegt – gebaut wird nach neuartigem System",
       in Hann. Presse vom 17.11.1967.
440   Rauda 1961/62; Rauda/Wurzer 1968.

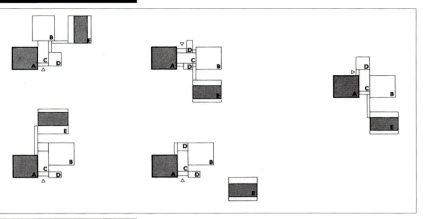

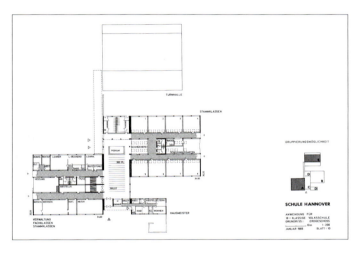

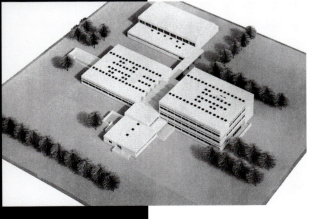

W. Rauda & K. Scholtyssek: Entwürfe zum „System Schule Hannover", 1966 (68, 69, 70)

liche Raumbildung" angesehen werden, das er ab dem Sommersemester 1968 bis zum Wintersemester 1970/71 in Vorlesungen bzw. Übungen vertreten sollte.[441] Obwohl dieser Lehrauftrag nur wenige Lehrveranstaltungen umfasste und auch nur gering vergütet wurde, zeigt die Benennung doch eindeutig, dass es sich hierbei um ein Konstrukt handelt, das speziell für Wolfgang Rauda eingerichtet wurde: Der Begriff „Raumbildung", der in die Bezeichnung des Lehrgebietes eingeflossen ist, scheint in Westdeutschland zum Markenzeichen Raudas geworden zu sein. In seinem Privatnachlass ist das Lehrkonzept zu diesen Vorlesungen und Übungen erhalten geblieben und bietet einen relevanten Einblick in die Weiterentwicklung der inhaltlichen Vorgehensweisen Raudas.[442] Grundkonzept des Lehrgebiets war die städtebauliche Grundlagenlehre mit Fokus auf stadtbauhistorischen Untersuchungen und dem Ziel der Entwicklung eines Bewertungssystems von Stadträumen. Die Stadtplanung wurde von Rauda in materielle, d.h. wirtschaftliche, technisch-funktionelle, und immaterielle, d.h. stadtbaukünstlerische, Faktoren unterschieden, wobei die räumlich-städtebauliche Qualität von städtebaulichen Räumen abhängig von diesen Faktoren und ihren Verflechtungen sei. Daher schlug Rauda ein einheitliches Bewertungssystem nach allgemein verbindlichen Wertebegriffen vor. Das Ergebnis sollte in „Raumwertzahlen" ausgedrückt und dargestellt werden. Diese Grundlagenforschung sei laut Rauda notwendig, um das aktuelle Problem der Stadtregenerierung anzugehen. Die „Stadtregeneration bestehender Städte" wurde von Rauda als eine der Hauptaufgaben des Städtebaus der nahenden Zukunft gesehen: „Bei der Planung und Durchführung der als notwendig erkannten Umstrukturierung der Städte wird die historische Stadt als baukulturelles, geschichtliches und geistiges Erbe der Vergangenheit miterfaßt. Dieses Erbe stellt sich in der stadtbaukünstlerischen Substanz einer historischen City mit ihren architektonischen Freiräumen um den diese Räume bewirkenden historischen und nichthistorischen Bauten dar; in dieser Substanz drücken sich immaterielle, aber auch materielle Komponenten aus. Das Bewahren, die Veränderung oder planvolle oder planlose Beseitigung dieser stadtbaukünstlerischen Substanz bedeutet eine Lebensfrage für die historische Stadt, aber auch für die Menschen dieser Stadt." Mittels der Lehrveranstaltungen Raudas sollten die Studierenden folgende Kompetenzen erwerben: die Qualität der städtebaulichen Freiräume durch deren Analyse beurteilen, das räumliche Sehen erlernen, die Kontinuität der Stadtentwicklung erkennen, einzelne Entwicklungsphasen einer Stadtgeschichte erkennen und charakterisieren, diese Erkenntnisse in eigenen städtebaulichen Entwürfen anwenden. Damit will Rauda eine Grundlage sowohl für die Lehre des Städtebaulehrstuhls als auch für eine städtebauliche Denkmalpflege legen.

Diese Kompetenzen wurden in einer Übung und einer Vorlesung vermittelt. Die siebenteilige Vorlesung behandelt die Schwerpunkte: Grundbegriffe, Baukörper und Raum, Elemente der städtebaulichen Raumbildung, geistige Zusammenhänge

441 Im Universitätsarchiv Hannover (TIB) gibt es eine Personalakte zu Rauda, in der die Aufforderungen zur Vertretung des Lehrgebiets vom Sommer 1968 bis zum Sommer 1971 aufgelistet sind. Mitte März 1971 lässt Rauda sich von dem Lehrauftrag aus gesundheitlichen Gründen beurlauben. Siehe hierzu: TIB Hannover, Sign. Best. 5, Nr. 4708 (Personalakte Rauda), auch Privatnachlass Rauda: Mitteilung des niedersächsischen Kultusministers an Rauda (21.03.1968).

442 Privatnachlass Rauda: Gedanken zur Problematik und Methodik des Lehrgebietes (1968). Die folgenden Ausführungen sind diesem Dokument entnommen.

und Raumbildung, städtebaulicher Freiraum im Stadtorganismus, Entwicklungspha-sen eines Stadtorganismus und die Wandlungen der städtebaulichen Freiräume sowie außereuropäische Raumbildungen im Vergleich zu europäischen räumlichen Entwicklungen. Unterstützen wollte Rauda die Vorlesung mit einer umfangreichen Dia-Sammlung von den besprochenen und bewerteten Stadträumen, die er als For-schungsprojekt im Rahmen seines Lehrauftrags erstellen möchte.

Wie in der Entwicklung des Schulsystems deutlich geworden ist, dass Rauda sich mit aktuellen Diskursen auseinandersetzte, ist bei diesem Lehrkonzept der Ein-fluss Kevin Lynchs und der neueren Forschungen zum Städtebau eindeutig. Rauda hatte den Aktualitätsbezug schon bei seiner Vorlesung in Dresden hervorgehoben, hier wird er allerdings insbesondere durch die verwendete Terminologie deutlich: Es geht nicht mehr um den „Wiederaufbau" von Städten, sondern inzwischen um „Stadt-regeneration". Rauda hatte erkannt, dass der Wiederaufbau westdeutscher Städte insbesondere in einer Dezentralisierung resultierte, die zum Aussterben der Stadt-zentren geführt hatte. Das Stadtzentrum selbst wird von Rauda als „City" bezeich-net. Die Verwendung des englischen Begriffs suggeriert einerseits einen Fortschritts-glauben und verdeutlicht die internationale Dimension des Themas speziell in West-europa, andererseits zeigte Rauda, dass die Begriffe „Altstadt" bzw. „Stadtzentrum" in den nachkriegsmodernen Städten unpassend seien. „Altstädte" wurden zerbombt, die „Stadtzentren" lassen sich nicht unbedingt dort wiederfinden, wo sie historisch gewachsen sind. Gleichzeitig sei die Bewohnerschaft der Stadt ohne die „stadtbau-künstlerische Substanz" nicht lebensfähig. Umso wichtiger erscheine es, die stadt-raumbildenden Faktoren rational zu erfassen und sogar zu bewerten. Dieser Schritt der Rationalität ist für Raudas Entwicklung entscheidend und wird im Kapitel zur theoretischen Einordnung besonders relevant sein. Diese Lehrveranstaltungen zur „Lebendigen städtebaulichen Raumbildung" bot Rauda drei Semester lang an, bevor eine schwere Krankheit die meisten seiner Projekte beendete. Am 28. Juli 1971 starb Rauda im Alter von 64 Jahren an den Folgen einer Lungenkrebserkrankung.[443]

Rauda – Eine typische Architektenbiografie ihrer Zeit?

In Hannover brauchte Rauda lange, um seinen beruflichen Werdegang weiter zu füh-ren. Wie in Dresden nahm er die verschiedensten Aufgaben an – er war im Gemeinde- und Kirchenbau tätig, hatte städtebauliche Planungen verfolgt, beschäftigte sich wis-senschaftlich mit Schulbausystemen und wurde laut eigenen Aussagen als Gutachter und Wettbewerbsjuror eingeladen.[444] Trotz dieser mannigfaltigen Beschäftigungs-felder war er auf vielen Reisen (vgl. Abb. 71–73): unter anderem in den USA, in Süd-amerika, Japan und Indien. Stets motiviert auch durch diese Reisen hatte Rauda sein Interesse an der Stadtgeschichtsforschung durchgängig weiter verfolgen können. Mit der Erteilung des Lehrauftrags konnte er mit diesen Forschungen eine neue Entwick-lungsstufe erreichen, die gut in den städtebaulichen Diskurs der frühen 1970er Jahre gepasst hätte.

443   Gespräch mit Frank Rauda, Juni 2015.
444   Privatnachlass Rauda: Lebenslauf, undatiert, vermutlich Ende 1968. Die Quellenlage ist leider nicht ausreichend, um hierauf näher eingehen zu können.

71   W. Rauda: Reiseskizze von Toronto, datiert: 19.11.1969

174

Wolfgang Rauda hatte sich während seiner gesamten beruflichen Laufbahn ein großes berufliches Netzwerk aufgebaut: sowohl international als Mitglied des Internationalen Verbandes für Wohnungswesen und Städtebau und der International Hospital Federation[445] als auch national als Mitglied der Deutschen Akademie für Städtebau und Landesplanung in Köln.[446] Hatte er in der DDR noch als freischaffender Architekt um Aufträge zu kämpfen,[447] trat er ab 1958 als Mitglied in die Kammer des BDA Niedersachsen ein.[448] Sein architektonisches Werk ist seit der Anfangsphase bis zu seiner Übersiedlung nach Westdeutschland sehr stark von der Stuttgarter Schule beeinflusst, wobei sich bei seinen Wettbewerbsbeiträgen für internationale und westdeutsche Ausschreibungen eine sehr viel modernere Haltung zeigt als bei den realisierten Bauten in der DDR. Zu erklären ist dies sicherlich durch sein Bemühen, das durch die 16 Grundsätze des Städtebaus geprägte Leitbild der regionalen Bautraditionen zu erfüllen. Wie einige seiner Dresdner Kollegen hat er dies als Fortführung des traditionellen, auf das Handwerk bezogene Konzept der Stuttgarter Schule gesehen und ist damit gescheitert. Durch die Beteiligung und auch Prämierung in westdeutschen und internationalen Wettbewerben hat Rauda sich immer wieder als ein Vermittler zwischen den politischen und architekturhistorischen Systemen inszenieren können. Raudas Rolle im sozialistischen Staat war durch seine zurückhaltende politische Haltung von Anfang an zum Scheitern verurteilt: Hat er im Nationalsozialismus noch durch die Übernahme gewisser Terminologie und Wiederholung von Phrasen eine politische Haltung eingenommen und so seine berufliche Laufbahn entwickelt, war ihm dies im Sozialismus nicht mehr möglich. Hier war er zwar als wissenschaftliche Fachkraft mit internationalem Netzwerk anerkannt, man konnte aber in ihm keine „Fortschrittlichkeit" im Sinne des Sozialismus erkennen. Die politische Haltung Raudas kann meines Erachtens kaum definitiv geklärt werden: Es ist durchaus möglich, dass er die nationalsozialistische Ideologie anerkennen konnte, bei seiner Einstellung zum Sozialismus ist allerdings kaum ein politisches Bewusstsein nachzuvollziehen.[449]

445 Ebd.; Außerdem befinden sich die Mitgliedsausweise im Privatnachlass.

446 Die Aufnahme in die Deutsche Akademie für Städtebau, Reichs- und Landesplanung erfolgte im Dezember 1941, als Rauda noch im ehemaligen „Litzmannstadt" tätig war. Quelle: Privatnachlass Rauda: Aufnahme als ordentliches Mitglied in die Deutsche Akademie für Städtebau, Reichs- und Landesplanung (16.12.1941). 1953 wird er dann zum außerordentlichen Mitglied berufen. Quelle: Privatnachlass Rauda: Aufnahme als ordentliches Mitglied in die Deutsche Akademie für Städtebau und Landesplanung (31.10.1939).

447 Zu seinem 50. Geburtstag wird ihm die „Martin-Pietzsch-Plakette" „in Würdigung seiner beruflichen Arbeit als Architekt, Schriftsteller und Hochschulprofessor sowie im Kampf für die freie Architektenschaft in Wort und Schrift" verliehen. Quelle: Privatnachlass Rauda: Urkunde „Martin-Pietzsch-Plakette" (02.06.1957).

448 Der Mitgliedsausweis mit der Mitgliedernummer 642 befindet sich im Privatnachlass Raudas. Auch erst in seine Zeit in Hannover zu datieren sind die Mitgliedschaften im Verband für Wohnungswesen, Städtebau und Landesplanung e.V. in Köln und in der Kommission „Wirtschaftliches Bauen" der Gewos (Gesellschaft für Wohnungs- und Siedlungswesen, Hamburg). (Quelle: Privatnachlass)

449 Somit war es für ihn unproblematisch, in seinen Lebensläufen ab 1958 anzugeben, er sei nach „Ges. 131 voll anerkannt" (Privatnachlass Rauda: Lebenslauf, undatiert, vermutlich Ende 1968). Das Gesetz 131 regelt die Verbeamtung von ehemaligen Mitgliedern der NSDAP, die beim Entnazifizierungsverfahren nicht als Hauptschuldige oder Belastete eingestuft worden waren und daher bedenkenlos wieder eingestellt werden konnten.

72

73

W. Rauda: Reiseskizzen vom Machu Picchu (72), datiert: 20.11.1969
und der Hagia Sophia (73), datiert: 07.04.1969

Stellte er sich in den Diskursen zur Architektur als Vermittlungspersönlichkeit dar, ist sein politisches Wesen eher von einem Spannungsfeld zwischen Widerstand gegen den Sozialismus und Opportunismus bezüglich des Nationalsozialismus gekennzeichnet. Raudas Forschungen waren immer von seinem großen Interesse an stadtbauhistorischen Betrachtungen geprägt. Selbst bei anderen Projekten, wie der Systematisierung des Schulbaus, war die städtebauliche Einbindung für Rauda relevant. Charakteristisch für die Präsentation seiner Forschungsergebnisse waren eigens angefertigte Zeichnungen, die auch Rudolf Hillebrecht in seinem Nachruf auf Wolfgang Rauda als „großartige Federzeichnungen" lobt. Außerdem verweist er auf Raudas mannigfaltiges bauliches Werk in der Denkmalpflege, städtebauliche Planungen, Schul-, Kirchen- und Wohnbau. Obwohl sich Hillebrecht im gesamten Nachruf eher objektiv an den Lebenslauf Raudas hält, lässt der Abschlusssatz auch auf ein gewisses persönliches Verhältnis schließen: „Wolfgang Rauda bleibt in seinem heiteren Wesen, seinem Fleiß und seinen Leistungen auf baulichem, historischem und wissenschaftlichem Gebiet seinen Zeitgenossen in stetiger Erinnerung."[450] Auch die TH Hannover bezeichnete Rauda in ihrem Kondolenzschreiben als einen „liebenswerten Menschen"[451]. Die Witwe Marianne Rauda spricht in einem Schreiben an einen langjährigen Kontakt Raudas in der DDR von „400 Briefen", die sie als Trauerkarten bekommen hätte.[452] Dabei war Rauda in der DDR (bewusst) in Vergessenheit geraten. Erst in den 2000er Jahren hat sein ehemaliger Mitarbeiter Manfred Zumpe ihn durch Artikel und Aufsätze als *Vater einiger Dresdner Wohnheime*[453] wieder bekannt gemacht und damit zumindest sein architektonisches Werk in der ehemaligen DDR benannt.

(Vgl. Wikipedia 2019) Eine Prüfung dieses Umstandes an der TH Hannover ergab allerdings, dass dies im Falle Raudas nie entschieden wurde, siehe: TIB Hannover, Sign. Best. 5, Nr. 4708 (Personalakte Rauda).

450 Hillebrecht 26.11.1971, S. 12.

451 TIB Hannover, Sign. Best. 5, Nr. 4708 (Personalakte Rauda): Schreiben des Rektors der TH Hannover an Marianne Rauda (02.08.1971).

452 Magazin der SLUB, Sign. Mscr.Dresd. App.2079.a, 197 (Nachlass Fritz Steudtner): Brief von Marianne Rauda an Fritz Steudtner (August 1971).

453 Zumpe 2007.

4

Stadtbaukunst zwischen Ost und West – Wolfgang Raudas Städtebau in der Nachkriegsmoderne

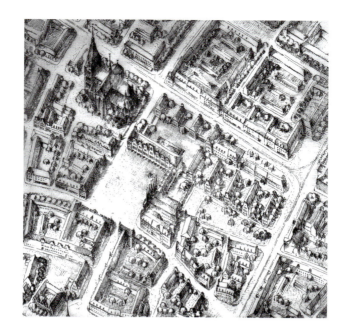

74 W. Rauda & G. Trauer: Vorschlag für den Wiederaufbau
der Rostocker Innenstadt, 1948

Eine ähnliche stilistische Entwicklung, wie sie sich in Raudas Biografie und seinem architektonischem Werk nachvollziehen lässt, zeigt sich auch in seinen städtebaulichen Planungen. Diese ist geprägt durch die stilistischen Entwicklungen der Nachkriegsmoderne im geteilten Deutschland und Raudas Positionierung zwischen der radikalen Moderne und seinem Ansatz einer traditionsbewussten Rekonstruktion. Rauda selbst hat nach eigenen Angaben an vielen städtebaulichen Wettbewerben teilgenommen und einige Planungen durchgeführt.[1] Leider sind nur zu wenigen Planungen Raudas die konkreten Pläne, Entwurfserläuterungen und -konzepte erhalten. Um sein städtebauliches Werk in der Nachkriegsmoderne einzuordnen, werden im Folgenden die maßgeblichen Entwürfe und Planungen betrachtet, die für die Entwicklung Raudas relevant sind. Auf eine vollständige Betrachtung der einzelnen Planungen wird verzichtet.

Unter den frühen Wiederaufbauplanungen liegt der Fokus auf den Wiederaufbauplänen für Rostock, da hier die oben erwähnte Einordnung Raudas zwischen Moderne und Tradition besonders deutlich wird. Seine Rolle in der sozialistisch geprägten Architektur der DDR wird durch die Vorschläge Raudas für den Wiederaufbau der Dresdner Innenstadt charakterisiert. Hierbei wird allerdings bewusst auf eine umfangreiche Betrachtung der Wiederaufbauplanungen Dresdens verzichtet, bei denen Rauda nach 1953 wenig oder gar nicht beteiligt war. Stattdessen kann an diesen Stellen auf die schon in großem Umfang vorhandene Forschungsliteratur verwiesen werden.

Raudas Beiträge zum Wiederaufbau deutscher Städte nach dem Zweiten Weltkrieg müssen unter drei Prämissen betrachtet werden: erstens den politischen Wechselwirkungen, denen er im Osten Deutschlands ausgesetzt war, zweitens seinem eigenen Bildungshintergrund als Stadtgeschichtsforscher und drittens den städtebaulichen Entwicklungen in der Nachkriegszeit, die der Politikwissenschaftler Klaus von Beyme mit der Trinität „Neubau", „Rekonstruktion" und „traditionaler Anpassungsneubau" charakterisiert[2]. Letztere Entwicklungslinie begründet von Beyme mit der wirtschaftlichen Notwendigkeit der Wiederverwendung der unzerstörten technischen Infrastruktur. Die Betrachtung des städtebaulichen Werkes von Rauda soll hingegen zeigen, dass dieser Weg auch eine identitätsstiftende und damit gesellschaftlich relevante Komponente beinhaltet. Die Analyse seiner stadtbautheoretischen Schriften wird darüber hinaus aufzeigen, dass dieses Konzept auch auf einer theoretischen Grundlage basiert.

Nach seiner Emigration nach Hannover hat Rauda einige wenige städtebauliche Planungen verwirklichen können, deren Raumbilder zur Entwicklung seiner städtebaulichen Forschung passen und die daher in einem weiteren Unterkapitel beschrieben werden: Realisiert wurden eine Altstadtsanierung in der Stadt Gronau und eine Wohnsiedlung in der Nähe des nordrhein-westfälischen Münster; in der Planung befand sich darüber hinaus noch eine Umplanung des Stadtzentrums von Springe. Sie bieten einen Ausblick in den Städtebau nach 1960, als man nicht mehr von „Wiederaufbau" sprach, da dieser im Westen Deutschlands nach dem „Wirtschaftswunder" als abgeschlossen galt.[3]

---

1   UA TU Dresden, Sign. B6.02 – 465 (Personalunterlagen Rauda): Ausbildungshergang
     (undatiert, verm. Anhang zu Bewerbung), S. 1.
2   Beyme 1987, S. 178-182.
3   Siehe u. a.: Bode 2002, S. 88.

Rostock – Planen für ein neues Stadtzentrum

Rostock ist eine Stadtgründung des 13. Jahrhunderts, die sich aufgrund ihrer topografischen Lage bis zur Moderne nur innerhalb ihrer Stadtmauern entwickeln konnte.[4] Erst im 20. Jahrhundert expandierte Rostock in alle Richtungen. Als Rostock in den 1930er Jahren immer größere Bedeutung für die Rüstungsindustrie erlangte, bekam Erich zu Pulitz 1935 von der nationalsozialistischen Regierung den Auftrag, im Süden der Stadt eine Erweiterung zu planen. Sein ebenfalls ausgearbeiteter Plan zur Umgestaltung der Innenstadt durch Verbreiterung und Begradigung einiger Straßen, stieß bei der Bevölkerung und bei dem örtlichen Denkmalpfleger Alfred Friedrich Lorenz (1984–1962)[5] auf enormen Protest und wurde dementsprechend nie ausführungsreif.[6]

Aufgrund der angesiedelten Rüstungsindustrie war Rostock schon in den frühen Phasen des Zweiten Weltkrieges Ziel von Luftangriffen. Während die Bombardierung der Industriegebiete am 12. September 1941 lokal begrenzt blieb, führte das Flächenbombardement zwischen dem 23. und 28. September 1942 zu einem Brand, bei dem ca. 60% der Altstadt vom Feuer erfasst wurden. Da die Quellenlage zum Zerstörungsgrad der Stadt nach dem Krieg nicht eindeutig ist, schätzt Alexander Hohn in seiner Betrachtung des Wiederaufbaus Rostocks, dass am Ende des Zweiten Weltkrieges 25% der Gesamtstadt total zerstört waren, wobei ca. 50% der Bausubstanz in der Innenstadt vernichtet wurden.[7]

Vorplanungen in Rostock kurz nach Ende des Zweiten Weltkrieges

Noch während des Krieges, 1944, wurde Rostock von Rudolf Wolters und Friedrich Tamms besucht, um das Ausmaß der Schäden zu begutachten und eine Wiederaufbauplanung zu erstellen und erste Wiederaufbaupläne zu entwickeln, wobei diese Aufgabe dem Denkmalpfleger Lorenz übertragen wurden. Parallel dazu erstellte auch Konstanty Gutschow Entwürfe zu einer Neuordnung der Siedlungsgebiete.[8]

Nach Ende des Krieges wurde allerdings zunächst der gebürtige Rostocker Heinrich Tessenow vom Rat der Stadt Rostock im März 1946 beauftragt, „Pläne für den Wiederaufbau Rostocks" zu erstellen.[9] Als Berater wurde ihm wiederum Lorenz zur Seite gestellt, dessen Arbeitsauftrag sich allerdings auf denkmalpflegerische Belange beschränkte. Ende 1946 stellte Tessenow seine Pläne eines aufge-

---

4   Zur Stadtgeschichte Rostocks, siehe: Rauda 1957, S. 338 und Hohn 1992, S. 118-119.
5   Zu Lorenz gibt es bisher wenig ausführliche Forschungsergebnisse. Biografische Angaben lassen sich bei einem Aufsatz von Alexander Schacht nachlesen, der als Kunsthistoriker auf der kunsthistorischen Tagung des Caspar-David-Friedrich-Instituts der Universität Greifswald zum Thema „Architektur und Städtebau im südlichen Ostseeraum zwischen 1936-1980" Archivalien verschiedener Stadtarchive und Denkmalpflegeämter bezüglich Lorenz' Schaffen auswertet (Schacht 1980, S. 302-322). Auch Jörn Düwel benennt ihn in seiner Dissertation (Düwel 1995, S. 270). Darüber hinaus erschien 1984 in der Zeitschrift „Architektur der DDR" ein einseitiger Artikel über Lorenz zu Ehren dessen 100. Geburtstages. (Möller 1984, S. 314)
6   Hohn 1992, S. 119.
7   Ebd., S. 120.
8   Düwel 1995, S. 156-157.
9   Eine ausführliche Erläuterung zu den Plänen Tessenows findet sich in Düwel 1995, S. 161-163.

lockerten und durchgrünten Rostocks vor (vgl. Abb. 75), die allerdings von der Bevölkerung enorm kritisiert wurden. Die Kritik kann mit einem späteren Kommentar von Max Guther zusammengefasst werden: „Ich sehe mein Rostock vor Bäumen nicht"[10]. Gemeint ist damit insbesondere der fehlende urbane Charakter der Stadt Rostock in den auf eine kleinstädtische Gartenstadttradition basierenden Plänen Tessenows. Als Folge dieser Reaktionen nahm die Stadt Abstand vom Stadtplaner Tessenow und ernannte Lorenz zum „Sachberater der Stadt für städtebauliche Fragen".

Damit war Lorenz derjenige Planer, der am kontinuierlichsten an den Wiederaufbauplanungen der Stadt beteiligt sein wird. In seiner neuen Rolle schrieb Lorenz einige Stellungnahmen für den Stadtrat und beteiligte sich zwischen 1949 und 1954 intensiv an den Wiederaufbauplanungen für die Innenstadt Rostocks.[11] Auf die Planungen von Lorenz soll im Folgenden etwas intensiver eingegangen werden, da Lorenz und Rauda trotz prinzipiell ähnlicher Herangehensweise in der späteren Konkretisierungsphase der Wiederaufbaupläne einige grundsätzliche Diskussionen führen werden.

So wie Wolfgang Rauda sich seit seinem Studium mit der Stadtbaugeschichte Dresden beschäftigt hatte, ist Lorenz im Rostock der Vorkriegszeit aufgewachsen und identifiziert sich im besonderen Maße mit der historischen Stadtstruktur.[12] Diese Identifikation wird insbesondere in dem auf Januar 1945 datierten *Erachten über die denkmalpflegerischen Fragen für die Planung des Wiederaufbaus der Stadt Rostock* und einen im Dezember 1944 erstellten Stadtplan mit „denkmalpflegerisch-städtebaulichen Vorschlägen" (vgl. Abb. 76) deutlich. Lorenz sieht als Grundsatz seiner Überlegungen, die Zerstörungen als Chance zu sehen, um die Rostocker Innenstadt unter denkmalpflegerischen Gesichtspunkten neu zu gestalten: Insbesondere die „Verunstaltungen" des 19. und 20. Jahrhunderts, die er schon in seiner Tätigkeit als Regierungsbaurat zurückbauen wollte, sah er als stadtplanerische Fehler an und verfolgte somit eine Wiederherstellung des stadthistorischen Zustands um 1800.[13] Entsprechend müssten alle zerstörten Denkmäler wiederaufgebaut werden, während notwendige Neubauten sich einem „traditionsgebunden, ausgesprochen hansisch-

---

10   Hohn 1992, S. 122.

11   In seinem „Erachten..." schreibt er unter anderem: „Ich konnte als Vertreter der
        Landesregierung baupolizeilich, baupflegerisch und städtebaulich-wirtschaftlich auf die
        Stadtverwaltung starken Einfluß ausüben." (Lorenz 1945, zit.n.: Düwel 1995, S. 159).

12   Als Intention zu seinem „Erachten über die denkmalpflegerischen Fragen für die Planung
        des Wiederaufbaus der Stadt Rostock" gibt er an: „Das Erachten beruht [...] auf meinen
        persönlichen Kenntnissen der Baudenkmale der Stadt von Jugend auf, die sich auf
        lebhafte Erinnerungen an alte, längst entschwundene Bauten und Stadtbilder gründen,
        und auf meinen langjährigen Forschungen und Erfahrungen." (Stadtarchiv Schwerin,
        Sign. 4820 (Nachlaß Lorenz), Lorenz, Adolf F.: Erachten über die denkmalpflegerischen
        Fragen für die Planung des Wiederaufbaus der Stadt Rostock (15.01.1945), S. 2,
        zit.n. Schacht 2002, S. 314).

13   Schacht 2002, S. 313. Die enormen Zerstörungen mancher Straßenzüge sieht Lorenz
        teilweise als Gewinn an, denn so sei „manche, auch für den konservatorisch eingestellten
        Denkmalpfleger lästige Bindung beseitigt" (zit.n. Schacht 2002, S. 315). Auch ein Eckhaus
        am Neuen Markt, das 1870 im Tudorstil umgebaut wurde und laut Lorenz „leider"
        unzerstört geblieben ist, will er zu einem Giebelhaus umbauen, das besser zum charakteristischen Stadtbild passe. In einer Ergänzung zum „Erachten über die denkmalpflegerischen Fragen für die Planung des Wiederaufbaus der Stadt Rostock" geht Lorenz
        sogar so weit, die Umsetzung eines zweitürmigen Ausbaus des Westwerks der
        Marienkirche in Erwägung zu ziehen, der im Mittelalter lediglich geplant war. (Ebd.)

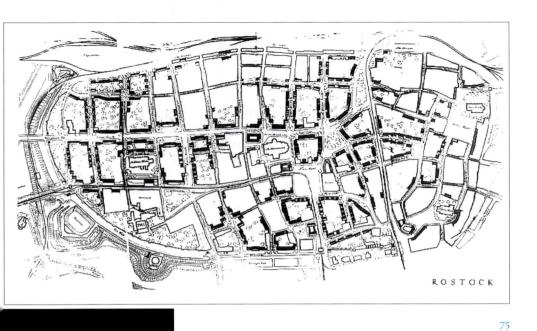

ROSTOCK

75

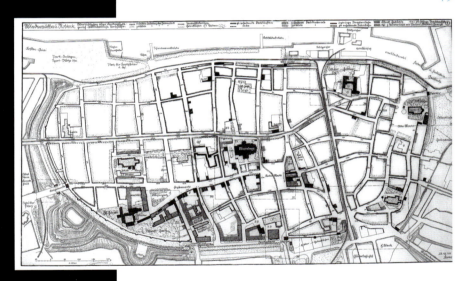

76

75   H. Tessenow: Aufbauplanung für Rostock, 1946
76   A. Lorenz: Denkmalpflegerisch-städtebaulicher Vorschlag zum
      Wiederaufbau in Rostock, 1944

norddeutschen Stadtbildes" anpassen müssten.[14] Seine Ausführungen wiederholte er 1949 in einem Artikel im *Bauhelfer*, wobei er nochmals betonte, dass seine Ideen „noch genau so maßgebend wie vor fünf Jahren" seien.[15] Obwohl Lorenz für den Wiederaufbau Rostocks keine konkreten Planungen ausarbeitete, sind die städtebaulichen Ideen bis in die 1950er Jahre deutlich von seinem *Erachten über die denkmalpflegerischen Fragen für die Planung des Wiederaufbaus der Stadt Rostock* aus dem Januar 1945 und einer Ergänzung aus dem Jahr 1947 beeinflusst, da Lorenz bis dahin am Wiederaufbau der Innenstadt beratend und kommentierend tätig war. Immer wieder wird dabei sein Grundsatz deutlich: Das „harmonische Ganze" der Innenstadt Rostocks solle durch den Wiederaufbau charakteristischer Straßenzüge und -bilder sowie aller denkmalwürdigen Gebäude erhalten werden. Laut Niels Gutschow bezog sich Lorenz dabei hauptsächlich auf Karl Grubers *Gedanken zum Wiederaufbau der zerstörten mittelalterlichen Städte*, das dieser um 1943 verfasst hatte und das 1946 publiziert worden war, wobei Lorenz insbesondere dessen Haltung zur zeitgemäßen Gestaltung von Neubauten nicht übernahm.[16]

Erste städtebauliche Konzepte Raudas und Trauers

Dabei gehört die Verbindung von stadtbaukünstlerischen Aspekten mit zeitgemäßen Bedürfnissen zu den städtebaulichen Leitbildern, die der damalige Stadtbaurat Westphal[17] 1949 im *Bauhelfer* äußerte. Er betonte zwar, dass der ursprüngliche Charakter Rostocks bewahrt werden solle, gleichzeitig drängte er aber auf Neuerungen insbesondere bezüglich des Verkehrs und Wohnsiedlungen außerhalb des Stadtzentrums.[18] Die Planung dieser Neuerungen wurde Ende des Jahres 1947 auf Günther Trauer übertragen, der einen Gesamtplan für den Wiederaufbau Rostocks erarbeiten sollte.[19] Er entschied sich, diese Planungen gemeinsam mit Wolfgang Rauda durchzuführen.

Im Rahmen des Auftrags der Stadt Rostock erstellte Trauer in Zusammenarbeit mit Rauda einen Verkehrsplan, einen Flächennutzungsplan, einen Wiederaufbauplan für die Innenstadt Rostocks sowie diverse Vogelaufsichten und schematische Straßenquer- sowie Geländeschnitte. Diese Planungen liefen zeitlich parallel zu dem im Dezember 1947 ausgeschriebenen Wettbewerb zum „Neuen Markt und seiner Umgebung". Die Ergebnisse der Planung von Rauda und Trauer werden in der Zeitschrift Bauhelfer mit einer Erläuterung des Stadtbaurats Westphal und im *Bau-*

---

14   Stadtarchiv Schwerin, Sign. 4820 (Nachlaß Lorenz), Lorenz, Adolf E.: Erachten über die denkmalpflegerischen Fragen für die Planung des Wiederaufbaus der Stadt Rostock (15.01.1945), S. 2, zit. n. Tessenow 1978, S. 10-11 und Schacht 2002, S. 313.
15   Lorenz 1949, S. 34.
16   Abgedruckt ist die Denkschrift Grubers in Durth/Gutschow 1988, S. 852-856. Laut Düwel 1995, S. 159 wurde es außerdem in „Die Welt des Ingenieurs" (Darmstadt 1946) veröffentlicht.
17   Auch auf Nachfrage beim Stadtarchiv Rostocks konnten keine biografischen Angaben zu diesem Stadtbaurat gefunden werden. Es ist wahrscheinlich, dass er mit der Staatsgründung und Umstrukturierung der Stadtbauämter in der DDR abgesetzt wurde.
18   Westphal 1949.
19   Erstmals erwähnt wird dieser Auftrag in einem Protokoll der Ratssitzung vom 10.12.1947. Siehe hierzu: StA Rostock, Sign. 2.1.0-4487 (Ratsprotokolle Wohnungsbau 1949). Adolf Lorenz bestätigt diesen Auftrag in einem Schreiben vom 18.02.1948. Siehe hierzu: Stadtarchiv Schwerin, Sign. 4820 (Ministerium für Wirtschaft. Wiederaufbau der Stadt Rostock 1945-1949), zit. n. Tessenow 1978, S. 29.

meister als „Vorschlag der Architekten Dr.-Ing. Wolfgang Rauda und Dr.-Ing. Günther Trauer" publiziert.

Rauda hatte sich bis dahin intensiv mit der Stadtgeschichte Rostocks auseinandergesetzt und publizierte seine Erkenntnisse sowohl in seiner 1957 erschienenen Publikation *Lebendige städtebauliche Raumbildung*[20] als auch in einem mit *Unzerstörte Kostbarkeiten* überschriebenen Artikel im *Baumeister*.[21] Als wichtige stadtbaukünstlerische Elemente (vgl. Abb. 74, S. 181) sah Rauda vor allem die Parallellage der Petri- und der Nikolaikirche sowie die mannigfaltigen Dominanten durch die Kirchtürme, die Klosterbauten und das Rathaus, wodurch insbesondere die Stadtsilhouette unverwechselbar sei.[22] Ein Grundgedanke der Wiederaufbauplanung war die Beibehaltung der „einstigen Geschlossenheit der Innenstadt"[23] durch die klare Ausbildung des eiförmigen, innerstädtischen Kerns rund um den Neuen Markt. Wichtige Straßenzüge, „die sowohl im Grundrißbild der Stadt wie in der Gestaltung und Durchbildung des Aufrisses als entscheidend im Rostocker Stadtbild bezeichnet werden"[24] müssten im Großen und Ganzen beibehalten werden.

Während dementsprechend wichtige Straßenzüge und -bilder erhalten werden sollen, setzt die Planung insbesondere im Wohnungsbau auf eine Auflockerung und Durchgrünung, die eben nicht die verdichtete Blockrandbebauung der Vorkriegszeit aufnimmt. Der Hopfenmarkt an der Universität soll das geistige Zentrum darstellen, während am Neuen Markt das Verwaltungs- und Geschäftszentrum ausgebildet werden soll. Dazu gehört unter anderem das Rathaus und dessen neu zu planende Erweiterung. Westlich des Neuen Marktes waren Wohnungsbauten in Zeilenbauweise geplant. Insgesamt schlugen Rauda und Trauer dreigeschossige Bauten, Richtung Ufer sogar nur zweigeschossige Wohnbauten vor. Es gelte, die Stadtsilhouette vom Norden her durch die „Hauptbaumassen der Kirchen" wirken zu lassen. Östlich bis südlich sowie westlich dieses Innenstadtkerns zieht sich eine öffentliche Grünfläche, im Norden wird die Innenstadt durch den Warnowkanal begrenzt. Besonderes Augenmerk legt die Planung auf die Bebauung dieses Warnowufers mit bis zu sechsgeschossigen Speicher- und Industriebauten für den Hafenbetrieb. Hiermit soll der imposante „Eindruck, den das alte Rostock auf den vom Wasser her sich nahenden Seefahrer geboten haben muß"[25] und das „Charakteristikum einer Seestadt" gewahrt werden. In der Innenstadt wird „die Lange Straße als die neue Hauptschwerlinie ausgebildet"[26] und mit einer Breite von 42 m erheblich zur Vorgängerbebauung verbreitert.

Die Straßenführung passt sich größtenteils an den Verlauf der Straßen vor dem Krieg an. Allerdings werden die Straßen je nach Nutzung und Bedeutung in Straßen 1. oder 2. Ordnung eingeteilt, mit dem Ziel, Durchgangs- und ortsgebundenen Verkehr zu gliedern. Diese Gliederung wird insbesondere in der Aufteilung der Straßenquerschnitte deutlich, wobei für Straßen 1. Ordnung neben großzügigen Fußgängerwegen eine eigene Spur für Anliegerverkehr eingerichtet werden sollten. Außerdem

20   Rauda 1957, S. 337-360.
21   Rauda 1949, S. 41-46.
22   Rauda 1957, S. 344.
23   Rauda/Trauer 1949, S. 213.
24   Ebd., S. 215.
25   Ebd., S. 217.
26   Ebd., S. 213.

wurde ein neuer Güterbahnhof außerhalb des Stadtzentrums geplant und der Haupt-bahnhof nach Südwesten verlegt, sodass keine Durchquerung der Innenstadt durch Züge notwendig ist. Stattdessen wurde eine Umfahrung des inneren Bereichs durch die sogenannte „Hafenbahn" östlich des Zentrums vorgesehen. Durch die ringförmi-ge Umgehungsstraße der Innenstadt sollte deren durch die mittelalterliche Stadt-mauer geprägte Form stärker betont werden.[27] Die Durchführung des Plans war in zwei Ausbaustufen vorgesehen, in denen versucht werden sollte, „klare Straßenrau-mabschnitte zu schaffen". Auch nach der zweiten Ausbaustufe waren noch Reserve-bauflächen als Grünflächen ausgewiesen, die bei Bedarf ausgebaut werden sollten.[28]

Der Plan von Rauda und Trauer ist als Gegenposition zur Tessenowschen Pla-nung zu verstehen, die im Innenstadtbereich eher eine Grünplanung denn Woh-nungsbau vorsieht. Gleichzeitig drängen sie nicht so stark auf eine Beibehaltung des historischen Stadtgrundrisses wie es Lorenz in seinem „Erachten" fordert. Lediglich bezüglich der Bereitstellung von öffentlichen Grünflächen gibt es inhaltliche Über-schneidungen in den drei Planungen. Zusammenfassend kann man den Plan Tes-senows wohl als eher radikal bezeichnen, während Lorenz' Wiederaufbau die Rolle des konservativen Traditionalismus einnimmt. Trauer und Rauda wählen einen Mit-telweg zwischen den beiden Positionen, ohne einen Kompromiss darzustellen. Sie legen die Grundlage für eine langfristige Planung einer neuen Innenstadt.

Kritik erfahren die Planungen Raudas und Trauers durch „Bemerkungen der Schriftleitung"[29], die ihrem im *Baumeister* publizierten Bericht vorangestellt sind. Diese Bemerkungen betreffen einerseits die Planung eines Grünstreifens zwischen Marienkirche und Jacobikirche, bei der kritisiert wird, dass durch diese „Umgrünung" ein „Eindruck der berüchtigten ,Domfreiheit' [...] des auf einem Präsentierteller thro-nenden Einzelstücks" entstehen könnte. Andererseits wird die Verwendung der Zei-lenbauweise östlich des Neuen Marktes beanstandet, da dies nicht der „mittelalter-lichen Grundrißstruktur" entsprechen würde. Trotz dieser kleinen Anmerkungen sei der Plan in seiner Gesamtheit eine „Stufe zur endgültigen Lösung", deren Verfasser sich besonders „mit dem genius loci vertraut" gemacht hätten.[30] Diese Haltung wür-de sich auch in dem Wettbewerbsbeitrag zum Wiederaufbau der Innenstadt Rostocks von Rauda und Trauer ausdrücken.

Wettbewerb zur Gestaltung des „Neuen Marktes"

Der Wettbewerb zum „Neuen Markt und seiner Umgebung" ist für die Entwicklung Rostocks die wichtigste städtebauliche Ideensammlung, bevor die „16 Grundsätze des Städtebaus" und der Sozialistische Realismus die Architektur der DDR politisch beeinflussen werden. Die Grundgedanken und Richtlinien für den Wettbewerb wur-den vom damaligen Stadtbaurat Westphal im Dezember 1947 formuliert.[31] In diesen

---

27 StA Rostock, Sign. 2.1.0-1373 (Pläne zur Verkehrsführung in Rostock, um 1948):
    Abbildungen 1a und 16 sowie Blätter 3 und 6.
28 Westphal 1949, S. 31.
29 Es ist durchaus anzunehmen, dass diese Bemerkungen von Rudolf Pfister verfasst
    wurden.
30 Kommentar Rudolf Pfisters in: Rauda/Trauer 1949, S. 217.
31 StA Rostock, Sign. 2.1.0-1096 (Wettbewerb Neuer Markt, 1947-1948), Blätter 077-079:
    Grundgedanken und Richtlinien für den Wettbewerb des Neuen Marktes und seiner

hob er die enorme Bedeutung des Neuen Marktes als „historisches, städtebauliches, wirtschaftliches und verkehrsmässiges Zentrum" heraus, der städtebaulich von „dem alten gotischen Rathaus und der ihn beherrschenden Marienkirche" dominiert werde. Besonders zu beachten sind seine Ausführungen zur Positionierung zwischen historischer Bedeutung der Stadt und neuen Bedürfnissen: „Daher ist für die Behandlung der Wiederaufbaufragen die Rücksicht auf die Vergangenheit ebenso verpflichtend wie die Verantwortung vor der Zukunft [...] eine Wiederherstellung des Alten, in engstem Sinne, mit seinen historischen Stilformen als eine Museumsstadt, mit seinen vielfachen wirtschaftlichen, technischen und hygienischen Unzuträglichkeiten darf nicht in Frage kommen."[32]

Hier finden sich sowohl Einflüsse von Lorenz' denkmalpflegerischen Ideen als auch von Tessenows radikaler Neuordnung der Stadt.[33] Es zeigt sich aber auch, dass die richtige Form eines Städtebaus mit Rücksicht auf die Vergangenheit und Verantwortung vor der Zukunft trotz diverser Vorplanungen noch nicht gefunden war. Abgeschlossen werden Westphals Ausführungen von einigen formalen Richtlinien zu Funktionsverteilung und Infrastruktur.

Diese Ausführungen sind auch Teil der offiziell von Oberbürgermeister Schulz freigegebenen Wettbewerbsausschreibung.[34] Hier wurde festgelegt, dass zur Teilnahme „alle Architekten aus Mecklenburg sowie die aufgeforderten"[35] berechtigt sind. Der Vorsitz der Jury hat Oberbürgermeister Schulz inne, daneben werden noch Stadtrat Westphal, der Denkmalpfleger Lorenz, Prof. Freese von der Technischen Hochschule Berlin-Charlottenburg, Ministerialrat Stegmann, Professor Cords aus Dresden und Rektor Prof. Dr. Rienäcker aus Rostock sowie der Schulrat Neehls und Museumsdirektor Dr. Friesel gelistet. Die Abgabe der anonymisierten Beiträge habe bis zum 31.05.1948 zu erfolgen, Rückfragen seien bis zum 29.02.1948 möglich. Der Abgabetermin wurde später auf den 30. September verschoben, da es zu viele Unklarheiten gab. Dazu gehörte unter anderem der noch nicht fertiggestellte Verkehrsplan von Günther Trauer, der als Grundlage für die Wettbewerbsvorschläge übersandt werden sollte.[36] Statt eines konkreten Plans wird allerdings im September 1948 lediglich ein Erläuterungsschreiben an die Wettbewerbsteilnehmer geschickt. Gleichzeitig wird in einer Sitzung des Stadtbauamtes festgelegt, „daß es aber für jeden Architekten selbstverständliche Pflicht sei, die Verkehrsfragen im Rahmen seiner Planungen zu untersuchen."[37]

Umgebung in Rostock, gez. Westphal am 12.12.1947.

32   StA Rostock, Sign. 2.1.0-1096 (Wettbewerb Neuer Markt, 1947-1948), Blätter 077-079: Grundgedanken und Richtlinien für den Wettbewerb des Neuen Marktes und seiner Umgebung in Rostock, gez. Westphal am 12.12.1947.

33   Düwel bemerkt sogar, dass Lorenz der eigentliche Verfasser dieser Grundgedanken zum Wettbewerb war. (Vgl. Düwel 1995, S. 164)

34   StA Rostock, Sign. 2.1.0-1096 (Wettbewerb Neuer Markt, 1947-1948), Blätter 080-082: Wettbewerb über den Wiederaufbau des Neuen Marktes und seiner Umgebung in Rostock, gez. Schulz am 12.12.1947.

35   Aufgefordert wurden unter anderem die Architekten Klier, Hassenpflug und Hentsch als Architekten, die außerhalb von Rostock leben. Die Zusammenarbeit mit Klier hat eine Teilnahme Raudas überhaupt ermöglicht.

36   StA Rostock, Sign. 2.1.0-1096 (Wettbewerb Neuer Markt, 1947-1948), Blatt 016: Sitzungsprotokoll des Stadtbauamtes vom 08.04.1948.

37   StA Rostock, Sign. 2.1.0-1096 (Wettbewerb Neuer Markt, 1947-1948), Blatt 004: Sitzungsprotokoll des Stadtbauamtes vom 03.09.1948.

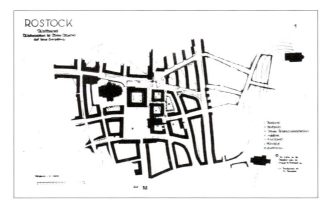

77

78

Elvers/Giese: Beitrag zum Wettbewerb Neuer Markt, Rostock,
Lageplan (77) und Perspektive (78)
Elbrecht: Beitrag zum Wettbewerb Neuer Markt, Rostock,
Perspektive (79) und Lageplan (80)

190

NORD—WEST

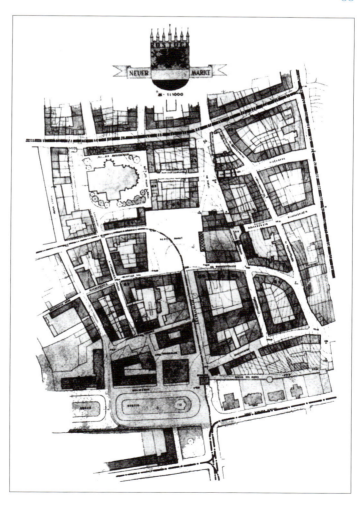

Die Aufgaben des Wettbewerbs werden in der offiziellen Ausschreibung nochmals konkretisiert: Es handelt sich vorrangig um die Festlegung von Fluchtlinien und die Auflistung der in die Planung zu integrierenden Gebäude. Darüber hinaus sei die „Neugestaltung des Platzes vor dem Südquerschiff der Marienkirche und der rückwärtigen Fassade der Grundstücke der Blutstraße und am Ziegenmarkt" zu entwerfen, wobei ein Durchblick auf die Ostseite der Marienkirche von der Altstadt her geschaffen werden solle. Zu den Entwurfsaufgaben gehörten daneben die „Gestaltung des Platzes ‚Am Schild'" sowie die „Neugestaltung der Fassaden des Stadthauses". Als Abgabeleistungen wurden ein Lageplan, perspektivische Skizzen der vier Marktfassaden, der Nordwestecke mit Blick auf die Marienkirche, die Fassadengestaltung des Rathauses sowie ein Erläuterungsbericht festgelegt.[38]

Trotz oder vielleicht auch gerade aufgrund dieser teilweise sehr konkreten Forderungen war dem Stadtbaurat Westphal wohl bewusst, dass die Ergebnisse nicht vollständig zufriedenstellend ausfallen werden. So betonte er in einem Brief an seinen Kollegen Briese im April 1948, dass der Wettbewerb keine „praktischen" Fragen des Wiederaufbaus betreffen könne, sondern nur „Neugestaltungsvorschläge" erbringen solle. Man würde „keinen Erfolg für die Lösung praktischer Ausführungsmöglichkeiten" erwarten, sondern nur Vorschläge für die Festlegung zukünftiger Gestaltungsmöglichkeiten.[39]

Als die Jury sich Ende Oktober 1948 traf, waren 20 Entwürfe eingegangen. Schon zu Beginn der Sitzung wurde die Teilnahme Raudas diskutiert. Da Rauda und Trauer aufgrund ihres direkten Auftrags durch die Stadt mit dieser „in besonderer Beziehung" stehen würden, war schon im Juni auf einer Sitzung des Stadtrats festgelegt worden, dass „die Herren Dr. Ing Trauer und Rauda nur ausser Konkurrenz teilnehmen können", da sie „in ganz anderer Weise mit der Materie vertraut sind als die übrigen Teilnehmer, was z.B. im Falle der ursprünglich aufgestellten Verkehrsfrage ganz offensichtlich war."[40] Diese Bedenken werden in der Jurysitzung wiederholt, wobei man sich vorerst darauf einigt, dass zunächst eine Bewertung der anonymisierten Entwürfe erfolgen solle, danach könne immer noch eine Diskussion um einen möglichen Ausschluss geführt werden.[41] Nach zwei Begutachtungsrunden werden die Ausgezeichneten festgelegt: Der erste Preis ging an den Entwurf Nr. 20 von Dr. Elvers, Regierungsbaurat, und Giese aus Schwerin. Als zweitplatzierter Entwurf wurde die Nr. 10, der Entwurf von Rauda und Trauer bestimmt. Der 3. Preis sowie ein erster Ankauf wurde an Elbrecht, einen Architekten aus Rostock vergeben, ein zweiter Ankauf ging an den Weimarer Professor Gustav Hassenpflug. Nach der Bewertung der Entwürfe wurde beschlossen, dass der Beitrag Raudas aus dem Wettbewerb „ausscheiden" müsse, sodass die ausgezeichneten Beiträge in der Reihenfolge entsprechend höher rückten. Trotzdem wurde empfohlen „den Entwurf des Arch.

38   StA Rostock, Sign. 2.1.0-1096 (Wettbewerb Neuer Markt, 1947-1948), Blätter 080-082: Wettbewerb über den Wiederaufbau des Neuen Marktes und seiner Umgebung in Rostock, gez. Schulz am 12.12.1947. Die Ausschreibung ist zum Teil abgedruckt in: Tietböhl 1949, S. 36-38.

39   StA Rostock, Sign. 2.1.0-1096 (Wettbewerb Neuer Markt, 1947-1948): Schreiben Westphal an Briese vom 16.04.1948.

40   StA Rostock, Sign. 2.1.0-1096 (Wettbewerb Neuer Markt, 1947-1948), Blatt 006: Friese am 17.06.1948.

41   StA Rostock, Sign. 2.1.0-1451 (Wettbewerb Wiederaufbau Neuer Markt Rostock): Protokoll der Jurysitzung am 26.10.1948.

Rauda außerhalb der ausgesetzten Preissumme wegen der hohen Qualität gesondert zu erwerben".[42] Die daraufhin gängige Sprachregelung war, dass der Beitrag auf den zweiten Platz „außer Wettbewerb"[43] gesetzt wird.

Die Entwürfe von Elvers/Giese (vgl. Abb. 77, 78) sowie beide Einreichungen von Elbrecht (vgl. Abb. 79, 80) orientieren sich sehr stark am historischen Stadtgrundriss und der von Lorenz geforderten „norddeutschen Baugesinnung". Die Erstplatzierten wählten stark abstrahierte Lochfassaden und eine einfache Giebelausbildung, während Elbrechts Entwurf noch näher an einer Rekonstruktion des Vorkriegszustands ist. Dies wurde auch in den Urteilen des Preisgerichts betont.[44] Eine klare Gegenposition zu diesen den regionalen Bautraditionen verpflichteten Entwürfen stellte der Beitrag von Hassenpflug (vgl. Abb. 81, 82, 83) dar: Er füllte die Baulücken der „Bombenschneise" mit radikal modernen Bauten mit Fensterbändern und Flachdächern. Die besonders stark zerstörten Gebiete um die Jacobikirche sowie nördlich und südlich des Neuen Marktes räumte er frei und bebaute sie mit einer aufgelockerten Zeilenbauweise, die an die Planungen der Wohnzelle Friedrichshain in Berlin erinnert. Vermutlich aufgrund dieser Radikalität und um die Heterogenität der eingereichten Entwürfe darzustellen, wurde der Entwurf angekauft.[45]

Der Beitrag von Rauda und Trauer, den sie gemeinsam mit dem Dresdner Architekten Klier eingereicht hatten, entscheidet sich für die Geschlossenheit des Neuen Marktes sowie die Beibehaltung bestimmter Straßenzüge einerseits und für eine aufgelockerte Zeilenbauweise östlich des Marktes andererseits (vgl. Abb. 85). Bei der Bebauung rund um den Markt handelt es sich um traufständige Häuser mit zum Markt hin gewandten Zwerchgiebeln, um das geforderte Bild der giebelständigen Häuser zu wahren. Die „Reihengiebelhäuser" werden aus Gründen der „Unzulänglichkeiten der Belichtung, Belüftung, Dachentwässerung usw." als nicht mehr zeitgemäß empfunden. Die Fassadengestaltung der Neubauten ist gleichmäßig gehalten, wodurch sich die erhaltenen Bauten klar von den Neubauten unterscheiden lassen. Dies wird unter anderem an dem Anbau an das erhalten gebliebene Eckhaus an der Nordseite des Marktes deutlich (vgl. Abb. 84). Gleichzeitig wird die Gliederung in drei Fensterachsen und vier Geschosse wie gefordert beibehalten. Die Erweiterung des Rathauses erfolgt über einen schlichten, zweigeschossigen Verbindungsbau vom alten Rathaus her auf die Nordseite des Marktes. Der siebenachsige Rathausneubau ist durch den Mittelgiebel symmetrisch aufgebaut, wobei die Überhöhung des Mittelgiebels durch ein Glockenspiel gestaltet ist. Auf der gegenüberliegenden Südseite wiederholt sich die Mittelbetonung in Form eines geschweiften Zwerchgiebels über dem Mittelrisalit. Die Rathauserweiterung ist detaillierter ausgearbeitet als in den anderen Entwürfen. Rauda/Trauer/Klier schlagen einen Neubau vor, der als Mehrflügelanlage einen Innenhof umspannt. Der Riegel zum Markt hin betont in seiner

42 StA Rostock, Sign. 2.1.0-1451 (Wettbewerb Wiederaufbau Neuer Markt Rostock): Protokoll der Jurysitzung am 26.10.1948, sowie in Tietböhl 1949, S. 38-40 und S. 47.

43 Neben den später beschriebenen Besprechungen des Wettbewerbs in Architekturzeitschriften wird der Preis beispielsweise auch in der „Neuen Bauwelt" so benannt, in der der Wettbewerb nur in einer Randnotiz auftaucht. Siehe hierzu: Neue Bauwelt 1948, S. 789.

44 StA Rostock, Sign. 2.1.0-1451 (Wettbewerb Wiederaufbau Neuer Markt Rostock): Protokoll der Jurysitzung am 26.10.1948, sowie Tietböhl 1949, S. 47.

45 Eine ausführliche Beschreibung der prämierten Entwürfe findet sich in Tessenow 1978, S. 20-25.

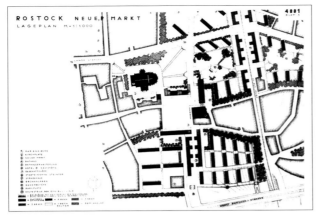

81

82

83

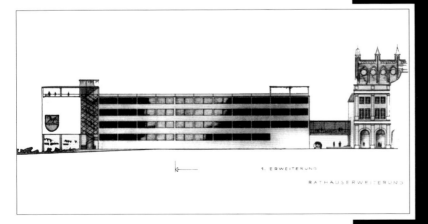

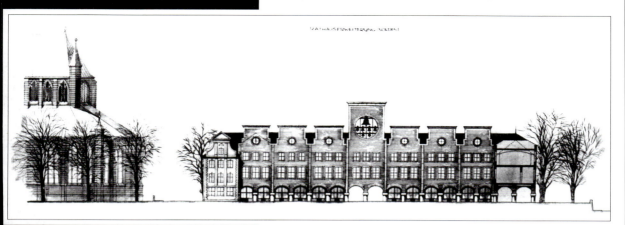

84

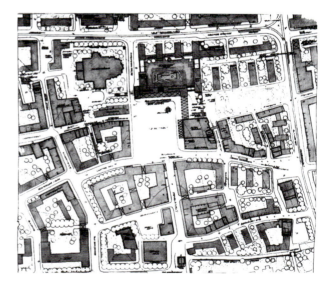

85

Hassenpflug: Beitrag zum Wettbewerb Neuer Markt, Rostock, Lageplan (81),
Perspektive (82), Ansicht (83)
Rauda/Trauer: Beitrag zum Wettbewerb Neuer Markt, Rostock,
Ansicht Norden (84) und Lageplan (85)

Gestaltung die Bedeutung des Neuen Marktes als geschäftsmäßiges Zentrum. Vom Innenhof aus eröffnet sich ein Blick auf die Apsis der Marienkirche. Der nördliche Flügel ist durch schmale Längsbauten, die durch Querriegel miteinander verbunden sind, rhythmisch gegliedert.

Das Urteil des Preisgerichts fiel insgesamt sehr positiv aus.[46] Besonders gelobt wurde die Gestaltung des Verbindungstraktes zwischen altem und neuem Rathaus, „der dem alten Rathaus die absolute Vorherrschaft sichert" und die Blickbeziehungen, die sich aus den Öffnungen in den Arkaden ergeben würden. Die aufgelockerte Bebauung östlich des Marktes wurde als „zweckentsprechend" bezeichnet. Die Mittelbetonung sowohl der nördlichen als auch der südlichen Platzseite beurteilte die Jury sehr kritisch: sie „würde besser unterlassen". Insbesondere die erzeugten Stadtbilder – am Vogelsang, nördlich der Marienkirche und durch die Beibehaltung des städtebaulichen Maßstabs des Marktes – schienen die hohe Qualität des Entwurfs auszumachen. Insgesamt weisen die prämierten Entwürfe, abgesehen von dem Entwurf von Hassenpflug, einige Gemeinsamkeiten auf. Dies liegt nicht zuletzt an den detaillierten Bestimmungen der Wettbewerbsausschreibung und der damit verbundenen beschränkten Lösungsmöglichkeiten. Besonders anhand der geforderten verschiedenen Ideen zu städtebaulichen Räumen wird deutlich, dass die Ausschreibung von den Wettbewerbsteilnehmern zu viel verlangt hat: Gefordert waren neben der Neugestaltung des Neuen Markts noch Ideen zum „Ziegenmarkt", der sich ursprünglich westlich der Marienkirche befunden hatte, sowie zur Bebauung am Südquerschiff dieser Kirche, zur Gestaltung der „Blutstraße", der heutigen Kröpeliner Straße, und zur Neuinterpretation des ehemals dreieckigen Platzes nördlich des alten Rathauses „Am Schilde".

Obwohl die Ergebnisse dieses Wettbewerbs kaum Folgen für den Wiederaufbau der Innenstadt Rostocks hatten, zeigen die ausführlichen Besprechungen der Ergebnisse sowohl im *Bauhelfer*[47] als auch im *Baumeister*[48] das große Interesse der Öffentlichkeit. In beiden Zeitschriften wurden Teile der Wettbewerbsausschreibung, Auszüge aus den Erläuterungsberichten sowie aus den Bewertungen der Jury abgedruckt. Im *Bauhelfer* erfolgt die Präsentation der Wettbewerbsergebnisse ohne weiterführende Kommentare, sie wird lediglich gerahmt von Artikeln des Rostocker Stadtrats Westphal und des Denkmalpflegers Lorenz sowie einem Teil der Reihe *Unzerstörte Kostbarkeiten* zur „Seestadt Rostock" von Wolfgang Rauda. Westphal erläutert in seinem Artikel die stadtbauhistorischen und topologischen Besonderheiten Rostocks. Daneben sind die Aufbaupläne Raudas und Trauers abgebildet, die von Westphal teilweise beschrieben werden, ohne allerdings deren Urheber konkret zu benennen. Diese Erläuterungen stellen weitestgehend eine Wiederholung der Gedanken und Grundsätze dar, die der Wettbewerbsausschreibung vorangestellt waren. Die Ausführungen von Lorenz hingegen entsprechen seiner schon seit 1945 vertretenen Meinung aus seinem „Erachten zur Denkmalpflege". Allerdings schließt er seinen Artikel mit einer Forderung nach geeigneten planenden Personen ab: „Wenn nicht die Theoretiker, sondern die richtigen, in allen Fragen des Städtebaus und der Denkmalspflege erfahrenen, die Stadt von Grund auf kennenden Männer die Arbeit in die Hand

46   StA Rostock, Sign. 2.1.0-1451 (Wettbewerb Wiederaufbau Neuer Markt Rostock):
     Protokoll der Jurysitzung am 26.10.1948.
47   Tietböhl 1949.
48   Pfister 1949.

nehmen, wird aus den vielgestaltigen Vorschlägen zweifellos die richtige Lösung gefunden.“[49] Betrachtet man diese Forderung vor dem Hintergrund der prämierten Entwürfe, kann man durchaus schlussfolgern, dass Lorenz klar die Entwürfe der „heimischen“ Rostocker Bauschaffenden favorisierte, während der (außer Wettbewerb) von den beiden promovierten Planern Rauda und Trauer sowie der Ankauf von Professor Hassenpflug wohl eher zu den Beiträgen der „Theoretiker“ zu zählen ist. Zum Wettbewerb selbst bleibt der Artikel im *Bauhelfer* objektiv und druckte lediglich die Entwürfe zusammen mit Ausschnitten der Juryurteile ab.

Im Gegensatz dazu kommentierte der Herausgeber der Zeitschrift *Baumeister*, Rudolf Pfister, die Ergebnisse sehr viel kritischer: Nach einer gekürzten Fassung der Wettbewerbsausschreibung erfolgt eine Anmerkung, die sich insbesondere auf die Reglementierungen und die dadurch entstehende Einengung der Aufgabe, die „nicht nur städtebaulich, sondern auch gesinnungsmäßig“[50] sei, bezieht. Es folgte der Abdruck der Entwürfe von Elvers/Giese als erstplatzierte, der 2. Preis von Elbrecht, der 1. Ankauf von Hassenpflug/Hentsch sowie der Entwurf von Rauda/Trauer/Klier jeweils auf einer Doppelseite. Während allen Beiträgen Auszüge aus den jeweiligen Erläuterungsberichten und Urteilen des Preisgerichts beigestellt waren, fehlte das Juryurteil bei dem Entwurf von Hassenpflug und wurde durch eine Kritik Pfisters ersetzt. Diese fiel vernichtend aus: So „[...] zeigt dieser Ankauf in allen Stücken, wie man es unter keinen Umständen machen kann und darf.“ Die Neubauten würden nicht in Harmonie mit dem Bestand stehen und seien unkreativ ausgestaltet.[51] Pfisters Bewertung der anderen Entwürfe erfolgt gesammelt am Ende des Artikels: Die eigentlichen Preisträger werden von Pfister als langweilig oder unpassend zusammengefasst.[52] Ganz anders fällt sein Urteil zum Beitrag Raudas und Trauers aus: „Was man im einzelnen gegen ihn einzuwenden mag, es fällt nicht ins Gewicht gegenüber der Tatsache, daß er der einzige ist, der sich ehrlich bemüht hat, die Brücke vom Gestern zum Heute zu schlagen, und auch der einzige, der wirkliche Ideen bringt, und zwar recht originelle Ideen, die gar nicht utopisch sind. [...] Kurz und gut: es ist sehr schade, daß gerade diese Arbeit außer Wettbewerb stand.“[53]

49   Lorenz 1949, S. 36.
50   Pfister 1949, S. 219.
51   Ebd., S. 225.
52   „Ob der Stadtverwaltung von Rostock der Wettbewerb einen gangbaren Weg gewiesen hat, ob er der ‚Wahrheitsfindung‘ gedient hat? Der 1. Preis ist am besten wohl damit charakterisiert, daß man sagt: ‚Es ist nichts (Wesentliches) gegen ihn einzuwenden.‘ Damit ist schon ausgedrückt, daß ihm keine starke Überzeugungskraft zukommt. Gegen den 2. Preis ist zu sagen, daß er den Charakter des ‚Neuen Marktes‘ ins Mittelalterliche zurückführt, dem er seit dem großen Stadtbrande schon entwachsen war [...] u. E. der falsche Weg. Der 3. Preis ist lediglich eine Variante des zweiten und auch von demselben Verfasser und kann deshalb hier übergangen werden. [...]“ (Pfister 1949, S. 228).
53   Pfister 1949, S. 228. Abgeschlossen wird der Artikel zum Wettbewerb übrigens mit einer Federzeichnung Raudas, die den Blick von Süden auf die Marienkirche zeigt. Diese Zeichnung gehört weder zu den Wettbewerbsunterlagen noch ist sie an anderer Stelle (beispielsweise bei den „Unzerstörten Kostbarkeiten“ im Bauhelfer oder Raudas Publikation „Lebendige städtebauliche Raumbildung“) publiziert. Die Bildunterschrift wird erweitert durch den Kommentar „Der schlechte Bau des 19. Jahrhunderts vor der Turmmitte gehört entfernt“, der – bezogen auf Wortwahl und Duktus – vermutlich von Pfister stammt. Man kann durchaus daraus schließen, dass diese Federzeichnung zu Material gehört, das Rauda Pfister hierfür überlassen hat. In diesem Fall sähe man hier die enge Beziehung zwischen dem Architekten und dem Zeitungsherausgeber.

In kaum einer anderen Architekturzeitschrift dieser Zeit wurde eine so deutliche Meinung zu einem städtebaulichen Wettbewerb geäußert, wie Pfister sie zu Rostocks Innenstadt veröffentlicht hatte. Das große Lob für Raudas Entwurf und die harschen Verrisse der anderen Entwürfe, deren Bewertungen zwischen langweilig und einfallslos lagen, zeigen nicht nur die offensichtlich enge Beziehung zwischen Rauda und Pfister, sondern stellen auch ein Zeugnis von Pfisters ideengeschichtlicher Haltung zu einem zeitgemäßen Städtebau dar: Der schmale Grat der „Brücke vom Gestern zum Heute", die Wahrnehmung der historischen Gegebenheiten bei gleichzeitiger Beachtung zeitgemäßer Bedürfnisse zur nachhaltigen Stadtentwicklung, ist für ihn Ziel der Wiederaufbauplanungen. Eine Weiterentwicklung der in diesem Wettbewerb vorgestellten Ideen bis zur ausführungsreifen Planung fand aufgrund der politischen Veränderungen nicht statt. War in dieser Phase – vor Gründung der DDR – die Stadtplanung, wie bis 1945, kommunal organisiert, änderte sich dies mit der Zentralisierung der Wiederaufbauplanungen nach sowjetischen und sozialistischen Maßstäben: Im Februar 1948 wurden die Aufgaben der Deutschen Wirtschaftskommission (DWK) erweitert und die „bisherigen Zentralverwaltungen des ökonomischen Bereichs [...] der DWK als Hauptverwaltungen unterstellt".[54]

Das bedeutet unter anderem, dass die Anstellung von freischaffenden Architekt*innen für öffentliche Bauaufgaben von der DWK genehmigt werden mussten. Mit Gründung der DDR am 07. Oktober 1949 wurde die Planungshoheit der DWK, die im Mai 1949 die Aufgaben der Stadtplanung noch in die Hauptverwaltung Bauwesen ausgegliedert hatte, dem Ministerium für Aufbau und damit Lothar Bolz übertragen. Mit der Gründung von volkseigenen Projektierungsbüros ab Januar 1950 wurde es beinahe unmöglich, öffentliche Bauaufträge an Privatarchitekten zu geben.[55] Trotzdem wurde Wolfgang Rauda zwischen 1949 und 1952 noch mehrfach von der Stadt beauftragt, Pläne unter anderem für die Rathauserweiterung und das Wohnungsbauprogramm zu erarbeiten.

Weitere Projekte Raudas – Rathauserweiterung und Wohngebiet

Beim Neubau für die Rathauserweiterung eskalierte der Streit mit dem Denkmalpfleger Lorenz. In einer Stellungnahme zu Raudas Entwurf schrieb er, er könne sich nicht „mit der Rauda'schen Baugestaltung anfreunden", und führte aus: „[Der umbaute Raum] wirkt peinlich bei der scheitrechten Ueberdeckung der weiten Öffnungen mit keilförmig geschnittenen Quadern, hinter denen jeder die Stahlbetonbalken weiß, und erinnert an die Scheinarchitektur Speers."[56] Es kam nicht zur Ausführung von Raudas Plänen, denn am 1. März 1951 bekam das Stadtbauamt Rostock die Mitteilung des Ministeriums für Aufbau, dass der Neue Markt – im Sinne der „Sechzehn Grundsätze des Städtebaus" – als politisches Zentrum und Demonstrationsplatz bestimmt worden war.[57] Dies hat zur Folge, dass der Neue Markt um 2.500 Quadrat-

54   Ministerium für Bauwesen 1974, S. 20. Zu den institutionellen Rahmenbedingungen siehe: Zervosen 2016, S. 43-65; sowie Betker 2015.
55   Düwel 1995, S. 165.
56   StA Rostock, Sign. 2.1.0-874 (Planung und Durchführung der Rathauserweiterung, 1948–1951), Blatt 034: Mitteilung Lorenz an Stadtbauamt vom 20.02.1951.
57   StA Rostock, Sign. 2.1.0-874 (Planung und Durchführung der Rathauserweiterung, 1948–1951), Blatt 035: Mitteilung Strauß an Stadtbauamt vom 01.03.1951.

meter vergrößert werden müsse, wogegen Lorenz auch keine Bedenken hat.[58] Mit diesem Beschluss wurden alle städtebaulichen Planungen der Wettbewerbe aus den vorangegangenen Jahren beendet und nicht weiter verfolgt. Der Ausbau der Langen Straße als Magistrale zum Neuen Markt erfolgte ohne die Beteiligung Raudas oder Lorenz'.[59] Bezüglich der Rathauserweiterung folgten weitere Gespräche, die allerdings nicht mehr mit dem Stadtbauamt Rostock, sondern mit der Bauakademie der DDR geführt wurden. Als Ergebnis eines dieser Gespräche zwischen Lorenz und Hermann Henselmann im Mai 1951 fasste Lorenz zusammen: „Ich sehe mich [...] leider genötigt, meine Zustimmung zu dem Vorentwurf bzgl. des Flügels auf der Nordseite des Neumarktes zu versagen."[60] Nur wenige Monate später wurden erneut Verhandlungen an der Deutschen Bauakademie geführt, wer die Rathauserweiterung ausführen solle. Man bestimmte die Meisterwerkstatt II unter Hermann Henselmann als ausführende Planer, betonte aber, dass Rauda weiterhin „mitarbeiten" könne.[61] Das Ergebnis dieser „Zusammenarbeit" ist die noch heute sichtbare Rahauserweiterung in Form einer schlichten Büroarchitektur auf der Ostseite des Neuen Marktes.

Parallel zu den ersten Ausführungsplanungen für die Rathauserweiterung im Januar 1951 wurde ein erstes Wohnungsbauprogramm zur Lösung der Wohnungsnot in der Innenstadt beschlossen. Hierfür erarbeitete Rauda laut Protokoll in „kürzester Zeit" Pläne.[62] Wie in Abbildung 86 deutlich wird, handelte es sich um die Wohnbebauung nordöstlich des Neuen Marktes, die als Blockrandbebauung der Blöcke 1 bis 7 von Rauda städtebaulich geplant wurde. Er bildet in Anlehnung an den historischen Stadtgrundriss eine aufgelockerte Blockrandbebauung mit Gemeinschaftsgrün im Innern des Blocks aus. Der Plan Raudas zeigt auch, dass er die Wohnbauten als Typenbauten[63] geplant hatte. Aus den Erfahrungen aus „Litzmannstadt" und „Kempen" war ihm diese Maßnahme als zeitsparend und effektiv bekannt, genau wie dort setzte er in Rostock auf eine „rhythmisierte" Verteilung der Typenbauten: Die Häuser sind leicht zueinander versetzt, wodurch das topografisch abfallende Gelände aufgenommen wird. Hierzu erklärt Rauda, dass „der Wechsel der verschiedenen Wohntypen [...] in der Fassadenausbildung die bisherige uniforme Bauweise" vermeiden würde.[64]

58   StA Rostock, Sign. 2.1.0-874 (Planung und Durchführung der Rathauserweiterung, 1948-1951), Blatt 040: Mitteilung Reichwald und Westphal an Holler vom 21.03.1951.

59   Durth/Düwel/Gutschow 1999, Bd. 1, S. 437-442.

60   StA Rostock, Sign. 2.1.0-874 (Planung und Durchführung der Rathauserweiterung, 1948-1951), Blatt 064: Stellungnahme Lorenz zu Vorentwurf Raudas (Ergebnis aus Besprechung mit Henselmann) vom 29.05.1951.

61   StA Rostock, Sign. 2.1.0-874 (Planung und Durchführung der Rathauserweiterung, 1948-1951), Blatt 076: Verhandlungen zur Rathauserweiterung bei der Dt. Bauakademie am 07.08.1951. Diese Mitarbeit beschränkt sich laut weiterem Archivmaterial offensichtlich auf die Detailausführung des Bauschmucks, für den Rauda einen Rostocker Steinmetz beauftragt. Weiteren Einfluss auf die Ausführungsplanung hat Rauda offenbar nicht mehr.

62   StA Rostock, Sign. 2.1.0-874 (Planung und Durchführung der Rathauserweiterung, 1948-1951), Blatt 029-032: Protokoll der Planungskommission Rostock vom 22.01.1951.

63   Aus der Archivlage ist nicht ersichtlich, inwiefern die Verwendung von typisierten Bauten vom Stadtbauamt vorgegeben war. Man kann die im folgenden genannten Typen auch nicht mit den späteren Plattenbautypen der DDR vergleichen. Der Bezug zu den typisierten Bauten der 1930er Jahre ist an dieser Stelle wohl naheliegender.

64   StA Rostock, Sign. 2.1.0-874 (Planung und Durchführung der Rathauserweiterung,

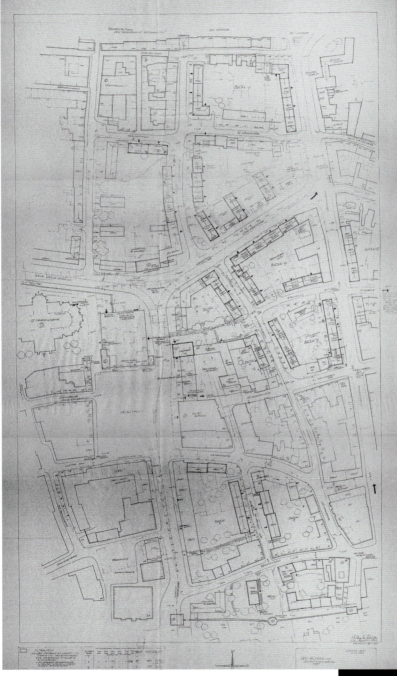

86   W. Rauda: Aufbaugebiet Wohnungsbauprogramm Rostock, 1951

Raudas Planungen beschränken sich auf die städtebauliche Ausbildung dieser Wohngebiete. Ab 1952 übernahmen lokale Planer, beispielsweise Matthias Schubert, die Ausführung.[65] Jörn Düwel bewertet Raudas Tätigkeiten in Rostock mit den Worten: „Gleichwohl schwebte Rauda keine museale Stadt vor, vielmehr reflektierte er den aktuellen Stand der internationalen Architekturdiskussionen und plante auch für Rostock Wohnhäuser in Zeilenbauweise, denn es ging ihm, ganz im Geist der Zeit, um eine angemessene Belüftung der Wohnungen. Andererseits entwarf er keine radikal moderne Stadt auf neuem Grundriß, sondern fügte die neuen Zeilen in die Maßstäblichkeit der Innenstadt ein.“[66] Auch in der Rezeption von Raudas Planungen wird deutlich, dass sich Rauda zwischen den Ideen von Tradition und Moderne befand und sich stets darum bemühte, die Stadtgeschichte und ihre Ausprägungen im Stadtbild zu erhalten und gleichzeitig Neues zu schaffen, um der Nachkriegsgesellschaft einen Stadtraum zu geben, mit dem sie sich identifizieren können sollte. Mit dieser Haltung stellte er sich sowohl gegen radikal moderne Planungen als auch gegen den konservativen Denkmalpfleger Lorenz und die sozialistische Planung.

Dresden – Nord-Süd-Verbindung und Zentrum

Die Zerstörung Dresdens durch Angriffe der britischen und der amerikanischen Luftwaffe in der Nacht vom 13. auf den 14. Februar 1945 hatte verheerende Folgen für die historische, allseits bekannte Dresdner Innenstadt: Das Elb-Panorama mit Zwinger, Schloss, Gemäldegalerie, Hofkirche und Opernbau existierte nicht mehr.[67] Der Wiederaufbau Dresdens, der sich noch bis mindestens in die frühen 1960er Jahre hinziehen sollte, war bereits Thema in einigen Forschungsprojekten und kann im Detail dort nachgelesen werden.[68] Unter Überschriften wie *Abschied vom alten Dresden*[69] oder *Auf der Suche nach der verlorenen Mitte*[70] wird allerdings konkretisiert, wie die Planungen des Wiederaufbaus charakterisiert werden: Nach der Zerstörung durch die Luftangriffe, die in der dicht bebauten Stadt besonders umfangreich waren, war das Trauma der Bevölkerung so groß wie in kaum einer anderen Stadt;[71] gleichzeitig war die kulturelle Bedeutung Dresdens vor dem Krieg so groß und damit so identitätsstiftend gewesen, dass mit dem Wiederaufbau der Stadt an die Vorkriegsgeschichte angeknüpft werden musste.[72]

1948-1951), Blatt 019 und andere: Protokoll der Planungskommission Rostock vom 22.01.1951.

65 Telefonat mit Matthias Schubert am 17.01.2018.

66 Düwel 1995, S. 167.

67 O. A.: Die Schändung Dresdens, in: Völkischer Beobachter (17.02.1945), zit. n.: Durth/Düwel/Gutschow 1999, Bd. 1, S. 194.

68 Durth/Düwel/Gutschow 1999; Kriege 2013; Paul 1992; Starke 2006.

69 Durth/Düwel/Gutschow 1999, Bd. 1, S. 200.

70 Paul 1992.

71 Durth/Düwel/Gutschow zitieren zu Beginn ihrer Ausführungen einen Beitrag Georg Böttingers zum Wiederaufbau der Stadt: „Nie mehr sollen zu enge Straßen, Innenhöfe ohne Sicherheitsausgänge Tausenden von Menschen das Leben kosten und zur Katastrophe führen. Nie wieder sollen Menschen mit einem Fluch für die Städtebauer auf den Lippen sterben, weil sie im Moment der Gefahr durch deren Schuld den Weg zum Leben abgeschnitten sahen.“ (Durth/Düwel/Gutschow 1999, Bd. 1, S. 200.)

72 Herbert Conert erläuterte in seinen schon 1946 verfassten Gedanken zum Wiederaufbau

87   Panorama des enttrümmerten Dresden, 1952

Während Durth, Düwel und Gutschow (2007) darlegen, dass es insbesondere die Bürger*innen mit ihren Wünschen an die Stadt waren, die sich von einem rekonstruierenden Wiederaufbau des Stadtzentrums lossagten,[73] war es für den Kunsthistoriker Jürgen Paul das spätere SED-Regime respektive die SMAD, die eine Rekonstruktion der kunsthistorisch wertvollen Stadt systematisch verhindern sollte: Die politischen Institutionen hätten sich dazu veranlasst gesehen, „den (zumeist) bürgerlichen Schichten mit der nahezu vollständigen Beseitigung der Überbleibsel des Alten unmissverständlich zu zeigen, dass eine Rekonstruktion früherer Zustände weder beim Aufbau der Stadt noch in der Gesellschaft stattfinden würde."[74] Die bürgerliche Gesellschaft war widersprüchlich zu dem vom Sozialismus geforderten Arbeiter- und Bauernstaat und sollte daher auch baulich keinen Ausdruck finden.

Vorplanungen für den Wiederaufbau des zerstörten Dresdens

Gleichzeitig war nach der Trümmerräumung offensichtlich (vgl. Abb. 87), dass die Innenstadt Dresdens beinahe prädestiniert dazu war, in ihr die modernen städtebaulichen Reformansätze einer gegliederten, aufgelockerten und durchgrünten Stadt umzusetzen. Dieses Ziel verfolgten auch die ersten Entwürfe der Stadtverwaltung: Stadtbaudirektor Herbert Conert betonte in einem ersten Bericht zum „Wiederaufbauplan" zwar, dass die Stadt „jetzt ganz anders"[75], also „ganz neu" aufzubauen sei. Bei seinen Vorschlägen für die Gestaltung des Altmarktes, an dem sich in den 1950er Jahren die entscheidenden Diskussionen der Ausgestaltung des politischen Zentrums der Stadt verdichten werden, wurde jedoch von Conert ein eher rekonstruktiver Ansatz konzipiert: „Das Stadtbild soll nicht zerhackt werden, soll vielmehr seinen historischen Barockcharakter behalten. Der Altmarkt ist ein Platz, der in schönerer Form wiederhergestellt werden kann."[76] Durth, Düwel und Gutschow interpretieren diesen Wunsch als Charakterzug eines Praktikers und Realisten, „der von der Schwerkraft der Trümmer weiß und dabei ahnt, mit welcher Kraft sich die Erinnerung am Maßstab der Stadträume festmacht."[77] Im Rückblick sind Conerts Äußerungen als Standpunkt einer identitätsstiftenden Moderne zu sehen, er ist – wie Wolfgang Rauda – weder dem Lager der radikalen Moderne noch dem eines konservativen Rekonstruktionsversuchs einzuordnen. Allerdings starb Conert im Sommer 1946,[78] sein Nachfolger wurde Kurt W. Leucht (1913–2001)[79].

Gemeinsam mit den Architekten Bronder und Hunger erarbeitete Leucht bis 1948 eine „Untersuchung der Innenstadt", die 1950 vom Rat der Stadt Dresden als *Planungsgrundlagen – Planungsergebnisse*[80] veröffentlicht wurden. Schon in den

die Idee einer „Wiederherstellung des Stadtbildes unter Wahrung seines barocken Charakters in der Innenstadt: außerdem Berücksichtigung der Erfordernisse einer modernen Großstadt, aber im Rahmen der tatsächlichen Möglichkeiten." (Conert 1946)

73 Durth/Düwel/Gutschow 1999, Bd. 1, S. 200–205.
74 Paul 1999, Fußnote auf S. 600.
75 Protokoll der Sitzung des Rates am 13.11.1945, zit. n.: Durth/Düwel/Gutschow 1999, Bd. 1, S. 205.
76 Ebd.
77 Durth/Düwel/Gutschow 1999, Bd. 1, S. 207.
78 Ebd., S. 217.
79 Biografische Angaben, siehe: Müller-Enbergs 2008.
80 Rat der Stadt Dresden, Dezernat Bauwesen-Stadtplanungsamt 1950.

Voruntersuchungen legten Leucht und sein Team die Grundlagen für ein neues Stadt-gefüge, das dem der späteren „sozialistischen Stadt" entsprechen würde. Obwohl sie in den entsprechenden schriftlichen Ausführungen einige Passagen der „Gedanken zum Wiederaufbau" des Denkmalpflegers Konwiarz übernehmen, ist von dem dort besprochenen „denkmalpflegerischen Kunstwerk" in den Planungen des Rats der Stadt Dresden kaum etwas erhalten.[81]

Stattdessen beschränken sich die stadthistorischen Ausführungen auf die Bedeutung der Verkehrswege und deren Ausbau im 19. Jahrhundert; als bedeuten-des Bauwerk wird in diesem Kontext lediglich der Zwinger als Zeugnis des baro-cken Ausbaus der Stadt hervorgehoben.[82] Lediglich dieser und die ehemalige Hof- und Probsteikirche wurden im Folgenden als wiederaufbaubar bezeichnet, bei vielen anderen Denkmälern, deren Wiederaufbau prinzipiell möglich gewesen wäre, wur-de mit der Begründung einer vermutlichen Nachahmung unter Verwendung anderer Materialien als des typischen Sandsteins von einem Wiederaufbau abgeraten.[83] Das Gutachten kam zu dem simplen Schluss: „Verlorenes muß aufgegeben werden."[84] Die Rolle der Denkmalpflege wird darauf reduziert, Einzelbauteile aus den Trümmern zu bergen und zu dokumentieren, damit diese in „künftiger musealer Unterbringung einen Einblick vermitteln" könnten.[85] In diesen ersten entscheidenden Jahren des Wiederaufbaus muss von einer Ignoranz gegenüber denkmalpflegerischer Fragestel-lungen gesprochen werden.

Städtebaulich orientierte sich der Bericht an dem Leitbild der Auflockerung und Durchgrünung der Stadt. Dies wird nicht zuletzt an den „12 Grundprinzipien für die Neuplanung"[86] deutlich, in denen Kurt W. Leucht an die Ausbildung sowohl von „Wohnzellen" als auch einer „Stadtlandschaft" appellierte. Diese Grundprinzi-pien werden den Wiederaufbau des Stadtzentrums noch bis weit in die 1960er Jahre beeinflussen.

Aufgrund der Komplexität dieser Diskussionen soll sich im Folgenden auf die Rolle Wolfgang Raudas in diesen Planungen und Streitgesprächen konzentriert wer-den, da sich hierin nicht nur seine städtebauliche Haltung nachvollziehen lässt, son-dern auch der Konflikt zwischen sozialistischer Planungsdiktatur und städtebau-licher Denkmalpflege deutlich wird. Seine Beteiligung an Wettbewerben beschränkt sich auf Beiträge zum „Experten- und Laienwettbewerb" 1946, dem Beitrag zum Aus-bau der Nord-Süd-Verbindung und zur Gestaltung des Zentralen Platzes (Altmarkt). Nach dem für ihn enttäuschenden Ergebnis zum Wiederaufbau des Dresdner Stadt-zentrums setzte er sich ab 1953 insbesondere bei denkmalpflegerischen Fragen ein. Doch auch diese Tätigkeiten schränkte er aufgrund des politischen Gegenwindes ein, da er sich – wie bezüglich der Umstände seiner Flucht aus der DDR erläutert – hier schnell „ausgeschaltet" fühlte.[87]

81   Durth/Düwel/Gutschow 1999, Bd. 1, S. 220.
82   Rat der Stadt Dresden, Dezernat Bauwesen-Stadtplanungsamt 1950.
83   Ebd., S. 26.
84   Ebd.
85   Ebd.
86   Ebd., S. 27. Diese zwölf Prinzipien wird Leucht laut Durth, Düwel und Gutschow später als Vorläufer für die „16 Grundsätze des Städtebaus" bezeichnen. (Durth/Düwel/Gutschow 1999, Bd. 1, S. 311)
87   Siehe hierzu Kapitel 3, „Flucht aus der DDR".

Der Wettbewerb für die Nord-Süd-Verbindung

Im Beschlussentwurf für die „Städtebauliche Planung der Stadt Dresden"[88] wird nicht nur der Altmarkt als Zentraler Platz bestimmt, sondern auch die Nord-Süd- sowie die Ost-West-Magistrale als bedeutende und neu zu bebauende Straßen fest-gelegt. Ihre Bedeutung als Hinführung zum Zentralen Platz soll sich insbesondere durch die entsprechende Straßenbreite und die Form der Bebauung darstellen. Für die Gestaltung der Nord-Süd-Verbindung zwischen Neustadt und Hauptbahnhof wird im Spätsommer 1951 ein auf zehn vorbestimmte Teilnehmende beschränkter Wettbewerb ausgeschrieben.[89]

Für die östlich des Zentralen Platzes verlaufende Magistrale zwischen Elbe und Bahnhof, die dem Verlauf der heutigen Petersburger Straße entspricht, war nicht nur eine städtebauliche Lösung zu finden, sondern auch ein neuer Hauptbahnhof, eine Kongresshalle, eine Sporthalle, Verwaltungs- und Geschäftsbauten sowie ein Wohn-block mit Typengrundrissen zu entwerfen.[90] Die Straßenbreite von 60 m ergab sich aus den geforderten Fußgänger- und Fahrradwegen, zwei dreispurigen Fahrstreifen sowie einem mittleren Grünstreifen mit Straßenbahngleisen.[91] Die Komplexität der Aufgabe in Verbindung mit einer kurzen Bearbeitungszeit konnte kaum zu zufrieden-stellenden Ergebnissen führen. Trotzdem wurde der Beitrag von Wolfgang Rauda in Zusammenarbeit mit Günter Trauer auf den ersten Preis und der Entwurf des Kollek-tivs „Deutsche Post Architekten" auf den zweiten Preis gesetzt; die Ausarbeitungen von Wolfgang Klier und Ragnar Hedlund wurden angekauft.[92]

Obwohl der Wettbewerb keinerlei Einfluss auf die weiteren Planungen der Zentrumsgestaltung haben wird, da keiner der vorgestellten Ansätze weiter zur Aus-führung bearbeitet wurde, ist eine Erläuterung des Beitrags von Rauda/Trauer für die ideengeschichtliche Einordnung des Städtebauers Rauda relevant: Für die etwas mehr als zwei Kilometer lange Straße entwickelt Rauda mehrere Aufweitungen, um die öffentlichen Neubauten als Dominanten wirken zu lassen (vgl. Abb. 88 und 89). Ungefähr auf halber Strecke zwischen Elbe und Hauptbahnhof plante Rauda einen großen „Festplatz", der durch das Rathaus, die Kongresshalle und die Sporthalle begrenzt werden sollte. Damit erhält er im weitesten Sinne den historischen Stra-ßenzug, um die „wertvollen unterirdischen Leitungen" zu nutzen, lockert den ehe-mals verdichteten Stadtgrundriss allerdings südlich der freistehenden Sporthalle und nördlich des Bahnhofsgebäudes durch parkähnliche Grünzüge auf. Die Fassaden der Einzelbauten sind nur schematisch ausgearbeitet, deuten allerdings eine auf die Typologie bezogene Gestaltung an: Die Wohnbauten lassen durch die Redundanz der

---

88   BA, Sign. DH 1-43936: Beschlußentwurf zur städtebaulichen Planung der Stadt Dresden (14.08.1952), 11 Seiten.

89   StA Dresden, Sign. 4.1.9 – 290: Ideenwettbewerb für die städtebauliche und architektonische Gestaltung der Nord-Süd-Verbindung mit Wiener Platz. Protokoll der Preisgerichtssitzung (Dezember 1951).

90   Hampe 1952.

91   Ebd., S. 264.

92   StA Dresden, Sign. 4.1.9 – 290: Ideenwettbewerb für die städtebauliche und architektonische Gestaltung der Nord-Süd-Verbindung mit Wiener Platz. Protokoll der Preisgerichtssitzung (Dezember 1951). In dem Artikel von Heinz Hampe im *Baumeister* wird die Architektengemeinschaft der „Deutsche Post Architekten" als das Kollektiv rund um Kurt Nowotny konkretisiert. (Hampe 1952, S. 264).

Fensterachsen die Typisierung erkennen, während die neugestalteten öffentlichen Bauten durch unterschiedliche Fensterformate, Fensterabstände und weitere Gliederungselemente eine variantenreiche Gestaltung aufweisen (vgl. Abb. 90). Es ist zu vermuten, dass Rauda in diesem Entwurf aufgrund der Zusammenarbeit mit Günter Trauer einen besonderen Fokus auf die Verkehrsführung legte. Besonders hervorzuheben ist dabei Straßenbahnkreuzung am Pirnaischen Platz, die auf zwei Ebenen geführt werden sollte und damit ein Zwischengeschoss mit Ladenstraße entstehen lassen sollte (vgl. Abb. 91).

Die detaillierte Ausarbeitung der Entwurfsaufgabe wurde von der Jury als „städtebauliches Gesamtwerk" gelobt und daher auf den ersten Platz gesetzt. Kritik äußerten die Preisrichter an Raudas Idee der Wiedererweckung des Gondelhafens an der Elbe in Verbindung mit der Brühlschen Terrasse. Diese sei zu „romantisch".[93] Trotzdem schien die Jury nicht endgültig überzeugt von den Entwürfen zu sein.[94] Heinz Hampe, der Autor des einzigen Zeitungsartikels zu diesem Wettbewerb, lobte den Entwurf Raudas im Baumeister allerdings ausführlich und besprach keinen der anderen Entwürfe. Insbesondere die städtebauliche Komposition sei „trefflich gelungen":

„Die Gewichtsverteilung, die Steigerungen der Raumwirkung und die Abwägung der Massen gegeneinander verlangte bei dieser Aufgabe ganz besonderes Fingerspitzengefühl, wie es den Konkurrenten nicht in vergleichbarem Umfange zu eigen war."[95] Schwächen des Entwurfs, wie die unklare städtebauliche Beziehung zwischen Sport- und Kongresshalle, verwässerte Hampe, indem er die in der Ausschreibung bedingte Weiträumigkeit der Straßenbreite betont.[96] Auch die Kritik am Gondelhafen wies Hampe entschieden zurück: „Eine Stadt am Wasser sollte sich solche Möglichkeiten nicht entgehen lassen!"[97] Außerdem hob er die Gestaltung des Straßenzuges als „typisch Dresdener [...] Milieu" und die „bewußt landschaftsbetonte Gestaltung"[98] hervor.

Durch die Berücksichtigung des historischen Stadtgrundrisses in Verbindung mit der Erfüllung der modernen Bedürfnisse zur Regelung des Verkehrs und der Bereitstellung von ausreichend großen Grünflächen lässt sich der Entwurf Raudas, ähnlich wie bei dessen städtebaulichen Planungen für die Stadt Rostock, weder eindeutig einem konservativen Rekonstruktionsversuch noch einer radikalen Neuplanung zuordnen. Die intensive Beschäftigung Raudas mit der Stadtgeschichte Dresdens beeinflusst den Entwurf sichtbar, insbesondere in der Wahl und Ausformung der Dominanten: So wird beispielsweise das „Hochhaus am Pirnaischen Platz" kaum hoch genug sein, um die historisch geprägte Elbsilhouette auch nur annähernd zu beeinträchtigen, vor allem da Rauda gleichzeitig im Vogelschaubild eine Rekonstruktion der zerstörten Kreuzkirche mit dem Ziel einer erneuten Vervollständigung der Silhouette andeutet.

---

93 Das wortgenaue Juryurteil war in der entsprechenden Akte im Stadtarchiv Dresden nicht aufzufinden. Heinz Hampe deutet die Kritik ebenfalls nur an, diese Andeutungen sind hier übernommen. (Hampe 1952)
94 Vgl. Paul 1992, S. 320.
95 Hampe 1952, S. 264.
96 Ebd.
97 Ebd., S. 265.
98 Ebd., S. 264.

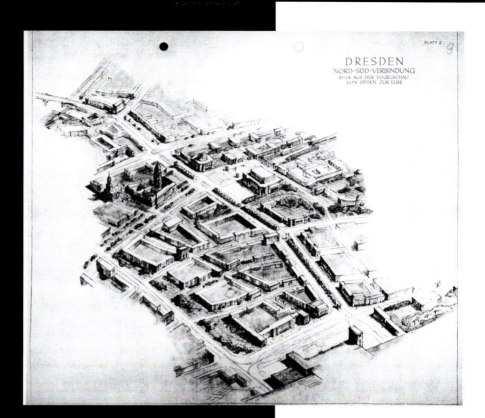

88

89

W. Rauda: Beitrag zum Wettbewerb Nord-Süd-Verbindung, Dresden, 1951,
Vogelschau (88) und Lageplan (89)

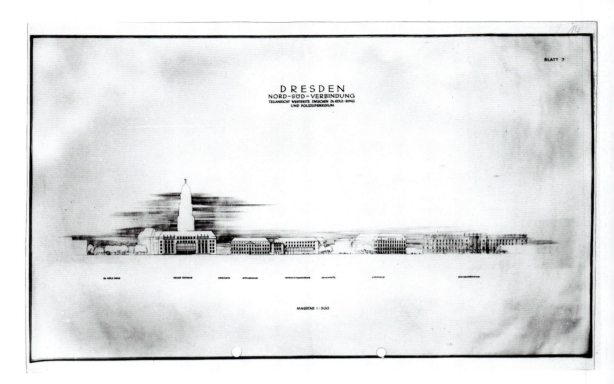

90

W. Rauda: Beitrag zum Wettbewerb Nord-Süd-Verbindung,
Dresden, 1951, Fassadenabwicklung (90) und Verkehrsführung (91)
am Pirnaischen Platz

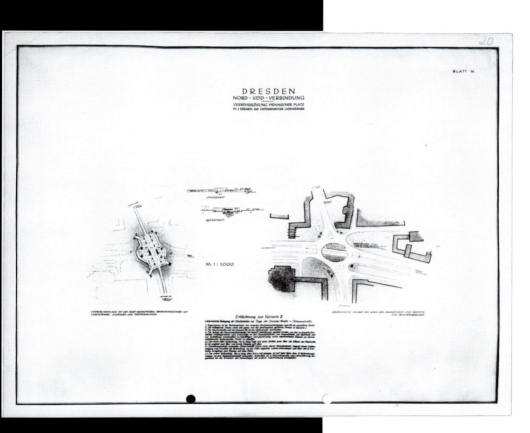

Die Gestaltung des Zentrums –
Ein beschränkt ausgeschriebener Wettbewerb

Auch wenn Raudas Entwurf offenbar keine Ausführung nach sich zog,[99] so sichert er sich mit Prämierung auf den ersten Platz eine Teilnahme am für die weitere Gestaltung des Stadtzentrums sehr viel entscheidenderen, erneut beschränkten „Wettbewerb zur städtebaulichen und architektonischen Gestaltung des Zentrums und Zentralen Platzes (Altmarkt)"[100], der im September 1952 ausgeschrieben wurde und für den schon im Dezember 1952 ein Ergebnis feststand. Der Bestimmung des Altmarkts als Zentralem Platz und damit als politischem Zentrum war eine ausführliche Diskussion vorangegangen.[101] Insbesondere die Eignung als Demonstrationsplatz, in den Sechzehn Grundsätzen als maßgebliche Funktion des politischen Zentrums festgelegt, war aufgrund der geringen Größe des Altmarkts schwierig. Obwohl Kurt W. Leucht und Johannes Bronder ursprünglich für den Bereich vor dem Rathaus als Demonstrationsplatz gestimmt hatten,[102] drängte das Ministerium für Aufbau auf einen Platz in der Mitte der Stadt, der schlussendlich im Februar 1951 am Altmarkt festgelegt wurde.[103] Der Wettbewerb zur Gestaltung des Zentralen Platzes ist als entscheidender Wendepunkt im Städtebau Dresdens in der Forschung umfassend ausgewertet worden.[104] Obwohl die Ergebnisse dieses Wettbewerbs weder für die Dresdner Bevölkerung noch für die Deutsche Bauakademie in Vertretung von Kurt Junghanns[105] oder die Bauschaffenden in Dresden zufriedenstellend waren, wurde nur ein halbes Jahr nach der Ausschreibung mit der Bebauung des Altmarktes begonnen – die Bauten an der Ost- und Westseite des Altmarktes stellen das Zeugnis hierfür dar. Der „Zentrale Platz" sollte schon zu diesem Wettbewerb das politische Zentrum der Stadt darstellen und hatte damit eine besonders hohe Priorität im Baugeschehen,[106] dennoch ist es lange nicht zu einer Bebauung der Nord- und Südseite gekommen. Allein dieser Umstand zeigt, dass sich die Gestaltung des politischen Zentrums von Dresden als besonders schwierig herausstellen wird – der Dresdner Kunsthistoriker Jürgen Paul geht sogar so weit, den Wiederaufbau als „eine zweite Zerstörung" zu bezeichnen: „45 Jahre Planung und 38 Jahre Bauen haben aus der einst wegen ihrer Schönheit gepriesenen Stadt nur ein Chaos von unzusammenhängenden

---

99 Paul bezeichnet die Ergebnisse als „enttäuschend" (Paul 1992, S. 320), dies könnte ein Grund für die Nichtausführung der Pläne sein. Auch der insgesamt schleppende Wiederaufbau und die Veränderungen der grundlegenden städtebaulichen Haltung der DDR in den 1950er Jahren könnte die Ausführung verschleppt haben.

100 StA Dresden, Sign. 4.1.9-285: Ausschreibung zum Wettbewerb Alter Markt/Zentraler Platz (26.09.1952).

101 Durth/Düwel/Gutschow 1999, Bd. 1, S. 312-319.

102 Ebd., S. 314-315.

103 Ebd., S. 317.

104 Siehe hierzu: Durth/Düwel/Gutschow 1999, Kriege-Steffen 2013, Dolff-Bonekämper 1996; Paul 1992, etc. Der komplette Ausschreibungstext sowie das Protokoll der Jurysitzung ist in Durth/Düwel/Gutschow 1999, Bd. 2, S. 419-425 abgedruckt.

105 Vgl. Junghanns 1953.

106 Vgl. Ausschreibung: „Die Nord- und Südseiten des Platzes sind von der Einzelbearbeitung auszulassen, wohl aber sind Vorschläge für die städtebauliche und architektonische Gestaltung der an dieser Stelle vorgesehenen öffentlichen Gebäude beizubringen." (StA Dresden, Sign. 4.1.9-285: Ausschreibung zum Wettbewerb Alter Markt/Zentraler Platz (26.09.1952); Außerdem Durth/Düwel/Gutschow 1999, Bd. 2, S. 420)

Bruchstücken gemacht, ein gebautes Musterbuch an der Praxis gescheiterter Theorien, verfehlter oder falsch angewendeter Modelle."[107] Das Ergebnis des Wettbewerbs um den Altmarkt stellt den Beginn dieses laut Paul fehlgeleiteten Bauens dar.

Dabei hatte Johannes Bronder von der Abteilung Stadtplanung des Rates der Stadt Dresden nur kurz nach der Bestimmung des Altmarktes als Zentralem Platz im Beschluss des Ministerrates zur städtebaulichen Planung der Stadt Dresden[108] in einer ersten Version des Textes für die Wettbewerbsausschreibung betont, dass „der Zentrale Platz und die Straßenzüge [...] von größter Bedeutung für den sozialistischen Aufbau des Zentrums"[109] seien. Entsprechend wurde auch vom Ministerium für Bauwesen betont: „Die Grundlage für die Bearbeitung bilden die 16 Grundsätze des Städtebaus und das historische Zentrum der Stadt unter Einbeziehung der erhaltenen und wiederaufzubauenden künstlerisch wertvollen Gebäude."[110]

Der Wettbewerb war auf vier Mitwirkende beschränkt: eingeladen wurden zwei Kollektive der VEB (Z) Projektierung Sachsen, ein Kollektiv der TH Dresden und ein freischaffender Architekt. Die Kollektive um Herbert Schneider[111] und Johannes Rascher[112], der gerade erst berufene Wohnungsbauprofessor Wolfgang Rauda und der Architekt Kurt Bärbig[113] sollten in weniger als acht Wochen Bearbeitungszeit ein enormes Bauprogramm bearbeiten: abgesehen von der städtebaulichen Gestaltung des auf 20.000 qm zu erweiternden Altmarktes sollte Wohnraum geschaffen und Ladenzeilen und -bauten eingegliedert werden, die „die Größe unseres sozialistischen Aufbaus ausdrücken";[114] darüber hinaus war die Planung des „Haus des Buches", eines Kinos, eines Restaurants und eines Cafés gefordert. Die Abgabeleistungen waren verschiedene Lagepläne, Grundrissausarbeitungen im Maßstab 1:200, Perspektivzeichnungen und ein Modell im Maßstab 1:500. Die Detaillierung der Planung sollte dabei in Konstruktionsdetails bis hin zum Maßstab „1:20, besondere i. M. 1:1" ausgearbeitet sein.

Bereits während der Bearbeitung der Entwürfe waren Arbeitsbesprechungen „mit ordentlichen Mitgliedern der Deutschen Bauakademie" sowie einer Vertretung der zuständigen Behörden vorgesehen.[115] Außerdem hatten die vom Ministerium für

107 Paul 1992, S. 333.
108 BA, Sign. DH 1-43936: Beschlußentwurf zur städtebaulichen Planung der Stadt Dresden (14.08.1952), 11 Seiten.
109 Durth/Düwel/Gutschow 1999, Bd. 2, S. 419.
110 StA Dresden, Sign. 4.1.9-285: Ausschreibung zum Wettbewerb Alter Markt/Zentraler Platz (26.09.1952); außerdem Durth/Düwel/Gutschow 1999, Bd. 2, S. 419. Paradox erscheint im Kontext der „Einbeziehung der [...] künstlerisch wertvollen Gebäude", dass es im Beschlußentwurf zur städtebaulichen Planung der Stadt vom 14.08.52 heißt, dass der Rat der Stadt Dresden erst bis zum 01.12.1952 eine Liste mit den „wiederaufzubauenden historischen Bauten" erarbeiten solle. Welche Gebäude demnach wirklich erhaltenswert waren, stand während des Wettbewerbs noch gar nicht fest.
111 Biografische Informationen zu Herbert Schneider (1903-1970) lassen sich in Koch 2000, S. 201-202 nachlesen.
112 Biografische Informationen zu Johannes Rascher (1904-2006) finden sich in Hartung 2000, S. 181.
113 Biografische Informationen zu Kurt Bärbig (1889-1968), siehe Durth/Düwel/Gutschow 1999, Bd. 1, S. 209 und 337.
114 StA Dresden, Sign. 4.1.9-285: Ausschreibung zum Wettbewerb Alter Markt/Zentraler Platz (26.09.1952); außerdem Durth/Düwel/Gutschow 1999, Bd. 2, S. 420.
115 StA Dresden, Sign. 4.1.9-285: Ausschreibung zum Wettbewerb Alter Markt/Zentraler Platz (26.09.1952)

Aufbau bestimmten „Konsultanten" für den Aufbau der Stadt, Kurt W. Leucht und Richard Paulick, schon vor der Bekanntgabe der Ausschreibung bei den eingeladenen Kollektiven vorgesprochen, um die Ausrichtung und die Ziele des Wettbewerbs zu besprechen. Wie auch beim Wettbewerb zur Nord-Süd-Verbindung hatten die bearbeitenden Kollektive darüber hinaus die Möglichkeit, ihre Arbeiten direkt gegenüber der Jury zu erklären.[116]

Das Preisgericht selbst bestand aus Edmund Collein, Vizepräsident der Deutschen Bauakademie und Juryvorsitzender, Richard Paulick und Kurt W. Leucht als Berater der Stadt, Martin Pisternik, Klaus Mertens sowie Adolf Tegtmeier als Vertreter des Ministeriums für Aufbau, dazu kamen die Vertreter der Stadt Dresden Reuter, Johannes Bronder und Wolfgang Klier sowie andere Abgeordnete des Stadtrats und der anderen Bezirke der DDR. Die Anwesenheit der vielen Vertreter aus Berlin zeigt die enorme Bedeutung des Wettbewerbs in Dresden für das Ministerium für Aufbau und die Deutsche Bauakademie: Obwohl im September 1952 ebenfalls fast identische Wettbewerbe in Rostock, Leipzig und Magdeburg ausgeschrieben worden waren, nahm Dresden unter den Aufbaustädten aufgrund der enormen Zerstörung der ehemals kunsthistorisch wertvollen Stadt eine besondere Rolle im Aufbau des sozialistischen Staates und insbesondere in der Entwicklung eines sozialistischen Städtebaus ein.

Am Ende der Sitzung des Preisgerichtes legte die Jury zwar drei Auszeichnungen fest, betonte aber auch, dass von den ausgestellten Arbeiten „keine eine endgültige Lösung" bietet.[117] Der Entwurf des Kollektivs Schneider (vgl. Abb. 92, 93, 94) wurde mit dem zweiten, der Beitrag des Kollektivs Rascher (vgl. Abb. 95, 96, 97) mit dem dritten Preis ausgezeichnet. Raudas Ausarbeitung erhielt einen 4. Preis (vgl. Abb. 98, 99, 100).[118] Die Pläne des Entwurfs vom freischaffenden Architekten Kurt Bärbig wurden nicht prämiert und finden sich in keiner der folgenden Rezeptionen (vgl. Abb. 101 und 102). Anhand des Juryurteils ist allerdings anzunehmen, dass er sich sehr eng an den historischen Stadtgrundriss sowie die bauliche Ausformung in Höhe und Gestaltung anlehnte. Da daher „keine neuen Akzente in der Magistrale und am Zentralen Platz" geschaffen wurden, sprach die Jury dem Entwurf jeglichen „überragenden Gestaltungsgedanken" ab und bezeichnete ihn als den schwächsten der Entwürfe.

Das entscheidende Merkmal des Entwurfes des Kollektivs Schneider ist das zentrale, zwölfgeschossige Hochhaus, das deutlich an die „Sieben Schwestern" in Moskau erinnert. Städtebaulich rückt der Entwurf am radikalsten vom Vorkriegszustand ab. Die Jury regte an, „die Grundgedanken dieses Entwurfs in Bezug auf die Magistrale, den Zentralen Platz und den am Zentralen Platz (Demonstrationsplatz) liegenden Akzent" weiter zu verfolgen und „durch die übrigen in den anderen Entwürfen gefundenen Anregungen" zu erweitern.[119] In diesem Sinne wurde vor-

116   UA TU Dresden, Sign. B6.02 – 162: undatierte Niederschrift zum Ablauf des Wettbewerbs, S. 2.; Außerdem: Protokoll des Preisgerichts (20.11.1952), in: Durth/Düwel/Gutschow 1999, Bd. 2, S. 422.

117   Protokoll des Preisgerichts (20.11.1952), in: Durth/Düwel/Gutschow 1999, Bd. 2, S. 422.

118   Ebd. In der Literatur zum Wettbewerb wird die Reihenfolge der Prämierungen häufig ein wenig durcheinandergebracht, da die Ausschreibung ursprünglich kein Preisgeld für einen 4. Preis vorsah. Da die Jury sich allerdings außer Stande sah, einen ersten Platz zu vergeben, wurde der 4. Preis zusätzlich finanziert. Wenn demnach Rauda von vier Beiträgen einen 4. Preis bekommt, ist er trotzdem nicht der letztplatzierte.

119   Protokoll des Preisgerichts (20.11.1952), in: Durth/Düwel/Gutschow 1999, Bd. 2, S. 422.

geschlagen, die architektonische Ausgestaltung des Entwurfsbeitrags des Kollektivs Rascher mit den städtebaulichen Qualitäten des Beitrags des Kollektivs Schneider zu verknüpfen.[120]

Der von der Jury als dritter Entwurf prämierte und auf den vierten Platz gesetzte Beitrag stammt von Wolfgang Rauda. Rauda orientierte sich bezüglich des Stadtgrundrisses deutlich an der Vorkriegssituation. Der Altmarkt sollte seine Form als Trapez mit der im Osten geneigten und damit den Platz fassenden Randbebauung behalten, wenn auch die Südseite leicht verschoben werden wollte, um eine Vergrößerung des Platzes zu erreichen. Die Wilsdruffer Straße sollte verbreitert werden, genauso wie die Verbindung des Neumarkts mit dem Vorplatz der Kreuzkirche. Der Bereich südöstlich des Altmarktes, bei den anderen Entwürfen jeweils als eine großflächige Blockrandbebauung geplant, unterteilte Rauda in mehrere Baublöcke. Der Ausschnitt seines Lageplans ist deutlich größer gefasst als der der anderen Beiträge, sodass deutlich wird, dass Rauda sich die Kompaktheit lediglich im Inneren des Stadtzentrums vorstellte, während außerhalb dessen die Bebauung deutlich aufgelockerter werden sollte.

Die Perspektivzeichnung zeigt leichte Vor- und Rücksprünge in der Fassade, wodurch eine kleinteilige Parzellierung suggeriert wird. Gleichzeitig bauen sich die Höhen der ost- und westseitigen Bebauung von Süd nach Nord treppenartig leicht auf, um der Forderung der Ausschreibung nach einem städtebaulichen Höhepunkt auf dem Zentralen Platz wenigstens andeutungsweise nachzukommen. Die Fassadengliederung erinnert deutlich an die Gestaltung der Wohnbauten beim Beitrag zur Nord-Süd-Verbindung. Das Sockelgeschoss der fünfgeschossigen Wohn- und Geschäftsbauten ist nicht durch Arkaden hervorgehoben, sondern durch großflächige Ladenfenster. Über den Eingängen zu den Wohngeschossen springt ein Treppenhauserker hervor. Rauda selbst schrieb zu den Gestaltungsfragen in einer Erläuterung: „Es ist versucht worden, ohne größere Eingriffe das typisch Dresdnerische in Grundriß und Aufriß wieder in Erscheinung zu bringen, wobei jedoch in der architektonischen Auffassung bewußt eine neuzeitliche Haltung ohne Restaurationsabsichten angestrebt wurde."[121]

Sein Bestreben, sowohl das bauliche Erbe der Stadt sichtbar zu machen als auch neue Bauformen zu verwenden, wurde im Juryurteil nur bedingt anerkannt: „Vom Kollektiv Prof. Dr. Rauda wurden gründliche Untersuchungen angestellt, um die früher vorhandenen Blickpunkte auf die Baudenkmale festzustellen und sie einzubeziehen in die neue Fassung. Das Ergebnis ist, daß weder in der Magistrale noch am Zentralen Platz neue bauliche Höhepunkte entstehen, die einen neuen Maßstab für unsere neue Ordnung geben. [...] Er erreicht nicht eine großstädtische Architektur; er verleitet zu romantischen Einzellösungen. [...] Die Architektur ist zu bescheiden und zeigt nicht das angestrebte festliche Gewand."[122] Offensichtlich honorieren sie den Umgang Raudas mit dem baulichen Erbe der Stadt Dresden, der allerdings aufgrund von Raudas Forschungshintergrund zu erwarten war. Bezüglich des Aufbaus eines „sozialistischen" Zentrums fällt Raudas Beitrag durch: zu wenig orientiert er sich an den *Sechzehn Grundsätzen des Städtebaus*, zu wenig pompös ist die Architektur.

120 Ebd., S. 423.
121 Rauda 1952/53, S. 974.
122 Protokoll des Preisgerichts (20.11.1952), in: Durth/Düwel/Gutschow 1999, Bd. 2, S. 423.

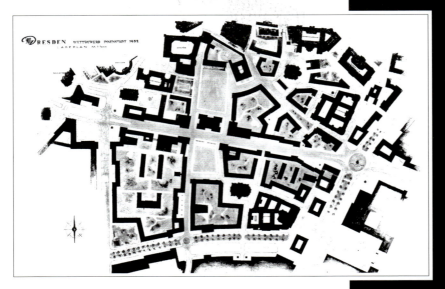

92

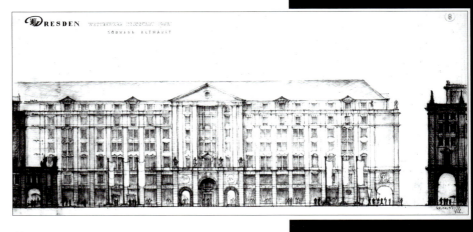

93

94

Kollektiv Schneider: Beitrag zum Wettbewerb Zentraler Platz, Dresden, 1952,
Lageplan (92), Ansicht (93) und Perspektive (94)

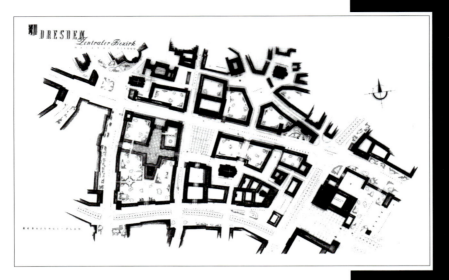

95

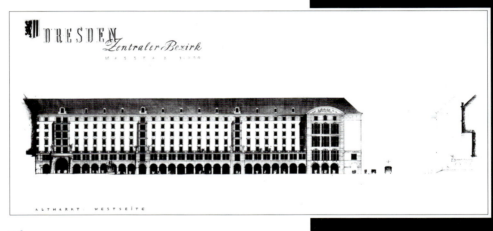

96

97

Kollektiv Rascher: Beitrag zum Wettbewerb Zentraler Platz, Dresden, 1952,
Lageplan (95), Ansicht (96) und Perspektive (97)

98

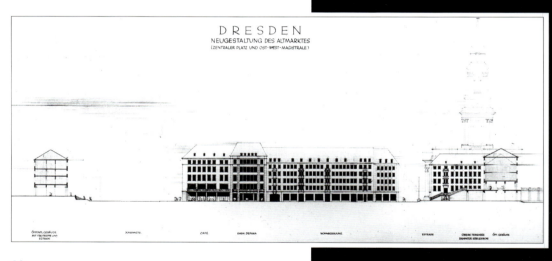

99

Kollektiv Rauda: Beitrag zum Wettbewerb Zentraler Platz, Dresden, 1952,
Lageplan (98), Ansicht (99) und Perspektive (100)

Kritik am Wettbewerb und seinen Ergebnissen

Keiner der eingereichten Entwürfe erweiterte den Altmarkt auf die geforderten 20.000 qm, alle Architekt*innen lassen die Kreuzkirche weiterhin umbaut. Auch die mehr oder weniger vorhandene Orientierung am historischen Stadtgrundriss ist den Entwürfen gemein. Durth/Düwel/Gutschow (1999) interpretieren dieses Verhalten als die „störrische Weigerung [...] sich dem ‚neuen Bauherrn‘ und seinen Ansprüchen zu beugen.“[123]

Spätestens nach diesem Wettbewerb wird sich in der Dresdner Architektenschaft, hauptsächlich unter Anregung der Denkmalpflege, ein enormer Widerstand gegen die „Berliner“ richten, das heißt vor allem gegen Kurt Liebknecht und die Deutsche Bauakademie. Doch nicht nur die nicht am Wettbewerb beteiligten Dresdner Architekturschaffenden waren unzufrieden mit dem Wettbewerbsergebnis, auch in den mit „Kritische Bemerkungen zur Neugestaltung Dresdens“ überschriebenen Beiträgen von Kurt Junghanns und Hellmuth Bräuer in der *Deutschen Architektur* wurde kaum Positives über die Preisträger Rascher und Schneider geschrieben. Junghanns sprach beim Verweis auf die besonderen historischen Raumqualitäten der Dresdner Altstadt von einigen städtebaulichen „Ungereimtheiten“[124] im Entwurf Schneiders und ging nicht auf die anderen Entwürfe ein. Stattdessen sah er die Ergebnisse als eine erste Ideenschau, die in weiteren Wettbewerben mit „feiner differenzierte[n], dem Wesen einer Großstadt angepaßte[n]“[125] Raumprogrammen zu interessanteren Lösungen anregen würden. Vehement sprach er sich dagegen aus, „aus einem mehr oder weniger zufälligen Wettbewerbsergebnis zu einem Ausführungsentwurf zu kommen“.[126] Stattdessen solle man die Ergebnisse nutzen, um die Vorschläge zu diskutieren und weiter zu entwickeln, um zu einer bestmöglichen Lösung zu kommen. Hellmuth Bräuer wird in seinen Ausführungen im zweiten Teil dieser „kritischen Bemerkungen“ sehr viel deutlicher, indem er expliziter auf die einzelnen Entwürfe eingeht. Zuvor kritisierte auch er die mangelhafte Ausschreibung und insbesondere die maßstabssprengende Vergrößerung des Altmarkts. Die vom Kollektiv Schneider vorgeschlagene Alternative des zusätzlichen Demonstrationsplatzes nördlich des Altmarkts war für ihn allerdings ebenso wenig hinnehmbar wie der „fragwürdige Rauminhalt des Hochhauses“[127]. Raschers Entwurf bezeichnete Bräuer zwar als den „reifsten“, sah aber auch große städtebauliche Mängel und forderte eine Weiterentwicklung der Architekturdekoration an den Fassaden.[128] Der Entwurf Bärbigs wurde als altbacken, „manieristisch“ und „ausdruckslos“ bezeichnet, die einzelnen Gebäude seien „unorganisch zusammenhängend“. Lediglich der Entwurf Raudas gründe sich „als einziger auf eine wissenschaftliche Analyse der kompositionellen Merkmale Dresdens“.[129] Allerdings betonte auch Bräuer die im Juryurteil vermerkte, zu wenig großstädtische Gestaltung der Fassaden und die „romantische“ Wiedererstehung des alten Stadtbildes. Der wissenschaftliche Ansatz Raudas solle allerdings

---

123 Durth/Düwel/Gutschow 1999, Bd. 1, S. 334.
124 Junghanns 1953, S. 14.
125 Ebd., S. 15.
126 Ebd., S. 16.
127 Bräuer 1953, S. 18.
128 Ebd., S. 18-19.
129 Ebd.

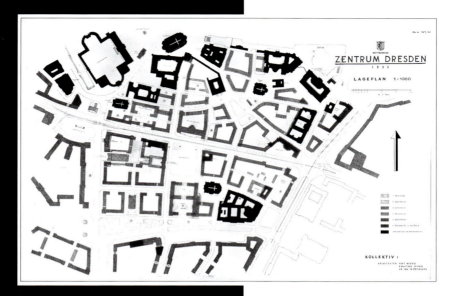

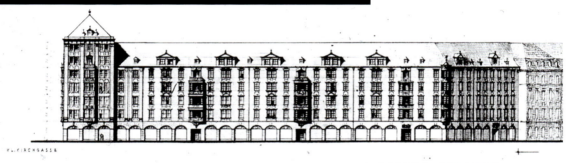

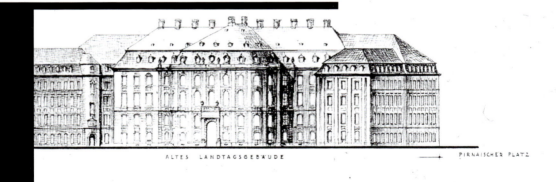

Kollektiv Bärbig: Beitrag zum Wettbewerb Zentraler Platz, Dresden, 1952, Lageplan (101) und Ansicht (102)

weiterverfolgt werden, um damit „alle Voraussetzungen für die Bebauung des Zentrums zu erfüllen".[130]

Die ostdeutsche Architekturfachzeitschrift zeigte sich unzufrieden mit dem Ergebnis und forderte weitere Ausschreibungen. In den westdeutschen Zeitschriften wurde wenig über den Wettbewerb berichtet, interessant ist allerdings ein Artikel mit unbekannter Autorschaft im *Baumeister: Was wird aus dem Dresdner Altmarkt?*[131] Auch hier wird abschließend festgestellt: „Erst wird gebaut und dann geplant"[132], doch zuvor erfuhren die Entwürfe der Kollektive Schneider und Rascher eine heftige Kritik: Das Hochhaus und der dazugehörige Platz Schneiders wurden als „Maßlosigkeit" und städtebaulich „brutal" bezeichnet, Raschers Beitrag als „Reißbrettgeometrie" verunglimpft und das Lob der Jury an dessen architektonischer Gestaltung damit begründet, dass Rascher „die historische Dekoration kritiklos übernahm".[133] Nach diesen Aussagen wirkt die Wertung des Entwurfes von Rauda besonders positiv: „Die Wettbewerbsarbeit des Kollektivs Dr. Rauda fußt auf sorgfältigen Untersuchungen der historisch-städtebaulochen Komposition der Straßen- und Platzräume; über sie äußert sich die Kritik durchweg einmütig positiv."[134] Der Verfassende des Artikels unterschrieb mit dem Kürzel „SBZ": bezogen auf die sehr kritischen Bemerkungen zum sozialistischen Staat ist Wahl dieser Abkürzung beinahe polemisch zu sehen. Wer sich dahinter verbirgt, ist kaum in Erfahrung zu bringen. Es ist allerdings naheliegend, dass es sich um einen Dresdner Architekten handelt, der Rauda sehr nahesteht. Nicht nur wird aus der Antrittsvorlesung Raudas zitiert, deren Manuskript erst im Sommer 1953 publiziert wurde, der Entwurf von Rauda erfährt auch als einziger Lob. Die Kritik an der „Maßstabslosigkeit" sowohl der eingereichten Ergebnisse von Rascher und Schneider als auch des im Bau befindlichen Gebäudes an der Westseite des Marktes deckt sich mit der Forderung Raudas in dessen Antrittsvorlesung zum „Maßhalten".[135]

Seine Antrittsvorlesung hatte Rauda mehrfach verschoben, um das Ergebnis des Wettbewerbs abzuwarten. Er hielt sie am 13.11.1952[136] – dem Tag, an dem das Preisgericht eigentlich tagen sollte. Die Entscheidung ließ aber noch eine weitere Woche auf sich warten, sodass Rauda in seinem Vortrag nur indirekt auf die ihm vermutlich bekannten Ergebnisse eingehen konnte. Am deutlichsten wurde Rauda bei der Lage und Größe des Demonstrationsplatzes: „Eine Erweiterung dieses Platzes [des Altmarkts, Anm. S.B.] nach Süden hätte [...] die Zerstörung eines wohlgeordneten Klanges um die maßstäblich bescheidene Kreuzkirche zur Folge. Eine Erweiterung nach Norden wäre noch gefährlicher; sie würde Spannungsgehalt zwischen Elbsilhouette

130   Ebd.
131   SBZ 1953.
132   Ebd., S. 260.
133   Ebd.
134   Ebd. Die Aussage, die Kritik zu Raudas Entwurf sei durchweg positiv, ist nicht korrekt, wie an den Ausführungen Bräuers deutlich geworden ist.
135   Es kann in diesem Rahmen die Theorie geäußert werden, dass eventuell Rauda selbst der Autor des Artikels ist. Dafür spricht, dass eine Kopie des Artikels zusammen mit einem Briefwechsel zwischen Rauda und Pfister in Raudas Stasiakte abgeheftet ist (BStU, Sign. MfS BV Ddn. AP 555/60, Bl. 19). Es könnte sich beim Autor aber auch um Wolfgang Klier handeln, der als Teil des Preisgerichts ebenfalls interne Einblicke in das Verfahren hatte und sich auch in späteren Aussagen sehr positiv zu Raudas Entwurf äußerte.
136   Siehe hierzu Kapitel „Der Lehrstihl für Wohnungsbau und Entwerfen", S. 138 ff.

und Platz zerstören."[137] Hiermit nahm Rauda die Kritik am Entwurf des Kollektivs Schneider vorweg und begründete im Folgenden gleichzeitig seine eigene, eher zurückhaltende Gestaltung der Fassaden: „Dresden braucht [...] in nächster Nähe des Altmarktes keine Fanfarenstöße, keine baulichen Trommelwirbel; es braucht Melodienfluß, Aufatmen, Entwicklung im gesamten städtebaulichen Geschehen."[138] Trotzdem sah er seinen Entwurf nicht als den richtigen oder endgültigen, vielmehr forderte er eine Diskussion der Ergebnisse mit Fachleuten und den Dresdner Bürger*innen, um zu einem Ergebnis zu gelangen, das nicht „anders als bisher, sondern besser als bisher, besser im Sinne einer gültigen harmonischen Gestaltung" sei.[139] Er benennt daher die Forderungen der Presse zum Wettbewerb schon vor dem eigentlichen Abschluss desselben. Doch der Zeitplan des Ministeriums für Aufbau war streng: nur wenige Wochen nach der Sitzung des Preisgerichts wurde Mitte Dezember der erste Spatenstich für den Neubau des Altmarkts gesetzt – die Entwürfe sollten das Kollektiv um Rascher in Zusammenarbeit mit dem Kollektiv Schneider erarbeiten.[140] Dabei waren zu diesem Zeitpunkt noch immer keine endgültigen Entscheidungen zur städtebaulichen Gestaltung der Innenstadt getroffen.[141]

Wo bleibt die Denkmalpflege?

Insbesondere die Frage der Denkmalpflege war immer noch offen. Aufgrund dessen hatten sich schon im Sommer 1953 wichtige Dresdner Persönlichkeiten zusammengeschlossen, um die Gestaltung des Altmarktes zu diskutieren. Dazu gehörten Hellmuth Bräuer[142], Wolfgang Klier[143], Ragnar Hedlund[144], Wolfgang Rauda und Hans Nadler, der Leiter der Denkmalpflegebehörde Dresdens.[145] Grund für dieses Treffen ist die fehlende Reaktion des Ministeriums für Aufbau in Berlin auf die regen Diskussionen der Dresdner Bevölkerung zur Gestaltung des Stadtzentrums.

Schon im Dezember 1952 hatte sich Rauda zweifach an Hans Wermund, Staatssekretär im Ministerium für Aufbau in Berlin, gewandt, um eine Diskussion zwischen der Dresdner Bevölkerung und dem Ministerium zu vermitteln, „damit nicht eine unnötige Unruhe und Sorge sich weiterhin in der Bevölkerung um das bauliche

137   Rauda 1952/53, S. 973.
138   Ebd., S. 973.
139   Ebd., S. 975.
140   Durth/Düwel/Gutschow 1999, Bd. 1, S. 336.
141   Bräuer 1953a.
142   Biografische Informationen zu Hellmuth Bräuer (1919-1958), siehe Hartung 2000, S. 51-52. In der Übersicht zu den Biografien der Architekten der DDR kommt die Autorin zum Lebenslauf Bräuers, Birgit Hartung, zu dem Schluss: „Als Stadtverordneter in Dresden zeigte sich Bräuer bei den städtebaulichen Diskussionen engagiert und stellte sich mitunter energisch gegen die allgemein propagierte Richtung".
143   Wolfgang Klier war gemeinsam mit Hans Richter beim Innenstadt-Wettbewerb Dresdens im Sommer 1950 mit dem zweiten Preis prämiert worden. (Durth/Düwel/Gutschow 1999, Bd. 1, S. 224-226). Er scheint außerdem zu den wenigen freischaffenden Architekten Dresdens gehört zu haben. (Privatnachlass Rauda: Verleihung der Martin-Pietzsch-Plakette (02.06.1957), hier hat auch Klier unterschrieben)
144   Ragnar Hedlund hat mit Bernhard Klemm zusammengearbeitet. Der Schwede reiste 1957 in sein Heimatland zurück. (Durth/Düwel/Gutschow 1999, Bd. 1, S. 209)
145   UA TU Dresden, Sign. B6.02-162: Niederschrift über die Sitzung am 30.06.1953 im Klubhaus der Kulturschaffenden (ohne Datum), 2 Seiten, hier S. 1.

Schicksal ihrer Stadt ausbreitet."[146] Als diese erste Anfrage unbeantwortet blieb, wiederholte Rauda sein Anliegen drei Wochen später und konkretisierte die Bedenken der Bevölkerung und der „Dresdner Geistesschaffenden", die es ablehnen, „der Stadt Dresden 2 Plätze zu erhalten, ein Hochhaus geplant zu sehen, die Westseite des Altmarktes 9 m höher als die bisherige Hauptsimshöhe ausgeführt zu sehen"[147]. Zur Begründung dieser Bedenken führte Rauda die 16 Grundsätze des Städtebaues heran: „Soll der Dresdner Altmarkt durch die höhere Bebauung [...] das Gesicht des künftigen Altmarktes so verändern, daß die alten Dominanten beiseite gedrückt werden, oder soll ein Dresden wieder erstehen, dass selbstverständlich modern, aber städtebaulich massvoll im Sinne der 16 Grundsätze des Städtebaus die anerkannten Regeln internationaler Stadtbaukunst beachtet?"[148]

Raudas Meinung nach hätten sowohl er als auch der Architekt Bärbig die „16 Grundsätze des Städtebaus" in ihren Entwürfen beachtet, daher sollten die Beiden auch an der Weiterentwicklung der Stadtplanung beteiligt werden. Da allerdings sogar die ursprünglichen Gewinner des Innenstadtwettbewerbs,[149] Hedlund und Klier, nicht mehr an den weiteren Planungen beteiligt waren,[150] sollte dieser Forderung kaum nachgekommen werden. Auf die Anfrage Raudas an das Amt für Denkmalpflege, mithilfe dieser Institution den Bau am Altmarkt zu stoppen,[151] wurde deutlich, dass „die letzte Bearbeitung des Altmarktprojektes unter völligem Ausschluß des Instituts für Denkmalpflege erfolgte".[152] Diese Aussage ist wohl ausschlaggebend für den zukünftigen „Architektenbeirat", sich im Verbund an die Regierung in Dresden und Berlin zu wenden, um mehr Mitsprache bei der Gestaltung des Stadtzentrums zu bekommen.[153] Klier, Hedlund, Bräuer, Rauda und Nadler gründeten daraufhin einen „Architektenbeirat und schließen sich dem „Kulturbund zur demokratischen Erneuerung Deutschlands" an.[154]

An das Protokoll der ersten Sitzung dieses neu gegründeten Beirats angeheftet ist eine undatierte Erläuterung zum Ablauf und den Folgen der Sitzung der Jury zum Wettbewerb im November 1952. Vermutlich vom Jury-Mitglied Klier verfasst, werden schwere Vorwürfe gemacht: Die Präsentation der Wettbewerbsergebnisse sei

---

146   UA TU Dresden, Sign. B6.02-162: Brief Rauda an Wermund (05.12.1952), 2 Seiten, hier S. 2.
147   UA TU Dresden, Sign. B6.02-162: Brief Rauda an Wermund (22.12.1952), 2 Seiten, hier S. 1.
148   Ebd.
149   Vgl. hierzu: Durth/Düwel/Gutschow 1999, Bd. 2, S. 421.
150   UA TU Dresden, Sign. B6.02-162: Niederschrift über das Ergebnis der Besprechung zum Diskussionsvorschlag zur Bestimmung des zentralen Platzes (22.04.1953).
151   UA TU Dresden, Sign. B6.02-162: Brief Rauda an Amt für Denkmalpflege, z. H. Dr. Nadler (18.06.1953).
152   UA TU Dresden, Sign. B6.02-162: Brief Nadler an Rauda (25.06.1953).
153   UA TU Dresden, Sign. B6.02-162: Niederschrift über die Sitzung am 30.06.1953 im Klubhaus der Kulturschaffenden (ohne Datum), 2 Seiten, hier S. 2.
154   UA TU Dresden, Sign. B6.02-162: Brief des Dresdner Kulturbundes an Rauda (03.08.1953). Der Kulturbund ist eine 1945 gegründete Organisation zur Förderung und Pflege der nationalen Kultur mit dem Ziel, möglichst viele kulturell interessierte oder tätige Bürger zu erreichen und sie zu eigenen Aktivitäten zu ermutigen. Innerhalb des Bundes bestanden viele Einzelverbände und Fachgesellschaften, Orts- und Hochschulgruppen, Arbeitsgemeinschaften und Freundeskreise. Die fast dreihunderttausend Mitglieder zählende Organisation war als Mandatsträger innerhalb der Nationalen Front mit eigenen Abgeordneten (die allerdings oftmals zugleich SED-Mitglied waren) in allen Kreis- und Bezirkstagen sowie der Volkskammer vertreten. (Siehe: Wolf 2000, S. 132-133)

inszeniert gewesen, um den Entwurf des Kollektiv Schneiders auf den ersten Platz zu setzen, was möglich gewesen sei, da den Preisrichtern die Arbeiten schon weit vor der Entscheidungssitzung bekannt gewesen wäre. Daraufhin werden die „Fehler" der Arbeiten von Schneider und Rascher benannt, die sich hauptsächlich auf den städtebaulichen Maßstab beziehen. Vehement wird im Folgenden eine öffentliche Diskussion zur weiteren Gestaltung gefordert, um „die schaffende Intelligenz, die sich enttäuscht zum Teil abseits gestellt hat, wieder für die großen Aufbaugedanken der Stadt Dresden und der Deutschen Demokratischen Republik zu gewinnen und eine Atmosphäre wechselseitigen Vertrauens im Sinne des von unserer Regierung gewünschten neuen Kurses zu erreichen."[155]

Während diese ersten Forderungen vor allem das Gespräch und die Diskussion suchten, wurde in Zusammenarbeit mit dem Dresdner Kulturbund ein Vorschlag zur Einrichtung einer Kommission erarbeitet. In der Zwischenzeit war erneut ein Wettbewerb zur Gestaltung des Elbufers ausgeschrieben worden, zu dem kaum Beiträge eingereicht worden waren. Der Kulturbund interpretierte diesen Umstand als Zeichen des „schwindenden Vertrauens der Architektenschaft zum Auslober".[156] Dabei hätte „es an Angeboten zur Mitarbeit nicht gefehlt. Abgesehen von den freischaffenden Architekten, die seit 1946 auf ihre diesbezüglichen Vorschläge meist nur hinhaltende Antworten bekamen, haben zahlreiche Architekten, darunter die Preisträger der großen städtebaulichen Wettbewerbe, die Angehörigen der volkseigenen Projektierungsbüros sowie staatliche Dienststellen oft Grund zu berechtigten Klagen gehabt."[157] All diese Klagen seien von Berlin und den ausführenden Planungsinstanzen ignoriert worden, daher wird nun der Vorschlag gemacht, eine Beratungskommission einzusetzen, um das weitere Vorgehen im Sinne der Dresdner Bevölkerung zu besprechen. Teil dieser Kommission sollen unter anderem Rauda und Klier als Städtebauer, Nadler als Denkmalpfleger sowie Rascher, Bräuer, Klier und Hedlund als Architekten sein.[158] Offensichtlich wird diesem Vorschlag nicht nachgegangen, da in der Zwischenzeit die Bauausführung sowohl an der West- als auch inzwischen an der Ostseite in vollem Gange waren.

Mitte August berichtete die Sächsische Zeitung, dass im Aufbau des sozialistischen Stadtzentrums der nächste Schritt mit der städtebaulichen Einbindung der Kreuzkirche erfolgen solle. Die Sächsische Zeitung, deren politische Bedeutung als „Organ der SED" vom Beirat häufig kritisiert wurde,[159] fügte dem Bericht an, dass Rauda angeboten habe, an dieser Aufgabe mitzuwirken und bezeichnete dieses Angebot sogar als „verheißungsvollen Anfang". Rauda bat die Sächsische Zeitung allerdings daraufhin darum, eine Klarstellung dieser Aussage zu drucken, in der deutlich werden solle, dass die Einsprüche Raudas, des Denkmalrates und vieler weiterer Kulturschaffenden vom Ministerrat ignoriert worden seien.[160] Am Ende der Mitteilung

155 UA TU Dresden, Sign. B6.02-162: Niederschrift zu Forderungen des Architektenbeirats (undatiert, vermutlich verfasst von W. Klier), 4 Seiten, hier S. 4.

156 UA TU Dresden, Sign. B6.02-162: Einspruch zu Plänen Altmarkt Dresden vom Kulturbund (undatiert, verm. August 1953), 3 Seiten, hier S. 2.

157 Ebd.

158 Ebd., S. 3.

159 UA TU Dresden, Sign. B6.02-162: Niederschrift über die Sitzung am 30.06.1953 im Klubhaus der Kulturschaffenden (ohne Datum), 2 Seiten, hier S. 1.

160 Raudas Formulierungsvorschlag dieser Klarstellung lautet: „Nachdem Einsprüche des Denkmalrates, dem Dr. Rauda angehört, des Kulturbundes und des Bundes Deutscher

soll der folgende Satz gedruckt werden: „Herr Prof. Dr. Rauda bittet uns abschließend bekanntzugeben, daß er vom fachlichen Standpunkt aus nicht mehr die Möglichkeit sieht, weiter sein Angebot, am Altmarkt mitzuarbeiten, aufrechtzuerhalten.“[161]
Hiermit enden Raudas Bemühungen, sich an der Gestaltung des Stadtzentrums zu
beteiligen.

Ein paar Jahre später, im Sommer 1956, wurden allerdings die teilweise noch
intakten Bauten an der Rampischen Gasse plötzlich abgerissen. Die Zerstörung
dieses letzten Zeugnisses einer städtebaulichen Situation der Vorkriegszeit brachte Rauda noch einmal dazu, sich bei der Denkmalbehörde und dem Bauamt zu
beschweren. In einem Brief an die Denkmalbehörde bezeichnete er den Abriss als
„Vernichtung“ – ein Begriff der im nachkriegszerstörten Dresden sicherlich besonderes Gewicht hatte – und forderte den „Wiederaufbau des Kopfbaues der Rampischen Gasse innerhalb von 2 Monaten“.[162] Dazu schlug er vor, einen gesamtdeutschen
Wettbewerb für den Wiederaufbau der gesamten Rampischen Gasse unter folgenden
Grundsätzen auszuschreiben: „gleiche Baufluchten wie bis 1945, gleiche Hauptsims-
höhen, der künstlerischen Gesamthaltung bis 1945 entsprechende Architektur, wobei
eine Stilnachahmung nicht zur Bedingung gemacht ist, Läden im Erdgeschoß, neuzeitliche Wohnungen, u.a. für Künstler, Kunsthandwerker und Ateliers, Preisgericht
mit namhaften Fachleuten“.[163] Zu diesen Fachleuten sollten unter anderem Prof. Hillebrecht und Dr. Bangert aus Kassel gehören, dazu kommen Vertreter der Hochschulen Dresden, Weimar und der Deutschen Bauakademie sowie Nadler und Bellmann
aus Dresden.[164] Nadler wollte mit Rauda nochmals persönlich sprechen[165] und stellte dessen Vorschläge im November dem Ministerrat vor. Insbesondere die Idee eines
beschränkten Wettbewerbes habe Anklang gefunden. Eine Rekonstruktion, im Wort-
laut als „Kopie“ bezeichnet, des Kopfbaus und den anderen Straßenzug in moder-

Architekten gegen die vergrößerte Ausbildung des Altmarktes und die dadurch sich
ergebende Erhöhung der Gebäudemasse ausgearbeitet worden sind, hat Prof. Dr. Rauda
als Mitglied des Architekturbeirats des Rates des Bezirkes Dresden den Abteilungsleiter
Günzel gebeten, ebenfalls seinen Einspruch gegen das um etwa das 4-fache der
ursprünglichen Größe erweiterte Raumbild mit der freien Einbeziehung der Kreuzkirche
entgegenzunehmen. Diesen Einspruch von Dr. Rauda konnte der Rat des Bezirks nicht
annehmen, da nach der Feststellung des Abteilungsleiters Günzel sonst die
Baudurchführung an der Ostseite und Westseite des Altmarktes in Frage gestellt worden
wäre. Herr Prof. Dr. Rauda hat sich am 17.7.1953 daher gegenüber dem Rat des Bezirkes
zugleich im Auftrag von Dipl.-Ing Hedlund bereiterklärt, ehrenamtlich neue Pläne für die
Schauseiten der Ost- und Westseiten und die Grundrisse zu bearbeiten unter der
Voraussetzung jedoch, daß auch die städtebauliche Lösung mit in den
Umarbeitungsvorschlag des Altmarktes einbezogen wird. Diesem Vorschlag einer totalen
ehrenamtlichen Neubearbeitung konnte jedoch nicht näher nachgegangen werden, da
die Bauausführung an der Ost- und Westseite inzwischen in vollem Umfang nach den
Plänen der Staatlichen Entwurfsbüros angelaufen sind und der Ministerrat die
Bestätigung des Gesamtentwurfes Altmarkt in der in der [sic!] SZ. veröffentlichten Form
vorgenommen hat.“ UA TU Dresden, Sign. B6.02-162: Rauda an die Redaktion der
Sächsischen Zeitung (07.09.1953).

161   UA TU Dresden, Sign. B6.02-162: Rauda an die Redaktion der Sächsischen Zeitung
       (07.09.1953).
162   UA TU Dresden, Sign. B6.02-162: Rauda an das Institut für Denkmalpflege (20.07.1956).
163   Ebd.
164   Ebd.
165   UA TU Dresden, Sign. B6.02-162: Nadler an Rauda (13.08.1956).

ner Formensprache zu errichten, sei ebenso „gutgeheißen" worden. Allerdings brauche man sehr viel mehr Geld, um die Denkmäler zu schützen – hierfür wurde Rauda gebeten, sich „zur Verfügung zu halten", um bei der Geldsuche zu unterstützen.[166] Dass schon zu diesem Zeitpunkt keine Rede mehr von dem von Rauda vorgeschlagenen „gesamtdeutschen" Wettbewerb war, wie er ja beinahe zeitgleich in Berlin von Henselmann für Berlin-Fennpfuhl vorbereitet wurde[167], ist nur ein Zeichen dafür, dass Raudas Anliegen nicht weiter verfolgt werden wird. Auch Herbert Schneider, inzwischen Chefarchitekt Dresdens, nahm Stellung zu den Vorwürfen Raudas, man hätte die Rampische Gasse bewusst „vernichtet". Er betonte, dass „der Aufbau der Rampischen Straße auf der früheren Fluchtlinie bis zum Neumarkt vorgesehen" gewesen sei. Dafür sei auch ein Architektengutachten in Auftrag gegeben worden, das aber nicht ausgewertet wurde, da „durch beginnende Abbruchmaßnahmen anderer Gebäudeteile die Gefahr des Einsturzes und die Gefährdung des öffentlichen Verkehrs bestand." Er schloss mit dem Ausdruck seines Bedauerns, dass die Bauten der Rampischen Gasse nicht mehr erhalten werden konnten; er wolle versuchen, einen Wohnungsbaues dort im Zweiten Fünfjahresplan unterzubringen.[168] Die Rampische Gasse sollte 60 Jahre später wiederaufgebaut werden – unter völlig anderen Voraussetzungen und mit anderen Intentionen, als es Raudas Anliegen war.

Beiträge zum Wiederaufbau der Städte nach dem Zweiten Weltkrieg – Eine Zwischenbilanz

Wie bereits in der Einführung zu diesem Kapitel erwähnt, müssen die städtebaulichen Planungen Raudas unter verschiedenen Gesichtspunkten betrachtet werden: im jeweiligen politischen, wissenschaftlichen und städtebaulichen Kontext. Diese Betrachtungsprämissen sind eng miteinander verwoben und bedingen sich gegenseitig. Auf der politischen Ebene kann die Rolle Raudas im sozialistischen Staat nur als schwierig bezeichnet werden. Die Erläuterungen bezüglich seines nationalsozialistischen Werdegangs haben angedeutet, dass Wolfgang Rauda sich zwischen 1933 und 1945 durchaus an den nationalsozialistischen Duktus angepasst hat. Im Sozialismus wird ihm im Gegensatz dazu eher ein zurückhaltendes politisches Wesen vorgeworfen.[169] Der von der Regierung der DDR geforderte Städtebau und damit die politische Dimension städtebaulicher Planungen definiert sich über die im September 1950 formulierten „16 Grundsätze des Städtebaus". Raudas Verhältnis zu diesen Grundsätzen kann zu Beginn seiner Tätigkeiten an der TH Dresden als positiv bezeichnet werden: Seinen Studierenden vermittelte er, dass die 16 Grundsätze des Städtebaus als ein zu

166   UA TU Dresden, Sign. B6.02-162; Brief vom Institut für Denkmalpflege an Rauda (05.11.1956).
167   Siehe hierzu unter anderem: Durth/Düwel/Gutschow 1999, Bd. 1, S. 476-480.
168   UA TU Dresden, Sign. B6.02-162: Schneider an Rauda (25.11.1956). Ein wirkliches Engagement Schneiders für den Wohnungsbau an der Rampischen Gasse im 1958 verabschiedeten Zweiten Fünfjahresplan ist aus den Akten nicht ersichtlich. Da sich der Wohnungsbau hier allerdings im Sinne der Forderung nach industrieller Typisierung stärker auf Wohnbauten außerhalb der Stadtzentren fokussierte (siehe Hoyerswerda, Halle-Neustadt etc.), ist die Erwähnung der innerstädtischen Rampischen Gasse eher unwahrscheinlich.
169   Siehe hierzu das Kapitel „Flucht aus der DDR" in Kapitel 3.

interpretierendes Regelwerk für die Gesamtkomposition im Städtebau zu sehen seien.[170] Auch in seiner Antrittsvorlesung nahm er mehrfach Bezug auf die 16 Grundsätze: Die Betonung der architektonischen Achse der Flüsse, wie sie im siebten Grundsatz formuliert ist, wendet Rauda auf Dresden an;[171] außerdem stellt er die Grundsätze als die aktuellen „inneren Ordnungsgesetze" dar, denen die Baukunst unterworfen sei.[172] Insbesondere die im 14. Grundsatz festgelegte Suche nach dem „individuellen Antlitz der Stadt" und der Architektur, die der „in den fortschrittlichen Traditionen der Vergangenheit verkörperte Erfahrung des Volkes" entspricht,[173] scheint Raudas städtebaulichen Ansatz beispielsweise in Rostock zu entsprechen. Diese Grundsätze eines sozialistischen Städtebaus kann Rauda durch die eigene Interpretation für seine eigenen städtebaulichen Planungen nutzbar machen, weswegen er sich sicherlich Anfang der 1950er Jahre demgegenüber offen zeigt. Diese prinzipiell positive Einstellung lässt allerdings spätestens mit der schlechten Jurybewertung zu seinem Beitrag zur Gestaltung des Dresdner Zentrums nach. Kurz nach der Entscheidung über den Wettbewerb am Altmarkt 1952 erklärte Rauda in einem Brief an den Vizepräsidenten der Deutschen Bauakademie, Edmund Collein, dass er sich seiner Meinung nach sehr genau an die Ausschreibung und damit auch an die 16 Grundsätze des Städtebaus gehalten hätte, dann aber Beiträge ausgezeichnet worden wären, die dies eben nur bedingt getan hätten. Daraus schließt sich die Bitte Raudas an Collein, dass dieser ihm doch mitteilen müsse, „ob die 16 Grundsätze des Städtebaues künftig nur noch eingeschränkt oder in vollem Umfang weiter beim Aufbau unserer Städte, insbesondere Dresden, Geltung haben werden."[174] Diese Anfrage zeigt entweder, dass Rauda sich tatsächlich inzwischen unsicher bezüglich der Auslegung der 16 Grundsätze des Städtebaus war oder sie stellt eine sehr anmaßende Kritik am sozialistischen Staat und dessen Einmischung in das Bauwesen dar. So oder so ist Raudas Beziehung zur DDR eine schwierige: Einerseits wird seine Kompetenz zur Stadtgeschichte Dresdens geschätzt, andererseits konnte er diese aber nur sehr bedingt einbringen. Der Eingriff der Deutschen Bauakademie und des Ministeriums für Aufbau in Fragen zur Gestaltung seiner Heimatstadt Dresden behagten ihm nicht, sodass er seinen eigenen Kampf um ein für ihn gerechtes Bild der wiederaufgebauten Stadt aufgeben musste. Damit steht Rauda stellvertretend für die „Kulturzelle"[175] an der TH Dresden, die sich gegen die „Berliner Architekten" auflehnt. Als Architekt in der DDR mit Beziehungen nach Westdeutschland und dem Wunsch nach einer freischaffenden Tätigkeit war es

170   UA TU Dresden, Sign. B6.02, 164 (Zusammenarbeit zwischen Entwurfsinstitut und Rat der Stadt Dresden, Abt. Stadtplanung und Architektur): Vorlesungsmanuskript (02.10.1952), umfasst 20 maschinenschriftliche Seiten. In dieser Einführungsvorlesung zur Gebäudelehre heißt es wortwörtlich: „Diese Bindungen fallen unter den Gesamtbegriff der Gesamtkomposition, der architektonischen Gesamtkomposition, der gerade in den 16 Grundsätzen über Städtebau immer wieder ausgesprochen worden ist. Diese 16 Grundsätze über Städtebau und das ist für uns heute das Interessante daran, formulieren nicht etwa Thesen für den Städtebau, sie enthalten auch wesentliche Formulierungen und Hinweise für die Einzelgestaltung, aus einer Ueberschau heraus".

171   Rauda 1952/53, S. 969-970.

172   Ebd., S. 976.

173   Bekanntmachung der Grundsätze des Städtebaus. In: Ministerialblatt der Deutschen Demokratischen Republik (16.09.1950), S. 153-154, zit.n.: Institut für Regionalentwicklung und Strukturplanung 1995, S. 186.

174   UA TU Dresden, Sign. B6.02-162: Rauda an Collein (25.11.1952).

175   Vorwort der Schriftleitung zu Rauda 1954, S. 504.

für ihn nicht möglich, sich als solcher auch in der DDR zu etablieren und entsprechend beruflich erfolgreich zu sein.

Auf der politischen Ebene fand Rauda demnach weniger zu einer ihm angemessenen Rolle. Dabei schien der Ansatz der Wahrung regionaler Bautraditionen aufgrund seines Ausbildungshergangs beinahe geschaffen für seinen Städtebau zu sein. Der im 5. Grundsatz der 16 Grundsätze des Städtebaus formulierte Anspruch, dass Grundsatz der Stadtplanung „das Prinzip des Organischen und die Berücksichtigung der historisch entstandenen Struktur bei Beseitigung ihrer Mängel"[176] sei, scheint auf den ersten Blick sehr gut zum städtebaulichen Entwurfskonzept Raudas zu passen. Dieses begründet sich nicht zuletzt auf sein Forschungsgebiet in der Erforschung von Stadtgeschichte: Seine sich intensiv mit dem historischen Wachstum Dresdens beschäftigende Dissertation und die Auseinandersetzung mit der Stadtgeschichte Rostocks zeigen unter anderem, dass er sich intensiv um die Beachtung der „historisch entstandenen Struktur" bemühte, sich gleichzeitig aber auch der mannigfaltigen Veränderungen des Stadtbildes zugunsten neuer gesellschaftlicher Entwicklungen bewusst war.

Wie schon in Rostock beweisen die Beiträge Raudas zum Wiederaufbau Dresdens, dass er darum bemüht war, sowohl das historische Erbe der Stadt zu erhalten als auch die neuen, modernen Bedürfnisse zu erfüllen. Wie er selbst es in seiner Antrittsvorlesung formuliert hatte, suchte er nach einer städtebaulichen Lösung, die nicht „anders als bisher, sondern besser als bisher, besser im Sinne einer gültigen harmonischen Gestaltung" sei.[177] So kombinierte Rauda die erhaltenswerten städtebaulichen Situationen des historischen Stadtgrundrisses mit einer mehr oder weniger zeitgemäßen Formensprache sowie innovativen Ideen zu Verkehrsknotenpunkten, Durchgrünung und Auflockerung der Bebauung. Allerdings neigte er gerade in seiner Heimatstadt Dresden dazu, sich stärker auf das historische Erbe zu fokussieren, sodass die Formensprache sehr viel traditioneller erscheint als beispielsweise in Rostock.

Bei den Wettbewerbsbeiträgen für Westdeutschland zeigen Rauda und seine verschiedenen Arbeitskräfte eine sehr viel modernere Formensprache. Insbesondere die Verkehrsplanung ist in diesen Entwürfen von besonderer Relevanz: Im Wettbewerb zur Domumgebung Kölns hat sich Rauda intensiv mit der Straßenführung der verschiedenen Verkehrsarten auseinandergesetzt, auch in der Gestaltung zum Vorplatz des Völkerbundgebäudes in Genf entwarf er eine durchdachte und radikale Verkehrsplanung. Noch deutlicher wurde diese Haltung in dem Beitrag von Wolfgang Rauda gemeinsam mit Günther Trauer für den Wiederaufbau der Innenstadt Kassels. Das Gebiet östlich des Hauptbahnhofs war beinahe komplett den Luftangriffen des Zweiten Weltkriegs zum Opfer gefallen, nur wenige historisch wertvolle Gebäude konnten erhalten werden.[178] Die Stadt Kassel schrieb einen sehr umfangreichen Wettbewerb aus, der zum Ziel hatte, „sowohl die Möglichkeit einer weitschauenden Entwicklung für die Zukunft [...] als auch das Ziel der zeitlichen Aufgabe [...] der nächsten Jahre"[179] zu entwickeln. Zu den zu entwickelnden Aspekten gehörten die

176   Bekanntmachung der Grundsätze des Städtebaus. In: Ministerialblatt der Deutschen Demokratischen Republik (16.09.1950), S. 153-154, zit. n.: Institut für Regionalentwicklung und Strukturplanung 1995, S. 186.

177   Rauda 1952/53, S. 975.

178   Siehe hierzu: O. A. 1948.

179   O. A. 1948, S. 181.

Neuordnung des Verkehrs, die Lage der Frei- und Grünflächen sowie der wichtigsten neu zu planenden, öffentlichen Bauten und die Blockaufteilung mit der Höhenabstufung der Bauten. Zum Wettbewerb eingeladen waren 460 Planer*innen, eingereicht wurden 168 Arbeiten „aus allen Teilen Deutschlands"[180].

Mit dem ersten Preis prämiert wurde der Entwurf von Emil Högg mit seinem Team aus Hannover, der Beitrag Wolfgang Raudas, der in Zusammenarbeit mit Erhard Lucas und Günter Trauer war, wurde angekauft (vgl. Abb. 103).[181] Beinahe bandstadtartig zieht sich die von Rauda entworfene langgezogene Blockrandbebauung von Westen nach Osten an der Wilhelmshöher Allee und nach Nordosten ab dem Brüder-Grimm-Platz durch das Zentrum der Stadt. Wie alle prämierten Entwürfe auch erhält er den kreisrunden Königsplatz und baut ihn zu einem wichtigen Verkehrsknotenpunkt aus. Im Gegensatz zu den anderen Beiträgen erarbeiteten Rauda und Trauer hier allerdings einen Alternativvorschlag mit einem Durchgangsbahnhof statt einem, wie bislang vorhandenen, Kopfbahnhof. Der Entwurf wurde aufgrund kleinerer Verkehrslösungen und der günstigen Einbindung der Baumassen in die landschaftliche Lage angekauft. Bemängelt wurde allerdings der „trockene Schematismus" der Einzelbauten, wodurch sich die Innenstadt mit den Geschäftshäusern nicht aus dem Plan ablesen lasse.[182] Das Urteil des Preisgerichts zu Raudas Entwurf ist besonders umfangreich, da man sich intensiv mit den Lösungen zur Umfahrung der Innenstadt und der Verbindung zwischen Bahnhof und Stadtzentrum auseinandersetzte.

Einen interessanten Aspekt zum Zusammenhang zwischen rekonstruktiven Ansätzen im Städtebau und modernen Verkehrslösungen erläuterte der Fuldaer Architekt Wolff im Rahmen der Besprechung der Ergebnisse zum Wiederaufbau Kassels: „Wir begegnen heute oft den Vorschlägen, in den Altstadtkernen jeden Fernverkehr auszuschließen, um ihr Straßennetz und ihre räumliche Ordnung – oft die einzige Erinnerung an den frühesten Zustand der Stadt – ursprünglich erhalten zu können. Sollen diese Stadtgebiete jedoch nicht museal, sondern wieder lebenerfüllte Glieder des Ganzen werden, so sind diesen Absichten Grenzen gesetzt."[183] Dass sich Raudas Entwurf für Kassel demnach voll und ganz einer den modernen Bedürfnissen gerechten Verkehrsplanung verschrieb, zeigt seinen expliziten Willen, die Stadt wieder zu einem lebendigen Ort zu machen. Diese Maßnahme ist bei der zu mehr als 75 % zerstörten Innenstadt Kassels ein klares Bekenntnis zu einem radikal modernen Städtebau. Raudas Beiträge zum Wiederaufbau der zerstörten Städte in Deutschland nach dem Zweiten Weltkrieg sind zahlreich: Bis zur Gründung der beiden deutschen Staaten nahm er an Wettbewerben in Chemnitz[184], Kassel[185], Nürnberg[186] (mit je 1 Ankauf), Plauen, Rostock (je 2 Preise) und Lübeck[187] (4. Preis) teil und plante kleinere Viertel in Erfurt.[188] Anfang der 1950er Jahre war er noch bei ostdeutschen Wettbewerben

180   Wolff 1948, S. 193.
181   Froriep 1948, S. 191.
182   O. A. 1948, S. 188.
183   Wolff 1948, S. 194.
184   Siehe hierzu: Stabenow 2000.
185   Krebs 1948; O. A. 1948; Froriep 1948; Wolff 1948.
186   O. A. 1948a; R.S. 1948.
187   Deckert 1950.
188   Privatnachlass Rauda: Lebenslauf, undatiert, vermutlich Ende 1968.

erfolgreich[189], konzentrierte sich im Verlauf des Jahrzehnts allerdings immer mehr auf westdeutsche und internationale Wettbewerbe.[190] Sein städtebauliches Werk in dieser Zeit ist daher durchaus als umfangreich zu bezeichnen, wobei keine der Planungen verwirklicht worden ist. Man kann nicht unbedingt sagen, dass Rauda eine besondere, individuelle Handschrift entwickelt hätte, vielmehr konzentrierte er sich insbesondere bei den frühen Planungen im Osten Deutschlands auf stadtbauhistorisch fundierte Lösungsvorschläge, die gleichzeitig zeitgemäße Bedürfnisse in der Stadtplanung gerecht zu werden versuchen. Er bemühte sich um die von Pfister beschriebene „Brücke vom Gestern ins Heute".[191]

Damit ist auch die Einordnung des städtebaulichen Werkes von Rauda in die Leitbilder des Wiederaufbaus deutscher Städte nach dem Zweiten Weltkrieg grob vorgegeben. Der Politikwissenschaftler Klaus von Beyme bezeichnet bezüglich der Einteilung der städtebaulichen Leitbilder der ersten Aufbauphase die „Dreiertypologie" als in der Diskussion zur Klassifizierung weitestgehend durchgesetzt.[192] Dies entspricht auch der von Göderitz schon 1946 vorgenommenen sowie beispielsweise der Beschreibung von Gruber 1943: Wiederaufbau des Gewesenen, radikale Beseitigung des Bestehenden und der Kompromiß aus beiden. Von Beyme konkretisiert diese drei „Wege" mit den Worten: rekonstruktiver Wiederaufbau, Neubau, traditioneller Anpassungsneubau.[193] Es ist aufgrund dieser Formulierungen kaum nötig, explizit auszuführen, was jeweils hinter diesen Leitbildern zu verstehen ist. Viel eher relevant sind die Zusammenhänge und Wechselwirkungen zu Personalien und Städten, die von Beyme teilweise auch indirekt benennt. So erläutert er, dass der „traditionelle Anpassungsneubau" vornehmlich in kleinen und mittelgroßen Städten umgesetzt wurde,[194] während auch der „Neubau" die Erhaltung von „Denkmalinseln" – Produkte des „rekonstruktiven Wiederaufbaus" nicht ausschloss. Damit wird deutlich, dass eine klare Unterscheidung der Konzepte kaum möglich zu sein scheint. Allerdings offenbart die Beispielwahl die jeweilige ideengeschichtliche Zugehörigkeit: Braunschweig und Hannover mit ihren modernen Stadtbauräten Johannes Göderitz und Rudolf Hillebrecht sind Planungen des „Neuaufbaus", das vom Stuttgarter Schüler, Ludwig Schweizer, geplante Freudenstadt wird als Beispiel des „rekonstruktiven Wiederaufbaus" geführt.[195] Damit wird indirekt festgelegt, dass der

189   Siehe hierzu die Ausführungen zu Planungen in Dresden, aber auch ein Zweiter Platz beim Wettbewerb zum Zentralen Bezirk in Plauen. (Vgl. Glabau 2010)
190   1950: Teilnahme am Intern. Wettbewerb in Stockholm mit Dr. Trauer; 1957; 1. Ankauf: Intern. Wettbewerb für die Gestaltung des Völkerbund-Palais-Vorplatzes in Genf (mit Mitarbeitern); 2. Ankauf: Intern. Wettbewerb des Dombereichs des Kölner Doms (mit Prof. Röcke und Mitarbeitern); 1958: Ankauf einer Sonderlösung im Intern. Wettbewerb Stuttgart, Gestaltung des Geländes zwischen Altem Schloß und Cannstatt (mit Prof. Bauch und Mitarbeitern); Teilnahme am Intern. Wettbewerb für Karachi/Pakistan: Ehrengrab für den Gründer des Staates Pakistan; Teilnahme am Intern. Wettbewerb in Toronto/Canada, Rathausgestaltung. (Privatnachlass Rauda: Lebenslauf, undatiert, vermutlich Ende 1968).
191   Vgl. Pfister 1949, S. 228.
192   Beyme 1987, S. 175.
193   Ebd., S. 176.
194   Ebd., S. 178-180.
195   Ebd., S. 176f. Von Beyme relativiert die Aussage zu Freudenstadt an dieser Stelle, da es sich nicht wirklich um eine Rekonstruktion handelt. Wenn Freudenstadt allerdings sonst erwähnt wird, wird es als konservative Planung dargestellt. (Vgl. Ebd., S. 22, 49, 183)

„Neubau" von den radikal modernen Vertreter*innen durchgeführt wurde, während der „rekonstruktive Wiederaufbau" sowie die „traditionellen Anpassungsneubauten" mit Rekonstruktionsabsichten[196] von der Vertretung eines konservativen Traditionalismus bevorzugt wurden. Der „traditionelle Anpassungsneubau" wird allerdings bei von Beyme eher als eine wirtschaftliche Notwendigkeit dargestellt: die unzerstörte technische Infrastruktur hätte den Stadtgrundriss erhaltenswert gemacht, die Verwendung regionaler Baustoffe war in der wirtschaftlichen Notsituation für viele Städte naheliegend. Raudas Planungen für Rostock und Dresden sind eindeutig diesem Kompromiss zwischen Neubau und Wiederaufbau zuzuordnen. Interessant ist allerdings, dass er sich eben nicht auf die wirtschaftliche Notwendigkeit oder die Verwendung der typischen Baumaterialien beschränkte, sondern diesen Weg aus der stadtbauhistorischen Forschung heraus wählte. Damit wäre er aus stadtplanerischer Sicht dem konservativen Lager des Traditionalismus zuzuordnen, seine Vorstellungen von modernen Verkehrsplanungen, aufgelockerter und durchgrünter Bebauung sowie schlichter Fassadengestaltung lassen ihn allerdings genauso als Modernisten, wenn auch keinen radikalen, erscheinen. Dieser Umstand wird sich in Betrachtung seines städtebautheoretischen Werkes noch stärker manifestieren können. Doch auch bei den „Altstadtsanierungen" in Gronau und Springe, die Rauda in den 1960er Jahren plant, wird die eher moderne Haltung des Stuttgarter Schülers deutlich.

Planungen der 1960er Jahre –
Gronau, Springe und Angelmodde

Nachdem Rauda die DDR verlassen hatte, hatte die Suche nach neuen Bauaufträgen Priorität für ihn. 1958 nahm Rauda zwar schon an einem Wettbewerb für das „Neue Zentrum für Langenhagen"[197] teil, blieb aber erfolglos. Auch fünf Jahre später, bei einem Wettbewerb zur Gestaltung des Residenzplatzes in Würzburg, wurde der Beitrag Raudas nicht prämiert, sondern nur in die engste Wahl aufgenommen.[198] Die nationale Anerkennung oder mindestens die Wahrnehmung seiner Arbeiten in einem überregionalen Kontext blieb damit in den 1960er Jahren aus. Raudas städtebauliche Tätigkeiten beschränkten sich im Großen und Ganzen auf drei Projekte: die auch realisierte Sanierung der Altstadt von Gronau in Westfalen, Planungen für eine ähnliche Aufgabe für die Stadt Springe und eine Wohnsiedlung bei Münster namens „Angelmodde". Da es sich bei allen drei Projekten um eher kleinstädtische Planungen handelt, gab es kaum eine publizistische Berichterstattung.

    Die Wohnsiedlung bei Münster wurde in einer kleinen Bemerkung in der *Bauwelt* als „erste Großraumparksiedlung"[199] bezeichnet, wobei sich aus diesem Begriff kaum auf die wirkliche städtebauliche Gestaltung schließen lässt (vgl. Abb. 104). Die Siedlung sollte größtenteils aus ost-west-ausgerichteten Reihenhauszeilen bestehen. Die Grünanlage der im Osten gelegenen Sportstätte wird bis ins Zentrum der Siedlung gezogen. Die Straßenführung sieht eindeutig Erschließungsstraßen unter-

196   Vermutlich kann man von Beymes Darstellungen so interpretieren, dass Freudenstadt als eine solche Form bezeichnet werden kann.
197   O. A. 1959.
198   Thiele 1963.
199   O. A. 1961.

schiedlichster Ordnung vor, wobei Rauda bewusst auf Stichstraßen verzichtet, den Verlauf der Straßen an die Topografie anpasst und eher geschwungen vorsieht. Diese Maßnahme wird im Zusammenhang mit den gestaffelten Zeilenbauten von Niels Gutschow in einem Architekturführer zu Münster als Verpflichtung auf die „städtebaulichen Planungsprinzipien der Fünfziger Jahre" bezeichnet.[200] Nach mehreren Entwurfsfassungen wurde der Plan Raudas von 1965 und 1968 weitgehend realisiert.[201]

Sehr viel umfangreicher und vor allem für die Stadt selbst einschneidender waren die Planungen Raudas zur Altstadtsanierung der Kleinstadt Gronau in Westfalen. Gronau hat heute eine Bevölkerung von circa 45.000,[202] das Stadtzentrum präsentiert sich als Ladenzentrum mit typischen Bauten der 1960er Jahre (vgl. Abb. 107). Im äußersten Nordwesten Nordrhein-Westfalens und damit direkt an der Grenze zu den Niederlanden gelegen, teilt sich die Stadt in die Teile „Gronau" und „Epe".

Seit 1961 war Wolfgang Rauda beauftragt, die ursprünglich dicht bebaute Altstadt neu zu planen. Dabei sollte auf die Schwierigkeiten der Wiederaufbauplanungen der 1950er Jahre reagiert und deren Fehler vermieden werden: Die Wohnungsdichte war auf 130 Personen pro Hektar statt den bestehenden 80 festgelegt worden, die Verkehrsflächen waren zu reduzieren, die historische Bebauung zu berücksichtigen.[203] Zur Verbesserung der wirtschaftlichen Lage plante Rauda ein Geschäftszentrum mit Fußgängerzone. Der neue Marktplatz sollte zwar einen „intimen Charakter tragen und damit an mittelalterliche Vorbilder erinnern"[204], ist aber etwas höher gelegen als die umgebenden Straßen, um darunter Parkflächen zu schaffen. Der Verkehr wird klar in seinen einzelnen Rangordnungen differenziert: der Fußgängerverkehr getrennt vom öffentlichen Verkehr und dem Zielverkehr. Eine „Entlastungsstraße" sollte den Durchgangsverkehr aus der Innenstadt heraushalten, trennt allerdings das Stadtzentrum vom südlich davon gelegenen Stadtpark. Um eine Verbindung zwischen diesen beiden Quartieren zu schaffen, plante Rauda eine Teilbebauung des Stadtparks unter anderem durch das neue Rathaus und drei „Fahrstuhlhäuser" als Wohnhochhäuser (vgl. Abb. 106). Damit sollte der Park belebt und stärker nutzbar gemacht werden.[205] Zusätzlich zu den Wohnbauten in der Innenstadt entwickelte Rauda einen Plan für ein Wohnviertel östlich der Innenstadt als Ausweichviertel für die Bewohnerschaft der Altstadt (vgl. Abb. 105).[206] Im bestehenden Altstadtviertel sollen einige Gebäude abgerissen werden, um Platz für die Neuplanung zu schaffen. Darunter sind die Überreste eines Schlosses und einer evangelischen Kirche.

Der ausführungsreife Plan zur Altstadtsanierung wurde im Dezember 1963 vom Stadtrat beschlossen.[207] Von den örtlichen Zeitungen wurde der sogenannte „Rauda-Plan" vor allem wegen seiner modernen Herangehensweise gelobt: „Das geplante Geschäftszentrum soll nach modernsten Gesichtspunkten errichtet werden: Mehrgeschossige Häuser, ein etwa anderthalb Meter hoch gelegener Platz, Verkaufszeilen, etwa 300 Garagenplätze und insgesamt 550 neue Wohnungen werden das neue

---

200   Gutschow 1983, S. 117.
201   Ebd.
202   Siehe hierzu: LWL-Kulturabteilung o. J.
203   O. A. 07.12.1963.
204   Ebd.
205   O. A. 02.12.1965.
206   O. A. 07.12.1963b.
207   O. A. 07.12.1963a.

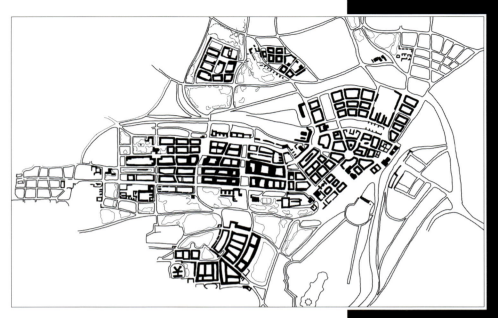

103

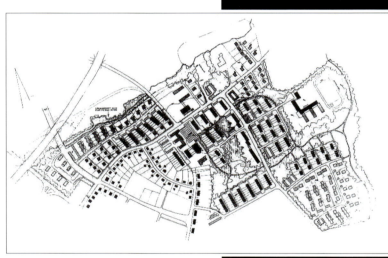

104

103 W. Rauda/G. Trauer: Beitrag zum Wettbewerb
    Wiederaufbau Kassel, 1949, Lageplan
104 W. Rauda: Wohnsiedlung Angelmodde, 1961, Lageplan

Zentrum zwischen Neu-, Park-, Wasserstraße und Paßweg kennzeichnen." In den folgenden Jahren entbrennen heftige Diskussionen insbesondere bezüglich der Bebauung des Stadtparks, der Lage des Rathauses außerhalb des Stadtzentrums und der kostenintensiven Aufständerung der „Entlastungsstraße" – eine Maßnahme Raudas, um die Blickbeziehung von der Innenstadt zum Rathaus zu gewährleisten.[208] Aufgrund der Landesauflagen zur Wohndichte in den Stadtzentren findet das Rathaus trotz dieser Diskussionen keinen anderen Standort, die „Entlastungsstraße" wird allerdings als normale Straße auf Bodenniveau ausgeführt. Auch die Wohnhochhäuser im Stadtpark werden nicht realisiert. Ansonsten präsentiert sich das Stadtzentrum Gronaus heute weitestgehend nach Raudas Planungen, wobei er selbst kaum Hochbauten ausführen konnte.

Die Planungen für die Stadt Gronau sind keinesfalls als wegweisend oder besonders zu bezeichnen, nicht zuletzt aufgrund der sehr regionalen Berichterstattung und der geringen Größe der Stadt. Trotzdem zeigte Rauda hier, dass er auf die Probleme der 1950er Jahre reagieren und beispielsweise eine Funktionsmischung von Wohnen und Geschäften innerhalb des Stadtzentrums fordere, um dieses entsprechend zu beleben. Die Parkplätze wurden als Tiefgarage unterhalb des Marktes versteckt, um keine unnötige Fläche freihalten zu müssen. Rauda bemühte sich auch, neueste städtebauliche Konzepte einzubringen: So erläuterte er seinen Plan als Ausarbeitung einer „Stadtregion"[209] und bezeichnete die Entlastungsstraße als „Übergang von der Stadtlandschaft zum Stadtkern".[210] Es ist denkbar, dass Rauda hier auf das von der Stadtverwaltung Hannover 1962 angeregte „Gesetz zur Ordnung der Großraums Hannover" anspielte, im Rahmen dessen wenige Jahre später auch der Plan der „Regionalstadt Hannover" vorgelegt wurde. Hiermit sollte durch Eingemeindungen ein effektiveres Zusammenarbeiten der Kommunen möglich werden.[211] Raudas Idee könnte es gewesen sein, ein solches Modell im Kleinen auf das nordrhein-westfälische Gronau zu übertragen, um der Stadt mehr Bedeutung innerhalb ihrer Region zu geben. Auch die Idee der Entlastungsstraße hat Rauda sicherlich an die verkehrsgerechte Stadt Hannover, wie sie Rudolf Hillebrecht geplant hatte, angelehnt. Zusätzlich entwickelte Rauda mit den „Fahrstuhlhäusern" bzw. den Punkthochhäusern im Stadtpark eine freirhythmische Bebauung, wie er sie einige Jahre zuvor in seinem Buch *Raumprobleme im europäischen Städtebau* beispielsweise in der Lavesallee in Hannover gelobt hatte. Im kleinen Maßstab kann hier also eine ansatzweise Umsetzung seines in den Schriften formulierten städtebaulichen Konzepts gesehen werden, das im folgenden Kapitel ausführlich besprochen wird. Auch die Einbindung von soziologischen Überlegungen stellt eine eindeutige Hinwendung zum modernen Städtebau dar. So schrieb Rauda, er habe die Planungen zur Altstadtsanierung nicht aus „dem Selbstzweck des Städtebaus, sondern immer in Verbindung mit der wirtschaftlichen und der soziologischen Entwicklung der Grenzgemeinde"[212] gesehen und daher insbesondere mit Soziologie und Verkehrsplanung zusammengearbeitet.

Die Planungen Raudas in Gronau können als erfolgreich bezeichnet werden: Die verantwortlichen Institutionen waren von Beginn an parteiübergreifend für die

208   O. A. 07./08.12.1963.
209   Wurzer 1970.
210   O. A. 1963.
211   Dorn 2018, S. 275.
212   O. A. 11.12.1963.

105

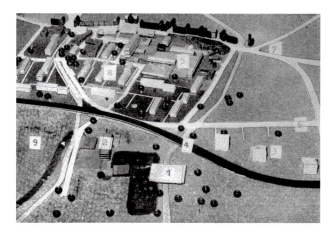

105   W. Rauda: Planung für das neue Stadtzentrum in Gronau,
        1961, Lageplan der neuen Wohnsiedlung
106   W. Rauda: Planung für das neue Stadtzentrum in Gronau,
        1961, Modell
107   Stadtzentrum von Gronau, Aufnahme 2017

Ausführung der Pläne, sie sind in den folgenden Jahren größtenteils verwirklicht worden und scheinen bis heute zu funktionieren. Vermutlich aufgrund der positiven Resonanz wurde Rauda 1965 beauftragt, auch für die Stadt Springe[213] und für Hameln[214] Pläne zu einer Altstadtsanierung anzufertigen. Während die Planungen für Hameln vermutlich von Rauda nicht ausgearbeitet wurden,[215] sind im Stadtarchiv der Kleinstadt Springe mehrere Entwicklungsstufen zur Ausarbeitung einer Altstadtsanierung zu finden.[216] Der grundsätzliche Plan von Rauda sah vor, die den historischen Stadtkern durchziehende Straße als Geschäftszentrum und Fußgängerzone zu erhalten und dabei die historische Straßenführung beizubehalten. Bedingung hierfür war, dass es keine weiteren größeren Versorgungseinrichtungen am Rand der Stadt geben solle. Als allerdings Ende der 1960er Jahre ein großes Einkaufszentrum an der Osttangente der Straße errichtet wurde, waren die Planungen Raudas hinfällig und blieben unrealisiert.[217]

In den städtebaulichen Planungen Raudas der 1960er Jahre wird sein Grundsatz der Beachtung historischer Gegebenheiten in den Städten immer wieder sichtbar. Parallel zu seinen Planungen für Springe schrieb er in der Lokalzeitung mehrere Artikel zur Stadtgeschichte Springes.[218] Darüber hinaus beachtete er die aktuellen politischen und gesellschaftlichen Entwicklungen: In Vorbereitung auf die Gebietsreformen zur Reduzierung der Gemeinden in Westdeutschland entwickelte er beispielsweise für Gronau ein Konzept zur Stärkung der Wirtschaft im Stadtzentrum und schuf gleichzeitig als Alternative für die Bewohnerschaft ein Wohnviertel etwas außerhalb im Grünen. In der architektonischen Ausprägung lässt sich, wie schon bei seinen Kirchbauten der 1960er Jahre, feststellen, dass er die traditionalistische Formensprache ablegte und sehr viel moderner gestaltete. Damit wird einmal mehr das Agieren Raudas „zwischen den Systemen" des Traditionalismus und Modernismus deutlich.

213   Petschel 2003.
214   B. 20.12.1965.
215   Die „Altstadtsanierung" in Hameln ist ab 1968 auf vehemente Bürgerproteste gestoßen und nie umfangreich verwirklicht worden. Leider konnten bisher kaum Informationen über die konkreten Planungen bzw. die beteiligten Planer gefunden werden. In der „Zwischenbilanz" zur „Altstadtsanierung" Hamelns, die 1983, 15 Jahre nach Beginn der Sanierungen, herausgegeben wird, wird Rauda nicht erwähnt. Vgl. Stadt Hameln/Neue Heimat Bremen 1983.
216   Informationen von Andreas Lilge, Stadtarchiv Springe, per Mail am 16.01.19.
217   Ebd.
218   Privatnachlass Rauda: Verzeichnis der Schriften (undatiert, verm. 1968).

5

Von der Raumbildung zum Raumproblem zur Raumkultur – Wolfgang Raudas Theorie einer Stadtbaukunst für die Nachkriegsmoderne

W. Rauda: Perspektivzeichnung der Wohnsiedlung
Letzigraben, Zürich, undatiert, publiziert 1956

Die biografische Betrachtung des Architekten und Städtebauers Wolfgang Rauda hat aufgezeigt, dass die Einordnung seiner Baugesinnung in der Nachkriegsmoderne sehr stark von den jeweiligen politischen Systemen beeinflusst ist. Dabei ist der Begriff „Gesinnung" für Wolfgang Rauda sehr entscheidend im Prozess des Entwerfens von Architektur. In einem Aufsatz über *Entwerfen und seiner Methodik*[1] wird dies deutlich: Ausgehend von der Definition Paul Schmitthenners, der die Arbeit des Architekten als „Ordnung schaffen" betrachtet, erläutert Rauda hier, dass das Entwerfen ein Ordnen aus den Sinnen heraus sei und damit aus der „*Be*sinnung und *Ge*sinnung"[2] entstehe, wodurch sowohl das räumliche als auch das körperliche Wesen eines Bauwerks erfasst werden können. In den weiteren Ausführungen analysiert Rauda anhand von Referenzen zu den im Sozialismus legitimierten Aufklärern Johann Wolfgang von Goethe und Albrecht Dürer sowie des Kunsthistorikers Wilhelm Pinder[3] seine sehr stark von der Stuttgarter Schule der späten 1920er Jahre beeinflussten Grundsätze der Entwurfslehre. Dabei wird indirekt deutlich, dass Rauda sich selbst keiner bestimmten Baugesinnung – weder im politischen noch im architekturhistorischen Sinne – zugehörig sah, vielmehr solle sein Ansatz als unabhängig von allen Stildiskussionen verstanden werden.

Dieser Ansatz ist bezogen auf die städtebaulichen Leitbilder der Nachkriegsmoderne entscheidend: Die theoretischen Betrachtungen zum Wiederaufbau der Städte nach dem Zweiten Weltkrieg waren geprägt durch die Diskussionen zwischen Argumenten zur Weiterentwicklung der radikal modernen, unter anderem von Corbusier und der *Charta von Athen* entwickelten Prinzipien eines gegliederten, aufgelockerten und durchgrünten Städtebaus und der Gefolgschaft einer konservativen sowie rekonstruktiven Anpassung an den Vorkriegsbestand.[4]

Mit der Erläuterung der theoretischen Herangehensweise Raudas soll im Folgenden dargelegt werden, dass es auch eine Gruppe von Städtebauern gab, die zwischen diesen beiden Extremen standen und dass diese nicht nur auf die wirtschaftlich sinnvolle Wiederverwendung der unzerstörten, nach dem Krieg im Boden verbliebenen und noch nutzbaren technischen Infrastruktur zurückzuführen ist, sondern eine theoretische Grundlage hat. Dennoch müssen Raudas Äußerungen immer als ein Spiegel ihrer Zeit gesehen werden: Im folgenden Kapitel, insbesondere bei der Erläuterung der grundsätzlichen Einflüsse, wird deutlich werden, dass das städtebauliche Konzept Raudas sehr stark von den Wechselwirkungen geprägt ist, die er in seiner Biografie durchlaufen hat. Sowohl seine Ausbildung an der Stuttgarter Schule als auch die Kritik an der nachkriegsmodernen Stadt ab Mitte der 1960er Jahre lassen

1   Rauda 1954/55.
2   Ebd., hier S. 7, (Hervorhebung im Original).
3   Die Schriften des Kunsthistorikers Wilhelm Pinder sind erst durch Forschungen in den 1950er Jahren als Verbreitung nationalsozialistischen Gedankenguts offenbart worden. Dazu gehört unter anderem sein Vortrag anlässlich des „Tages für Denkmalpflege und Heimatschutz" in Kassel im Oktober 1933. Mit Bezug auf das „ganzheitliche Wollen" der nationalsozialistischen Bewegung hatte er nicht nur einen Stil der neuen Zeit in Aussicht gestellt, sondern auch gleich in „Fragen der Rettung der deutschen Altstadt" gefordert, den Städten ihren „Volkstumsausdruck" zurückzugeben, nach dem Motto „E i n s c h ä u m e n, Rasieren". Pinder wörtlich: „ Höhenunterschiede ausgleichen, Umrisse vereinfachen, Farben angleichen, Werkstoffe angleichen, ganz Schlechtes vernichten, Ganzheiten wiederherstellen!" (Gutschow 2001, S. 150, 154)
4   Siehe hierzu Kapitel 2.

sich anhand seiner Publikationen ablesen. Raudas Publikationstätigkeit zu städtebaulichen Themen, insbesondere in Bauzeitschriften, war enorm. Allerdings muss
diese – ebenso wie die Biografie Raudas – in verschiedene Phasen unterteilt werden:
Bis zum Ende des Zweiten Weltkriegs konzentrieren sich seine Aufsätze auf stadtbauhistorische Betrachtungen mit Dresden als beinahe einzigem Fokus. Zwischen
1945 und 1958 benennt Rauda selbst die Thematik seiner Publikationen als „Wieder-
aufbau- und Maßstabsfragen"[5]. Diese Umformulierung in der Beschreibung seines
Forschungsschwerpunkts, markiert eine deutliche Abkehr von einem rein historischen Ansatz hin zu einer städtebaulichen und -gestalterischen Methode.

Nachdem Rauda nach Hannover umgezogen war, lässt seine Publikationstätigkeit vorerst nach. Trotz allem arbeitet Rauda noch zwei relevante Monografien und
einige Reiseberichte bzw. Stadtbeschreibungen aus. Für die Erläuterung seiner städtebaulichen Theorie sind allerdings seine drei (beziehungsweise vier) unabhängig von
diesen Phasen entstandenen Hauptwerke von besonderer Relevanz: *Raumprobleme
im europäischen Städtebau* (1956), *Lebendige städtebauliche Raumbildung* (1957) und *Die
historische Stadt im Spiegel städtebaulicher Raumkulturen* (1969). Letzteres sollte laut
Vorwort nur eine Kurzfassung einer späteren Publikation sein, die allerdings aufgrund seiner Krankheit nicht mehr veröffentlicht wurde: *Festliches Venedig – Stadtbaukunst im Wandel von Raum und Zeit* sollte 1971 im Patzer-Verlag erscheinen.[6] In
diesen vier Monografien arbeitet Rauda die entscheidenden Thesen aus, die seine auf
die Gestaltung von für die Bürgerschaft und ihrer Stadt identitätsstiftenden „Raumbildungen" abzielende Theorie eines Städtebaus zwischen Tradition und Moderne prägen. In diesem Kapitel sollen diese vier Bücher daher nach einer allgemeinen
Betrachtung der stadtbauhistorischen Grundlagen inhaltlich zusammengefasst und
theoretisch eingeordnet werden. Dabei wird argumentiert, dass diese vier Werke aufeinander aufbauen und somit von den jeweils gleichen früheren Schlüsselfiguren des
Städtebaus beeinflusst sind. Diese werden im Zusammenhang mit den von Rauda
verwendeten Schlüsselbegriffe erläutert: Raum, Rhythmus, Ordnungsprinzip sowie
Raumkultur. Raudas Schriften gelten als ein bisher in der Forschung kaum betrach-
teter Ausgangspunkt für die Theorie eines auf der Erhaltung der visuell wahrnehm-
baren Qualitäten historischer Stadträume basierenden, nachkriegsmodernen Städtebaus; andere ebenso entscheidende Ideen für die Theorie eines Städtebaus zwischen
Tradition und Moderne werden in Kapitel 6 dargestellt.

Allgemeine stadtbauhistorische und städtebauliche Betrachtungen Raudas

Wolfgang Rauda hat insbesondere in den 1950er Jahren eine sehr lange wissenschaftliche Publikationsliste aufzuweisen. Die seiner 1958 geschriebenen Bewerbung für
den Lehrauftrag in Hannover beigelegte Auflistung seiner wissenschaftlichen Beiträge umfasst mehr als 15 Seiten und beinahe 180 Einträge.[7] Bei den vielfältigen Schrif-

5   Privatnachlass Rauda: Lebenslauf, undatiert, vermutlich Ende 1968.
6   Dieses bisher unbekannte Werk liegt mir in einem beinahe druckfertigen Manuskript vor,
     das mir der Erbe seines Nachlasses, sein Sohn Dr. Frank Rauda, dankenswerter Weise zur
     Verfügung gestellt hat. Es wird im Folgenden als „Rauda 1971" zitiert.
7   Privatnachlass Rauda: Nachweis der Wissenschaftlichen Veröffentlichungen,

ten Raudas müssen verschiedene Kategorien unterschieden werden: Seine Reiseberichte, seine stadtbauhistorischen Betrachtungen und städtebaulichen Analysen
sowie die für die folgenden Betrachtungen irrelevanten Wettbewerbsgutachten und
Erläuterungen von eigenen Hochbauplanungen. Zwischen den letzten beiden Kategorien gibt es Übergangsformen, da Rauda ab Anfang der 1950er Jahre die historische Erläuterung der Stadtentwicklung mit Kommentaren zu aktuellen Planungen
bzw. eigenen städtebaulichen Ideen ergänzt. Gerade in der Anfangsphase seines
beruflichen Werdegangs konzentriert er sich in den städtebauhistorischen Artikeln
sehr stark auf seine Heimatstadt Dresden. Vor 1933, das heißt vor Abschluss seiner
Doktorarbeit, stellen diese Artikel Ausstellungsbesprechungen oder Forschungsbe-
richte dar.[8] Sein erstes bedeutenderes monografisches Werk, die Publikation seiner
Dissertation, ist eine rein stadthistorische Abhandlung.

In der im Rahmen des Städtebauseminars bei Muesmann begonnenen Forschungsarbeit *Dresden – eine mittelalterliche Kolonialgründung* behandelt Rauda die
Entwicklung des Dresdner Stadtzentrums, indem er einen mittelalterlichen Stadtplan anhand eines noch vorhandenen Holzmodells rekonstruiert (vgl. Abb. 109) und
sich darauffolgend auf die Gestaltung des Schloßgeländes im 18. und 20. Jahrhundert
konzentriert. Durch die Analyse verschiedener alter Stadtdarstellungen und Stadt-
chroniken beschreibt er die Gestaltung der Stadt in ihrer Entwicklung vom 15. bis
ins 20. Jahrhundert. Ausgehend von historischen Stadtansichten und einem Holz-
modell der Stadt Dresden aus dem frühen 17. Jahrhundert beginnt er seine Analyse
der Entwicklung des Zentrums südlich der Elbe mit deren Erweiterung zur heutigen
Neustadt nördlich des Elbbogens. Dabei interpretiert er anhand von topografischen
Gegebenheiten und wirtschaftlichen Handelswegen die Lage der ersten Elbüber-
querung sowie die Form und Führung der Straßen und Plätze. In den folgenden
Kapiteln fokussiert er sich auf den Ausbau der Herrschaftseinrichtungen „Burg und
Schloß" sowie deren städtebaulicher Umgebung bis in die Neuzeit. Im fünften Kapitel zeigt er darüber hinaus die Gestaltung des Zwingergeländes auf. Im letzten Kapitel widmet er sich dem Wettbewerb um die Gestaltung des Theaterplatzes zu Beginn
des 20. Jahrhunderts. Dieses Kapitel ist aus gegebenem Anlass der Umbenennung 1933
überschrieben als „Die Gestaltung des Adolf-Hitler-Platzes (Theaterplatz) im 20. Jahrhundert"[9].

Raudas Analysen basieren auf einer intensiven Erforschung der Archivalien
des Stadtarchivs und einer Interpretation der Gestaltung relevanter Stadträume,
wie dem Schloßgelände und dem Zwinger. Für das methodische Vorgehen kann der
Abschluss des Kapitels zum mittelalterlichen Stadtbild herangezogen werden: „Für
Dresdens Ortsgeschichte und die Kenntnis mittelalterlicher Kultur unserer Heimat
wäre es wertvoll, wenn das auf Grund städtebaulicher und grundrißlicher Überlegungen gewonnene Bild durch eine tiefschürfende Neubearbeitung des gesamten Quel-
lenmaterials bereichert werden könnte."[10] Seine Arbeit sollte demnach die Grundlage

einschließlich wichtiger Besprechungen von Wettbewerbsarbeiten und Büchern,
undatiert. Diese Liste beinhaltet allerdings auch Besprechungen über Projekte Raudas
in Lokalzeitungen sowie Dopplungen von Mehrfachabdrucken bestimmter Aufsätze
(bzw. auszugsweise Manuskriptdrucke).

8   Siehe hierzu das Kapitel „Herkunft, Studium und erste Aufträge".
9   Rauda 1933, S. 113.
10   Ebd., S. 35.

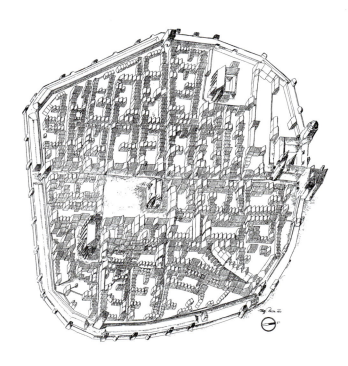

W. Rauda: Skizze eines Modells des mittelalterlichen
Stadtgrundrisses von Dresden, angefertigt 1930

für das „Zusammenwirken von Architekt und Historiker"[11] darstellen, die in gemeinsamer Arbeit die Stadtgeschichte Dresdens aufarbeiten könnten. Es ist bezeichnend für Raudas interdisziplinären Ansatz, dass er sich als Historiker sieht, der mithilfe einer stadtbaukünstlerischen Analyse die Stadtgeschichtsschreibung vervollständigen könne. Er erweitert die Fähigkeiten des Bauforschers, der historische Solitärbauten untersucht und einordnet, und überträgt diese auf eine ganze Stadtgestaltung: Stadtbaukunst als Gegenstand der Geschichtsschreibung.

In Ausdruck und Schriftsprache zeigt sich durch Bezüge auf historische Quellen als auch auf zeitgenössische Analysen der Bauforschung, bspw. von Cornelius Gurlitt und Otto Richter, die intensive Auseinandersetzung mit dem Thema und seine humanistische Ausbildung, insbesondere in der Verwendung der lateinischen Schriften. Gleichzeitig erweitert er die wissenschaftlichen Analysen durch eine reich bebilderte Wortwahl, in der Rauda die Leserschaft als Flanierende durch die Stadt Dresden direkt anspricht. Rauda verwendet dabei eine narrative Ausdrucksweise, die auch ein Merkmal seiner Zeitschriftenartikel der frühen 1930er Jahre ist. Indem er sich in das Lesepublikum hineinversetzt und dieses durch seine Art der Beschreibung durch die Straßen führt, zeigt er ihm klar seine eigene visuelle Wahrnehmung Dresdens.

Abgesehen von der stadthistorischen Analyse und den Erläuterungen der verschiedenen Entwürfe Pöppelmanns, Longuelunes und Sempers für Schloss und Zwinger in Dresden, gibt es in dieser Doktorarbeit erste Ansätze der städtebaulichen Haltung Raudas. Insbesondere bei der Erläuterung einer der ersten Stadterweiterungen der ersten Siedlung im Westen der Stadt legt er sich fest: „Reale Zweckbedürfnisse (Anfahrtsstraße und Durchgangsstraße) gepaart mit dem natürlichen Unverdorbenen im Menschen liegenden Gefühl für verhältnismäßige Abstufung, Steigerung usw. laufen gleich mit den bewußt angewandten künstlerischen Gesetzen unserer Zeit. Dieser Parallelismus erklärt unsere Einstellung zu mittelalterlicher Städtebaukunst."[12] Damit erklärt Rauda die drei für ihn entscheidenden Komponenten des Städtebaus: Bedürfnisse der Stadtbewohnerschaft, maßstäbliche Abwechslung der Bebauung und die Beachtung der zeitgemäßen Regeln der Kunst. Gleichzeitig wendet Rauda seine Erkenntnisse aus der Städtebauvorlesung Heinz Wetzels an: Sein Begriff der Stadtbaukunst ist geprägt durch die Begriffe „Schwelle" bzw. „Einschlag" im Straßenzug, ein wichtiges Element der „optischen Leitung" innerhalb einer Raumfolge.[13] Da die Publikation von Raudas Dissertation ohne Verlag erfolgte, nur mithilfe einer Druckerei, ist sie kaum überregional beachtet worden. Umso interessanter sind daher seine in überregionalen Bauzeitschriften erschienenen Aufsätze. In der Aufarbeitung seines beruflichen Werdegangs wurden schon einige dieser Schriften genannt, im Folgenden sollen einige nochmals detaillierter auf Raudas städtebauliche Haltung hin untersucht werden. Maßgeblich zur Entwicklung von Raudas städtebaulichem Konzept in der Zeit des Nationalsozialismus trägt der in der Beilage *Bauen im Wartheland* erschienene Artikel *Zur Methode städtebaulichen Planens* bei, in dem er am Beispiel der Kleinstadt „Kempen" seine Planungsideen vorstellt.[14]

11   Ebd.
12   Ebd., S. 26.
13   „Nebst der optischen Zuordnung und der optischen Leitung sind ‚Einschlag' und ‚Schwelle' die allerwichtigsten Mittel, um Raumabschnitte und Raumgrenzen in die Erscheinung zu setzen". (Wetzel 1978, S. 23)
14   Siehe hierzu das Kapitel „‚Regierungsbaumeister im Reichsdienst' (1938-1945)".

Hierbei wird die von Rauda geplante Siedlung in „Kempen" nur exemplarisch als Teil eines Gesamtkonzepts betrachtet. Rauda stellt hierin eigentlich eine Hierarchisierung der polnischen Dörfer im Sinne des von Ebenezer Howard Ende des 19. Jahrhunderts postulierten Gartenstadtprinzips vor: „Das Land in den Ostgebieten soll eine gesunde bäuerliche Struktur erhalten, in der sich die einzelnen Dorfverbände, die Nebendörfer, um einen zentralen Ort anordnen. In diesen Hauptdörfern liegen die Gemeinschafts- und Versorgungseinrichtungen für den Dorfverband."[15] „Kempen" gilt hierbei als Kreisstadt mit einer Einwohnerschaft von 15.000 bis 20.000, dieser unterstellt sind neun Hauptdörfer, denen wiederum die restlichen Dorfverbände und kleineren Siedlungsansammlungen untergeordnet werden. Der Bezirk „Kempen" hat damit eine Gesamtgröße von 85.000 Einwohner*innen. Die zentrale Kleinstadt solle nicht mehr als 20 km von den kleinsten Dörfern entfernt sein, damit man die Wege noch mit dem Fahrrad oder dem Fuhrwerk bewältigen kann. Diese Systematisierung konkretisiert Rauda in einem anderen Aufsatz, den er zeitgleich in der mehrsprachigen Zeitschrift „Wohnungswesen, Städtebau und Raumordnung" publiziert. Hier stellt er „4 Ortsgruppen von je etwa 4.000 Einwohnern" vor, die „als Siedlungseinheiten ihren baulichen Höhepunkt in den Gemeinschaftshäusern der NSDAP"[16] finden würden.

Mit diesen Ausführungen orientiert sich Rauda eindeutig an der von Wilhelm Wortmann und den in dessen *Gedanken der Stadtlandschaft* geäußerten Forderungen für die Neugestaltung von Städten: die „Auflockerung der vorhandenen Bebauungsdichte", die „Durchsetzung der Baugebiete mit Grünzügen und die Gliederung der städtischen Siedlungsmasse in überschaubare Einheiten", die als „Siedlungszellen" zur Sicherung politischer Kontrolle durch die Partei den Ortsgruppen der NSDAP entsprechen sollten.[17] Wortmann führt hierzu weiter aus: „Die Stadtlandschaft will einen neuen zellenförmigen Aufbau der Stadt in bewußter Anlehnung an die politische Gliederung unseres Volkes, im Gedanken der Volksgemeinschaft und in lebendiger Beziehung zur Landschaft. In der Siedlungszelle steht der einzelne Mensch wieder in einem für ihn erfühlbaren Zusammenhang mit dem Ganzen."[18]

Sehr viel deutlicher noch wird die Nähe Raudas zu Hans Bernhard Reichow, der aufbauend auf Wortmanns Artikel in der Zeitschrift *Raumforschung und Raumordnung* noch *Grundsätzliches zum Städtebau im Altreich und im neuen deutschen Osten* ausführt: Sein Schema einer Großstadt mit „zellenartiger" Gliederung bestehe aus acht Ortsgruppen und 170.000 Einwohner*innen[19] – und damit ebenfalls aus circa 20.000 Einwohner*innen je „Kleinstadt". Während Wortmann und Reichow die „Stadtlandschaft" als Leitbild zur Neuordnung einer Großstadt benutzen, transferiert Rauda diese Gedanken auf dörfliche Strukturen. In seinem entsprechenden Artikel verfasst er einen kurzen Abschnitt zur „Stadt in der Landschaft". Dort betont er die im Westen der Stadt „Kempen" gelegene Landschaft, die als „Auenlandschaft" gestaltet werden solle, da nur „durch die Landschaft Heimatgefühl, Seele und Leben" entstehen könne.[20]

15   Rauda 1943a, S. 29.
16   Rauda 1943.
17   Wortmann 1941, S. 15.
18   Ebd.
19   Reichow 1941.
20   Rauda 1943a, S. 27.

Im Großen und Ganzen ist eine eindeutige Übernahme der zeitgemäßen städtebaulichen Leitbilder und Schlüsselfiguren, die den Städtebau im Rahmen des sogenannten „Generalplan Ost" prägten, in Raudas *Methoden städtebaulichen Planens im Osten* nachzuvollziehen. Dabei verknüpft er die politisch motivierte „Eindeutschung der polnischen Kultur"[21] mit seinem schon in der Dissertation entwickelten stadthistorischen Ansatz. So betont er gleich zu Beginn, dass die Aufbauarbeiten dem Osten „ein endgültiges und deutsches Kulturgesicht"[22] geben sollen und interpretiert diesen Wunsch mit seinem folgenden Entwurfsgrundsatz: „In der städtebaulichen Gestaltung findet zu allen Zeiten das Leben eines Volkes seinen Ausdruck, seine gebaute Lebensidee. Die soziale Ordnung, das Wohl der Gesamtheit, muß der leitende Gedanke einer jeden städtebaulichen Planung im Ostraume sein."[23]

Damit fordert er eine Kombination des jeweiligen „Ausdruck des Volkes" in der Stadtgestaltung mit den formalen sowie technischen Entwicklungen der Neuzeit, wodurch ein ganzheitliches, neues Bild entstehen könne. Der jeweilige Ausdruck sei dabei in der Stadtgeschichte zu suchen, wobei man nicht „in den Fehler einer Nachahmung verfallen" dürfe.[24] Entsprechend hebt Rauda in einer ausführlichen Herleitung der Stadtgeschichte „Kempens" insbesondere die Merkmale des Stadtzentrums gerade als deutsche Kolonialstadt des 13. Jahrhunderts hervor. In den folgenden Ausführungen verwendet Rauda die nationalsozialistisch geprägte „pseudowissenschaftliche"[25] Terminologie und spricht von „Organismen", „Lebensadern" und anderen organischen Begriffen, wie es auch Hans Bernhard Reichow, Wilhelm Wortmann und Wilhelm Hallbauer in ihren Ausführungen getan haben. Rauda überträgt nicht nur seine städtebauliche Ausbildung auf die Praxis, sondern übernimmt auch den nationalsozialistisch geprägten Duktus. Damit passt er sich deutlich dem politischen System an.

Nach dem Zweiten Weltkrieg konzentriert sich Rauda in seinen Publikationen erneut auf die stadtbauhistorischen Ansätze. In den Heften der Jahrgänge 1948 und 1949 präsentiert die Zeitschrift *Der Bauhelfer* eine kleine Beilage mit dem Titel *Unzerstörte Kostbarkeiten*. Eingeleitet wird der erste der insgesamt fünf publizierten Artikel mit der Begründung, dass es gerade die mittelgroßen und kleinen Städte seien, die nicht von weitreichenden Zerstörungen betroffen seien: „Das Wissen um ihr Nochvorhandensein wird das lähmende Gefühl der grenzenlosen Verarmung von uns nehmen und uns das trostreiche Bewußtsein geben, daß es sich lohnt, auf dem erhalten Gebliebenen neu aufzubauen."[26] Die Zeitschrift *Der Bauhelfer* nimmt damit in den Diskussionen zum Wiederaufbau deutscher Innenstädte eindeutig eine konservative Haltung mit Rekonstruktionsabsichten ein. Wie die Zusammenarbeit mit Rauda zustande gekommen ist, lässt sich anhand des Archivmaterials nicht nachvollziehen. In den zwei Jahrgängen der Zeitschrift erscheinen Berichte zu den folgenden

21   Siehe hierzu das Kapitel „,Regierungsbaumeister im Reichsdienst' (1938-1945)".
22   Rauda 1943a, S. 29.
23   Ebd., S. 27. Beinahe grotesk wirkt es, dass Rauda die wortgleiche Einführung dieses
      Aufsatzes nochmals in einem anderen Artikel verwendet: dort geht es allerdings um eine
      Tierkörperbeseitigungsanlage, die Rauda als technischen Bau beschreibt.
      (Vgl. Rauda 1943b)
24   Rauda 1943a, S. 36.
25   Vgl. hierzu: Müller 1994.
26   Bemerkung der Redaktion, in: *Der Bauhelfer* (1948), H. 10, S. 266.

Städten: Freiberg in Sachsen[27], Goslar am Harz[28], Meißen[29], Rostock[30] und Weimar[31]. Bis auf Goslar werden alle Artikel von Rauda verfasst und mit seinen Zeichnungen ergänzt. Dass Goslar hier die Ausnahme bildet, liegt nicht zuletzt an der Lage der niedersächsischen Stadt in der britischen Besatzungszone. Stellvertretend für die stadtbauhistorischen Publikationen Raudas in Dresdner Lokalzeitschriften stehen diese vier Artikel als Übergang zwischen seiner Dissertation und seiner städtebaulichen Haltung und verdienen daher eine etwas ausführlichere Betrachtung.

Freiberg in Sachsen, zwischen Dresden und Chemnitz gelegen, wird von Rauda als Bergfahrerstadt beschrieben, deren Stadtmauer aus schwarzem Greis besteht. Die Stadtgeschichte Freibergs würde „einer festgefügten inneren Ordnung dieses mittelalterlichen Gemeinwesens in Gesetzgebung und Verfassung"[32] entsprechen und als solche einer entsprechenden städtebaulichen Ordnung unterliegen. Die wirtschaftliche Blütezeit durch die Zinn- und Silbervorkommen hatte Stadtbränden und Kriegen getrotzt, was unter anderem an den Stadthäusern des 15. Jahrhunderts und dem Freiberger Dom nach Vorbild des Naumburger Doms deutlich wird. In diesen Einzelbauten sei die „Liebe zu handwerklich gestalteten Kleinformen" erkennbar[33], deren maßstäblicher Gegensatz die massigen Baukörper der Wohnbauten mit typisch sächsischen Steildächern bildeten. Der Marktplatz wird durch Torsituationen zum städtebaulichen Höhepunkt. Eine Besonderheit der Stadt ist auch ihre Stadtsilhouette, an der „die Gestaltungsgrundsätze künstlerischen Schaffens, eines lebendigen Gestaltens und organischen Bauens"[34] abzulesen seien.

Im zweiten Teil der Reihe zu Meißen erläutert Rauda gleich zu Beginn, dass die Stadtbaugeschichte hier nicht so einfach an der städtebaulichen Gestaltung abzulesen sei, da sie zu komplex gewesen wäre. Daher konzentriert er sich auf die Stadträume der Gotik, die von Arnold Westfähig (bzw. von Westfalen) geprägt worden waren, nachdem Meißen als Teil der via regia im 10. und 11. Jahrhundert zur Handelsstadt ausgebaut worden war.[35] Eine weitere visuell wahrnehmbare städtebauliche Veränderung erfolgte im 18. Jahrhundert mit der Firstschwenkung vom Giebel- zum Traufenhaus. Rauda zieht das Fazit der wechselvollen Geschichte und bezeichnet Meißen als „heimatliche Schönheit" und bestes Beispiel der „Kleinstadtbaukunst".[36]

Beim Bericht zur „Seestadt Rostock" wird besonders deutlich, dass sich Rauda zur gleichen Zeit auch planerisch mit der Stadtgeschichte beschäftigt hat. Er charakterisiert die Stadt aufgrund ihrer Beteiligung im Hansebund als eine Stadt mit „einstigem Glanz" und „vielfältigem baulichen Reichtum"[37]; da sie mit internationalen Städten verbunden war, würde man die „weltmännische und weltweite Wohlhabenheit" auch in den Bauten erkennen, sodass sich das Stadtbild aus den Gegensätzen von Klarheit und fremdartigen Eindrücken präsentieren würde. Zur Stadterweiterung in

---

27   Rauda 1948.
28   Breite 1948.
29   Rauda 1948a.
30   Rauda 1949.
31   Rauda 1949a.
32   Rauda 1948, S. 268.
33   Ebd., S. 270.
34   Ebd.
35   Rauda 1948a, S. 608.
36   Ebd., S. 610.
37   Rauda 1949, S. 41.

der Rostocker Heide führt er aus: „Mit ihrer Einverleibung wurde bereits damals mit praktischem Sinn der Stadtväter ein Gedanke verwirklicht, der im neuzeitlichen Städtebau unter den Begriff ‚Stadtlandschaft' fällt."[38] Auch den für den Norden Deutschlands heute noch als typisch wahrgenommenen Baustoff Backstein findet Rauda eine Erläuterung: Dieser sei gerade in Rostock als optimaler Wölbewerkstoff genutzt worden, um den „Drang nach oben" in Form von „den die Stadt riesenhaft überragenden, maßstäblich übersteigerten Kirchenbauten" in der Stadtsilhouette wiederzugeben. Lediglich in dieser Ausführung zeigt Rauda indirekte Kritik an der verantwortlichen Politik und gleichzeitig Lob an seinen eigenen Wiederaufbauplanungen der Innenstadt. Denn er betont, dass die schützenswerten Bauten den „Grundton" für die Planung angeben würden und der „verantwortungsvolle Bauherr und Stadtbaumeister" diesen getroffen hätte.[39] Der Bericht zu Weimar fällt ein wenig aus dem Rahmen, da sich Rauda hier sehr an den Wirkungsstätten Goethes orientiert und weniger auf die Stadtgeschichte eingeht. Er stellt fest, dass es im räumlichen Gefüge der Altstadt keine wirkliche innere Ordnung gibt, da wenige Türme als Dominanten wirken können. Dies sei nicht zuletzt auf die Kriegszerstörung zurückzuführen, weswegen viele Plätze nicht mehr in ihrer originären Raumausbildung zu erkennen wären. Im Vergleich zu den Betrachtungen Raudas, der nicht nur die städtebauliche Atmosphäre erläutert, sondern auch bemüht ist, gesellschaftliche Entwicklungen im Stadtbild zu verdeutlichen, ist der Artikel zu Goslar von Gustav Breite beschreibend. Breite orientiert sich hauptsächlich an Einzelbauten. Die Reihe wird nach der Betrachtung von Weimar nicht weitergeführt: Die Gründe hierfür liegen vermutlich in der veränderten politischen Situation im nun offiziell geteilten Deutschland. Trotzdem stellen diese deutschlandweit präsentierten Artikel eine Besonderheit im publizistischen Schaffen Raudas dar: Hier kann er erstmals einem größeren Publikum seine These eines Zusammenhangs zwischen der städtebaulichen Gestaltung und der historischen Entwicklung einer Stadt präsentieren. Dabei zeigen seine Erläuterungen einerseits seine Kompetenzen in der Recherche stadthistorischer Fakten und andererseits seine Wahrnehmung als Städtebauer und Architekt, aber auch als Flaneur, der sich „schauend" durch die Stadt bewegt. Diese visuellen Eindrücke werden durch die Illustration mithilfe seiner Federzeichnungen zusätzlich für das Lesepublikum verdeutlicht. Seine stadthistorischen Schriften und die ersten städtebaulichen Überlegungen bis 1950 zeichnen sich durch ein Bewusstsein der aktuellen Diskurse der Architektur, die Kenntnis geschichtlicher Zusammenhänge und durch die häufige Zitation bzw. Bezugnahme auf Denker der Aufklärung wie Goethe und Hölderlin aus und vermitteln so einen intellektuellen Anspruch. In Kombination mit den Zeichnungen zeigt er sich als denkender Architekt und Künstler, dessen nächstes Ziel die Ausarbeitung einer stadtplanerischen Theorie ist. So gibt er in seinem Lebenslauf zur Berufung an die TH Dresden an, er würde seit 1946 an „einer Habilitationsschrift über ein städtebaulich-gestalterisches Thema" arbeiten.[40] Es ist durchaus naheliegend, dass die in der Reihe *Unzerstörte Kostbarkeiten* präsentierten Erkenntnisse einen ersten Einblick in diese Forschungen geben. Sicherlich stellen sie aber die Grundlage für die 1952 begonnene Publikation *Lebendige städtebauliche Raumbildung* dar.

38   Ebd., S. 44.
39   Ebd., S. 45.
40   UA TU Dresden, Sign. B6.02 – 465 (Personalunterlagen Rauda): Ausbildungshergang (undatiert, verm. Anhang zu Bewerbung), S. 1.

WOLFGANG RAUDA

LEBENDIGE STÄDTEBAULICHE
RAUMBILDUNG

110   Titelbild von W. Raudas Publikation
Lebendige städtebauliche Raumbildung. Das Buch
erschien 1957 druckgleich sowohl in einem west- als auch
in einem ostdeutschen Verlag.

Die Monografien Raudas
und ihre städtebautheoretische Einordnung

Lebendige städtebauliche Raumbildung, 1957

Das Buch *Lebendige städtebauliche Raumbildung. Asymmetrie und Rhythmus in der deutschen Stadt* wurde 1957 sowohl im Ost-Berliner Henschel-Verlag als auch im Stuttgarter Julius Hofmann-Verlag publiziert (vgl. Abb. 110). Es umfasst 412 Seiten und beinhaltet die exemplarische Betrachtung der Stadtentwicklung sowie wichtiger Stadträume von 19 mitteldeutschen Städten. Aufgrund der Besonderheit der Veröffentlichung des wort- und bildgleichen Buches in beiden deutschen Staaten ist es für die Einordnung in die städtebaulichen Diskurse relevant, die Hintergründe der Publikationsvorgänge näher zu beleuchten.

Die Monografie entstand in Zusammenarbeit mit Kurt Junghanns.[41] Schon im Januar 1952 nimmt der neuberufene Leiter des Instituts für Städtebaugeschichte an der Deutschen Bauakademie Kontakt mit Rauda auf, und schlägt eine gemeinsame Forschungsarbeit vor: Inhalt soll die „Sammlung und Veröffentlichung der besten deutschen Strassen- und Platzlösungen und eine Sammlung von Beispielen alter organischer Stadtgrundrisse, an denen man das Wesen der künstlerischen Komposition einer Stadt demonstrieren kann", sein.[42] Raudas bisherige Publikationen hätten ihn zu dem Experten gemacht, mit dem Junghanns arbeiten möchte, „ohne dass die heikle Wohnungsfrage angeschnitten wird."[43] Junghanns und Rauda sind hierbei passende Forschungspartner. Schon in dem ersten Antwortschreiben wird von Rauda eine sehr analytische Herangehensweise in Form einer empirischen Erhebung vorgeschlagen.[44] Im Frühjahr 1952 wird festgelegt, wie diese gemeinsame Publikation aussehen solle. Es soll eine „Sammlung von Beispielen vorwiegend aus Städten der DDR"[45] zusammengestellt werden, „an denen die verschiedenen städtbaukünstlerischen [sic!] Elemente der Strassen- und Platzgestaltung anschaulich gemacht werden". Diese sollen jeweils mit Situationsplan, Fotos, kurzem Analysetext, Stadtsilhouette und Übersichtsplan dargestellt werden. „Auf eine zusammenhängende Darstellung der Regeln der Stadtbaukunst soll verzichtet werden, da eine solche Arbeit zunächst nur Stückwerk bleiben müsste"[46]. Junghanns definiert seine Rolle als Bera-

---

41 Die biografischen Angaben zu Kurt Junghanns sind in Kapitel „Flucht aus der DDR" besprochen worden. Sigrid Brandt hat in ihrer Habilitationsschrift „Stadtbaukunst. Methoden ihrer Geschichtsschreibung" auf die Gegensätzlichkeiten zwischen Rauda und Junghanns und damit insbesondere auf deren „völlig anders gearteten Biographie[n]" hingewiesen. Diese These macht sie lediglich an den unterschiedlichen Werdegängen während des Nationalsozialismus fest. Brandts Argumentation läuft darauf hinaus, dass Rauda „falsch" und Junghanns „richtig" gehandelt hätte. Diese These konnte ebenfalls im oben genannten Kapitel widerlegt werden.

42 BA, Sign. DH 2-21200: Brief von Junghanns an Rauda vom 15.01.1952.

43 Ebd. Dieser Kommentar von Junghanns wird nicht weiter erklärt, ist aber beinahe ironisch zu sehen, da Rauda nur wenige Monate später als Professor für Wohnungsbau und Entwerfen berufen wird.

44 BA, Sign. DH 2-21200: Brief von Rauda an Junghanns vom 19.01.1952. Rauda gibt sehr konkrete Angaben, welche Unterlagen zusammengetragen werden müssen.

45 BA, Sign. DH 2-21200: Gespräch am 22.03.1952 (festgehalten in Aktennotiz): Vereinbarung der Inhalte des Projekts, Zusammenarbeit mit Fotograf „No[w]ack".

46 Ebd.

ter und Helfer zur Auswahl, Zusammenstellung und Analyse der Beispiele.[47] Diese Definition der Mitarbeit wird sich bis zur endgültigen Publikation häufig verändern: erst besteht Rauda auf dem alleinigen Autorenrecht,[48] dann soll Junghanns als Mitautor geführt werden und einige der besprochenen Städte selbst schriftlich ausformulieren,[49] Rauda lässt die von Junghanns geschriebenen Kapitel allerdings bei der Manuskriptabgabe weg,[50] im Antrag zum Druck werden wieder beide als Autoren aufgeführt[51] und schlussendlich zieht Junghanns sich komplett aus dem Projekt zurück[52].

Doch zu Beginn der gemeinsamen Arbeit scheinen die beiden Dresdner sich sehr gut zu verstehen. Bevor sie gemeinsam im Sommer 1952 verschiedenste mitteldeutsche Städte besuchen[53], legen sie zusammen den Umfang der Arbeit auf „etwa 100 Beispiele, jedes bestehend aus ein oder mehreren Photos, Einzellageplan, generellem Stadtplan [...] und einer Kurzanalyse"[54] fest. Mit diesem Plan beantragen sie die Unterstützung der Deutschen Bauakademie unter dem Projekttitel *Deutsche Traditionen der Straßen- und Platzgestaltung.*[55] In der entsprechenden Begründung wird erläutert, dass zur Einhaltung der „16 Grundsätze des Städtebaus" die Kenntnis der nationalen Traditionen erforderlich sei. Der Antrag wird genehmigt und das Werk Raudas wird zu einer der aufwändigsten Publikationen der Deutschen Bauakademie.[56] Zuversichtlich legt Junghanns dann auch fest: „Das Werk erscheint 1953!"[57]. Aufgrund von Raudas Berufung an die TH Dresden verzögert sich allerdings die Fertigstellung des Manuskripts bis zum Frühjahr 1954[58], das im Gutachten durch Collein und Junghanns allerdings mit einigen Auflagen zur Überarbeitung versehen wird:[59] Das Bildmaterial solle enger mit dem Inhalt verknüpft werden, die Bildunterschriften seien zu kürzen, die Stadtgeschichte Dresdens sei zu ausführlich und vor allem müssten die Einleitung und das Vorwort überarbeitet werden. Rauda ist kaum einverstanden mit der geäußerten Kritik und äußert den Eindruck, man würde ihn als Autoren des Buches auf inhaltlicher Ebene beeinflussen wollen.[60] Trotzdem überarbeitet Rauda das Manuskript, fügt allerdings eine wohl 57-seitige Einleitung statt des Vorworts

47   Ebd.; In dieser Sitzung wird auch eine weitere Publikation zu „Berühmte Baumeister über Städtebau" geplant, die aber in einem späteren Brief von Junghanns an Rauda wieder abgelehnt wird. Vgl. BA, Sign. DH 2-21200: Brief Junghanns an Rauda (24.04.52) Im gleichen Brief erzählt Junghanns, dass „Koll. Raeder" aus Weimar ebenfalls eine Publikation zum Thema „Beispiele der Gesamtkomposition einer Stadt" ausarbeiten möchte, und daraus „einige allgemeine Kompositionsgrundsätze" ableiten wolle. Junghanns betreut auch diese Arbeit und will Dopplungen vermeiden. Eine Recherche zur Existenz dieses Buches hat keine Ergebnisse gebracht.
48   BA, Sign. DH 2-21200: Brief von Rauda an Junghanns (24.06.1952).
49   BA, Sign. DH 2-21200: Aktennotiz (19.09.1953).
50   BA, Sign. DH 2-21200: Brief von Rauda an Liebknecht (19.03.1954).
51   BA, Sign. DH 2-21200: Aktennotiz (22.03.1954).
52   BA, Sign. DH 2-21200: Brief von Junghanns an Rauda (26.03.1955).
53   BA, Sign. DH 2-21200: Brief von Rauda an Junghanns (11.05.1952), Brief von Junghanns an Juhre (03.06.1952), Aktennotiz vom 11.08.52.
54   BA, Sign. DH 2-21200: Brief Junghanns an Rauda (24.04.52).
55   BA, Sign. DH 2-21200: Aktennotiz zum Projekt (undatiert, vermutlich März 1952).
56   Lippert 2017, S. 24.
57   BA, Sign. DH 2-21200: Brief von Junghanns an Rauda (24.04.1952).
58   BA, Sign. DH 2-21200: Brief von Rauda an Liebknecht (19.03.1954).
59   BA, Sign. DH 2-21200: Aktennotiz zum Gutachten von Collein/Junghanns (26.04.1954).
60   BA, Sign. DH 2-21200: Kommentar Rauda zur Aktennotiz zum Gutachten von Collein/Junghanns (undatiert, vermutlich Anfang Mai 1954).

ein, die wiederum große Diskussionen verursacht. Junghanns schreibt hierzu: „Die Ursache [für die neue Einleitung] liegt auf der Hand: Du hast in der Zwischenzeit eine Theorie über das Wesen der Stadtbaukunst entwickelt und hast den Wunsch, sie zu veröffentlichen."[61] Die Vermutung liegt nahe, dass Rauda diese Ausführungen in seinem Buch *Raumprobleme im europäischen Städtebau* durch den Münchner Call-wey-Verlag unterbringen kann und daher die Diskussionen um die Einleitung im Lauf des Jahres 1956 nachlassen.

Die Publikation im westdeutschen Julius Hoffmann-Verlag wurde schon seit 1955 angedacht,[62] allerdings anfangs sowohl von Junghanns als auch von Rauda abgelehnt, da man in diesem Moment noch plante, einen zweiten Band mit italienischen Stadträumen anzuschließen.[63] Der Antrag hierfür wurde allerdings am Ende ausgerechnet von Junghanns vernichtend schlecht kritisiert,[64] was nicht zuletzt auf den Bruch in der Freundschaft zwischen Rauda und Junghanns zurück zu führen ist. Rauda benennt daraufhin die Beteiligung von Kurt Junghanns in der endgültigen Publikation weder in der westdeutschen noch in der BDA-Publikation mit keinem Wort, er übernimmt keines der von Junghanns geschriebenen Kapitel oder Zeichnungen. Stattdessen widmet er das Buch seinem bei Bergungsarbeiten während eines Luftangriffs auf Dresden verstorbenen Vater[65] und dankt dem Fotografen Nowack und seinem Institutsmitarbeiter Petzold für die Anfertigung der Fotografien und Zeichnungen.[66]

Das mehr als 400-seitige Werk ist die umfangreichste Publikation Raudas. Nach einem kurzen Vorwort zur grundlegenden Intention des Buches und einer Einleitung, in der er Überlegungen zu einer zeitgemäßen Stadtbaukunst anstellt, folgen die „Stadtanalysen"[67] von 19 mitteldeutschen Städten: Eisenach, Erfurt, Weimar, Pößneck, Gotha, Naumburg, Leipzig, Oschatz, Torgau, Zwickau, Freiberg, Meißen, Dresden, Pirna, Bautzen, Görlitz, Rostock, Stralsund und Greifswald. Der Umfang dieser städtebaulichen Betrachtungen beträgt zwischen acht und 26 Seiten, wobei das Kapital zu Dresden mit 52 Seiten besonders ausführlich ist. Zu jeder Stadt gibt es mit Maßstäben und teilweise mit Höhenlinien versehene Lagepläne, Abwicklungen von Fassaden, einige von Rauda selbst gezeichnete Perspektiven und wenige Fotografien. Seltener illustrieren historische Darstellungen frühere Phasen der Stadtentwicklung. Im Anhang befinden sich darüber hinaus noch Tafeln zur allgemeinen Übersicht, darunter ein Vergleich der Platzgrößen (vgl. Abb. 112) und eine „schematische Darstellung der Raumgliederung" (vgl. Abb. 111).

Die theoretische Grundlage dieser Schrift ist laut Rauda insbesondere die von Joseph Gantner entwickelte Genealogie *Grundformen der europäischen Stadt* im Sinne der Unterscheidung von „regulären" und „irregulären" Städten, sowie die Grundprinzipien der Stadtbaukunst, die Heinz Wetzel erarbeitet hat.[68] Methodisch hält

61   BA, Sign. DH 2-21200: Brief Junghanns an Rauda (26.03.1955).
62   BA, Sign. DH 2-21200: Brief Junghanns an Rauda (04.10.1955).
63   BA, Sign. DH 2-21200: Brief von Rauda an Liebknecht (19.03.1954).
64   BA, Sign. DH 2/21200: Stellungnahme zur Denkschrift von Prof. Rauda von Junghanns (31.05.56).
65   Rauda 1957, S. o.
66   Ebd., S. 9.
67   Ebd., S. 6, Inhaltsverzeichnis.
68   Im Literaturverzeichnis benennt Rauda lediglich den Aufsatz „Wandlungen im Städtebau" von Heinz Wetzel. Da der Hochschullehrer keine rege Publikationstätigkeit

sich Rauda vorwiegend an „Erkenntnisse der optischen Geometrie", um nicht nur aus symmetrischen sondern auch aus asymmetrischen Raumbildern eine Eigengesetzlichkeit abzuleiten und den jeweiligen Rhythmus bzw. das für die jeweilige Stadt spezifische zu erkennen. Die von ihm untersuchten 19 Städte waren – mit Ausnahme von Dresden, Leipzig und Weimar – nicht von den Luftangriffen des Zweiten Weltkriegs betroffen. Mit dieser Auswahl wollte er die Leserschaft animieren, die stadträumlichen Analysen direkt vor Ort zu prüfen.

Im Folgenden wird der grundsätzliche Aufbau der Kapitel exemplarisch anhand der Stadt Meißen nachvollzogen, da Rauda hier seine üblichen Methoden der städtebaulichen Analyse anwendet. Von besonderer Relevanz für die theoretische Einordnung sind darüber hinaus weniger die Einzelanalysen der Städte, sondern vielmehr die städtebauliche Haltung, die Rauda im Vorwort und der Einleitung formuliert. Anhand des Beispiels Meißen soll die grundsätzliche Argumentation Raudas nachvollzogen werden.

Wie die meisten dieser Analysen, beginnt auch die Betrachtung der Stadt Meißen[69] mit einem kurzen stadthistorischen Abriss, zurückblickend bis ins 10. Jahrhundert. Der für die Stadtentwicklung wichtigste Platz ist der Marktplatz mit dem Meißener Rathaus und der Frauenkirche. Dieser Platz wird von Rauda ausführlich beschrieben und analysiert: Seine dynamische Form in Verbindung mit den rhythmisch gestalteten Fassaden stellt insbesondere die Einzelbauten besonders in den Vordergrund. Die Dominantenwirkung der Frauenkirche wird durch die Schrägstellung der Platzwände verstärkt, während sich das Rathaus in seiner Stellung zwar an die angrenzenden Fassaden anpasst, durch seine dreigiebelige Fassade allerdings als öffentliches Gebäude klar hervortritt.

Entscheidend in der Platzgestaltung ist auch die im Falle Meißens durchweg geschwungene Hinführung der Straßen zum Markt und die von dort aus prägenden Bauten wie die Eckbebauung südwestlich der Frauenkirche (vgl. Abb. 113). An die ausführliche Betrachtung des Marktplatzes und seiner Umgebung schließt eine kurze Abhandlung über die „Entwicklung der Stadtkomposition" an. Gerade in Meißen ist die Höhenentwicklung vom Markt zur Burg hin entscheidend. Sowohl das Rathaus als auch die Frauenkirche sollen durch ihre vertikale Ausrichtung auf den Burgberg vorbereitend wirken. Das „Wechselspiel der Akzente" als Teil der Stadtentwicklung gründet auf der „Firstschwenkung" vom Giebel- zum Traufenhaus und der dadurch entstandenen neuen Raumbilder.[70] Abgeschlossen wird die Betrachtung durch eine „stadtbaukünstlerische Wertung", die bei Meißen besonders lobend ausfällt: Der „Gesamtorganismus" der Stadt sei ein „hervorragendes Beispiel mittelalterlicher Stadtbaukunst", die „Einbeziehung der Stadtkrone" sei „äußerst wirkungsvoll gelöst", zwischen der Frauenkirche, „dem städtebaulichen Schwerpunkt der Stadt" und den Straßenzügen würden enge Wechselbeziehungen bestehen. Besonders hebt Rauda

---

aufweisen kann, ist in diesem Kontext davon auszugehen, dass Rauda auf seine eigenen Erfahrungen in den Vorlesungen Wetzels zurückgreift.

69   Die folgenden Ausführungen sind aus Rauda 1957, S. 188-209 entnommen. Es ist bewusst nicht Teil dieser Arbeit, die Korrektheit der von Rauda gemachten Angaben festzustellen und zu bewerten, sondern nur einen Überblick über die Herangehensweise zu geben.

70   Auch hier wird der eindeutige Bezug zu Wetzels Städtebaulehre deutlich. Dessen Konzept des „Visierbruchs" überträgt Rauda hier in die städtebauliche Praxis. Vgl. auch Kapitel „Die Stadtbaukunst als Grundlage einer traditionalistischen Moderne ...", S. 47ff.

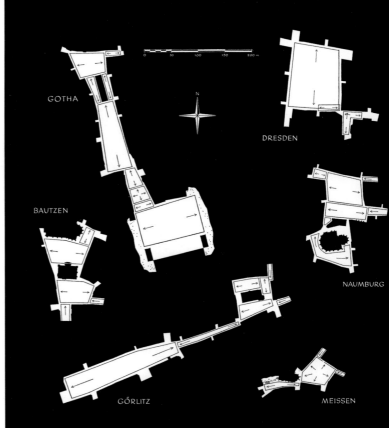

GOTHA

DRESDEN

N

BAUTZEN

NAUMBURG

GÖRLITZ

MEISSEN

111

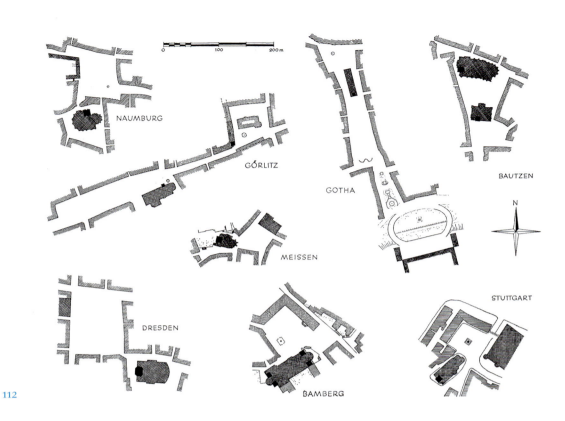

112

NAUMBURG

GÖRLITZ

GOTHA

BAUTZEN

N

MEISSEN

STUTTGART

DRESDEN

BAMBERG

W. Rauda: Vergleich von Platzgrößen (112) und schematische Darstellung
der Raumgliederung (111) in ausgewählten Städten Deutschlands, publiziert 1957

257

am Ende des Kapitels noch hervor, dass die Stadt „unversehrt durch die Kriegswirren" gekommen und damit ein „doppelt kostbar gewordenes Juwel im Kranze unserer mitteldeutschen Stadtanlagen" sei.

Die eher beschreibende Analyse des Marktplatzes wird ergänzt durch verschiedene Lagepläne: Der recht detaillierte Lageplan, überschrieben mit „Raumgefüge" (vgl. Abb. 114), gibt nicht nur durch die Straßenbenennung einen guten Überblick zur Orientierung, der im Fokus stehende Markt wird durch Höhenangaben als Teil der nach oben verlaufenden Burgstraße topografisch eingeordnet. Darüber hinaus zeigt Rauda durch wenige gestalterische Elemente die Raumwirkung auf: durch die Linienstärken wird der Verlauf der für die Stadt maßgeblichen Raumfolge angegeben; die öffentlichen Bauten sind unterschiedlich stark schraffiert, wobei die dichteren Schraffuren bis Füllungen die Gebäudehöhen symbolisieren; eine Punktierung an den besonders hervorstechenden Fassaden gibt einen Eindruck der Raumwahrnehmung. Im Fall Meißens diesem Plan gegenübergestellt ist eine alternative Setzung der Baumassen (vgl. Abb. 115), anhand derer Rauda die Relevanz der durch den Straßenverlauf geführten Blickachsen erläutert. Daran zeigt er unter anderem auf, welche Auswirkungen eine Begradigung der Platzwände für die städtebauliche Komposition hätte. Ein weiterer Lageplan mit einer dickeren Linie soll die „Raumspannung" und die Raumrichtung auf dem Marktplatz angeben (vgl. Abb. 116). Mit einem auf den Marktplatz selbst konzentrierten Lageplan und der Darstellung der Fassadenabwicklungen der Platzwände transferiert er die zweidimensionale Plandarstellung in die dritte Dimension (vgl. Abb. 117). Einzigartig im Kapitel zu Meißen bildet Rauda zusätzlich ein Gipsmodell der Negativform des Stadtraumes ab (vgl. Abb. 118), um die Plastizität des polygonalen Raums zu verdeutlichen. Ergänzt werden die Ausführungen darüber hinaus durch Raudas perspektivische Federzeichnungen aus der Sichtperspektive eines Menschen (vgl. Abb. 119), um die Wirkung der städtebaulichen Dominanten herauszuarbeiten. Diese Darstellungsform der Perspektive ähnelt der von Heinz Wetzel. Der Städtebauprofessor versuchte damit insbesondere die Abstraktion des Sehens zu verdeutlichen: Durch einfache Strichzeichnungen solle man sich auf das wesentliche „Erkennen" des Stadtraums konzentrieren. Selten werden diese von Hand und vor Ort gezeichneten Perspektiven im Vergleich mit historischen Stadtansichten dargestellt.

Bei den meisten Stadtanalysen beschränkt sich Rauda – wie anhand von Meißen exemplarisch ausgeführt – schwerpunktmäßig auf den zentralen Platz der jeweiligen Innenstädte, das heißt häufig auf den jeweiligen Marktplatz.[71]

Im Anhang des Buches finden sich zwei Grafiken: erstens ein Vergleich der Platzgrößen der Märkte in Naumburg, Gotha, Bautzen, Meißen, des Altmarkts in Dresden mit dem Domplatz in Bamberg und dem Schillerplatz in Stuttgart und zweitens eine Aufstellung dieser sechs Platzbeispiele mit ihren „Richtungstendenzen" (vgl. Abb. 112). Zu beiden Grafiken finden sich keine ausführlichen weiterführenden Betrachtungen, zur zweiten Grafik heißt es in der Bildunterschrift lediglich: „Zur Veranschaulichung der einzelnen Raumabschnitte innerhalb eines Raumgefüges sind die Teilflächen voneinander getrennt dargestellt. Dadurch kommt die Raumqualität, gleichsam die jeweilige dem Gesamtplatz und seinen Teilen innewohnende Raum-

---

71   Dies ist bei Eisenach, Pößneck, Naumburg, Torgau, Zwickau, Freiberg, Pirna und Bautzen der Fall.

energie, sinnfälliger zum Ausdruck."[72] Diese beiden Seiten zeigen einen Versuch der Objektivierung der bis dahin eher einzeln dargestellten Raumanalysen. Dass eine Interpretation der jeweiligen Gegenüberstellungen fehlt, ist bedauerlich.

Die Besonderheit dieser Publikation besteht in den verschiedenen von Rauda entwickelten Analysemethoden. Abgesehen von den schon in früheren Arbeiten angewandten Verbindungen zwischen historischen Ereignissen und daraus abgeleiteten Veränderungen in der Gestaltung der Stadträume sind seine Analysen der „Raumerscheinungsform" und die alternativen „gedachten städtebaulichen Gegenbeispiele" von besonderem Interesse. Die Zeichnungen der „Raumerscheinungsform" der Plätze anhand des Lageplans mittels einer dick gezeichneten, geschwungenen Linie abstrahieren die geometrische Platzform auf die visuell wahrgenommene Form (vgl. Abb. 120). An Stellen, an denen die Platzwände aufgrund ihrer Gestaltung hervortreten oder eine städtebauliche Dominante in den Platz hineinwirkt, schwingt diese „erfahrene" Raumkante zum Innern des Platzes hin, während sie zu mehr oder weniger bewusst gesetzten Eingangssituationen auch aus dem Platzraum heraustritt. Es handelt sich hierbei selbstverständlich um eine subjektive Wahrnehmung und Interpretation Raudas, die aber in Zusammenhang mit seinen Ausführungen und insbesondere mit dem durch Wetzel geprägten Begriff der Stadtbaukunst durch Visierbrüche und Schwellen Sinn ergibt. Ebenfalls eher subjektiv und beinahe willkürlich wirken die von Rauda den Lageplänen gegenübergestellten alternativen Gestaltungsideen, bei denen er bewusste Platzkanten begradigt oder Baumassen verschiebt (vgl. Abb. 121 und 122). Damit versucht er die Besonderheit von Blickbeziehungen und die Wirkung der Dominanten zu erklären. Tatsächlich bekommen seine Aussagen durch diese Gegenüberstellung einen Lehrbuchcharakter, mithilfe dessen man stadtbaukünstlerische Elemente besser nachvollziehen und erkennen kann.

Der sprachliche Ausdruck nimmt weniger die Position des die Stadt durchquerenden Flanierenden ein als es bei den vorangegangenen Schriften Raudas der Fall war. Die Betrachtungen historischer Ereignisse sind eher nüchtern gehalten. Lediglich in den Platzanalysen selbst und insbesondere in den häufig am Ende der Kapitel zusammenfassenden „stadtbaukünstlerischen Wertungen" wird die Begeisterung Raudas für das Thema deutlicher: Hier verwendet er eindeutige Wertungen, wenn er von der „meisterhaft gestalteten"[73] Einheit einer städtebaulichen Setzung, dem „kostbaren Kleinod"[74] mittelalterlicher Stadtbaukunst oder der „majestätischen Kraft"[75] der Treppenanlage des Erfurter Doms schreibt. Die Schilderungen zur Wahrnehmung bestimmter Dominanten wirken darüber hinaus teilweise etwas überinterpretiert, vor allem da Rauda in der Erläuterung dazu neigt, den baukünstlerischen Gedanken der früheren Schlüsselfiguren in der Stadtplanung hinein zu interpretieren. So führt er beispielsweise zur Lage der Frauenkirche in Meißen an der tieferliegenden südwestlichen Seite des Marktes aus, dass diese „wohl mit Rücksicht auf die vielfältigen Blickbeziehungen"[76] gesetzt worden sei. Aufgrund der fehlenden Nachweise an den direkten Zitaten kann man die wissenschaftliche Grundlage der Arbeit kaum nachvollziehen. Die im Anhang aufgeführten, für die Länge der Publikation

72   Rauda 1957, S. 398.
73   Ebd., S. 188.
74   Ebd., S. 27.
75   Ebd., S. 44.
76   Ebd., S. 197.

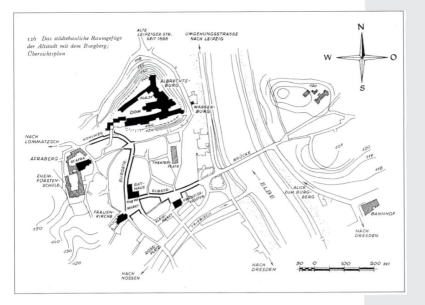

126 Das städtebauliche Raumgefüge der Altstadt mit dem Burgberg; Übersichtsplan

113

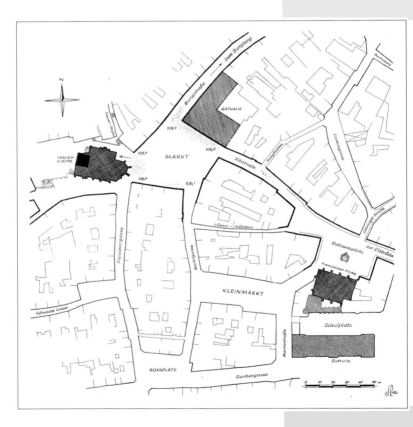

114

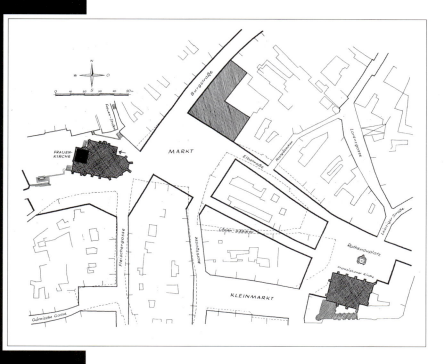

115

113   Lageplan der Innenstadt Meißens
114   Raumgefüge der Innenstadt Meißens
115   Raumgefüge in der Innenstadt Meißen nach alternativer
       Setzung der Baumassen

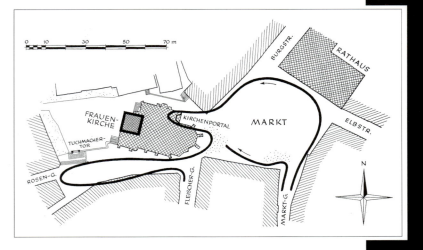

116

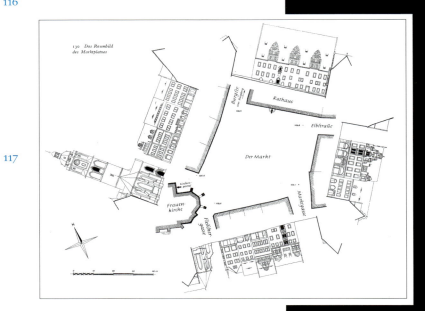

117

118

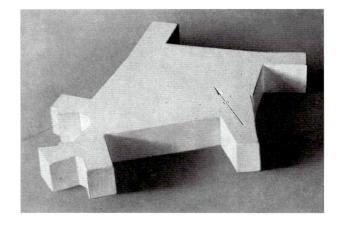

262

119

W. Rauda: Analyse des Marktplatzes in Meißen durch die Darstellung der „Raumspannung" (116), eines Lageplans mit Fassadenabwicklung (117), einer Perspektive (119) sowie eines Gipsabdrucks der räumlichen Negativform (118), publiziert 1957

nicht gerade zahlreichen neun Anmerkungen führen ebenfalls keinerlei weiterführende Literatur oder gar Quellenangaben auf, sondern geben ausführliche weitere Erläuterungen zu stadtgeschichtlichen Entwicklungen hauptsächlich in Bezug auf Dresden.[77] Das daran anschließende Literaturverzeichnis ist wiederum unterteilt in „Allgemeines Schrifttum über stadtbaugestalterische und städtebaugeschichtliche Fragen" und „Regionales Schrifttum". Letzteres hält die Quellen zu den stadthistorischen Informationen der jeweiligen Städte fest. In den allgemeinen Schriften listet Rauda die auch im zweiten Kapitel dieser Arbeit besprochenen kanonischen Werke der Stadtbaukunst Albert Erich Brinckmanns, Theodor Fischers, Karl Grubers, Camillo Sittes und Heinz Wetzels neben den Werken von Gustav Wolf, Paul Zucker und Joseph Gantner auf. Daneben stehen noch die eher wenig bekannten Schriften von Max Grantz, Friedrich Heß, Christoph Klaiber, Franz Meurer, Werner Radig und Paul Valery sowie selbstverständlich sein eigenes Buch *Raumprobleme im europäischen Städtebau*, das im Jahr zuvor veröffentlicht wurde.

Die Rezensionen zu *Lebendige städtebauliche Raumbildung* fallen durchweg positiv aus. In der Bauwelt wird besonders hervorgehoben, inwiefern diese Publikation verdeutliche, dass „der gegenwärtige deutsche Städtebau, was Raumbildung und Raumphantasie betrifft, von bemerkenswerter Dürre" sei[78]; der Autor der Rezension, Ulrich Conrads, würde es allerdings als „fruchtbarer" erachten, statt wie angekündigt italienische Stadträume zu analysieren, Raudas Methode eher auf Beispiele von Raumbildungen des 19. und 20. Jahrhunderts anzuwenden, um einen „kritischen Beitrag zum zeitgenössischen Städtebau" zu leisten. Auch Rudolf Hillebrecht in der Zeitschrift *Der Städtetag* bemerkt den wichtigen Beitrag dieser Publikation, da diese verdeutlicht hätte, dass „uns im Westen keine Zeit für ein Ausdiskutieren der [...] nicht so ‚brennend' erscheinenden stadtbaukünstlerischen Fragen" geblieben wäre.[79] Wie die anderen Rezensionen hebt er vor allem die Fülle des von Rauda zusammengetragenen Materials und die „ausgezeichneten" Federzeichnungen hervor. Die Kritik an dem teilweisen Mangel von Straßen- und Platzquerschnitten, die teilweise etwas übertriebene „Illustration" sowie die besondere Ausführlichkeit der Analyse Dresdens seien als „Schönheitsfehler" anzusehen und „entschuldbar"[80]. Sehr viel kritischer geht der Hamburger Stadtplaner Christian Farenholtz mit dem Werk um, wobei dessen Rezension unter der Überschrift „Geschichte der christlichen Kunst" in der vermutlich von Bauschaffenden wenig beachteten *Theologischen Literaturzeitung* erscheint.[81] Er rät der Leserschaft „das mit großem Sachverstand und sicherem Einfühlungsvermögen zusammengetragene Material aus dem ästhetischen Gestrüpp herauszuarbeiten."[82] Besonders die „Gegenbeispiele" werden von ihm als „mißverständlich" erklärt und die am Ende des Buches aufgeführte „Synoptische Tafel der Raumstrukturen"

77 Es ist naheliegend, dass die zuvor angesprochene, von der Deutschen Bauakademie und Kurt Junghanns geforderte Kürzung des Dresden-Kapitels simplifiziert durch die Einführung dieser Anmerkungen erfolgte.

78 Conrads 1958.

79 Hillebrecht 1958. Die folgenden Zitate sind dieser Rezension entnommen.

80 Sehr ähnlich zu der Kritik Hillebrechts ist auch die Rezension Hans Reuthers in der „Deutschen Kunst und Denkmalpflege". Auch hier werden noch einige inhaltliche Ergänzungen vorgeschlagen, ansonsten zeigt sich der Kunsthistoriker allerdings begeistert von Raudas Ausführungen.

81 Farenholtz 1959.

82 Ebd., S. 120.

sei „getrübt durch mißverständliche Benennungen durch an sich wieder der Interpretation bedürftige Klassifizierung." Diese Tabelle ähnelt dem später zu betrachtenden sehr viel aufschlussreicheren „Überblick über die Raum- und Ordnungsprinzipien" aus *Raumprobleme im europäischen Städtebau*, weist allerdings längst nicht deren Detailtiefe auf und muss daher als Vorstufe betrachtet werden. In dieser Tabelle listet Rauda die von ihm in der Analyse der mitteldeutschen Städte erarbeiteten „Ordnungsprinzipien der Raumgestaltung" in Bezug auf ihre „zeitgeschichtliche Periode" (griechische Antike bis Gegenwart bzw. „zukünftiges Bauen") und ihre „Aussageweise" auf. Die Ordnungsprinzipien richten sich nach Kompositionsprinzipien und sind mit „frei-rhythmisch", „metrisch" und „gebunden-rhythmisch" benannt. Diese hätten laut Rauda jeweils einen klaren zeitgeschichtlichen Bezug: „metrisch" und „gebunden-rhythmische" Prinzipien kämen bei der „Alten Form" zu Tage und wären bis zur Neuzeit dominierend gewesen, während das „frei-rhythmische" Prinzip die „Neue Form" und damit das Bauen der Gegenwart und der Zukunft präge. In der beiliegenden Erklärung erläutert Rauda sein Bewusstsein darüber, dass im vorliegenden Buch lediglich Beispiele der „Alten Form" aufgeführt wären. Er hatte in der Einleitung schon sinngemäß erläutert, dass diese Formen im Wandel des Städtebaus weniger nebeneinander als vielmehr aufeinander folgend und bezugnehmend auftreten würden und mit den vorangegangenen Erläuterungen den Beitrag zur stadtgeschichtlichen Analyse gegeben hätten.

Grundsätzlich hat Rauda ebenfalls in der Einleitung davon absehen wollen, „Rezepte" oder eine Anleitung für das Planen von Städten zu geben. Auch in der Betrachtung der einzelnen Städte, insbesondere der im Krieg zerstörten, bedauert er zwar die Zerstörungen, geht allerdings gar nicht oder kaum auf die Wiederaufbauplanungen ein.[83] Lediglich am Ende der Einleitung formuliert er seinen Anspruch an das zukünftige Bauen: „Wenn Steine jetzt und künftig wieder reden oder gar tönen sollen [...] dann dürfen die Architektur und das Bauen nicht nur der Zweckerfüllung und der praktischen Notdurft dienen." Es ginge eher darum „auf dem kulturellen und geistigen Grunde unserer Zeit" das „unbedingte Ganze" zu erreichen und dabei etwas von der gestaltenden Person selbst in das städtebauliche Werk einfließen zu lassen. In diesem Sinne „am Beispiel zu wirken und ohne Aufsehen zu erregen zu gestalten, ist nach den Zerstörungen des Krieges dem heutigen Baumeister besondere Pflicht."[84] Wie schon in der Analyse seiner stadtplanerischen Tätigkeiten schlägt er hier einen Wiederaufbau im Sinne eines behutsamen Umgangs mit dem Bestand vor, der allerdings keinesfalls rekonstruktiv wirken, sondern der Zeit angemessen sein und die Formensprache des jeweiligen Planers sprechen sollte. Die zeitgemäße Formensprache sieht er in Deutschland, insbesondere in der DDR, noch nicht gefunden.[85] Die eigentlich Intention und damit die Grundaussage seiner städtebaulichen Haltung ist am Ende des Vorwortes so deutlich formuliert wie in kaum einer anderen Schrift Raudas: „Zu hoffen und zu wünschen wäre, daß aus dem Beispiel der räumlichen Gestaltung unserer alten Städte und der ihnen innewohnenden räumlichen Gesetzmäßigkeiten für das Bauschaffen innerhalb der alten Stadtkerne – im Herzen

---

83   Vielmehr kritisiert er zum Beispiel betreffend Zwickau die neuzeitliche Entwicklung und lobt bezüglich Freiburg die bisherigen denkmalpflegerischen Arbeiten.

84   Rauda 1957, S. 17.

85   Seine Auswahl von ausschließlich internationalen Beispielen für die „neue Form" zeigen dies deutlich auf.

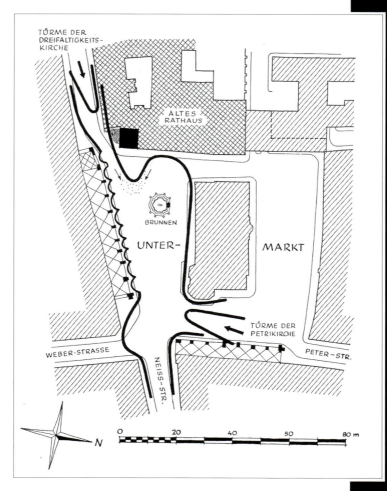

120

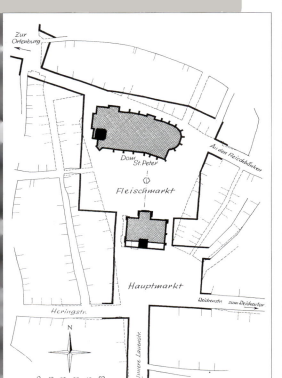

121

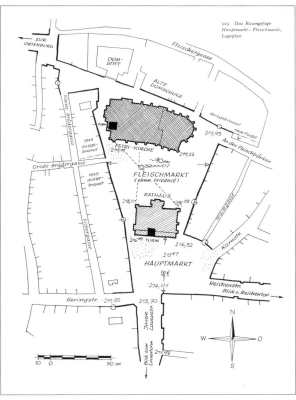

122

Methoden und Darstellungen Raudas zur
stadträumlichen Analyse: Raumerscheinungsform des
Görlitzer Untermarktes (120), vorgefundenes Raumgefüge
in Bautzen (122) und das von Rauda entwickelte
Gegenbeispiel dazu (121), publiziert 1957

unserer Städte – die vielfältigen Ausdrucksmöglichkeiten stadtbau-künstlerischen Gestaltens neu gesehen, anerkannt und zu zeitgemäßer Form und Aussage umgeprägt würden."[86] Diese Forderung nach der Beachtung der „innewohnenden räumlichen Gesetzmäßigkeiten" der alten Städte und ihrer Neuinterpretation „zu zeitgemäßer Form" prägen das städtebauliche Konzept Raudas.

Wie schon zu Beginn dieses Kapitels deutlich geworden ist, sollte dieses Buch eigentlich vor *Raumprobleme im europäischen Städtebau* erscheinen. Die Vermutung liegt sogar nahe, dass Rauda die von der Deutschen Bauakademie aus dem ursprünglichen Manuskript herausgestrichenen Ausführungen bewusst gesondert im westdeutschen Callwey-Verlag veröffentlichte. Durch die frühere Entstehungsgeschichte der *Lebendigen städtebaulichen Raumbildung* war die Betrachtung dessen als erste wichtige Monografie Raudas allerdings entscheidend.

Raumprobleme im europäischen Städtebau, 1956

Mit dem Untertitel *Das Herz der Stadt – Idee und Gestaltung* erscheint Raudas Monografie *Raumprobleme im europäischen Städtebau* 1956 im Münchner Callwey-Verlag (vgl. Abb. 123). Es ist zu vermuten, dass Rauda seine Kontakte zu Rudolf Pfister, der die Zeitschrift *Der Baumeister* ebenfalls im Callwey-Verlag herausgegeben hat, nutzte, um die Publikation dort zu ermöglichen. Auf etwas mehr als 100 Seiten befinden sich neben Einleitung, einem Ausblick und einem kurzen Nachwort sechs Kapitel. Die Kapitelüberschriften sind in ähnlichen Wortkombinationen gehalten: „Vom Raum und seiner sinnlichen Wahrnehmung", „Vom Rhythmus im räumlichen Gestalten", „Von Symmetrie und Asymmetrie", „Von der Wandlung räumlichen Sehens", „Vom räumlichen Ordnungsprinzip in der Stadtbaugestaltung" und „Vom Anteil des Baukörpers und der Wand am Raum". Der durch die ähnliche Benennung ablesbare Zusammenhang täuscht darüber hinweg, dass die Kapitel untereinander nur bedingt in Beziehung stehen. Darüber hinaus sind zwischendurch immer wieder Seiten mit Raumbeispielen eingefügt, die abgesehen von ihren Bildunterschriften nur wenig mit dem Fließtext korrelieren. Nichtsdestotrotz sind die Ausführungen Raudas hier sehr viel konzeptioneller und theoretischer als in *Lebendige städtebauliche Raumbildung*, sodass die entsprechende Zusammenfassung ausführlicher ausfallen muss.

Rauda beginnt seine Ausführungen mit der Frage nach „symmetrische[m] oder asymmetrische[m] Bauen"[87], die seines Erachtens nach schon immer lediglich auf subjektive Weise beantwortet werden konnte. Die Intention des vorliegenden Buches sei es nun, auf Basis der begrifflichen Grundlagen „Ordnungsbereiche und Ordnungskräfte als Gestaltprinzipien" zu entwickeln, „die einer als gesetzmäßig zu bezeichnenden geistigen Wurzel zu entstammen scheinen und daher auch unter einem ‚universellen Aspekt' (Thomas Mann) aufgefaßt und anerkannt werden müssen."[88] Auf die Art und Weise, wie Thomas Mann diesen universellen Aspekt als Lösung einer im

86   Rauda 1957, S. 9.
87   Rauda 1956, S. 7.
88   Ebd.; Thomas Mann verwendet den „universellen Aspekt" in seiner Rede zum 150. Todestag Schillers 1955. Zitat: „Der universelle Aspekt ist die Forderung der Lebensstunde [...]. Gerade dies umfassende Gefühl der Humanität ist es, was not-, nur allzu nottut, und ohne dass die Menschheit als Ganzes sich auf sich selbst, auf ihre Ehre, das Geheimnis ihrer Würde besinnt, ist sie nicht moralisch nur, nein physisch verloren." (Mann 1955)

123 Titelbild von W. Raudas Publikation
Raumprobleme im europäischen Städtebau, erschienen 1956

Chaos der Zeit verwirrten Gesellschaft sieht, will auch Rauda durch seine Ordnungsprinzipien das Chaos „im Raum des Städtebaues: im Zueinander der Baukörper, im
Gestalten der Einzelarchitektur" überwinden.[89] Das subjektive Empfinden bezüglich der eingangs gestellten Frage zur Symmetrie oder Asymmetrie begründet Rauda
durch die jeweilige geistige Haltung der Epochen. Somit müsse man jeder Epoche
„ein Ordnungsprinzip" [Herv. im Original] zuweisen können. Sollte es kein solches
Prinzip geben, würde eine „chaotische Verwirrung im Städtebau und in der Architektur" entstehen, gäbe es mehrere Prinzipien nebeneinander würden diese keinen
„künstlerisch geschlossenen Charakter" abbilden.[90] Als theoretische Grundlagen
gibt er hier nicht wie in der vorigen Publikation Heinz Wetzel und Josef Gantner als
Referenzen an,[91] sondern bezieht sich auf Martin Heidegger, Walter Gropius und die
Erkenntnisse des 2. Darmstädter Gesprächs *Mensch und Raum*.

Der letzte Absatz der Einleitung geht kurz auf inhaltliche Schwerpunkte der
vorliegenden Schrift ein: Rauda betont die Bedeutung des „Architekturraums" als
architektonischem Freiraum im Gegensatz zum „Naturraum". Dieser Freiraum stün-
de in enger Beziehung zum Baukörper, während der architektonische „Innenraum"
hier (noch) nicht relevant sei. Der Betrachtung übergeordnet sei, „daß die bisherige
‚anschauende Kenntnis' von räumlichen Wesen auf architektonischem Gebiet sich
verändert".[92] Das erste Kapitel „Vom Raum und seiner sinnlichen Wahrnehmung"
kann von der Struktur her als Erweiterung der Einleitung betrachtet werden: Hier
erläutert er seine theoretischen Grundlagen, seine Methode und schließt mit der
Intention des Buches. Einleitend bezieht sich Rauda auf zwei Vorträge von Martin
Heidegger und José Ortega y Gasset, die beide im Rahmen der 2. Darmstädter Gespräche *Mensch und Raum* 1951 gehalten wurden, um deren architektonischen Raumbegriff zu definieren und von einem philosophisch geprägten Raumbegriff abzugrenzen.[93] Es folgen Ausführungen zu optischen Regeln, um die von Rauda intendierte
objektive Sichtweise auf das Sehen aufzubauen. Diese wissenschaftliche Legitimation betrifft nicht nur die mathematischen Erkenntnisse, sondern auch die historischen: Rauda betont insbesondere die „Erfindung" der Perspektive in der bildenden
Kunst, die auch das Sehen maßgeblich beeinflusst hat, da hierdurch die „Sehweise"
der Antike in der Neuzeit überwunden worden wäre und die Gesellschaft bis heute prägen würde. Mithilfe von Referenzen auf Ferdinand Hodlerm den Dichter der
Aufklärung Johann Wolfgang von Goethe und dem Städtebauer Fritz Schumacher[94]
erläutert Rauda das „rechte Sehen"[95] als Sehen aus der Bewegung heraus, das ein
„Be-Greifen" des Raumes und des städtebaulichen Gesamtkunstwerkes ermögliche.

89   Ebd.; An dieser Stelle wird einmal mehr deutlich, dass Rauda Kritik an den aktuellen
      städtebaulichen Diskursen harsch ist.
90   Ebd., S. 9.
91   Rauda 1957, S. 11-12.
92   Rauda 1956, S. 9. Die „anschauende [Er-]Kenntnis" ist ein Begriff aus der Fabeltheorie,
      der von Lessing geprägt ist: „Einem allgemeinen symbolischen Schlusse folglich
      alle die Klarheit zu geben, denen er fähig ist, das ist, ihn so viel als möglich zu erläutern;
      müssen wir ihn auf das Besondere reduzieren, um ihn in diesem anschauend zu erkennen"
      (GV, S. 382; zit. n.: Barner 1998, S. 229).
93   Die Definition von Raudas Raumbegriff wird im entsprechenden Kapitel nachgeholt.
94   Auch hier fällt auf, dass die Wahl der Referenzen, die Rauda heranzieht, höchst heterogen
      ist und in den seltensten Fällen eine wirkliche historische Kontextualisierung aufweist.
95   Rauda 1956, S. 15.

Dieses Sehen könne nicht durch eine Architekturfotografie erreicht werden, da dadurch das in der Renaissance überwundene antike Standpunktsehen abgebildet werden würde.[96] Stattdessen wäre die Darstellung von städtebaulichen Situationen durch Vogelschaubilder bzw. Luftbilder[97] geeigneter bzw. hätte der „Architekturfilm mit seinen Bewegungsmöglichkeiten"[98] Entwicklungspotenziale.

Den Abschluss des Kapitels zeigt die eigentliche Intention des Buches: „So soll dieser Beitrag, vor allem seine Bildanalysen, eine Klärung des Standortes unserer heutigen Auffassung von Stadtbaukunst und seiner Begriffsformulierungen zu bringen versuchen."[99]

In den darauf folgenden beiden Kapiteln definiert Rauda die für seine Ausführungen entscheidenden Begriffe „Rhythmus" sowie „Symmetrie" bzw. „Asymmetrie"[100], bevor er im entscheidenden Kapitel „Von der Wandlung räumlichen Sehens" durch die Betrachtung von Stadträumen eine jeweilige epochenspezifische Kategorisierung vornimmt. Rauda setzt den Beginn stadtbaukünstlerischer Raumkomposition, die „Geburt des Freiraums"[101], auf der Akropolis in Athen fest. Mit dem Übergang aus den Propyläen in den „heiligen Bezirk" der Akropolis würde sich heute noch die freie Komposition der einzelnen Baumassen ablesen lassen (vgl. Abb. 124 und 125). Hier würde sich die Einzelkomposition der Bauwerke einer „spürbaren geistigen räumlichen Beziehung zueinander" unterordnen: „Jeder Freikörper ruht in sich, führt ein symmetriereiches Eigenleben, er steht aber auch in freiwilligem ‚Zwang' zu seinem Gegenüber in der Gesamtkomposition."[102] Dieses Raumbild in der Antike sei von einem frei-rhythmischen Ordnungsprinzip geprägt, das allerdings ebenso wie im Städtebau in der Entwicklung vom unregelmäßigen Stadtgrundriss zum geordneten hippodamischen System nur bedingt auf die Wandlung des räumlichen Sehens zurückzuführen sei, sondern auf eine „Verschiebung im geistigen Bezugsverhältnis vom einst götternahen Menschen […] zum metrischen Bildungsprinzip"[103].

Der Übergang zum Raumbild der „mittelalterlichen Stadtbaukunst"[104] erfolgt durch die Abwendung vom Standpunktsehen: Man müsse die Räume nun „durchschreiten", um ihre Gestalt bewusst wahrzunehmen. Darüber hinaus werden nun im Stadtraum Dominanten sichtbar und erzeugen eine wechselnde Intensität der Spannungsverhältnisse. Die den Raum begrenzenden Bauten bilden dessen Hülle aus, wobei diese in ihrer unregelmäßigen Gestaltung ebenfalls einen Rhythmus aufweisen. Das die mittelalterliche Stadt prägende Prinzip ist daher ein gebunden-rhythmisches. Die Asymmetrie entstünde insbesondere durch die Bewegung an sich, die

96   Ebd.

97   Er verweist hier auf das Werk von Max Grantz aus dem Jahr 1940.

98   Rauda 1956, S. 16. Hieran ist eine Fußnote gehängt, in der ein Zitat vom Lehrer Rodins angegeben wird: „Sieh bei deinen künftigen Arbeiten die Formen niemals auf ihre Fläche, sondern nur auf ihre Tiefe an, … betrachte eine Oberfläche immer als das äußerste Ende eines Volumens, als die mehr oder minder breite Spitze, die dieser Körper gegen dich richtet …" (Zit. n. Gsell 1921, S. 74-75).

99   Rauda 1956, S. 16.

100   Diese Begriffe werden im Gesamtkontext der Schriften Raudas an gesonderter Stelle ausführlich definiert.

101   Ebd., S. 25-26.

102   Ebd., S. 26.

103   Ebd., S. 27.

104   Ebd., S. 27-28.

allerdings im Raumbild der Renaissance[105] wieder vernachlässigt werde. Hier wirke auch die Wand nicht mehr als Raumbegrenzung, sondern als Einzelbild, sodass die Entwicklung zurück zu einem Standpunktsehen vollzogen werde. Dabei würden menschliche Bindungen vernachlässigt werden, die Gestaltung der Räume wäre grundsätzlich auf Symmetrien und Achsen ausgerichtet. Die Gründe für diesen Wandel im räumlichen Sehen sieht Rauda einmal im Wandel des ptolemäischen Weltbildes zum kopernikanischen, da die von letzterem nachgewiesenen Kreisbahnen um die Sonne die „symmetriereichsten Bahnen" seien. Daneben präge die Verwendung der Fluchtpunktperspektive in der Malerei das Standpunktsehen. Das Raumbild des Barock[106] sei geprägt vom Ringen zweier Grundideen: eines dynamischen Zuordnungsverhältnisses und einer rein statischen Raumauffassung. Die Entwicklung im Klassizismus wird von Rauda nur kurz angeschnitten, da er hier eine Wiederholung der Grundauffassung der Renaissance sieht.

Abschließend betrachtet Rauda das räumliche Sehen „unserer Zeit"[107]. Dieses sei geprägt von einem uneinheitlichen Bild, in dem die im Mittelalter geprägten Ideen einer Raumfindung mit dem Konzept der Raumbildung aus der Renaissance vermischt werden. Stadträume würden nicht ganzheitlich umschlossen, sondern müssten durch das „geistige Auge" anhand von wenigen Raumkanten wahrgenommen werden. Der Mensch würde hier selbst zum Teil des räumlichen Spannungsverhältnisses. Dies sei eine Folge des neuzeitlichen Bedürfnisses „durch räumliche Zusammenschau aus eigenem Wissen und eigener Erfahrung heraus eine geistige Überschau zu gewinnen."[108] Daraus würden vor allem Zwischenräume entstehen, die Teil eines Gesamtrhythmus seien. Am Ende des Kapitels deutet Rauda an, dass diese Vermischung aus Raumbildung und Raumfindung einen Übergang auf der Suche nach einem neuen freirhythmischen Prinzip darstelle: „Einer subjektiven Gestaltungsidee, die rückschauend, ästhetisch und auflösend bleiben müßte, soll das Objektive, auf ganzheitliches Schauen vorwärts Gerichtete in der neuen architektonischen Raumauffassung gegenübertreten."[109]

Im Anschluss an diese weitestgehend auf der theoretischen Ebene argumentierenden Erläuterungen des Wandels im räumlichen Sehen während der verschiedenen Kulturepochen folgen die städtebaulichen Analysen von zugehörigen Raumbildern. Diese sind größtenteils chronologisch aneinandergereiht und jeweils mit einer Erläuterung versehen. Wie schon im Buch *Lebendige städtebauliche Raumbildung* kombiniert Rauda hier Lagepläne, Fassadenaufrisse, Perspektiven und historische Stadtansichten. Erst im Anschluss daran konkretisiert er sein Konzept der „Ordnungsprinzipien" und der damit verbundenen Kategorisierung von Stadträumen. Die Frage nach der Kategorisierung von Städten wurde seit der Erfindung des Städtebaus im 19. Jahrhundert häufig aufgegriffen. Rauda setzt den Beginn dieser Überlegungen bei Raymond Unwin fest, der zwischen regelmäßigen und unregelmäßigen Städten unterschieden hätte; diese Kategorien sind für Rauda allerdings nicht detailliert genug. Auch Joseph Gantner würde es später nicht gelingen, die stadtbaukünstlerischen Aspekte wie Kompositionsfragen ausreichend zu erläutern.

105   Ebd., S. 28-29.
106   Ebd., S. 29-30.
107   Ebd., S. 30-32.
108   Ebd., S. 31.
109   Ebd., S. 32.

124

125

W. Rauda: Darstellung des freirhythmischen
Ordnungsprinzips am Beispiel von Perspektive (124) und
Lageplan (125) der Akropolis in Athen, publiziert 1957

Im Folgenden nimmt Rauda, wie auch schon in *Lebendige städtebauliche Raum-bildung,* Bezug auf Heinz Wetzel, der bei der Komposition von Städten zwischen „exakter Geometrie"– das heißt nach dem rechten Winkel entworfene Stadtpläne – und „optischer Geometrie" unterschied. Unterschiedliche Gestaltprinzipien hätten dabei auch unterschiedlichen Einfluss auf die Wahrnehmung des durch die Stadt Gehenden, hauptsächlich bezüglich der Wirkung auf die Augen, aber auch auf „uns" und „unsere Sinne"[110]. Inwieweit sich dies äußert, wird im Folgenden hauptsäch-lich am Beispiel der mittelalterlichen Stadt und dem gebunden-rhythmischen Ord-nungsprinzip erläutert. Daraus schließt Rauda, dass man sich immer auf das künstle-risch-geistig-optische Wesen des Architektonisch-Räumlichen besinnen solle. Dar-aufhin führt er den von Heinz Wetzel geprägten Begriff der „Nahtstellen" ein: dies seien besondere räumliche Wirkungen, die Spannungen und Verdichtungen auslö-sen und ein Spannungsgefälle bzw. -lösungen entscheiden können. Einzelbauwer-ke ohne Spannungen können nichts zu einer städtebaulichen Gestaltung beitragen, nur in einer „Baugesellschaft" kann man Gestaltungsfragen ablesen. Diese Thesen erläutert Rauda am Beispiel Bamberg ausführlich. Das Fazit hierzu lautet, dass hier durch die Harmonie der Einzelbauten ein städtebaulicher Gesamtorganismus entste-he. Im Gegensatz dazu würde eine Vielfalt von Raumteilen ohne Einheit zu Verwir-rung führen.

Im letzten Kapitel „Vom Anteil des Baukörpers und der Wand am Raum"[111] führt Rauda ausführlicher aus, inwiefern die Gestaltung der Wände als „optische Leitlini-en" (Erker, Vordächer, Simse etc.), „optische Leitflächen" (raumabschließende oder -trennende Fassaden) und „optische Leitkörper" (Dominanten einer Stadtsilhouette) der Raumspannung dienen können. Diese zusammengefasst als „optische Leitmedi-en" bezeichneten Elemente des Städtebaus seien bis in das 19. Jahrhundert unabhän-gig von den Ordnungsprinzipien zu sehen, müssten aber als elementare Gestaltungs-elemente der Stadt wieder eine Bedeutung bekommen, um das Ordnungsprinzip des heutigen Städtebaus zu definieren. Denn diese Forderung stellt Rauda an das Ende seiner Ausführungen: Die räumliche Wahrnehmung des Menschen sei in Verände-rung begriffen, daher müsse man eine neue Raumkultur definieren. Dabei gehe es nicht darum, Oberflächen zu gestalten, sondern sich um eine Struktur zu bemühen, in der sowohl ästhetische als auch zweckgebundene Faktoren Beachtung fänden.[112]

Den Abschluss und Höhepunkt der Monografie bietet die „Übersicht über die Raum- und Ordnungsprinzipien", eine als Weiterentwicklung der in *Lebendige städte-bauliche Raumbildung* präsentierten Tabelle, in der den jeweiligen Stilepochen die entsprechenden Ordnungsprinzipien zugeordnet werden (vgl. Abb. 126) und die als Abstraktion der in den einzelnen Kapiteln dargelegten Erkenntnisse zu verstehen ist. Damit wird Raudas eingangs formulierter systematischer, objektiver und wissen-schaftlicher Untersuchung von Stadträumen Rechnung getragen. Zum besseren Ver-ständnis soll diese Tabelle im Folgenden im Zusammenhang mit einigen ausgewähl-

110   Ebd., S. 81.
111   Ebd., S. 84-94. Dieses Kapitel erscheint in der Monografie am meisten als Einzelaufsatz, da der Zusammenhang mit den vorangegangenen Erläuterungen nur bedingt vorhanden ist. Lediglich bei der Erläuterung des mittelalterlich geprägten gebunden-rhythmischen Ordnungsprinzips hat Rauda zuvor auf die Bedeutung der den Raum begrenzenden Wände hingewiesen.
112   Rauda 1956, S. 95.

ten Beispielen erläutert werden. Abgesehen von den an die Stilepochen angelehnten einzelnen „Gestaltbereiche" im Verhältnis zu ihrem jeweiligen Ordnungsprinzip in der ersten bzw. letzten Spalte der Tabelle zeigt die Übersicht weitere Bezugsverhältnisse und Charakteristika auf: das Verhältnis des Raums zum jeweiligen Freiraum, zu den Menschen und zu den ihn formenden Bauten sowie die Form der Betrachtungsweise dieses Raums; daneben die am besten geeignete Form der Darstellung und die repräsentativsten Beispiele. Am unteren Ende der Tabelle zeigt Rauda darüber hinaus noch den „extremsten Fall" einer möglichen Entwicklung auf, bei der eine „raumlose Stadt" entstehen würde.

Der „Gestaltbereich der Antike" wird von Rauda in der Beispielsammlung allein an der schon erwähnten Akropolis in Athen erläutert. Die entsprechenden Charakteristika beschreibt er wie folgt: „Geschlossenes Raumbild ohne zusammenhängende Raumwände. Keine symmetrische oder asymmetrische Gesamtauffassung [...] aber auch kein regelloses Nebeneinander."[113] Die Bauten seien bewusst so zueinander gestellt, dass der Betrachterblick gelenkt werde. Daraus ergebe sich das frei-rhythmische Ordnungsprinzip, das im heutigen Städtebau neu entwickelt werde. Diese Interpretation in Verbindung mit der begeisterten Beschreibung des Raumbildes der Akropolis zeigt eine gewisse Verehrung Raudas für die stadträumlichen Ideen der Antike. Nicht zuletzt durch eine von Rauda implizierte Vorbildwirkung der griechischen Demokratie und seiner Vorstellung einer aufgeklärten „geistig anspruchsvollen" griechisch antiken Gesellschaft zeigt sich sein etwas verklärtes Bild dieser Zeit. Dieses ist auch in der zeitgemäßen Literatur zu finden: Die Dissertation des Raumforschers Konstantinos Doxiades hat diese Sicht enorm geprägt, aber auch Karl Gruber und Otto Schubert widmeten dem antiken Städtebau besondere Aufmerksamkeit.

Das „gebunden-rhythmische" Ordnungsprinzip, das Rauda dem „Gestaltbereich des Mittelalters" zuweist, wird an einigen Beispielen auch in seiner Weiterentwicklung dargelegt. Merkmale des Ordnungsprinzips in dieser Epoche seien vor allem die Asymmetrie, das Dynamische der Raumfolgen sowie die Ausbildung von Dominanten. Diese Charakteristika werden am „Campo" in Siena aufgezeigt (vgl. Abb. 127). Zum als Dominante wirkenden Rathausturm hin führt eine mehrfach geschwenkte Fassadenreihe, wodurch der Platz eine prägnante Raumkante erhält. Die Dominante sitzt am tiefsten Punkt des sich in Hanglage befindlichen Platzes und entfaltet dadurch noch eindeutiger ihre Wirkung. Wie schon in *Lebendige städtebauliche Raumbildung* reißt Rauda auch hier die historische Entwicklung des Platzes kurz an, um seine Ausführungen zu einer mehr oder weniger geplanten Gesamtkomposition dieses Raumbildes zu bestätigen. Diese geplanten Rauminszenierungen werden beim „metrischen Ordnungsprinzip" der Raumbeispiele aus der Renaissance sehr viel deutlicher. Die Geometrisierung der Plätze in Form der Anwendung von Symmetrien und Achsen fördere keinerlei Raumspannung und lasse nur ein „Standpunktsehen aus ich-bezogener Perspektive"[114] zu. Der „Place de Vosges" in Paris ist als Musterbeispiel einer solchen symmetrischen Raumbildung aufgeführt (vgl. Abb. 128). Das Setzen der Dominante – ein Reiterdenkmal[115] – in die Mitte des Platzes statt als Teil der raumbegrenzenden Wände, verstärkt den axialen Eindruck.

113   Ebd., S. 34.
114   Ebd., S. 99.
115   Ursprünglich Ludwig XV., von ihm selbst enthüllt, seit 1831 ein Denkmal von Stanislaus Leszcynski. (Rauda 1956, S. 52)

ÜBERSICHT ÜBER DIE RAUM- UND ORDNUNGSPRINZIPIEN

Versuch einer Darstellung der Zusammenhänge von „Naturraum" (= kosmischer Raum in seiner irdischen Erscheinungform) und „architektonischem Freiraum" mit seinen Ordnungsprinzipien.
Das Zeichen ←→ trennt gegensätzliche Gestaltideen.

	1 *Bezugsverhältnis des Raumes zum architektonischen Freiraum*	2 *Mensch und architektonische Raumgestalt*	3 *Bezugsverhältnis zwischen dem architektonischen Freiraum und seinen Bauten*
A *Im Gestaltbereich der Antike*	Der Raum in den architektonischen Freiraum nicht einbezogen	Der Mensch in enger Bindung an die Götterwelt als Persönlichkeit zum Gegenüber des architektonischen Raumes	Die „Vorderflächen" der Baukörper ergeben z gleich die Sichtflächen des architektonischen Raumes
B *Im Gestaltbereich des Mittelalters*	Der Raum bleibt als ein Gegenüber latent, „passiv", ohne Beziehung zum architektonischen Freiraum, jedoch geistig wirksam	Mensch und architektonische Raumgestalt als Ganzheit	Die Bauten erzeugen Raumspannungen, gleic sam durch Verdichtung, vor ihrer Körperliche Die Bauten sind raumeinhüllend, beruhige oder öffnend, Spannungen weitertragend. (Gege sätzlichkeit: Siehe Text Abb. 19–21, Ostdeutsc Kolonisationsgründungen)
C *Im Gestaltbereich der Renaissance*	Der Raum wird aus dem architektonischen Freiraum verdrängt	Mensch als Subjekt, architektonisches Raumbild als Objekt	Der architektonische Raum wird Selbstzwe Hohlkörper, Gefäß für die Bauten als Rau abgrenzung; statt Raumspannungen (B 3) Rau fülle inmitten eines architektonischen Freiraun (siehe B 3: Gegensätzlichkeit)
D *Im Gestaltbereich des Barocks*	Verdrängung des Raumes bzw. andeutend-perspektivische Einbeziehung (point de vue, landschaftliche Blickpunkte in Gartengestaltungen)	Gegensätzliche Auffassung: Mensch als Subjekt – architektonisches Raumbild als Objekt ←→Mensch und architektonischer Raum als Einheit	Gegensätzliche Auffassung: architektonischer Raum als Selbstzweck – Bauten raumabgrenze (C 3) ←→architektonischer Einzelfreiraum Teilglied einer Raumfolge; gegensätzliche A fassung: Bauten als raumbegrenzend oder add rend←→als weiterführend
E *Im Bauen unserer Zeit*	Raum als Wesenheit wird als existent anerkannt. Eingliederung des architektonischen Freiraumes in den „strömenden" Raum. „Humanisierung der Stadt"	Mensch als Subjekt – architektonische Raumgestalt subjektiviert	Der architektonische Raum verliert seinen Sel zweck als Abgrenzung (C 3) oder bergende Hü (B 3). Architektonischer Freiraum und Baut stehen in enger Beziehung zum umgebend „Naturraum".
Extremster Fall:	Aufgehen des architektonischen Freiraums im Naturraum. Raumchaos, Raumverneinung, Raumleere. Die „raumlose Stadt"	Der absolute autonome Mensch als Mittel. Verabsolutierung des Menschen. Vorherrschaft des anorganischen Geistes (Sedlmayr)	Beziehungslosigkeit der Einzelbauten zueinand Absolute Isolierung

4 Betrachtungsweise des architektonischen Freiraumes	5 Möglichkeiten der Darstellung von architektonischen Freiräumen	6 Charakteristische Beispiele des architektonischen Freiraumes und seiner Bauten	7 Ordnungsprinzipien
...äumliches Sehen von einem ...andort am Eintritt in ...en architektonischen Frei-...um (Propylon)	Nicht perspektivisch darstellbar	Sakraler Bezirk, z. B. Akropolis, antikes Theater	**Frei-rhythmisches Kompositionsprinzip**
...r-bezogenes Sehen von ...aumfolgen aus der Bewe-...ng heraus	Nur bedingt perspektivisch darstellbar; Raum als Hohlkörper nicht darstellbar. Isometriedarstellung: bedingt; darstellbar im plastischen Film	Raumfolge mittelalterlicher Städte, Gewölbereihung – spätgotisches Zellengewölbe als Auflösung der horizontalen Abgrenzung eines Innenraumes. (Asymmetrisch, dynamisch, schwerpunktmäßig, „außermittig")	**Gebunden-rhythmisches Ordnungsprinzip**
...-bezogenes Sehen von ...ndpunkten, inmitten ...es zentral, als Idee gebil-...en architektonischen Frei-...mes	Perspektivisch-standpunktmäßige Darstellung Zentralperspektive	„Zentral"städte (Idealstädte) Zentral-Freiräume und Innenräume (Theater: Guckkastenbühne), Denkmal als ideelle „Zentralplastik", Zentralkuppel. (Symmetrisch, statisch, axial, „mittig")	**Metrisches Ordnungsprinzip** **„Haptisches" Weltbild (Friedmann-Gestalttheorie)**
...en von Standpunkten aus ...-bezogener Perspektive	Perspektivische bzw. isometrische Darstellung	Raumaddierung in architektonischen Freiräumen und Innenräumen. Gegensätzliche Gestaltung: St. Niklas, Prag ←→ Karlskirche in Wien. Raumdurchdringung in den horizontalen Ebenen der Innenräume (z. B. Wallfahrtskirche Vierzehnheiligen, Treppenhäuser in Würzburg), Raumfolgen (Vierzehnheiligen: Verwischung der Vierungskuppel als Zentralraumidee der Renaissance) ←→ Zentralraumidee (C 6), Rom, St. Peter, Frühprojekte, als symbolhafte Ausdeutung von geistigen und geistlichen Bezügen in der architektonischen Raumgestalt	**Gegenpole: teilweise gebunden-rhythmisches Ordnungsprinzip (B 7) ←→ metrisches Ordnungsprinzip Überwiegend „optisches" Weltbild**
...der Sehen von Stand-...nkten" (C 4) noch aus ...Bewegung (B 4); dafür ...reifen der Gesamtord-...g aus geistig-räumlicher ...erschau	Perspektivisch nur teilweise im Vogelschaubild darstellbar; Erfassung als Flugbild aus der Bewegung heraus	Gegensätzliche Auffassung: Grindelberghochhäuser, Hamburg ←→ Hochhausgruppierungen in der Schweiz, in Schweden: rhythmische Gestaltung. Rhythmische kontrapunktische Baukomposition. Asymmetrische Gestaltung. (Frühes Beispiel: Hauptbahnhof in Stuttgart von P. Bonatz ab 1914.) Plastische Auffassung der Einzelbaukörper (z. B. Zürich-Seebach, Markuskirche 1948/49). (Asymmetrisch, dynamisch, „organisch")	**Neues frei-rhythmisches Ordnungsprinzig, daneben als zwei ältere Gegenpole: taktförmige Bildung im Sinne des metrischen Ordnungsprinzips (C 7) und des gebunden-rhythmischen Ordnungsprinzips (B 7) im Sinne des mittelalterlichen Städtebaues. Begriff des „differenzierten Städtebaues".**
—	—	Le Corbusiers Hochhausprojekte (Plan Voisin bei Paris) in taktförmiger Bildung	Überwindung der „haptischen" und der „optischen" Wahrnehmungsart (Friedmann) — das Optische als eine „Modifikation des Haptischen" (Haldane) gesehen — durch ein Weltbild der „Harmonik" (Hans Kayser, Lehrbuch der Harmonik, Zürich 1950) ein neues Welt - Raumbild und einen neu erfahrenen geistigen Standort des Menschlichen.

126   Die „Übersicht über die Raum- und Ordnungsprinzipien" ist der Publikation *Raumprobleme des europäischen Städtebaus* von W. Rauda entnommen. Auf dieser Doppelseite fasste Rauda seine Erkenntnisse zusammen.

Im Kapitel zur „Wandlung des räumlichen Sehens" führt Rauda nicht weiter aus, inwiefern er im Barock ein Nebeneinander eines gebunden-rhythmischen und eines metrischen Ordnungsprinzips begründet. In der tabellarischen Übersicht wird diesbezüglich konkretisiert, dass das Gebunden-Rhythmische aus der Addition von Freiräumen und Innenräumen entstehe.

Das „Bauen unserer Zeit" wird auch in der Tabelle in gewisser Weise noch als Übergangsphase in eine neue Raumauffassung angezeigt: das „neue freirhythmische Ordnungsprinzip" wird noch neben „zwei älteren Gegenpolen: taktförmige Bildung im Sinne des metrischen Ordnungsprinzips und des gebunden-rhythmischen Ordnungsprinzips" gesehen. Beispiele für das neue Ordnungsprinzip sieht Rauda vor allem im Ausland: in Le Havre, beim Rathausentwurf Asplunds in Göteborg, bei den „New Towns" in Harlow sowie bei der Wohnsiedlung Letzigraben in Zürich (vgl. Abb. 108, S. 241). Am eindrucksvollsten würde sich der Gesamtorganismus der Trabantenstadt Vällingby bei Stockholm als „Vorstoß ins Räumliche, in den architektonischen Freiraum rhythmischer Prägung" zeigen (vgl. Abb. 129). Die einzelnen Siedlungsgruppierungen würden in sich „ein Eigenleben" führen, aber durch ihre jeweiligen Dominantengruppen auch miteinander kommunizieren können. Das zentrale Geschäftszentrum, als niedriger Bau ausgeführt, wirke allein durch diese Kommunikation und bilde damit das „Herz der Stadt".

Das „Bauen unserer Zeit" sei – abgesehen von der Entwicklung des neuen frei-rhythmischen Ordnungsprinzips – geprägt von einer „Humanisierung der Stadt", die Rauda anhand der Treppenstraße in Kassel verwirklicht sieht: Hier würde dem Menschen durch die Fußgängerzone ein Raum für menschliche Begegnung und damit ein Stück der Stadt zurückgegeben werden (vgl. Abb. 130). Gleichzeitig zeigt sich an dieser stadträumlichen Stelle die dem „heutigen Empfinden des Räumlichen" gemäße Umbildung einer ursprünglich metrischen Platzanlage in einen rhythmisch gestalteten Platzraum aufgrund der Zerstörung des historischen Stadtbildes im Zweiten Weltkrieg. Diese Umformung sei geglückt, während eine entgegengesetzt gerichtete, wie zum Beispiel beim Neuaufbau des Dresdner Altmarktes 1955/1956, „im Sinne des Lebendigen einen Rückschritt" bedeuten würde.[116] Dieses Zitat ist eine der wenigen den Wiederaufbauplanungen in Deutschland kritisch gegenüberstehenden Aussagen innerhalb der Monografie. Grundsätzlich geht Rauda auch ein Jahrzehnt nach Ende des Zweiten Weltkrieges davon aus, dass die Bauschaffenden noch keinen Ausdruck für das Raumempfinden gefunden hätten. Er sieht darüber hinaus scheinbar die Luftangriffe im Zweiten Weltkrieg nicht als Ausgangspunkt für ein grundsätzliches Umdenken in der Raumerfahrung. Dieses Umdenken habe schon am Ende des 19. Jahrhunderts mit der Industrialisierung begonnen. Vielmehr sei die Zerstörung der Städte nun eine Chance, die nicht mehr dem Raumempfinden entsprechenden Stadträume im Einklang mit dem Bestand umzugestalten, wie es beispielsweise in Kassel geschehen sei. Grundsätzlich ist es diese Haltung, die den Aktualitätsbezug von Raudas Monografie ausmacht.

Das Buch *Raumprobleme im europäischen Städtebau* erfährt weniger Rezensionen als das spätere *Lebendige städtebauliche Raumbildung*. Da die beiden Bücher so kurz aufeinanderfolgend publiziert werden, wird bei den Rezensionen zur Publikation von 1957 teilweise darauf verwiesen, dass „Raumprobleme" schon „Aufsehen

---

116   Rauda 1956, S. 69.

erregt hätte"[117]. Doch wie auch bei der ersten Publikation Raudas werden erneut seine Zeichnungen hoch gelobt[118], genauso wie die Auswahl der Beispiele, die thematisch sinnvoll sei und keinem vorgefassten Kanon entspräche; vielmehr sei es Rauda auf die jeweilige „kritische Würdigung" angekommen.[119] Die Diskussion um die „Kernfrage des heutigen Städtebaus: Wiederaufbau oder Neuaufbau?" würde durch Raudas Analysen um weitere Argumente erweitert werden. Allerdings wird in den Rezensionen auch deutlich, dass es sich hier um eine komplexe Betrachtung handelt. Während Hans Reuther noch betont, Rauda „hätte es sich nicht leicht gemacht", bezeichnet der Rezensent des *Münchner Merkur*, Wolfgang Petzet, das Studium des Buches als „mühsam", aber lohnend.[120]

Tatsächlich verwendet Rauda eine Vielzahl von Zitaten und Verweisen auf Kunst, Philosophie und Wissenschaft. Selten wird Raudas humanistische Bildung so deutlich wie hier, wobei der Inhalt dadurch an Komplexität zunimmt und an manchen Stellen sehr kompliziert formuliert wird. Rauda verweist nicht nur auf die gängigen Wegbereiter der Stadtbaukunst Camillo Sitte[121], Albert Erich Brinckmann[122] und Theodor Fischer[123], sondern auch auf Philosophen wie Edmund Husserl, Thomas Mann, Immanuel Kant, Thomas von Aquin, Novalis etc. und seine eigenen Mitmenschen[124]. Wie auch in *Lebendige städtebauliche Raumbildung* zeigen insbesondere die den einzelnen Kapiteln vorangestellten Zitate, beispielsweise von Auguste Rodin oder Mies van der Rohe, dass Rauda seine eigenen Aussagen gegenüber der Leserschaft legitimieren und ihnen einen besonderen Aktualitätsbezug geben möchte.

Damit wird unterstrichen, dass die Frage nach der Baugesinnung – „ob restaurativ oder konservativ, oder ob ‚modern' zu bauen sei" – laut Rauda zweitrangig sei.[125] Einerseits will Rauda sich damit eindeutig von der gängigen Trennung der traditionalistisch Gesinnten von den Zugehörigen des Neuen Bauens abgrenzen. Er sieht sein Konzept unabhängig von diesem Diskurs. Allerdings setzt er das Adjektiv „modern" in Anführungsstriche: Bezugnehmend auf seine Ausbildung in Stuttgart will er eventuell betonen, dass der Traditionalismus der 1920er Jahre ebenso modern war wie das Neue Bauen. In dieser Hinsicht könnten seine Anführungszeichen versuchen, genau diesen Fokus zu verschieben: Restaurativ und konservativ sind genauso „modern" wie das Neue Bauen, das im Allgemeinen eher mit dem Modernebegriff assoziiert wird. Dass er sich in diesem Diskurs keiner ideengeschichtlichen „Baugesinnung" zuordnen will, zeigt auch der nachfolgende Absatz, in dem Rauda aufführt, wo die Diskussion um ein neues Verständnis von Raum geführt wird: Er listet hier die Vertreter eines Internationalen Stils wie Richard Neutra und Walter Gropius ebenso auf wie die Traditionalisten Rudolf Schwarz und Hans Sedlmayr. Diese Breite der Diskussion zeigt laut Rauda, dass man sich in einem räumlichen Chaos befände, d.h. kein Raumbewusstsein hätte, und dieses daher zu ordnen sei. Dies ist der Ausgangspunkt

---

117   Hillebrecht 1958, S. 216.
118   O. A. 1957.
119   Reuther 1957.
120   Petzet 25.01.1957.
121   Vgl. Rauda 1956, S. 17.
122   Vgl. ebd., S. 28, 90.
123   Vgl. ebd., S. 24.
124   Hier sind exemplarisch Melchinger, Heidegger und Spoerri zu nennen.
125   Rauda 1956, S. 9.

127

128

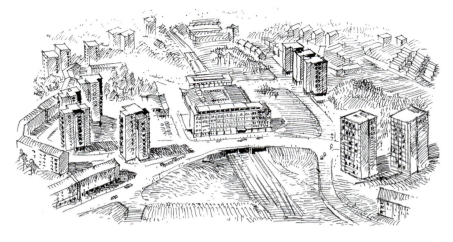

129

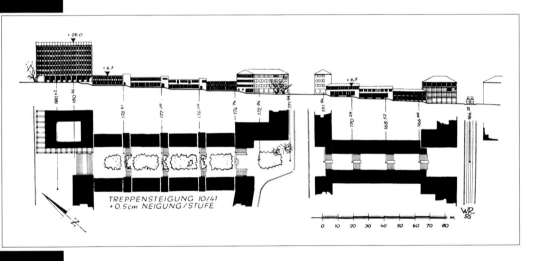

130

W. Rauda: Darstellung des rhythmischen Ordnungsprinzips an den
Beispielen des Raumbildes des Campo in Siena (127), des metrischen
Prinzips des Place de Vosges in Paris (128), des frei-körperlichen
Ordnungsprinzips in Vällingby (129) sowie der Treppenstraße in Kassel (130)

von Raudas Argumentation, deren gedankliche Kernthesen wie folgt zusammenge-fasst werden können:

Es gibt eine neue Epoche, in der ein neues visuelles Verständnis nötig ist. Um zu diesem Verständnis zu gelangen, ist eine objektive Herangehensweise die im bis-herigen Diskurs fehlende Methode (die Rauda nun einschlagen möchte). Trotzdem gibt es eine subjektive Ebene in der Architektur und Stadtplanung; diese kann aller-dings in der detaillierten Betrachtung der „alten und neuen Wissenschaften" durch eine allgemeingültige visuelle Sprache kontrolliert werden.

Der Ausdruck der neuen Epoche – das hat Rauda in der Ausführung der „Raum-bilder im Wandel der Zeit" verdeutlicht – sei eng mit der kulturellen und selbst-verständlich mit der politischen Entwicklung der Menschen verbunden. Aufgabe der heutigen Planungsverantwortlichen sei es, einen entsprechenden Ausdruck im Städtebau der Nachkriegsmoderne zu entwickeln. Ausgehend von dieser Aufgaben-stellung leitet Rauda seine ersten Überlegungen zur Ausbildung und Überlagerung verschiedener Raumkulturen bzw. Ordnungsprinzipien ein und nennt erste Beispiele für ein neues, zeitgemäßes Ordnungsprinzip. Seine These hierbei ist, dass es eine „tief drinnen gleiche" Grundhaltung gebe, die sich durch „das zeitlich Gegenwärtige und gleicherweise Wirkende einer oder mehrerer Raumkulturen" ausdrücke.[126] Diese Raumkulturen, die von Rauda mit in gleicher Phase schwingenden Wellenbewegun-gen gleichgesetzt werden, bildeten die Epochen aus, die Ordnungsprinzipien unter-lägen. Die Verwirklichung dieser Ordnungsprinzipien werde in der „Sichtbarma-chung räumlicher Qualitäten eines baulichen Organismus"[127] ausgedrückt. Aufgrund der Komplexität des Themas und Raudas Ausführungen bleibt er in der konkreten Formulierung eines neuen Ordnungsprinzips sehr vage und teilweise sogar wider-sprüchlich.[128] Es wird mehr als ein Jahrzehnt vergehen, bevor er diese Gedanken wei-terentwickelt haben und noch einmal wenig differenzierter ausführen wird.

Aufgrund der Komplexität der Ausführung in *Raumprobleme im europäischen Städtebau* ist es lohnenswert, an dieser Stelle die einzige internationale Publikation Raudas in englischer Sprache zusammenzufassen: *Urban Space and how to see it*[129] erscheint 1960 in der Zeitschrift *Landscape* und behandelt eine Zusammenfassung der Forderung Raudas, im Städtebau eine neue Raumauffassung zu entwickeln. Auf-grund der englischen Sprache und der damit verbundenen Notwendigkeit der Über-setzung von für Rauda entscheidenden Fachtermini sowie der verkürzten Darstel-lung seiner städtebaulichen Theorie auf wenigen Seiten, bietet dieser Artikel eine passende Zusammenfassung des bisherigen Forschungsstandes Raudas. Der Artikel beginnt mit seiner hier einfach formulierten und doch grundlegenden Forderung: „We need to learn how to see the architecture of our cities with a new eye"[130] – „Wir müssen neu erlernen, wie wir unsere Städte wahrnehmen." Momentan beschäftige

---

126 Rauda 1956, S. 8. Dies ist der einzige Abschnitt in *Raumprobleme im europäischen Städtebau*, an dem das Wort „Raumkultur" auftritt.

127 Rauda 1956, S. 9.

128 Allein die Wortwahl zur Formulierung des neuen Ordnungsprinzips ist nicht einheitlich: Mal spricht er von einem freikörperlich-rhythmischen Prinzip, mal nur von einem frei-rhythmischen (vgl. Rauda 1956, S. 71, 72). Außerdem schafft er es kaum, die Unterscheidung von gebunden- und frei-rhythmisch in den zeitgenössischen Beispielen durchgängig und verständlich zu argumentieren.

129 Rauda 1960.

130 Ebd., S. 3.

man sich noch zu sehr mit formalen Aspekten der Architektur sowie mit Stildebatten und sehe dabei die Stadt nur von einem einzelnen, statischen und unveränderbaren Standpunkt aus. Dabei sei jedoch die heutige Stadt geprägt durch den Faktor Zeit und damit insbesondere durch Bewegung: „Thus a genuinely three-dimensional manner of seeing [...] should teach us moreover that ‚seeing‘ in its true sense means ‚seeing in the course of motion‘."[131] Dieses „Sehen im Lauf der Bewegung" als neue Sehweise könne uns die Rhythmen der Stadtgestaltung erkennen lassen und daraus „harmoniously planned urban complexes" entwickeln. Nach den folgenden Ausführungen zu den „spatial concepts", den Ordnungsprinzipien der Antike, des Mittelalters sowie der Renaissance, kommt Rauda zu dem Schluss, dass im Städtebau des 19. Jahrhunderts häufig „characteristics of both the medieval and the Renaissance concepts [...] exist side by side, interpenetrating and influencing each other".[132] Daneben entwickele sich eine neue Auffassung, die sich in der Anordnung von Gebäuden in einer „free-rhythmic relationship" äußere: „The indication of one or more corners without any material link between them often suffices to create the impression of a clearly defined space. It is as if an invisible web, perceptible only to the inner eye, were stretched between the corners, thereby creating a definite area."[133] Eine ähnliche Wahrnehmung von Raum gebe es auch bei manchen historischen, freistehenden Kompositionen, doch Rauda warnt davor, diese einfach zu imitieren. Man solle vielmehr das Grundprinzip erkennen und dieses in die funktionale und ästhetische Ordnung der zeitgenössischen Architektur überführen.

Bei diesem Artikel handelt es sich um Raudas einzigen englischsprachigen Aufsatz; es ist nicht eindeutig nachvollziehbar, warum er ihn veröffentlicht hat.[134] Allerdings wird in der Abstraktion der Sprache deutlich, worauf sich Rauda in den folgenden Jahren vermehrt konzentrieren wird: die neue Art der Raumauffassung in einer neuen Periode städtebaulicher Raumkultur.

Die historische Stadt im Spiegel städtebaulicher Raumkulturen, 1969

Die historische Stadt im Spiegel städtebaulicher Raumkulturen. Ein Beitrag zum Gestaltwandel und zur Regenerierung der europäischen Stadt mit 116 fast quadratisch gestalteten Seiten erscheint 1969 im Hannoverschen Patzer-Verlag (vgl. Abb. 131). Das Buch ist zweigeteilt: Nach sieben Kapiteln zu den unterschiedlichen Raumvorstellungen im Wandel der Zeit formuliert Rauda 23 Thesen zur Entwicklung eines neuen Raumverständnisses. Als zweiter Teil des Buches schließt der „Bildteil" an, in dem Rauda, wie schon in seinen vorangegangenen Monografien, Stadträume hinsichtlich ihrer Raumwirkung analysiert. Für ein Geleitwort konnte der Hannoveraner Stadtbaurat Rudolf Hillebrecht gewonnen werden. Dieser stellt das Buch als Betrachtung der städtebaulich-architektonischen Baugestaltung vor und lobt vor allem Raudas „beneidenswertes zeichnerisches Darstellungsvermögen".[135] Rauda selbst ordnet sein

131   Ebd.
132   Ebd., S. 6.
133   Ebd.
134   Es ist möglich, dass er auf seiner Reise für den Bericht „Reiseerlebnis Mexico" Kontakte genutzt hat, um in der Zeitschrift mit Sitz in Santa Fe zu publizieren. Das ist allerdings eine unbewiesene These.
135   Rauda 1969, S. 7.

Werk als „Neuland städtebaulicher Forschung" ein. Dieses Buch soll allerdings nur einen Sonderdruck eines Referates vom Symposium *Die Stadt in der Landschaft* darstellen, das 1968 in Innsbruck stattgefunden hat. Sehr viel ausführlicher sollen seine „Untersuchungen über städtebauliche Entwicklungsperioden und eine Klassifizierung städtebaulicher Raumkulturen" in der 1970 erscheinenden Publikation *Das festliche Venedig* entwickelt werden. Raudas Forschungsthese wird im ersten Kapitel zu „Raumvorstellungen im Wandel der Zeit" erörtert: Ausgehend davon, dass städtebauliche Gestaltung als Stadtbaukunst primär durch Raumgliederung und Raumkunst definiert sei, stellt er im Verlauf der Stadtgeschichte städtebauliche Neudispositionen und Regenerationen fest. Dieser Wandlungsprozess des architektonischen Freiraums sei allerdings „nicht kontinuierlich, sondern im Gegenteil in abgeknickten Linien" verlaufen.[136] Die daraus abgeleiteten Phasen in der Geschichte der Stadtgestaltung werden von ihm als Raumkulturen bezeichnet.[137] Stadträume seien aufgrund der menschlichen Erkenntnisstufen von Raum und Zeit ständiger Veränderung unterworfen. Mit einem Zitat von Arnold Gehlen zeigt Rauda die aktuelle Relevanz seines Themas auf: „Der Raum wird in diesen Zeiten von einem neuen Strahl des Erkennens lichter getroffen." Die Entwicklung der westlichen Welt sei so weit fortgeschritten, dass seit 1900 ein neues Raumverständnis herrsche, das städtebaulich gefasst werden müsse. Rauda erläutert dazu: „Bis um 1900 [...] konnte Raum als Nichtmaterie immer in einem gewissen polaren Verhältnis zum Menschen erfahren, auch sinnlich begriffen werden. [...] Der neue Raumbegriff des kosmischen Raumes und der neue Begriff der Zeit, der Raum-Zeit-Relativität, jedoch können zumindest von der Allgemeinheit heute nicht mehr begriffen werden [...] Raum und Zeit verlassen durch die neugewonnene Abstraktheit die bisherigen Bindungen zum Menschen."[138] Um diese neue Raumkultur zu fassen ist es für Rauda unabdinglich, die vergangenen Raumkulturen zu charakterisieren.

Die erste Periode städtebaulicher Raumkultur[139] beginnt mit der Stadtwerdung im frühen Mittelalter und endet im 13. Jahrhundert. Die Kennzeichen dieser Raumkultur seien ein distanzloses, aperspektivisches Bauen in distanz- und raumloser Stadtgestalt. Der Raum als städtebauliche Qualität und Medium der Stadtgestalt würde noch nicht existieren. Beispiele hierfür seien unter anderem der Dombereich in Pisa (vgl. Abb. 132). Diesen Platz charakterisiert Rauda im Folgenden als freiräumliche Komposition ohne Bezug zur Stadt. Dieses Konzept wandele sich mit der Anekdote von Petrarca, der den „Horizont entdeckt".[140]

Mit dieser Erkenntnis in der ersten Hälfte des 14. Jahrhunderts wandele sich das Raumverständnis und es beginne die zweite Periode städtebaulicher Raumkultur[141]: Raum werde nun nicht mehr als konstant und statisch angesehen, sondern durch das Hinzufügen des Faktors Zeit als dynamisch. Dieser Umstand werde noch verstärkt

---

136   Ebd., S. 13.
137   Wichtig ist hier, dass er sich explizit vom Ordnungsbegriff, der in der Publikation von 1956 noch entscheidend war, abgrenzt. Rauda betont, dass er den Ordnungsbegriff nun eher im Sinne einer Ordnung der Kultur, wie Oswald Spengler ihn auffasst, verwendet und sich deswegen nun auf den Begriff „Raumkultur" bezieht. (Siehe Rauda 1969, S. 13)
138   Rauda 1969, S. 15.
139   Ebd., S. 16-19.
140   Ebd., S. 17.
141   Ebd., S. 19-21.

WOLFGANG RAUDA

Die historische Stadt im Spiegel

städtebaulicher Raumkulturen

PATZER VERLAG GMBH u. CO. KG · HANNOVER · BERLIN · SARSTEDT

131   Titelblatt von Wolfgang Raudas Publikation
       Die historische Stadt im Spiegel städtebaulicher
       Raumkulturen, erschienen 1969

285

durch die öffentliche Installation von Uhren im Stadtraum und der damit ständigen Präsenz der Zeit. Da dies hauptsächlich in der westlichen Welt passiert sei, habe sich von diesem Moment an die Stadt „im fernen Osten" anders entwickelt als in Europa, was auch zu verschiedenen Raumauffassungen der jeweiligen Kulturen geführt hätte. In Europa sei diese zweite Raumkultur charakterisiert durch distanzerfüllte, vorperspektivische Raumkonfigurationen. Gerade der Markt in der Altstadt Braunschweigs würde dieses Raumbild trotz der Umbauten heute noch repräsentieren (vgl. Abb. 133 und 134). Innerhalb dieser zweiten Periode habe sich ein Wandel von einer raumfernen zu einer raumerfüllten Stadtgestalt vollzogen. Dies sei mit einigen Stadtumbauten innerhalb dieser Zeit verbunden gewesen, wodurch die für uns heute als „mittelalterliche Stadt" bezeichneten Stadträume als geplantes Gesamtkunstwerk erschienen, obwohl sie eigentlich das Ergebnis eines mehrere Jahrhunderte andauernden Prozesses über verschiedene Raumauffassungen hinweg darstellten.

Die dritte Periode städtebaulicher Raumkultur[142] wirke bis in die heutige Zeit. Aufgrund des Stürzens der bisherigen Vorstellungen eines ptolemäischen Weltbildes durch Kopernikus, Kepler und Galilei setze sich nun eine „vollperspektivische, raumerfüllte"[143] Stadtbaukunst durch. Diese Periode städtebaulicher Raumkultur sei außerdem durch die Regeneration von Stadt gekennzeichnet. Das „Ringen um die Erkenntnisse des kosmischen Raumes" – unter anderem durch Newton – verursache ein Dreiecksverhältnis von Mensch, Raum und Baukörper. Der neue architektonische Freiraum werde durch die ihn begrenzenden Baukörper erlebbar. Gleichzeitig gebe es durch die Kreuzzüge und die Entdeckungsfahrten über die Ozeane ein neues Gefühl von Weite. Die Folge für die Gestaltung der Stadträume äußere sich in den vollperspektivischen Planstädten der Renaissance wie Palmanova oder Grammichele. Die Idee dahinter sei die Schaffung von großräumigen Anlagen und Plätzen, die sich nach vielen Seiten hin öffnen könnten. In der Praxis würden sich die Raumbildungen dieser Zeit allerdings als geschlossene, sich abkapselnde und sparsam dimensionierte Freiräume präsentieren. Die Diskrepanz zwischen der Theorie und der Praxis erklärt Rauda einerseits durch die Beengtheit innerhalb der Stadtmauern, wodurch ein Umbau der regellosen und willkürlichen mittelalterlichen Stadträume erschwert worden sei. Stattdessen habe man versucht, durch bewusste perspektivische Verzerrung und das Einfügen von städtebaulichen Gestaltungselementen wie Brunnen und Freitreppen[144] einen größer wirkenden Raum zu schaffen. Anhand einer Raumfolge in Innsbruck zwischen Maria-Theresien-Straße und Dombereich (vgl. Abb. 135 und 136) erläutert er, wie die zweite und dritte Raumkultur zu einer gesamtheitlichen Raumfolge verschmolzen seien: Hier würden mehrere Wachstumskerne der historischen Stadt fließend ineinander übergehen und dabei von den jeweiligen Dominanten und Platzwänden sowie den umliegenden Bergen begrenzt werden. Damit habe sich in Innsbruck ein einzigartiges „Image der Stadt"[145] ausgebildet. Die bedrückende Enge der historischen Stadt sei durch Einbeziehung der „historischen City" in die Weite der Landschaft aufgehoben worden und mache eine besondere Spannung zwischen Frei- und Naturraum erlebbar. Doch die modernen Bedürfnisse der Stadt-

---

142 Ebd., S. 22-26.
143 Ebd., S. 22.
144 Den Treppen und Wasserspielen widmet Rauda auf den Seiten 27–29 ein ganzes Kapitel, das aber aufgrund seiner beschreibenden Ebene keine weitere Erwähnung findet.
145 Rauda 1969, S. 25.

menschen forderten neuen Wohnraum und bessere Parkmöglichkeiten. Durch die Einrichtung einer Fußgängerzone am „Goldenen Dachl" und das Schaffen von Parkplätzen sowie mehrspurigen Straßen könnten die Qualitäten der in der zweiten und dritten Raumkultur entstandenen Raumbildungen erhalten und in einer vierten Periode „sinnvoll umgeformt" werden. Innsbruck und auch München seien hierbei auf einem guten Weg, diesen nächsten Schritt erfolgreich zu vollziehen.

Unter der Fragestellung „Hat die historische Stadt eine Überlebenschance?"[146] beginnt Rauda die Betrachtung der vierten Periode städtebaulicher Raumkultur. Die Entwicklung dieser habe am Übergang vom 19. ins 20. Jahrhundert begonnen und sei gekennzeichnet durch die Auflösung eines bis dahin festgegründeten Wirklichkeitsglaubens von räumlicher Existenz. Einsteins Relativitätstheorie habe ergeben, dass Raum und Zeit keine Konstanten seien, sondern relativ voneinander abhängig seien. Diese räumliche Bewusstseinsänderung würde sich durch das Fernsehen, die Telekommunikation und das Reisen mit dem Flugzeug auch in der Gesellschaft manifestieren. Daher müsse sich die Gestalt der Stadt radikal ändern. Inwiefern eine neue Raumkultur sich äußere und wie das neue Raumverständnis zu fassen sei, versucht Rauda in thesenartiger Form darzustellen.[147]

Er schlägt für die Weiterentwicklung der Stadt im Grunde eine dynamische, hochmoderne Stadtlandschaft vor, deren Wesen dem relativen Raum-Zeit-Begriff entspricht. Er kulminiert hier seine Erfahrungen als Stadtplaner, Architekt, Städtebauhistoriker und -theoretiker. Zusammengefasst kann man das Aussehen der Stadt in der vierten Periode städtebaulicher Raumkultur wie folgt beschreiben: fließende Räume ohne symmetrische Konzeption, die Landschaft wirkt bis in das Stadtzentrum hinein; dort kommunizieren die Baukörper untereinander und mit dem sie umgebenden Freiraum. Aus den weiteren Ausführungen wird deutlich, dass Rauda vor allem beim Metabolismus in Japan erste Grundgedanken zu einer solchen wandlungsfähigen Architektur erkennt. Überhaupt, so stellt Rauda in seinem „Versuch eines Ausblickes"[148] dar, sei die Annäherung zwischen westlicher und östlicher Welt im Sinne eines globalisierten Denkens eine logische Konsequenz der neuen Raumkultur: „In der Sichtbarmachung der räumlichen Werte der vierten Periode städtebaulicher Raumkultur sehen wir eine Chance, die Freiheit einer pluralistischen Gesellschaft in neuer gesellschaftlicher Übereinkunft ablesbar zu machen"[149], und er beendet seine letzte publizierte Monografie mit dem Anspruch: „Wir wären dann in der Lage, das heute noch so chaotische Antlitz der Städte weitgehend umzuformen, da es der neu erfahrenen Ordnung nicht mehr gemäß ist."[150] Darin wird ein Fortschrittsglaube sichtbar, der sicherlich zu Raudas Zeit Folge des anhaltenden Wirtschaftswunders in Westdeutschland ist, im heutigen Kontext allerdings einer weltoffenen Haltung in einer globalisierten Welt entsprechen könnte.

Woraus folgert Rauda allerdings die Beschreibung des „chaotischen Antlitz der Städte"? Aufschlussgebend ist dafür das den Thesen zur vierten Periode städtebaulicher Raumkulturen vorangestellte Kapitel zur Überlebenschance der historischen Stadt. Hier stellt Rauda fest, dass die Phasenübergänge zwischen den einzel-

146 Ebd., S. 29-37.
147 Ebd., S. 37-40.
148 Ebd., S. 43-45.
149 Ebd., S. 45.
150 Ebd.

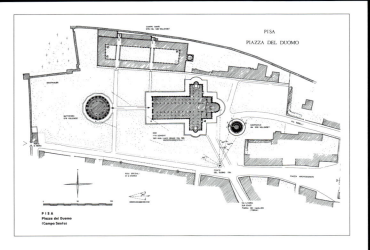

132

133

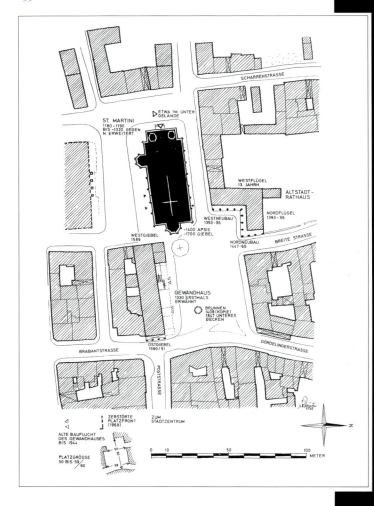

134

135 136

W. Rauda: Darstellung des Fehlens eines Raumverständnisses im
Dombereich Pisas, Beispiel der ersten Periode städtebaulicher
Raumkultur (132), publiziert 1969. Die zweite Periode städtebaulicher
Raumkultur ist laut Rauda noch immer im Stadtzentrum von
Braunschweig sichtbar, hier die Darstellung im Lageplan (133) und in
einer Perspektive auf das Altstadtrathaus (134), publiziert 1969.
In Innsbruck lasse sich laut Rauda der Übergang von der zweiten zur
dritten Periode städtebaulicher Raumkultur ablesen, er zeigt hierzu die
Raumfolge vom Blick in die Maria-Theresien-Straße (135) zum
Stadtplatz mit dem „Goldenen Dachl" (136).

nen Raumkulturen immer fließend gewesen seien und man sich momentan in einer solchen Übergangsphase befände. Gleichzeitig würden die Architekten, geprägt von der Aussage Philip Johnsons „Heute steht nur eines fest und das ist der Wandel", vor einer „herrlichen Freiheit und unbegrenzten Möglichkeiten" stehen und dabei Traditionen und Bindungen aufgeben. Rauda schlägt allerdings eine „sinnvolle Integrierung" der historischen Stadträume in die neue Raumauffassung vor: „In der heutigen demokratischen Gesellschaft wird das [...] Bemühen um eine gewisse Erscheinungsform der Stadt berechtigt sein. Die uns als kulturelles Erbe überkommene historische Stadt sollte in dieses Mühen um Identität von Gesellschaft und Stadtgestalt einbezogen werden."[151]

Entscheidend für Raudas städtebauliche Haltung ist hierbei aber, dass die historische Stadt nicht mit allen Mitteln zu erhalten sei, denn in der Stadt der Zukunft würde sie dann „museale Tendenzen oder einen Pflegeheim-Charakter"[152] erhalten. Stattdessen setze er auf eine „Regeneration der historischen Stadt" und zeigt einige Möglichkeiten zur Erhaltung der Altstädte auf: Darunter sind Vorschläge zur Neuordnung des Verkehrs in den Altstädten, die Erarbeitung von Funktionsplänen, damit der „Tertiäre Sektor" den Wohnraum in den Innenstädten nicht verdränge und die Forderung nach der Aufhebung des statischen Zustands der Altstadt. Konsequenterweise bezeichnet Rauda die so regenerierten Stadtzentren als „City" und macht damit auch terminologisch deutlich, dass sie Teil des neuen, globalisierten Raumverständnisses sind.

Eine entscheidende Maßnahme im Übergang der Altstadt zur City ist die Bewertung der Stadtraumqualitäten durch eine Untersuchung der jeweiligen Entwicklungsphasen. Hierfür schlägt er die Entwicklung eines einheitlichen Bewertungsrahmen vor, innerhalb dessen räumliche Qualität nach allgemeingültigen Kriterien untersucht und bewertet werden können soll. Die daraus schlussgefolgerten „Raumwertzahlen", wie er sie in seinem Lehrkonzept an der TH Hannover benennt,[153] sollen bei der Entscheidungshilfe einer städtebaulichen Weiterentwicklung helfen. Mit der Einführung eines solchen objektiven Bewertungssystems wird die Weiterentwicklung der mehr als zehn Jahre zuvor von Rauda geforderten Kategorisierung städtebaulicher Grundsätze in den historischen Städten gefestigt.

Auch in *Die Historische Stadt im Spiegel städtebaulicher Raumkulturen* nutzt Rauda mannigfaltige Zitate und Verweise auf andere Wissenschaftsdisziplinen. Inzwischen verschieben sich diese aber immer mehr in architekturbezogene Aussagen, wenn er beispielsweise Philip Johnson, Ortega y Gasset oder Siegfried Giedion zitiert. Diese wirken nun nicht mehr als bloße Legitimation seiner eigenen Argumentation, sondern werden als Referenzen an die zeitgenössische Diskussion verwendet. Im Literaturverzeichnis tauchen inzwischen vermehrt aktuellere Forschungen auf: Hedwig Conrad-Martius Ausführungen zum *Raum* (1958) und zur *Zeit* (1954) oder auch die Dissertation von Ulya Vogt-Göcknil zu *Architektonischen Grundbegriffen* (1951) stehen neben seinen Standardwerken von Gantner, Brinckmann und Braunfels. Auch seine Ausführungen erscheinen weniger komplex und viel konkreter, sodass es beinahe verwunderlich ist, dass diese Monografie keinerlei Rezension oder Rezeption

---

151   Ebd., S. 31.
152   Ebd., S. 15.
153   Siehe hierzu das Kapitel „Lebendige städtebauliche Raumbildung, 1957", S. 252ff.

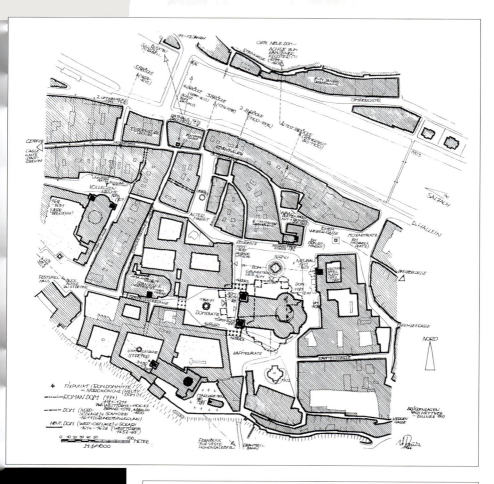

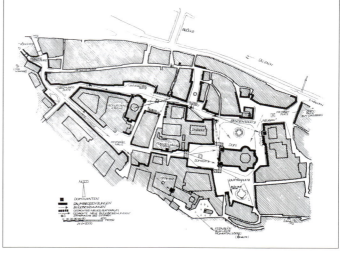

V. Raudas und R. Wurzers Analyse des Stadtzentrums von Salzburg,
Lageplan des barocken (138) sowie des aktuellen Zentrums (137) mit Betonung der
Raumkanten, publiziert 1968

erfahren hat. Allerdings sind seine Ausführungen, versteht man sie als bloße Kritik am Städtebau der 1950er Jahre, keineswegs neu: Ende der 1960er Jahre hat sich unter anderem durch die Publikationen von Alexander Mitscherlich (1965) und Edgar Salin (1960) schon längst verdeutlicht, dass sich die wieder aufgebaute Stadt der direkten Nachkriegszeit in Westdeutschland neuen Leitbildern ausgesetzt sieht.

Seine Ausführungen zum Umgang mit den historischen Städten stellen die eigentliche Besonderheit der Monografie dar. Sieht man sie im Zusammenhang mit den beiden vorangegangenen Monografien wird erst deutlich, welche Entwicklung Raudas Argumentation im Laufe der späten 1950er und der 1960er Jahre genommen haben. Es entsteht eine kontinuierliche Argumentation ausgehend von der These, dass sich jede Gesellschaft über ihre Art des Sehens individuell im Raumbild ihrer Stadt ausgedrückt hat. Ausgehend von der Analyse städtebaulicher Raumbildungen und ihrer jeweiligen historischen Entwicklung in einem engen geografischen Rahmen in *Lebendige städtebauliche Raumbildung* und der Erläuterung der dort festgestellten übergeordneten Prinzipien in überregionalen und internationalen Beispielen in *Raumprobleme im europäischen Städtebau* folgt mit *Die historische Stadt im Spiegel städtebaulicher Raumkulturen* der Versuch einer Vorhersage zukünftiger Prinzipien des Städtebaus zur Herstellung einer Identität zwischen Stadt und Gesellschaft. Es ist nun eine logische Konsequenz, die über die Jahre gewonnenen Erkenntnisse wieder auf Einzelbeispiele zurück zu führen, um ihre Anwendbarkeit zu prüfen.

Ein erster Versuch diesbezüglich stellt die gemeinsam mit Rudolf Wurzer formulierte verfasste Betrachtung *Salzburg. Städtebauliches Juwel – städtebauliches Problem* (1968) dar. Grund für die Betrachtung ist die auch in Österreich immer drängendere Frage nach einem Konzept für Altstadtsanierungen, um den modernen Bedürfnissen gerecht zu werden und gleichzeitig die Qualitäten der historischen Innenstädte zu erhalten. Dieses Konzept, so die Forderung insbesondere Wurzers, soll durch ein Altstadtsanierungsgesetz politisch bestimmt werden, um „ein harmonisches Zusammenwirken von Kapitalmarktfinanzierung und öffentlicher Subventionierung zu erzielen".[154] Konkrete Vorstellungen zur Sanierung der Salzburger Altstadt erarbeiten Rauda und der Wiener Professor für Städtebau auf Grundlage einer ausführlichen stadtbauhistorischen Betrachtung.[155]

Zwei Vorschläge zu einer Altstadtsanierung im Sinne der neuen Raumkultur werden hierbei in Plänen dargestellt. In das historische Stadtzentrum einschneidend würde die Verkürzung eines Baublocks zwischen Kollegienkirche und Franziskanerkirche wirken, wodurch allerdings „eine fließende Verbindung zum Altmarkt" entstehen könnte (vgl. Abb. 137 und 138).[156] Der andere am Städtebauinstitut Wurzers erarbeitete Vorschlag betrifft die Auflockerung eines verdichteten Wohnblocks zur Schaffung einer Fußgängerzone mit Geschäften innerhalb des Blocks.[157] Diese regional beschränkte und kleine Publikation ist nicht nur ein Beweis für ein internationales Netzwerk Raudas, sondern zeigt auch einen möglichen Transfer von Raudas Überlegungen in die Praxis. Die Ausführungen sind allerdings nur sehr bedingt mit der Idee der Raumkultur verknüpft, lediglich die historische Analyse der Stadträume entsprechen Raudas Forderungen.

154   Rauda/Wurzer 1968, S. 86.
155   Ebd., S. 11-66.
156   Ebd., S. 52.
157   Ebd., S. 77-81.

„Das festliche Venedig" – Die unveröffentlichte Conclusio?

Ausgangspunkt und Anlass für die Publikation von *Die historische Stadt im Spiegel städtebaulicher Raumkulturen* war laut Vorwort ein Internationales Symposium in Innsbruck 1968, auf dem das „Problem der Rettung der historischen Stadt" besprochen worden war. Rauda sieht seine bisherigen Forschungen als Teil dieses „Neulands städtebaulicher Forschung" und verweist im Folgenden auf sein Werk *Festliches Venedig, Stadtbaukunst im Wandel von Raum und Zeit. Ein Beitrag zur Rettung europäischer, historischer Städt*e hin, das „Ende 1969" erscheinen solle.[158] Diese Monografie wird nicht erscheinen, zu schwer ist Rauda bei Erstellung der Arbeit offenbar schon erkrankt. Dennoch gibt es ein unveröffentlichtes Manuskript, in dem lediglich einige Bilder im Verlagssatz fehlen und das offenbar von Rauda noch nicht vollständig lektoriert wurde.[159] Nach einer Einführung von Hans Reuther zu „Venedig als Gesamtkunstwerk im Spiegel europäischer Kultur", folgen neun von Rauda verfasste Kapitel. Das dritte Kapitel, dessen Titel nicht angegeben ist, sollte vom italienischen Städtebauer Luigi Vagnetti geschrieben werden. Inhalt dieses Kapitels sollte die Darstellung der Probleme durch Überschwemmungen und die Erläuterung möglicher Lösungsansätze sein.[160]

Davon abgesehen lässt sich das Buch in drei Schwerpunkte einteilen: Nach Raudas grundsätzlicher Definition von Stadtbaukunst an sich und seiner Erläuterung der Raumvorstellungen im europäischen Städtebau folgt die sehr ausführliche stadthistorische Betrachtung Venedigs mit besonderem Fokus auf den „Piazza-Piazzetta-Bereich", dem heute insgesamt als Piazza San Marco benannten Bereich vor der Basilica di San Marco und dem „Nebenplatz" zur Molo hin; den Abschluss des Buches bilden theoretische Überlegungen zum „Image einer Stadt", zu „Bewertungsvorstellungen" und zur „Notwendigkeit der Stadterneuerung". Für die vorliegende Forschungsarbeit ist eine Betrachtung der Stadtgeschichte Venedigs nicht relevant, der erste Teil stellt im Grunde eine Zusammenfassung der bisherigen theoretischen Äußerungen Raudas dar, daher konzentrieren sich die folgenden Ausführungen auf den letzten Schwerpunkt des Manuskripts und benennen die Entwicklungsphasen Venedigs lediglich bezogen auf ihre grundsätzlichen Merkmale sowie Raudas Gedanken zur städtebaulichen Weiterentwicklung.

Wie in seinen vorangegangenen Monografien bildet auch in dieser Publikation die Ausgangsthese der historisch nachgewiesenen Verknüpfung vom Wandel von Raumvorstellungen durch gesellschaftliche Entwicklung und städtebaulicher Darstellung die Grundlage für die Ausführungen: „Wir können aus den städtebaulichen Ergebnissen einer älteren Raumkultur das Bemühen ablesen, die engen und vielfältigen Wechselbeziehungen zwischen den Lebensvorgängen der Gesellschaft, dem

---

158   Rauda 1969, S. 9.

159   Dieses Manuskript hat mir Wolfgang Raudas Sohn, Dr. Frank Rauda, freundlicherweise zur Verfügung gestellt. Da das Buch nie erschienen ist, wird davon ausgegangen, dass eine Publikation frühestens 1971 erfolgen sollte, das Werk wird daher im Folgenden als „Rauda 1971" zitiert. Die insgesamt 507 Seiten sind nicht durchgängig nummeriert, sofern Seitenangaben vorhanden sind, werden diese für die Zitatzuordnung angegeben, sollte keine Paginierung auftauchen wird die fortlaufende Seitenzahl in eckige Klammern gesetzt.

160   Rauda 1971, S. [501-502].

Menschen und seiner Umwelt und dem räumlichen Rahmen in dem gebauten Ergebnis Stadt und in der Stadtbaukunst sichtbar zu machen."[161]

Dies stellt er in *Festliches Venedig* grundlegend an einem Vergleich der „zentralen Plätze von Venedig, Riva und Vigevano" dar,[162] wobei auch ein besonderer Fokus auf Il Campo in Siena und die Idealstädte der Renaissance gelegt wird, da hier die neuen Raumideen besonders deutlich in der Raumgestalt erkennbar seien.[163] Er nutzt erneut die Methode der „Raumerscheinungsform" zur Erläuterung der jeweiligen Raumwirkung (vgl. Abb. 139) und erweitert diese Methode als Darstellung der „Hohlkörperform" in die Höhendimension (vgl. Abb. 140), um auch die „unsichtbaren transparenten Abdeckungen" der „Dachhäute" über den Plätzen darzustellen.[164] Die wichtigste Methode zur Analyse von Stadträumen ist allerdings weiterhin die historische Betrachtung desselben. Daher führt Rauda in den Kapiteln vier bis acht auf mehr als 250 Seiten die stadthistorische Entwicklung des „Piazza-Piazzetta-Bereichs" rund um den heutigen Markusplatz aus.

In den elf Unterkapiteln des achten Kapitels erläutert Rauda insgesamt 13 Entwicklungsphasen dieses Bereichs, wobei die letzten beiden Phasen mögliche Weiterentwicklungen betreffen, die Phase 11 sei die damals gegenwärtige. Jedes dieser Unterkapitel ist ähnlich aufgebaut: nach einer Betrachtung der Stadt Venedig im Kontext der europäischen Geschichte erfolgt eine Erläuterung der politischen und danach der städtebaulichen Entwicklung des Platzes, darauf wiederum beschreibt Rauda die einzelnen Platzseiten und beurteilt zum Abschluss die neue Raumwirkung. Hinzu kommt gleich zu Beginn des jeweiligen Kapitels eine begründete Datierung der jeweiligen Phase sowie die Angabe der für die Rekonstruktion der verschiedenen Raumwände verwendeten Dokumente.[165] Für jede Phase hat Rauda einen Lageplan erstellt, im Vergleich dieser lässt sich die historische Entwicklung des Raumgefüges um den Markusplatz nachvollziehen (vgl. Abb. 141–150). In logischer Konsequenz dieser Entwicklungsgeschichte ist Raudas Ziel nun, in zwei weiteren Phasen die weitere Genese des Platzes darzustellen. Grundlage hierfür ist, dass die ursprüngliche räumliche Trennung von Kultur am Markusplatz und Handel im Rialto-Bereich durch die touristische Erschließung und die Läden in den Neuen Prokuratien aufgeweicht worden sei. Somit stimme die innere Zweckbestimmung am Markusplatz nicht mehr mit der Raumgestalt überein. Zu einer möglichen Weiterentwicklung, einer Stadtregenerierung in den folgenden Stadtentwicklungsphasen stellt Rauda einige Thesen auf: Die Gebäude an der Piazza und der Piazzetta müssten eine entsprechende Funktion finden und dürften nicht leer stehen, da es für die Erhaltung des Stadtzentrums nicht rein um das Äußere ginge; dies dürften aber nicht allein kirchliche oder museale Funktionen sein, da diese nur anlassbezogen platzbelebend wirken würden, sondern es könnten neuzeitliche Wohnungen nördlich der Alten Prokuratien geschaffen werden. Um den Platz darüber hinaus zu beleben, schlägt Rauda ein Tagungszentrum südlich der Neuen Prokuratien vor (vgl. Abb. 151). Damit könne das Stadtzentrum belebt werden und würde sich gleichzeitig weiterentwickeln. Diese Möglichkeit

---

161 Ebd., S. [481].
162 Ebd., S. 13-59.
163 Ebd., S. 44.
164 Ebd., S. 49.
165 Erneut sollte darauf hingewiesen werden, dass die folgenden Ausführungen von Rauda übernommen und nicht auf ihre historische Richtigkeit hin untersucht werden.

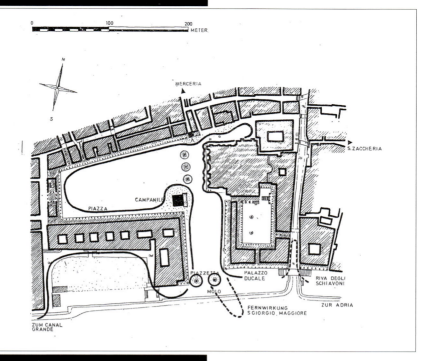

139

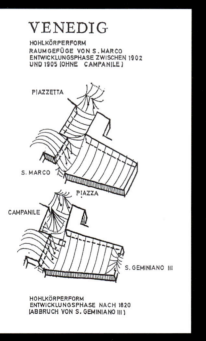

VENEDIG

HOHLKÖRPERFORM
RAUMGEFÜGE VON S. MARCO
ENTWICKLUNGSPHASE ZWISCHEN 1902
UND 1905 (OHNE CAMPANILE)

PIAZZETTA

S. MARCO

PIAZZA

CAMPANILE

S. GEMINIANO III

HOHLKÖRPERFORM
ENTWICKLUNGSPHASE NACH 1820
(ABBRUCH VON S. GEMINIANO III)

140

In *Festliches Venedig* verwendet Rauda weiterhin die
Analysemethode der „Raumerscheinungsform" (139) und überträgt sie
in die dritte Dimension zur Analyse der „Hohlkörperform" (140)

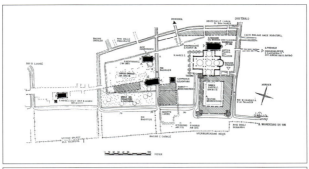

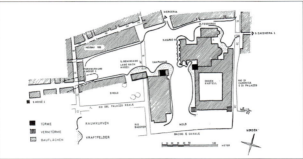

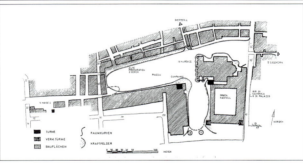

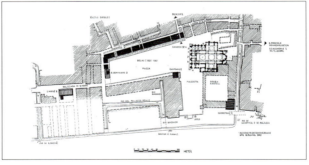

141–144

296

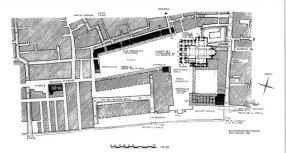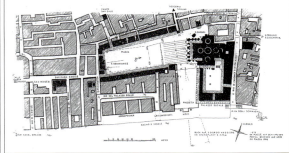

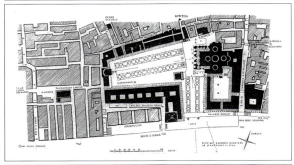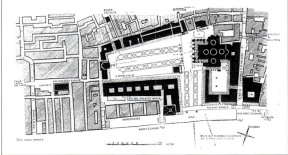

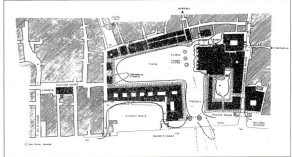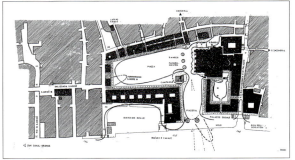

145–150

Den Hauptteil des Buches *Festliches Venedig* nimmt die stadthistorische Entwicklung des Raumgefüges an der Piazza San Marco ein. Hierfür entwickelt Rauda detaillierte Lagepläne des Platzes (140–149), in denen er teilweise die Raumerscheinungsform, Grundrisse wichtiger Gebäude oder die Gestaltung des Bodenbelags einzeichnet.

141–144 Von oben nach unten: Entwicklung des Raumgefüges an der Piazza San Marco, Venedig, um 900, um 1100, um 1200, um 1300

146–150 Von links oben nach rechts unten: Entwicklung des Raumgefüges an der Piazza San Marco, Venedig, um 1400, um 1500, um 1650, um 1800, 1902-1905, seit 1907

der Wandlungsfähigkeit würde die Besonderheit dieser „Platzgruppe von Weltrang" ausmachen.[166] Ausgehend von einer Regeneration am Markusplatz sollte die gesamte Stadt ein neues Konzept erhalten, da sich Venedig, wie Rauda an anderer Stelle ausführt, zu einer „Schlafstadt für Fremde und Einheimische" entwickeln würde. Daher müsste eine städtebauliche Neuordnung angestrebt werden, die „Brücken aus der Vergangenheit und der Gegenwart [...] zur nahen Zukunft schlagen" müsste.[167] Dieser „Mutationsprozeß" sei „die überragende Aufgabe unserer Zeit"[168], nicht nur für Venedig sondern weltweit, denn die historischen Stadtzentren seien schon früher die „Visitenkarten" der jeweiligen Stadt gewesen: „Dieses Kapitel einer gestalteten City [...] gilt es weiter zu vererben", nicht durch Erhalt, sondern durch sinnvolle Neuordnung.[169] Um eine solche Neuordnung zu koordinieren, müsse man sich intensiv mit den Merkmalen dieser „Visitenkarte" auseinandersetzen. Dies erläutert Rauda in dem Kapitel „Vom Image einer Stadt"[170]. Jede Agglomeration von Menschen und damit auch von Bauten entwickele laut Rauda nach einer gewissen Zeit „physische Eigentümlichkeiten, Unverwechselbarkeiten, spezifische Charakteristika"[171]. Diese Merkmale würden das städtebauliche Image ausmachen.[172] Ein solches Image sei allerdings in Orten mit historischen Kernen sehr viel deutlicher zu finden als in „Orten ohne historische, geschichtlich angereicherte Substanz". Darüber hinaus sei das städtebauliche Image durch das Zusammenwirken von drei „Kraftfeldern" zu charakterisieren: objektive Grundelemente (Grundelemente, historisch qualitätvolle Stadtkörper), subjektiv wirksam werdende, objektiv feststellbare Elemente (erkennbar durch bewusstes Anschauen der Stadt) und individuelle, subjektive Wahrnehmungsvorgänge (unterliegen zeitlichen Wandlungen).[173] Dabei würde es nicht ausreichen, wenn nur eine Person diese Merkmale charakterisiere, vielmehr müsse der „Image-Effekt" eine gewisse Allgemeinverbindlichkeit aufweisen, sodass sowohl Fremde als auch Einheimische die „Einmaligkeit, eine Unverwechselbarkeit des städtebaulichen Ortes"[174] erkennen würden. Rauda gibt dem „Image-Effekt" eine besondere Bedeutung, da nur über diesen der „Wert städtebaulicher Planung" erkennbar sei und schließt diese Ausführungen mit einem Zitat aus Kevin Lynchs 1965 erschienenen Monografie *Das Bild der Stadt*: „Die Stadt an sich ist potentiell das gewaltige Symbol einer komplizierten Gesellschaft. Wenn dieses Symbol deutlich dargestellt wird, kommt sein Sinn auch klar zum Ausdruck. Das ,wohlige Heimat-Gefühl ist dann am stärksten, wenn Heimat nicht nur etwas Vertrautes, sondern auch etwas irgendwie Charakteristisches ist."[175]

Der „Image-Wert" sei dabei Teil dessen, was den „Lebenswert" einer Stadt ausmache. Dazu gehörten damals auch der Arbeitswert, der Wohnwert und der Freizeitwert. Während diese drei Werte allerdings seit der Neuzeit Teil der Stadtplanung

166   Rauda 1971, S. [411].
167   Ebd., S. 229.
168   Ebd., S. 230.
169   Ebd.
170   Ebd., S. [413-478].
171   Ebd., S. [414].
172   Rauda führt an dieser Stelle den Begriff „Objekt-Image" ein, erklärt ihn allerdings nur unzureichend und nutzt ihn auch nicht konsequent. Um mögliche Verwirrungen zu vermeiden, beschränke ich mich auf den reinen „Image"-Begriff.
173   Rauda 1971, S. [414].
174   Ebd., S. [416].
175   Ebd., S. [419], auch Lynch 1965, S. 14.

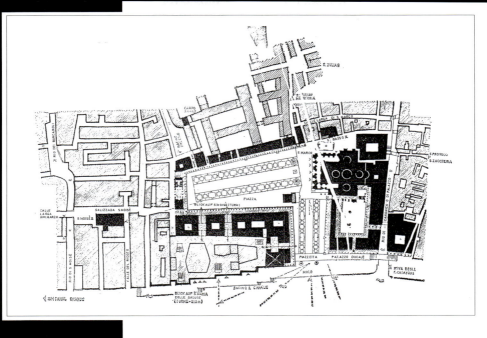

151 W. Rauda: Entwurf für ein weiterentwickeltes Raumgefüge der Piazza San Marco in Venedig, mit baulicher Veränderung der südöstlichen Platzseite (heute: Giardini Reali di Venezia), dargestellt in *Festliches Venedig*

seien, sei der „Image-Wert" „in seiner Bedeutung für die Entwicklung einer Stadt noch nicht in voller Klarheit erkannt", dabei würden „städtebauliche Landschaften ohne positiven ‚Image-Wert' [...] in Zukunft ‚heimatlos', ‚unbewohnbar', in der seelischen Temperatur ‚qualitätslos'" wirken. Um den „Image-Wert" daher zu erforschen, verweist er auf die Analysen Kevin Lynchs und der daraus zu schlussfolgernden Bedeutung der sogenannten „Grundelemente": Wege, Grenzlinie, Bereiche, Brennpunkte (flächen- und raumhafte Elemente) und Merkzeichen (körperhaft, plastische Elemente). Diese Grundelemente versucht Rauda im Folgenden in Venedig nachzuvollziehen, streut allerdings dabei auch einige Beispiele aus anderen Städten ein und konzentriert sich dann doch ausschließlich auf den Canal Grande als Wegelement und Grenzlinie. Diese eher unstrukturierten Ausführungen sind vermutlich Beweis für das unvollständige Manuskript. Trotzdem wird Raudas Intention deutlich: Die „image"- bzw. „identitätsbildenden" Grundelemente seien wichtige Elemente des Städtebaus, deren visuelle Wahrnehmung den Charakter einer Stadt ausmachen. Um diese Elemente zu erkennen und in der Planung zu verwerten, müsse man allerdings das räumliche Sehen schulen: „Das optische Vorstellungsvermögen wird daher ebenso am guten Beispiel, an geglückten Räumen, wie am Gegenbeispiel, an weniger gelungenen oder mißglückten Raumbildungen geschult werden können."[176] Um besser bewerten zu können, welche Beispiele gelungen sind und welche nicht, schlägt Rauda die Einführung einer Raumwertzahl ein, um „für jede Entwicklungsphase [...] eine städtebauliche und eine architektonische ‚Qualitätsnote'" zu erarbeiten.[177]

Die Weiterführung des von Rauda in seinem Lehrkonzept für Hannover angedachten Systems der „Raumwertzahlen" ist die grundsätzlich neue Entwicklung in dieser Publikation. Schon in der Einleitung beginnt er, die wichtigsten Faktoren stadtbaukünstlerischer Qualität zu benennen. Er unterscheidet dabei zwei Komponentengruppen: die materiellen und die immateriellen Faktoren. Die erste Gruppe umfasst das städtebauliche Ordnen nach topografischen, strukturellen und technischen Gesichtspunkten, die zweite Gruppe die stadtbaukünstlerischen Merkmale.[178] Die Komponentengruppe der materiellen Werte sei zwar erlern- und messbar, aber stärker den technischen Wandlungen der jeweiligen Zeit unterworfen, während die stadtbaukünstlerischen Ideen die Raumauffassung der jeweiligen Gesellschaft abbildeten. Beide Komponenten sollten in einer Stadt völlig ausgeschöpft sein, um in der Stadt eine „Stadtidee" zu entwickeln. Allerdings könnten historische Städte die Faktoren der materiellen Komponentengruppe nicht mehr erfüllen, daher „wird es nötig sein, die historischen Stadtkerne umzustrukturieren, sie von innen heraus neu zu ordnen und damit wieder lebensfähig zu machen"[179] – es müsse eine von geschulten Städtebauern entwickelte Stadtregeneration erfolgen. Insbesondere nachdem der Wiederaufbau der Städte nach dem Zweiten Weltkrieg abgeschlossen sei, müsse man sich der gesellschaftlichen Entwicklung entsprechend der Ordnung des tertiären Sektors widmen, das bedeutet laut Rauda aber nicht die bloße Ansiedlung von Dienstleistungen im Stadtzentrum, sondern die Verdichtung des Stadtzentrums zugunsten attraktiven Wohnens zur Nutzung und Belebung dieser Tertiärisierung.[180]

176   Ebd., S. 176.
177   Ebd., S. 177.
178   Ebd., S. 5.
179   Ebd., S. 8.
180   Ebd.

Hierbei müsse allerdings, so Rauda die historische Grundsubstanz der immateriellen stadtbaukünstlerischen Komponenten beachtet werden: damit meint Rauda insbesondere das „Bewahren und Hinüberretten von künstlerischen Grundtendenzen und künstlerischen Werten in die umzustrukturierenden historischen Stadtkerne der Zukunft."[181]

Diesen in der Einleitung formulierten Anspruch an eine „Messbarkeit" von Raumqualität führt Rauda im zehnten Kapitel von Festliches Venedig zu „Bewertungsvorstellungen der städtebaulichen Raumbildung" aus. Um eine objektive Vorstellung von Raumqualität zu gewinnen, benennt er die Ansätze von Helmut Gebhard und Edmund Gassner: Laut Gebhard müsse eine Rangordnung der Elemente des Planungsgeschehens erfolgen (Bestandsaufnahme, Bewertungsgrundlage, Bewertung, Zielvorstellung, Planung, Verwirklichung), die wiederum nach Gassner qualitativ und quantitativ bewertet werden müssten.[182] Die Methoden zur Bewertung eines städtebaulichen Grundplans nach „Anordnung, Gestaltung und Masseverteilung der baulichen Anlagen nach funktionellen und künstlerischen Gesichtspunkten"[183] sollen nun von Rauda aufgezeigt werden. Um die Komplexität dieser Forderung einzuschränken, legt Rauda einige grundsätzliche Annahmen fest: Es gäbe eine objektive Ausgangsbasis, in der materielle und immaterielle Faktoren beachtet werden; die Darstellung des Wertemaßstabs könne nur für die gegenwärtige städtebauliche Situation erfolgen, da die Bewertungen und Bewertungsmaßstäbe jeweils nur für das vorherrschende Ordnungsprinzip einer Raumkultur gelten und die Zuverlässigkeit seines Bewertungsschemas wird von ihm anhand der Identität von städtebaulichem Leitbild, Darstellung und Ausführung geprüft.

Für die Berechnung einer solchen Raumwertzahl geht Rauda von dem von Helmut Gebhard entwickelten Bewertungsrahmen von Gebäuden aus und erweitert diesen durch einen städtebaulichen Rahmen. Innerhalb eines Koordinatensystems werden die materiellen Werte an der x-Achse und die immateriellen Werte an der y-Achse eingetragen: Beispielhaft führt Rauda diese Untersuchung für die Entwicklungsstufen VI bis XIII der Piazza San Marco und die raumbegrenzenden Wände der Basilica di San Marco, der alten sowie der neuen Prokuratien, der Westseite der Piazza sowie des Dogenpalastes durch. Er kommt dabei zu dem Schluss, dass die Raumwertzahl seit der Neuerrichtung der Westseite 1805 gesunken sei und nur eine Stadtregenerierung, beispielsweise die von ihm vorgeschlagene, die Raumwertzahl wieder in die Nähe der „idealen Raumwertzahl von 500" bringen kann.[184]

Dass diese Stadterneuerung bzw. -regenerierung notwendig sei, wird im abschließenden Kapitel zusammengefasst: Aufgrund einer erhöhten Verkehrsbelastung, des wirtschaftlichen Strukturwandels durch vermehrte touristische Angebote, bautechnische Schäden wegen der Durchfeuchtung des Mauerwerks und anderer Wandlungen in Venedig müssten einige grundsätzliche Maßnahmen ergriffen werden, um die bedeutende Stadt in der Zukunft nutzbar zu machen. Insbesondere der Abwanderung der einheimischen Venezianer*innen auf das Festland müsse Einhalt geboten werden, indem beispielsweise zentrale Verwaltungseinrichtungen wieder in das Stadtzentrum rücken, auch die Errichtung einer U-Bahn-Linie (vgl. Abb. 152) hält

181   Ebd.
182   Ebd., S. [480-481].
183   Ebd., S. [482].
184   Ebd., S. [492].

Rauda für eine „sinnvolle landesplanerische Verflechtung [...] der Insel-City mit der städtebaulichen Entwicklung auf dem Festland".[185]

Die Besonderheit Venedigs sei der „Zwang zum Zusammenrücken und zum Zusammenleben"[186]. Dieses wichtige Merkmal müsse unbedingt in eine Neuordnung einfließen, allerdings sei die gegenwärtige Zeit geprägt von „Isolation, Distanz und Kontaktarmut", was sich auch im Städtebau niederschlagen würde. Rauda führt aus, dass die „mangelnde [...] Kontaktfreudigkeit im Städtebau der Nachkriegszeit"[187] überwunden werden müsse und referenziert die Kritik der Zersiedlung des Städtebaus, wie sie seit Mitte der 1960er Jahre geäußert wurde. Man könne von Venedig lernen, nicht um die dortigen städtebaulichen Situationen nachzuahmen, sondern um die Entwicklung nachzuvollziehen und daraus ein neues Ordnungsprinzip für die gegenwärtigen Städte zu generieren: „Venedig ist ein Raum- und Baudokument, [...] ist eine tätige Stadt, kein Monument, keine Erinnerung, es ist Plattform unseres Mittelmeer-Kulturkreises, auf dem wir heute stehen. [...] Venedig ist, so gesehen, voller Aussagekraft für die von uns sicherlich menschlich und städtebaulich anders zu erbauende Zukunft."[188] Die Analyse ihrer Stadtentwicklung und ihrer -geschichte sei allerdings „wertvollste Orientierungshilfe im Dschungel pluralistischer Planungsvorstellung".[189]

Mit dieser beinahe am Ende seines Manuskripts ausformulierten Intention seines städtebaulichen Konzepts wird noch einmal der Grundsatz deutlich, den Rauda schon mehr als ein Jahrzehnt zuvor in seinem Buch *Lebendige städtebauliche Raumbildung* formuliert hatte: „Zu hoffen und zu wünschen wäre, daß aus dem Beispiel der räumlichen Gestaltung unserer alten Städte und der ihnen innewohnenden räumlichen Gesetzmäßigkeiten für das Bauschaffen innerhalb der alten Stadtkerne [...] die vielfältigen Ausdrucksmöglichkeiten stadtbau-künstlerischen Gestaltens neu gesehen, anerkannt und zu zeitgemäßer Form und Aussage umgeprägt würden."[190] Doch auch wenn diese Ausgangsabsicht über die Schaffenszeit Raudas hinaus mehr oder minder unverändert geblieben ist, so hat sich doch seine diesbezügliche Argumentation weiter entwickelt.

Die von ihm verwendeten Beispiele sind internationaler geworden, er referenziert nicht nur ostasiatische Tempelanlagen (vgl. Abb. 154), sondern auch nordamerikanische Hochhausstädte (vgl. Abb. 153). Damit bricht er mit dem gängigen Kanon der stadtbaukünstlerisch meistbeachteten Platzräume im Mittelmeerraum und intendiert eine Allgemeingültigkeit seiner Theorie unabhängig von regionalen Entwicklungen. Außerdem konzentriert er sich in der Darstellung auf die in allen seinen bisherigen Publikationen gelobten Perspektiven, in *Das festliche Venedig* finden sich kaum Wandabrisse oder Geländeschnitte. Es gehört zu seiner seit dem Studium bei Heinz Wetzel geprägten Auffassung, dass die Stadt in perspektivischen Zeichnungen am besten „gesehen" werden kann, statt sie im Grundriss lesen zu müssen.

Selbstverständlich ist die größte wissenschaftliche Leistung dieser Publikation Raudas die Aufarbeitung der Stadtgeschichte Venedigs mit dem Fokus auf den heuti-

185   Ebd., S. [503].
186   Ebd., S. [505].
187   Ebd.
188   Ebd., S. [507].
189   Ebd., S. [507].
190   Ebd., S. 9.

gen Markusplatz. Die hierfür verwendeten Archivmaterialien und kunsthistorischen Zeugnisse werden detailliert und ausführlich von Rauda analysiert und interpretiert. Dies wird besonders deutlich in dem 15-seitigen Kapitel zu „Entwicklungsphasen der städtebaulichen Entwicklung im Piazza-Piazzetta-Bereich", in dem er anhand der jeweiligen Gemälde die Bodengestaltung des Platzes analysiert. Abgesehen von dieser Grundlagenforschung verwendet er zeitgemäße architekturhistorische Betrachtungen wie die *Geschichte des Städtebaus* von Ernst Egli (1967) und Die Stadt von Lewis Mumford (1963), neben den von Rauda gängigen Literaturhinweisen auf Albert Erich Brinckmann und Joseph Gantner.[191] Doch auch wenn er diese referenziert, wird im Vergleich der Erläuterung seiner Vorstellungen zu Raumwertzahlen mit dem Originalbeitrag Helmut Gebhards *System, Element und Struktur in Kernbereichen alter Städte* (1969) die inhaltliche Nähe überdeutlich: Die Ausführungen zum Koordinatensystem und zur Wertermittlung sind beinahe wortgleich von Gebhard übernommen.[192] Gebhards grundsätzliche Anmerkungen, man solle kritisch mit einem solchen System umgehen, lässt Rauda allerdings außen vor – für ihn stellt ein solches Bewertungssystem den Höhepunkt seiner Suche nach einer objektiven Betrachtung von Stadt und Regeln im historischen Stadtgrundriss dar.

Die von Rauda in langen Zitaten referenzierten Ausschnitte von Kevin Lynchs *Das Bild der Stadt* (1965) zeigen einerseits Raudas Auseinandersetzung mit den zeitgemäßen Diskussionen und andererseits, durch die Formulierung „Image" statt des in der deutschen Übersetzung verwendeten Begriffs „Bild", eine klare eigene Position Raudas. Das „städtebauliche Image" geht mit der Entwicklung der historischen Stadtzentren zur „City" konform und deutet Raudas internationales Verständnis von Stadt an. Doch auch Lynchs Argumentation wird von Rauda teilweise nicht referenziert, sonders als eine eigene ausgegeben und für die eigenen Zwecke nutzbar gemacht: Während Lynch beispielsweise das Weg-Element als Grundelement der Stadt anhand der Charakterisierung seiner Versuchspersonen erläutert,[193] wird das Weg-Element von Rauda aus einer stadtplanerischen Sicht als „wesentliches Ordnungsprinzip" überinterpretiert. Dass Lynch sogar den Piazza-Piazzetta-Bereich als „berühmten italienischen Brennpunkt" analysiert,[194] bleibt bei Rauda wiederum unbeachtet. Stattdessen konzentriert er sich auf die Bedeutung des Canal Grande als entscheidendes Weg-Element und dessen Beziehungen zu den anderen Grundelementen.

Insgesamt lässt sich *Das festliche Venedig* als die Conclusio der bisherigen Forschungen Raudas bezeichnen. Bei der ausführlichen stadthistorischen Analyse Venedigs wendet Rauda seine Theorie der sich in jeweiligen Raumkulturen manifestierenden Ordnungsprinzipien an und kann diese mit den verschiedenen Sehweisen der entsprechenden Raumauffassungen korrelieren. Seine Ausführungen zum „Image-Wert" der Stadt als wichtiger Faktor einer lebenswerten Stadtgestaltung führen seinen Anspruch einer Identität von Stadtgestalt und Gesellschaft in die zeitgenössische Diskussion ein. Auch die Weiterentwicklung einer objektivierten Wertermittlung von städtebaulichen Raumbildungen passt in das beginnende Informationszeitalter. Trotzdem stellt Raudas Theorie keine Wegbereitung in eine neue Haltung dar.

191   Vgl. beispielsweise Rauda 1971, S. 24, 40, 50.
192   Gebhard 1969, S. 69.
193   Lynch 1965, S. 63-78.
194   Ebd., S. 96.

153

154

Reiseskizzen von W. Rauda: Park Avenue/New York (153),
datiert 8.10.1967 und Miyajima-Schrein (154),
datiert 20.5.1970

Vielmehr vereint er verschiedene Ansätze aktueller Diskussionen und bemüht sich, diese in Einklang mit seinen eigenen Forschungen zu bringen. Es ist nicht einzuschätzen, inwiefern Rauda seine Ausführungen in den 1970er Jahren hätte weiterentwickeln können, um einen relevanten Beitrag zu den andauernden Diskussionen um Identifikation mit Stadt, der „Neuentdeckung" der alten Stadt und der Suche nach rationalen Methoden zu Bewertung von Stadt zu liefern, da *Das Festliche Venedig* nie veröffentlicht wurde.

Schlüsselbegriffe in Raudas Städtebautheorie

Grundsätzliche Einflüsse

Es ist kaum möglich, die vielfältigen Einflüsse aus vorangegangenen stadtbaukünstlerischen Betrachtungen und städtebautheoretischen Ideen auf Raudas Theorie aufzulisten. Nicht zuletzt aufgrund der fehlenden Nachweise in den Raudas Schriften lässt sich selten mit Sicherheit bestimmen, woher er seine Gedankengänge entlehnt, ob er diese abwandelt oder gar aus dem Zusammenhang nimmt und neu für die eigenen Zwecke uminterpretiert. Dennoch gibt es einige deutliche Referenzen an bekannte und weniger bekannte stadtbauhistorische Betrachtungen in seinen ersten drei Monografien. Die jeweils spezifischen Literaturhinweise wurden in den entsprechenden Kapiteln zu den einzelnen Monografien gegeben, im Folgenden soll der Fokus auf die übergeordneten Einflüsse gelegt werden. Darauf folgt ein Versuch der Definition mehrerer entscheidender Termini bei Rauda: Raum und Rhythmus als die grundlegenden Charaktereigenschaften sowie Ordnung bzw. Ordnungsprinzip und selbstverständlich der Begriff der Raumkultur, der grundlegend für Raudas städtebauliches Verständnis ist. Die grundsätzliche Ausgangsthese Raudas stammt aus Brinckmanns *Deutsche Stadtbaukunst in der Vergangenheit* (1911). In dessen Einführung zu „Grundsätze für die Betrachtung älterer Stadtbaukunst" kritisiert Brinckmann den mehr oder weniger unbedachten Gebrauch scheinbar historischer Grundsätze des Städtebaus: „Das Hinweisen auf einige Vorbilder und Motive führt zu einer dekorativen Stadtbaukunst"[195] und durch das Zusammenfügen dessen mit den Elementen des modernen Städtebaus könnte „nie und nimmer ein Gesamtorganismus" entstehen. Somit geht es Brinckmann um das Ableiten der „praktischen Absichten der früheren Architekten", um damit die „richtige Auffassung des einzelnen Motivs" zu erkennen. Um dieses „Nachfühlenkönnen" des architektonischen Schaffens will Brinckmann einige Ansichten und Planzeichnungen analysieren, um „auf die Gesetzmäßigkeiten der künstlerischen Ausdrucksform im Bau der Städte hinzuweisen."[196] Rauda übernimmt nicht nur die grundsätzliche Herangehensweise der städtebaulichen Analyse, die er allerdings am gebauten Beispiel nachvollzieht statt an den Zeichnungen, sondern auch die Suche nach Gesetzmäßigkeiten. Er sucht demnach nicht – in einer Weiterentwicklung Sittes – nach einem „malerischen" Städtebau überhaupt, sondern nach den grundlegenden Absichten hinter einem solchen. Brinckmanns Werk muss daher als eigentliches Vorbild Raudas gelten.

195   Brinckmann 1911, S. 3.
196   Ebd., S. 5.

Ebenfalls enorme Vorbildwirkung hat selbstverständlich Raudas Städtebaulehrer Heinz Wetzel. Dessen wenige schriftliche Publikationen erschweren zwar einen direkten Vergleich der beiden Autoren, es ist allerdings anhand der 1962 erschienenen Zusammenfassung der *Gedanken und Bilder* aus dem Nachlaß Heinz Wetzels, betitelt mit *Stadt Bau Kunst*, klar ersichtlich, dass Rauda sehr viele Argumente seiner Thesen aus den Ausführungen Wetzels entnimmt. Ausgehend davon, dass man das „Sehen" wieder erlernen müsse,[197] um das „große Ganze" des Städtebaus zu erkennen[198] und daraus die für das städtebauliche Gestalten entscheidende Kompetenz des „Ordnens und Bezügeerkennens"[199] zu erlernen, lässt sich die Herangehensweise Raudas aus seinem Studium bei Wetzel ableiten. Auch einige Begriffe bzw. Analysemethoden Raudas finden sich in den Erläuterungen Wetzels, dazu gehört die Suche nach dem „räumlichen Schwergewicht"[200] und der „Nahtstelle"[201] sowie die Relevanz der „optischen Leitung" durch die Gestaltung der raumbegrenzenden Wände,[202] die Rauda in *Raumprobleme im europäischen Städtebau* in „optische Leitlinien, -flächen und -körper"[203] einteilt. Wetzel definiert den Begriff Stadtbaukunst als „die Kunst, Zusammenhänge aufzufassen, Bezüge zu erleben, zu werten, zu ordnen, und die Fähigkeit, das so Erlebte und Erkannte sinnfällig in Erscheinung zu setzen."[204] Diese Definition trifft ebenso auf Raudas Auffassung zu Stadtbaukunst zu, ebenso wie der Hinweis Wetzels zum Studium der historischen Städte im Sinne Brinckmanns: „Nicht Motive sammeln, sondern dem Arbeitsvorgang der Alten auf den Grund gehen!"[205]

Bei der Zusammenfassung verschiedener Prinzipien bezogen auf – wie Rauda es nennen würde – „Gestaltbereiche" stimmt Wetzels Argumentation interessanterweise nicht mit Rauda überein. Wetzels „fünf Formen der deutschen Stadt" sind deutlicher durch den jeweiligen Repräsentationscharakter der Stadt gekennzeichnet denn durch eine klare Einteilung in Stilepochen.[206] Die Einteilung der Stilepochen, wie Rauda sie übernimmt, ist maßgeblich mit den Ordnungsprinzipien und Raumkulturen verbunden, deren begriffliche Herkunft im Folgenden besprochen wird, wobei deutlich wird, dass er sich hierbei an Jean Gebsers Epocheneinteilung in *Ursprung und Gegenwart* orientiert. Wenn auch nicht damit zusammenhängend, findet sich eine ähnliche Epochenteilung bei einigen anderen stadtbauhistorischen Betrachtungen des frühen 20. Jahrhunderts. Dazu gehören unter anderem Paul Wolfs *Städtebau. Das Formproblem der Stadt in Vergangenheit und Zukunft* (1919) oder Paul Zuckers *Entwicklung des Stadtbildes* (1929). Wolf[207] wird zwar bei Rauda in keinem Literaturverzeichnis erwähnt, die Parallelen insbesondere zur Einteilung der Stilepochen bzw. im Raudas Sinn „Gestaltbereiche", sind dennoch offensichtlich: Wolf erwähnt die unregelmäßige Anlage der Akropolis in Athen als „glänzendes Beispiel"[208] griechischen

---

197   Wetzel 1978, S. 16-17.
198   Ebd., S. 20.
199   Ebd., S. 22.
200   Ebd., S. 25.
201   Ebd., S. 25.
202   Ebd., S. 26.
203   Rauda 1956, S. 89.
204   Wetzel 1978, S. 36.
205   Ebd., S. 37.
206   Vgl. Kapitel „Die Stadtbaukunst als ...", S. 47ff.
207   Biografische Informationen zu Paul Wolf (1879-1957) vgl. Sohn 2008, S. 156-157.
208   Wolf 1919, S. 37.

Städtebaus, betont insbesondere den gotischen Einfluss auf die mittelalterliche Stadt,[209] und erkennt die Renaissance als Zeitalter der „Umwälzung für die Stadtbaukunst"[210], die bis in den Barock hinein wirke. Die neue Auffassung von Stadt beginnt für Wolf wie für Rauda Ende des 19. Jahrhunderts. Auch Wolf bemüht sich darum, einzelne Bauwerke in ihrem jeweiligen städtebaulichen Kontext zu sehen, da der Städtebau „alle Elemente der architektonischen und plastischen Form zum rhythmischen Gebilde der Straße, des Platzes, des Parks und des Friedhofs zum Gesamtkunstwerk der Stadt" zusammenfüge.[211] Seine Intention ist es, durch die Betrachtung der vergangenen Epochen das „Formproblem der Industriestadt" in den kommenden Jahrzehnten insofern zu lösen, als dass die neue „Grundform der Stadt" das „neue Deutschland" widerspiegeln soll. Damit deutet sich die ideologiebelastete Aussagekraft seiner Ausführungen an: Zwischen 1922 und 1945 wird Paul Wolf Stadtbaurat Dresdens und kann als Mitglied der NSDAP ungehindert ab 1933 seiner Bautätigkeit nachgehen.[212]

Seine grundsätzliche architekturhistorische Haltung und die Interpretation der Einteilung von Stilepochen entspricht allerdings anderer, teilweise schon genannter Schlüsselfiguren der Stadtgeschichtsforschung. Auch wenn einige der von Wolf gezeigten Beispiele ebenfalls bei Rauda auftauchen, beispielsweise der Petersplatz in Rom, muss davon ausgegangen werden, dass Rauda sich für die Charakterisierung der einzelnen „Gestaltbereiche" an anderen Forschungsarbeiten orientiert hat: Die Merkmale des griechisch-antiken Städtebaus sind aus der Doktorarbeit von Konstantinos Doxiades *Raumordnung im griechischen Städtebau* entnommen, die Erkenntnisse zu mittelalterlichen Raumbildungen erinnern stark an die Ausführungen in Wolfgang Braunfels *Mittelalterliche Stadtbaukunst in der Toskana*, die 1953 neu aufgelegt wurde sowie an Alfred Meurers *Der mittelalterliche Stadtgrundriß* (1914), der barocke Städtebau ist wichtiges Thema in Albert Erich Brinckmanns *Platz und Monument* (1908) und auch in den Forschungen von Kurt Junghanns.

Konstantinos Doxiades' Arbeit zur *Raumordnung im griechischen Städtebau* traf mit ihrem Erscheinen im Jahr 1937 in den *Beiträgen zur Raumforschung und Raumordnung*, herausgegeben von Konrad Meyer, sicherlich den Nerv der Zeit: Konrad Meyer führt in einem Vorwort aus, dass die vorliegende Arbeit die Leserschaft „mit neuen fruchtbaren Gedanken in den Geist der Ordnung und Harmonie […] wie er uns gerade heute nach Bewußtwerden der rassisch-seelischen Bedingtheit" erfüllen würde.[213] Aufgrund dieser nationalsozialistischen Grundhaltung der Publikation muss kritisch mit ihren Thesen umgegangen werden. Raudas häufige Referenz auf diese Schrift ist allerdings weniger auf ihren politischen Duktus zurückzuführen. Die mathematisch-rationale Herangehensweise von Doxiades zur Darlegung der auf Sehwinkeln basierenden Komposition des griechischen Städtebaus entspricht vielmehr Raudas Argumentation.

Das kunsthistorische Wissen Raudas und der Umgang mit gezeichneten Stadtdarstellungen geht unter anderem auf Braunfels' *Mittelalterliche Stadtbaukunst in der Toskana* (1953) zurück. Insbesondere Braunfels' Beschreibung des Il Campo in Siena

209   Wolf 1919, S. 41.
210   Ebd., S. 45.
211   Ebd., S. 3.
212   Donath 2012.
213   Doxiades 1937, S. V.

deckt sich mit den von Rauda geschilderten Beobachtungen. Auch andere Verweise Braunfels' auf Petrarca oder Giotto tauchen bei Rauda mit ebenso deutlicher Relevanz für die Geschichte des Städtebaus auf. Dass auch die mittelalterliche Stadtgestalt sich durch ein „bewusstes städtebauliches Schaffen" auszeichne, ist die Schlussfolgerung Franz Meurers in *Der mittelalterliche Stadtgrundriß im nördlichen Deutschland in seiner Entwicklung zur Regelmäßigkeit auf der Grundlage der Marktgestaltung* (1914). Dies leitet er – wie auch Rauda es in seiner Dissertation zu Dresden argumentiert – anhand der Handelswege und der darauf basierenden Lage und Form der Marktplätze ab. Die Art der „Geschlossenheit" dieser Marktplätze, bei der „kein Planelement" besonders hervortrete[214] hätte sich dabei von einer Längstendenz zu einer quadratähnlichen Form entwickelt, sei aber aufgrund ihres Flächenverhältnisses immer als zentraler Platz im Stadtgefüge deutlich erkennbar geblieben. Diese Entwicklungen übernimmt Rauda in seiner Argumentation.

Bei Raudas ehemaligen Kollegium zeigen sich sehr ähnliche Ansätze. Da Junghanns' Publikation *Die Deutsche Stadt im Frühfeudalismus* allerdings erst 1959 erscheint, kann sie höchstens auf die späten Schriften Raudas Einfluss genommen haben. Stattdessen werden eher ähnliche Argumentationen deutlich. Auch Junghanns kommt bei der Analyse der historischen Stadt zu dem Schluss, dass die Stadtgestalt und die diese jeweils prägende Gesellschaft im Einklang stünden: So hätte „die Zeit des Frühfeudalismus [...] ein klares Raumordnungsbild besessen", das auf die gesellschaftlichen Verhältnisse der Klassengesellschaft zurückzuführen sei.[215] Zum Bauen in neuer Zeit, das heißt der Moderne, referenziert Rauda hauptsächlich Paul Zucker und Sigfried Giedion. Dazu gehört die im vorangegangenen Kapitel beschriebene Einführung des Faktors Zeit, sowie die grundsätzliche Annahme eines veränderten Raum- und Zeitbewusstseins.[216]

Es bleiben noch zwei entscheidende Monografien, die Rauda ebenso in seinen Literaturverzeichnissen benennt: Max Grantz' *Deutsche Städtebilder* (1940) und Joseph Gantners *Grundformen der europäischen Stadt* (1928). Vor allem bei Gantner wird die laut Rauda so häufig schon diskutierte Kategorisierung der Städte in „gewachsen oder gegründet" bzw. bei Rauda „symmetrisch oder asymmetrisch", als „wertlos" bezeichnet[217] und stattdessen in die Formen „regelmäßig und unregelmäßig" eingeteilt. Diese beiden Formen, so Gantner, hätten in der europäischen Stadtbaukunst bis ins Mittelalter hinein als „immanente Dualität" nebeneinander existiert, wobei die unregelmäßige Stadt durch „eine bewußte Anlehnung an das Gelände" und die regelmäßige Stadt „nach vorbestimmten Grundsätzen ohne Rücksicht auf das Gelände" entstanden sei.[218] Somit behauptet auch Gantner, dass die historischen Städte Resultate eines bewussten Handelns seien. Darüber hinaus stellt er fest, dass sich innerhalb der beiden Grundformen „bestimmte Entwicklungen" abspielten, „deren einzelne Etappen mit der geistigen Haltung der betreffenden Zeit kausal zusammenhängen".[219] Während Gantner daraufhin anhand der beiden „Ausgangspunkte für die Gestaltung der Stadt" Terrain und Haus eine Genealogie der regelmäßigen sowie der unregel-

---

214   Meurer 1914, S. 66.
215   Junghanns 1959, S. 93.
216   Vgl. hierzu Kapitel „Zeit und Bewegung im Städtebau der Moderne", S. 58ff.
217   Gantner 1928, S. 14.
218   Ebd., S. 21.
219   Ebd.

mäßigen Stadt und der Stadt der Neuzeit aufstellt, besticht die Publikation von Max Grantz durch eine eher ästhetische Herangehensweise. Auch Grantz' Präsentation der *Deutschen Städtebilder* muss man im Kontext ihrer Zeit sehen: Er sucht nach den Merkmalen der „schönen deutschen Stadt" und kritisiert insbesondere die „liberale" Stadt der Moderne, in der „unsere Raumkultur zugrunde gegangen" sei.[220] Damit befindet er sich nah an einem nationalsozialistisch geprägten Heimatschutzstil. Dennoch sucht auch er nach einer Art Bewertungssystem für die stadtbaukünstlerische Qualität anhand der Analyse von Straßen- und Raumfolgen.[221] Diese „Verbindung mit der Natur" und die „schönen Räume" seien die zwei entscheidenden Merkmale der alten (deutschen) Städte.[222] Im Anschluss an die angekündigten 50 Städtebilder, allesamt Vogelschauen auf Klein- und Mittelstädte in ganz Deutschland neben einseitigen stadthistorischen Abrissen, fasst Grantz sein Anliegen zusammen: Um die Kultur einer Stadt und die Besonderheiten der alten Stadt grundsätzlich zu verstehen, müsse man sich „ausgehend vom Allgemeinen [...] versehen in den besonderen Fall und seine Eigenart. Man muß sich einfühlen in die Bodengestalt und das Klima und muß die ortsübliche Sprache verstehen, in der auch die Bauten reden."[223]

Raudas grundsätzliche Thesen sind somit eine Weiterentwicklung von Ideen und Konzepten des frühen 20. Jahrhunderts. Hierbei scheint sich Rauda unabhängig von politischen Ideologien zu orientieren: Neben den „alten Meistern" der Stadtbaukunst wie Brinckmann und Braunfels finden sich sowohl grundsätzlich moderne Haltungen wie die von Wolf, aber auch sehr konservative Herangehensweisen wie die von Grantz. Diese Unabhängigkeit von der ideengeschichtlichen Gesinnung zeigt sich nicht zuletzt in dem von Rauda über alle Monografien hinweg angewandte stilistische Methode der vorangestellten Zitate: Einige hiervon wurden schon genannt, dabei wurde ersichtlich, dass Rauda diese nutzt, um seine eigene Argumentation zu legitimieren – ob sie dabei von Ludwig Mies van der Rohe oder Paul Schmitthenner, von Jean Gebser oder Oswald Spengler stammen, ist irrelevant. Während die grundlegenden Überlegungen Raudas hauptsächlich auf anderen baugeschichtlichen und kunsthistorischen Forschungsarbeiten aufbaut, wird sich bei seinen Definitionen von Raum und Ordnung auch eine philosophische Dimension zeigen.

Raum

Die Betrachtung des Raums in der Architektur und dem Städtebau, d.h. die Architektur als „Raumgestalterin" bzw. Raumkunst zu sehen, ist eine Denkweise der Moderne. Abgesehen von wenigen Vorüberlegungen, beispielsweise durch Gottfried Semper,[224] wird erst in den 1880er Jahren das Thema Raum kunsthistorisch intensiver betrachtet.[225] Im Gegensatz zur Gestaltung des Raums ist vorerst die physio-

---

220 Grantz 1940, S. 28.
221 Ebd., S. 21.
222 Ebd.
223 Ebd., S 133.
224 Gnehm 2015, S. 33: „Sie betrifft das Verhältnis von architektonischem Kern und Hülle, von Ornament und Struktur. Semper wird gemeinhin das Verdienst zugesprochen, dieses Verhältnis umgewertet zu haben. Die Bedeutung der umhüllenden Oberfläche liegt für ihn nicht länger nur in der architektonischen Formfindung, sondern vor allem in der Raumkonstitution".
225 Die Vermutung liegt zwar nahe, dass dieses Interesse hauptsächlich durch das

logische Untersuchung der Raumwahrnehmung ein entscheidender Fokus, wie in Kapitel 2 bezüglich der Forschungen Ernst Brückes und Theodor Fechners dargelegt wurde. Daneben gelten Robert Vischers Aufsatz *Über das optische Formgefühl* (1873) und dessen Weiterentwicklung in Theodor Lipps' *Raumästhetik und geometrisch-optische Täuschungen* (1897) sowie die Dissertation von Heinrich Wölfflin unter dem Titel *Prolegomena zu einer Psychologie der Architektur* (1887) als wichtige Wegbereiter eines komplexen Raumbegriffs. Erst Adolf von Hildebrand nimmt allerdings in *Das Problem der Form in der bildenden Kunst* (1893) Bezug auf den dreidimensionalen Raum. Er unterscheidet dabei einmal zwischen der eher zweidimensionalen Gesichtsvorstellung, die vor allem bei der Betrachtung eines weit entfernten Gegenstandes auftritt, und der Bewegungsvorstellung, die er als zeitliche Sequenz von Einzelerscheinungen durch abtastende Bewegungen des Auges ansieht. Letztere dient zur Erfassung der „Daseinsform", also der realen Form eines Gegenstandes, im Gegensatz zur „Wirkform", die durch optische Täuschungen und Kontraste entsteht. Bauschaffende und Bildhauer*innen müssten beides beherrschen, sowohl ein Objekt in seiner „Daseinsform" als auch in seiner „Wirkform" zu erkennen und zu erstellen.[226]

1883 hält August Schmarsow seine Antrittsvorlesung an der Universität Leipzig zum *Wesen der architektonischen Schöpfung*, in dem er die Wahrnehmung der Architektur als Reaktion auf die Bewegung des Leibes in die Tiefe eines Raums hervorhebt. Auch die große Bedeutung der Augen für die Wahrnehmung erweitert Schmarsow um die Raumerfahrung durch den ganzen Körper mit allen Sinnen. Das macht auch die große Differenz zwischen Schmarsow und Wölfflin aus: Während Wölfflin das Auge als das primäre Medium der Wahrnehmung betrachtet und damit auf dem Niveau des Abbildes bleibt, argumentiert Schmarsow mit der Bewegung des ganzen Körpers im Raum. Darauf kann man auch Raudas Ansatz eines Raumbegriffes zurückführen: Es gehe im modernen Städtebau nicht um das Sehen von einem Standpunkt aus, wie die Zentralperspektive es vorgibt, sondern darum, dass die räumliche Form eines Gebäudes das Ergebnis von Gesten und Bewegungen ist, die das Verhältnis vom Subjekt zur Welt ausdrücke. Daraus ist auch zu schlussfolgern, dass für die architektonische Ausgestaltung nicht mehr das Ornament und seine Symbolik entscheidend sind, sondern die Gestaltung des Raums an sich. Ergänzt wird Raudas Auffassung von Raum durch Übernahmen von Wölfflins Einfühlungstheorie: Die Form eines jeden künstlerischen Elements ist als Materialisation des Formgefühls einer Zeit darzustellen und löst damit bei der Betrachtung Gefühle aus. Dies wird durch die Übernahme der einfühlungstheoretischen Begriffe Wölfflins wie „Stimmung", „Erregung", „Schönheit", „Lust", „Empfindung" und „Sehnsucht"[227] sowie die Erläuterung Hildebrands zum „aktiven Sehen" in Raudas Ausführungen deutlich.

Natürlich ist Wolfgang Raudas Übernahme nicht einzigartig in seiner Zeit. Wölfflin, Schmarsow, Hildebrand und Sörgel haben den Raumbegriff der klassischen Moderne und der Nachkriegsmoderne entscheidend geprägt. Um den Raumbegriff bei Rauda in diese Diskussion einzuordnen, müssen andere Umsetzungen dieses Diskurses in der Moderne bzw. Nachkriegsmoderne herangezogen werden, die wiede-

Verschwimmen von Raum und Zeit durch die neuen (schnellen) Transportmittel wie die Eisenbahn entsteht, Noell argumentiert allerdings, dass es vorerst eher die maschinelle Bewegung an sich ist, die Betrachtung findet. (Vgl. Noell 2004, S. 303)
226 Vgl. Mönninger 1998, S. 68.
227 Vgl. Kellmann 1992, S. 27.

rum direkt oder indirekt das Werk Raudas beeinflusst haben. Hierzu gehören unter anderem Siegfried Giedions grundlegende Betrachtung der modernen Architekturgeschichte in *Raum, Zeit, Architektur*. Giedion nimmt vor allem die Untersuchungen der modernen Physik auf und bringt in diesem Kontext die Relativitätstheorie mit den Ideen des Kubismus zusammen, wobei er den Raum als Ausgangspunkt einer Architekturtheorie der Moderne darstellt und ihm somit einen ähnlich hohen Stellenwert einräumt. Diese Sichtweise übernimmt Rauda. Zum Raum in der Architektur selbst führt Giedion aus, dass die bisherige Auffassung von Raum als „ausgehöhlter Raum" neu gedacht werden müsse, um im Sinne der Relativitätstheorie die relative Natur des Raums zu erkennen. Dabei geht auch er davon aus, dass die „Raumkonzeption" in Ägypten und der klassischen Antike ebenfalls die Relativität des Raums akzeptiert hätte. Dass unterschiedliche Kulturen damit verschiedene „Raumauffassungen" hatten, ist ein entscheidender Teil in Giedions Aussagen,[228] der von Rauda referenziert wird. Daneben muss auch auf den von Heidegger geprägten und von Otto Friedrich Bollnow ausgeführten Raumbegriff als Unterscheidung zwischen konkreten und kosmischen Raum hingewiesen werden.[229]

Rauda nimmt Giedions *Raum, Zeit, Architektur* ebenso in sein Literaturverzeichnis auf wie Jean Gebsers *Ursprung und Gegenwart*, in dem Gebser die europäische Gesellschaftsentwicklung in drei Phasen teilt: die unperspektivische, die perspektivische und die aperspektivische Welt. Diese Einteilung lässt sich sehr deutlich auf die Herangehensweise Raudas übertragen und findet sich sowohl in *Lebendige städtebauliche Raumbildung* als auch in seinem späteren Werk *Die historische Stadt im Spiegel städtebaulicher Raumkulturen* teilweise wörtlich wieder. Die Verwendung des Begriffs der „Perspektive" als entscheidendes Kriterium für eine kulturelle Entwicklung ist besonders relevant im Sinne der nachkriegsmodernen Raumauffassung. Da diese kulturelle Einteilung entscheidend für die Entwicklung der „Raumkulturen" sein wird, sei hier lediglich auf Gebser hingewiesen und an entsprechender Stelle ausführlicher ausgeführt. Rauda selbst konkretisiert seine Definition von „Raum" nur in einer Fußnote. Hier zitiert er aus dem *Wörterbuch der philosophischen Begriffe* von Johannes Hoffmeister: „Raum, ahd., mhd., ‚rum'. Eigentlich das nicht Ausgefüllte (vgl. ‚räumen'!), ‚freier Platz', die Ausdehnung nach Länge, Breite und Höhe. Als leer vorgestellter Raum die Bedingung des Auseinander- und gleichzeitigen Nebeneinanderseins einer Vielheit von ausgedehnten Dingen, die für den naiven Menschen im Raum wie in einem Gefäß sich befinden und bewegen, und selbst Ausdehnung, Räumlichkeit, haben = einen Teil des Raumes ‚erfüllen', so daß Materie substanzerfüllter Raum ist."[230] Obwohl Rauda diese Definition aus einem philosophischen Wörterbuch entnimmt, grenzt er sich von Beginn an von eben dieser „philosophischen"[231] Sicht auf Raum ab, da diese als „Idee" bzw. „reine Anschauung"[232] zu sehen ist und

228   Giedion 1965, S. 29. Giedion selbst weist in diesem Kontext auf sein Monografie „Architektur und Gemeinschaft" von 1955 hin, die wiederum Rauda in das Literaturverzeichnis zu „Raumprobleme im europäischen Städtebau" aufgenommen hat.
229   Bollnow 1963.
230   Rauda 1956, S. 96, frei zit. n.: Hoffmeister 1955, S. 508. Hoffmeister geht im Folgenden auf die Raumdefinition nach Kant im Sinne der „transzendentale[n] Idealität des Raumes" und der „empirischen Realität des Raumes" sowie der mathematisch-euklidischen Betrachtungsweise von Raum ein.
231   Rauda 1956, S. 10.
232   Raudas Bezug zur reinen Anschauung im Sinne Immanuel Kants unterstreicht diese

sich nicht mit dem Konzept vom Raum in der bildenden Kunst oder dem Städtebau deckt. Stattdessen bezieht sich Rauda im Folgenden auf zwei Vorträge, die beide im Rahmen der 2. Darmstädter Gespräche *Mensch und Raum* 1951 gehalten wurden: Martin Heideggers Vortrag *Bauen, Wohnen, Denken* sowie der Vortrag von José Ortega Y Gasset *Der Mythus des Menschen hinter der Technik*. In losem Zusammenhang nennt Rauda hier die auch von Heidegger verwendeten Charakteristika des Raums wie die „des Eingeräumten"[233] und das in „Grenzen der Umwelt Eingelassene"[234]. Für den unabhängig davon existierenden „Raum höherer Ordnung" – als Raumbegriff im philosophischen Sinne – gelten diese Eigenschaften nicht. Obwohl Rauda zu Beginn des Kapitels betont, dass dieser Raum höherer Ordnung nicht mit dem ansonsten von ihm verwendeten architektonischen Raumbegriff korreliere, vermischen sich diese beiden Ansichten im Verlauf des Kapitels immer wieder. So fragt Rauda, ob es bei beiden Sichtweisen auf Raum („das ‚Räumliche' an sich als Raumbegriff höherer Ordnung und auch der menschlich-architektonische Raum"[235]) eine „eigengesetzliche, unveränderliche Struktur" gäbe oder – und hier folgt ein Zitat von Giulio Carlo Argan[236] – „eine Form menschlichen Denkens" sei.

Mit dieser Frage setzt Raudas maßgebliche Argumentation zu seiner These ein, dass das Sehen sich im Lauf der Zeit immer wieder geändert habe und sich daher unterschiedlich in der Stadtgestaltung niederschlage: Das Räumliche könne keine absolute (unveränderliche) Struktur sein, da der menschlich-architektonische Raum sich sonst immer in einer gleichen „Wesenheit" dargestellt hätte. Stattdessen sei der Raum in den Bildenden Künsten „Wandlungen unterworfen" und zeige sich in der Analyse verschiedener Bauepochen als *„verschiedenartig"*[237]. Die jeweilige Ausgestaltung sei dabei eng von der menschlichen „Schöpferkraft" abhängig, böte aber auch eine gewisse „Eigengesetzlichkeit". Erneut bezieht sich Rauda hierbei auf die „anschauende Erkenntnis" (die er als „Goethschen Begriff" bezeichnet), womit er vor allem darauf verweist, dass es sich bei einer solchen „Anschauung" nicht nur um das Sehen an sich, sondern darüber hinaus um das geistige Fühlen von Raum handelt. Damit verbindet er erneut die Aussagen zum Raum höherer Ordnung mit denen zum architektonischen Raum. Dieses Anschauen von Raum ist dabei unabhängig von der biologischen Seite des Sehens – wie dieses funktioniere, hätte sich schließlich kaum über die Jahrhunderte verändert. Stattdessen müsse die „Wandlung der geistigen Wahrnehmungsbereitschaft" auf einer „Veränderung des geistigen Bewußtseinsbil-

klare Abgrenzung vom architektonischen Raum: „Alle Dinge, die sich unseren Sinnen als Gegenstände darbieten, sind Erscheinungen; was aber, ohne die Sinne zu berühren, nur die besondere Form der Sinnlichkeit enthält, gehört zur reinen (d.h. einer von Empfindungen leeren, darum aber nicht verstandesmäßigen) Anschauung." (Zit. n.: Eisler 1930). Dieses Zitat stammt nicht aus der Definition nach Hoffmeister.

233 Rauda 1956, sowie Heidegger 1952.

234 Ebd.

235 Rauda 1956, S. 10. Es ist eigentlich sehr interessant, wie Rauda durch seine Wortwahl diese beiden Sichtweisen auf Raum charakterisiert: Die philosophische Herangehensweise ist die intellektuelle – diejenige „höherer Ordnung" –, während der architektonische Raumbegriff dem Menschen näher zugeordnet wird.

236 Woher Rauda dieses Zitat nimmt, ist schwer nachvollziehbar, da die Übersetzung von Argans Werk „Walter Gropius e la Bauhaus" 1962 die erste deutsche Publikation Argans ist. Allerdings sprach Rauda fließend Italienisch – es ist durchaus möglich, dass es sich hier um eine freie Übersetzung handelt.

237 Rauda 1956, S. 11 (Herv. im Original).

des" basieren.[238] Damit referenziert Rauda die Idealität von Raum und Zeit als „reine Anschauungsform", wie sie von Immanuel Kant in dessen „Kritik der reinen Vernunft" bezeichnet wird. Dabei charakterisiert Kant die Wahrnehmung von Raum und Zeit als entscheidende Elemente des Intellekts[239] – durch das Erkennen dieses Intellekts verändere sich das geistige Bewusstsein dazu.

Rhythmus

Der Begriff „Rhythmus" nimmt bei Rauda eine besondere Bedeutung auf mehreren Ebenen ein. Einerseits ist der Rhythmus der Stadt eine entscheidende Eigenschaft der Ordnungsprinzipien, andererseits wird über die Verwendung dieses Begriffs seine fachübergreifende Auffassung deutlich, wenn er hiermit Analogien zur Kunstgattung der Musik referenziert. Dabei handhabt er die Definition des Begriffs ebenso unprätentiös wie beim Begriff „Raum" und gibt in *Lebendige städtebauliche Raumbildung* zum Rhythmus lediglich in einer Fußnote eine Definition aus einem philosophischen Wörterbuch an.[240] Dieses wird ergänzt durch einen Bezug zu Max Burchartz, der Rhythmus als einen sich „wiederholenden Vorgang eines Geschehens, der sich innerhalb ähnlicher Strecken des Zeitablaufes bald zögernder, bald beschleunigter abspielt" definiert und dabei einen entscheidenden Unterschied zum Begriff „Takt" benennt: „Der Takt dagegen, das Metrische, ist die Messung einer regelmäßigen Wiederkehr gleicher Zeitspannen, er ist eine wissenschaftlich-mechanische Messung der Zeit."[241]

Diesen Gedanken führt er in *Raumprobleme im europäischen Städtebau* aus, in dem er dem Rhythmus ein ganzes Kapitel widmet. Grundsätzlich definiert er Rhythmus als Gliederung sinnlich wahrnehmbarer Vorgänge, er entstehe aus dem Zusammenhang mehrerer Teile einer übergeordneten Einheit; dies würde aber nicht bedeuten, dass Gleiches in immer gleichen Abständen zueinander wiederkehre. In mittelalterlichen Stadträumen, in denen erstmals Räume miteinander verknüpft worden

---

238   Rauda 1956, S. 12.
239   Fredericia 30.03.1950.
240   Vgl. hierzu Rauda 1957, S. 400: „Rhythmus, vom griechischen rhythmós (rhéein „fließen", „strömen"), gleichmäßige, bestimmt gegliederte Bewegung, bei der trotz allem möglichen inhaltlichen Wechsel in gleichen Zeitabschnitten gleiche Vorgänge oder Zustände wiederkehren. Die Natur hat eine starke Tendenz zu rhythmischer Ordnung: die Bildung der Kristalle, die Ätherschwingungen, die Vorgänge des organischen Wachstums, die Atmung, der Herzschlag, der kosmische Wechsel zwischen Tag und Nacht, die Wellenbewegung des Meeres, Aktionen und Reaktionen des sozialen Lebens und anderes. Wahrnehmung oder Hervorbringung eines Rhythmus ist im Menschen meistens mit Freude verbunden: Folge des Einklingens, der Harmonie mit dem Rhythmus als einer Urtendenz des Lebens selbst, von der Klages den Takt als charakteristisch für die Folge geistiger Akte unterscheidet. Die verlebendigende Wirkung des Rhythmus liegt auch der Gepflogenheit zugrunde, bestimmte Arbeiten (Steinsetzen, Schmieden, Dreschen, Rudern) rhythmisch auszuführen. Der Rhythmus gibt Vorstellungen und Gedanken, die man ebensowohl nicht rhythmisch aussprechen könnte, jenes Mehr an Wirkungskraft, an Macht, die Dichtung bloßer Prosa gegenüber besitzt; das Rhythmische ist gleichsam, im Sinne des Wirklichen, des Lebendigen, *wahrer* als das Nichtrhythmische. Der Rhythmus ist zusammen mit Melodik und Harmonik die Grundkraft des Musikalischen; alle Kräfte des Schwungs, der Schwere, der Dauer wirken in ihm zusammen". (Hoffmeister 1955)
241   Burchartz, Max: Gleichnis der Harmonie, München 1949, zit. n.: Rauda 1957, S. 400.

seien und die Zeit bzw. die Bewegung von entscheidender Bedeutung für die Stadtgestaltung gewesen sei, herrsche dadurch ein „gebunden-rhythmisches" Prinzip vor,
während in der Neuzeit die Gebäude eher in „freier gegenseitiger Vereinbarung"
ständen, wodurch sich ein „frei-rhythmisches Prinzip" äußere. Beide „rhythmische
Geschehen" seien aber „strömend, lebendig und schreitend"[242] und würden dann als
besonders ästhetisch wahrgenommen werden, wenn bestimmte körperliche Gesetzmäßigkeiten wie das Verhältnis von einem Atemzug zu vier Pulsschlägen eingehalten
wird. Diese „inneren und äußeren menschlichen Rhythmen" würden entscheidenden
Einfluss auf die Gestaltung der Stadt nehmen.[243] Neben dem rhythmischen Städtebau, charakterisiert durch eine lebendige, differenzierte und wechselhafte Stadtgestaltung, würde sich der Rhythmus als „Takt" ganz im Sinne Burchartz' wenig bewegen, ruhig dahinfließen und sich beispielsweise durch einheitliche Bauhöhen niederschlagen. Dieses Phänomen wird von Rauda als „metrisches" Prinzip bezeichnet.

Dass der Begriff des „Rhythmus" bei Rauda eine so große Relevanz hat, ist kaum
verwunderlich, denn auch sein Vorbild Brinckmann widmet dem „Rhythmus des Raumes" in „Stadtbaukunst in der Vergangenheit" ein ganzes Kapitel. Dieser erläutert,
dass die städtebauliche Gestaltung immer danach aus sei, eine „Gesamtwirkungsform für unsere Vorstellung aus einzelnen Abschnitten" zu entwickeln.[244] Folgen diese Abschnitte einer bestimmten Ordnung, entstehe ein „Rhythmus": „das künstlerische Gesetz des bedachten Arbeitens im Stadtbau"[245]. Wichtig bei der Rhythmus-
bildung sei laut Brinckmann insbesondere die Fassadengestaltung, weswegen der
Grundriss eines Gebäudes immer als Teil der Stadtplanung, das heißt als Teil des
Ganzen, entwickelt werden müsse. Der Rhythmus selbst beruhe auf der „Teilung in
Bewegungsabschnitte"[246], wobei die Straße der Raum sei und durch die Perspektive
Bewegung entstehe. Aber für den Rhythmus brauche es Fixpunkte, die die Straße in
Abschnitte einteilen. Diese Fixpunkte könnten „Richthäuser", in Form von besonders
ausgeschmückten Häusern oder Türme sein, die die Veränderung des Straßenver-
laufs andeuten. Diese „Fixpunkte" sind bei Rauda die städtebaulichen Dominanten.

Auch wenn, wie bisher ersichtlich, Rauda vor allem die Schriften und Ausführungen Brinckmanns nutzt und weiterentwickelt, unterscheiden sich die beiden
allerdings in einer entscheidenden Schlussfolgerung. Brinckmann beendet seinen

242   Rauda 1956, S. 17. Er bezeichnet diese Formen der Rhythmik als „gebauten Ton".

243   Vgl. hierzu Rauda 1956, S. 18: „Der architektonische Raum scheint sich uns daher nicht
nur durch das Auge und unser ‚inneres Sehen' darzustellen, er scheint auch dem
rhythmischen Atmen des Menschen als einer seiner wichtigsten Lebensfunktionen zu
entsprechen. Daher wird auch ein dem menschlichen Atemmaß nicht gemäßer, zu
hastiger Rhythmus in der Gestaltung architektonischer Räume von uns als häßlich, als
unangenehm empfunden. Eine zu starke architektonische Kontrastwirkung, etwa in der
maßstäblichen Zuordnung niederer Baukörper zu solchen von übersteigerter
Höhenentwicklung, wird den Gleichklang und die Harmonie in einem architektonischen
Freiraum stören; ebenso kann eine zu rasche Häufung von Dominanten das
städtebauliche Gesamtgefüge beeinträchtigen. Die taktförmige Anordnung von
Einzelbauten etwa im Sinne eines metrischen Ordnungsprinzips – Rhythmus und Takt
sind z. T. gegensätzlicher Natur, zum Beispiel beim Zeilenbau oder auch in einer Reihung
von Turmhäusern [...] wird dem Wesen einer rhythmischen Raumbildung gegebenenfalls
zuwiderlaufen können".

244   Brinckmann 1911, S. 54.

245   Ebd., S. 81.

246   Ebd., S. 56.

historischen Abriss zu Stadtbaukunst mit der Erkenntnis: „Der zeitliche Ausdruck verändert sich, Formgesetze bleiben bestehen"[247]; Rauda hingegen versucht genau diese Formgesetze als bestimmte Ordnungsprinzipien auf ihre jeweiligen Raumkulturen anzuwenden.

Ordnungsprinzipien und Raumkultur

Die Hauptaussage Raudas und damit die These seiner Forschungen lautet, dass Städte verschiedene Merkmale aufweisen, die in zeitlicher Übereinstimmung mit der Entwicklung anderer Städte stehen. Rauda führt dazu in *Lebendige städtebauliche Raumbildung* aus: „Aus einer oft feststellbaren Ähnlichkeit oder gar Gleichartigkeit artverwandter Stadtgrundrisse können wir auf bestimmte stadtbaukünstlerische Ordnungsprinzipien im Sinne von ‚Raumkulturen' schließen."[248] Die Begriffe „Ordnungsprinzip" und „Raumkultur" sind bei Rauda somit in direkter Abhängigkeit voneinander zu sehen und werden daher im Folgenden auch gemeinsam charakterisiert.

In *Lebendige städtebauliche Raumbildung* werden beide Begriffe nur angedeutet, in *Raumprobleme im europäischen Städtebau* konzentriert sich Rauda stärker auf die Ausarbeitung der „Ordnungsprinzipien". Diese Prinzipien leitet er aus dem Anspruch der Formulierung von „Ordnungsbereichen oder Ordnungskräften als Gestaltprinzipien" ab, um „das Chaos" im Städtebau zu überwinden.[249] Die 1956 formulierten Ordnungsprinzipien lehnen sich stark an die von Joseph Gantner vorgenommene Unterscheidung zwischen regulärer und irregulärer Stadt an, wobei sich Rauda zwar ursprünglich auf die Adjektive „symmetrisch" und „asymmetrisch" fokussiert, diese sich in den Gestaltungsprinzipien selbst allerdings als „rhythmisch" und „metrisch" ausformulieren. Damit ist nicht gemeint, dass „symmetrisch" mit „rhythmisch" oder „metrisch" gleichzusetzen wäre, vielmehr wird hier eine Inkonsequenz in der Argumentation Raudas deutlich: Die Unterscheidung der Stadtgestaltung in Symmetrie und Asymmetrie löst er im Sinne der Ordnungsprinzipien durch die Charakterisierung als „einer gleichen inneren schöpferischen Urwurzel entstammenden polaren Erscheinungsform", die sich in allen Gestaltbereichen geäußert hätte.[250] Damit übernimmt er zwar die Argumentation Gantners, der sowohl die Genealogie der regelmäßigen als auch der unregelmäßigen Stadt über alle Bauepochen führt, gleichzeitig wird Raudas Anspruch der übergeordneten Prinzipien dadurch abgeschwächt.

Vielleicht ist dies der Grund, warum Rauda seine Auffassung insbesondere der „Ordnung" im Lauf seiner Forschungen stark wandelt: Bezieht er sich in *Raumprobleme im europäischen Städtebau* noch auf die Grundlage seiner Stuttgarter Lehrer Heinz Wetzel und Paul Schmitthenner, die das Entwerfen von Architektur als eine ordnende Tätigkeit bezeichnen,[251] wendet er sich in *Die historische Stadt im Spiegel städtebaulicher Raumkulturen* von dieser Formulierung ab: „Das bisher gebrauchte Wort ‚Ordnungsprinzip' scheint uns nicht sinnvoll zu sein."[252] Er führt dazu aus, dass der Begriff „Prinzip" einen „Anfang, einen Seinsgrund, der Dinge und Wesen" impli-

---

247   Ebd., S. 159.
248   Ebd., S. 11-12.
249   Rauda 1956, S. 7.
250   Ebd., S. 24.
251   Rauda 1957, S. 81.
252   Rauda 1969, S. 13.

zieren würde, während „Ordnung" als „sinnvoller Zusammenhang von Elementen, die nicht Teilglieder eines Ganzen, sondern selbstständige Größen oder Wesen sind, deren Beziehung zueinander aber einem bestimmten, auch eine gelegentliche Änderung überdauerndem inneren Gesetz unterstehen" definiert würde. Beide Begriffe, zusammengenommen „Ordnungsprinzip", würden den „städtebaulichen Wandlungen" allerdings nicht gerecht werden, weswegen Rauda vorschlägt, die Auffassung Oswald Spenglers von „Ordnung im Sinne einer Kultur" zu übernehmen.

Oswald Spenglers (1880–1936)[253] *Der Untergang des Abendlandes. Umrisse einer Morphologie der Weltgeschichte* (1918) ist wohl eines der umstrittensten und meistdiskutiertesten philosophischen Werke der Zwischenkriegszeit und erfuhr allein seit 1950 16 Neuauflagen.[254] Sein Werk ist komplex, häufig schwer verständlich und zugleich polarisierend; einer der wenigen heutigen „Spengler-Experten", Alexander Demandt, charakterisiert den *Untergang des Abendlandes* wie folgt: „Außer den kühnen Gedanken und überraschenden Einsichten enthält es schwer verständliche Begriffe und Aussagen. [...] Was heißt das: ‚Nachbilden läßt sich nur Lebendiges' oder ‚Das Ich überwältigt das Du'? Das grenzt an Heideggerei. Trotz der partiellen Rezeption des ‚Untergangs' waren die Reaktionen heftig, positiv wie negativ. Es kam zum ‚Streit um Spengler' [...]. Es ging um die Frage, ob Spengler ‚recht hat' und wieweit er ‚wissenschaftlich' arbeitet. Ersteres setzt er voraus, letzteres lehnt er ab."[255]

Neben zahlreichen Aufsätzen und Vorträgen ist *Der Untergang des Abendlandes* Spenglers umfangreichstes und bekanntestes Werk; zwischen 1918 und 1922 erscheinen zwei Bände: Der erste Teil „Gestalt und Wirklichkeit" geht „von der *Formensprache* der großen Kulturen aus, sucht bis zu den letzten Wurzeln ihres Ursprungs vorzudringen und gewinnt so die Grundlagen einer Symbolik", während der zweite Teil „Welthistorische Perspektiven" diese Erkenntnisse auf die „Praxis der höheren Menschheit" anwendet, um die „Geschichte unserer Zukunft in die Hand nehmen zu können."[256]

Zu Beginn des ersten Bandes stellt er die für seine Herangehensweise relevante Frage, inwiefern scheinbar zufällige Umbrüche und Wechselwirkungen in der Gesellschaftsgeschichte einer Logik folgen.[257] Diese These versucht Spengler zu beantworten, indem er die von ihm als solche charakterisierten „Hochkulturen" auf mögliche parallele Entwicklungen untersucht. Entscheidend hierbei ist der Untertitel „Morphologie der Weltgeschichte", wobei die Wortwahl „Morphologie" als ein Versuch zu verstehen ist, Phänomene von ähnlichen Gegebenheiten zu ordnen und zu typisieren, „Symbole" herauszuarbeiten, um das ursprüngliche Phänomen bzw. das Symbol zu verstehen und wiederum auf andere Phänomene anzuwenden.[258] Er untersucht die ägyptische Kultur, die antike Kultur, die arabische Kultur und die abend-

---

253 Biografische Angaben zu Oswald Spengler finden sich bei Conte 2004, S. 93-96.
254 Demandt 2017, S. 11.
255 Ebd., S. 9-10.
256 Spengler 1975, S. 70 (Herv. im Original).
257 Ebd., S. 3.
258 Vgl. Ebd., S. 20. Spengler führt hierzu aus: „Alle Arten, die Welt zu begreifen, dürfen letzten Endes als Morphologie bezeichnet werden. Die Morphologie des Mechanischen und Ausgedehnten, eine Wissenschaft, die Naturgesetze und Kausalbeziehungen entdeckt und ordnet, heißt Systematik. Die Morphologie des Organischen, der Geschichte und des Lebens, alles dessen, was Richtung und Schicksal in sich trägt, heißt Physiognomik". (Spengler 1975, S. 135)

ländische Kultur. Seinen Ausführungen stellt er sogenannte „Tafeln ‚gleichzeitiger‘" Geistesepochen, Kunstepochen sowie politischer Epochen voran, die das Ergebnis seiner Arbeiten sowie die Methode aufzeigen. Schon hier wird die Idee des „Ordnens" im Spengler'schen Sinn deutlich; viel entscheidender ist allerdings seine Definition des Begriffs „Kultur". Hierzu heißt es in einer Passage aus dem Kapitel „Das Problem der Weltgeschichte": „Eine Kultur wird in dem Augenblick geboren, wo eine große Seele aus dem urseelenhaften Zustande ewig-kindlichen Menschentums erwacht, sich ablöst, eine Gestalt aus dem Gestaltlosen, ein Begrenztes und Vergängliches aus dem Grenzenlosen und Verharrenden. [...] Eine Kultur stirbt, wenn diese Seele die volle Summe ihrer Möglichkeiten in der Gestalt von Völkern, Sprachen, Glaubenslehren, Künsten, Staaten, Wissenschaften verwirklicht hat [...]"[259] Die Kultur habe laut Spengler eine Seele, deren Form durch das „Ursymbol" bestimmt werde.

Entscheidend für die Übernahme dieses Kulturbegriffs in den Theorien Raudas ist die Betonung des Raums in Spenglers diesbezüglichen Ausführungen: „Jede Kultur steht in einer tiefsymbolischen und beinahe mystischen Beziehung zum Ausgedehnten, zum Raume, in dem, durch den sie sich verwirklichen will."[260] Damit wird die Parallele zu Raudas Auffassung eines „philosophischen" Raums im städtebaulichen Kontext aufgezeigt. Die Idee des Raums in der Kultur wird von Spengler auch auf seine definierten „Hochkulturen" angewandt: Im Kapitel „Die Symbolik des Weltbildes und das Raumproblem" wird allein durch den Titel die Parallele zu Raudas *Raumprobleme im europäischen Städtebau* deutlich. Spengler erläutert hier, dass die antike Kultur den Begriff „Raum" gar nicht gekannt habe, während die Kultur des Abendlandes sich mit einem unendlichen Raum konfrontiert sehe.[261] Rauda übernimmt diese Grundhaltung und flechtet sie – wie die spätere Betrachtung der Raumkulturen verdeutlichen wird – in seine eigenen definierten „Kulturvorstellungen" ein. Auch die Haltung Spenglers, man könne die „Verwirklichung möglicher Kultur" nicht mehr einfach durch Begriffe, Definition und Beweise erläutern, sondern „daß sie vielmehr ihrer tiefsten Bedeutung nach gefühlt, erlebt, erschaut werden müssen"[262] deckt sich sowohl mit der Idee der „anschauenden Erkenntnis" nach Goethe als auch mit Raudas Methoden. Raudas Herangehensweise und sein Kulturverständnis sind ebenso evolutionär zu verstehen. Er glaubt fest an die ständige Weiterentwicklung der (Raum-)Kultur, ein Rückschritt ist für ihn nicht denkbar.

Während Oswald Spengler mit seiner Analyse der Kulturen darauf anspielt, dass auch die abendländische Kultur „untergehen" wird, versucht der Übersetzer und Philosoph Jean Gebser (1905–1973)[263] nach dem Zweiten Weltkrieg durch seine Einteilung der Kulturepochen auf den Anbruch einer neuen „Bewusstseinsstruktur" hinzuweisen. Die Erkenntnisse aus Gebsers Werk *Ursprung und Gegenwart* (1947–1952, Ergänzungen 1965) stellen in der Kombination mit Spenglers Kulturvorstellung die Definition der Raumkultur nach Raudas Vorstellungen dar.

Spenglers Darstellung der Kultur als Organismus mit einer Seele wird bei Gebser zu einer kulturübergreifenden Evolution des Bewusstseins mit Beschränkung auf die antike und die europäische Geschichte. Ziel der Ausführungen Gebsers ist es,

259   Ebd., S. 143. Auch bei: Conte 2004, S. 32 und Messer 1922, S. 46.
260   Ebd., S. 143.
261   Ebd., S. 210-234.
262   Ebd., S. 74-75.
263   Biografische Angaben zu Jean Gebser vgl. u. a. Jean Gebser Gesellschaft e.V.

„über das Werden einer neuen Welt, eines neuen Bewußtseins Bericht" zu erstatten.[264] Er begründet mit seinen Ausführungen die Bewusstseinsgeschichte der europäischen Welt, denn seine Erkenntnis ist, dass „sich im Werden nicht nur der abendländischen Menschheit deutlich unterscheidbare Welten abheben, deren Entfaltung sich in Bewußtseinsmutationen vollzogen hat." Aus diesen Mutationen seien prägende Bewusstseinsstrukturen hervorgegangen. Die letzte „Neukonstellierung der Bewußtseinsstruktur" sei mit der Entdeckung der Perspektive in der Renaissance erfolgt, weswegen Gebser der Epoche der Neuzeit die Bezeichnung „perspektivisches Zeitalter" gibt, die vorangegangene Epoche bezeichnet er folgerichtig als „unperspektivisches" Zeitalter. Nun sei die Gesellschaft an einem Punkt angekommen, an dem sich ein neues Bewusstsein forme, weswegen auch eine neue Welt im Entstehen sei, die Gebser als das „aperspektivische Zeitalter" bezeichnet.[265] Schon die Wortwahl der Einteilung, basierend auf der „Perspektive", zeigt die eindeutige Zusammengehörigkeit von Bewusstsein, Raum und Zeit auf. Gleichzeitig bezieht sich Gebser schon zu Beginn der Charakterisierung der einzelnen „Welten" auf die Malerei und die Architektur, da „der Wandel des europäischen Weltgefühls und der europäischen Weltbetrachtung" dort besonders deutlich ablesbar sei.[266] Die „ästhetisch und kunsthistorisch" geprägten Bezeichnungen werden von Gebser auf die Geistesgeschichte übertragen, um eine umfassende Bestätigung des Bewusstseinswandels zu ermöglichen.

Die „unperspektivische Welt" ist charakterisiert durch das Fehlen eines Raumbewusstseins und damit auch das Fehlen eines „Ich-Bewußtseins".[267] Die antike Architektur der „unperspektivischen Welt" sei von der griechischen Säulenarchitektur und der Raum sei nur durch den „Zwischenraum" zwischen den Säulen bestimmt.[268] Hier zeigen sich Ähnlichkeiten zu Spenglers Argumentation, es habe in der Antike keinen Begriff für Raum gegeben, sondern dieser sei als „das, was nicht da ist" bezeichnet worden.[269] Rauda bestimmt entsprechend als Merkmal der „ersten Periode städtebaulicher Raumkultur", diese sei „raumfrei", da der „Begriff ‚Raum' als städtebauliche Qualität, als Medium der Stadtgestalt noch nicht existent" gewesen sei.[270]

In der „perspektivischen Welt" nimmt der Mensch sich selbst als Individuum wahr, gleichzeitig zeigen Gemälde ab 1250 die Konstruktion einer Perspektive und damit erste Ideen einer räumlichen Wahrnehmung. Mit der Einrichtung der ersten öffentlichen Uhr 1283 wird die Zeit sichtbar gemacht und damit in der Öffentlichkeit präsent.[271] Gebser verweist auch auf den Brief Petrarcas an einen Professor der Theologie, in dem Petrarca seine Erfahrungen auf dem Mont Ventoux schildert, der als „Entdeckung der Landschaft" ein neues Raumbewusstsein manifestiert.[272] Diese Merkmale – die Perspektive in der Malerei, die öffentlichen Uhren, die Entdeckung des Horizonts durch Petrarca – übernimmt Rauda zur Charakterisierung der „zweiten Periode städtebaulicher Raumkultur".[273] Gebser argumentiert nun, dass die

264   Gebser 1992, S. 23.
265   Ebd., S. 24-25.
266   Ebd., S. 35.
267   Ebd., S. 36.
268   Ebd., S. 37.
269   Spengler 1975, S. 229.
270   Rauda 1969, S. 17.
271   Gebser 1992, S. 39.
272   Ebd., S. 40-41.
273   Rauda 1969, S. 19-21.

„unperspektivische Welt" noch bis zur „Beherrschung aller perspektivischen Mittel" durch Leonardo da Vinci existent gewesen sei, weswegen die „perspektivische" Welt erst ab Ende des 15. Jahrhunderts in ihrer Reinform zu existieren begonnen hätte.[274] In den folgenden Jahrhunderten würde eine „Überbetonung des Raumes und alles Räumlichen" erfolgen, die in Verbindung mit einer „Zeitangst" bzw. einer „Zeitsucht" „jenes Stigma unserer Zeit" mit sich brachte: „die heute allgemein herrschende Intoleranz und der aus ihr resultierende Fanatismus."[275] Diese zweite Phase der „perspektivischen Welt" entspricht in ihrer Auffassung der „dritten Periode städtebaulicher Raumkultur",[276] auch wenn die Argumentation Raudas hier weniger an die von Gebser angelehnt ist als vielmehr stadthistorisch bleibt.

Anhand der Analyse einer Zeichnung Picassos erläutert Gebser die Merkmale der bevorstehenden „aperspektivischen Welt". In der Zeichnung sei erstmals die „Zeit in die Darstellung einbezogen". Er führt weiter aus: „Die Zeichnung ist in diesem Sinne weder unperspektivisch: also nur zweidimensional eine Fläche darstellend [...] noch ist sie perspektivisch: also dreidimensional einen Sehsektor aus der ‚Wirklichkeit' herausschneidend [...]; sie ist in unserem Sinne aperspektivisch: also vierdimensional die Zeit aufnehmend und sie damit konkretisierend."[277] Die Konkretisierung der Zeit sei damit das wesentliche Merkmal der aperspektivischen Welt. In Raudas Argumentation übernommen, formuliert er: „Das Freisetzen einer veränderten neuen Sehweise von Raum und von gotischen Raumbildungen unserer Zeit, das ist eine Folge eines verstärkten Erfahrens der Zeit in einem gewandelten geistigen Bewußtsein. In der Gegenwart und in der Zukunft werden neue, wohl überwiegend betont a-perspektivische, nicht statische Raumbildungen zu erwarten sein."[278] Abgesehen von eindeutigen Referenzen an seinen Lehrer Heinz Wetzel und den konkretisierten Übernahmen der Argumentation Kevin Lynchs, ist dies eine der wenigen Stellen, an denen Rauda beinahe wortgenau einen anderen Kulturwissenschaftler zitiert.

Die Definitionen und die Merkmale der einzelnen Raumkulturen entnimmt Rauda demnach den Erläuterungen Jean Gebsers, während er den Kulturbegriff selbst an die Ausführungen Oswald Spenglers anlehnt. Den Begriff der „Raumkultur" definiert Rauda daraus schließend als „Dachbegriff [...] gleichsam als Retorte, in der sich die einzelnen Entwicklungsphasen einer Stadt vollziehen."[279] Dabei gilt, dass „eine städtebauliche Raumkultur und eine Stadtgestalt" sich „nicht losgelöst von dem bestehenden Weltbild, dem Raumbild, der Raumvorstellung entwickeln" könne.[280]

Diese Auffassung einer gesellschaftlich geprägten, kontinuierlichen Stadtgeschichte, deren Gestaltung abhängig ist von der ihr spezifischen Raumauffassung bzw. dem jeweiligen Raumbewusstsein stellt eine Übertragung der erkenntnis- bzw. bewusstseinstheoretischen Schriften Gebsers und Spenglers in Kombination mit den stadthistorischen Betrachtungen Gantners und Brinckmanns sowie der konzeptuellen Herangehensweise Wetzels dar. Diese Zusammenführung teilweise sehr aktueller wissenschaftlicher und philosophischer Betrachtungen mit städtebaulichen Überle-

---

274   Gebser 1992, S. 53.
275   Ebd., S. 58-59.
276   Rauda 1969, S. 22-26.
277   Gebser 1992, S. 62-63.
278   Rauda 1971, S. 25.
279   Rauda 1969, S. 16.
280   Ebd., S. 16.

gungen ist die eigentliche Besonderheit von Raudas Theorie. Dass seine Argumentation dabei nicht immer konsequent ist und sich im Laufe der Jahrzehnte ihrer Entwicklung verändert, kann vor diesem Hintergrund vielleicht vernachlässigt werden.

Der Städtebau nach seinen raumkulturellen Grundsätzen

Sehr aufschlussreich, aber aufgrund seines Publikationsmediums in einem *Jahrbuch zur Pflege der Künste* vermutlich wenig beachteter Beitrag zu den Fragen des Wiederaufbaus der Innenstadt Dresdens bietet der 1956 erschienene Aufsatz Raudas, der betitelt ist mit *Raum- und Formprobleme im alten und neuen Dresden*.[281] Auf den ersten Blick erscheint auch dieser Aufsatz eine stadthistorische Abhandlung Dresdens zu sein, allerdings äußert Rauda hierin nicht nur grundlegende Argumente, die er auch in *Raumprobleme im europäischen Städtebau* erläutert, sondern kritisiert auch sehr direkt die Ausrichtung des Wiederaufbaus der Innenstadt.

Ausgehend davon, dass die Kenntnis der stadtbauhistorischen Zusammenhänge ein „rechtes Fundament" sei, um das „künstlerische Wagnis des Aufbaus einer gültigen Raum- und Baugestalt der Stadt Dresden von morgen" zu begehen,[282] formuliert er hier erstmals die Hauptthese seiner Forschungsarbeit: „Die Frage erscheint berechtigt, ob ein Stadtgrundriß sich als geistig-kultureller Niederschlag einer Bauepoche, als bestimmte, allgemein verbindliche Aussage eines Gestalt-Typus darstellen und erklären lassen kann. [...] Diese verschiedenartigen Typen würden als schöpferische Taten eines bestimmten Jahrhunderts in ihrer verschiedenartigen künstlerischen und geistigen Auffassung wie Kometen wirken; sie würden die städtebauliche Konzeption eines Landschaftsraumes beherrschen und dann wieder, ohne eine Weiterentwicklung, in einer nächsthöheren Rang- und Wertfolge untergehen."[283] Hier spricht er seine Theorie der in verschiedenen Raumkulturen vorherrschenden Ordnungsprinzipien an, die er in den drei Monografien zwischen 1956 und 1969 ausarbeitet. Wenn auch die Argumentation sich ein wenig verändert, lassen sich diese Abhängigkeiten wie folgt zusammenfassen (vgl. Abb. 155).

Bis zum Ende des 13. Jahrhunderts, in der ersten Periode städtebaulicher Raumkultur, sei das Konzept Raum noch kein städtebauliches Element, auch eine zeitliche Komponente fehle. Somit ständen die Baukörper frei und statisch im Raum, der lediglich das „Dazwischen" ausmache. Während Rauda in *Raumprobleme im europäischen Städtebau* dieses „frei-körperliche Ordnungsprinzip" noch sehr ausführlich an der Akropolis in Athen erläutert und in Anlehnung an die Schriften von Doxiades als vorbildhaft betrachtet, ist die Antike in *Die historische Stadt im Spiegel städtebaulicher Raumkulturen* kaum noch relevant, stattdessen nutzt er den Dombereich in Pisa als maßgebliches Beispiel dieser Raumkultur. Mit der „Entdeckung des Horizonts" durch Petrarca und die Aufstellung von öffentlichen Uhren habe sich das Raum- und Zeitbewusstsein geändert; dies äußere sich städtebaulich durch das Zusammenfügen von einzelnen Räumen zu Raumfolgen. Das noch nicht perspektivische „gebunden-rhythmische" Ordnungsprinzip äußere sich unter anderem an dem Stadtbild des

281   Rauda 1956a.
282   Ebd., S. 51.
283   Ebd., S. 58.

Il Campo in Siena. Mit der Einführung der Perspektive in der Kunst und dem Ablösen des ptolemäischen Weltbildes durch das von Kopernikus entwickelte, beginne die „dritte Periode städtebaulicher Raumkultur" am Ende des 15. Jahrhunderts. Das „metrische Ordnungsprinzip" gehe in der perspektivischen Wirkung des Stadtbildes auf und der Raum werde beispielsweise in den Idealstädten der Renaissance in weiträumigen Freiflächen inszeniert. Seit dem Klassizismus vermische sich dieses Ordnungsprinzip mit dem mittelalterlich gebunden-rhythmischen, obwohl inzwischen mit der Verdichtung der Kommunikationsmittel und einem verkürzten Entfernungsempfinden im Zuge der Entwicklung des Automobil- und Flugverkehrs seit 1900 eine neue Periode städtebaulicher Raumkultur angebrochen sei. Das dementsprechende „frei-rhythmische Ordnungsprinzip" würde sich in einigen Wohnsiedlungen der Nachkriegsmoderne als raumarm, abstrakt und aperspektivisch äußern, auch der fließende Übergang des Naturraums in den architektonischen Freiraum sei ein entscheidendes Merkmal dieser Raumbildungen. Der Rhythmus der Gebäude ergebe sich insbesondere aus der Komposition der städtebaulichen Dominanten. Dieses Epochenmodell ist als transnational zu bezeichnen: Rauda konzentriert sich auf Beispiele aus dem gesamteuropäischen Raum und grenzt die Entwicklungsgeschichte lediglich zum asiatischen Raum wegen eines veränderten Zeitempfindens ab. Gleichzeitig durchbricht er den in der Tradition von Camillo Sitte liegenden Kanon der südeuropäischen Stadträume und betrachtet britische, osteuropäische wie auch nord- und südamerikanische Raumbildungen.

Im Kontext der Diskussionen zum Wiederaufbau deutscher Städte nach dem Zweiten Weltkrieg ist dieser Ansatz eine Kombination aus frühen Forschungen zur Bewusstseinsveränderung und der eher konservativen stadthistorischen Herangehensweise. In seinem Aufsatz zu den *Raum- und Formproblemen Dresdens* erläutert er die verschiedenen städtebaulichen Ausprägungen des mittelalterlich-gotischen und des barocken Dresdens und formuliert daraus seine Ansprüche an ein neues Dresden: Diese Stadt von morgen müsse dem „geistigen Vorstellungsvermögen des heutigen Menschen entsprechen". Aufgrund des hohen Zerstörungsgrades seien neue Raumformen zu entwickeln, in denen sich „auch etwas Gültiges von den einstigen Grundwerten rhythmischen Grundgefüges" niederschlagen könnte.[284] Insbesondere an der neuen Dimensionierung des Altmarktes, aber auch der Gestaltung übt Rauda Kritik: Städtebau sei nicht nur eine Sache des „steingewordenen Städtebaurechts" sondern auch „Bürgergeist" und „steingewordenes Leben".[285] Seine zugehörige Analyse des Altmarkts orientiert sich daher am historischen Stadtgrundriss (vgl. Abb. 156). Insbesondere das alte Rathaus und die nicht direkt an den Platz angrenzende Kreuzkirche wirkten hier als städtebauliche Dominanten, deren Raumspannung durch die geplante Aufweitung und insbesondere durch ein Hochhaus gestört werden würde. Diese Ausführungen müssen als eindeutige Abwendung von den „Sechzehn Grundsätzen des Städtebaus" und damit auch von einer sozialistisch geprägten Stadtplanung betrachtet werden.

Der anfangs von Rauda positiv beurteilte Anspruch der „Sechzehn Grundsätze des Städtebaus" zur Wahrung der historischen Stadt bei Beseitigung ihrer Mängel wird seiner Meinung nach eindeutig nicht eingehalten. Dennoch schlägt

---

284   Ebd., S. 69.
285   Ebd., S. 71.

1. Periode städtebaulicher Raumkultur

Griechische Antike

frei-körperlich
Baukörper stehen frei und
statisch im Raum
raumlos, zeitfrei

---

um 1300

Petrarca – Entdeckung des Horizonts
Aufstellung öffentlicher Uhren

2. Periode städtebaulicher Raumkultur

Gotik

gebunden-rhythmisch
vorperspektivisch, distanzsehen,
zeiterfüllt

---

um 1500

Kopernikanisches Weltbild löst
ptolemäisches ab

3. Periode städtebaulicher Raumkultur

Renaissance

metrisch
voll-perspektivisch, raumerfüllt
weiträumige Freiflächen

---

um 1900

Verdichtung der Kommunikationsmittel
Verkürzung von Entfernungen
(Automobil- und Flugverkehr)
Globalisierung

4. Periode städtebaulicher Raumkultur

Gegenwart und Zukunft

frei-rhythmisch
raumarm, abstrakt, aperspektivisch
Vermischung von Natur und
architektonischem Freiraum

155 Der Städtebau nach seinen raumkulturellen Grundsätzen:
Übersicht der von Rauda formulierten Raumkulturen
und Ordnungsprinzipien als Zusammenfassung seiner
Theorien

Rauda keine Rekonstruktion des historischen Stadtgrundrisses vor, sondern stellt fest: „Eine Stadt, die vom Menschen her und für den Menschen und seinen immer noch ihn bestimmenden rhythmischen Herzschlag gestaltet wird, muß naturgemäß anders aussehen als Dresden, das von der noch nicht gebändigten Technik der Zeit vor 1945 oder von der völlig verselbstständigten Technik unserer Tage her orientiert ist."[286] Damit trägt er die Idee eines neuen Raum-Zeit-Bewusstseins in die Praxis der Stadtgestaltung: Die Bedürfnisse der Stadtleute haben sich verändert, genauso wie ihr Raumverständnis, dies muss sich in einer neuen Stadtgestaltung äußern. Diese zukünftige Stadt charakterisiert Rauda wie folgt: „Die Stadt von morgen wird einfach, natürlich sein; das Beseelen und damit Überwinden des Stofflichen wird naturnotwendig dazu führen. Sie wird aber auch schwereloser als die Stadt von Gestern sein können. Neue Baustoffe werden ihr Gesicht prägen, und dieses Gesicht wird leuchtende, bewegtere, lebendigere Züge tragen."[287] In dieser Vorstellung der Stadt von morgen wird das Erbe der städtebaulichen Äußerungen des modernen „Neuen Bauens" der 1920er Jahre mit den konservativen Ideen einer traditionellen Stadtrekonstruktion vermischt werden und Rauda schafft eine theoretische Grundlage für den von Johannes Göderitz und Karl Gruber formulierten „Mittelweg" im Städtebau der Nachkriegsmoderne.[288]

Die große Diskussion der Nachkriegsmoderne zum Umgang mit den zerstörten historischen Stadtzentren kann dieses neue Raumverständnis allerdings nicht lösen. In seiner Antrittsvorlesung formuliert Rauda noch, dass „die Frage, die heute mehr denn je und leidenschaftlicher denn je im Bauen in Ost und West gestellt" würde, eine zentrale Frage im „Kampf um die deutsche Architektur" sei: „Können wir das Alte noch richtig sehen, bewahren und besitzen? Können uns überkommene bauliche Äußerungen der Vergangenheit bei unserer heutigen Betrachtung des Bauens vom Räumlichen her noch Leitbild mit einer ordnenden Kraft sein?"[289] In diesem Kontext weist er einerseits auf die Unabhängigkeit seiner Ausführungen von politischen Systemen hin – schließlich sei das Raum- und Sehbewusstsein ebenfalls unabhängig von Ost und West – und andererseits betont er die Relevanz einer kontinuierlichen Stadtentwicklung: Diese Fragen seien seiner Ansicht nach weder stilistisch noch „restaurativ" zu beantworten, sondern allein aus dem Zusammenhang zwischen baulichen und geistigen Bezügen heraus. Eine radikale Neuplanung lehnt Rauda insgesamt genauso ab wie eine Rekonstruktion, immerhin hätten seine stadthistorischen Analysen ergeben, dass die Städte „innerhalb verschiedenartiger Ordnungsprinzipien [...] Vorbedingungen und Gegebenheiten schöpferisch verwertet, verarbeitet und so ganz spezifische Stadtbilder entwickelt" hätten.[290]

Die Übergangsphasen zwischen den einzelnen Raumkulturen seien demnach besonders entscheidend für die individuelle Stadtgestalt. Dabei sei es für die zukünftigen Planungen wichtig, den durch ein überkommenes Raumverständnis geprägten Stadtraum in den des neuen Raumbewusstseins zu integrieren, so hätte man beim Wiederaufbau des im durch den Luftkrieg zerstörten Stadtzentrums „die alte metrische, statische Konzeption von Freudenstadt nach einem neuen freirhythmischen

286   Ebd., S. 77.
287   Ebd., S. 80.
288   Siehe hierzu das Kapitel „Die ‚Stunde Null' – Zerstörung als Chance".
289   Rauda 1952/53, S. 966.
290   Rauda 1957, S. 12.

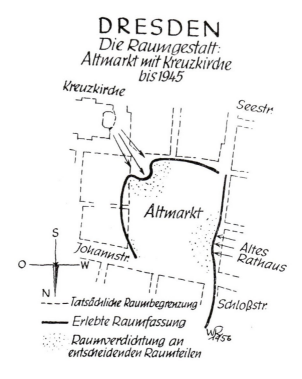

DRESDEN
Die Raumgestalt:
Altmarkt mit Kreuzkirche
bis 1945

Kreuzkirche

Seestr.

Altmarkt

Johannstr.

S

O — W

N

Altes Rathaus

‑ ‑ ‑ Tatsächliche Raumbegrenzung
—— Erlebte Raumfassung
⋯ Raumverdichtung an entscheidenden Raumteilen

Schloßstr.

W. Rauda: Darstellung der „Raumgestalt"
des Altmarktes in Dresden vor dessen Zerstörung im
Zweiten Weltkrieg unter Berücksichtigung der stadträumlich
wirkenden Dominanten, publiziert 1956

Ordnungsprinzip umgewandelt"[291]; auch die Wiederaufbauplanungen für die Städte Hannover, Nürnberg und Münster finden Zuspruch bei Rauda. Hier sei seiner Meinung nach das in den letzten Jahrhunderten entwickelte Stadtbild bewusst in das neue Raumbild integriert worden. Eine bloße Rekonstruktion, so Rauda weiter dazu, hätte allerdings fatale Folgen für das historische Stadtzentrum: Dann würde sie als Fremdkörper innerhalb des neuen abstrakten Raumverständnisses stehen und von der Gesellschaft „eines Tages geistig-seelisch nicht mehr begriffen werden";[292] die Rolle des Stadtzentrums würde sich wandeln: „Würde dann die historische Stadt in einer neuen abstrakten Raumkultur überflüssig werden, etwa museale Tendenzen oder einen Pflegeheim-Charakter erhalten? Sollte dies etwa das Ende der historischen Stadt bedeuten?"[293]

Dies gilt auch für die Stadtzentren der späten 1960er Jahre, deren Wiederaufbau schon längst abgeschlossen war. Hier müsse dringend ein gängiges Konzept für die „Stadtregeneration" gefunden werden, um diese „musealen" Tendenzen zu überwinden. Die Stadtregenerationen müssten anhand der Analyse der vergangenen Raumkulturen für jede Stadt individuell ausgearbeitet werden, um die Gestaltung der neuen Raumkultur entsprechend zu planen. Raudas Übertragung seiner Ansätze für den Wiederaufbau deutscher Städte nach dem Zweiten Weltkrieg in die Diskussionen zur Urbanität der 1960er Jahre erfolgt fließend, seine Monografien stellen eine durchgängige Argumentationskette dar. Dies kann sowohl als innovative Weiterentwicklung hin zu einer frühen Form der „kritischen Rekonstruktion" interpretiert als auch als ein von den technologischen Entwicklungen verunsicherter Versuch der Wiederbelebung einer überholten stadthistorischen Herangehensweise betrachtet werden.[294]

Zum Abschluss der Betrachtung der städtebaulichen Theorie Raudas sei auf ein paar individuelle Besonderheiten in Raudas Herangehensweise hingewiesen, die den Wert der Publikationen Raudas verdeutlichen: Zuerst zeigt die stilistische Methode der vorangestellten Zitate die interdisziplinäre, internationale und von Ideologien unabhängige theoretische Dimension der Ausführungen Raudas.[295] In *Raumprobleme im europäischen Städtebau* finden sich einleitend Zitate von Walter Gropius[296], Auguste Rodin[297], Johann Wolfgang von Goethe[298], Jakob Burkhardt[299], Ludwig Mies

---

291   Rauda 1971, S. 22.

292   Rauda 1969, S. 15.

293   Ebd.

294   Vgl. Brandt 2015, S. 258.

295   Insbesondere die Internationalität ist eine der Faktoren, die ein Scheitern seiner Theorie in der sozialistisch nach Westen abgeschirmten DDR aufgrund der fehlenden Vergleichbarkeit begünstigt hat.

296   „Ich spreche hier von der großen Aufgabe, die verlorene Fähigkeit, Form zu verstehen und zu gestalten, über die Wege der allgemeinen Erziehung in jedem Individuum wieder zu erwecken ... Ein optischer Schlüssel würde die überpersönliche Brücke zum allgemeinen Verständnis liefern und zugleich dem Künstler selbst als Kriterium für seine Schöpfung dienen". (Rauda 1956, S. 7)

297   „Es ist das höchste Ziel der Kunst, das Wesentliche auszudrücken". (Rauda 1956, S. 10)

298   „Denn euretwegen hat der Architekt/mit hohem Geist so edlen Raum bezweckt,/das Ebenmaß bedächtig abgezollt,/Daß ihr euch selbst geregelt fühlen sollt." (Rauda 1956, S. 17) und „Alles Lebendige bildet eine Atmosphäre um sich her". (Rauda 1956, S. 20)

299   „Der Geist hat Wandelbarkeit, aber nicht Vergänglichkeit". (Rauda 1956, S. 25)

van der Rohe[300], Heraklit[301] und Adolf Abel[302]. Auch wenn diese jeweils aus ihrem ursprünglichen Zusammenhang gerissen werden, um die Thesen und Argumente Raudas zu legitimieren, zeigen sie doch die breite Wissenschaftsbasis, auf die Rauda zurückgreift. Dabei ist es unabhängig, ob den jeweiligen Autoren eine radikal moderne Haltung zuzuschreiben ist oder sie gar politisch ideologisiert sind. Seine humanistische Ausbildung, aber auch seine umfangreiche Kenntnis der relevanten Literatur, stehen über den Ideologien, so wie er selbst seine Ausführungen als unabhängig von jeglichen stil- und ideengeschichtlichen Debatten sieht. Diese wissenschaftliche Komplexität zeigt sich teilweise auch in seinem Ausdruck: Nicht selten nutzt er aufwendige Satzstrukturen, in denen sich verschiedenste Verweise auf andere wissenschaftliche Publikationen befinden. Dadurch werden die Ausführungen teilweise schwer verständlich und wirken verkompliziert. In *Lebendige städtebauliche Raumbildung* erreicht er durch die Beschreibung von Stadträumen aus der Perspektive eines Flanierenden heraus auch die lesenden Fachunkundigen, sodass er ein Verständnis des „Anschauens" und „Erkennens" sowohl Fachleuten als auch Nichtkundigen der Stadtgestaltung zu geben versucht. Diese Laienebene erreicht er zusätzlich durch seine detaillierten und ästhetisch ausgearbeiteten Perspektivzeichnungen. Er fertigt diese aus der Fußgängerposition heraus an und unterscheidet sich damit von vielen anderen stadtbauhistorischen Arbeiten, in denen sich auf Lagepläne oder Vogelschaubilder konzentriert wird. Die handgezeichneten Perspektiven werden in der städtebaulichen Analyse manchmal mit Fotografien und fast immer von Lageplänen begleitet. Diese Lagepläne haben eine hohe Informationsdichte: Durch unterschiedliche Schraffuren der Gebäudemassen heben sich dominant wirkende Gebäude ab, die eigentliche Raumbildung wird durch eine dickere Linie umrandet, Beschriftungen zu Straßen- und Gebäudebezeichnungen erleichtern die Orientierung, teilweise werden Höhenangaben und Bauzeiten integriert. Dabei sind alle Lagepläne einheitlich gestaltet und sowohl mit Nordpfeil als auch Maßstab versehen. Diese sehr detaillierten Pläne sind Ergebnis intensiver Recherchen und einer genauen Bauaufnahme vor Ort. Es ist nicht unbedingt die innovative städtebauliche Theorie, die er mehr oder weniger ausformuliert. Die Stärke seiner Monografien liegt in der intensiven Analyse von historischen Stadträumen unterschiedlichster Epochen.

300   „Jede Entscheidung führt aber in eine bestimmte Ordnung. Deshalb müssen wir auch die möglichen Ordnungen beleuchten und ihre Prinzipien klarlegen." (Rauda 1956, S. 81)
301   „Mehr als sichtbare gilt unsichtbare Harmonie." (Rauda 1956, S. 85)
302   „In mir befestigt sich die Überzeugung, daß wir allein mit der Gestaltung des Raumes die Menschen nicht heilen können. Zuerst muß der Mensch wieder eine Anschauung besitzen, die seinen Begriff vom Raum festlegt." (Rauda 1956, S. 95)

6

Vergleiche –
Raumkultur in zeitgleichen Konzepten
des Wiederaufbaus

157   W. Schwagenscheidt: Vorstellung einer „neuen Stadt",
       publiziert 1949

Was wird aus der Stadt? ist der Titel einer 1972 erschienenen Publikation des Professors für Städtebau, Orts- und Regionalplanung in München, Gerd Albers. In sechs Essays blickt Gerd Albers zurück auf die Stadtentwicklung seit 1945 und kritisiert den nachkriegsmodernen Städtebau: „Vor uns steht das Gespenst des sich über viele Quadratmeilen erstreckenden Häuserbreis, teils sich in maßstabslosen Betongebirgen chaotisch auftürmend, teils in monotoner Flachbebauung die Landschaft überwuchernd [...]"[1]. Seine Lösung für den zukünftigen Städtebau lautet: „Wenn wir das nicht wollen, müssen wir mehr tun als nur über die Planer, die Politiker oder das gesellschaftliche System zu lamentieren: wir müssen ein Bild von dem entwickeln, was wir statt dessen wollen."[2] Damit fasst Albers den Paradigmenwechsel im Städtebau der 1960er Jahre zusammen: Der Wirtschaftsprofessor Edgar Salin fragt in seinem Vortrag *Urbanität* auf dem deutschen Städtetag 1960 nach der Rolle der Bürgerschaft in der Stadt, der Psychoanalytiker Alexander Mitscherlich kritisierte in seinem Vortrag *Die Unwirtlichkeit unserer Städte* (1965) mit dem bezeichnenden Untertitel Anstiftung zum Unfrieden die Verödung der Städte und der Schriftsteller Wolf Jobst Siedler sehnte sich in Die gemordete Stadt (1963) nach dem „emotionalen Stadtgefühl". Gleichzeitig prägten zwei amerikanische Publikationen die städtebaulichen Diskurse Mitte der 1960er Jahre: Jane Jacobs' *Tod und Leben großer amerikanischer Städte* (1961 als *Death and Life of Great American Cities* erschienen) und Kevin Lynchs *Das Bild der Stadt* (1960 als *The Image of the City* erschienen) waren 1963 bzw. 1965 ins Deutsche übersetzt worden. Gemeinsam ist all diesen Publikationen die Kritik an der immer noch praktizierten radikal modernen Stadtplanung und der Abwendung von gewachsenen städtischen Strukturen. Die Ablehnung der Altstadtkerne und insbesondere des Städtebaus des 19. Jahrhunderts mit seinen Gründerzeitvierteln war schon seit den 1920er Jahren verbunden mit dem Verlangen nach gesellschaftlichen Veränderungen: Der Architekturhistoriker Jörn Düwel beschreibt den Zusammenhang dieser laut moderner Stadtplanung hygienisch, sozial und funktional unzureichenden Altstädte als Versuche, durch den Aufbau der „neuen Stadt" auch eine „neue Gesellschaft" zu formen.[3] Seit dem 19. Jahrhundert, so die generelle Auffassung, hätte sich mit der industriellen Revolution die Stadt nur zu ihrem Negativen entwickelt. Exemplarisch für die Kontinuität dieser Grundgedanken bis in die Nachkriegsmoderne steht Hans Bernhard Reichows weitbeachtete Publikation *Die organische Stadtbaukunst*, in der er eine Luftaufnahme von Shanghai wie folgt beschreibt: „Typisch für die Grenzenlosigkeit, die Wirrnis, Unübersichtlichkeit, Vermassung und Naturferne unserer heutigen Großstädte – und doch nur der untrügliche Spiegel unseres heutigen Großstadtdaseins".[4] Reichow kritisiert die Stadt, die den „Vereinzelungstrieb" des Großstädters antreibt, und sieht die sozialen „Schäden" der Gesellschaft in der „Ungebundenheit, mangelnde[n] Übersichtlichkeit, Unordnung und Grenzenlosigkeit" der Großstadt begründet.[5] Um diese Probleme zu lösen, entwickelt er seine Idee der organischen Stadtlandschaft.[6] In der Ausformulierung dessen verwendet Reichow ganz ähnliche Ansätze wie später Rauda: Beide fordern die Ordnung der

1   Albers 1972, S. 106.
2   Ebd.
3   Düwel 2017, S. 200-201.
4   Reichow 1948, S. 5.
5   Ebd., S. 24.
6   Ebd., S. 209.

inneren Struktur des Städtebaus, der Mensch gilt als Maß der Dinge und die Raumbildung ist von besonderer Relevanz. Auch Reichow sieht den Zusammenhang zwischen gesellschaftlicher Entwicklung und baulichem Ausdruck, allerdings soll seine Stadtlandschaft ein überzeitliches System darstellen, dessen einheitliches Ganzes durch den „Wandel der Technik" nicht beeinträchtigt würde.[7] Die Ausgestaltung des konkreten Raums sieht er allerdings nicht im „Städtebaugedanken eines Camillo Sitte auf eine raumkünstlerische Umgestaltung der Straßen und Plätze [...] ohne ihr Gefüge anzutasten"[8], sondern deutet in seinen ausführlich gezeigten Plänen für die Aufbauplanung Kiels eine freirhythmische, von der Landschaft durchzogene Gestaltung an und beschreibt diese als großflächig, aufgelöst und weiträumig.[9] Die historische Stadt und ihre Eigenheiten werden von Reichow genauso wenig betrachtet wie der Raum an sich.[10] Damit setzt sich Reichow in die Tradition von Raymond Unwin, der als englischer Gartenstadt-Architekt in seinem städtebaulichen Grundlagenwerk schon 1909 die Forderung nach der Erfüllung hygienischer und menschlicher Bedürfnisse in Verbindung mit stadtbaukünstlerischen Gedanken aufgestellt hat.[11] Auf einer ganz anderen Intention diesbezüglich baut Walter Schwagenscheidt sein Konzept der Raumstadt auf: In dem gleichnamigen Buch, dessen Untertitel *Hausbau für jung und alt, für Laien und was sich Fachleute nennt. Skizzen mit Randbemerkungen zu einem verworrenen Thema*[12] lautet, deutet sich darüber hinaus eine weniger dogmatische Ausrichtung des Konzepts an als in Reichows Darlegungen. Das großformatige Buch ist größtenteils in Sütterlinschrift verfasst, die zahlreichen Abbildungen sind teilweise ohne übergeordnete Komposition hintereinander gereiht. In der maschinenschriftlichen Einleitung betont Schwagenscheidt die Komplexität der Aufgabe der Stadtplanung im Angesicht der zerstörten Städte und der sich nun bietenden Chance der Planung einer neuen, modernen Stadt. Der Leitgedanke seiner Arbeit sei dabei der „dreidimensionale, konkave Raum"[13], dabei geht er davon aus, dass „in den verschiedenen Kulturepochen [...] die Räume unterschiedlich gestaltet" waren und dieses Buch auf jeder Seite „mehr oder weniger, eine Auseinandersetzung mit dem Begriff des Räumlichen" darstellt. Seine *Raumstadt* ist geprägt von Zeilenbauten und Solitären. Die sich dazwischen aufspannenden Räume gehen ineinander über und bilden dabei eine fließende Bewegung aus der Sicht des Fußgängers, dem sich beim Durchwandern der Raumstadt stets neue Perspektiven eröffnen. Schwagenscheidts neue Stadt soll „im Gegensatz zur alten Stadt" organisiert und geordnet sein, dazu bilden sich Raumgruppen aus (vgl. Abb. 157).[14] Seine neue Raumvorstellung ist damit ebenfalls mit einem gewissen Anspruch nach Ordnung im Städtebau verknüpft. Es entsteht dabei eine ähnliche freirhythmische Komposition wie Rauda sie sich vorstellt. Die historische Stadt bzw. die in Trümmern liegenden Reste derer sind für

7   Ebd., S. 208.
8   Ebd., S. 185.
9   Ebd., S. 194.
10   Siehe hierzu: Jonas 2016, S. 145.
11   Vgl. das Kapitel „Prolog – Stadtbaukunst zwischer klassischer Moderne und Nationalsozialismus". Tatsächlich verwenden sowohl Unwin als auch Reichow das gleiche Zitat des Philosophen Letharby zur Verdeutlichung ihres Anliegens: „Kunst, heißt, das schön zu machen, was gemacht werden muß." (Unwin 1922, S. 4, Reichow 1948, S. 63)
12   Schwagenscheidt 1949.
13   Ebd., S. 10.
14   Ebd., S. 7.

Schwagenscheidt allerdings kaum relevant: „Es ist doch wohl selbstverständlich, dass die zerstörten Städte, wenn sie wieder aufgebaut werden, *vollständig anders* aufgebaut werden!"[15] Eine Rekonstruktion lehnt er ab, denn dann würde eine „tote Nachahmung" ohne Atmosphäre entstehen.

Ebenfalls einen Fokus auf die flanierenden Stadtbewohnerschaft legt der Stadtbaurat Münchens, Adolf Abel, 1950 in seinen Überlegungen zum Wiederaufbau der Städte: *Regeneration der Städte – des villes – of towns* erscheint dreisprachig. Abels Vorschlag stellt eine Neustrukturierung und Durchgrünung der Städte dar, wobei in der Planung ein besonderer Fokus auf die Einrichtung von Fußgängerzonen gelegt wird. Der Flanierende, so Abel, solle sich wieder als „Herr der Stadt" sehen und den „Sieg über die Technik" erreichen, indem der Autoverkehr optisch und strukturell von den begrünten Fußgängerzonen getrennt wird (vgl. Abb. 158).[16] Entscheidend ist Abels Umgang mit Denkmälern: Er hält es für einen Irrglauben, dass bedeutende Bauwerke an Hauptstraßen stehen müssten oder einem bestimmten Zweck dienen sollten; stattdessen sollen sie dem Fußgänger als optische Orientierungspunkte dienen und diesem einen Platz „zum Verweilen" geben. Damit intendiert Abel eine Betonung der visuellen Besonderheiten einer Stadt bei gleichzeitiger Neuordnung der Baumassen.

Das städtebauliche Konzept Raudas, Stadtplanung im Sinne einer Weiterentwicklung der vorhandenen Ausprägungen verschiedener „Perioden städtebaulicher Raumkulturen" zu praktizieren, ist bezogen auf die genannten Beispiele der *Organischen Stadtbaukunst* von Hans Bernhard Reichow, der *Raumstadt* von Walter Schwagenscheidt und *Regeneration* von Adolf Abel offensichtlich nicht singulär in der nachkriegsmodernen Städtebautheorie. Auch wenn die historische Stadt und insbesondere ihre industrielle Weiterentwicklung im 19. Jahrhundert per se aufgrund ihres für die moderne Gesellschaft nicht funktionalen Stadtgrundrisses abgelehnt wird, beherrscht die Suche nach einem geeigneten baulichen Ausdruck für diese moderne Gesellschaft die theoretischen Überlegungen der Stadtplanung in der Nachkriegsmoderne, unabhängig vom jeweilig zugrundeliegenden ideengeschichtlichen Hintergrund. Im Folgenden wird die Idee der „Raumkultur" als städtebauliches Konzept anhand verschiedenster Positionen der Nachkriegsmoderne als ein übergreifendes Phänomen dargestellt, wobei intensiver auf bestimmte Referenzen eingegangen werden soll. Hierzu gehört eine vergleichende Betrachtung zu Karl Grubers *Die Gestalt der deutschen Stadt*, in der ebenso ein Epochenmodell zur gesellschaftsbedingten Stadtentwicklung vorgestellt und auf die Wiederaufbauplanungen der Nachkriegszeit übertragen wird. Diesem traditionalistischen Ansatz gegenüber gestellt werden die frühen Wiederaufbauplanungen Werner Hebebrands für Frankfurt am Main, aufgrund derer dessen ehemaliger Kollege Ernst May die grundsätzliche Raumauffassung der zerstörten, historischen Stadt wiederbeleben wollte. Neben diesen, eher Westdeutschland prägenden Beispielen steht eine Betrachtung der Bedeutung der historischen Stadt in der DDR sowie im internationalen Kontext: Die Erörterung der identitätsstiftenden Rekonstruktion von Stadtzentren in Polen wird neben die beginnende „Humanisierung" der Grundsätze der CIAM gestellt, die schlussendlich zur Auflösung der Architektengruppe führen wird.[17] Somit wird in diesem Kapitel die

15   Ebd., S. 16 (Hervorhebung im Original).
16   Abel 1950, S. 50.
17   Aufgrund der Komplexität der einzelnen Beispiele mussten notwendige Abstraktionen in der historischen Herleitung vorgenommen werden. Statt die ausführlichen politischen

158 · A. Abel: Vorschlag für die Neustruktur der Verkehrswege in München, publiziert 1950

These belegt, dass Raudas Ausführungen lediglich eine von vielen Ausformulierungen dieser auf visueller Raumwahrnehmung basierender Annäherung an die historischen Stadträume darstellt.

Karl Grubers „Gestalt der deutschen Stadt" in seinen Wiederaufbauplanungen für Darmstadt

Karl Grubers (1885–1966)[18] Publikationstätigkeit beschränkt sich auf wenige Monografien und dabei hauptsächlich auf bauhistorische und denkmalpflegerische Betrachtungen. Der Einfluss Friedrich Ostendorfs auf die Schriften Grubers, insbesondere auf seine bekannteste, *Die Gestalt der deutschen Stadt*, ist enorm, wie Andreas Romero in seiner Dissertation zu Gruber mehrfach darlegt.[19] Ostendorfs theoretische Haltung ist in dessen *Sechs Büchern vom Bau* (1914) festgehalten, in denen der Hochschullehrer eine neue Bautradition aus einer Synthese von „romantischdeutschen" und klassizistischen Vorstellungen fordert.[20] Dass diese Schrift insbesondere vom Dresdner Bauhistoriker Cornelius Gurlitt massiv als rückständig und alternativlos kritisiert wurde,[21] zeigt eine erste Kontroverse zwischen dem Ostendorf-Schüler Gruber und dem Gurlitt-Schüler Rauda. Beide, Rauda und Gruber, werden in den 1950er Jahren mit ihren durch diese Lehrer beeinflussten Schriften bekannt. Um die Parallelen, aber auch kontroversen Argumente der Schriften aufzuzeigen, ist eine inhaltliche Auseinandersetzung mit Grubers Werk nötig.

Die Gestalt der deutschen Stadt in der Neuauflage von 1952 ist laut Gruber eine Erweiterung der ersten Auflage von 1937 in Verbindung mit seiner Promotionsschrift *Eine deutsche Stadt, Bilder zur Entwicklungsgeschichte der Stadtbaukunst* von 1914. Insbesondere die Diskussionen um den Wiederaufbau der durch Luftangriffe im Zweiten Weltkrieg zerstörten Städte haben die Neuauflage initiiert. Den fünf Kapiteln der stadtgeschichtlichen Betrachtung angehängt sind die 1914 entwickelten Idealvorstellungen der historischen Stadt, das Buch schließt mit einer Betrachtung der Stadt des 19. Jahrhunderts und einem Ausblick auf die damals aktuellen Diskussionen.

Ausgehend von der These, dass die städtebaulichen Grundzüge in der Antike ebenso wie später im Mittelalter aus dem Sakralbau stammen, beginnt Gruber seine Betrachtungen mit einem Blick auf das „antike Erbe" und die Akropolis.[22] Deren rechtwinklige Ausrichtung aller Bauten und die genaue Ostausrichtung des Parthenons[23] wäre in den hellenistischen Städten, insbesondere in Priene und Milet, „in vollendetem Maße" umgesetzt worden. Entscheidend für diesen gerasterten Städtebau der griechischen Antike ist allerdings, dass die Straßen nicht auf öffentliche Gebäude ausgerichtet sind, da die „Ordnung aus der religio" und nicht aus einer staatlichen

und historischen Hintergründe zu erläutern, werden diese bewusst verkürzt dargestellt und auf die weiterführende Literatur verwiesen.

18   Biografische Informationen zu Karl Gruber finden sich bei Romero 1990, vor allem in dem dort angehängten, von Gruber selbst verfassten Lebenslauf. (Romero 1990, S. 279-280)

19   Romero 1990, S. 9-10, S. 245-262.

20   Ostendorf 1914.

21   Romero 1990, S. 8-9.

22   Gruber 1952, S. 10-25.

23   Ebd., S. 11.

Macht heraus entwickelt wurde. Dies ändert sich während des „römischen Imperiums" als die Religion der Repräsentation staatlicher Macht weichen und die Straßen auf deren repräsentative Gebäude ausgerichtet werden müssen.[24] Die Raumfolgen der spätrömischen Städte werden im beginnenden Mittelalter durch die Betonung der Baukörper selbst und der Kirche als „plastische Baugruppe" ersetzt. Diesen Prozess bezeichnet Gruber als „Vermählung zwischen antikem Erbe und germanischem Wollen".[25] In der „Bischofsstadt"[26] des Mittelalters bilde der Dom als „gottgeweihtes Heiligtum in seinem heiligen Bezirk" den Ausgangspunkt der Stadt. Er liege zentral in der Stadt und seine Türme beherrschen als Dominanten die Landschaft. Die Straßenführungen haben sich ohne übergeordneten Plan ergeben.[27] Erste Platzräume bildeten sich erst mit der Ausbildung des Marktes als wirtschaftlichem Zentrum der Stadt. Die herrschaftliche Burg bleibe vorerst ein abgegrenztes Stadtviertel. In einem Exkurs zu den „Wachstumsgesetzen der mittelalterlichen Stadt" zieht Gruber Analogien zur Natur und beschreibt diese als „totum in toto, ein lebendiges Ganzes im Ganzen".[28] Beispielhaft vollzieht er seine Theorie der organisch wachsenden Stadt am Beispiel Hildesheims. Auf der „Bürgerstadt des Mittelalters"[29] liegt mit einer neunzigseitigen Analyse der besondere Fokus Grubers. Hier führt er auch drei entscheidende Schlüsselbegriffe seiner Betrachtungen ein: Maßstab, Rhythmus und die Rangordnung der Werte. Schon in der Erläuterung der antiken Stadt hat Gruber den „relativen Maßstab" – das heißt den an die menschlichen Proportionen angepassten – dem „absoluten Maßstab" – mit festen Werten – gegenübergestellt. Dieser „absolute Maßstab" habe sich nun in der Gotik „restlos durchgesetzt" und äußere sich in der mittelalterlichen Stadt beispielsweise in der Gestaltung der „Kapitelle" auf den feingliedrigen Diensten der Kirchen, die genauso dimensioniert seien wie die auf den Pfeilern.[30] Insbesondere die verschiedenen Fensterformen würden in dieser Stadt „maßstabgebend und rhythmusbildend" wirken, was Gruber im Folgenden anhand sehr spezifischer Beispiele unterschiedlicher Fensterformen erläutert. Die Formen der Fenster als maßstabsgebendes Element würden allerdings noch überlagert werden durch den „Rhythmus der einzelnen Baukörper"[31], wie der großen Profanbauten und Kirchen, deren Fassadengliederung in den Rhythmus der Bürgerstadt eingebunden würden. Aus dieser „innewohnenden Ordnung" der Stadt heraus begründet Gruber die empfundene „Schönheit der mittelalterlichen Stadt"; diese Ordnung sei allerdings nicht durch Planung entstanden, „sondern jener viel höheren [Ordnung], die das diesseitige Leben sub specie aeternitatis, vom Ewigen her ordnet".[32] Diese sakrale Tendenz wird in Grubers Erläuterung der „Rangordnung der Werte" noch deutlicher: „Diese Einheitlichkeit und Geschloßenheit [...] entspringt in erster Linie nicht architektonischen Regeln, sondern sie entspringt dem Geist, der sich den Kör-

---

24   Gruber erläutert dazu: „Diese Entwicklungen können nicht rein formal geklärt werden, sie sind vielmehr Ausdruck eines Kraftloswerdens einst wirksamer religiöser Bindungen." (Gruber 1952, S. 17)

25   Gruber 1952, S. 26.

26   Ebd., S. 26-44.

27   Ebd., S. 31.

28   Ebd., S. 44.

29   Ebd., S. 46-134.

30   Ebd., S. 119.

31   Ebd., S. 129.

32   Ebd., S. 132.

per baut." Die Hierarchie dieser Gesellschaft sei durch ihre Religion geordnet. Dies ändere sich in der „Stadt der 17. und 18. Jahrhunderts"[33], als die Staatsform des Absolutismus auch die städtebauliche Ordnung vorgibt: Das Zentrum der Stadt sei nun nicht mehr die Kirche, sondern der Sitz der politischen Macht, es entstehen streng geometrische Städte mit klar definiertem Zentrum. Die Mittelachsensymmetrie als ausschlaggebendes Merkmal dieser Stadt äußert sich in den Grundrissen und der Beziehung zwischen den Monumentalbauten. Die Ordnung entpuppt sich als eine Art definitiver Plan, in dem keine Typologien mehr erkennbar seien.

An dieses Kapitel angeschlossen sind die jeweiligen Idealvorstellungen Grubers für die Städte um 1200, um 1350, um 1550 und um 1750. Auffällig ist hier, dass Gruber die Städte jeweils in ihrer abgeschlossenen Form präsentiert: Übergangsformen lassen diese Idealvorstellungen genauso wenig zu wie ein individueller Umgang mit dem jeweils Vorangegangenen. Grubers anschließende Kritik der Stadt des 19. Jahrhunderts fällt vernichtend aus: „Die Ordnung aus der religio hatte die mittelalterliche, die Ordnung aus der Macht die Stadt der Renaissance gestaltet, aus der ungebundenen Freiheit des neuzeitlichen Liberalismus entstand die Unordnung der modernen Stadt."[34] Das größte Problem der Stadt sieht Gruber im Kapitalismus: hier gebe es kein ordnendes Maß mehr, sondern nur noch ein durch die Wirtschaft bestimmtes. Die städtebauliche Bedeutung der Kirchen sei vollständig verloren gegangen. Dies habe sich auch in der Nachkriegsmoderne nicht geändert, dabei sei eine neue Zeit angebrochen und man müsse für diese eine neue Ordnung finden, in der die Bedeutung der Profan- und Sakralbauten besondere Beachtung finden müsse.

Gruber orientiert sich in seinen Ausführungen – ähnlich wie Wolfgang Rauda – an Oswald Spenglers Idee des Aufbaus und Verfalls der großen Kulturen[35] und baut dessen Konzept zur Entwicklung des Städtebaus von der griechischen zur römischen Antike sowie in Mitteleuropa vom Mittelalter bis in das 19. Jahrhundert aus. Es geht Gruber dabei weniger um eine durchweg chronologisch konsequente Argumentation als vielmehr um die Darstellung des mittelalterlichen Städtebaus als kulturellen Höhepunkt der Architekturgeschichte Europas und dessen „Untergang" in der Moderne. Die Ordnung des Städtebaus verknüpft Gruber eng mit der jeweils herrschenden Religion bzw. der Staatsform. Seine Argumentation ist dabei geprägt von idealisierten, abstrahierten und wenig individuellen zeichnerischen Darstellungen von Städten, meist aus der Vogelperspektive. Vergleicht man die Vogelschau auf Stralsund mit der auf Freiburg, wird die argumentative Zentrierung auf die Kirche genauso in der Bildkomposition deutlich wie die Verallgemeinerung bautypologischer Merkmale (vgl. Abb. 159 und 160). Im Gegensatz zu Raudas Herangehensweise handelt es sich bei Gruber nicht um ein von der Gesellschaft oder der Bürgerschaft der Stadt ausgehendes Raumbewusstsein, sondern um die von einer höheren Ebene bestimmte Ordnung, die das Bild der jeweiligen Stadt prägt. Gleichzeitig ist Grubers Argumentation stärker durch das Heranziehen von Einzelbeispielen geprägt, was insbesondere in Detaillösungen wie den Betrachtungen der Fenster oder in den ausführlichen bautypologischen Erläuterungen deutlich wird. Seine Literaturhinweise beschränken sich auf die eigenen sowie die für die jeweiligen Stilepochen spezifi-

33   Ebd., S. 135-159.
34   Ebd., S. 190.
35   Vgl. hierzu das Kapitel „Ordnungsprinzipien und Raumkultur", S. 316ff.

schen wissenschaftlichen Publikationen.[36] Die Formulierungen sind einfach zu verstehen und so formuliert „daß [ihr] Inhalt etwa nur als Vermutung, These oder sogar als Zweifel des Autors an den dargestellten Zusammenhängen zu lesen wären"[37], wie Romero es beurteilt. Gleichzeitig sei das Buch aber „eher ein Produkt der Intuition als der Wissenschaft."[38] Die eigentliche Intention dieser Art der Argumentation sei „ein Versuch, der traditionellen Architekturhaltung eine Legitimation aus der Geschichte zu verschaffen, die sie nicht hat."[39] Diese traditionelle Architekturhaltung sei für Gruber maßgeblich, die Ideen des Neuen Bauens seien ihm „fremd und unheimlich"[40], er selbst würde sich als „Arrieregardist" verstehen,[41] als die Nachhut des traditionalistischen Anspruchs seines Lehrers Ostendorf, die sich in der Nachkriegsmoderne zu behaupten hätten. Den Wert der Monografie sieht Romero in den Zeichnungen, aus denen man „eine Fülle von Anregungen, von überraschenden Entdeckungen und wichtigen Einsichten sowohl in die Zeichentechnik als auch in die Entwicklungsgeschichte von Bauten und Städten" mitnehmen könne.[42]

Eine Einordnung in die nachkriegsmodernden Diskussionen zum Wiederaufbau der zerstörten Städte kann in der Verbindung dieser stadthistorischen Betrachtungen mit Grubers Wiederaufbauplanungen für Darmstadt erfolgen. Da die grundlegenden Gedanken Grubers in eigentlichen Wiederaufbauplanungen der Stadt Darmstadt[43] unter dem ab 1947 eingesetzten Stadtbaurat Peter Grund nur bedingt einfließen und nur an wenigen Stellen umgesetzt werden, kann das Konzept Grubers aus einer theoretischen Sicht heraus betrachtet werden.

Das Zentrum der ehemaligen Residenzstadt Darmstadt wurde innerhalb einer Nacht, vom 11. auf den 12. September 1944, durch einen britischen Luftangriff zum größten Teil zerstört. Gruber notiert dazu: „Die Stadt ist buchstäblich ausradiert"[44]. Ab März 1945 wird Darmstadt vom amerikanischen Militär besetzt, Ludwig Metzger als Oberbürgermeister eingesetzt und Karl Gruber zum Vorsitzenden einer Wiederaufbaukommission ernannt. Bereits Mitte April legt er eine erste Skizze zum Wiederaufbau des Stadtzentrums vor (vgl. Abb. 161). Dabei handelt es sich keineswegs um eine Rekonstruktion der historischen Stadt, nicht einmal historische Baufluchten sind beachtet. Insbesondere der ausgearbeitete Lageplan vom Mai 1945 (vgl. Abb. 162) zeigt in der Überlagerung der von Gruber geplanten Baumassen und den Katasterlinien, dass nichts an die ursprüngliche Form der Altstadt erinnert. Schlichter drei- bis viergeschossiger Wohnungsbau und ein Handwerks- sowie Geschäftsviertel sollen rund um den Marktplatz entstehen, dessen Baufluchten er als einziges aufnimmt (vgl. Abb. 163). Zur Fassadengestaltung gibt eine Skizze Aufschluss: Die Parzellenstruktur wird weitestgehend imitiert, die Fensterform und die Arkadengestaltung aber angepasst (vgl. Abb. 164); über seiner Idee für den Wiederaufbau wird eine Häuserzeile mit verschiedenartiger Fassadengestaltung gezeigt, Gruber überschreibt diese

36   Gruber 1952, S. 197-198.
37   Romero 1990, S. 253.
38   Ebd., S. 258.
39   Ebd., S. 181.
40   Ebd.
41   Ebd.
42   Ebd., S. 260.
43   Informationen zu den Wiederaufbauplanungen siehe: Durth/Gutschow 1993, S. 383-411, Gutschow 1992.
44   Gruber, Karl: Tagebuchnotiz (17.09.1944), zit. n.: Durth/Gutschow 1993, S. 383.

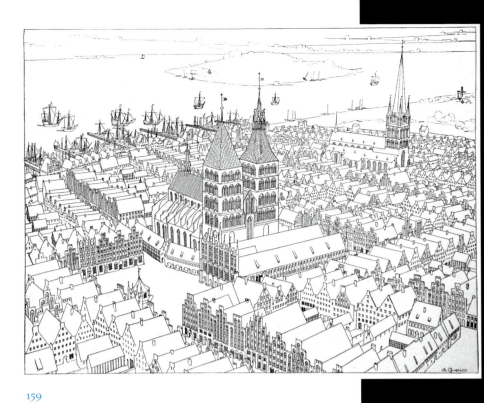

159

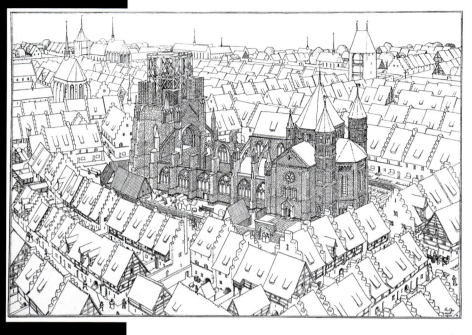

160

K. Gruber: Idealisierte Stadtansichten von Stralsund (159)
und Freiburg (160), wie er sie in „Die Gestalt der
deutschen Stadt" erarbeitet, erstmals publiziert 1937,
erneut aufgelegt 1952

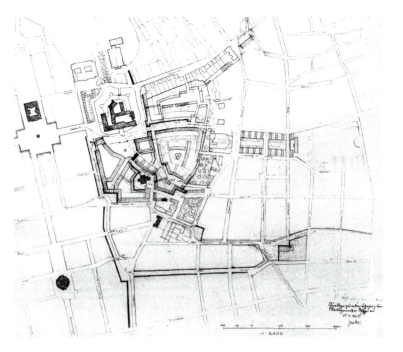

161

162

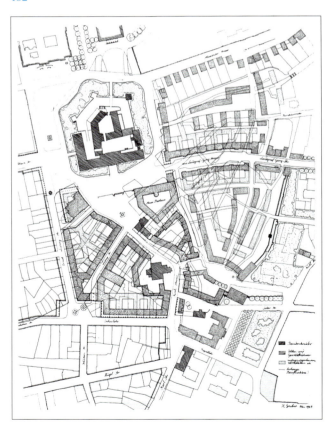

340

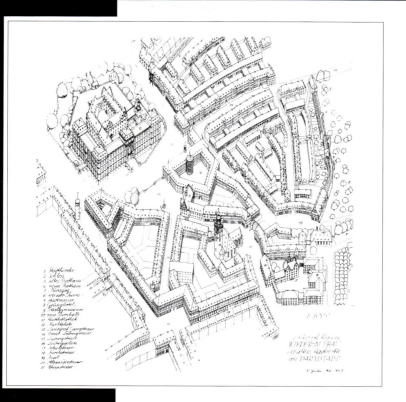

163

164

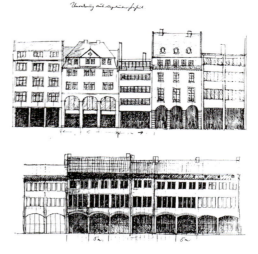

Karl Grubers Planungen für den Wiederaufbau
Darmstadts: Erste Skizze (161), datiert auf den 15.04.1945,
ausgearbeiteter Lageplan (162) sowie eine
Axonometrie (163), datiert auf Mai 1945. Der Vorschlag für
die Fassadengestaltung (164) ist überschrieben mit
„Unordnung aus ungebundener Freiheit".

mit „Unordnung aus ungebundener Freiheit". Damit wird deutlich, dass Gruber hier bemüht ist, die von ihm in *Die Gestalt der deutschen Stadt* formulierte Ordnung des mittelalterlichen Städtebaus in die zweite Hälfte des 20. Jahrhunderts zu überführen. Für die mittelalterliche Stadt formuliert er den Grundsatz: „Der Einzelne behält – allerdings im Rahmen seiner ständischen Gebundenheit – die Freiheit, sein Haus zu gestalten. Es werden keine Hauptgesimse, Fenstergrößen und Grundrißtypen wie in der barocken Fürstenstadt vorgeschrieben, vielmehr folgt die Einheitlichkeit durch das Ordnen des Gleichen zum Gleichen und das Unterordnen des Unwichtigeren unter das Wichtigste [...]"[45]. Während im Mittelalter allerdings die „religio" die Ordnung vorgeschrieben hat, ist es nun Karl Gruber, der sich um die Einführung einer „Fensternorm" bemüht, damit eine geordnete Einheitlichkeit entstehe.[46]

Damit entwickelt er im Grunde eine radikale Neuplanung für die Innenstadt Darmstadts. Dass Gruber sich selbst als konservativen Traditionalisten sieht, hat Romero dargelegt. Im Kontext der Wiederaufbauplanungen wendet sich aber auch Gruber einer gewissen modernen Haltung zu, wenn auch unter seiner eigenen Definition: „Wenn ‚modern-sein' heißen soll: Sachlich sein, so bin auch ich mit solcher Zielsetzung einverstanden."[47] Tatsächlich entwickelt er die am ehesten an eine – nicht unbedingt an die Darmstädter Vorkriegssituation – historische Stadt erinnernde Planung hauptsächlich für die Stadtmitte rund um den Marktplatz und das barocke Darmstädter Schloss. In verschiedenen Varianten präsentiert er dagegen für den Block östlich des Schlosses Kammbauten mit dazwischen liegenden flachen Riegeln oder giebelständige Einzelbauten in Kombination mit der Blockbebauung und verbindenden flachgedeckten Hofbauten. Diese Darstellungen erinnern entfernt an eine rhythmisierende Straßengestaltung, wie sie später Hebebrand für die Frankfurter Innenstadt vorschlagen wird.

Die das Stadtzentrum umgebenden Pläne werden zwar von Gruber genauso detailliert ausgearbeitet; 1947 wird er aber die Leitung der Wiederaufbauplanungen an Peter Grund abgeben. In einem Brief zum Abschluss seiner Tätigkeiten erklärt Gruber nochmals, dass die Entwicklung der Stadt vom Zentrum ausgehen müsse, „weil die seit Jahrhunderten festliegenden Straßenführungen und die erhaltenen Baudenkmäler einen bestimmten Rahmen abgeben, innerhalb dessen sich das Leben der Zukunft entwickeln können muß."[48] Es ist davon auszugehen, dass Gruber hier nicht auf eventuell noch vorhandene technische Infrastruktur anspielt, sondern auf ein durch Identität von Stadt und Gesellschaft angelegtes Raumbewusstsein der Darmstädter Bewohnerschaft, das es zu erhalten gelte. So beschreibt Gruber selbst seinen „Mittelweg" im Wiederaufbau Darmstadts wie folgt: „Der Wiederaufbau einer Stadt kann von zwei extremen Gesichtspunkten aus angepackt werden. Man

45 Gruber 1952, S. 134.
46 Romero 1990, S. 192. Romero führt auf mehreren Seiten aus, inwiefern sich die Pläne Grubers im Verlauf seiner zweijährigen Tätigkeit in der Wiederaufbaukommission verändern und konkretisieren. Da die isometrischen Darstellungen allerdings grundsätzlich eine Entwurfshaltung aufzeigen, wird auf diese Spezifizierung innerhalb dieses Kapitels verzichtet und stattdessen nochmals auf die Ausführungen Romeros verwiesen.
47 Gruber, Karl: Der Wiederaufbau zerstörter mittelalterlichen Städte. In: Die Welt des Ingenieurs. Heidelberg / Darmstadt, S. 89-103, zit.n.: Romero 1990, S. 191.
48 Nachlass Karl Gruber: Brief von Gruber an Metzger (12.02.1947). zit.n.: Gutschow 1992, S. 270.

kann rekonstruieren, was gewesen ist [...]. Aber durch Rekonstruktion würden Film-städte entstehen, architektonische Lügen, da das heutige Leben in den alten Rahmen nicht mehr hineinpaßt. [...] Der zweite Gesichtspunkt ist der, sich über das Vergange-ne rücksichtslos hinwegzusetzen, über die Geschichte der Stadt hinwegzugehen und rein aus dem Materiellen das Neue zu gestalten [...]. Unsere Städte würden trostlos stumpfsinnig, wenn in ihnen nichts mehr den kommenden Generationen erzählen würde von dem Wollen und Wirken unserer Vorfahren."[49]

Stattdessen schlägt er ein Konzept „des Anknüpfens an das Vorhandene und an das, was uns teuer und lieb geworden ist" vor, seine Pläne seien „auf Erhaltung des alten und Rücksichtnahme auf das neue Leben aufgebaut"[50]. Selbstredend verwen-det Gruber hier nicht den Begriff Raumkultur, da der städtebauliche Raum an sich für ihn nicht von solcher Relevanz ist. Trotzdem scheint hier die Idee des Konzepts eines Wiederaufbaus nach raumkulturellen Grundsätzen vorzuherrschen. Dies wird bei Niels Gutschows Charakterisierung von Grubers Wiederaufbaukonzepten umso deutlicher: Gruber hätte sich „als Träumer und zugleich als Seher" erwiesen, er wür-de „seine traditionellen Stadtbilder [...] als Ausdruck von Bescheidenheit und sogar Demut" demonstrieren. Im Rückblick kann man ihn als „Seher" bezeichnen, da „die Zerstörung und Auflösung räumlicher Kontinuität allemal als schmerzlicher Verlust empfunden wird und nicht selten einen ‚Rückbau' herausfordert."[51]

Mit dem Wiederaufbaukonzept Grubers, das nur teilweise am Marktplatz und in der Ausführung der Arkaden in manchen Straßen der Innenstadt umgesetzt wur-de,[52] hätte sich eine solche ‚räumliche Kontinuität' aus der früheren Stadt in die Situation der Nachkriegszeit ergeben.

Werner Hebebrands Planungen für den Wiederaufbau der Frankfurter Innenstadt

Die Stadtplanungsämter Frankfurts haben schon seit dem 19. Jahrhundert radikale Neuplanungen zur Sicherung der Bedürfniserfüllung der Bürgerschaft forciert: Die Bürgermeister Miquel und Adickes führten ab den 1890er Jahren eine soziale Woh-nungspolitik ein und stellten damit einen prachtvollen Wohnungsbau zurück; die Wohnungsnot der 1920er Jahre wurde durch das bekannte Wohnungsbauprogramm Ernst Mays unter dem Titel *Das neue Frankfurt* in Trabantenstädte gelöst, wobei sich May immer für eine „pflegliche Behandlung"[53] der Altstadt aussprach. In der Zeit des Nationalsozialismus hingegen führte man eine Altstadtsanierung zwischen moder-nem Bauen und Nachahmungsstil durch.[54]

Abgesehen von der Vorbildwirkung des „Neuen Frankfurts" auf den Woh-nungsbau des „Neuen Bauens" war Frankfurt weniger städtebaulich relevant als vielmehr politisch-historisch bedeutend: Von Karl IV. 1356 als Stätte der deutschen

49 Gruber, Karl: Darmstadt im Plan von Morgen. In: Darmstädter Echo (13.03.1946), zit. n.: Romero 1990, S. 192.
50 Ebd., zit. n.: Durth/Gutschow 1993, S. 386.
51 Gutschow 1992, S. 270.
52 Romero 1990, S. 199.
53 Beyme 1992, S. 200.
54 Beyme 1992, S. 198-200; Sturm/Cachola Schmal 2018.

Königswahlen benannt, wird hier 1816 der Deutsche Bundestag eröffnet und sowohl das Vorparlament als auch die Deutsche Nationalversammlung tagen 1848 bis 1849 in der bis 1866 „Freien Stadt".[55] Die „Altstadt", womit allgemein das Gebiet zwischen dem Frankfurter Dom und dem Standort des Rathauses am „Römer" bezeichnet wird, war bis zu den Luftangriffen im Zweiten Weltkrieg durch eine kleinteilige und verdichtete Bebauung im Innern und „wilhelminisch-großmannsüchtig in den äußeren Bereichen des Stadtkerns" gekennzeichnet. Es gab keine barocken Planungen und durch die Sozialpolitik am Ende des 19. Jahrhunderts auch weniger Mietskasernen als in anderen Großstädten Deutschlands.[56] Klaus von Beyme beschreibt das historische Zentrum Frankfurts als eher unbedeutend, obwohl es sich hier um eine der flächenmäßig größeren Altstädte in Deutschland handelte.[57] Die Zerstörung im Bombenkrieg, besonders durch Luftangriffe 1944, war entsprechend groß: Die berechneten 12 Millionen Tonnen Trümmerschutt waren die viertmeisten in Deutschland.[58]

Aufgrund der politisch geprägten historischen Bedeutung der Stadt war die Bewerbung Frankfurts als Hauptstadt der Bundesrepublik Deutschland naheliegend. Auch wenn am Ende Bonn den Vorzug bekam, war der Wiederaufbau Frankfurts von Beginn an von dem Ziel geprägt, das wirtschaftliche und industrielle Zentrum Westdeutschlands zu werden. Somit war hier nach 1945 auch häufiger vom „Image" der Stadt als von ihrem „Charakter" zu hören, was nicht zuletzt auch auf die zukünftige Weltoffenheit Frankfurts hinweist. Eine übergeordnete Planung für den Wiederaufbau der Stadt gab es aufgrund der hohen Fluktuation in der Personalstruktur des Frankfurter Stadt- und Hochbauamtes zwischen 1945 und 1950 kaum. Werner Hebebrand wurde 1946 als Stadtbaurat eingesetzt und kündigte 1948 aus „künstlerischen Differenzen" und um sein Privatbüro weiter zu führen. Ihm folgte Moritz Wolf von 1948 bis 1954 und dann Hans Kampffmeyer bis 1971.[59]

Die Suche nach einem Bebauungskonzept für die Altstadt war geprägt durch das Schwanken zwischen einer historisch mehr oder weniger getreuen Rekonstruktion, wie sie schon dem 1922 gegründeten „Bund tätiger Altstadtfreunde" vorschwebte, und einem „demonstrativ modernen Zentrum als Ort privilegierten Wohnens für die kulturelle Elite der Stadt"[60]. Letzteres wird insbesondere bei der vorrangig betrachteten Verkehrsfrage deutlich. Der erste ausgeschriebene Ideenwettbewerb zur Innenstadt von 1947 ist ein „Hauptstraßenwettbewerb", den die Architekten Walter Schultz und Heinrich Lehberger gewinnen. Ihr Konzept besagt, „[...] daß die Menschen heute Geradlinigkeit und Großräumigkeit jedem Winkel vorziehen. Die alten liebgewordenen Sonderbarkeiten sind innerlich längst abgeschrieben."[61] Dass diese „liebgewordenen Sonderbarkeiten" kaum als „abgeschrieben" zu bezeichnen waren, beweist der schon 1922 von Fried Lübbecke gegründete „Bund tätiger Altstadtfreunde", der bis heute als „Freunde Frankfurts" tätig ist.[62] Konfrontiert mit den scheinbar radikal modernen Neuplanungen für das zerstörte Altstadtgebiet arbeiten

55   Durth/Gutschow 1993, S. 465-541, hier S. 465.
56   Beyme 1992, S. 200.
57   Ebd., S. 201.
58   Ebd., S. 200.
59   Ebd., S. 201.
60   Durth/Gutschow 1993, S. 465-541, hier S. 470.
61   Beyme 1992, S. 202.
62   Freunde Frankfurts, gegr. 1922, e.V. 2019.

der Leiter der Außenstelle des Landeskonservators von Frankfurt und einer der „Alt-stadtfreunde", Zimmermann, einen eigenen Plan zum Aufbau der „inneren Altstadt" Frankfurts aus (vgl. Abb. 166). Der Vorschlag zeigt eine weitestgehende Rekonstruk-tion der erhaltenen und wiederherstellbaren Bauten, unabhängig von ihrem Denk-malwert, die Beibehaltung der Straßenzüge und der Parzellenstruktur. Die Fassa-dengestaltung solle allerdings streng geregelt werden, um „offensichtliche Verstö-ße gegen die Bauordnung und den guten Geschmack" zu verhindern.[63] Noch zwei Jahre später hält Zimmermann an diesem Plan fest und bespricht dessen Vorteile in dem Aufsatz *Zerstörung oder Erhaltung*.[64] Der Planer der „Altstadtfreunde" gibt in die-sem umfangreichen Aufsatz einen Überblick zu den bis 1950 erfolgten Wettbewerben und konzentriert sich auf die Ergebnisse des letzten Innenstadtwettbewerbs 1950. In seinen Ausführungen, insbesondere der Erläuterung der Stadtgeschichte und der Entwicklung des Viertels zwischen Dom und Römer, dessen Rolle er als „unabhän-giges Sonderdasein" bezeichnet, wird die stark rekonstruktive Absicht des „Bundes tätiger Altstadtfreunde" deutlich: Ausführlich legt er dar, wie viele Bauten und Bau-denkmäler in diesem Bereich noch erhalten oder wiederherstellbar wären und stellt fest, dass mehr als 30% davon für den städtischen Plan abgerissen werden würden. Sein eigener Plan hätte die „erforderlichen Abbrüche auf 8,8 Prozent des Bestan-des verringert"[65]. Mit diesem Artikel kritisiert Zimmermann insbesondere den in der Zwischenzeit entstandenen Bebauungsplan der Stadt als Ergebnis des Innenstadt-wettbewerbs 1950. Die Ausschreibung, durch den damaligen Stadtbaurat Wolf initi-iert und durch den zukünftigen Stadtbaurat Kampffmeyer vorformuliert, ist als kla-re Absage an eine mögliche Rekonstruktion der Altstadt zu lesen: „Alle Hoffnungen [...] dem Wiederaufbau dieses Gebiets die frühere soziologische Struktur zu unterle-gen, das Straßennetz ziemlich unverändert und auch den Grundstücksschnitt mit nur bescheidenen Korrekturen beibehalten zu können, haben sich als Illusion erwiesen."[66] Mit dieser Ausschreibung wird den Wettbewerbsteilnehmern eine größtmögliche Freiheit auf dem Gebiet zwischen Dom und Römer geboten, die in den 71 eingereich-ten Beiträgen durchaus genutzt wird. In der Sitzung des Preisgerichts, zu dem auch Martin Elsaesser und Franz Schuster gehören, wird diese Freiheit allerdings relati-viert: Die Jury fordert demnach eine Neuinterpretation der stadträumlichen Bege-benheit im Sinne einer zeitgemäßen Formensprache, in Form einer „moderne[n] Variation einer alten Melodie".[67] Drei Wettbewerbsbeiträge werden gleich bewer-tet, wobei der Entwurf von Wilhelm Massing vermutlich am ehesten der geforderten „modernen Variation einer alten Melodie" entspricht. Für die Westseite des in der historischen Platzform weitestgehend übernommenen Römers schlägt Massing Gie-belbauten mit einem ausgefachten Stahlskelett als moderne Interpretation des Fach-werks vor. Richtung Dom weitet sich ein Platz, wobei der ehemalige Hühnermarkt

---

63   Brief Zimmermann an Wolf (22.09.1948), zit. n.: Durth/Gutschow 1993, S. 465-541, hier S. 496.

64   Zimmermann, K. H.: Zerstörung oder Erhaltung, zit. n.: Durth/Gutschow 1993, S. 536-540.

65   Ebd., S. 539.

66   Kampffmeyer, Hans: Formulierungsvorschlag für die Aufgabenstellung des Ideenwettbewerbs zur Erlangung von Plänen für die Bebauung des Altstadtkerns (16.03.1950), abgedruckt in: Durth/Gutschow 1993, S. 534-535, hier S. 534.

67   Altstadt-Wettbewerb. Auszug aus dem Protokoll, hrsg. von der Pressestelle der Stadt Frankfurt am Main (17.07.1950), zit. n.: Durth/Gutschow 1993, S. 465-541, hier S. 504-505.

als Nebenplatz erhalten bleibt. Die Zeilenbauten folgen in etwa den historischen Fluchtlinien, sind aber nicht parzelliert und in moderner Formensprache gedacht. Sein Plan wird sowohl in seiner Grundstruktur als auch in den Bebauungsvorschlägen der Stadt übernommen. Obwohl schon hier erste Andeutungen einer Neuinterpretation alter „Raumkulturen" deutlich werden, soll im Folgenden der Schwerpunkt auf den als Sonderankauf prämierten Entwurf gelegt werden: Werner Hebebrand hat diesen schon im Sommer 1949 erarbeitet und nun zum eigentlichen Wettbewerb eingereicht, wohl wissend, dass er nicht der Ausschreibung entspricht.

Werner Hebebrand (1899–1966)[68] gehört durch seine Arbeit bei Ernst May, aber auch durch seine Wohnungs- und öffentlichen Bauten in die Riege der modernen Architekten des „Neuen Bauens". Als Stadtbaurat in Frankfurt positioniert er sich als Erbe der Ära May, zeigt aber auch eindeutige Tendenzen zur Wahrung der historischen Raumkultur: „Auch das neue Frankfurt soll […] wieder Frankfurt werden und ich bin auch davon überzeugt, dass jede Stadt ein besonderes Gesicht haben wird, daran werden auch alle neuen Baumethoden nichts ändern. Auf der anderen Seite wäre es natürlich abwegig, etwa die Altstadt oder auch nur grössere Teile derselben, wieder so aufzubauen, wie sie war."[69] Der Charakter Frankfurts solle bewahrt werden, wenn auch unter Verwendung neuer Baustoffe. Hebebrand führt in seinem Vortrag als neuberufener Stadtbaurat unter dem Titel *Das zukünftige Gesicht unserer Städte* mit einem Blick auf die Stadtgeschichte aber auch aus, dass „[u]nsere alten Städte […] bei all ihrer Vielfältigkeit in strenger geistiger Ordnung gewachsen"[70] seien. Dass Hebebrand hier den Begriff „Ordnung" verwendet, ist sicherlich kein Zufall.

Auch in einem Entwurf für einen Artikel in der Frankfurter Rundschau kommt er zu dem Schluss, dass „zu allen Zeiten […] große geistige Ordnungen die Baugestaltung bewirkt"[71] hätten. Aus diesem Grund positioniert sich Hebebrand eindeutig zwischen den Konzepten einer Rekonstruktion und einer radikalen Neuplanung: „Das eine ist nur sicher, daß eine Rekonstruktion das Alte nicht vortäuschen kann. Wir wollen uns aber bemühen, bei einer modernen Bebauung den Maßstab und die Struktur der Altstadt zu erhalten. […] Wir wollen die noch vorhandenen historischen Bauten pfleglich erhalten, jedoch keine Nachahmung derselben vortäuschen, wenn sie zerstört sind."[72] Dies gilt nicht nur für die einzelnen Hochbauten, sondern auch im städtebaulichen Kontext, wie er in seinem Vortrag vor der Stadt Frankfurt hervorhebt: „Ich kann mir denken, daß man unter Beibehaltung der Proportionen alter historischer Plätze in völlig neuer Gesinnung baut, wobei die wenigen gut erhalten gebliebenen Häuser in schlichter Umgebung so wirken werden, wie ein einziges gutes Bild in einem Museum auf schlichter Wand aufgehängt wird."[73] Konkrete Pläne scheint Hebebrand in den beiden Jahren in Frankfurt als Stadtbaurat nicht zu bearbeiten. Erst parallel zu den Plänen der „Altstadtfreunde" wird er gemeinsam

68   Biografische Informationen zu Werner Hebebrand finden sich in: Hebebrand 1969, S. 159.
69   Hebebrand, Werner: Das zukünftige Gesicht unserer Städte (Vortrag, gehalten am 16.10.1946), abgedruckt in: Durth/Gutschow 1993, S. 520-522, hier S. 521.
70   Ebd.
71   Hebebrand, Werner: Entwurf für einen für die Frankfurter Rundschau bestimmten Artikel im November 1947, zit. n.: Durth/Gutschow 1993, S. 465-541, hier S. 494.
72   Ebd.
73   Hebebrand, Werner: Das zukünftige Gesicht unserer Städte (Vortrag, gehalten am 16.10.1946), zit. n.: Beyme 1992, S. 201.

mit anderen freischaffenden Architekt*innen Frankfurts einen Vorschlag zum Aufbau der Altstadt Frankfurts erarbeiten, den er selbst nochmal konkretisiert (vgl. Abb. 165). Sein „Vorschlag für den Wiederaufbau der Frankfurter Altstadt unter Beibehaltung der überkommenen Wegenetze und erhaltenen Bauteile im Erdgeschoss" zeigt die Aneinanderreihung von Wohnblöcken, deren Erdgeschosse aus den erhalten gebliebenen Trümmern bestehen. Südlich der Nikolaikirche zieht sich ein langgezogener Block von West nach Ost, die rechtwinklig dazu gestellten viergeschossigen Wohnbauten sind für eine optimalere Belichtung in einer Nord-Süd-Ausrichtung angelegt. Die Erdgeschosse bilden verbindende Riegel aus, die Innenhöfe sind begrünt. So ergibt sich auf den ersten Blick eine radikale Neuplanung, die aber aufgrund der Beibehaltung des historischen Grundrisses beispielsweise die Aufweitung der Saalgasse erlebbar macht. Besonders deutlich wird die Aufnahme alter Raumbilder bei der Gegenüberstellung zweier Perspektiven Richtung Dom (vgl. Abb. 167): Der Blick in die Bendergasse vor der Zerstörung zeigt die rhythmische, parzellierte Bebauung, die den Dom einrahmt; daneben zeigt ein Bild des geplanten Wiederaufbaus die neuzeitliche Formensprache der Wohnbauten, die sich ebenso rhythmisch aneinanderreihen und den Blick auf den Dom freigeben. Hebebrand führt insbesondere hierzu aus: „Es ergab sich dabei, daß die alten, vertrauten Straßenräume, die eine ganz ausgesprochene Beziehung zu den Kirchtürmen hatten, durch die neuen kulissenförmig angeordneten Scheiben-Wohnblocks erhalten blieben."[74] Dass er die Beibehaltung der Erdgeschosse nicht ausschließlich aufgrund der im Boden verbliebenen technischen Infrastruktur vorschlägt, wird durch seine Hinweise auf die „innere geistige Ordnung" der früheren städtebaulichen Situation belegt. Vielmehr nutzt er im Grunde die ihm fremde Idee der „Raumkultur", deren historische Qualitäten er im Rahmen seiner Tätigkeit als Stadtbaurat analysiert und neu interpretiert hat.

Noch mehr als ein Jahrzehnt später berichtet Hebebrand in einem Artikel im Jahrbuch der Freien Akademie der Künste in Hamburg von seinen *Erfahrungen eines Städtebauers* und diesem Entwurf für Frankfurt. Hebebrand reiht diesen hier ein in die seines Erachtens nach bekannte Beispiele Münster, Freudenstadt und die „Traditionsinseln" in Hannover.[75] Seine damaligen Intentionen, die er auch in zwei vergleichenden Skizzen zur Bebauung an der Bendergasse darstellt, macht er zu Beginn seiner Ausführungen deutlich: „Ich dachte, es sei richtiger, die alten Gassenzüge mit ihren charakteristischen Bezügen zu den Kirchtürmen zu erhalten als einen neuen Straßenplan zu entwickeln und dann im architektonischen Einzelaufbau zweifelhafte Anleihen an vergangene Epochen aufzunehmen."[76] Es ist entscheidend, dass er sein Konzept vom Raumbild her denkt, das in moderner Formensprache wieder aufgebaut wird, statt rekonstruktive Ansätze in der Fassadengestaltung auf einem neuen Grundriss zu planen. Trotz der enormen Kritik durch die „Altstadtfreunde" und die Betitelung des Projekts als „Traumgebilde eines ,Spinners'" war er überzeugt: „Dabei glaubte ich – ich glaube das übrigens auch heute noch –, bei meinem Vorschlag im richtigen Sinn bester Tradition gehandelt zu haben."[77] So wie der Traditionalist Gruber sich zur Verbesserung seiner Wiederaufbauplanungen als „modern" definiert hat, besinnt der „moderne" Hebebrand sich auf die Tradition. Dass sie beide

74   Hebebrand 1961.
75   Ebd., S. 16.
76   Ebd., S. 17.
77   Ebd., S. 19.

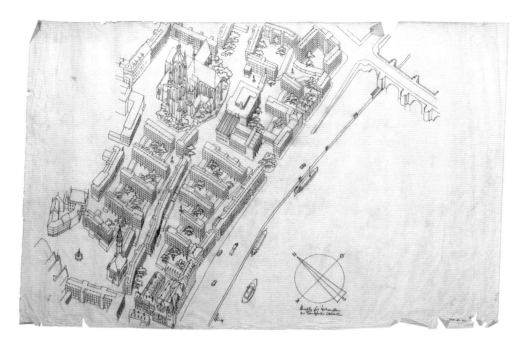

165

166

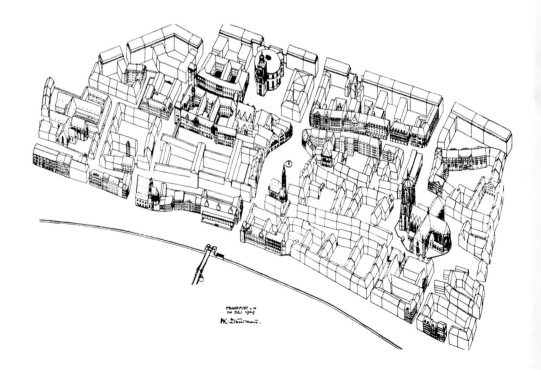

348

167

165   Werner Hebebrand: „Vorschlag für den Wiederaufbau der
       Frankfurter Altstadt unter Beibehaltung der überkommenen
       Wegenetze und erhaltenen Bauteile im Erdgeschoss", 1949
166   Vorschlag der „Altstadtfreunde" zum Wiederaufbau der
       Altstadt Frankfurts, 1949
167   Werner Hebebrand: Blick auf den Frankfurter Dom
       durch die Bendergasse, vor der Zerstörung (links) und nach
       dem Wiederaufbau (rechts), 1949

im Städtebau einen Weg zwischen Tradition und Moderne wählen, verdeutlicht umso mehr, dass die Grenze zwischen diesen beiden scheinbar so gegensätzlichen Positionen viel dehnbarer war, als sie bisher schien. Auch andere Schlüsselfiguren des Wiederaufbaus in Frankfurt haben sich für eine solche „Zwischenlösung" ausgesprochen.

Das Preisgericht zum Innenstadtwettbewerb von 1950 stellt in seinen abschließenden Forderungen fest, dass es die Aufgabe sei, „den durch alle Zeiten und Schicksale im Wesensgrund unveränderlichen und immer neu feststellbaren genius loci auch in neuen, zeitgemäßen städtebaulichen und architektonischen Ausdrucksmitteln zu formen"[78]. Auch der kommissarische Oberbürgermeister Kurt Blaum formuliert aus der Erläuterung der Stadtgeschichte heraus, dass man sich „unter sorgfältiger Anpassung an das Erhaltenswerte der geschichtlichen Baudenkmale" einfühlen müsse, um „den Geist und den Charakter der damaligen und der heutigen Zeit" bauen und formen zu können[79]. Die Analyse der Stadtentwicklung war auch in Frankfurt – trotz der, wie Beyme es formuliert hat, unbedeutenden und wenig spezifischen Altstadt, entscheidend für die Wiederaufbauplanungen. Aufgrund vieler ungeklärter Planungsfragen in der Innenstadt war bis 1955 eine Bausperre über das Zentrum der Stadt verhängt, und trotz zahlreicher rechtsgültiger Teil- und Bebauungspläne zum Fluchtlinienplan aus der Zeit zwischen 1948 und 1954 wurde die Bebauung des Areals noch über mehr als ein Jahrzehnt nicht weitergeführt.[80]

Außerhalb der Altstadt wurde ab 1953 ein allgemeiner Kompromiss gefunden: alle Baudenkmäler wurden weitestgehend erhalten, die jeweils benachbarte Bebauung hatte sich maßstäblich unterzuordnen, der in vielen Wettbewerbsbeiträgen geplante Zeilenbau wurde aufgegeben. Der Rest der Altstadt wurde so lange wie möglich aus den Planungen ausgeklammert, um sich auf den Umbau Frankfurts zur Hochhausstadt zu konzentrieren. So präsentierte sich Frankfurt bis vor ein paar Jahren als „Inkarnation eines modernistischen Deutschlands"[81]. Seit 2007 ist das „Dom-Römer-Areal" wieder im Fokus der Debatten: mit der Eröffnung einer „schöpferischen" Nachahmung[82] der historischen Altstadt im Herbst 2018 haben die Altstadtfreunde Frankfurts ihren siebzig Jahre zuvor formulierten Willen durchgesetzt.

---

78   Zimmermann, K.H.: Zerstörung oder Erhaltung, abgedruckt in: Durth/Gutschow 1993, S. 536–540, hier S. 540.

79   Blaum, Kurt: Wiederaufbau zerstörter Städte. Grund- und Vorfragen, dargestellt an den Problemen der Stadt Frankfurt a. M. Frankfurt 1946, S. 28f, zit. n.: Durth/Gutschow 1993, S. 465–541, hier S. 476. Im Original heißt es: „Ein besonderes Problem nach der sozialen Seite wird die *Neugestaltung der Altstadt Frankfurt* sein. Hier kann nur mit vorsichtiger Hand eine zeitgemäße Stadtgestaltung die Lösung bedeuten. [...] Man darf sich nicht von einem Historizismus romantischer Art leiten lassen, sondern muß unter sorgfältiger Anpassung an das Erhaltenswerte der geschichtlichen Baudenkmale im Einfühlen – selbstverständlich in gesundem, überlegtem und ästhetisch einwandfreiem Empfinden – in den Geist und den Charakter der damaligen und der heutigen Zeit bauen und formen. Hat doch auch im vergangenen Jahrhundert die Bürgerschaft stets in ausgereiften Formen ihrer jeweiligen Zeit ihre Bauten an und zwischen das Alte gesetzt, und haben doch gerade ehrlich empfundene Baudenkmale selbst in den verschiedensten Stilformen nebeneinander ein städtebaulich einwandfreies Bild als Kunstschöpfung ergeben."

80   Durth/Gutschow 1993, S. 465–541, hier S. 512.

81   Beyme 1992, S. 216.

82   Im 2017 veröffentlichten Faltplan zur Präsentation der Bauten im neuen Domrömer-Areal sind die rekonstruierten Bauten als „schöpferische Nachbauten" bezeichnet. Der Flyer ist online verfügbar unter: https://www.domroemer.de/sites/default/files/files/field_download_file/faltplan_domroemer-quartier_2017.pdf (Zugriff am 06.07.2021).

Die historische Stadt in den „16 Grundsätzen des Städtebaus" – Berücksichtigung der historisch entstandenen Struktur der Stadt bei Beseitigung ihrer Mängel

Während in der Bundesrepublik viele Debatten zwischen Rekonstruktion und radikaler Neuplanung über die Zeit der Besatzung hinaus diskutiert werden, verhindert die Vormachtstellung Stalins und der Sowjetunion in der sozialistischen DDR solche Diskussionen bereits aus politischem Selbstverständnis heraus: „In der bürgerlichen Gesellschaft herrscht also die Vergangenheit über die Gegenwart, in der kommunistischen die Gegenwart über die Vergangenheit"[83], heißt es im Manifest der Kommunistischen Partei von Karl Marx. Das Verständnis von Tradition und Historizität im Sozialismus ist daher geprägt von der Abgrenzung des entsprechenden Verständnisses des Bürgertums: Es geht nicht um die Wiederaufnahme von historistischen Formen als Ausdruck der Macht, sondern um eine am revolutionären Prozess orientierende Selektion von Geschichte, wie es Dieter Schiller 1973 in *Traditionsverhältnis und das klassische Erbe* ausformuliert.[84] Die Aufgabe der sozialistischen Gesellschaft sei es demnach, zur Ausbildung einer entsprechenden Kultur ein „wissenschaftliches Geschichtsbewußtsein und historisches Selbstbewußtsein zu fördern".[85] Die marxistisch-leninistische Haltung verbietet die Rückwendung ins Historische, stattdessen wird eine Weiterentwicklung gefordert. Für die Kunst, die Architektur und den Städtebau prägend ist das bis zum Tod Stalins vorherrschende Leitbild „national in der Form, sozial im Inhalt",[86] das auch in den Sechzehn Grundsätzen des Städtebaus festgelegt ist. Die daraus resultierende Ästhetik einer „Nationalen Bautradition"[87] könne laut der Dissertation des Historikers Alexander Karrasch (2015) entsprechend dieser Kulturpolitik zwar als eine an die Vergangenheit anknüpfende, aber auf Weiterführung ausgerichtete Architektur zu verstehen sein.[88] Der Staatssekretär für Hoch- und Fachhochschulwesen der DDR, Wilhelm Girnus, formuliert dazu, dass „eine neue progressive Form, die zusammen mit der schöpferisch durchgearbeiteten Tradition" entwickelt werden müsse, um „das ästhetische Bewußtsein des Volkes unserer neuen Gesellschaft" zu formulieren.[89] Auch in den architekturhistorischen Publikationen der Deutschen Bauakademie wird dieser Anspruch mehrfach formuliert. So heißt es in *Die Deutsche Baukunst in zehn Jahrhunderten*: Die sozialistischen

---

Auf späteren Lageplänen wurde das Adjektiv „schöpferisch" gestrichen.

83 Marx/Engels 1972, S. 476.

84 Schiller 1973, S.153.

85 Ebd.

86 Für den Städtebau ist dieses Leitbild auch in den Sechzehn Grundsätzen des Städtebaus formuliert: „Die Stadtplanung ist die Grundlage der architektonischen Gestaltung. Die zentrale Frage der Stadtplanung und der architektonischen Gestaltung der Stadt ist die Schaffung eines individuellen einmaligen Antlitzes der Stadt. Die Architektur muß dem Inhalt nach demokratisch und der Form nach national sein. Die Architektur verwendet dabei die in den fortschrittlichen Traditionen der Vergangenheit verkörperte Erfahrung des Volkes." (Bekanntmachung der Grundsätze des Städtebaus. In: Ministerialblatt der Deutschen Demokratischen Republik (16.09.1950), S. 153-154, zit.n.: Institut für Regionalentwicklung und Strukturplanung (Hg.) 1995, S. 186).

87 Zum Stilbegriff siehe: Karrasch 2015, S. 14-15.

88 Karrasch 2015, S. 135-136.

89 BA, Sign. DH 2-21928, Institut für Architektur des Wohnungsbaus, S. 31, zit.n.: Karrasch 2015, S. 136.

Architekten „decken die fortschrittlichen Errungenschaften früherer Zeiten auf [...] und weisen den Weg zu ihrer schöpferischen Weiterentwicklung in der Architektur der Gegenwart. So wird das Alte im Neuen auf doppelte Weise ‚aufgehoben‘ – es wird überwunden und gleichzeitig bewahrt."[90] Somit wird die kontinuierliche Entwicklung der sozialistischen Gesellschaft auf eine kontinuierliche Entwicklung der Baukunst übertragen.

Dieser Anspruch wird auch in den Sechzehn Grundsätzen des Städtebaus formuliert. Hierin heißt es unter anderem, dass „die in den fortschrittlichen Traditionen der Vergangenheit verkörperte Erfahrung des Volkes"[91] in der Architektur ihren Ausdruck finden soll, womit diese Kontinuität in der gesellschaftlichen und kulturellen Entwicklung des Sozialismus deutlich wird. Bezüglich der Stadtplanung wird eindeutig festgelegt, dass dieser „das Prinzip des Organischen und die Berücksichtigung der historisch entstandenen Struktur der Stadt bei Beseitigung ihrer Mängel" zugrunde gelegt werden müsse. Die Individualität jeder einzelnen Stadt – „die individuelle künstlerische Gestalt" – sei dabei „von Plätzen, Hauptstraßen und den beherrschenden Gebäuden im Zentrum der Stadt bestimmt", wobei im Zentrum der Stadt „der politische Mittelpunkt für das Leben seiner Bevölkerung" läge, wodurch eindeutig die Vormachtstellung der politischen Repräsentation in den Stadtzentren bestimmt wird.

Wie im Kapitel zu Raudas Werdegang an der TH Dresden ausgeführt wurde, interpretiert der Professor für Wohnungsbau gerade zu Beginn seiner Laufbahn die Sechzehn Grundsätze auf seine eigene Art und Weise. So zitiert er laut eigenen Aussagen wörtlich aus den Grundsätzen: „Neu ist für viele [...] die unzweideutige Forderung, nicht etwa die Suche nach Neuem, Originellem zum Ausgangspunkt künstlerischen Schaffens und damit des Städtebaues zu machen, sondern sich von dem Grundsatz leiten zu lassen, daß nur dort, wo neue innere Notwendigkeiten erkannt werden, das Ringen um neue Formen berechtigt wird und zu Ergebnissen von Dauer führt."[92] Im Kontext seiner Antrittsvorlesung steht diese Aussage als Exempel für die vorherrschenden „inneren Ordnungsgesetze" und die Betonung der Berücksichtigung des historischen Erbes. Allerdings wird gerade dieser Anspruch im Städtebau Opfer der politischen Dominanz und der Ausbildung einer monumentalen Repräsentationsarchitektur, sodass gerade die Stadtzentren sich kaum „weiter"entwickeln können, sondern rigoros umgeplant werden. Dies entspricht auch der grundsätzlichen Haltung der DDR zur städtebaulichen Denkmalpflege, insbesondere in der Phase bis Mitte der 1950er Jahre unter dem Einfluss Stalins. Der Leipziger Stadtplaner Thomas Hoscislawski hat seine Promotion *Bauen zwischen Macht und Ohnmacht* Ende der 1980er Jahre an der TU in West-Berlin unter Verwendung des öffentlich zugänglichen Materials zur Geschichte der Architektur und des Städtebaus der DDR verfasst. Unter der Überschrift „Rekonstruktion der Stadt" erläutert er in einer Fußnote, dass man den Begriff „„Rekonstruktion‘ in einer aus dem Russischen übernom-

---

90   Deutsche Bauakademie: Deutsche Baukunst, S. 5, zit. n.: Karrasch 2015, S. 137.
91   Bekanntmachung der Grundsätze des Städtebaus. In: Ministerialblatt der Deutschen Demokratischen Republik (16.09.1950), S. 153-154, zit. n.: Institut für Regionalentwicklung und Strukturplanung 1995, S. 186.
92   Rauda 1953/53, S. 975. In den bisher bekannten Dokumenten zu den „16 Grundsätzen des Städtebaus" ist diese Aussage nicht zu finden. (Vgl.: Institut für Regionalentwicklung und Strukturplanung (Hg.) 1995)

menen und auf die sozialistische Volkswirtschaft bezogenen Wortbedeutung beziehen" müsse; im Sinne einer „sozialistischen Rekonstruktion" zu bauen hieße also, „zu größerem wirtschaftlichem Nutzen umgestalten und ausbauen".[93]

Nach dem Tod Stalins und dem Wechsel zum Leitbild „besser, billiger und schneller bauen" unter Chruschtschow Mitte der 1950er Jahre tendiert das Bauwesen immer stärker zu einer internationalen Moderne und nähert sich einer entsprechenden westeuropäischen Formensprache an. Doch auch die Betrachtung der historischen Stadt wandelt sich: Mit dem ersten städtebaulichen Kolloquium der Hochschule für Architektur und Bauwesen Weimar wird mit dem Schwerpunkt „Rekonstruktion der Stadtzentren" eine eindeutige Hinwendung zur Berücksichtigung der historischen Stadt erkennbar. Die Ausführungen des Professors für Städtebau, Hermann Räder, zur Einführung in das Kolloquium betonen die Individualität der einzelnen Städte: „Jede Stadt hat aufgrund ihrer speziellen Aufgaben im Bereich der Volkswirtschaft also ihrer städtebildenden und stadterhaltenden Faktoren, aufgrund ihrer speziellen Lage im Gelände und der Topographie und vor allem ihres geschichtlichen Werdegangs, auch ihr spezielles Gesicht, ihre Eigenart, ihre charakteristische Gestaltung"[94] und er führt weiter aus: „Wenn wir die[se] Grundsätze der Stadtkomposition anerkennen, erkennen wir die Verpflichtung gegen das historisch Gewordene und verbinden es im Sinne der marxistischen Auffassung von der historischen Entwicklung der Gesellschaft mit den modernen Aufgaben der sozialistischen Zukunft."[95] Die Relevanz der marxistisch-leninistischen Grundlage bleibt weiterhin im Vordergrund der Betrachtungen zur historischen Stadt, aber gleichzeitig bilden ästhetische Kriterien der Stadtkomposition und das Erbe der Stadtgeschichte entscheidende Schwerpunkte der Tagung. Im Beitrag des Professors für Denkmalpflege der TH Dresden, Bernhard Klemm, wird die Idee der Raumkultur als Ausdruck der räumlichen Weiterentwicklung des historischen Stadtgrundrisses in der Vorstellung *Einige*[r] *Probleme bei der Rekonstruktion des historischen Altstadtkerns von Görlitz* deutlich. Er formuliert den Grundsatz seiner Planung wie folgt: „Gesund wird die Görlitzer Altstadt jedoch nicht, wenn sie bei der Rekonstruktion zum Museum erstarrt. Nur wenn sie dadurch lebendige Funktionen für die gesamte Stadt zu übernehmen vermag, ist ihre Sanierung wirklich erfolgreich."[96] Anhand wissenschaftlicher Analysen des Bestandes mittels Bauaufnahme und Fotogrammetrie hatte er festgestellt, dass die Görlitzer Altstadt eine seit Jahrhunderten entwickelte „City" mit Läden und Geschäften sei. Diese Qualität sei unbedingt zu erhalten. Schwierig wären allerdings bautechnische Umstände, die eine genaue Aufstellung eines Kostenplans unmöglich machen und dadurch den eigentlichen Bauablauf massiv verzögerten. Mit den Planungen zur Rekonstruktion der Görlitzer Altstadt legt Klemm eine beispielhafte und umfangreiche Planung für den Umgang mit historischen Stadtzentren in der DDR vor, auch wenn nur wenige Teile umgesetzt wurden.

Die Altstadt von Görlitz und die Notwendigkeit ihrer Rekonstruktion war laut Michael Vogel, dem ehemaligen Leiter der unteren Denkmalschutzbehörde Görlitz, insbesondere nach dem Einsturz eines sanierungsbedürftigen Gebäudes mit Todesopfern in Kombination mit der revolutionären Stimmung des Aufstandes vom 17. Juni

93   Hoscislawski 1991, S. 186.
94   Räder 1960, S. 5.
95   Ebd.
96   Klemm 1960, S. 52.

1953 in den Fokus der Regierung gerückt.[97] Daher wurde Mitte der 1950er Jahre durch Bernhard Klemm, Hans Nadler und Ernst-Heinz Lemper ein Modell zur Sanierung erarbeitet. Dieses umfasst vorerst eine intensive Bestandsanalyse und baugeschichtliche Untersuchungen, die Bernhard Klemm im Rahmen seiner Promotion durchführt.[98] Seine Planungen zielen auch auf behutsame Erneuerungen einzelner Wohngebäude unter besonderer Beachtung ihrer jeweils spezifischen Bauform und zugunsten zeitgemäßer Wohnungen. Das Gebiet südwestlich der Peterskirche steht als ältester Stadtteil von Görlitz im besonderen Fokus der Planungen: hier schlägt er für zahlreiche Häuser Neuplanungen vor und schafft durch eine Freiräumung des Blockinnenhofs einen Gemeinschaftsbereich für alle Anwohnenden.[99] Auch als Professor an der TH Dresden lässt Klemm seine Studierenden Planungen für die Görlitzer Altstadt vornehmen. Besonders hervorzuheben ist in diesem Kontext die in der Zeitschrift *Architektur der DDR* publizierte Diplomarbeit von Birgit Reinhardt-Paul zur Neugestaltung der Südseite des Untermarkts in Görlitz. Anhand einer Raumanalyse mithilfe der Methode der „Raumerscheinungsform" schlägt sie zur besseren Fassung des Platzes einen Neubau an der Einmündung der Weberstraße vor (vgl. Abb. 168).[100] Dieser Neubau sticht durch eine zeitgenössische Formensprache hervor, gliedert sich aber mit seiner abstrahierten Arkadengestaltung sowie der Dachform in die Altstadtbebauung ein.

Im Nachruf auf Klemm schreibt Ernst-Heinz Lemper, der Denkmalpfleger Klemm habe „in all seinen architektonischen und denkmalpflegerischen Leistungen [...] um die Erhaltung und Neubelebung der Görlitzer Altstadt große Verdienste erworben".[101] Die Betonung liegt insbesondere auf der Verbindung von „Erhaltung und Neubelebung" der Altstadt. Durch eine wissenschaftliche Analyse, wie Rauda sie für jede „Stadtregeneration" vorschlägt, wird eine Vermittlung zwischen der historischen und der sozialistisch modernen Stadt erreicht.

CIAM 1959 „The Heart of the City" – Die Humanisierung des Städtebaus

Nicht nur in den beiden deutschen Staaten werden die Diskussionen über den Wiederaufbau der kriegszerstörten Städte maßgeblich zwischen Tradition und Moderne ausgetragen, wie der aus Polen stammende Kunsthistoriker Arnold Bartetzky darlegt.[102] Vor allem in Polen, aber auch in Westeuropa werden ähnliche Argumente für oder gegen eine radikale Neuplanung beziehungsweise einen rekonstruktiven Ansatz vorgetragen. Ein Blick auf den internationalen Kontext bezüglich einer konzeptuellen Verwendung der „Raumkultur" im Sinne einer Weiterentwicklung der visuell geprägten, historischen Raumbildungen in die Gesellschaft mit ihrem neuen Raum-Zeit-Bewusstsein der Nachkriegsmoderne kann allerdings im Kontext dieser Forschungsarbeit nur ausschnitthaft und exemplarisch bleiben. Zu komplex sind

---

97   Vogel 2002, S. 39.
98   Siehe hierzu: Klemm 1958.
99   Teilnachlass Klemm: Pläne zur Görlitzer Altstadt, Institutsarchiv GTA, TU Darmstadt.
100   Klemm/Reinhardt-Paul 1974.
101   Lemper 2002.
102   Vgl. Bartetzky 2012.

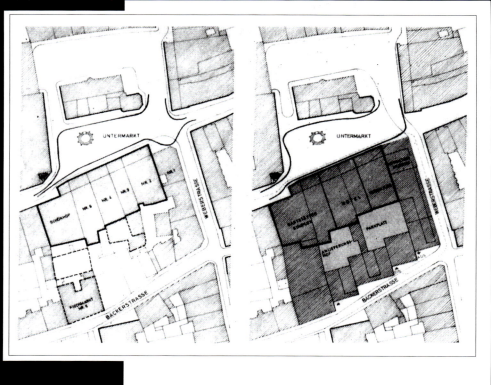

168   Birgit Reinhardt-Paul: Darstellung der
Raumerscheinungsform am Görlitzer Untermarkt,
publiziert 1974 in der DDR-Bauzeitschrift *Architektur der DDR*

die jeweiligen gesellschaftlichen Umstände und politischen sowie kulturellen Wechselwirkungen. Demnach sollen zwei Extremsituationen im Folgenden gegenübergestellt werden: Die Weiterentwicklung der den Städtebau der Moderne enorm beeinflussenden Kongresse internationaler Architekt*innen der Moderne (CIAM), deren Diskussionen in der Nachkriegsmoderne im Gegensatz zu den ersten Kongressen in den 1920er und 1930er Jahren in Richtung eines „humanisierten" statt eines „funktionellen" Städtebaus tendieren; und der Ausdruck einer Identitätsfindung im Wiederaufbau der zerstörten polnischen Städte zwischen einer sozialistischen Doktrin, der Suche nach einem der Bevölkerung entsprechenden Stadtbild und der Erfüllung zeitgemäßer Bedürfnisse.

Die *Congrés Internationaux d'Architecture Moderne* (kurz: CIAM) hatte durch die auf dem vierten Kongress 1933 entwickelte Charta von Athen maßgeblich die Argumente der radikalen städtebaulichen Neuplanungen in den deutschen Debatten zum Wiederaufbau der zerstörten Städte geprägt. Die Funktionstrennung von Wohnen, Arbeiten, Freizeit und Verkehr zur Verbesserung der städtischen Lebensumstände hatte zwar einen gewissen Schematismus in der Stadtplanung ergeben, ästhetische Aspekte stand hingegen auf den Kongressen nie zur Debatte.[103]

Während des Zweiten Weltkriegs – die CIAM war gemeinsam mit vielen emigrierten Architekten inzwischen vor allem in Nordamerika aktiv – musste die Zukunft der CIAM neu diskutiert werden. Im ohne thematischen Schwerpunkt abgehaltenen sechsten Kongress 1947 lautet das von der New Yorker CIAM-Gruppe formulierte Ergebnis und damit das Ziel zukünftiger Stadtplanung: „To work for the creation of a physical environment that will satisfy mans' [sic!] emotional and material needs and stimulate his spiritual growth."[104] Die Erfüllung nicht nur materieller, sondern auch „emotionaler" Bedürfnisse bei gleichzeitiger Stimulation der geistigen Weiterentwicklung deutet schon eine Wandlung der Ziele der CIAM in Richtung eines weniger funktionalen als vielmehr eines humanisierten Städtebaus an. Der Fokus des siebten Kongresses, der 1949 in Bergamo stattfindet, konzentriert sich auf die Gestaltung der Nachbarschaftseinheit („neighborhood") und der Gemeinschaftszentren. Wie schon 1933 wird sich um eine einheitliche Analysemethode bemüht, die nun 1949 vorgestellten „Grilles CIAM" sind eine Weiterentwicklung Le Corbusiers moderner Entwurfsprinzipien zur theoretischen Analyse nach wissenschaftlichen Kriterien.[105] Erst die für den kommenden achten Kongress vorgestellte Präsentationsvorlage der MARS Group vereinfacht die Vorstellungen Le Corbusiers und implementiert den neuen Aspekt der Humanisierung des Städtebaus durch die Einführung der Analyse des „social life" zu verschiedenen Tageszeiten und der Erläuterung der historischen Entwicklung als Schritte der „realisation".[106] Die Londoner MARS Group hatte sich schon in der Themenfindung zu den ersten beiden Nachkriegskongressen an den Vorstellungen Siegfried Giedions orientiert, der nach dem sechsten Kongress versucht hatte, die funktionale Ausrichtung der Kongresse hin zur Betrachtung ästhetischer Konzepte zu verschieben: „Wie soll die neue Siedlungseinheit („neighborhood") aussehen? Was soll mit hypertroph angewachsenen Städten geschehen?

103   Siehe hierzu das Kapitel „Stadtbaukunst bei Le Corbusier", S. 55 ff.
        sowie: Domhardt 2012.
104   CIAM 6 Documents, S. 10-12, zit. n.: Domhardt 2012, S. 301.
105   Domhardt 2012, S. 321-329.
106   Ebd., S. 326.

Wie sieht die Stadt aus, welche den menschlichen Werten Rechnung trägt?"[107] Auch die MARS Group selbst hat in den frühen 1940er Jahren für die Wiederaufbauplanungen Londons die Relevanz historischer Entwicklung in der zukünftigen Stadtplanung erkannt und vollzieht mit der Organisation des achten CIAM-Kongresses unter dem Titel *The Heart of the City* mehrere Paradigmenwechsel: Erstens bringen sie die historische Dimension in den theoretischen und planerischen Diskurs der CIAM ein und stellen damit die bisherige rein funktionale Ausrichtung dessen in Frage. Zweitens gehen sie nicht mehr davon aus, dass die Planer*innen allein die künftige Gestaltung der Stadt bestimmten, sondern dass sich die Planung an den Nutzer*innen mit ihrer „Wahrnehmung der Stadt" und ihrem „Erleben ihrer Räume" auseinandersetzen müsse.[108] So wird die Publikation zum Kongress maßgeblich durch Darstellungen und Verweise auf den Markusplatz in Venedig illustriert, da es sich hierbei wegen des Zusammenkommens von Menschen um das Vorbild für einen funktionierenden Stadtraum handele.[109] Auch die Vorträge von James Maude Richards zu „Gemeinschaftsräumen als Orte kollektiven Gedächtnisses", in denen die Individualität dieser Räume auf ihre jeweilige historische Entwicklung zurück geführt wird oder die Einführung von – funktional geprägten – „Raumtypen" von Stadtzentren durch Jacqueline Tyrwhitt zeigen die Hinwendung zu einem neuen Raumverständnis der CIAM.[110] Die auf diesem Kongress präsentierten Fallbeispiele, zu denen auch eine erste Skizze von Corbusiers Chandigarh gehört,[111] behandeln weiterhin Stadtzentren neugeplanter Siedlungseinheiten, Stadtteile oder auch Brachflächen in Innenstädten und gehen weniger auf den Umgang mit bestehenden Stadtzentren ein. Dennoch zeigen die Projekte beispielsweise für Liége oder für eine Vorstadt von Basel freirhythmische Kompositionen aus verschiedensten Bautypen und entsprechen damit einem neuen Raumverständnis. Die Einführung von Fußgängerzonen bzw. der Ausschluss des Automobilverkehrs aus den Gemeinschaftsbereichen ist ein übergeordnetes Planungskonzept, das sich in allen Fallbeispielen wiederfindet und das dem neuen Prinzip der „Humanisierung der Städte" entspricht. Die Trennung des Fußgänger- vom Automobilverkehr ist neben der Einrichtung eines Gemeinschaftsgebäudes und „offener Räume" eines der wenig innovativen, aber dennoch wichtigen Ergebnisse des achten Kongresses. Dass nicht mehr allein der Verkehr das städtebaulich ordnende Element ist, wird in Bezug auf die neuen Planungsansätze zur Raumwahrnehmung deutlich. Trotz Fokus auf die Trennung des Fußgänger- vom Automobilverkehr weist Konstanze Domhardt in ihrer Analyse der CIAM-Kongresse zwischen 1933 und 1951 auf die neuen Planungsansätze bezüglich der Raumwahrnehmung hin. Der Stadtraum solle als „Erlebnisraum" visuell und ästhetisch erfahrbar sein: Dafür müssten Grünflächen „identitätsstiftende Elemente" darstellen und Besonderheiten der Topografie oder historischer Bebauung aufgegriffen werden.[112]

107   Giedion, Siegfried: Notizen zu einem Bericht über CIAM 6 (undatiert),
      zit. n.: Domhardt 2012, S. 303.
108   Domhardt 2012, S. 349.
109   So beschäftigt sich im Tagungsband die mehrseitige „Diskussion italienischer Plätze"
      (Discussion on Italien Piazzas) mit den Qualitäten des Markusplatzes und anderer
      italienischer Raumbildungen, siehe: Tyrwhitt/Sert/Rogers 1952, S. 74-80.
110   Tyrwhitt/Sert/Rogers 1952, S. 106.
111   Giedion 1965, S. 422; Siehe auch: Tyrwhitt/Sert/Rogers 1952, S. 153-155.
112   Domhardt 2012, S. 321.

Die Sequenz öffentlicher Räume als Orte sozialer Kommunikation, eingebettet in einen gegliederten und aufgelockerten Stadtraum, entsprechen durchaus den Vorstellungen eines neuen Raumbewusstseins und damit der Umsetzung einer neuen Raumkultur.

Die einzelnen Nationengruppen der CIAM, das entspricht der Gründungsmaxime dieser Architektengruppe, analysieren ihre Stadtplanungen im Sinne einer internationalen Verallgemeinerung. Die individuelle Bedeutung für die jeweilige Stadt verliert sich in den Diskussionen der Kongresse zugunsten einer übergeordneten, internationalen Fragestellung. Dabei entwickeln sich die Ansichten der Mitwirkenden von der grundlegenden Forderung nach einem funktionierenden Städtebau im Sinne der Bedürfniserfüllung einer modernen Gesellschaft hin zur Einbeziehung soziologischer Faktoren insbesondere bezüglich der Interaktion zwischen den einzelnen Stadtmenschen. Dabei bleiben ihre praktischen Bezüge auf der Ebene der Neuplanung – eine direkte Auseinandersetzung mit der bestehenden Stadt und daraus abzuleitenden Planungsmaximen für den Umbau oder angesichts der zerstörten Stadtzentren nach dem Zweiten Weltkrieg für einen geeigneten Wiederaufbau bleiben aus.[113] Stellvertretend für die Stadtentwicklung Westeuropas und Nordamerikas kann dennoch ein neues Raumbewusstsein aus den Entwürfen abgeleitet werden.

Suche nach einer polnischen Identität

Während die *Congrés International d'Architecture Moderne* sich theoretisch einem neuen Raumbewusstsein näherten, waren in Polen – einem Land, das schon vor dem Zweiten Weltkrieg immer „zwischen den Fronten" lag – die Fragen nach einem der Gesellschaft angepassten Stadtraum ganz akut zu beantworten. Nach jahrhundertelanger Fremdherrschaft war der Staat zwischen den beiden Weltkriegen selbstständig, war aber schon immer durch die Heterogenität von kulturellen und religiösen Einflüssen geprägt. Während des Zweiten Weltkriegs von Russland und dem Deutschen Reich besetzt, wurde es völkerrechtlich schon 1944 zur realsozialistischen Volksrepublik Polen.

In der Geschichte des Städtebaus in Polen nach dem Zweiten Weltkrieg kann eine ähnliche Phaseneinteilung vorgenommen werden wie für die DDR: Nach einer liberalen Phase bis 1950 folgen der starke Einfluss Stalins und des sozialistischen Realismus, ab Mitte der 1950er Jahre wendet man sich einer internationalen Moderne zu.[114] Trotzdem unterscheidet sich die Suche nach einem spezifischen sozialistischen und insbesondere polnischen Ausdruck im Städtebau entscheidend von anderen Staaten im sowjetischen Einflussbereich. Der aus Posen stammende Kunsthistoriker Konstanty Kalinowski beschreibt diesen Umstand wie folgt: „Es herrschte damals in allen Schichten der Gesellschaft die allgemeine Überzeugung, dass die zerstörten historischen Zentren polnischer Städte wiederaufgebaut werden sollen, samt all ihren Denkmälern, so wie sie vor dem Krieg bestanden hatten: als Zeugen der nationalen Geschichte und als Symbol des Wiederauflebens Polens, als Zeichen der Unzerstör-

---

113   Selbst die 1951 gezeigten Beispiele für der Wiederaufbau Coventrys gehen von einer grundsätzlichen Neuplanung der Stadt aus, unabhängig von der Vorkriegssituation der Stadt. (Siehe: Tyrwhitt/Sert/Rogers 1952, S. 134)

114   Bartetzky 2012, S. 97.

barkeit Polens – eine emotional bedingte und symbolische, aber auch eine politisch motivierte Geste.“[115] Die lange Besatzung Polens während des Zweiten Weltkriegs durch Deutschland, aber auch die Teilung des Landes zwischen Preußen, Russland und Österreich Ende des 18. Jahrhunderts führten zu einem besonders stark ausgeprägten Gefühl des Unabhängigkeitsverlusts und dem Bedürfnis der Neuschaffung einer polnischen Identität. Auch Arnold Bartetzky formuliert den Anspruch für den Wiederaufbau basierend auf der spezifischen Geschichte des polnischen Volkes: „[...] aus dem über Generationen gepflegten Selbstverständnis Polens als Opfer jahrhundertelanger fremder Gewalteinwirkung erwuchs [...] eine Besonderheit der polnischen Nachkriegsbaupolitik: die flächendeckende Rekonstruktion ausgewählter zerstörter Altstädte.“[116]

Die Beispiele für die Wiederherstellungen von historischen Stadtzentren sind vielfältig: Warszawa, Wrocław, Lublin, Poznań, Gdańsk sind die bekanntesten Planungen. In allen großen Städten Polens, insbesondere in den vormals deutsch besetzten, werden Bauten auf dem historischen Stadtgrundriss rekonstruiert. Auffällig hierbei ist, dass es sich bei der jeweiligen Gestaltung um eine „zum Teil ausgesprochen freie Nachempfindung eines früheren Stadtbildes“ im Sinne eines „purifizierenden und selektiven“ Wiederaufbaus handelt. Rekonstruiert wurden Bauten der Stilepochen von Gotik bis Klassizismus. Historistische Bauten des 19. Jahrhunderts oder der Moderne des frühen 20. Jahrhunderts wurden rückgebaut oder sogar – trotz geringer Zerstörung – abgerissen.[117]

Als Paradebeispiel dieses „selektiv-schöpferischen Wiederaufbaus im Zeichen der Polonisierung“ ist die Marktfront Poznańs, wo weder die formale noch die strukturelle Vorkriegssituation wieder hergestellt wurde, lediglich ein übertragenes Bild einer historischen Identität.[118] Solche Rekonstruktionen wurden allerdings ausschließlich in den jeweiligen Stadtzentren intendiert, wie am Beispiel von Gdańsk eindrücklich gezeigt werden kann. Jacek Friedrich kommt in seiner Dissertation *Neue Stadt in altem Gewand. Der Wiederaufbau Danzigs 1945–1960* zu dem Schluss, dass in Gdańsk „eine städtebauliche Anlage von außerordentlichem Rang, ein interessanter Stadt-Hybrid“ entstand, der „gleichzeitig alt und neu, historisch und modern ist, in dem nebeneinander die mittelalterliche städtebauliche Struktur wiederhergestellt und die Prinzipien modernen Städtebaus verwirklicht sind.“[119] Dies zeige sich einerseits an der städtebaulichen Freilegung der Marienkirche, „um in damaliger Auffassung [der Zeit um 1950, *Anmerkung S.B.*] attraktive perspektivische Wirkungen zu

---

115 Kalinowski 2005, 82.
116 Bartetzky 2012, S. 98.
117 Dies entspricht einerseits einer generellen Ablehnung der Stile des 19. Jahrhunderts (siehe: Düwel 2017), aber auch der deutschfeindlichen Einstellung der polnischen Bevölkerung, die zu einer generellen Ablehnung aller in der Besatzungszeit entstandenen Bauten führte. (Siehe: Kalinowski, 2005, S. 81-96)
118 Bartetzky stellt diesen Umstand als vergleichbar mit den abstrahierten historischen Bauformen am Prinzipalmarkt in Münster dar. (Siehe: Bartetzky 2012, S. 103). Dieser Argumentation muss allerdings anhand der sonstigen Forschung zur Rekonstruktion der polnischen Stadtzentren widersprochen werden, da sowohl Kalinowski als auch Friedrich sich auf die von den Denkmalpflegern Polens formulierte Intention der Rekonstruktion berufen – und keineswegs eine Abstraktion der historischen Formen anstrebten, sondern ein möglichst getreues Bild der historischen Stadt aufbauen wollten.
119 Friedrich 2010, S. 243.

erzielen"[120], aber auch in der Öffnung, Begrünung und Durchwegung der Innenhöfe der vormals dicht bebauten Blockstruktur.[121] So ergibt sich auch hier das Bild einer durchgrünten, aufgelockerten und gegliederten Stadt, das sich insbesondere in den Randbereichen der Innenstadt immer mehr in Richtung Moderne bewegt. Dieser Umstand ist vermutlich weniger als notgedrungener Kompromiss aus den Vorstellungen der modernen Planungskonzepten und den sozialistischen Forderungen zu bezeichnen als vielmehr als ein Versuch, die Identitätsfindung der polnischen Bevölkerung mit den gleichzeitig bestehenden Bedürfnissen einer modernen Gesellschaft in Einklang zu bringen. Die Verbindung dieser beiden Planungsansprüche wurde insbesondere durch stadträumliche Veränderungen erreicht: Durch die Verwendung historischer Bauformen konnte ein identitätsstiftendes Stadtbild geschaffen werden, das allerdings vor allem im Stadtgrundriss nicht dem historischen Original entspricht; hier wurde durch Veränderungen der Straßenverläufe und Aufweitungen von Grünflächen dem Wunsch nach „Licht, Luft und Sonne" – im Gegensatz zu den hochverdichteten Wohnblöcken der Vorkriegszeit – entsprochen. Die hohen Zerstörungsgrade in den polnischen Stadtzentren und damit das Fehlen historischer Stadträume, verbunden mit dem Wunsch nach einer Rückbesinnung auf die Zeit vor der deutschen Besatzung, hat hier zu einer im Vergleich zum Westen Europas grundlegend anderen Ausformung einer neuen Raumkultur geführt: nicht der historische Stadtgrundriss wurde übernommen, um auf ihm eine zeitgenössische Architektur zu formen, sondern eine historisch anmutende Formensprache wurde auf einem neuen Stadtgrundriss gebaut.

Zwischen Angst vor Luftangriffen und Rekonstruktionswillen – Eine neue „deutsche" Identität nach dem Zweiten Weltkrieg?

Als die deutsche Wehrmacht am 8. Mai 1945 der bedingungslosen Kapitulation zustimmt und damit der Zweite Weltkrieg auf europäischem Boden beendet ist, liegen die deutschen Städte in Trümmern. Spätestens seit dem Luftangriff auf Lübeck im März 1942 war das Flächenbombardement auf Stadtzentren ein Mittel des Luftkriegs, das vornehmlich die Demoralisierung der Bevölkerung bewirken sollte. Klaus von Beyme benennt neben fast 600 000 Todesopfern im Luftkrieg auch die 400 Mio. Kubikmeter Trümmer in den Städten und fasst in Reminiszenz an Josef Goebbels Formulierung des „totalen Krieges" die Situation zusammen: „Die Niederlage war total".[122] Das Trauma der Bewohnerschaft, das Elend in den Trümmerlandschaften der Städte lässt sich in vielen Zeitzeugenberichten nachlesen[123] und dennoch kaum fassen.

Schon 1946 erscheint ein Buch des Schriftstellers und Kulturphilosophen Carl Oskar Jatho unter dem Titel *Urbanität. Über die Wiederkehr einer Stadt.*[124] In einem „noch tief im Krieg verfaßte[n] Wechselredespiel" – wie Jatho es in einer auf den Tag der Kapitulation datierten kurzen Vorbemerkung selbst beschreibt – diskutie-

120   Ebd., S. 241.
121   Ebd., S. 245-247, auch in: Bartetzky 2012, S. 106.
122   Beyme 1987, S. 37.
123   Siehe hierzu beispielsweise: Stodollick 2014; Schmidt 2003; Ballerstedt 2003 etc.
124   Jatho 1946.

ren ein paar ehemalige Einwohner*innen Kölns, die vor den Luftangriffen in eine ländliche Gegend des Rheintals geflohen waren, über den Zustand und die Zukunft ihrer Stadt. Nach dem Ausdruck des großen Bedauerns über die Zerstörungen äußert einer der Protagonisten, dass „der größte Kummer" noch drohe: „Kölns Wiederaufbau im altkölnischen Stil" als „Colonia Agrippinensis Attrapolis". Die verschiedenen Möglichkeiten eines Neuaufbaus der Stadt würden als „Januskopf" ihren „Schatten über die arme Stadt" werfen und eine ehemalige Kölnerin fasst die Situation zusammen: „Eine Als-Ob-Architektur wird aus dem Boden kriechen. Was bisher alt war, von nun an wird es so aussehen, als ob es alt wäre... Ein zugrunde gegangenes Formerbe ist unwiederbringbar."[125] Es folgen einige Andeutungen zu den verschiedenen städtebaulichen Ideen der Nachkriegszeit: Die Gemeinschaft diskutiert die Rolle der Fußgänger im Straßenverkehr, die Trennung der Wohngebiete von der Altstadt, die Bedeutung der grünen Landschaft für die Stadt. Selbst Le Corbusier wird namentlich erwähnt und diskutiert – mit dem Schluss, dass Menschen von „seinem Schlage" in einen Aufbaurat Kölns gehörten, da er nicht in „irgendeiner Schule für anmaßenden Kitsch" gewesen sei.[126] Dabei wird auch die Möglichkeit der „Anpassung" besprochen und die Gruppe fordert eine Anpassung, „die Takt ist, richtiges Verhalten, echte Höflichkeit". Die Voraussetzung für eine solche Maßnahme sei dabei eine „Höflichkeit des Herzens, die mit Aufrichtigkeit und Selbstachtung gepaart ist; ist wahre Achtung, Ehrerbietung, Hilfsbereitschaft, Humanität" – diese Eigenschaften werden mit dem titelgebenden Wort zusammengefasst: „Urbanität".[127]

Carl Oskar Jatho gibt mit diesem Theaterstück noch vor Beginn der meisten Wiederaufbauplanungen der Städte einen Einblick in die Wünsche der traumatisierten Bevölkerung: Sie fordern die „Wiederkehr der Stadt" mittels eines Wiederaufbaus durch die „Wiederverkörperung aus dem Geist" ebendieser, das heißt, ein Neuanfang mittels einer modernen Rekonstruktion auf Basis jener Werte, die die Stadt einmalig und unverwechselbar macht.[128] Das Konzept der Entwicklung einer neuen „Raumkultur" aus der Analyse der vergangenen Perioden städtebaulicher Raumkulturen heraus entspricht diesem Wunsch nach einer behutsamen Stadterneuerung. Es handelt sich bei dem in diesem Buch formulierten Leitbild eines „Städtebaus nach seinen raumkulturellen Grundsätzen" um eine Vermittlung zwischen radikal modernen Neuplanungen und historischen Rekonstruktionen: ersteres lässt jegliche Wiedererkennung und Identität von Stadt und Gesellschaft vermissen, letzteres würde die Authentizität von Geschichte ignorieren. Dieses Spannungsfeld *Zwischen Identität und Authentizität* beschreibt Michael S. Falser in seiner entsprechend benannten Dissertation (2008) anhand der Diskussion um den Wiederaufbau des Frankfurter Goethehauses wie folgt: „Die progressive Fraktion sah jetzt die Chance, die Erinnerungsfragmente der bedeutendsten Kulturdominanten enthistorisiert und aus ihrem Grundrissmuster dekontextualisiert auf einem rational neu konzipierten funktionalen Stadtgrundriss zu positionieren. Die konservative Gegenseite der ‚Altstadtfreunde' definierte die historischen Fragmente als Richtlinie der Neubebauung auf altem, nur leicht modifizierten Stadt- und Parzellengrundriss, den sie als Erinnerungs- und Bildmetapher eines seelischen Existenzminimums der bürgerlichen Kultur, der

125   Ebd., S. 22-23.
126   Ebd., S. 87-89.
127   Ebd., S. 69-70.
128   Baum 2008, S. 32.

Heimat und des Abendlandes für sich entdeckte."[129] Dass die beiden Fraktionen sich dabei durchaus bei den Argumenten der Gegenseite bedienten, insbesondere bezogen auf die Formensprache der Architektur, wie es sowohl für Hebebrand als auch für Gruber dargelegt wurde, zeigt die Vielschichtigkeit in dieser vereinfacht als Streit zwischen Tradition und Moderne bezeichneten Diskussion auf. Die Ideen zur „Raumkultur" von Wolfgang Rauda sind außerhalb dieser hauptsächlich in Westdeutschland geführten Diskussionen[130] aus der Weiterentwicklung seiner eigenen städtebaulichen Haltung in den 1930er Jahren entstanden.

Im Kontext seiner biografischen Verwicklungen und insbesondere aufgrund seines Strebens, über die DDR hinaus an den westdeutschen Auseinandersetzungen teilzunehmen, kann Raudas städtebauliche Theorie als Versuch bezeichnet werden, seine eigene, eher konservativ traditionelle Ausbildung mit dem zeitgemäßen Bauen zu verbinden und damit eine Vermittlerrolle einzunehmen. Dass er dabei nicht der einzige Vertreter eines solchen „Vermittelns" zwischen den Positionen ist, hat das vorliegende Kapitel verdeutlicht. Gemeinsam ist diesen Ansätzen die Verweigerung einer „Musealisierung" der historischen Stadtzentren, stattdessen wird eine Weiterentwicklung des Stadtraums gefordert, der sowohl die Bedürfnisse einer modernen Gesellschaft erfüllt als auch ein wiedererkennbares und damit für die Ortsansässigen identitätsstiftendes Stadtbild generiert.

Insbesondere die Forderung nach Schaffung einer neuen „Kultur" bestimmt diese Entwicklung unterschwellig. Theodor W. Adorno hat 1950 das Thema Kultur mit dem Wiederaufbau der deutschen Städte nach dem Zweiten Weltkrieg verbunden: „Der Umgang mit Kultur im Nachkriegsdeutschland hat etwas von dem gefährlichen und zweideutigen Trost der Geborgenheit im Provinziellen. Und wie im Angesicht der zerstörten Städte ins grelle Licht tritt, was gerade noch übrig ist, wie mit dem was in ihnen an alter Kulturlandschaft erhalten ist, gerade das Anachronistische, das Element der Ausnahme in den Blick tritt, – so ist es vielleicht mit der Kultur insgesamt bestimmt."[131] Er kritisiert hiermit den Versuch der deutschen Gesellschaft, den Bruch in der Kultur durch den Nationalsozialismus vergessen zu wollen, indem sie sich auf ihre abendländische Geschichte konzentriert, statt sich mit dem Verlust dieser Kultur auseinander zu setzen und einen Kulturwechsel zu vollziehen.[132] Dieser Kulturwechsel, versteht man ihn auch im Sinne einer Anpassung an ein neues Raum- und Zeitbewusstsein, wird mit dem vorgestellten städtebaulichen Konzept der Raumkultur in den Diskurs der Nachkriegsmoderne eingebracht.

Die Definition der „Urbanität", wie sie Jatho in seinem Wechselredespiel vorschlägt, wird spätestens mit dem ebenso betitelten Vortrag von Edgar Salin auf dem Deutschen Städtetag 1960 fortgeführt. Damit setzt ein Paradigmenwechsel im nachkriegsmodernen Städtebau ein: Der Streit zwischen Tradition und Moderne wird beigelegt, stattdessen rücken die von beiden Positionen verursachten schwerwiegen-

129 Falser 2008, S. 96.
130 Auch in Ostdeutschland wurde selbstverständlich über den Umgang mit den historischen Städten diskutiert, allerdings waren diese Diskussionen schnell durch die Diktion Stalins durchsetzt und entsprachen damit einer politisch stärker beeinflussten Argumentation, wodurch Fragen nach Form und Gestalt nicht aus der Architekturgeschichte der 1920er Jahre, sondern aus der marxistisch-leninistischen Ideologie heraus beantwortet wurden.
131 Adorno 1950.
132 Siehe hierzu unter anderem: Fischer/Lorenz 2015, S. 41-42.

den Folgen der Planungen in den Vordergrund der Diskurse. Die „Zersiedelung" der Städte, der „Flächenfraß" der Vororte, das Aussterben der Stadtzentren durch die „Schlafstädte" und nicht zuletzt die von Alexander Mitscherlich kritisierte *Unwirtlichkeit unserer Städte* führen in den folgenden beiden Jahrzehnten zu einer Rückbesinnung auf das individuelle *Bild der Stadt*.

Die Bedeutung von Kevin Lynchs Schrift *The Image of the City*, deren Übersetzung ins Deutsche 1965 durch den Stadtplaner und Städtebautheoretiker Thomas Sieverts initiiert wurde, ist der Auftakt zur einer neuen visuellen Wahrnehmung des Stadtraums. Es folgt eine Neubewertung der historischen Stadträume, sodass sich zu Beginn der 1970er Jahre – beeinflusst durch ein gesamtgesellschaftliches Umdenken bezüglich der *Grenzen des Wachstums* – neue städtebauliche Leitbilder formieren: Die Schlagworte der Postmoderne heißen nun „behutsame Stadterneuerung" und „kritische Rekonstruktion". Sie nehmen die spezifische „Kultur" eines Stadtraums auf und verbinden ihn mit identifizierenden und individuellen Bedürfnissen seiner Nutzer*innen: Die Idee eines „Städtebaus nach seinen raumkulturellen Grundsätzen" wird damit in die Praxis übertragen.

7

Einfluss und Bedeutung –
Der Beitrag Wolfgang Raudas zu einer
Stadtbaukunst zwischen Nachkriegs-
und Postmoderne

169   W. Rauda: Lageplan der Piazza delle Erbe,
        publiziert 1956

„Zu unseren schönsten Träumen gehören angenehme Reiseerinnerungen. Herrliche Städtebilder, Monumente, Plätze, schöne Fernsichten ziehen vor unserem geistigen Auge vorüber, und wir schwelgen noch einmal im Genusse alles des Erhabenen oder Anmuthigen, bei dem zu verweilen wir einst so glücklich waren. Zu verweilen! — Könnten wir das öfter wieder an diesem oder jenem Platze, an dessen Schönheit man sich nicht sattsehen kann; gewiss, wir würden manche schwere Stunde leichteren Herzens tragen und neu gestärkt, den ewigen Kampf des Lebens weiterführen."[1]

Mit diesem Absatz beginnt Camillo Sittes Buch über den *Städtebau nach seinen künstlerischen Grundsätzen* (1889). In Abgrenzung zu den „Modernen Systemen" der Stadterweiterungen des 19. Jahrhunderts fordert Sitte hierin, sich auf die gestalterischen Faktoren in der Stadtplanung zu konzentrieren, statt ausschließlich auf technische Fragen einzugehen. Die frühmoderne Stadtplanung sei geprägt von Geometrie gewesen, statt – wie es Sittes Anspruch war – einprägsam und wiedererkennbar für die Bewohnerschaft zu sein. Camillo Sittes Ausführungen, die in wenigen Jahren mehrere Neuauflagen erfuhren, wirkten vorbildhaft sowohl inner- als auch außerhalb des deutschsprachigen Raums: Raymond Unwin, der Architekt der Gartenstädte in England, übernahm einige von Sittes Gedanken in sein eigenes Handbuch zum Städtebau, Karl Henrici konzentrierte sich in seinen Aufsätzen über „langweilige und kurzweilige Straßen" auf das „Malerische" des Städtebaus und Theodor Fischer, der sogenannte „Vater der Stuttgarter Schule", betonte den Aspekt des Einprägsamen als Aspekt der Stadtplanung. Gemeinsam ist diesen Positionen der Fokus auf das Erleben und Erfahren der Stadt durch ihre Bewohnerschaft und der Bezug zur umgebenden Landschaft und der prägenden Topografie.

Mit der Entwicklung der „klassischen Moderne" aus den Erfahrungen der technischen und industriellen Möglichkeiten veränderte sich der Städtebau: Die *Stadt der Gegenwart*, wie sie dem radikal modernen Architekten Le Corbusier vorschwebte, war nicht ortsbezogen, musste wegen ihrer Neuartigkeit nicht wiedererkannt werden und in ihr musste niemand „verweilen", da jeder moderne Mensch ein Ziel habe, zu dem er fahren oder gefahren werde. Die künstlerischen Prinzipien Camillo Sittes wurden von den Zugehörigen des „Neuen Bauens" als „rührend" wahrgenommen, aber gleichzeitig als überkommen abgelehnt.[2]

Die Entwicklung der Architektur in den 1920er Jahren war geprägt durch die Debatten zwischen den Zugehörigen eines „Neuen Bauens", deren Bauten verallgemeinernd durch Flachdächer, Bandfenster und weiße Fassade zu charakterisieren sind, und den Angehörigen der Stuttgarter Schule, die eine regionalbetonte, konservative Architektur in Tradition der Heimatschutzbewegung und der Reformbestrebungen des frühen 20. Jahrhunderts vorschlugen. Die Debatten um den *Sieg des neuen Baustils* wurden mit der Machtübernahme des Nationalsozialismus kulturpolitisch entschieden: Die ehemaligen Bauhausschüler und -lehrer, die einen „Internationalen Stil" verbreiteten, wurden als Baubolschewist*innen beschimpft und ins Exil getrieben, während die Ideen der Konservativen – einem regionalspezifischen, traditionsbewussten Bauen verpflichtet – in die rassische Blut-und-Boden-Ideologie aufgenommen wurden. Damit setzte eine Politisierung der modernen Architektur ein, die den Wiederaufbau der Städte nach dem Zweiten Weltkrieg maßgeblich beeinflusste.

1   Sitte 1901, S. 1.
2   Vgl. Le Corbusier (1929) 1979, S. X.

Der nationalsozialistisch geprägte Städtebau lässt sich durch die monumentale Repräsentation einerseits und einen landschaftsbezogenen, malerischen Siedlungsbau andererseits charakterisieren. Selbst in den während des Zweiten Weltkriegs besetzten Gebieten im Osten des „Deutschen Reiches" wurden die neuen „deutschen" Siedlungen in einer solchen Art geplant und teilweise realisiert. Viel häufiger wurden diese Pläne aber nicht ausführungsreif, da der anfangs so „erfolgreiche Blitzkrieg" Adolf Hitlers ab 1943 keine Wirkung mehr zeigte und die deutschen Armeen von den Alliierten zurückgeschlagen wurden. Als die deutsche Wehrmacht am 8. Mai 1945 die bedingungslose Kapitulation unterzeichnete, lagen Städte in ganz Europa in Trümmern.

Der Nationalsozialismus hat Europa und die Welt in einen schrecklichen Krieg geführt, Millionen Todesopfer gefordert und die Städte zerstört. Es ist die logische Konsequenz, dass die „Chance" zur Wiederherstellung der Städte nicht von den konservativen, vermeintlich ehemaligen Nationalsozialisten übernommen werden konnte.[3] Das Erbe der Moderne, die von der CIAM geprägte funktionelle Stadt, war das maßgebliche Leitbild für die radikalen Neuplanungen, wie sie beispielsweise von Marcel Lods für Mainz vorgeschlagen wurden. Angenommen wurde diese Planung weder von der Mainzer Bevölkerung noch vom Stadtplanungsamt. Dieses beauftragte ausgerechnet Paul Schmitthenner, dessen angestrebte Berufung zum Professor in Stuttgart zeitgleich heftige Reaktionen wegen seines nationalsozialistischen Hintergrunds hervorgerufen hatte. Er arbeitete eine Alternative für das Mainzer Stadtzentrum in Form eines traditionellen Anpassungsneubaus aus: Unter grundsätzlicher Beibehaltung des historischen Stadtgrundrisses und des Vorkriegsbestandes versuchte er, den historisch geprägten Charakter der Stadt zu rekonstruieren.

Während in Mainz keine der beiden Planungen umgesetzt werden konnte, zeigte der sogenannte Düsseldorfer Architektenstreit die politische Dimension des Streits zwischen Tradition und Moderne auf: Hier war ab 1948 Friedrich Tamms, ehemaliger Mitarbeiter Albert Speers, für die Wiederaufbauplanungen zuständig. Er ernannte 1952 Julius Schulte-Frohlinde zum Leiter des Hochbauamtes. Als Protest gegen diese Weiterführung der nationalsozialistischen Personalien und die entsprechende Art der Planung gründete sich der „Architektenring Düsseldorf" – eine klare Referenz an die 1924 in Berlin gegründete Architektenvereinigung der „Ring", dessen Intention in der Verbreitung des „Neuen Bauens" lag und gegen den sich 1928 der konservative „Block" aus Angehörigen der Stuttgarter Schule zusammenschloss. Damit wird deutlich, dass die Nachkriegsmoderne in Westdeutschland den Streit zwischen Modernismus und Traditionalismus aus den 1920er Jahren weiterführte. Dieses Mal gelang es dem „Architektenring Düsseldorf" allerdings, im Verlauf der ersten Hälfte der 1950er Jahre die Richtung des Wiederaufbaus zu einer modern geprägten, gegliederten und aufgelockerten Stadtlandschaft zu verändern.[4]

Diese Entwicklung lässt sich deutlich im Vergleich von zwei Bauten der Architekten Helmut Hentrich und Hubert Petschnigg erkennen: 1949 planten sie das Bankhaus Trinkaus in einem klassizistischen Stil, 1957 wurden sie bekannt mit dem an die amerikanischen Hochhäuser erinnernden Dreischeibenhochhaus für Thyssen. Damit

---

3   Auch wenn es in der Realität gerade die eingearbeiteten Architekt*innen und Planer*innen aus den Planungsämtern der Zeit vor 1945 waren, die den Wiederaufbau der Städte maßgeblich bestimmten. (Vgl. Durth 1988).

4   Vgl. Durth 1988.

hat sich die Architektur in Westdeutschland zu einer klassisch modernen, demokratischen Form entwickelt.

Im anderen Teil Deutschlands prägte unter dem Einfluss Josef Stalins eine andere Baupolitik die Architektur und den Städtebau. Durch die Bodenreform und die Enteignung von Grundstücksbesitzern war es möglich, eine staatlich gesteuerte Planung umstandslos durchzusetzen: Stalin forderte stilistisch, wie auch in Moskau und der gesamten Sowjetunion, einen sozialistischen Realismus, im Volksmund als Zuckerbäckerstil bezeichnet; der Städtebau wurde gesteuert durch die *Sechzehn Grundsätze des Städtebaus* und betonte die baulich ausformulierte politische Vormachtstellung innerhalb des Stadtzentrums. So wurden in den wichtigsten Städten Magistralen und Hochhäuser in historischer, monumentaler, symmetrischer und dekorativer Weise errichtet. Dabei war durch das Leitbild „national in der Form, sozial im Inhalt" eine gewisse Anpassung an traditionelle Vorbilder vorgegeben, die sich beispielsweise in Rostock durch die Betonung der Backsteingotik, in Berlin durch ein Wiederaufgreifen des Klassizismus im Sinne Schinkels und in Dresden durch die Annäherung an den Barock äußerte. Mit dem Tod Stalins wandelte sich dieses Leitbild; die Forderung seines Nachfolgers Nikita Chruschtschow war es, „besser, billiger und schneller" zu bauen. Die daraus ab Mitte der 1950er Jahre entstehende typisierte Großtafelbauweise prägte den monotonen Städtebau der Großwohnsiedlungen, wie beispielsweise in Hoyerswerda, Halle-Neustadt oder Berlin-Marzahn. Gleichzeitig näherte sich das ostdeutsche Baugeschehen damit der Moderne des Westens an.

Die Biografie Wolfgang Raudas hat die zuvor beschriebene Entwicklung durchlaufen: Als Student an der TH Dresden und der TH Stuttgart Ende der 1920er Jahre war er Zeuge des Streits zwischen „Ring" und „Block". Im Nationalsozialismus half er, den besetzten Osten in einem der Blut- und Boden-Ideologie verpflichteten Siedlungsbau „einzudeutschen". Mit seinen Kenntnissen zur Dresdner Stadtgeschichte war er am Wiederaufbau der stark zerstörten Stadt beteiligt, konnte seinen architektonischen Ansatz aber im Sozialismus nicht verwirklichen, weswegen er 1958 nach Hannover auswanderte, wo der Stadtbaurat Rudolf Hillebrecht eine moderne, autogerechte Stadt wiederaufgebaut hatte. Dort verstarb Rauda im Sommer 1971.

Müsste man Wolfgang Rauda einer der Parteien „Modernisten" oder „Traditionalisten" zuordnen, fiele die Entscheidung sehr deutlich aus: Wolfgang Rauda ist Traditionalist. Seine Ausbildung war konservativ geprägt, seine realisierten Bauten in Dresden zeigen eindeutig die Handschrift der Stuttgarter Schule, seine städtebaulichen Entwürfe orientierten sich an den jeweiligen Charakterzügen der Vorkriegssituation in den Städten, sein theoretischer Ansatz ist geprägt durch eine reaktionäre, historische Herangehensweise. Aber er selbst hat sich immer unabhängig von Ideologien oder ideengeschichtlichen Prägungen dargestellt.

Die Vorschläge von hochmodernen Prinzipien der Verkehrsplanung oder von Glasfassaden und Flachdächern in seinen Entwürfen stellen einen Anpassungsversuch an die Moderne dar. In seinen theoretischen Äußerungen referenziert er häufiger die klassisch modernen Vertreter wie Walter Gropius, Ortega y Gasset oder Philipp Johnson als dass er konkret auf Camillo Sitte, Theodor Fischer oder Heinz Wetzel verweist. Wenn auch die Idee einer raumkulturell geprägten Stadtgestaltung maßgeblich von den konservativen letzten drei genannten Protagonisten beeinflusst ist und sich sehr deutlich in deren Entwicklungslinie einreiht, stellt die Legitimation dieser Aussagen durch die modernen Prinzipien Rauda in eine selbstformulierte Vermittlungsposition. Seine traditionalistische Grundhaltung beinhaltet demnach eine Zuschreibung zur klassischen Moderne. Mit dem Ende der 1960er Jahre beginnt allerdings eine Verschiebung der Architekturdebatten: Sowohl die moderne als auch die traditionalistische Architektur hatte zur Krise im Städtebau geführt. Für die nächste Generation an Bauschaffenden war die Frage nach Tradition oder Moderne irrelevant, sie forderte Bürgerpartizipation und eine wissenschaftliche statt ideengeschichtliche Entwurfs- und Planungsgrundlage. Die neuen, diskursprägenden Protagonisten hießen unter anderem Gerd Albers, Ulrich Conrads und Thomas Sieverts; ihre Argumente suchten sie in der Informationsästhetik und der Soziologie.

Auf der Suche nach Identität – Das visuelle Wiedererkennen der Stadt

Mit diesem Paradigmenwechsel ist auch ein verändertes Traditionsverständnis verbunden, das die Kulturwissenschaftlerin Aleida Assmann charakterisiert. Sie unterscheidet zwischen einem vormodernen und einem nachmodernen Begriff der Tradition: Grundsätzlich müsse Tradition als „paradigmatischer Fall des kulturellen Gedächtnisses verstanden werden", der eng mit dem Begriff Erinnerung zusammenhängt, da beide dem „Vergangenen eine Präsenz der Gegenwart schaffen" könnten. Während eine „Erinnerung" aber sowohl negativ als auch positiv konnotiert sein kann, sei „der Vergangenheitsbezug der Tradition grundsätzlich werthaft und kollektiv verbindlich."[5] In der Vormoderne betonte die Tradition „ihren *Legitimationscharakter*. Dieser Begriff postuliert ‚die Gegenwart der Vergangenheit' (Adorno) im Sinne festgesetzter normativer Geltung."[6] Die Erkenntnisse aus der Vergangenheit sollten demnach genutzt werden, um gegenwärtige und zukünftige Handlungsspielräume zu legitimieren, indem man die „Vergangenheit als eine Normenquelle" benutzt und bewertet. Dies entspricht Raudas grundsätzlicher Methode: Durch die Analyse des historischen Stadtraums versuchte er, allgemeingültige Regeln für die zukünftige Stadtgestaltung zu etablieren. Gleichzeitig betonte Rauda mit dieser Methode aber auch die Relevanz der „Identität von Stadt und Gesellschaft", was dem nachmodernen Traditionsbegriff nach Assmann entspricht. Dieser sei eng mit der „Identitätssicherung" verbunden: Assmann geht davon aus, dass man Kultur als eine „Konstruktion von Dauer" verstehen müsse, innerhalb derer einzelnen Generationen Wissen, Werte und Erinnerungen weitergegeben werden und damit „aus der Gegenwart heraus eine Brücke zwischen Vergangenheit und Zukunft" geschlagen werde.[7]

Dass diese Veränderung im Traditionsverständnis vollzogen wird, lässt sich mit Aleida Assmanns Erläuterung zur Moderne erklären: Sie erklärt das Selbstverständnis der Moderne mit der Abgrenzung zu den Zeitordnungen anderer Kulturen und Geschichtsepochen und die Präsenz des „physikalische[n] Zeit-Konzept[s] des linear irreversiblen ‚Zeitpfeils'"[8]. Die Moderne hätte „die physikalische Zeitordnung kulturalisiert".[9] Assmann setzt damit den ökonomischen Beginn der Moderne bei der

5   Assmann 1999, S. 88.
6   Ebd., S. 89.
7   Ebd.
8   Assmann 2013, S. 24.
9   Ebd., S. 25.

Puritanerschaft im 17. Jahrhundert an. Diese hätten erkannt, dass ihre Zeit auf der Erde maximal ausgenutzt werden müsse, um dann vor den göttlichen Schöpfer treten zu können: „Mit diesem neuen, selbstauferlegten Zeitdruck entstand ein Gefühl der Verantwortung gegenüber der zugemessenen Lebensspanne"[10]. Den kulturellen Beginn der Moderne setzt Assmann daher in Abhängigkeit des Zeitbegriffes und wie er sich in der Kunst erst zur Zeit des Ersten Weltkriegs etabliert hatte:[11] Das „Zeitregime der Moderne" sei zukunftsgerichtet und würde die Vergangenheit und die Tradition entwerten.[12] In sogenannten „Modernisierungsschüben" erfolge eine stetige Betonung dieser Abwertung von Geschichte: Zuerst Anfang des 20. Jahrhunderts von europäischen Kulturschaffenden und der modernen Avantgarde angestoßen, erfolgte ein weiterer „Modernisierungsschub" in der direkten Nachkriegszeit und erneut in der Ära des Kalten Krieges.[13] Diese Phasen entsprechen der oben erläuterten Entwicklungslinie des Diskurses zwischen Tradition und Moderne im 20. Jahrhundert. Wenn Assmann demnach von einem vor- und nachmodern geprägten Begriff der „Tradition" spricht, ist dieser unweigerlich durch verschiedene Modernitätsschübe geprägt. Wolfgang Raudas Traditionsverständnis ist vermutlich zwischen diesen Schüben einzuordnen: Dem Legitimationscharakter der Geschichte aus seiner Ausbildung heraus verbunden, suchte er nach einer „Brücke von Gestern ins Heute" – wie es Rudolf Pfister zu einem seiner Entwürfe in Rostock formuliert hatte – und wies die diesbezügliche Theorie durch moderne, die Tradition grundsätzlich unbeachtet belassende Referenzen aus.

Aleida Assmann kommt zu folgender Definition von Tradition: „Tradition kann definiert werden als eine auf Dauer gestellte kulturelle Konstruktion von Identität. Diese Dauer jedoch muß permanent der Zeit als Dimension des Abbruchs, des Vergessens, der Veränderung, der Relativierung abgerungen werden. Was für das kulturelle Gedächtnis im allgemeinen gilt, gilt exemplarisch für Traditionen: sie konstruieren und institutionalisieren kollektive Erinnerungsräume, in denen über(lebens)-zeitlich gehandelt und kommuniziert werden kann."[14]

Tradition und Identität hingen demnach genauso zusammen wie Tradition und Erinnerung. Sie stellten sich als Ausdruck eines kollektiv erfahrenen, kognitiv wahrgenommenen Bewusstseins dar. Im räumlichen Zusammenhang müsse sich dieser emotionale Bewusstseinsprozess in Raumausschnitten, das heißt erfahrbaren Sequenzen der Umwelt, repräsentieren. Dabei ist die gruppenspezifisch wahrgenommene Identität einer bestimmten Raumsequenz häufig verbunden mit und abhängig von der durch ideologische Repräsentation geprägten Gestaltung.[15] So hat Bohdan Tscherkes in *Identität, Architektur und Rekonstruktion der Stadt* (2014) dargelegt, dass eine nationale Identität durch eine höhere Hierarchieebene, der Regierung einer Nation, bestimmt wird: Die politische Macht nutze die kulturellen Medien, um ein kollektives Gedächtnis zu generieren. Durch bestimmte Rituale an Feiertagen, Paraden, Motive der bildenden Kunst sowie eben auch durch die Architektur und den Städtebau werde ein kollektives Bewusstsein zur Nation geschaffen. Während Para-

10 Ebd.
11 Ebd., S. 51.
12 Ebd., S. 92.
13 Ebd., S. 102-105.
14 Assmann 1999, S. 90.
15 Vgl. Weichhart 1990, S. 20.

den durch andere politische Verhältnisse wieder abgeschafft werden und Kunstwerke aus der Mode geraten können, bleibe die Architektur (meistens) bestehen: Sie bilde Schichten innerhalb einer Stadt aus, an denen man ihre Entwicklung ablesen könne.[16]

Diese Sichtbarkeit der Geschichte ist eines der besonderen Merkmale der europäischen Stadt: Das Geschichtsbewusstsein ist ein anderes als im amerikanischen Raum, dessen Zivilisation erst vor einem halben Jahrtausend ihre heutige Form gefunden hat oder im asiatischen Raum, wo insbesondere die Religion ein anderes Verständnis für Vergänglichkeit und Bestehen geschaffen hat. Europa hat einen gewissen Stolz für seine lange historische Entwicklung zur gemeinschaftlichen Demokratie entwickelt – und die Bewohnenden dieses Kontinents erleben diese Historie nicht zuletzt durch die sichtbaren baulichen Zeugnisse der Vergangenheit, deren denkmalpflegerischer Bewahrung ein hoher Stellenwert eingeräumt wird. Der Soziologe Walter Siebel hat in seiner Betrachtung der *Europäischen Stadt* (2004) die Merkmale derselben festgehalten: die Emanzipationsgeschichte jeder einzelnen Nation lasse sich in der Stadt ablesen, sie sei geprägt durch die Polarität von öffentlichen und privaten Bereichen, und sie sei ein Ort der sozialstaatlichen Kontrolle.[17]

Die Gestalt der europäischen Stadt – dicht, klar vom Land abgegrenzt, zentral und funktionsgemischt – bildet diese Charakteristika ab. Die Sichtbarkeit der kulturellen und gesellschaftlichen Entwicklung im Stadtraum als „ein steingewordenes Buch der Erinnerungen"[18], wie es Walter Siebel bezeichnet, entspricht Wolfgang Raudas Theorie der Raumkulturen. Rauda argumentiert, dass der Stadtgrundriss und die vertikale Stadtraumgestaltung den „geistig-kulturellen Niederschlag einer Bauepoche" darstellen würde. Er versucht, in Anlehnung an den evolutionär geprägten Kulturbegriff Oswald Spenglers, Gestalttypen innerhalb der einzelnen Epochen zu identifizieren, die „als schöpferische Taten eines bestimmten Jahrhunderts in ihrer verschiedenartigen künstlerischen und geistigen Auffassung wie Kometen wirken; sie würden die städtebauliche Konzeption eines Landschaftsraumes beherrschen und dann wieder, ohne eine Weiterentwicklung in einer nächsthöheren Rang- und Wertfolge untergehen."[19]

Jede Kultur, jede Gesellschaftsform würde sich städtebaulich ausdrücken; verändere sich das Raumbewusstsein und damit die Gesellschaft, werde dieser Ausdruck umgewandelt und überlagere die vorangegangene Gestaltung. Die visuell wahrnehmbare Entwicklungsgeschichte wurde in der traditionsentwertenden Moderne allerdings irrelevant: Der technische Fortschritt hat sich „die Städte und Landschaften in Maschinen verwandeln" lassen: Sie haben ihr Gedächtnis, ihre Individualität, ihr Milieu und ihre soziale Ordnung verloren, stattdessen entstanden „hochspezialisierte Funktionsräume, die das Leben der sie nutzenden Menschen segmentieren."[20] Diese Modernekritik, hier durch den Stadtplaner Dieter Hassenpflug formuliert, entspricht ebenso der Argumentation Raudas. So erläutert Rauda zum *Plan Voisin* von Le Corbusier: „Bei dieser metrischen Bildungsidee entsteht [...] kein rhythmisch erlebbarer Raum, keine ‚greifbare' Raumspannung und damit auch keine menschliche Begegnung zwischen dem Naturraum, dem architektonischen Freiraum und dem mensch-

16   Vgl. Tscherkes 2014, S. 34.
17   Vgl. Siebel 2004, S. 12-18.
18   Siebel 26.04.2010, S. 8-9.
19   Rauda 1956a, S. 58.
20   Hassenpflug 2002, S. 37.

lichen Erlebnisraum."[21] Der „extremste Fall", in den sich das Bauen der Moderne entwickeln könne, sei eine „raumlose Stadt", in der der „anorganische Geist" die Dominanz gewinnen würde und der Mensch nicht mehr fähig wäre, den ihn umgebenden Raum visuell wahrzunehmen.[22] Damit wäre dieser Stadtraum aber auch nicht mehr der Ausdruck der Gesellschaft. Auch wenn die radikalen Pläne der Moderne nie umgesetzt wurden, haben die (nachkriegs-)modernen Städte ihre urbanen und identitätsfördernden Qualitäten durch die Ablehnung der Erinnerungen und Traditionen eingebüßt. Dadurch entstand ein Mangelempfinden über den Verlust der sinnlich-ästhetischen Raumqualitäten. Die Stadtplaner des späten 20. Jahrhunderts haben sich die Aufgabe gestellt, das Konzept einer „reflexiven Moderne" zu verfolgen: Durch die historische Betrachtung der Stadt an sich und gleichzeitige Rücksichtnahme auf aktuelle Bedürfnisse könne man die Qualitäten der „europäischen Stadt" behalten.

Unter der europäischen Gesellschaft, insbesondere des wiedervereinigten Deutschlands, entstand derweil allerdings der Wunsch nach Wiederherstellung ihrer Erinnerungen. Das „Mangelempfinden" der ästhetischen Wahrnehmung äußerte sich in Stadtfiktionen: Die „Reiseerinnerungen" an die vermeintlich schönen, engen Straßen und sonnigen Plätze in Südeuropa – ein Empfinden, das schon Camillo Sitte hervorgehoben hat – produzierte ein idealisiertes Bild einer nicht mehr vorhandenen Raumqualität der vormodernen Städte in Deutschland. Die sogenannte „Disneyfizierung" der Städte – ein Phänomen aus Nordamerika und dem asiatischen Raum, wo diese idealisierten Bilder von europäischen, mittelalterlichen Städten kopiert und neu aufgebaut werden – wurde auch in Deutschland realisiert: Erst nur in Freizeitparks, später innerhalb von Shoppingmalls, dann in ganzen „Outlet-Dörfern". Das visuelle Bild der individuellen Stadt wurde als „Erlebniswelt" reproduziert und inszeniert. Hassenpflug sieht den Grund hierfür insbesondere in der „enorme[n] Medienkarriere des alteuropäischen Stadtmythos". Das „Image" der „europäischen Stadt" verspricht ein Stadterleben, wie man es sich für eine urbane Stadt vorstellt. Mit den so erzeugten Bildern waren diese „Erlebniswelten" prädestiniert „für eine mediale, konsumistische und theatralische Ausbeutung".[23] Als man sich 1980 in Frankfurt entschied, die Ostzeile des Römers in einer vermeintlich vormodernen Version wiederaufzubauen, war dies eine politische Entscheidung im Sinne der Postmoderne. Die neuen Fachwerkhäuser wurden durch postmoderne Anbauten der „Kunsthalle Schirn" – einen der postmodernen Leitbauten von Dietrich Bangert, Bernd Jansen, Stefan Jan Scholz und Axel Schultes – ergänzt. Die Rekonstruktion der Bauten war ein Phänomen der Folgen aus den „Grenzen des Wachstums" und dem Europäischen Denkmalschutzjahr, gleichzeitig war es ein Argument im Wahlkampf der Parteien. 30 Jahre später stellte die Rekonstruktion des Altstadtareals zwischen Dom und Römer erneut ein Argument der zur Wahl stehenden Parteien dar, wird aber inzwischen unterstützt durch Volksbegehren und die kapitalistische Verwertbarkeit der Neubauten. Nicht mehr die möglichst schnelle technologische Weiterentwicklung bestimmt die Form der uns umgebenden Elemente und Räume, sondern die von der Form generierten Erinnerungen und Gefühle. Das Motto der Moderne – „form follows function" – ist ersetzt worden durch „form follows emotion".[24]

21   Rauda 1956, S. 66.
22   Ebd., S. 98-99.
23   Hassenpflug 2002, S. 42-43.
24   Vgl. Hassenpflug 2002, S. 41.

Wolfgang Raudas vergessenes Vermächtnis und die Wiederentdeckung des narrativen „Sehens" der Stadt in der Postmoderne

„Städte lassen sich an ihrem Gang erkennen wie Menschen." Dieses Zitat aus Robert Musils Roman *Der Mann ohne Eigenschaften* aus den frühen 1930er Jahren stellt die Grundlage der Erforschung zur „Eigenlogik" der Städte dar: Helmuth Berking nutzt es zur Einführung in diese neue Form der Stadtforschung.[25] In den bei Musil auf diesen Satz folgenden Ausführungen werden die Grundgedanken der *Eigenlogik der Städte* (2008) verdeutlicht: „Die Augen öffnend, würde er das gleiche an der Art bemerken, wie die Bewegung in den Straßen schwingt, bei weitem früher als er es durch irgendeine bezeichnende Einzelheit herausfände. Und wenn er sich, das zu können, nur einbilden sollte, schadet es auch nichts. Die Überschätzung der Frage, wo man sich befinde, stammt aus der Hordenzeit, wo man sich die Futterplätze merken mußte. Es wäre wichtig, zu wissen, warum man sich bei einer roten Nase ganz ungenau damit begnügt, sie sei rot, und nie danach fragt, welches besondere Rot sie habe, obgleich sich das durch die Wellenlänge auf Mikromillimeter genau ausdrücken ließe; wogegen man bei etwas so viel Verwickelterem, wie es eine Stadt ist, in der man sich aufhält, immer durchaus genau wissen möchte, welche besondere Stadt das sei."[26]

Auch wenn Musil offensichtlich die Frage der eigenen Lokalisierung für überflüssig und überholt hält, zeigt er doch auf, dass es nicht einzelne Gebäude sind, anhand derer man eine Stadt erkennt, sondern die Komplexität ihrer selbst: Durch das visuelle Erfahren und Erleben einer Stadt, durch das „Augen öffnen", kann man sie immer wieder erkennen oder sich wenigstens einbilden, sie zu erkennen und von anderen Städten unterscheiden zu können. Trotz der fortgeschrittenen technischen Möglichkeiten ist es aber nicht die Wissenschaft, die das Bestimmen des Ortes, in dem man sich aufhält, übernehmen kann. Es sind die subjektiven Erfahrungen und Wahrnehmungen, die das individuelle Bild der Stadt prägt. Die Stadt der Moderne, rationalistisch und funktional, sah in ihrem theoretischen Konzept keine sich auf ihre individuelle Weise schwingenden Straßenzüge vor. Die Straße war der Ort der Verkehrsteilnehmer: Sie hatte die Funktion, die sich auf ihr befindenden Menschen, Autos, Züge an ihr Ziel zu bringen. Der ohne definiertes Ziel durch die Stadt wandernde Flanierende war in der Stadt der Moderne nicht vorgesehen. In der Praxis entstanden aus diesen Grundannahmen heraus vor allem Wohnstädte, die geprägt sind durch einander ähnelnde Wohnzeilen und unbespielte Grünflächen. Diese „unwirtlichen" Stadträume waren die Grundlage für die Krise der modernen Stadt, deren Kritik der Historiker, Mediziner und Psychoanalytiker Alexander Mitscherlich in seinem von ihm so benannten „Pamphlet", einer Publikation von 1965, bespricht und das er als *Unwirtlichkeit unserer Städte* benennt: Flächenfraß und Zersiedelung[27] und die

25   Berking 2008.
26   Musil (1943) 1995, S. 11.
27   „Die Unwirtlichkeit unserer wiedererbauten, unentwegt in die Breite verfließenden statt kühn in die Höhe konstruierten, monoton statt melodisch komponierten Städte drückt sich in deren Zentrum ebenso aus wie an der Peripherie; dort, wo sich der Horizont der Städte immer weiter hinausschiebt und die Landschaft in der Ferne gar nicht mehr erkennen läßt, wo Sicht und Zukunft des Städters gleichermaßen verbaut scheinen." (Mitscherlich 1965, S. 11)

fehlende Identifizierung zwischen Stadt und deren Bewohnerschaft. Diese Probleme begründete er mit den eigentlichen Funktionen der Stadt: Sie sei einerseits ein „Ort der Sicherheit, der Produktion, der Befriedigung vieler Vitalbedürfnisse", aber eben andererseits auch ein „Nährboden, der einzigartige Ort der menschlichen Bewußtseinsentwicklung."[28] Die erinnerten Momente und Elemente in der Stadt wie Türme, Mauern, Plätze und Theater – die „Stadtgestalten als Ganze" – seien „Psychotope" und „seelische Ruhepunkte", sie würden „ein Stück der Selbstvergewisserung für den dar[stellen], der dieser Stadt mit verdankt, was er ist."[29] Damit impliziert er, dass die Stadt die in ihr lebenden Menschen prägt, genauso wie diese wiederum die Gestalt der Stadt geformt haben. Diese Wechselwirkung – die Gesellschaft formt den Stadtraum, der sie selbst wiederum prägt – wird auch von Wolfgang Rauda beobachtet: „In der heutigen demokratischen Gesellschaft wird das [...] Bemühen um eine gewisse Erscheinungsform der Stadt berechtigt sein. Die uns als kulturelles Erbe überkommene historische Stadt sollte in dieses Mühen um Identität von Gesellschaft und Stadtgestalt einbezogen werden."[30]

In diesem Kontext ist die Bedeutung des kontinuierlichen Wandels der Stadt besonders entscheidend: Sie hätte sich im Lauf ihrer Entwicklung immer der jeweiligen sie bewohnenden Gesellschaft angepasst bzw. die jeweilige Gesellschaft hätte die sie umgebende Stadt an ihr Raumbewusstsein angeglichen. Durch die „Krise der Moderne" und den Versuch ihrer Revision habe man wiedererkannt, dass die Stadtgestaltung ein maßgeblicher Faktor in der Wissenschaftsdisziplin Städtebau und in der Stadtplanung sei. Die Erkenntnis aus der Rezeption von Kevin Lynchs *Das Bild der Stadt* (1965) im westeuropäischen Diskurs der stadthistorischen Forschungen und städtebaulichen Überlegungen lautet: Die visuelle Wahrnehmung von Stadtraum prägt die Identität von Stadt und Gesellschaft. Das grundsätzlich Neue an Lynchs Herangehensweise besteht in der Analyse des „Innenbilds" der Stadt aus der Analyse der Empfindungen der Bewohnerschaft heraus.[31] Er stellt die Fragen nach der Wiedererkennung, visuellen Wahrnehmung, Orientierung und Wechselwirkung zwischen Umwelt und der Bewohnerschaft sowie nach ihrer eigenen subjektiven Bewertung dieses Stadtbildes. Damit bedient er ebenso sozialwissenschaftliche wie auch stadtplanerische Fragestellungen. Abgesehen von seinen psychologischen Methoden erinnern allerdings sowohl einige Erkenntnisse als auch sein Hang zur Physiologie und Empirie an die Grundlagen der stadtbaukünstlerischen Konzepte des 19. Jahrhunderts.[32] Scheinbar beginnt mit Lynchs Neubetrachtung des Stadtbildes eine Neurezeption Camillo Sittes: Gordon Cullens *Townscape* (im Original von 1961, ins Deutsche übersetzt 1991), Alexander Papageorgious *Stadtkerne im Konflikt* (1970) und Michael Triebs *Theorie der Stadtgestaltung* (1977) sind nur wenige Schlüsselpublikationen, in denen die Bedeutung der visuellen Wahrnehmung des historischen Baubestandes als wichtiges Qualitätsmerkmal des Stadtzentrums betont wird.[33]

Insbesondere Michael Trieb betont, dass die Betrachtung der Stadtgestaltung in der Moderne vernachlässigt wurde: Die Publikationen Wolfgang Raudas aus den

28   Mitscherlich 1965, S. 14.
29   Ebd.
30   Rauda 1969, S. 31.
31   Vgl. Sieverts 1969, S. 56.
32   Vgl. das Kapitel 2.
33   Trieb 1977, S. 10.

1950er Jahren und die in Kapitel 6 dargelegten Positionen des Wiederaufbaus zeigen allerdings, dass die indirekte Beschäftigung mit den Überlegungen Camillo Sittes kontinuierlich betrieben wurde. Gerade Raudas Schriften sind allerdings kaum in den Diskurs der Postmoderne eingeflossen: Viele der diesbezüglichen Publikationen in den 1960er und 1970er Jahren gründen sich auf Erkenntnisse aus dem amerikanischen Ausland, wo Rauda weitestgehend unbekannt war. Die deutschsprachigen Protagonisten wie Gerd Albers und Thomas Sieverts referenzieren ihn nicht; Michael Trieb benennt ihn als Quelle zu seinen Ausführungen „Zum Arbeitsfeld der Stadtgestaltung", gibt ihn aber in keiner Fußnote an; Alexander Papageorgiou nutzt eine von Raudas Lageplänen von Zürich und führt seine Publikationen in einer Bibliografie unter der Rubrik der stadthistorischen Betrachtung auf. Eine Rezeption von Raudas Werk ist in dieser Zeit nicht geschehen. Das ist durchaus auf die Biografie Raudas zurück zu führen.

Während seiner Dresdner Zeit hatte Rauda zwar das überregionale Netzwerk zur Verbreitung seiner Theorien, aber innerhalb der Schranken des politischen Systems nicht die Möglichkeiten, seine Theorien weiter zu entwickeln; seine Publikation von 1969 ist zu deutlich an die allgemeinen Betrachtungen zur Kritik der Moderne angelehnt und gleichzeitig für sich nicht eindeutig genug zu interpretieren – das wird noch deutlicher an der nicht-publizierten Monografie zu Venedig: die historische Analyse ist ausführlich und stellt sicherlich die Aufarbeitung eines Forschungsdesiderats da. Aber der daraus folgende Vorschlag zur Stadtentwicklung basiert auf den gängigen, zeitgemäßen Grundlagen: Kevin Lynch und die Betonung des „Images" der Stadt sowie die wissenschaftlich-rationale Herangehensweise von Helmut Gebhard gehörten zu dieser Zeit einfach zum gängigen Repertoire einer städtebaulichen Betrachtung und stellten keine nennenswerte Innovation dar. Wolfgang Raudas theoretische Äußerungen sind geprägt von den Einflüssen ihrer Entstehungszeit, sie stellen Übernahmen von den jeweils aktuellen Debatten dar und sind damit als Spiegel ihrer Zeit zu verstehen.

Auch Wolfgang Rauda sah in der modernen Stadt die Gefahr einer Abstraktheit und Raumarmut, wie er es am oben besprochenen *Plan Voisin* Corbusiers ausdrückte. In vollständiger Abkehr von diesem Konzept der „Zeitgenössischen Stadt" soll die bei Rauda und in der Postmoderne propagierte Stadt wieder etwas bedeuten, statt nur zu funktionieren. Das Durchlaufen der Straßen soll eine individuelle Geschichte der Stadt erzählen. Die postmoderne Stadt soll ein narrativer Erlebnisraum sein, in der Menschen zwischen Häusern interagieren und sich ihre Räume aneignen. Auch wenn mit der Fortentwicklung der Standorterkennung im 21. Jahrhundert doch die Wissenschaft den Menschen mitteilen kann, wo exakt sie sich aufhält, sind es doch die Menschen selbst, die den Raum um sich herum gestalten.

Der Architekturkritiker Hanno Rauterberg hat 2013 das neue Raum-, Zeit- und Urbanitätsbewusstsein der Stadtbewohner*innen unter dem Einfluss des Digitalen untersucht. In *Wir sind die Stadt! Urbanes Leben in der Digitalmoderne* analysiert er den neuen Ausdruck urbanen Lebens wie „Guerilla Knitting" oder „Urban Gardening" als Aneignungsformen des öffentlichen Raums. Diese würden unabhängig vom Lobbyismus, politischen Entscheidungen oder Vermarktungsstrategien durchgeführt werden und dennoch ein Zeugnis eines gesellschaftlichen Wandels in der Stadt darstellen: „Es gibt keinen, der den Wandel steuert, denn alle steuern. Im Unscheinbaren und ohne großes Aufhebens erfüllt sich im öffentlichen Raum, was keiner verfügte und niemand erwartet hätte."[34] Damit könnte sich die Stadt des 21. Jahrhunderts erneut als Identität von Stadtraum und Gesellschaft darstellen – und auch dies entspräche Wolfgang Raudas Konzept eines Städtebaus nach seinen raumkulturellen Grundsätzen.

Wenn in der Überschrift zu diesem Fazit vom „vergessenen Vermächtnis" Wolfgang Raudas gesprochen wird, ist das nicht als Ausdruck des Bedauerns zu verstehen – vielmehr bietet die Betrachtung seines Werks die Möglichkeit der Darstellung einer durchgängigen Entwicklungslinie von Camillo Sittes Ansätzen zu einem „künstlerischen Städtebau" in Abgrenzung zum geometrischen Städtebau der Frühmoderne bis zum städtebaulichen Leitbild der „kritischen Rekonstruktion" in der Postmoderne. Die Betrachtung dieser Entwicklungslinie muss sich in der Argumentation um die Frage nach rekonstruierten, inszenierten Stadträumen zur Identitätsbildung von Stadt und Gesellschaft widerspiegeln. Die einfache Rekonstruktion stellt einen Rückschritt dar – sie darf nicht die Lösung auf der Suche nach einem adäquaten, individuellen Bild der Stadt sein.

Am Beginn dieses Fazits steht das Einleitungszitat aus Camillo Sittes Grundlagenwerk *Der Städtebau nach seinen künstlerischen Grundsätzen*, in denen er die Plätze „zum Verweilen" im südeuropäischen Raum als die beispielgebenden für eine stadtbaukünstlerische Gestaltung benennt. Dieses Buch soll mit einem weiteren Zitat enden, durch das die hier vorgenommenen Entwicklungslinien verdeutlicht werden, innerhalb derer die Biografie und die theoretischen Schriften Wolfgang Raudas erstmals ausführlich eingeordnet wurden. Aus den besonderen Situationen der 1889 betonten „Reiseerinnerungen" von Camillo Sitte wird bei Kevin Lynch 1960 die alltägliche Erfahrung der Stadt; aus der Hervorhebung höchstens einzelner öffentlicher Bauten an einem einzelnen Platz wird die Stadt selbst zu einer Ansammlung charakteristischer Architektur; aus dem Standpunktsehen der geschlossenen Stadträume wird das dynamische Durchlaufen der Stadtsituationen; aus dem Fokus auf italienische, sonnige, mediterrane Städte wird die Wahrnehmung von Stadtgestalt in allen Witterungssituationen – die Stadtbaukunst als Grundlage eines erinnerungswürdigen Städtebaus bleibt. Kevin Lynch beginnt seine Ausführungen zu *Das Bild der Stadt* mit den folgenden Worten: „Der Anblick von Städten kann ein besonderes Vergnügen bereiten, wie alltäglich er auch immer sein mag. Gleich einem einzelnen Werk der Architektur ist auch die Stadt ein Baugefüge im Raum, jedoch in großem Maßstab – sie ist etwas, was erst im Verlauf ausgedehnter Zeitabschnitte zu erfassen ist. [...] Aus verschiedenen Anlässen und für verschiedene Menschen werden die Sequenzen verzögert, unterbrochen, aufgegeben und abgeschnitten. Die Kunst der Städteplanung ist jeder Beleuchtung und jeder Witterung ausgesetzt."[35]

---

34 Im Gesamtkontext heißt es bei Rauterberg: „Ein Brückengeländer mit Ringelschal, eine rote Schaukel an der Bushaltestelle und dann noch Spitzkohl im Autoreifen – man kann an diesen unscheinbaren Zeichen des Wandels vorbeigehen und braucht sich nichts dabei zu denken. Der Urbanismus von unten tritt nicht machtvoll in Erscheinung, er hat keine Lobby und keinen Interessensverband, er vermarktet sich nicht und findet nur sehr versprengt die Aufmerksamkeit der klassischen Medien. Das ist seine Stärke: Es gibt keinen, der den Wandel steuert, denn alle steuern. Im Unscheinbaren und ohne großes Aufhebens erfüllt sich im öffentlichen Raum, was keiner verfügte und niemand erwartet hätte. Die Stadt ist tot, es lebe die Stadt!" (Rauterberg 2013, S. 149)

35 Lynch 1965, S. 10.

8

Anhang

W. Rauda: Rialtobrücke

Literaturverzeichnis

Abel, Adolf: Regeneration der Städte – des villes – of towns. Erlenbach-Zürich 1950.

Adlerova: Dorn, Alfred. In: Meißner, Günter (Hg.): De Gruyter Allgemeines Künstlerlexikon: die bildenden Künstler aller Zeiten und Völker, Bd. 29. München 2001, S. 82-83.

Adorno, Theodor W.: Auferstehung der Kultur in Deutschland In: Frankfurter Hefte (1950), H. 5, S. 469-471.

Albers, Gerd: Was wird aus der Stadt? München 1972.

Albers, Gerd: Zur Entwicklung der Stadtplanung in Europa. Begegnungen, Einflüsse, Verflechtungen. Braunschweig 1997.

Albrecht, Kathrin: Raymond Unwin: Town Planning in Practice, 1909. In: Lampugnani, Vittorio Magnago/Albrecht, Katrin/Bihlmaier, Helene/Zurfluh, Lukas: Manuale zum Städtebau. Die Systematisierung des Wissens von der Stadt 1870–1950. Berlin 2017, S. 133-155.

Arbusow: Großdeutschland reicht bis an die Weichsel. In: Wartheland (1941), H. 3, S. 17-18.

Assmann, Aleida: Zeit und Tradition. Kulturelle Strategien der Dauer. Beiträge zur Geschichtskultur, hrsg. von Jörn Rüsen, Bd. 15. Köln/Weimar/Wien 1999.

Assmann, Aleida: Ist die Zeit aus den Fugen? Aufstieg und Fall des Zeitregimes der Moderne. München 2013.

B.: Vieles erreicht, manches zurückgestellt. In: DeWeZet (20.12.1965), Nr. 265, S. 4.

Ballerstedt, Maren/Buchholz, Konstanze: Es regnet Feuer! Die Magdeburger Schreckensnacht am 16. Januar 1945. Gudensberg-Gleichen 2003.

Banik-Schweitzer, Renate: Städtebauliche Visionen. Pläne und Projekte 1890–1937. In: Blau, Eva/Platzer, Monika (Hg.): Mythos Großstadt. Architektur und Stadtbaukunst in Zentraleuropa 1890–1937. München/London/New York 1999, S. 58-72.

Barner, Winfried: Lessing: Epoche, Werk, Wirkung. Arbeitsbücher für den literaturgeschichtlichen Unterricht. Arbeitsbücher zur Literaturgeschichte. Beck'sche Elementarbücher. Neuauflage. Berlin 1998.

Bartetzky, Arnold: Nation-Staat-Stadt. Architektur, Denkmalpflege und visuelle Geschichtskultur vom 19. bis zum 21. Jahrhundert. Visuelle Geschichtskultur, Bd. 9. Köln/Weimar/Wien 2012.

Bartetzky, Arnold: Stadtplanung und Denkmalpflege im geteilten Europa. Der Wiederaufbau zerstörter Städte in den beiden deutschen Staaten und in Polen nach dem Zweiten Weltkrieg. Aufsatz basierend auf einem Vortragsmanuskript vom 17.03.2007. In: ders.: Nation-Staat-Stadt. Architektur, Denkmalpflege und visuelle Geschichtskultur vom 19. bis zum 21. Jahrhundert. Visuelle Geschichtskultur, Bd. 9. Köln/Weimar/Wien 2012, S. 85-108.

Barth, Holger/Topfstedt, Thomas et. al. (Hg.): Vom Baukünstler zum Komplexprojektanten. Architekten in der DDR. Dokumentation eines IRS-Sammlungsbestandes biografischer Daten. Erkner 2000.

Bartlitz, Eveline: Sonne, Blumen, Elbluft – Chronologie der Dresdner Weber-Gedenkstätten und Planungen zu einem Weber-Heim von 1950. In: Weberiana, Heft 21 (2011), S. 222-228.

Baum, Martina B.: Urbane Orte: Ein Urbanitätskonzept und seine Anwendung zur Untersuchung transformierter Industrieareale. Karlsruhe 2008.

Baumeister, Reinhard: Stadterweiterungen in technischer, baupolizeilicher und wirtschaftlicher Beziehung. Berlin 1876.

Bäumer, Gerd: Beitrag zur Geschichte der evangelischen Kreuzkirche in Betzdorf. Betzdorf 1995. Online unter: http://www.betzdorf-sieg.de/Bibliothek/Gerd%20Baeumer%20-%20100%20 Jahre%20Kreuzkirche%20in%20Betzdorf%20(1995).pdf (Zugriff: 01.09.2019).

Baur-Callwey, Carl: Rudolf Pfister +-. In: Baumeister (1970), H. 6, S. 655.

Bauverwaltung der Stadt Hannover (Hg.): Das System Schule Hannover. Hannover 1966.

Beck, Reinhart: Litzmann, Karl. In: Zentner, Christian/Bedürftig, Friedemann: Das große Lexikon des Dritten Reiches. München 1985, S. 359.

Becker, Marie-Louise: Die Deutsche Arbeitsfront. In: Benz, Wolfgang/Graml, Hermann/ Weiß, Hermann: Enzyklopädie des Nationalsozialismus. München 1997, S. 418-419.

Benevolo, Leonardo: Die Geschichte der Stadt. Frankfurt am Main 1983.

Benz, Wolfgang: Generalplan Ost. In: Benz, Wolfgang/Graml, Hermann/Weiß, Hermann: Enzyklopädie des Nationalsozialismus. Stuttgart 1997, S. 485-486.

Benz, Wolfgang: Auftrag Demokratie. Berlin 2009.

Berking, Helmuth: „Städte lassen sich am Gang erkennen wie Menschen". Skizzen zur Erforschung der Stadt und der Städte. In: Berking, Helmuth/Löw, Martina: Die Eigenlogik der Städte: Neue Wege für die Stadtforschung. Frankfurt/New York 2008, S. 15-32.

Betker, Frank: Liess der Sozialismus Raum für Urbanität? Grundsätze, Leitbilder, Institutionen und Resultate im Städtebau der DDR (1945-1989), in: Großbölting, Thomas/Schmidt, Rüdiger (Hg.): Gedachte Stadt – gebaute Stadt. Urbanität in der deutsch-deutschen Systemkonkurrenz 1945-1990. Köln/Wien/Weimar 2015, S. 1-28.

Betthausen, Peter: Brinckmann, Albert Erich. In: Betthausen, Peter et. al.: Metzler-Kunsthistoriker-Lexikon. Zweihundert Porträts deutschsprachiger Autoren aus vier Jahrhunderten. Stuttgart/Weimar 1999, S. 38-40.

Beyme, Klaus von: Der Wiederaufbau. Architektur und Städtebaupolitik in beiden deutschen Staaten. München 1987.

Beyme, Klaus von: Frankfurt am Main: Stadt mit Höhendrang. In: Beyme, Klaus von et. al.: Neue Städte aus Ruinen. München 1992, S. 197-216.

Bihlmaier, Helene: Camillo Sitte und die Städtebau-Manuale. Genese und Wirkung des künstlerischen Städtebaus. In: Lampugnani, Vittorio Magnago/Albrecht, Katrin/ Bihlmaier, Helene/Zurfluh, Lukas: Manuale zum Städtebau. Die Systematisierung des Wissens von der Stadt 1870-1950. Berlin 2017, S. 335-345.

Bode, Volker: Kriegszerstörung und Wiederaufbau deutscher Städte nach 1945. In: Friedrich, Klaus: Dörfer und Städte. Nationalatlas Bundesrepublik Deutschland, Bd. 5. Heidelberg 2002, S. 88-91.

Bohl, Charles/Lejeune, Jean-Francois (Hg.): Sitte, Hegemann and the Metropolis: Modern Civic Art and International Exchanges. New York 2008.

Bollnow, Otto Friedrich: Der Mensch und der Raum. In: Zeitschrift Universitas, 18. Jg. 1963, S. 499-514.

Bormann, Norbert: Paul Schultze-Naumburg 1869–1949. Maler, Publizist, Architekt. Vom Kulturreformer der Jahrhundertwende zum Kulturpolitiker im Dritten Reich. Ein Lebens- und Zeitdokument. Essen 1989.

Brandt, Sigrid: Stadtbaukunst. Eine Studie zu den Methoden ihrer Geschichtsschreibung. Wien 2015.

Brandt, Sigrid: Asymmetrie, Rhythmus, Bewegung – Aspekte der historischen Stadt im Schaffen Wolfgang Raudas. In: Enss, Carmen M./Vinken, Gerhard (Hg.): Produkt Altstadt. Historische Stadtzentren in Städtebau und Denkmalpflege. Bielefeld 2016, S. 135-148.

Bräuer, Hellmuth: Kritische Bemerkungen zur Neugestaltung Dresdens. In: Deutsche Architektur (1953), H. 1, S. 16-19.

Bräuer, Hellmuth: Wo bleibt der Dresdner Plan? In: Deutsche Architektur (1953), H. 4, S. 173-178.

Breite, Gustav: Unzerstörte Kostbarkeiten. Goslar am Harz. In: Der Bauhelfer (1948), H. 16, S. 435-438.

Brinckmann, Albert Erich: Platz und Monument. Untersuchungen zur Geschichte und Ästhetik der Stadtbaukunst in neuerer Zeit. Berlin 1908.

Brinckmann, Albert Erich: Deutsche Stadtbaukunst in der Vergangenheit. Frankfurt a. M. 1911.

Brinckmann, Albert Erich: Baukunst. Die künstlerischen Werte im Werk des Architekten. Tübingen 1956.

Bundeszentrale für politische Bildung/bpb (Hg.): Informationen zur politischen Bildung. Deutschland 1945–1949. Heft 259, April 2005.

Büttner, Alexandra: John Ruskin. Biografische Skizze (2018). Online unter: https://www.arthistoricum.net/themen/portale/gkg/quellen/ruskin/ (Zugriff: 01.09.2019).

Cepl, Jasper: Vom „Palaststil" zur „Wohnmaschine" – Die Transformation des städtischen Raumgefüges nach 1900, oder: Vorläufige Bemerkungen über ein vergessenes Formproblem. In: Wolkenkuckucksheim - Cloud-Cuckoo-Land - Vozdushnyi zamok (2004), H. 1 (November). Online unter: http://www.cloud-cuckoo.net/openarchive/wolke/deu/Themen/041/Cepl/cepl.htm#_ftn7 (Zugriff: 01.09.2019).

Colonnese, Fabio: The Geometry of Vision: Hermann Maertens' Optical Scale for a Deterministic Architecture. In: ZARCH (2017), H. 9, S. 60–73. Online unter: http://dx.doi.org/10.26754/ojs_zarch/zarch.201792263 (Zugriff: 01.09.2019).

Conert, Herbert: Gedanken über den Wiederaufbau Dresdens. Vortrag gehalten am 22.11.1945, Sonderdruck Dresden 1946.

Conrads, Ulrich: Erlesenes. In: Bauwelt (1958), H. 17, S. 397.

Conte, Domenico: Oswald Spengler. Eine Einführung. Leipzig 2004.

Crary, Jonathan: Techniken des Betrachters. Sehen und Moderne im 19. Jahrhundert. Dresden/Basel 1996.

Curdes, Gerhard/Oehmichen, Renate (Hg.): Künstlerischer Städtebau um die Jahrhundertwende. Der Beitrag von Karl Henrici. Köln u.a. 1981.

Deckert: Wettbewerb um die Neugestaltung des Lübecker Marktes. In: Der Bauhelfer (1950), H. 6, S. 155-162.

Delling, Rudolf/Rauda, Wolfgang: Deutsche Rathäuser. Frankfurt a. M. 1958.

Demandt, Alexander: Untergänge des Abendlandes. Studien zu Oswald Spengler. Köln/Weimar/Wien 2017.

Die Baukultur. Nr. 10 vom 16. April 1930.

Die Baukultur. Nr. 2 vom 15. Februar 1930.

Die Baukultur. Nr. 5 vom 8. März 1930.

Diner, Dan: Rassistisches Völkerrecht. Elemente einer nationalsozialistischen Weltordnung. In: Vierteljahreshefte für Zeitgeschichte (1989), H. 1, S. 23-56.

Dipper, Christof: Moderne. In: Docupedia-Zeitgeschichte (17.01.2018). Online unter: https://docupedia.de/zg/Dipper_moderne_v2_de_2018 (Zugriff: 01.09.2019)

dke: Martin-Luther-Kirche dem Dienste Gottes geweiht. In: DeWeZet (04.06.1962), Nr. 128, S. 3.

dke: „Echte Begegnung von Baukunst und Kirche". In: DeWeZet (07.06.1962), Nr. 131, 115. Jg., S. 3.

Dolff-Bonekämper, Gabi/Kier, Hiltrud: Städtebau und Staatsbau im 20. Jahrhundert. München 1996.

Domhardt, Konstanze Sylva: The Heart of the City. Die Stadt in den transatlantischen Debatten der CIAM 1933–1951. Zürich 2012.

Donath, Matthias: Paul Wolf (2012). Online unter: http://saebi.isgv.de/biografie/Paul_Wolf_(1879-1957) (Zugriff 05.07.2019)

Dorn, Ralf: Der Architekt und Stadtplaner Rudolf Hillebrecht. Kontinuitäten und Brüche in der deutschen Planungsgeschichte im 20. Jahrhundert. Berlin 2017.

Dörner, Bernhard: Parteigenosse. In: Benz, Wolfgang/Graml, Hermann/Weiß, Hermann: Enzyklopädie des Nationalsozialismus. Stuttgart 1997, S. 635-636.

Doxiades, Konstantinos: Raumordnung im griechischen Städtebau. Beiträge zur Raumforschung und Raumordnung, Bd. 2. Berlin 1937.

Durth, Werner: Hannover. Geplante Expansion. In: Beyme, Klaus von (Hg.):
Neue Städte aus Ruinen. Deutscher Städtebau der Nachkriegszeit. München 1992. S. 164-181.

Durth, Werner: Deutsche Architekten. Biographische Verflechtungen 1900-1970. Zürich 2001
(2. durchges. Aufl.).

Durth, Werner/Düwel, Jörn/Gutschow, Niels: Architektur und Städtebau der DDR, Bd. 1.
Ostkreuz. Personen, Pläne, Perspektiven. Frankfurt/New York 1999 (2. erw. Aufl.).

Durth, Werner/Düwel, Jörn/Gutschow, Niels: Architektur und Städtebau der DDR, Bd. 2.
Aufbau. Städte, Themen, Dokumente. Frankfurt/New York 1999 (2. erw. Aufl.).

Durth, Werner/Gutschow, Niels: Träume in Trümmern. Stadtplanung 1940–1950. München 1993.

Durth, Werner/Pehnt, Wolfgang/Wagner-Conzelmann, Sandra: Otto Bartning. Architekt einer
sozialen Moderne. Darmstadt 2017.

Durth, Werner/Sigel, Paul: Baukultur. Spiegel gesellschaftlichen Wandels. Berlin 2009.

Düwel, Jörn/Gutschow, Niels: Städtebau in Deutschland im 20. Jahrhundert.
Ideen – Projekte – Akteure. Berlin/Stuttgart 2005 (2. unveränderte Aufl.).

Düwel, Jörn: Baukunst voran! Architektur und Städtebau in der SBZ/DDR. Berlin 1995.

Düwel, Jörn: Von der vergeblichen Hoffnung auf Ermächtigung im Städtebau nach dem
Zweiten Weltkrieg. In: Lampugnani, Vittorio Magnago/Schützeichel, Rainer: Die Stadt als
Raumentwurf. Theorien und Projekte im Städtebau seit dem Ende des 19. Jahrhunderts.
München 2017, S. 199-212.

Eggerstedt: Leistungsschau „Deutsche Gaue berichten". In: Bauen, Siedeln, Wohnen (1938),
H. 22, S. 730-739.

Eisler, Rudolf: Kant-Lexikon (1930). Online unter: http://www.textlog.de/31937.html
(Zugriff: 01.09.2019).

Escherich, Mark: Rettig & Co. – die Stuttgarter Bauschule in der SBZ/DDR.
In: Betker, Frank/Benke, Carsten/Bernhardt, Christoph (Hg.): Paradigmenwechsel und
Kontinuitätslinien im DDR-Städtebau. Neue Forschungen zur ostdeutschen Architektur- und
Planungsgeschichte. Erkner 2010, S. 359-376.

Evangelisches Kreuzgymnasium (Hg.): Abriss zur Schulgeschichte (2018). Online unter:
http://kreuzgymnasium.evangelische-schulen-sachsen.de/geschichte/# (Zugriff: 01.09.2019).

Evangelisch-Lutherische Christuskirche Dresden-Strehlen: Chronologie der Christuskirche
Strehlen. (o. J.) Online unter: http://www.christuskirche-dresden.de/cms/website.
php?id=/de/jugendstilkirche/geschichte.htm (Zugriff: 01.09.2019).

Falser, Michael S.: Zwischen Identität und Authentizität. Zur politischen Geschichte der
Denkmalpflege in Deutschland. Dresden 2008.

Falter, Jürgen: Die „Märzgefallenen" von 1933. In: Geschichte und Gesellschaft (1998),
H. 4, S. 595-616.

Farenholtz, Christian: Geschichte der christlichen Kunst. Rezension zu „Lebendige städtebauliche Raumbildung". In: Theologische Literaturzeitung (1959), H. 2, S. 120-121.

Fechner, Gustav Theodor: Elemente der Psychophysik. Erster und zweiter Theil. Leipzig 1860.

Feder, Gottfried: Die neue Stadt. Berlin/Heidelberg 1939.

Fehl, Gerhard: Kleinstadt, Steildach, Volksgemeinschaft. Zum ‚reaktionären Modernismus'
in Bau- und Stadtbaukunst. Braunschweig/Wiesbaden 1995.

Fischer, Theodor: Sechs Vorträge über Stadtbaukunst. Neuausgabe, herausgegeben von
Castorph, Matthias. München 2012 (2. Aufl. des erw. Nachdrucks der Originalausgabe von 1920).

Fischer, Torben/Lorenz, Matthias N.: Lexikon der „Vergangenheitsbewältigung" in Deutschland.
Debatten- und Diskursgeschichte des Nationalsozialismus nach 1945. Bielefeld 2015.

Fischli, Melchior: Paul Schultze-Naumburg: Städtebau 1906. In: Lampugnani, Vittorio Magna-
go/Albrecht, Katrin/Bihlmaier, Helene/Zurfluh, Lukas: Manuale zum Städtebau.
Die Systematisierung des Wissens von der Stadt 1870–1950. Berlin 2017, S. 95-111.

Frank, Hartmut: Trümmer. In: Schulz, Bernhard (Hg.): Grauzonen, Farbwelten. Kunst und Zeitbilder 1945–1955. Berlin 1983, S. 85-104.

Fredericia, Walter: Angeklagter Immanuel Kant. In: Die Zeit, Nr. 13 vom 30. März 1950. Online unter: https://www.zeit.de/1950/13/angeklagter-immanuel-kant/ (Zugriff: 01.09.2019).

Freunde Frankfurts, gegr. 1922, e.V.: Geschichte des Vereins (2019). Online unter: https://www.freunde-frankfurts.de/verein/geschichte.html (Zugriff: 01.09.2019)

Frey, C.: Bohlig, J. Arthur. In: Meißner, Günter (Hg.): Saur Allgemeines Künstlerlexikon: die bildenden Künstler aller Zeiten und Völker, Bd. 12. München 1996, S. 285.

Freytag, Matthias: Stuttgarter Schule für Architektur 1919 bis 1933. Versuch einer Bestandsaufnahme in Wort und Bild. Dissertation 1996 (Universität Stuttgart).

Friedrich, Jacek: Neue Stadt in altem Gewand. Der Wiederaufbau Danzigs 1945-1960. Visuelle Geschichtskultur, Bd. 4. Köln/Weimar/Wien 2010.

Fröhlich, Georg: Nachruf auf Hans-Reiner Müller-Raemisch (2018). Online unter: https://www.deutscher-werkbund.de/nachruf-auf-hans-reiner-mueller-raemisch/ (Zugriff: 01.09.2019)

Froriep, Siegfried: Zum Wettbewerb für den Wiederaufbau der Stadt Kassel. In: Baumeister (1948), H.5–7, S. 191-192.

Froriep, Siegfried: Neues Zentrum für Langenhagen. In: Bauwelt (1959), H. 40, S. 1185-1187.

Gantner, Joseph: Grundformen der europäischen Stadt. Versuch eines historischen Aufbaus in Genealogien. Wien 1928.

Gaudenz, Risch: Rationeller Schulhausbau. In: Schweizerische Bauzeitung (1966), H. 17, S. 309-313.

Gebhard, Helmut: System, Element und Struktur in Kernbereichen alter Städte, dargestellt an der Stadt Dinkelsbühl und den Nachbarstädten Rothenburg o.d.T., Nördlingen und Donauwörth. Schriftenreihe der Institute für Städtebau der Technischen Hochschulen, Bd. 2. Stuttgart/Bern 1969.

Gebser, Jean: Ursprung und Gegenwart. 1. Teil: Die Fundamente der aperspektivischen Welt. Stuttgart 1992 (4. Auflage der ungekürzten Ausgabe von 1973).

Gehrig, Gerlinde: Friedrich Pützer und das Paulusviertel in Darmstadt. Quellen und Forschungen zur hessischen Geschichte, Bd. 169. Darmstadt/Marburg 2014.

Georgidias, Sokratis: Sigfried Giedion. Eine intellektuelle Biographie. Zürich 1989.

Gerlach, Walther: Helmholtz, Hermann von. In: Neue Deutsche Biographie (1969), H. 8, S. 498-501. Online unter: https://www.deutsche-biographie.de/pnd11854893X.html#ndb-content (Zugriff: 01.09.2019)

Gesetzblatt der Deutschen Demokratischen Republik, Nr. 36 vom 5. Mai 1955: Bekanntmachung des Beschlusses des Ministerrates über die wichtigsten Aufgaben im Bauwesen, S. 297-312.

Giedion, Sigfried: Raum, Zeit, Architektur. Die Entstehung einer neuen Tradition. Stuttgart 1965.

Glabau, Leonie: Plätze in einem geteilten Land. Stadtplatzgestaltungen in der Bundesrepublik Deutschland und der Deutschen Demokratischen Republik von 1945 bis 1990. Bern 2010.

Gnehm, Michael: Bekleidungstheorie, in: Arch+ (2015), H. 221, S. 33-39.

Göderitz, Johannes/Hoffmann, Hubert/Rainer, Roland: Die gegliederte und aufgelockerte Stadt. Tübingen 1957.

Göderitz, Johannes: Gestaltungsfragen beim Wiederaufbau zerstörter Altstadtgebiete (Vortrag gehalten am 06.06.1947). In: Wiederaufbau-Mitteilungen des Bauausschusses des Deutschen Städtetags (1947), H. 7, S. 1-2.

Grantz, Max: Deutsche Städtebilder. Leipzig 1940.

Greiser, Arthur: Vorwort des Gauleiters und Reichsstatthalters im Reichsgau Wartheland. In: Wartheland. Zeitschrift für Aufbau und Kultur im Deutschen Osten (1941), H. 1/2 (Jan./Feb.), S. 1.

Greiser, Arthur: Vorwort zur ersten Ausgabe „Bauen im Wartheland". In: Bauen im Wartheland (1941a), H. 1, S. 1.

Gruber, Karl: Die Gestalt der deutschen Stadt. München 1952.

Gsell, Paul: Auguste Rodin. Die Kunst. Gespräche des Meisters, Leipzig 1921.

Gurlitt, Cornelius: Beschreibung und Darstellung der Kunstdenkmäler Sachsens. Stadt Dresden. Dresden 1901.

Gutberger, Hansjörg: Konrad Meyer und Herbert Morgen: zwei Wissenschaftlerkarrieren in Diktatur und Demokratie. In: Rehberg, Karl-Siegbert (Hg.): Die Natur der Gesellschaft: Verhandlungen des 33. Kongresses der Deutschen Gesellschaft für Soziologie in Kassel 2006, Frankfurt am Main 2008.

Guther, Max: Die Architekturprofessoren der Technischen Hochschule Darmstadt von 1841 bis 1945. In: Jahrbuch der Technischen Hochschule Darmstadt (1980), S. 107-143.

Gutschow, Niels: Bauen in Münster. Münster 1983.

Gutschow, Niels: Darmstadt: Stadtbaukunst als Fragment. In: Beyme, Klaus von et. al.: Neue Städteaus Ruinen. München 1992, S. 267-283.

Gutschow, Niels: Ordnungswahn. Architekten planen im „eingedeutschten Osten" 1939-1945. Gütersloh 2001.

Hain, Simone: Nachruf. Kurt Junghanns. In: Bauwelt (2007), H. 4, S. 4.

Hampe, Heinz: Dresden – Nord-Süd-Verbindung. In: Baumeister (1952), H. 4, S. 264-265.

Harms, Ingo: Biologismus. Zur Theorie und Praxis einer wirkmächtigen Ideologie. Oldenburg 2011. Schmuhl, Hans-Walter Rassenhygiene, Nationalsozialismus, Euthanasie: von der Verhütung zur Vernichtung „lebensunwerten Lebens" 1890-1945. Göttingen 1987.

Hartung, Birgit: Hellmuth Bräuer. In: Barth, Holger/Topfstedt, Thomas et. al. (Hg.): Vom Baukünstler zum Komplexprojektanten. Architekten in der DDR. Dokumentation eines IRS-Sammlungsbestandes biografischer Daten. Erkner 2000, S. 51-52.

Hartung, Birgit: Johannes Rascher. In: Barth, Holger/Topfstedt, Thomas et al. (Hg.): Vom Baukünstler zum Komplexprojektanten. Architekten in der DDR. Dokumentation eines IRS-Sammlungsbestandes biografischer Daten. Erkner 2000a, S. 181.

Hassenpflug, Dieter (Hg.): Die Europäische Stadt – Mythos und Wirklichkeit. Münster 2002 (2. Aufl.).

Hassenpflug, Dieter: Die europäische Stadt als Erinnerung, Leitbild und Fiktion. In: Hassenpflug, Dieter (Hg.): Die Europäische Stadt – Mythos und Wirklichkeit. Münster 2002 (2. Aufl.), S. 11-48.

Hebebrand, Werner: Erfahrungen des Städtebauers, 1961, in: Hebebrand, Werner: Zur neuen Stadt. ausgewählte Schriften und Vorträge. Schriftenreihe der Akademie der Künste, Bd. 5. Berlin 1969, S. 16-19.

Hebebrand, Werner: Was wird aus unseren alten Städten? 1964, in: Hebebrand, Werner, Zur neuen Stadt. Ausgewählte Aufsätze und Vorträge. Schriftenreihe der Akademie der Künste, Bd. 5. Berlin 1969, S. 111-121.

Hegemann, Werner: Das steinerne Berlin. Geschichte der größten Mietskasernenstadt der Welt. Berlin 1930.

Heidegger, Martin: Bauen, Wohnen, Denken. In: Bartning, Otto (Hg.): Mensch und Raum. Das Darmstädter Gespräch 1951. Darmstadt 1952, S. 88-102.

Heidelberger, Michael: Die innere Seite der Natur. Gustav Theodor Fechners wissenschaftlich-philosophische Weltauffassung. Frankfurt a. M. 1993.

Heinz, Johannes: Das Erbe deutscher Baukultur im Wartheland. In: Bauen im Wartheland (1941), Augustausgabe, S. 45-53.

Helmholtz, Hermann von: Über das Sehen des Menschen. Ein populär wissenschaftlicher Vortrag gehalten in Königsberg in Pr. zum Besten von Kants Denkmal am 27. Februar 1855. Leipzig 1855.

Helmholtz, Hermann von: Handbuch der physiologischen Optik. In: Enzyklopädie der Physik, hrsg. von Gustav Karsten, Bd. IX. Leipzig 1867.

Helmigk, Hans Joachim: Aufbauarbeit des Landbaumeisterseminars bei der Gauselbst-verwaltung im Reichsgau Wartheland. Bauen im Wartheland (1941), Augustausgabe, S. 37-52.

Hennemann, Gerhard: Fechner, Gustav Theodor in: Neue Deutsche Biographie 5 (1961), S. 37-38. Online unter: https://www.deutsche-biographie.de/pnd118532154.html#ndbcontent (Zugriff: 01.09.2019)

Hennig, Markus: Erweiterungsbau der Reichskanzlei oder auch Neue Reichskanzlei (2018). Online unter: https://www.berlin-wilhelmstrasse.de/erweiterungsbau-reichskanzlei/ (Zugriff: 01.09.2019).

Henrici, Karl: Der Individualismus im Städtebau. In: Deutsche Bauzeitung (1891), H. 49, S. 295–298.

Henrici, Karl: Langweilige und Kurzweilige Strassen. In: Deutsche Bauzeitung (1893), H. 44, S. 271-274.

Henrici, Karl (Hg.): Beiträge zur praktischen Ästhetik im Städte Bau. Eine Sammlung von Vorträgen und Aufsätzen. München 1904.

Heuss, Theodor: Zur Einführung. In: Giefer, Alois/Sales Meyer, Franz/Beinlich, Joachim (Hg.): Planen und Bauen im neuen Deutschland. Köln/Opladen 1960, o. S.

Hillebrecht, Rudolf: Lebendige städtebauliche Raumbildung. Rezension. In: Der Städtetag (1958), H. 5, S. 216.

Hillebrecht, Rudolf: In Memoriam Prof. Dr.-Ing. Wolfgang Rauda. In: Allgemeine Bauzeitung (26.11.1971), S. 12.

Himmler, Heinrich: Einige Gedanken über die Behandlung der Fremdvölkischen im Osten (28.05.1940). Erstmals abgedruckt in: Vierteljahreshefte für Zeitgeschichte (1957), H. 2, S. 195-198.

Hirschmann, Carl: Der Dresdner Wettbewerb. In: Deutsche Bauzeitung (1935), H. 25, S. 483-485.

Hitchcock, Henry-Russel: Architecture. 19th and 20th centuries. London 1985.

Hnilica, Sonja: Metaphern für die Stadt. Zur Bedeutung von Denkmodellen in der Architektur-theorie. Bielefeld 2012.

Hoffmeister, Johannes: Wörterbuch der philosophischen Begriffe. Hamburg 1955.

Hohn, Andreas: Rostock. Hansestadt im sozialistischen Aufwind. In: Beyme, Klaus von (Hg.), Neue Städte aus Ruinen. Deutscher Städtebau der Nachkriegszeit. München 1992, S. 117-137.

Lenger, Friedrich/Tenfelde, Klaus: Die europäische Stadt im 20. Jahrhundert: Wahrnehmung – Entwicklung – Erosion. Köln 2006, S. 61-104.

Hornung, Willy: Neues Wohnen im Warthegau. Aus der Arbeit des Gauheimstättenamtes der DAF. In: Bauen im Wartheland (1943), Januarausgabe, S. 27-42.

Hoscislawski, Thomas: Bauen zwischen Macht und Ohnmacht. Architektur und Städtebau in der DDR. Berlin 1991.

Hümmelchen, Gerhard: Wartheland. In: Zentner, Christian/Bedürftig, Friedemann: Das große Lexikon des Dritten Reiches. München 1985, S. 621-622.

Institut für Regionalentwicklung und Strukturplanung (Hg.): Reise nach Moskau. Dokumente zur Erklärung von Motiven, Entscheidungsstrukturen und Umsetzungskonflikten für den ersten städtebaulichen Paradigmenwechsel in der DDR und zum Umfeld des „Aufbaugesetzes" von 1950. Berlin 1995.

Jatho, Carl Oskar: Urbanität. Über die Wiederkehr einer Stadt. Düsseldorf 1946.

Jean Gebser Gesellschaft: Lebenslauf Jean Gebser (o. J.). Online unter: http://www.jean-gebser-gesellschaft.ch/ (Zugriff: 01.09.2019)

Jencks, Charles: Die Sprache der Postmoderne. Stuttgart 1988 (3. erw. Aufl.).

Jessen, Johann/Philipp, Klaus Jan (Hg.): Der Städtebau der Stuttgarter Schule. Berlin 2015 (Schriftenreihe des Internationalen Zentrums für Kultur- und Technikforschung der Universität Stuttgart, hrsg. von Reinhold Bauer et. al., Kultur und Technik, Bd. 29), S. 111-129.

Jonas, Carsten: Stadtplanerische und städtebauliche Leitbilder seit der Mitte des 19. Jahrhunderts. Berlin 2016.

Junghanns, Kurt: Kritische Bemerkungen zur Neugestaltung Dresdens. In: Deutsche Architektur (1953), H. 1., S. 13-16.

Junghanns, Kurt: Die Deutsche Stadt im Frühfeudalismus. Berlin 1959.

K.: Glockenturm als Rufer und Mahner. In: DeWeZet (13.05.1960), Nr. 112, S. 3.

Kalinowski, Konstanty: Rückgriff auf die Geschichte. Der Wiederaufbau der Altstädte in Polen – das Beispiel Danzig. In: Bingen, Dieter/Hinz, Hans-Martin: Die Schleifung. Zerstörung und Wiederaufbau historischer Bauten in Deutschland und Polen. Veröffentlichungen des Deutschen Polen-Instituts Darmstadt, Bd. 20. Wiesbaden 2005, S. 81-96.

Kantschew, Thomas: Das neue Dresden. Architektur und Städtebau von 1918 bis heute (o.J.). Online unter: http://www.das-neue-dresden.de/studentenwohnheim-guentzstrasse.html (Zugriff: 09.03.2019)

Karrasch, Alexander: Die ‚nationale Bautradition‘ denken. Zoom: Perspektiven der Moderne, Bd. 2. Berlin 2015.

Kellmann, Thomas: Architektur und Anschauung. Der Raumbegriff in Architektur und Städtebau der deutschen und niederländischen Moderne von 1890 bis 1930 im Vergleich. (Dissertation 1990). Münster 1992.

Kieser, Marco: Heimatschutzarchitektur im Wiederaufbau des Rheinlandes. Köln 2008.

Klein, Peter: Lodz (Ghetto). In: Benz, Wolfgang/Graml, Hermann/Weiß, Hermann: Enzyklopädie des Nationalsozialismus. Stuttgart 1997, S. 571.

Klemm, Bernhard: Einige Probleme bei der Rekonstruktion des historischen Altstadtkerns von Görlitz. In: Hochschule für Architektur und Bauwesen Weimar (Hg.)/Räder, Hermann (Red.): Zur Rekonstruktion der Stadtzentren: 1. Kolloquium für Städtebau an der Hochschule für Architektur und Bauwesen Weimar. Weimar 1960, 52-61.

Klemm, Bernhard/Reinhardt-Paul, Birgit: Görlitz-Untermarkt. Umgestaltung des Häusergeviertes Untermarkt-Südseite in der Görlitzer Altstadt. In: Deutsche Architektur (1974), H. 7, S. 425.

Klemm, Bernhard: Städtebaulich-denkmalpflegerische Untersuchungen in Görlitz. Ein Beitrag zur Sanierung von Altstädten. Dresden 1958.

Koch, Ralf: Herbert Schneider. In: Barth, Holger/Topfstedt, Thomas et. al. (Hg.): Vom Baukünstler zum Komplexprojektanten. Architekten in der DDR. Dokumentation eines IRS-Sammlungsbestandes biografischer Daten. Erkner 2000, S. 201-202

Koellmann, Hans: Ideenwettbewerb Domumgebung Köln. In: Baukunst und Werkform (1957), H. 5, S. 270-282.

Koloc, Kurt (Hg.): 125 Jahre Technische Hochschule Dresden. Festschrift. Dresden 1953.

Kosmala, Beate: Polen. In: Benz, Wolfgang/Graml, Hermann/Weiß, Hermann: Enzyklopädie des Nationalsozialismus. Stuttgart 1997, S. 641-646.

Krauskopf, Kai/Lippert, Hans-Georg/Zaschke, Kerstin (Hg.): Neue Traditionen. Konzepte einer antimodernen Moderne in Deutschland von 1920 bis 1960. Dresden 2009.

Krebs, Gerhard: Wiederaufbau von Kassel. In: Der Bauhelfer (1948), H. 1, S. 8-19.

Kriege-Steffen, Andreas: Ein „altes“ Bild der neuen Großstadt. Der Wettbewerb zur Gestaltung des Stadtzentrums in Dresden im Jahr 1952. In: kunsttexte.de/ostblick, Nr. 3, 2013 (17 Seiten), Online unter: http://www.kunsttexte.de/ostblick (Zugriff: 01.09.2019)

Kühn, Christian: Rationalisierung und Flexibilität. Schulbaudiskurse der 1960er und 70er Jahre. In: Böhme, Jeanette (Hg.): Schularchitektur im interdisziplinären Diskurs. Territorialisierungskrise und Gestaltungsperspektiven des schulischen Bildungsraums. Wiesbaden 2009, S. 283-298.

Kunath, Carmen/Buch, Anja: Kunst am Bau des Studentenwerks Dresden (2015). Online unter: http://www.docs.studentenwerk-dresden.de/publikationen/kunst_am_bau_4.pdf (Zugriff: 07.03.2019).

Lampugnani, Vittorio Magnago/Frey, Katia/Perotti, Eliana: Anthologie zum Städtebau. Von der Stadt der Aufklärung zur Metropole des industriellen Zeitalters. Berlin 2008, S. 32.

Lampugnani, Vittorio Magnago: Die Stadt im 20. Jahrhundert. Visionen, Entwürfe, Gebautes. Bd. 1. Berlin 2010.

Lampugnani, Vittorio Magnago/Frey, Katia/Perotti, Eliana: Anthologie zum Städtebau. Das Phänomen Großstadt und die Entstehung der Moderne, Bd. II. Berlin 2014.

Lampugnani, Vittorio Magnago/Albrecht, Katrin/Bihlmaier, Helene/Zurfluh, Lukas: Manuale zum Städtebau. Die Systematisierung des Wissens von der Stadt 1870-1950. Berlin 2017.

Lattermann, Alfred: Posen – die alte Soldatenstadt. In: Wartheland (1941), H. 6, S. 7-15.

Laudel, Heidrun: Das Luftgaukommando Dresden. Umgang mit einem Militärbau aus der NS-Zeit. In: Durth, Werner/Nerdinger, Winfried (Konzept und Redaktion): Architektur und Städtebau der 30er/40er Jahre. Ergebnisse der Fachtagung in München. Schriftenreihe des Deutschen Nationalkomitees für Denkmalschutz, Bd. 48. Bonn 1997 (2. Aufl.), S. 118-125.

Le Corbusier: Städtebau. Übersetzt und Herausgegeben von Hans Hildebrandt. Stuttgart 1979 (Faksimile-Ausgabe der 1. Auflage 1929).

Leendertz, Arina: Ordnung schaffen. Deutsche Raumplanung im 20. Jahrhundert. Beiträge zur Geschichte des 20. Jahrhunderts, hrsg. von Norbert Frei, Bd. 7. Göttingen 2008.

Lemper, Ernst-Heinz: Prof. Dr.-Ing habil. Bernhard Klemm zum Gedächtnis. In: Denkmalpflege in Görlitz (2002), H. 4, S. 4.

Ley, Karsten: Die Intellektualisierung des Städtebaus in Deutschland. Schriften zum Städtebau und das Entstehen einer wissenschaftlichen Disziplin im 19. Jahrhundert. 2003. Online unter: http://publications.rwth-aachen.de/record/48277/files/2021.pdf (Zugriff: 01.09.2019).

Ley, Robert: Gesund und schön wohnen. In: Bauen, Siedeln, Wohnen (1938), H. 22, S. 721.

Liebknecht, Kurt: Im Kampf um eine neue deutsche Architektur. In: Neues Deutschland, Nr. 36 (13.02.1951), S. 3-4.

Liebknecht, Kurt: Bedeutung der Unions-Baukonferenz in Moskau für die Aufgaben im Bauwesen der Deutschen Demokratischen Republik. In Deutsche Architektur (1955), H. 2, S. 50-64.

Lippert, Hans Georg: Kostbare Vergangenheit – geordnete Zukunft. Publikationsstrategien der Deutschen Bauakademie in den 1950-er Jahren. In: Hofer, Sigrid/Butter, Andreas (Hg.): Blick zurück nach vorn. Architektur und Stadtplanung in der DDR. Schriftenreihe des Arbeitskreises Kunst in der DDR, Bd. 3. o.O. 2017, S. 10-31.

Lorenz, Alfred F.: Denkmalpflegerische Aufgaben in Rostock. In: Der Bauhelfer (1949), H. 2, S. 34-36, hier S. 36.

LWL-Kulturverwaltung: Denkmalpflege in Gronau (o.J.). Online unter: https://www.lwl.org/kulturatlas/StadtGemeinde/Gronau (Zugriff: 09.03.2019)

Lynch, Kevin: Das Bild der Stadt. Reihe: Bauwelt Fundamente, Bd. 16. Berlin/Frankfurt/Wien 1965.

M.F.: „Ich will den Herrn loben alle Zeit". In: DeWeZet (31.10.1960), Nr. 255, S. 3.

Maertens, Hermann: Der optische Massstab oder die Theorie und Praxis des ästhetischen Sehens in den bildenden Künsten. Auf Grund der Lehre der physiologischen Optik für Architekten, Maler Bildhauer etc. Berlin 1884.

Mann, Thomas: Versuch über Schiller. Frankfurt a. M. 1955.

Marx, Karl/Engels, Friedrich: Werke, Bd. 4. Berlin 1972 (6. Aufl., unveränderter Nachdruck der 1. Auflage 1959, Berlin/DDR).

Maser, Peter: Glauben im Sozialismus. Kirchen und Religionsgemeinschaften in der DDR. Berlin 1989.

Maser, Peter: Kirchen in der DDR. Niemals voll in das Regime integriert. Erfurt 2013.

May, Ronald: Ordnung und Spannung. Paul Bonatz und die Stuttgarter Stadtplanung.
In: Jessen, Johann/Philipp, Klaus Jan (Hg.): Der Städtebau der Stuttgarter Schule. Schriftenreihe des Internationalen Zentrums für Kultur- und Technikforschung der Universität Stuttgart, hrsg. von Reinhold Bauer et. al., Kultur und Technik, Bd. 29. Berlin 2015.

Messer, August: Oswald Spengler als Philosoph. Stuttgart 1922.

Meurer, Franz: Der mittelalterliche Stadtgrundriß im nördlichen Deutschland in seiner Entwicklung zur Regelmäßigkeit auf der Grundlage der Marktgestaltung. Berlin 1914.

Ministerium für Bauwesen/Bauakademie der DDR: Chronik Bauwesen.
Deutsche Demokratische Republik 1945–1971. Berlin 1974.

Mitscherlich, Alexander: Die Unwirtlichkeit unserer Städte. Anstiftung zum Unfrieden.
Frankfurt a. M. 1965.

Möller, Hans-Otto: A. F. Lorenz 1884–1962, in: Architektur der DDR (1984), H. 5, S. 314.

Mönninger, Michael: Vom Ornament zum Nationalkunstwerk. Zu Kunst- und Architekturtheorie Camillo Sittes. Braunschweig/Wiesbaden 1998.

Mönninger, Michael: Naturdenken und Kunstgeschichte. Camillo Sitte und die ästhetische Theorie im 19. Jahrhundert. In: Semsroth, Klaus/Jormakka, Kari/Langer, Bernhard (Hg.): Kunst des Städtebaus. Neue Perspektiven auf Camillo Sitte. Wien/Köln/Weimar 2005, S. 27-45.

Mönninger, Michael: Leben und Werk Camillo Sittes. In: Semsroth, Klaus/Mönninger, Michael/Crasemann Collins, Christiane: Camillo Sitte. Schriften zu Kunstkritik und Kunstgewerbe. Wien/Köln/Weimar 2008, S. 27-46.

Morgenthaler, Simon: Schultze-Naumburg, Paul. In: Beyer, Andreas/Savoy, Bénédicte/Tegethoff, Wolf (Hg.): De Gruyter Allgemeines Künstlerlexikon: die bildenden Künstler aller Zeiten und Völker, Bd. 102. Berlin/Boston 2019, S. 270-272.

Muesmann, Adolf: Betrachtungen eines Bewerbers. In: Deutsche Bauzeitung (1935), H. 25, S. 485.

Müller, Seya: Sprachwörterbücher im Nationalsozialismus. Die ideologische Beeinflussung von Duden, Sprach-Brockhaus und anderen Nachschlagewerken während des „Dritten Reichs". Stuttgart 1994.

Müller-Enbergs, Helmut (Hg.): Wer war wer in der DDR? Ein Lexikon ostdeutscher Biographien. Bundesstiftung zu Aufarbeitung der SED-Diktatur. Berlin 2008. Online unter: https://www.bundesstiftung-aufarbeitung.de/wer-war-wer-in-der-ddr-%2363%3B-1424.html?ID=2084(Zugriff: 01.09.2019).

Müller-Raemisch, Hans-Reiner (Hg.): Leitbilder und Mythen in der Stadtplanung 1945–1985.
Frankfurt a. M. 1990.

Müller-Raemisch, Hans-Reiner: Die „moderne Stadt" und die Stadt der Tradition".
In: Müller-Raemisch, Hans-Reiner (Hg.): Leitbilder und Mythen in der Stadtplanung 1945-1985. Frankfurt am Main 1990, S. 21-43.

Müller-Raemisch, Hans-Reiner: Politik und Planung – Partizipation oder wissenschaftliche Gesamtplanung? In: Müller-Raemisch, Hans-Reiner (Hg.): Leitbilder und Mythen in der Stadtplanung 1945-1985. Frankfurt am Main 1990, S. 97-126.

Münter, Georg: Idealstädte. Ihre Geschichte vom 15.–17. Jahrhundert. Berlin 1957.

Museum für Gestaltung Zürich/Eidgenössische Technische Hochschule Zürich. Institut für Geschichte und Theorie der Architektur (Hg.): Sigfried Giedion. Der Entwurf einer modernen Tradition. Zürich 1989.

Musil, Robert: Der Mann ohne Eigenschaften. Frankfurt a. M. 1995 (25. Aufl.).

Nationalsozialistischer Lehrerbund, Gau Sachsen: Bekenntnis der Professoren an den Deutschen Universitäten und Hochschulen zu Adolf Hitler und dem nationalsozialistischen Staat.
Dresden 1933. Online unter: http://www.archive.org/stream/bekenntnisderpro00natiuoft#page (Zugriff: 20.11.2018).

Navone, Annalisa Viati: The Architect Luigi Moretti. From Rationalism to Informalism.
In: The Architectural and Town Planning Quarterly (2012), H. 2, S. 3-41.

Nerdinger, Winfried: Feindbild Geschichte. Wiederaufbau in Westdeutschland zwischen Rekonstruktion und Tabula rasa. In: Oechslin, Werner (Hg.): Geschichte Macht Architektur. München/London/New York 2012, S. 177-189.

Neue Bauwelt (1948), H. 41, S. 789.

Noack, Dörthe: Die Studentenwohnheime von Wolfgang Rauda in Dresden. Studienarbeit an der TU Dresden 2005.

Noell, Matthias: Bewegung in Raum und Zeit, in: Hofmann, Franck/Lazaris, Stavros/Sennewald, Jens E. (Hg.): Raum – Dynamik: Beiträge zu einer Praxis des Raums/Dynamique de l'espace: contributions aux pratiques de l'espace. Bielefeld 2004. S. 301-314.

O. A.: Vermischtes. In: Deutsche Bauzeitung (1921), H. 45, S. 200.

O. A.: Die Entwürfe für den Adolf-Hitler-Platz. In: Deutsche Bauzeitung (1935), H. 25, S. 487-494.

O. A.: Wie wird der Adolf-Hitler-Platz aussehen? In: Dresdner Illustrierte (30.06.1935), S. 8-9.

O. A.: Litzmannstadt muß schöner werden! In: Litzmannstädter Zeitung (20.10.1940). Online unter: http://bc.wbp.lodz.pl/dlibra/publication?id=32772&tab=3 (Zugriff: 20.06.2018).

O. A.: Wettbewerb für den Wiederaufbau der Stadt Kassel. In: Baumeister (1948), H.5-7, S. 181-190.

O. A.: Ideenskizzen für einen Neubau an Stelle des zerstörten Belvedere in Dresden. In: Baumeister (1949), H. 8, S. 358-367.

O. A.: Kommentar. In: Die Union (15.10.1954), S. 3

O. A.: Zentralschule Baruth bei Bautzen. In: Baumeister (1954), H. 10, S. 649-652.

O. A.: Ein Haus des Glaubens und der Liebe. Weihe des neuaufgebauten Kirchgemeindehauses in Bischofswerda. In: Die Union (05.08.1955), S. 3.

O. A.: Raumprobleme im europäischen Städtebau. Rezension. In: Werk und Form (1957), H. 8, S. 307.

O. A.: Internationaler Wohnungsbau-Wettbewerb zwischen Studenten an Schulen für Architektur. In: DBZ (1958), H. 11, S. 981-985.

O. A.: Dresdner Universitätsprofessor geflüchtet. In: DeWeZet (22.07.1958), Nr. 165, S. 11.

O. A.: Neues Zentrum für Langenhagen. Ein Wettbewerb. In: Bauwelt (1959), H. 40, S. 1185-1187.

O. A.: Grundsteinlegung im September. In: DeWeZet (09.05.1960), Nr. 108, 113. Jg., S. 3.

O. A.: Mitteilung im Abschnitt „kurz und bündig". In: Bauwelt (1961), H. 44, S. 1271.

O. A.: Grundstein für Athanasiuskirche Besprechung in H. Allg. Zeitung vom 24.09.1962.

O. A.: Residenzplatz Würzburg. In: Bauwelt (1963), H. 7, S. 191-197

O. A.: Rat Gronau vor seiner größten Entscheidung. 35 Millionen-Projekt Stadtsanierung beschlossen. Besprechung in Gronauer Nachrichten, Eper Volkszeitung, Nr. 286.

O. A.: „Neues Gemeindehaus in Bothfeld. Weiterer Ausbau des Gemeindezentrums wird folgen", in Besprechung im HAZ vom 28.01.1963.

O. A.: „Rauda-Modelle, Ja oder Nein?" Besprechung des Gronauer Stadtsanierungsplanes mit Bildern in Eper Volkszeitung, Gronauer Nachrichten Nr. 283 vom 07.12.1963.

O. A.: Rat steht vor entscheidender Tat: Die Altstadt mit 35 Millionen Mark zu modernem Stadtkern gestalten. Besprechung des „Rauda-Planes" in Gronauer Zeitung – Ahauser Kreiszeitung Nr. 283. 83. Jahrg. vom 07.12.1963.

O. A.: Neuer Impuls für Altes Herz. In: Gronauer Zeitung – Ahauser Kreiszeitung vom 07.12.1963.

O. A.: „Städteplaner Prof. Rauda: Es geht um die Zukunft Gronaus. Die Zeichen der Zeit erkennen." Besprechung in Westfälische Rundschau Nr. 283 vom 07./08.12.1963.

O. A.: Die Entscheidung ist gefallen: Gronauer Altstadtsanierung beschlossen. – Prof. Dr.-Ing Rauda: „sie werden nie alleine stehen", Besprechung in Westfälische Rundschau, Nr. 286 vom 11.12.1963.

O. A.: „Hinterhofgelände der Altstadt soll Platz für Mittelstadt machen", Presseaufsatz aus Anlass der Grundsteinlegung zum Sanierungsbeginn Gronauer Zeitung – Ahauser Kreiszeitung vom 02.12.1965.

O. A.: Wie aus dem Baukasten: „Schule Hannover". In: Hannoversche Allg. Zeitung vom 12./13.03.1966.

O. A.: Anerkennung für Schule „Hannover". In: Hannoversche Presse vom 19./20.03.1966.

O. A.: „Schule Hannover wird gebaut." In: Hannoversche Allg. Zeitung vom 19/20.03.1966.

O. A.: „Ein Beispiel modernen Schulbaues, Das System Schule Hannover". In: Allg. Bauzeitung vom 16.06.1966.

O. A.: „Landrat Kiehm legte den Grundstein". In: Langenhagener Echo, Nr. 47/1967.

O. A.: „Einheitssystem für alle Schulbauten – Musterplanung im Kreis Langenhagen". In: HAZ vom 02.11.1967.

O. A.: „Grundsteinlegung für das Gymnasium". In: HAZ vom 16.11.1967.

O. A.: „Der erste Pfeiler steht schon" Gymnasium Langenhagen. In: HAZ vom 17.11.1967.

O. A.: „Grundstein fürs Gymnasium gelegt – gebaut wird nach neuartigem System". In: Hann. Presse vom 17.11.1967.

O. A.: Planer im Umbruch. Zum Tod von Hans-Reiner Müller-Raemisch. In: FAZ (19.12.2018). Online unter: http://edition.faz.net/faz-edition/rhein-main-zeitung/2018-12-19/18225969a5a65f5f5c4e257c1542e850/?GEPC=s5/ (Zugriff 01.09.2019).

Oelker: Haesler, Otto. In: Meißner, Günter (Hg.): De Gruyter Allgemeines Künstlerlexikon: die bildenden Künstler aller Zeiten und Völker, Bd. 67. Berlin 2010, S. 326-327.

Olbrich, Hartmut: Beständig im Wandel – Erkenntnisse zur Bau- und Gestaltungsgeschichte des Dresdner Zwingers mit Schwerpunkt Hofgestaltung. In: Staatsbetrieb, Sächsisches Immobilien- und Baumanagement (Hg.): Zwinger Dresden. Baumaßnahmen des Freistaates Sachsen von 1991 bis 2015. Dresden 2015, S. 30-35.

Ostendorf, Friedrich: Sechs Bücher vom Bauen, enthaltend eine Theorie des architektonischen Entwerfen, Erster Band: Eine Einführung. Berlin 1914.

Paul, Jürgen: Dresden: Suche nach der verlorenen Mitte. In: Beyme, Klaus von (Hg.): Neue Städte aus Ruinen. Deutscher Städtebau der Nachkriegszeit, München 1992, S. 313-333.

Pehnt, Wolfgang: Deutsche Architektur seit 1900. München 2005.

Petschel, Dorit: Die Professoren der TU Dresden 1828-2003. Köln 2003.

Petzet, Wolfgang: Von Meistern der Baukunst und ihren Problemen. In: Münchner Merkur (25.01.1957).

Pfister, Rudolf: Wettbewerb Wiederaufbau des Neuen Marktes in Rostock. In: Baumeister (1949), H. 5, S. 218-228.

Pinkwart, Ralf-Peter: Paul Schultze-Naumburg, ein konservativer Architekt des frühen 20. Jh. Das bauliche Werk. o.O. 1991.

Pommerin, Reiner: 175 Jahre TU Dresden 1828–2003. Geschichte. Bd. 1. Köln/Weimar/Wien 2003.

Porfyriou, Heleni: Camillo Sitte und das Primat des Sichtbaren in der Moderne. In: Semsroth, Klaus/Jormakka, Kari/Langer, Bernhard (Hg.): Kunst des Städtebaus. Neue Perspektiven auf Camillo Sitte. Wien/Köln/Weimar 2005, S. 239-256.

Posch, Wilfried: Camillo Sittes städtebauliche Schriften. In: Semsroth, Klaus/Mönninger, Michael/Crasemann Collins, Christiane: Camillo Sitte. Schriften zu Kunstkritik und Kunstgewerbe. Bd. 2. Wien/Köln/Weimar 2008, S. 11-80.

R.S.: Wettbewerb über den Wiederaufbau der Altstadt Nürnberg. In: Baumeister (1948), H. 5-7, S. 198-212.

Räder, Hermann: Einführung in das Kolloquium über die sozialistische Rekonstruktion der Stadtzentren. In: Hochschule für Architektur und Bauwesen Weimar (Hg.)/ Räder, Hermann (Red.): Zur Rekonstruktion der Stadtzentren: 1. Kolloquium für Städtebau an der Hochschule für Architektur und Bauwesen Weimar. Weimar 1960, S. 5-6.

Rat der Stadt Dresden, Dezernat Bauwesen-Stadtplanungsamt (Hg.): Planungsgrundlagen – Planungsergebnisse für den Neuaufbau der Stadt Dresden. Dresden 1950.

Rauda, Fritz: Meissen, die tausendjährige sächsische Elbstadt. Augsburg 1929.

Rauda, Wolfgang: Das alte Dresdner Augustinerkloster – eine verschollene Lutherstätte. In: Dresdner Anzeiger (10.11.1930), S. 6.

Rauda, Wolfgang: Im Malerwinkel des Judenhofes. Zur Erbauung der Freitreppe am Johanneum vor 200 Jahren. In: Dresdner Anzeiger (20.12.1930), S. 5.

Rauda, Wolfgang: Stadtbild und Elbbrücke. In: Dresdner Anzeiger (28.12.1930), S. 5.

Rauda, Wolfgang: Chiaveris Suche nach Marmor im Erzgebirge. In: Dresdner Anzeiger, Wissenschaftliche Beilage (13.01.1931), S. 1.

Rauda, Wolfgang: Dresden, eine mittelalterliche Kolonialgründung. Die Gestaltung des Schloßgeländes vom Barock bis zur Neuzeit. Dresden 1933.

Rauda, Wolfgang: Die Dresdner Neustadt. Ein bauliches Vermächtnis August des Starken. In: Dresdner Anzeiger (02.04.1933), S. 6–7.

Rauda, Wolfgang: Die werdende Neustadt. Zur Ausstellung: ‚Die Neustadt im Wandel der Jahrhunderte' im Japanischen Palais. In: Dresdner Anzeiger (19./20.06.1933), S. 2-3.

Rauda, Wolfgang: Die städtebauliche Gestaltung des Adolf-Hitler-Platzes in Dresden. In: Bauamt und Gemeindebau (16.08.1935), H. 17, S. 199-201.

Rauda, Wolfgang: Pöppelmanns Meisterwerk in neuer Schönheit. In: Dresdner Neueste Nachrichten (14.10.1936), S. 5.

Rauda, Wolfgang: Zur Methode des städtebaulichen Planens. Die Neugestaltung der Stadt Kempen als Beispiel für die Neuordnung der Kreisstädte des Regierungsbezirks Litzmannstadt. In: Bauen im Wartheland (1943), Aprilausgabe, S. 27-42.

Rauda, Wolfgang: Die Siedlung Litzmannstadt „Am Wiesenhang" als Beispiel städtebaulicher Planungs- und Gestaltungsfragen. In: Bauwelt (1943a), H. 19/20, S. 1-8.

Rauda, Wolfgang: Landschaftsgebundene technische Bauten. Zu den Tierkörperverwertungs-anstalten der Architekten Niess und Hornung. In: Bauwelt (1943b), H. 5/6, S. 1-8.

Rauda, Wolfgang: Die städtebauliche Neugestaltung der Stadt Kempen als Beispiel für die städtebauliche Neuordnung im Osten. In: Wohnungswesen, Städtebau und Raumordnung (1943c), H. 3-4, S. 188-189.

Rauda, Wolfgang: Unzerstörte Kostbarkeiten. Freiberg in Sachsen. In: Der Bauhelfer (1948), H. 10, S. 267-270.

Rauda, Wolfgang: Unzerstörte Kostbarkeiten. Meißen. In: Der Bauhelfer (1948b), H. 22, S. 607–610.

Rauda, Wolfgang: Unzerstörte Kostbarkeiten. Die Seestadt Rostock. In: Der Bauhelfer (1949), H. 2, S. 41-46.

Rauda, Wolfgang: Unzerstörte Kostbarkeiten. Klassikerstadt Weimar. In: Der Bauhelfer (1949b), H. 21, S. 581-586.

Rauda, Wolfgang/Trauer, Günther: Der Wiederaufbau der Seestadt Rostock. In: Baumeister (1949), H. 5, S. 213-217.

Rauda, Wolfgang: Entwurf zu einem Carl Maria von Weber-Heim in Dresden. In: Baumeister (1950), H. 4, S. 218-221.

Rauda, Wolfgang: Bauliches Gestalten im alten und neuen Dresden. In: Wissenschaftliche Zeitschrift der Technischen Hochschule Dresden (1952/53), H. 6, S. 965-976.

Rauda, Wolfgang: Die Zentralschule in Baruth bei Bautzen. In: Bauwelt (1954), H. 46, S. 903-905.

Rauda, Wolfgang: Neubauten von Betriebspolikliniken in Görlitz und Pirna. In: Baumeister (1954a), H. 8, S. 504-511.

Rauda, Wolfgang: Vom Entwerfen und seiner Methodik. Gedanken aus der Praxis eines Entwurfslehrstuhls. In: Wissenschaftliche Zeitschrift der TH Dresden (1954/1955), H. 1, S. 7-22.

Rauda, Wolfgang: Institutsberichte. Lehrstuhl für Wohnungsbau und Entwerfen. In: Wissenschaftliche Zeitschrift der TH Dresden (1955), H. 2, S. 976-977.

Rauda, Wolfgang: Raumprobleme im europäischen Städtebau. München 1956.

Rauda, Wolfgang: Raum- und Formprobleme im alten und neuen Dresden. In: Jahrbuch zur Pflege der Künste, 4 (1956a), S. 49-84.

Rauda, Wolfgang: Lebendige städtebauliche Raumbildung. Asymmetrie und Rhythmus in der deutschen Stadt. Stuttgart 1957.

Rauda, Wolfgang: Das neue Gesicht unserer mitteldeutschen Städte im Spiegel des gesamtdeutschen Städtebaues. In: Der Städtetag (1958), H. 12, S. 571-580.

Rauda, Wolfgang: Urban Space and how to see it. In: Landscape (1960), Bd. 9. S. 3-6.

Rauda, Wolfgang: Ein Architekt sieht das alte Ägypten. In: Die Karawane (Vierteljahreshefte der Gesellschaft für Länder- und Völkerkunde (1961/62), H. 4, S. 49-50.

Rauda, Wolfang/Wurzer, Rudolf: Salzburg. Städtebauliches Juwel. Städtebauliches Problem. Hannover/Berlin/Sarstedt 1968.

Rauda, Wolfgang: Die historische Stadt im Spiegel städtebaulicher Raumkulturen. Hannover 1969.

Rauda, Wolfgang: Festliches Venedig, Stadtbaukunst im Wandel von Raum und Zeit. Ein Beitrag zur Rettung europäischer, historischer Städte. [Hannover 1971].

Rauterberg, Hanno: Wir sind die Stadt! Urbanes Leben in der Digitalmoderne. Berlin 2013.

Reichel, Gisela: Die ev.-luth. Bethlehemkirche in Dresden-Tolkewitz (1999). Online unter: https://www.kirchgemeinde-dresden-blasewitz.de/ueber-uns/kirchen/bethlehemkirche/(Zugriff: 01.09.2019).

Reichow, Hans Bernhard: Grundsätzliches zum Städtebau im Altreich und im neuen deutschen Osten. In: Raumforschung und Raumordnung (1941), H. 3/4, S. 225-230.

Reichow, Hans Bernhard: Die organische Stadtbaukunst. Braunschweig 1948.

Reiterer, Gabriele: AugenSinn. Zu Raum und Wahrnehmung in Camillo Sittes Städtebau. Salzburg/München 2003.

Reiterer, Gabriele: Wahrnehmung – Raum – Empfindung. Anmerkungen zu Camillo Sittes Städtebau. In: Semsroth, Klaus/Jormakka, Kari/Langer, Bernhard (Hg.): Kunst des Städtebaus. Neue Perspektiven auf Camillo Sitte. Wien/Köln/Weimar 2005, S. 225-237.

Renz, Kerstin: Testfall der Moderne. Diskurs und Transfer im Schulbau der 1950er Jahre. Tübingen/Berlin 2016.

Reuther, Hans: Raumprobleme im europäischen Städtebau. Buchbesprechung. In: Deutsche Kunst und Denkmalpflege (1957), H. 1, S. 150-151.

Richter, Helmut: Die Post baut im Wartheland. In: Bauen im Wartheland (1941), Oktoberausgabe, S. 37-52.

Richter, Helmut: Stockhof, eine Gartenstadt vor Litzmannstadt. In: Bauen im Wartheland (1942), Januarausgabe, S. 37-49.

Richter, Helmut: Das Dorfgemeinschaftsaus in den neuen Dörfern des Warthelandes. In: Bauen im Wartheland (1942a), Oktoberausgabe, S. 27-42.

RKH: Ideenwettbewerb für die Gestaltung des Platzes der Nationen in Genf. In: Bauwelt (1957), H. 40, S. 1067-1071.

Romero, Andreas: Baugeschichte als Auftrag. Karl Gruber: Architekt, Lehrer, Zeichner. Eine Biographie. Braunschweig 1990 .

Rudež, Zrinka: Stadtraum. Prinzipien städtebaulicher Raumbildung. Eine Untersuchung über die im Zeitraum von 1880–1930 angewandten Entwurfsprinzipien. Schriftenreihe Politik und Planung, Bd. 20. Köln/Aachen 1988.

SBZ: Was wird aus dem Dresdener Plan? In: Baumeister (1953), H. 4, S. 260–261.

Schäche, Wolfgang/Szymanski, Norbert: Paul Zucker. Der vergessene Architekt. Berlin 2005.

Schacht, Alexander: Das Wirken von Adolf Friedrich Lorenz als Architekt und Denkmalpfleger in Mecklenburg. In: Lichtnau, Bernhard (Hg.): Architektur und Städtebau im südlichen Ostseeraum zwischen 1936 und 1980. Publikation zur kunsthistorischen Tagung, veranstaltet vom Caspar-David-Friedrich-Institut, Bereich Kunstgeschichte, der Ernst-Moritz-Arndt-Universität Greifswald vom 08.–10.02.2001. Berlin 2002, S. 302-322.

Schädler, Verena: Katholischer Sakralbau in der SBZ und in der DDR. Regensburg 2013.

Schickel, Gabriele: Fischer, Theodor. In: Meißner, Günter (Hg.): Saur Allgemeines Künstler-lexikon: die bildenden Künstler aller Zeiten und Völker, Bd. 40. München 2004, S. 411-412.

Schiller, Dieter: Unser Traditionsverständnis und das klassische Erb. In: Weimarer Beiträge (1973), H., S. 153.

Schmarsow, August: Das Wesen der architektonischen Schöpfung, Antrittsvorlesung, gehalten in der Aula der K. Universität Leipzig am 8. November 1893, Leipzig 1894.

Schmidt, Erhard: Die Entwicklung der Hochbauabteilung an der Technischen Hochschule Dresden in den Jahren von 1900–1945, ein Beitrag zur Geschichte der Technischen Universität Dresden. Dissertation an der Technischen Universität Dresden 1980.

Schmidt, Klaus: Die Brandnacht. Dokumente von der Zerstörung Darmstadts am 11. September 1944. Darmstadt 2003.

Schmidt, Walther: Ein Architekt geht über Feld. Betrachtungen zur Baugestaltung. Ravensburg 1947.

Schmitz, Rainer/Söhnigen, Johanna: Architekturtheorie vom „germanischen Gesichtspunkte" aus. Paul Schultze-Naumburg und die ästhetische Codierung des volkstumsorientierten Bauens um 1900. In: Meier, Hans Rudolf/Spiegel, Daniela (Hg.): Kulturreformer. Rassenideo-loge. Hochschuldirektor. Der lange Schatten des Paul Schultze-Naumburg. Heidelberg 2018, S. 71-81.

Schneider, Christoph: Das Notkirchenprogramm von Otto Bartning. Marburg 1995.

Schneider, Herbert: Echtes Anliegen oder Auftrag? In: Stadt und Gemeinde (1959), H.3, S. 8-12.

Schnoor, Christoph: La Construction des Villes. Charles-Edouard Jeannerets erstes städtebauliches Traktat von 1910/11 (Dissertation 2002). Berlin 2003.

Schrickel, Svenja: Die Notkirchen von Otto Bartning – eine serielle Kirchenbauproduktion der Nachkriegszeit. In: Denkmalpflege in Baden-Württemberg–Nachrichtenblatt der Landesdenkmalpflege (2005), H. 4, S. 201-213.

Schubert, Otto: Bestelmeyer, German. In: Neue Deutsche Biographie 2 (1955), S. 184. Online unter: https://www.deutsche-biographie.de/pnd118662619.html#ndbcontent (Zugriff: 01.09.2019).

Schultze-Naumburg, Paul: Kulturarbeiten. Bd. I: Hausbau. München 1901.

Schultze-Naumburg, Paul: Kulturarbeiten, Bd. IV: Städtebau. München 1906.

Schumacher, Fritz: Zum Wiederaufbau Hamburgs (Vortrag vom 10.10.1945). In Auszügen abgedruckt in: Schumacher, Fritz: Strömungen in deutscher Baukunst seit 1800 Köln 1955 (2. Auflage, hrsg. durch Wilhelm Wortmann), S. 193-198.

Schumacher-Lange, Silke: Denkmalpflege und Repräsentationskultur in der DDR. Der Wiederaufbau der Straße Unter den Linden 1945–1989 (Dissertation 2010). Hildesheim 2012. Online unter: https://hildok.bsz-bw.de/frontdoor/index/index/docId/152, (Zugriff: 21.05.2019).

Schwagenscheidt, Walter: Die Raumstadt. Hausbau und Städtebau für Jung und Alt, für Laien und was sich Fachleute nennt, Skizzen mit Randbemerkungen zu einem verworrenen Thema. Heidelberg 1949.

Semsroth, Klaus/Jormakka, Kari/Langer, Bernhard (Hg.): Kunst des Städtebaus.
Neue Perspektiven auf Camillo Sitte. Wien/Köln/Weimar 2005.

Semsroth, Klaus/Mönninger, Michael/Crasemann Collins, Christiane: Camillo Sitte.
Schriften zu Kunstkritik und Kunstgewerbe. Wien/Köln/Weimar 2008.

Siebel, Walter (Hg.): Die europäische Stadt. Frankfurt am Main 2004.

Siebel, Walter: Die Zukunft der Städte: In: Aus Politik und Zeitgeschichte (26.04.2010),
H. 17, S. 3-9.

Sieverts, Thomas: Stadtplanung zwischen Intuition und Berechnung. In: Institut für
Städtebau und Wohnungswesen der Deutschen Akademie für Städtebau und Landesplanung,
München (Hg.): Raumplanung und Entscheidungstheorie. Städtebauliche Beiträge 2/1969.
München 1969, S. 100-115.

Sitte, Camillo: Der Städtebau nach seinen künstlerischen Grundsätzen. Wien 1901 (3. Aufl.).

Sitte, Camillo/Goecke, Theodor: An unsere Leser. In: Der Städtebau (1904), H. 1, S. 1-4.

Sohn, Elke: Zum Begriff der Natur in Stadtkonzepten: anhand der Beiträge anhand der Beiträge
von Hans Bernhard Reichow, Walter Schwagenscheidt und Hans Scharoun zum Wiederaufbau
nach 1945. Hamburg 2008.

Sohn, Elke: Städtebau der Stuttgarter Schule. Heinz Wetzel. In: Krauskopf, Kai/Lippert,
Hans-Georg/Zaschke, Kerstin (Hg.): Neue Traditionen. Konzepte einer antimodernen Moderne
in Deutschland von 1920 bis 1960. Dresden 2009, S. 97-120.

Sohn, Elke: Zur Stadtbaukunst der Wetzel-Schule. In: Jessen, Johann/Philipp, Klaus Jan (Hg.):
Der Städtebau der Stuttgarter Schule. Berlin 2015 (Schriftenreihe des Internationalen Zentrums
für Kultur- und Technikforschung der Universität Stuttgart, hrsg. von Reinhold Bauer et. al.,
Kultur und Technik, Bd. 29), S. 111-129.

Sonne, Wolfgang: Politische Konnotationen des malerischen Städtebaus. In: Semsroth,
Klaus/Jormakka, Kari/Langer, Bernhard (Hg.): Kunst des Städtebaus. Neue Perspektiven auf
Camillo Sitte. Wien/Köln/Weimar 2005, S. 63-89.

Sonne, Wolfgang: Urbanität und Dichte im Städtebau des 20. Jahrhunderts. Berlin 2017
(2. unveränderte Auflage).

Sonnemann, Rolf et. al. (Autorenkollektiv): Geschichte der Technischen Universität Dresden.
1828-1988. Berlin 1988 (2. erw. Auflage).

Spengler, Oswald: Der Untergang des Abendlandes. Umrisse einer Morphologie der
Weltgeschichte, Bd. 1: Gestalt und Wirklichkeit. München 1975
(3. Auflage der ungekürzten Ausgabe 1972).

Stabenow, Jörg: Chemnitz im Wiederaufbau. Wechselfälle der Zentrumsplanung 1946–1959.
In: Chemnitzer Geschichtsverein (Hg.): Mitteilungen des Chemnitzer Geschichtsvereins.
Chemnitz im 20. Jahrhundert. Chemnitz 2000, S. 76-94.

Stadt Hameln/Neue Heimat Bremen (Hg.): Hameln Altstadtsanierung. Zwischenbilanz 1983.
Hameln 1983.

Staps, Sven-Wieland: Henrici, Karl (Karl Friedrich Wilhelm). In: Meißner, Günter (Hg.):
De Gruyter Allgemeines Künstlerlexikon: die bildenden Künstler aller Zeiten und Völker,
Bd. 72. Berlin/Boston 2012, S. 33-34.

Starke, Holger (Hg.): Geschichte der Stadt Dresden, Bd. 3. Von der Reichsgründung bis zur
Gegenwart. Stuttgart 2006.

Starke, Holger: Bezirksstadt in der DDR. In: Starke, Holger (Hg.): Geschichte der Stadt Dresden,
Bd. 3. Von der Reichsgründung bis zur Gegenwart. Stuttgart 2006, S. 553-559.

Stegmann, Knut: Sakralbau der 1960er- und 1970er-Jahre in Westfalen-Lippe. In: LWL-Denkmalpflege, Landschafts- und Baukultur in Westfalen (Hg.): Denkmalpflege und die Moderne 1960+.
7. Westfälischer Tag für Denkmalpflege vom 19.–20.05.2016, Marl. Münster: Landschaftsverband
Westfalen Lippe 2017 (= Arbeitsheft der LWL-Denkmalpflege, Landschafts- und Baukultur in
Westfalen, 17), S. 69-80.

Steinmann, Martin (Hg.): CIAM. Internationale Kongresse für Neues Bauen. Congrès Internationaux d'Architecture Moderne. Dokumente 1928-1939. Basel 1979.

Stodollick, Mirco: Als Mülheim lichterloh brannte. Die Bombennacht am 22./23. Juni 1943. Essen 2014.

Sturm, Philipp/Cachola Schmal, Peter: Die immer neue Altstadt. Bauen zwischen Dom und Römer. Berlin 2018.

Thiele, Klaus Jakob: Zum Wettbewerb Residenzplatz Würzburg. In: Bauwelt (1963), H. 7, S. 190-197.

Tietböhl, Lieselotte: Der Wettbewerb über den Neuen Markt in Rostock und seine Umgebung. In: Der Bauhelfer (1949), H. 2, S. 36-40 und S. 47, hier S. 38-40 und S. 47.

Trieb, Michael: Stadtgestaltung. Theorie und Praxis. Reihe Bauwelt Fundamente, Bd. 43. Braunschweig 1977 (2. Aufl.).

Tscherkes, Bohdan: Identität, Architektur und Rekonstruktion der Stadt. Stadt- und Raumplanung, Bd. 14. Zürich/Berlin 2014.

Tyrwhitt, Jacqueline/Sert, Joan Louis/Rogers, Ernesto: The Heart of the City: towards the humanisation of urban life. London 1952.

Ü: Kirche als Kraftfeld besonderer Art. In: DeWeZet (11.06.1960), Nr. 135, 113. Jg., S. 3.

Unwin, Raymond: Grundlagen des Städtebaus. Eine Anleitung zum Entwerfen städtebaulicher Anlagen. Berlin 1922.

Viefhaus, Marianne/Holtmann-Mares, Annegret: Friedrich Pützer. In: Historischer Verein für Hessen (Hg.): Stadtlexikon Darmstadt. Stuttgart 2006.

Vogel, Klaus/Sandstein, Michael: Das Deutsche Hygiene-Museum Dresden. 1911-1990. Dresden 2003.

Vogel, Michael: Anspruch und Realität. Görlitzer Denkmalpflege vor und nach der Wiedervereinigung. In: Denkmalpflege in Görlitz (2002), H. 11, S. 38-42.

Voigt, Wolfgang: Der „Siedlungsarchitekt". Paul Schmitthenners Städtebau und sozialer Wohnungsbau 1914 bis 1933. In: Jessen, Johann/Philipp, Klaus Jan (Hg.): Der Städtebau der Stuttgarter Schule. Berlin 2015 (Schriftenreihe des Internationalen Zentrums für Kultur- und Technikforschung der Universität Stuttgart, hrsg. von Reinhold Bauer et. al., Kultur und Technik, Bd. 29), S. 85-110.

Voigt, Wolfgang: Der Architekt Paul Schmitthenner. Erinnerung an einen Unmodernen. In: Die Zeit (1985), H. 2. Online unter: https://www.zeit.de/1985/02/erinnerungen-an-einen-unmodernen/ (Zugriff: 01.09.2019).

Voßberg: „System Schule Hannover". In: Bauamt und Gemeindebau (1966), H. 6.

Weichhart, Peter: Raumbezogene Identität. Bausteine zu einer Theorie räumlich-sozialer Kognition und Identifikation. Stuttgart 1990.

Wendland, Ulrike: Biographisches Handbuch deutschsprachiger Kunsthistoriker im Exil: Leben und Werk der unter dem Nationalsozialismus verfolgten und vertriebenen Wissenschaftler. München 1998, S. 300-305.

Westphal: Städtebauliche Aufgaben und Planungen in Rostock. In: Der Bauhelfer (1949), H. 2, S. 29-34.

Wetzel, Heinz: Wandlungen im Städtebau. Vortrag, gehalten anlässlich der Gautagung des NSBDT, Fachgruppe Bauwesen, am 21. September 1941 in Stuttgart. Stuttgart 1942.

Wetzel, Heinz [Sammlung]: Stadt, Bau, Kunst. Gedanken und Bilder aus dem Nachlass, hrsg. von Karl Krämer. Stuttgart 1978 (Nachdr. der Originalausgabe von 1962).

Wikipedia ORG: Gesetz zur Regelung der Rechtsverhältnisse der unter Artikel 131 des Grundgesetzes fallenden Personen. In: Wikipedia, Die freie Enzyklopädie (2019). Online unter: https://de.wikipedia.org/w/index.php?title=Gesetz_zur_Regelung_der_Rechtsverh%C3%A4ltnisse_der_unter_Artikel_131_des_Grundgesetzes_fallenden_Personen&oldid=191854616 (Zugriff: 01.09.2019).

Wilhelm, Karin: Ordnungsmuster der Stadt. Camillo Sitte und der moderne Städtebaudiskurs. In: Wilhelm, Karin/Jessen-Klingenberg, Detlef (Hg.): Formationen der Stadt. Camillo Sitte weitergelesen. Basel/Boston/Berlin 2006, S. 15-95.

Winter, Helmut: Zum Wandel der Schönheitsvorstellungen im modernen Städtebau. Die Bedeutung psychologischer Theorien für das architektonische Denken (Dissertation 1986). Zürich 1988.

Wirtz, Tilo: Auffällige Lücke. In: Dresdner Universitätsjournal (2008), H. 7, S. 7.

Wittich: Gurlitt, Cornelius. In: Meißner, Günter (Hg.): De Gruyter Allgemeines Künstlerlexikon: die bildenden Künstler aller Zeiten und Völker, Bd. 66. Berlin 2010, S. 71-72.

Wolf, Birgit: Sprache in der DDR. Ein Wörterbuch. Berlin/New York 2000.

Wolf, Paul: Städtebau. Das Formproblem der Stadt in Vergangenheit und Zukunft. Leipzig 1919.

Wolff, J.: Das neue Kassel. In: Baumeister (1948), H.5-7, S. 193-195.

Wolfrum, Sophie: Theodor Fischer – Atlas städtebauliche Planungen München. Zum 150. Geburtstag von Theodor Fischer. München 2012.

Wortmann, Wilhelm: Der Gedanke der Stadtlandschaft. In: Raumforschung und Raumordnung (1941), H. 1, S. 15-17.

Wurzer, Rudolf: Stadtregion – Regionalstadt. In: Deutsche Akademie für Städtebau und Landesplanung (Hg.): Zwischen Stadtmitte und Stadtregion. Berichte und Gedanken; Rudolf Hillebrecht zum 60. Geburtstag. Stuttgart 1970, S. 78-95.

Z.: Der Wettbewerb um die Beethovenhalle in Bonn am Rhein. In: Bauwelt (1954), H.42, S.827-829.

Zaschke, Kerstin: „Ein ausgezeichneter Baukünstler und Lehrer". Paul Schmitthenner und seine Verbindung zur Technischen Hochschule Dresden. In: Krauskopf, Kai/Lippert, Hans-Georg/Zaschke, Kerstin (Hg.): Neue Traditionen. Konzepte einer antimodernen Moderne in Deutschland von 1920 bis 1960. Dresden 2009, S. 247-278.

Zervosen, Tobias: Architekten in der DDR. Realität und Selbstverständnis einer Profession. Bielefeld 2016.

Zucker, Paul: Der Begriff der Zeit in der Architektur. In: Repertorium für Kunstwissenschaft (1924), H. 44, S. 237-244.

Zucker, Paul: Entwicklung des Stadtbildes. Die Stadt als Form. München/Berlin 1929.

Zumpe, Manfred/Schuster, Horst: Erinnerungen und Würdigungen. Zu hohen Geburtstagen verdienstvoller Hochschullehrer and Architektenpersönlichkeiten und zu besonderen Anlässen. Dresden 2007.

Zumpe, Manfred: Der „Vater" einiger Dresdner Wohnheime. In: Dresdner Universitätsjournal (2007), H. 11, S. 4.

Archive

BA – Bundesarchiv, Standort: Berlin

BStU – Archiv des Bundesbeauftragten für Stasi-Unterlagen

Privatnachlass von Wolfgang Rauda

Sächsisches Hauptstaatsarchiv

StA Dresden – Stadtarchiv Dresden

StA Rostock – Stadtarchiv Rostock

UA TU Dresden – Universitätsarchiv der TU Dresden

TIB Hannover – Universitätsarchiv der Leibniz-Universität Hannover

TN Klemm – Teilnachlass Klemm an der TU Darmstadt, Fachgebiet „Geschichte und Theorie der Architektur"

Abbildungsnachweise

01	Interbau – Abteilung „Die Stadt von morgen" (Hg.): Die Stadt von morgen. Berlin 1957, Titelbild	45	Koellmann 1957, S. 276
		46	Z 1954, S. 829 (umgezeichnet)
		47	RKH 1957, S. 1070
02	Sitte 1901, S. 25	48	Renz 2016, S. 304
03	Crary 1996, S. 148	49	Rauda 1954, S. 904
04	Sitte 1901, S. 60	50	Foto der Autorin
05	Stadtarchiv Darmstadt, Best. 51 Nr. 48	51	Foto der Autorin
06	Foto der Autorin	52	Rauda 1954a, S. 507
07	Stadtarchiv Darmstadt, Best. 53 Nr. 4117	53	Rauda 1954a, S. 510
08	Brinckmann 1908, S. 48	54	Rauda 1954a, S. 506
09	Wetzel 1942, S. 6	55	Rauda 1954a, S. 511
10	„Die Baukultur" (08.03.1930)	56	Foto der Autorin
11	Archiv Akademie der Künste, Peter-Friedrich-Archiv Nr. 3, Plan 1	57	Foto der Autorin
		58	Darstellung der Autorin
12	Privatnachlass Wolfgang Rauda	59	Darstellung der Autorin
13	Privatnachlass Wolfgang Rauda	60	Foto der Autorin
14	Privatnachlass Wolfgang Rauda	61	Foto der Autorin
15	Privatnachlass Wolfgang Rauda	62	Foto der Autorin
16	Privatnachlass Wolfgang Rauda	63	Foto der Autorin
17	o. A. 1934 (umgezeichnet)	64	Foto der Autorin
18	Foto der Autorin	65	Foto der Autorin
19	Foto der Autorin	66	Foto der Autorin
20	Rauda 1943a, S. 27	67	Foto der Autorin
21	Rauda 1943a, S. 29 (umgezeichnet)	68	Bauverwaltung der Stadt Hannover 1966, Bl. 9
22	Rauda 1943, S. 1	69	Bauverwaltung der Stadt Hannover 1966, Bl. 11
23	Richter 1942, S. 38		
24	Rauda 1943, S. 4 (umgezeichnet)	70	Bauverwaltung der Stadt Hannover 1966, Bl. 12
25	Eggerstedt 1938, S. 732		
26	Foto der Autorin	71	Rauda 1971, S. 318
27	Foto der Autorin	72	Rauda 1971, S. 310
28	Foto der Autorin	73	Rauda 1971, S. 190
29	Foto der Autorin	74	StA Rostock, Sign. 2.10, 1451
30	© Heinz Majewski	75	© Tessenow-Gesellschaft
31	© Heinz Majewski	76	Landeshauptarchiv Schwerin Best. 12.3-6/2 Nachlass Lorenz, Adolf Friedrich (Mappe 14)
32	Archiv der Evangelisch-Lutherischen Kirchgemeinde Dresden-Blasewitz: Pfarrarchiv Bethlehemkirche Dresden-Tolkewitz, Nr. 316 (X.2a.8)		
		77	StA Rostock, Sign. 2.10, 1451
		78	StA Rostock, Sign. 2.10, 1451
33	Foto der Autorin	79	StA Rostock, Sign. 2.10, 1451
34	Foto der Autorin	80	StA Rostock, Sign. 2.10, 1451
35	Foto der Autorin	81	StA Rostock, Sign. 2.10, 1451
36	Foto der Autorin	82	StA Rostock, Sign. 2.10, 1451
37	o. A. 1949, S. 362-363	83	StA Rostock, Sign. 2.10, 1451
38	o. A. 1949, S. 362-363	84	StA Rostock, Sign. 2.10, 1451
39	o. A. 1949, S. 362-363	85	StA Rostock, Sign. 2.10, 1451
40	Rauda 1950, S. 220-221	86	StA Rostock, Sign 3.04, 0.1.11. 186-1
41	Rauda 1950, S. 220-221	87	StA Dresden, 6.4.40.1 Stadtplanungsamt Bildstelle, Nr. IX209, 1952
42	Rauda 1950, S. 220-221		
43	Koellmann 1957, S. 276 (umgezeichnet)		
44	Z 1954, S. 829		

88   StA Dresden, 4.1.9 Dezernat Aufbau, Nr. 290, Bl. 9

89   StA Dresden, 4.1.9 Dezernat Aufbau, Nr. 290, Bl. 8

90   StA Dresden, 4.1.9 Dezernat Aufbau, Nr. 290, Bl. 10

91   StA Dresden, 4.1.9 Dezernat Aufbau, Nr. 290, Bl. 20

92   StA Dresden, 6.4.40.1 Stadtplanungsamt Bildstelle, Nr. XIII4273/2, XIII4273/8, XIII4273/4

93   StA Dresden, 6.4.40.1 Stadtplanungsamt Bildstelle, Nr. XIII4273/2, XIII4273/8, XIII4273/4

94   StA Dresden, 6.4.40.1 Stadtplanungsamt Bildstelle, Nr. XIII4273/2, XIII4273/8, XIII4273/4

95   StA Dresden, 6.4.40.1 Stadtplanungsamt Bildstelle, Nr. XIII6653/1, XIII6653/2

96   StA Dresden, 6.4.40.1 Stadtplanungsamt Bildstelle, Nr. XIII6653/1, XIII6653/2

97   StA Dresden, 6.4.40.1 Stadtplanungsamt Bildstelle, Nr. XIII6653/1, XIII6653/2

98   StA Dresden, 6.4.40.1 Stadtplanungsamt Bildstelle, Nr. XIII4274/9, Nr. XIII4274/2, Nr. XIII4274/1

99   StA Dresden, 6.4.40.1 Stadtplanungsamt Bildstelle, Nr. XIII4274/9, Nr. XIII4274/2, Nr. XIII4274/1

100   StA Dresden, 6.4.40.1 Stadtplanungsamt Bildstelle, Nr. XIII4274/9, Nr. XIII4274/2, Nr. XIII4274/1

101   StA Dresden, 6.4.40.1 Stadtplanungsamt Bildstelle, Nr. XIII5619/4, Nr. XIII5619/1

102   StA Dresden, 6.4.40.1 Stadtplanungsamt Bildstelle, Nr. XIII5619/4, Nr. XIII5619/1

103   o. A. 1948, S. 189 (umgezeichnet)

104   Gutschow 1983, S. 117

105   Gronauer Zeitung vom 07.12.1963 (umgezeichnet)

106   Gronauer Zeitung vom 07.12.1963

107   Foto der Autorin

108   Rauda 1956, S. 77

109   Rauda 1933, S. 14

110   Rauda 1957, Titel

111   Rauda 1957, S. 398

112   Rauda 1957, S. 399

113   Rauda 1957, S. 190

114   Rauda 1957, S. 192

115   Rauda 1957, S. 193

116   Rauda 1957, S. 195

117   Rauda 1957, S. 194

118   Rauda 1957, S. 194

119   Rauda 1957, S. 198

120   Rauda 1957, S. 322

121   Rauda 1957, S. 292

122   Rauda 1957, S. 293

123   Rauda 1956, Titel

124   Rauda 1956, S. 35

125   Rauda 1956, S. 34

126   Rauda 1956, S. 98-99

127   Rauda 1956, S. 38

128   Rauda 1956, S. 53

129   Rauda 1956, S. 74

130   Rauda 1956, S. 69

131   Rauda 1969, Titel

132   Rauda 1969, S. 50

133   Rauda 1969, S. 52

134   Rauda 1969, S. 53

135   Rauda 1969, S. 69

136   Rauda 1969, S. 68

137   Rauda/Wurzer 1969, S. 41

138   Rauda/Wurzer 1969, S. 52

139   Rauda 1971, S. 18

140   Rauda 1971, S. 49

141–150   Rauda 1971, S. [250], [269], [284], [286], [310], [325], [337], [349]

151   Rauda 1971, S. [387]

152   Rauda 1971, S. [412]

153   Rauda 1971, S. [475]

154   Rauda 1971, S. 58

155   Darstellung der Autorin

156   Rauda 1956a, S. 81

157   Schwagenscheidt 1949, S. 7

158   Abel 1950, S. 48-49

159   DAM Archiv, Bestand 091-027-000

160   DAM Archiv, Bestand 091-027-000

161   DAM Archiv, Bestand 091-036-000

162   DAM Archiv, Bestand 091-036-000

163   DAM Archiv, Bestand 091-036-000

164   DAM Archiv, Bestand 091-036-000

165   Archiv Akademie der Künste, Hebebrand 120, Plan 2

166   Durth/Gutschow 1988, Bd. 2, S. 497

167   Archiv Akademie der Künste, Hebebrand 120, Plan 3

168   Reinhard-Paul 1974, S. 425

169   Rauda 1956, S. 21

170   Rauda 1971, S. 116

Die Autorin hat sich bemüht, alle etwaigen Rechteinhaber*innen zu ermitteln. Sollten Sie sich als Inhaber*in von Bildrechten in Ihren Rechten verletzt fühlen, wenden Sie sich bitte an die Autorin. Besonderer Dank gilt den Familien Dietrich W. Rauda und Frank U. Rauda für die Erteilung der Nutzungsrechte aller von Wolfgang Rauda angefertigten Darstellungen.

Impressum

Diese Publikation ist zugleich Dissertation
an der TU Darmstadt, 2019.
Titel der Abgabeversion: „Der Städtebau nach seinen
raumkulturellen Grundsätzen. Die Theorie eines Städtebaus
zwischen Tradition und Moderne von Wolfgang Rauda"

Konzept und Gestaltung
Bureau Punktgrau
Buchgestaltung und Wissenschaftsdesign
www.punktgrau.de

Bibliografische Informationen der Deutschen
Nationalbibliothek. Die Deutsche Nationalbibliothek
verzeichnet diese Publikation in der Deutschen
Nationalbibliografie; detaillierte bibliografische Daten
sind im Internet über www.//dnb.de abrufbar.

Gedruckt in der Europäischen Union.
Graspo Printing House, Zlín.

URBANOPHIL
Berlin | 2021

Buchbestellung: www.urbanophil.net/verlag
ISBN 978-3-9820586-8-9